U0720155

顧頡剛全集

顧頡剛古史論文集

卷二

中華書局

卷二目録

三皇考*

童序

凡是講中國上古史的人，差不多没有不開口就談“三皇五帝”的；但是“三皇五帝”的問題究竟是怎麽樣，又差不多没有人能回答得清清楚楚。聰明些的人們至多知道這些名字的不可靠，而勸人們不必去信它就是了。二千年來，竟没有一個人肯悉心的去尋求出這問題的根柢曲折來，把它整個的託獻給人看。

我們知道要考究一個傳説的來源，必須首先問明白這一個傳説出來的時代，和那時代的社會背景；然後觀察其歷史上的根據，和這傳説本身演變的經過情形。這樣纔能把問題徹底解決。我們中國上古史上的問題，儘有許多只是中古史上的問題，研究上古傳説的人如果只在上古史裏打圈子，那裏會有解決一切問題的希望。所以我們要明白“五帝”問題，必定要先弄清楚戰國、秦、漢間的政治背景和那時代的學術思想；我們要明白“三皇”問題，也一樣的必定要先弄清楚戰國、秦、漢以至歷代的政治和宗

* 原載燕京學報專號之八，哈佛燕京學社，1936 年 1 月；收入古史辨第七册時稍有校訂，此後作者在自藏本上又略有校訂，均據以改正。

教上的情形。

“三皇”傳説起來的原因是這樣：戰國本是個託古改制的時代，一般思想家眼看着當時時勢的紛亂和人民的痛苦，大家都要想“撥亂世而反之正”，大家都提出具體的政治主張來救世；然要謀主張的實行，必先要得當時的君主和人民的信仰，這本來只是學説上的問題；但是不幸，我們的先民向來有一種迷信古初的病根，以爲無論什麽都是愈古的愈好，愈古代便愈是治世，愈到近代便愈亂了。這種病根，在我想來，是敬祖主義的流弊，是宗法制度的結晶。戰國的思想家本來没有什麽歷史的觀念，又困於這種國民性之下，便不得不編造些謊話出來騙人了。於是他説他的主張是古者某某聖王之道，你又説你的主張是古者某某聖王曾經實行過的；你説你的主張很古，我又説我的主張比你的更古；你講堯、舜，我便講黄帝，他更講神農；思想家的派别愈繁，古史的時代也便愈拉愈長。你把你編造出來的“古”堆在他編造出來的“古”的上面，我更把我編造出來的“古”堆在你編造出來的“古”的上面；在這樣情形之下，那向來爲人所不知道的“三皇五帝”的一個歷史系統便出現了。

戰國人的編造古史，本來不必尋什麽可靠的材料，只要能拉到的便是；也不管你我的説話會不會衝突，也不管書本上的證據如何；所以這國的祖宗會安在那國的祖宗的上代，甚至於一個人會化身成好幾個人。他們還嫌這些花樣玩的不够，更把天上的上帝和神也拉下凡來，湊聖帝賢臣的數。這樣一來，宗教的傳説便變成了真實的歷史，而神便也變成了人。“三皇”的傳説即是這樣起來的。

這篇三皇考是顧頡剛師同楊向奎先生合寫的。這篇長文裏把“三皇”的來源，同它傳説的演變考證得清清楚楚；同時因問題聯帶的關係，更把“太一”問題也相當的解决了。關於“三皇”的問題，著者們以爲：“皇”字在戰國以前只當它形容詞和副詞用，偶然也用作動詞，或是有人用它作名字；絶没有用作一種階位的名詞的（第二節）。戰國以後，本來用以稱呼上帝的"帝"字已用作人王的位號，便改用了訓美訓大而又慣用作天神的形容詞的"皇"字來稱呼上帝了。在楚辭裏我們首先看到"東皇太一"和"上皇""西皇""后皇"等名詞（第三節）。到戰國之末，"皇"又化爲人了。吕氏春秋和莊子告訴我們一個人帝的"三皇"（第四節）。秦王政統一天下，命丞相御史等議帝號，臣下奏説"古有天皇，有地皇，有泰皇，泰皇最貴"，這就是我們最先知道的"三皇"的名號。"天皇"之名，就是從"皇天"倒轉來的；"地皇"之名，就是從"后土"翻譯來的；"泰皇"或許就是楚辭九歌中的"東皇太一"（凡是用"泰"作形容詞的，都含有最高最貴的意思，所以泰皇最貴）（第五節）。到了漢代，淮南子道"二皇"，"二皇"是介於人神之間的人物（淮南子中也有"太皇"，是天的異稱；又有"太帝"，即是上帝）（第六節）。董仲舒道"九皇"，"九皇"不是一個固定的人物，是一個跟着朝代遞嬗的位號（"九皇"後來也變成固定的人物，如鶡冠子、文子等書所説）（第七節）。西漢時"三皇"説消沈，其原因，一：西漢是陰陽説極盛的時候，武帝時，以泰一爲天的異名，泰皇即可與天皇併家；又泰一與后土對立，天地之神既定，可以不需要再有别的。二：西漢是極注重曆法的時代，在天象裏有大帝星，有五帝星，所以祭祀之神也只能有泰一與五帝，古史中也只能有泰帝與五帝了（第一二節）。到西漢的末年，"三皇"説又顯現了。王莽自居於"皇"，所以他又拾起"三皇"這個名詞來應用（王莽時的"三皇"還保存着董仲舒學説的意義，只是一個順着時代變遷的位號。王莽的"三皇"大約是黄帝、少昊、顓頊）。他在經（周禮）傳（左傳）裏插進了"三皇"説的根據，從此"三皇"這個名詞就長存於天地間了（第一三節）。董仲舒的朝代次序的學説只是"黑""白""赤"三個統（此外尚有"天統"二字，乃指自然的統緒而言，即是後世所説的"正統"）。到了劉歆，把它改變成"天統""地統"

“人統”；因有了這新三統説，緯書裏便有天皇、地皇、人皇的“新三皇”。於是人皇便佔據了泰皇的地位了（第一五節）。天、地、人“新三皇”説既出，他們更把伏羲、神農、燧人、女媧、祝融等與“三皇”併合起來（伏羲、神農爲“三皇”之二是各説俱同的，還有那一“皇”各説不同）。自從鄭玄把少昊正式加入“五帝”中，“五帝”成了“六帝”；僞古文尚書就把本來爲“五帝”之首的黄帝升做了“三皇”，“三皇”之説便確定了（第一六節）。後人又把泰皇、九皇、人皇等合併成一人，天皇、地皇與淮南子裏的“二皇”也併了家；於是“後三皇”在西漢前期的書中也各有着落了（第二〇節）。在道教的經典中也有“三皇”，它們的説法頗不一致，大體是把“三皇”分化成三個集團，有“初”（上）、“中”、“後”（下）“三皇”之别（道教中的“三皇”也是天皇、地皇、人皇，有的也把伏羲、神農、黄帝們拍合上去）（第二一節）。左傳中有“三墳”之名，周禮裏有“三皇之書”，鄭玄們把“三墳”來釋“三皇之書”，後人因此便造出了古三墳書。古三墳書是易經和書經的混合物（第二八節）。到了元代，在異民族統治之下，“三皇”又變做了醫流的祖師（因爲神農有嘗藥及作本草的傳説，黄帝有作内經的傳説，神農、黄帝是“三皇”之二，爽快更把伏羲也硬拉入了醫界）。自此以後，“三皇”便從最高無上的統治階級跌成了自由職業者了（第二九節）。

關於“太一”問題，著者們以爲：道家們叫“道”做“大”、做“一”或“太一”，楚辭裏又把“太一”作爲神名（東皇太一），這兩種意義的“太一”來源誰早誰晚雖難確定，但在戰國以前是不見有這個名稱的（第八節）。到漢武帝時，又有“天神貴者”的“泰一”出來，稍後更有天神的“三一”——天一、地一、泰一出現。“三一”是“三皇”的化身，“泰一”是“泰皇”的化身（“三一”中也以泰一爲最貴）（第九節）。本來西漢的上帝是沿秦制祠青、白、黄、赤諸帝的，到武帝時换了泰一，五帝降爲第二級的上帝了（這是根據謬忌"泰一佐曰五帝"的學説)(第一〇節)。武帝時泰帝的故事頗發達(現在我們知道的有兩件),泰帝是禹和黄帝以前的人帝,實在也就是泰一的化身(第一一節)。自武帝在甘泉立了泰一壇,到成帝時,儒臣提出抗議,天地祀所三十七年間搬了五次。王莽更定祀典,定上帝的整個稱號爲"皇天上帝泰一",後來簡稱爲"皇天上帝","太一"一名就漸漸的消失了(第一四節)。那時的天文家也在星座裏規定了天皇大帝及五帝的星辰。緯書興起以後,更給五帝上的這位上帝以"天皇曜魄寶"一個名號。天皇大帝曜魄寶一方面是北辰星,一方面也就是西漢時"天神貴者泰一"的變相(第一七節)。到東晉時,太一墮落成了五帝之佐的同輩,"六十二神"中的一神。至唐,曜魄寶也跌到了祀典的第三級裏了。推原太一地位降落的緣故,是由於當時天文學説的轉變,而民間流傳的故事也同樣於他有不利(第二二節)。後漢時有一種占卜的方法叫"九宫","九宫"是太帝(太一,即北辰之神)的紫宫,和他的"四正四維"八個行宫;太帝是要常常出來巡狩的,就叫做"太一下行九宫"。照後來的説法,"九宫"每一宫内都有一個神,九神同時移動,這就叫做"九宫神"(九宫太一)。到唐玄宗時,"九宫神"竟一躍而爲國家的正式祀典,尊爲"九宫貴神",地位很高。民間另有一種"太一十神"之説,北宋時又有祀"十神太一"的制度,這"十神太一"的地位更高(以五福太一爲領袖),太一幾乎回復了西漢時的地位(第二三節)。道教中也有"太一",道教的神名"太一"的極多,其中以太一救苦天尊(簡稱太一天尊)的地位爲最高。此外太一君和太一五神等都是人身中的神,還有上上太一,是"道"的父親,又"玄""元""始"三氣也叫作真一、玄一、太一(道教以爲"太一"無處不在,而各具名稱)(第二四節)。周禮中的"昊天上帝",甘公星經中的"天皇大帝",和漢代所祀的"太一",其地位是相等的,因之而有"三位一體"的説法發生(鄭玄説)。到了唐代,他卻又由一而化爲兩了;唐代别祀昊天上帝與天皇大帝曜魄寶，曜魄寶的地位低於昊天上帝。元代更把天皇大帝的祀典取消，而太一也只有“十神太一”中最貴的五福太一得到祭祀，地位並不甚高。明、清以後，天皇和太一的祀典都被革除，於是轟轟烈烈的太一就壽終正寢了(第二五節)。

此外著者們還有對於“開天闢地人物”和“河圖洛書”等的考證(河圖洛書是“太一下九宮”説的根據地)，因非本文的主要部分，從略不敘了(著者們對於“開天闢地人物”的考證有一個特別的提議，以爲在盤古未出現前，女媧實爲開天闢地的人物。這個提議，是這裏應當特別提出的)。

我們看了上面的提要，可以知道“三皇”問題與“太一”問題的關係是怎樣的密切。“太一”問題又牽涉到天文數象等學問，所以非常不容易解決。著者們做出這樣偉大的成績來，已是令人五體投地的了。

本文體大思精，本沒有多少可以疵議的地方；但是像這樣長的論文，自然也難免有一二疏忽之點。序者不學，本不配在這裏補充什麽意見，然承頡剛師的好意命我寫這篇序文，我應當盡責的説幾句話。現在就把浮在我腦際的一點膚見拉雜寫出來，請著者和讀者們指教！

第一：“三皇”來源的討論。“三皇”中的天、地二皇固然就是“皇天”“后土”的變相，但他們的關係還是間接的，天皇、地皇還有個本生娘家在，那便是史記封禪書中所記“八神”之祀裏的天主、地主。我們試把他們的淵源尋出來。封禪書説：

> 始皇遂東游海上，行禮祠名山大川及八神。……八神將自古而有之，或曰太公以來作之。齊所以爲齊，以天齊也。其祀絶莫知起時。八神：一曰天主，祠天齊；天齊淵水居臨菑南郊山下者。二曰地主，祠太山梁父。蓋天好陰，祠之必於高山之下，小山之上，命曰畤；地貴陽，祭之必於澤中圜

> 丘云。三曰兵主，祠蚩尤；蚩尤在東平陸監鄉，齊之西境也。四曰陰主，祠三山。五曰陽主，祠之罘。六曰月主，祠之萊山。皆在齊北，並勃海。七曰日主，祠成山；成山斗入海，最居齊東北隅，以迎日出云。八曰四時主，祠琅邪；琅邪在齊東方。蓋歲之所始皆各用一牢具祠，而巫祝所損益珪幣雜異焉。……名山川諸鬼及八神之屬，上過則祠，去則已。（漢書郊祀志文略同）

八神是東方齊國所奉的神，據史公説八神將自古就有，其祀絶莫知起時，而八神又爲始皇所祠，可見他們至遲也是戰國以前的産品。這天主、地主，封禪書明説就是天地之神；因爲其祀偏在東方，所以天子巡狩經過的時候就祠，去就罷了（八神之祀至成帝時始廢）。燕、齊方士的勢力本來是活躍於秦、漢間的，觀"五德之運"秦帝後齊人就奏之，始皇也便採用；可見他們把天主、地主人化成了天皇、地皇，從東方搬到西方去，是很可能的事。況且漢武帝時的泰一也是從東方來的，天一、地一更與天主、地主相近，而天一、地一又就是天皇、地皇的化身（因爲泰皇復變了神，所以天皇、地皇也就跟着回復了天神的地位），所以説天皇、地皇與天主、地主必有相當的關係，決不是隨意武斷的話。封禪書又記武帝時的祀典道：

> 後人復有上書言：古者天子常以春解祠，祠黄帝用一梟破鏡，冥羊用羊，祠馬行用一青牡馬，太一澤山君地長用牛，武夷君用乾魚，陰陽使者以一牛。令祠官領之如其方，而祠於忌太一壇旁。

這文裹的太一澤山君，不就是天主、地主的變相嗎？陰陽使者（漢書注"孟康曰：陰陽之神也"），不也就是陰主、陽主的化身嗎?

第二:泰一來源的另一段材料。關於泰一問題,本文也漏掉了一段材料,那便是荀子裏所説的"五泰"。荀子賦篇説:

有物於此,儠儠兮,其狀屢化如神,……臣愚而不識,請占之五泰,五泰占之曰:"……夫是之謂蠶理。"(蠶)

這五泰他書裏没有見過,或許就是泰一的分化(道教裏的太一五神,和張衡靈憲、帝王世紀裏的五種"太"的來源,一部分或即由此)。楊倞注説"'五泰',五帝也";案之下節云"臣愚不識,敢請之王",王與帝相對,則釋"五泰"爲五帝也還不算錯(不過他以這五帝爲少昊、顓頊、高辛、唐虞,則是大錯)。那末泰一非但做過"三皇",他還曾做過"五帝"哩(這裏的五泰是神是人看不清楚)。又荀子禮論篇也有"太一",是大道的意思,這與道家所説的"太一"相近。

第三:燧人、祝融列入"三皇"説的來源。本文質問緯書的作者道:"燧人和有巢本來是聯帶的,爲什麽只請燧人入'三皇'而把有巢扔在一邊,不理他呢?而且用了什麽理由,知道他的次序應在伏羲之後,神農之前呢?"(第一六節)這個質問,我可以代緯書的作者答復,便是太皞、燧人連稱見於荀子,正論篇説"何世而無嵬,何時而無瑣,太皞、燧人莫不有也";玩其語意,是以太皞、燧人爲最古的帝王,他們的地位正與三皇相當。成相篇説"文、武之道同伏戲";這是説近如文、武,遠如伏羲,他們的道仍是一樣;可見伏羲也是最古的帝王。在這一點上,太皞很有同伏羲併家的可能(但是拿太皞同伏羲兩個名詞連起來,稱做什麽"太皞伏羲氏",那一定是劉歆們搗的鬼!逸周書太子晉解也説"自太皞以下至于堯、舜、禹,未有一姓而再有天下者";這篇書不甚可靠,故此處不引作證)。又莊子繕性篇也以燧人、伏羲放在神農、黄帝之前。至樂篇並説“言黄帝、堯、舜之道，而重以燧人、神農之言”；可見燧人是在神農前的。緯書的作者把燧人接伏羲，扔去有巢，而連數神農爲“三皇”，他們的根據是荀子和莊子。至白虎通等書請祝融坐“三皇”的寶位，著者們也疑它没有根據，其實這也是有相當的根據的。莊子胠篋篇列容成氏、大庭氏、伯皇氏、中央氏、栗陸氏、驪畜氏、軒轅氏、赫胥氏、尊盧氏、祝融氏、伏羲氏、神農氏爲至德之世；在這個太古帝王的系統中，祝融氏居然也得備員其中，位置且在伏羲、神農之前，這就是“三皇”裏的祝融氏的來源；可惜他們把祝融、伏羲的前後位次顛倒了。

第四：有人名的“三皇”的第四説。有人名的“三皇”，除(1)伏羲、燧人、神農，(2)伏羲、女媧、神農，(3)伏羲、祝融、神農三説外，還有伏羲、共工、神農的第四説(這説三皇的次序想來如此)，見劉恕通鑑外紀引或説。這一説似是從劉歆世經的古史系統來的。世經以伏羲爲木德，神農爲火德，而廁一閏水的共工於其間；作“三皇”第四説的人，他感覺“三皇”本來只有二皇，他想“那一皇怕是閏統罷”，所以便把“霸九有”的共工氏給湊上了數。

第五：本文説“(王肅)有兩個主張：第一是没有所謂‘五精感生’説，第二是不承認五帝之外再有五天帝”(第一七節)。這末了的一句話似稍有語病。因爲我們知道王肅以天上的五帝爲五行之神，天之輔佐(這仍跳不出謬忌的圈子)稱爲“五帝”；明王死而配五行，故亦稱“五帝”；那末他並非不承認有五天帝了。所以這句話若作“不承認有所謂‘六天’”，似稍妥帖。

第六：本文説鶡冠子裏的泰一即是九皇(第七節)，這似乎是錯誤的。因爲鶡冠子泰鴻篇明明説“泰皇問泰一曰”(注“泰皇，蓋九皇之長也”)，又説“泰一……九皇受傅”；泰録篇也説“泰一之道，九皇之傅”；則泰皇即是九皇(或是“九皇”之一)。九皇是學於泰一的，泰一是九皇的師傅；九皇與泰一是二非一（至所謂“九皇殊制，而政莫不效焉，故曰泰一”，這也是説九皇之政效於泰一，泰一爲殊制的九皇所效，所以稱作泰一。這段文義很是顯明）。

第七：莊子天運篇裏的“三皇”似乎是“三王”的誤文（繆鳳林先生説，見中國通史綱要第一册頁一六三——一六四，這層頡剛師從前好像也提出過的）。又天運篇裏又有“上皇”，其文云“天有六極五常，帝王順之則治，逆之則凶，九洛之事，治成德備，監臨下土，天下戴之，此謂‘上皇’”；楚辭裏的神的“上皇”在這裏也被人化了。

第八：左傳“三墳五典”語是劉歆們所竄入，我還有一個證據，便是左史倚相在國語中是個賢人，他能止司馬子期的以妾爲内子的亂倫行爲（楚語上），王孫圉又稱他爲楚國之寶（楚語下）；在左傳這節裏他卻變成一個被貶的人物了，他成了這件故事的犧牲品了。

上面把我的一點膚見説完，此下略略叙述“三皇”辨僞的歷史。

“三皇”這三尊偶像，在歷史上説來，本來是不值一駁的東西；所以一般稍有歷史觀念的學者早就對它不信任了。宋代以來，儒者們理智進步，對於“三皇”一名，便有持極端懷疑態度的了。劉恕通鑑外紀説：

> 六經惟春秋及易、彖、象、繫辭、文言、説卦、序卦，雜卦，仲尼所作，詩、書，仲尼刊定，皆不稱“三皇”“五帝”“三王”。……六韜稱“三皇”，周禮稱“三皇五帝”，及管氏書皆雜孔子後人之語，校其歲月，非本書也。先秦之書存於今者：周書、老子、曾子、董子、慎子、鄧析子、尹文子、孫子、吴子、尉繚子皆不言“三皇”“五帝”“三王”。論語、墨子

稱“三代”。左氏傳、國語、商子、孟子、司馬法、韓非子、燕丹子稱“三王”。穀梁傳、荀子、鬼谷子、亢倉子稱“五帝”。亢倉子又稱“明皇聖帝”。……惟文子、列子、莊子、吕氏春秋、五經緯始稱“三皇”。鶡冠子稱“九皇”。案文子稱墨子，而列子稱魏文侯，墨子稱吴起，皆周安王時人，去孔子没百年矣。藝文志鶡冠子一篇，……唐世嘗辨此書後出，非古鶡冠子；今書三卷十五篇，稱劇辛，似與吕不韋皆秦始皇時人，其文淺意陋，非七國時書。藝文志云文子，老子弟子，孔子並時，非也！莊子又在列子後，與文、列皆寓言，誕妄不可爲據！秦、漢學者宗其文詞富美，論議辨博，故競稱“三皇五帝”，而不究古無其人，仲尼未嘗道也。……讖緯起於哀、平間，……名儒以爲祆妄，亂中庸之典。司馬遷、孔安國皆仕漢武帝，遷據穀梁傳、荀卿子等稱“五帝”，不敢信文、列、莊子、吕氏春秋稱“三皇”。……孔安國爲博士，考正古文，獨見周禮，據“外史掌三皇五帝之書”，左傳云左史倚相“能讀三墳、五典、八索、九丘”，……安國以周禮爲古文，而不知周禮經周末、秦、漢增損，僞妄尤多；故尚書序云：“伏羲、神農、黄帝之書謂之三墳；少昊、顓頊、高辛、唐、虞之書謂之五典。”孔穎達云，三墳之書在五典之上，數與三皇相當，墳又大名，與皇義相類，故云三皇之書；……此皆無所稽據，穿鑿妄説耳！……秦初併六國，丞相等議帝號，曰“古有天皇，有地皇，有泰皇，泰皇最貴，臣等上尊號，王爲‘泰皇’”；王曰“去‘泰’著‘皇’，采上古‘帝’位號，號曰‘皇帝’”；乃知秦以前諸儒或言五帝，猶不及三皇；後代不考始皇本紀，乃曰兼三皇、五帝號曰皇帝，誤也！……(卷一)

劉恕是崔述前的一個謹嚴的史學家，他折衷於所謂“仲尼之言”，悍然斷三皇、五帝爲古無其人。他把古書清理了一下，悍然斷凡稱“三皇五帝”的都是晚出之書，誕妄之説。他連周禮都割棄了，不能不説他有相當的勇氣。他把三皇的時代移到戰國以後，太古的偶像已被他根本推翻了。在劉恕以前，固然已有懷疑三皇的人，但總没有像他這樣徹底的；如他同時人司馬光的稽古録道：

> 伏羲之前爲天子者，其有無不可知也。如天皇、地皇、人皇、有巢、燧人之類，雖於傳記有之，語多迂怪，事不經見。（卷一）

他雖也懷疑伏羲之前的爲天子者，但終不敢斷定地説“古無三皇”，他遠不及劉恕的勇敢。

到了清代，考證學大昌，當一般經師正在迷信漢人的經説，大開倒車之際，卻有一位頭腦極清醒的辨僞大家起來；這個人便是崔述。崔述在他的補上古考信録裏力闢“三皇”説之謬道：

> “三皇五帝”之文見於周官，而其説各不同；……後之編古史者各從所信，至今未有定説。余按：書云“皇帝哀矜庶戮之不辜”，“皇帝清問下民”，是帝亦稱“皇”也。詩云“皇王惟辟”，“皇王烝哉”，是王亦稱“皇”也。書云“惟皇作極”，又云“皇后憑玉几”，詩云“皇尸載起”，又云“獻之皇祖”，傳云“皇祖文王”，又云“皇祖伯父昆吾”，離騷云“朕皇考曰伯庸”，然則“皇”乃尊大之稱，王侯祖考皆可加之；非帝王之外别有所謂“皇”者也。且經、傳述上古皆無“三皇”之號，春秋傳僅溯至黄帝，易傳亦僅至伏羲，則謂羲、農以前别有“三皇”者，妄也！燧人不見於傳，祝融乃顓頊氏臣，女媧雖見於記，而文亦不類天子，則以此三人配羲、農，以足“三皇”之數者，亦妄也！……僞孔傳書序云：“伏羲、神農、黄

帝之書謂之三墳；少皞、顓頊、帝嚳、堯、舜之書謂之五典；其意蓋以墳爲“皇”書，典爲“帝”史，然黄帝以“帝”稱而反爲“皇”，名實迕矣！……蓋“三皇五帝”之名本起於戰國以後，周官後人所撰，是以從而述之。學者不求其始，習於其名，遂若斷不可增減者；雖或覺其不通，亦必別爲之説以曲合其數；是以各據傳説互相詆諆。不知古者本無“皇”稱，而“帝”亦不以“五”限，又何必奪彼以與此也哉！（前論）

史記秦本紀云“古者有天皇，有地皇，有泰皇”，……河圖及三五曆稱：“天皇氏十六頭，……地皇十一頭，……人皇九頭，……”後世序古史者往往採之；以余觀之，謬莫甚焉。傳曰“上古結繩而治，後世聖人易之以書契”，世又傳倉頡始作書契，然則書契之起於羲、農以後，必也；羲、農以前未有書契，所謂“三皇”“十紀”帝王之名號，後人何由知之？……夫尚書但始於唐、虞，及司馬遷作史記乃起於黄帝，譙周、皇甫謐又推之以至於伏羲氏，而徐整以後諸家遂上溯於開闢之初，豈非以其識愈下，則其稱引愈遠；其世愈後，則其傳聞愈繁乎！且左氏春秋傳最好稱引上古事，然黄、炎以前事皆不載，其時在焚書之前，不應後人所知乃反詳於古人如是也！（本文）

他説“皇”本是尊大之稱，非帝王之外別有所謂“皇”。經傳述上古統没有“三皇”之號，所以説羲、農以前別有“三皇”，那是妄談！燧人、祝融、女媧們都够不上“三皇”的地位，所以以此三人配羲、農以足“三皇”之數，也是謬妄！至僞孔傳書序以黄帝爲“三皇”，名實相迕，也不足據。三皇、五帝之名只是戰國以後人所杜撰，周官是後世的僞書，所以從而述之。況且書契起於羲、農以後，所謂“三皇”“十紀”帝王的名號後人何從知道？後人所知反比古人爲詳，這是“其識愈下則其稱引愈遠，其世愈後則其傳聞愈繁”的一條史學公例。他的話駁得這樣有力，不知當時人何以還不覺悟？

崔述以後辨斥“三皇”之説的有康有爲、崔適等。他們以爲“三皇”之名只是劉歆們臆造出來的，凡是古書上説“三皇”的文字都是劉歆們所竄改。他們的話著者們已引入本文中，加以辨正，現在不贅述了。

在近人中辨“三皇”説的僞最力的人，據我所知道的有三位大師。第一位便是本文的著者顧頡剛先生。頡剛師在他的名著古史辨第一册裏説：

> 從戰國到西漢，僞史充分的創造：……自從秦靈公於吴陽作上畤，祭黄帝，……經過了方士的鼓吹，於是黄帝立在堯、舜之前了。自從許行一輩人擡出了神農，於是神農又立在黄帝之前了。自從易繫辭擡出了庖犧氏，於是庖犧氏又立在神農之前了。自從李斯一輩人説“有天皇，有地皇，有泰皇，泰皇最貴”，於是天皇、地皇、泰皇更立在庖犧氏之前了。……自從漢代交通了苗族，把苗族的始祖傳了過來，於是盤古成了開天闢地的人，更在天皇之前了。時代越後，知道的古史越前；文籍越無徵，知道的古史越多。汲黯説“譬如積薪，後來居上”，這是造史很好的比喻。（頁六五，與錢玄同先生論古史書）

這就是所謂“層累地造成的中國古史觀”（這觀念是導源於崔述的）。三皇是這層累裏的第二層。在此以後，頡剛師曾編著了一種初中本國史教科書，因爲裏面没有照通常的例叙説“三皇五帝”，犯了維持道統的人的忌，他們用了政治上的力量壓迫頡剛師，把這本書銷滅了。哪裏知道不久便有第二第三懷疑三皇、五帝説的人起來，那便是經今文學大師廖季平的高足蒙文通先生，和我們的右翼驍將繆鳳林先生。蒙先生説：

> 谷永言“夫周、秦之末，三、五之隆”，師古曰“‘三’謂三皇，‘五’謂五帝”；則“三皇、五帝”之説起自晚周，漢師固已言之也。郊祀志有梁巫、晉巫、秦巫、荆巫，晉巫祠五帝；亳人謬忌奏祠泰一方曰“天神貴者泰一，泰一佐曰五帝”；是五帝本神祇。……鄭玄以“太一者，北辰之神名”，宋均謂是“北極神之别名”；是北辰之神一，而五帝之神佐之。武帝時人有上書言“古者天子三年一用太牢祠三一：天一、地一、泰一”；是天地之神又並北辰之神而三。秦博士言“古者有天皇，有地皇，有泰皇，泰皇最貴”；則“三皇”之説本於“三一”；五帝固神祇，三皇亦本神祇；初謂神不謂人也。

他首先探討“三皇”的來源，他以爲“三皇”的娘家是“三一”(先有“太一”然後有“三一”)。他們本來是神而不是人。他接着説：

> 撮周、秦書之不涉疑僞者而論之：孟子而上皆惟言“三王”，自荀卿以來始言“五帝”，莊子、吕氏春秋乃言“三皇”；以陸德明之言考之，則莊子書亦多有非漆園作者雜出其間。則戰國之初惟説“三王”，及於中葉乃言“五帝”，及於秦世乃言“三皇”。

這是蒙先生的“層累地造成的中國古史觀”。再看下去，他説：

> “五帝”説始見孫子，“三皇”説始見莊子；豈“三五”皆南方之説，騶子取之而别爲之釋，乃漸遍於東方北方耶？

他以爲“三皇五帝”之説皆起於南方，後乃傳到東方北方的。他的結論是：

> 帝固獨貴之神，今乃有五，則不能不有尤貴者焉。周官春官司服“王祀昊天上帝則服大裘而冕，祀五帝亦如之”；則“五帝”之外别有“上帝”。“五帝上帝”之説，自三晉始也（蒙先生以周官爲三晉人所作）。又一變而爲“泰一”，爲“三一”，爲“三皇”，又去古義益遠也。（古史甄微一）

他這個議論雖然有些倒果爲因（因爲我們知道周禮是王莽的書，五帝上的那位上帝正是泰一的化身；而武帝時的三一也正從三皇之説脱化而出），但在他以前没有人像他這樣把“三皇”徹底研究過，所以他的勞績是不能完全湮没的。此後他又説“三皇”之説既起，又以古之王者配“三皇”。“三皇”之説未定，而“九皇”之説又起。“九皇六十四民”在秦本屬雍廟，入漢亦爲古之王者（同上古史甄微一）。他以“九皇六十四民”本是秦雍廟所祀的神，到漢也變成了古之王者，這個提議，雖然我們還不敢斷定它可靠與否，但也是值得注意的（蒙先生從皮鹿門説讀郊祀志“雍有……九臣十四臣……之屬”的“九臣十四臣”爲“九皇之臣”“六十四民之臣”）。

對於“三皇”的起源，與蒙先生持相反的説法，而各得一部分真實的，便是繆鳳林先生。繆先生素來是以“信古”著名的，但他也不是一味的迷信古初；他實在受崔述的影響很大，他衹是一個儒家正統派的古史學者。他曾説過“其世愈後，傳説愈繁，古史之内容亦愈豐富”；“孔子訂書始于唐、虞，傳易則言羲、農、黄帝時事，然但因事及之，未嘗盛有所稱述也；自餘諸子皆以鋪張上古爲事，漢儒雜取其書以爲傳記，故伏生、董子之書其博古皆非孔子所及，馬遷史記觀其自序亦欲繼儒家之正統者，然所採已雜；……蓋自儒者習聞百家異説，採之以益經，流傳既久，學者不復考其所本，以爲其事固然，於是儒者……學者……皆不知儒家所傳之史矣”等話（中國通史綱要第一册頁一五〇及頁一五四），這都是同崔述一鼻孔出氣的。他確也有些“疑古”的精神（他的中國通史綱要第一册唐、虞以前的古史題爲“傳疑時代”，“上古之傳說”）。他對於“三皇”説的意見是：

> “帝”爲上帝之稱，而“皇”初無天帝或帝王之義；以君釋“皇”，後起之義。……“三皇”之説蓋起於道家理想之世之具體化。道家不滿現世，冥想古初，（案儒家何獨不然？）老子嘗言“失道而後德，失德而後仁，失仁而後義，失義而後禮”；以“道”“德”“仁”“義”觀世之隆污，而“道”“德”之世有理想而無君。莊子始以容成、大庭、赫胥等氏爲至德至治之世。在宥篇廣成子曰：“得吾道者，上爲皇而下爲王”；又以“皇”爲得道之君之稱號。蓋管子嘗稱：“明一者皇，察道者帝，通德者王，謀得兵勝者霸”；以“皇”“帝”“王”“霸”代表歷史退化之四時期。古代尚“五”復尚“三”，“霸”五，“王”三，“帝”又爲五，“皇”之説起，遂亦冠“皇”以“三”。以周官言“外史掌三皇之書”觀之，其説或興於莊子前。然莊子書言“三皇”者，疑皆“三王”誤文。公羊襄二十九年注又引孔子曰：“三皇設言民不違，五帝畫像世順機”；語出緯書，更不足辨。吕氏春秋貴公：“天地大矣，生而弗子，成而弗有，萬物皆被其澤，得其利而莫知所由始，此三皇、五帝之德也”；蓋至秦人而“三皇”乃確定，道家理想中之太古爲上古史之首頁矣。

繆先生以爲“三皇”之説起於道家。在老子時還只有一種空洞的太古理想。到莊子時太古史上纔有容成、大庭、赫胥等名號。而帝王之義的“皇”字，也始見於莊子和管子。因爲古代尚“五”復尚

“三”，所以“霸”有五個，“王”有三個，而“帝”又是五個，“皇”説一起，便也不得不冠“皇”以“三”數。“三皇”之説是確定於秦人的，於是道家理想中的太古，便變成上古史的首頁了。他這段議論很覈實，我們衹能相當的承認。他接着又説：

> 吕覽不言何者爲“三皇”，秦博士則曰“古者有天皇，有地皇，有泰皇”(史記秦始皇本紀)；此“天皇、地皇、泰皇”疑即吕覽之“三皇”。漢書郊祀志(案蒙、繆二先生不引史記封禪書，而引漢書郊祀志之文，豈信崔適輩之説，以封禪書爲有可疑邪？其實封禪書甚可信，崔氏輩之疑未是)言太一，又言天一、地一、泰一，皆古天神；近人或言泰皇之説本於泰一，“三皇”之説本於“三一”，其始亦爲神，後乃爲人(蒙文通古史甄微説)。考先秦之神雖有以“皇”名者，然無“三皇”之神。周官有人之“三皇”，而無神之“三皇”。郊祀志記秦一統後祀典最詳，亦無“三皇”之祀。惟齊有天主、地主等“八神”，或言天皇、地皇或由天主等轉變。然神以天爲尊，“三皇”苟爲神，當曰“天皇最貴”，而秦博士言“泰皇最貴”，又上秦王尊號爲“泰皇”，故知其爲人而非神矣。“泰一”之名始見荀子禮論，莊子亦屢言之，與易傳“太極”義略同，初不謂神。楚人以“太一”爲神名，亦不謂上帝。日人津田左右吉太一説考之甚詳。漢世“泰一”“三一”之祠於古無徵，疑皆由“三皇”之説而出。武帝迷信神祇，“而海上燕、齊怪迂之方士多更來言神事”，以漢祀五帝，而三皇在五帝前，秦人又謂“泰皇最貴”也，故“謬忌奏祀泰一方曰‘天神貴者泰一，泰一佐曰五帝’”矣。謬忌僅取泰皇言泰一而不言天皇、地皇也，故“其後人上書言‘古者天子三年一用太牢祠三一：天一、地一、泰一’”(皆見郊祀志)矣。是則“三一”之説本于“三皇”，泰一之説出自泰皇；“三皇”初謂人，不謂神也。

(中國通史綱要第一册第三章〔二〕四七節)

繆先生反對"三皇出於三一"之説，他有三項理由：第一個理由是先秦及秦統一後皆無"三皇"之神。這條理由欠充足，因爲"三皇"固然是人而不是神，但這人儘可由神變化而來。第二個理由是古無上帝的"泰一"。這一説也不大對，因爲楚辭稱東皇太一爲"上皇"，"上皇"就是"上帝"的變文(參看本文第三節)。況且即使楚辭九歌裏的"太一"不是上帝，同時也儘可有上帝的"太一"存在。第三個理由是漢世"泰一""三一"之祠於古無徵。這個理由便比較的站得住了。因爲"三皇"之説若果由"三一"出，則"三一"之祀當古已有之，爲什麽謬忌奏了一"一"，而忘了那兩"一"，要叫其後人再來補奏呢？這分明是方士們鬪奇爭巧的玩意兒，蒙先生實在被方士們瞞過了也，繆先生的舉發是對的！至於他反對的或説，以天皇、地皇爲由天主等轉變而來(觀史學雜志所載繆先生三皇五帝説探源一文，知此即繆先生自己之説)，倒是不錯！繆先生説神以天爲尊，"三皇"苟爲神，當曰"天皇最貴"，不應曰"泰皇最貴"。這個質問，我們可分兩層答復：第一是泰皇之説當出於東皇太一，東方於五行中屬木，四時中屬春，行次皆最先。所謂"帝出於震"，在五行説支配下的宗教，東皇太一焉得不成爲天神中的最貴者？第二是"太一"是"道"的化身，"道"駕"天地"，老子説："有物混成，先天地生，……吾不知其名，字之曰'道'；……人法地，地法天，天法道。"又説："道生一，一生二"；這"一"即是"太一"，等於"太極"，"二"等於"兩儀"，也就是"天地"(吕氏春秋大樂篇説"太一出兩儀，兩儀出陰陽"，注"'兩儀'，天地也")，泰皇的高於天、地兩皇，猶之乎"太極"的高於陰陽兩儀。何況"太"(泰)字又本來是一個崇高尊貴的稱號呢！(本文著者説，見第五節。)

"三皇"問題就這樣結束了。"三皇"的來源問題是蒙文通先生首先提出的。繆鳳林先生補正蒙先生的意見（史學雜志第一卷第五期載有蒙先生與繆先生的通信，題目就是“三皇五帝説探源”；這兩封信便是本文所引兩先生論著的前身），他那段“三皇”略論（中國通史綱要第一册三皇之傳説與帝皇之混合）簡直就是本文十萬言考證的縮影；在本文未出世以前，是要讓它獨霸“三皇問題”的論壇的。至著者們的這篇十萬言的論文，詳博得未曾有，當然無疑地更是本問題的一個最後的大結帳！（本文與五德終始説下的政治和歷史都是由頡剛師的中國上古史研究講義改編成的。那講義是民國十八年度所編，並記於此。）

二十四，十二，五，童書業。

自序

一提到中國的古史系統，任何人就想到三皇、五帝，以後就是三王、五霸，實在這個系統已經建設了二千多年，深入人們的腦髓了。一般人不覺得其中有問題；少數人知道其中有問題，但因怕鬧麻煩也不敢討論。如此相安無事，倒也做了六七十代的好夢，夢見三皇、五帝的黄金時代。陶淵明高卧北窗下，涼風蹔至，自謂“羲皇上人”，就是這個好夢的追求者。

能做夢，本來也好；可惜近幾十年來，受了海通的影響，這個好夢再也做不成了。西洋的學者不安於創世紀的説法，有的研究地質學，有的研究生物學，有的研究人類學，有的研究社會學，把人類的由來和進化弄得清清楚楚，使人知道古代的真相原來如此！最使人們的古史觀念改變樣子的，是考古學，他們挖出許多地下遺物，從古人的用器來證明當時的文化，更使人没法反抗。我們說古時是黄金時代，但他們偏偏把蠻野的古代顯示給我們看，於是原來的古史立刻改變了樣子。

這個觀念傳到了中國，三皇、五帝就等着打倒了。放第一聲礮的，是康有爲的孔子改制考。改制考的第一篇是上古茫昧無稽考，他在開端的小序上說："大地人道皆蓝萝於洪水後，然印度婆羅門前、歐西希臘前亦已茫然，豈特秘魯之舊劫，墨洲之古事黯芴渺昧，不可識耶？吾中國號稱古名國，文明最先矣，然六經以前無復書記，夏、殷無徵，周籍已去，共和以前不可年識，秦、漢以後乃得詳記，……"這就是他受了新潮流的激盪的證明。第二聲礮是夏曾佑的中國歷史教科書，這部書雖然名爲教科，其實是他的一家言，他把三皇、五帝的時代總稱爲"傳疑時期"。在傳統的歷史裏，三皇、五帝時的文物制度反而較夏、商爲整齊完備，怎麼會"傳疑"起來？這兩聲礮都是在清末放的，因爲那時人的目標專注在立憲或革命，學問的空氣淡薄，所以大家没有理會。但是力量是不會白費的，到了五四運动，對於舊思想舊生活作一個總攻擊的時候，這些散發的火星就燃燒起來了。

凡是做成一件事情，總是因緣湊合，具備了各種的條件。康、夏二氏立說後，爲什麼没人理會呢？政治關係固是一端，而另一端則因没有考古學的輔助，力量不厚。自從清末發見了殷墟甲骨，到民國初年，羅振玉氏大加鼓吹，集合了許多拓片，著作了許多論文，於是大家認識了商代的文化。本來我們所有的商代歷史的智識是從商書、商頌、史記殷本紀，及竹書紀年等書裏得到的，想像中的商代，雖没有周代的"文"，一定很像個天朝的樣子。哪知拿甲骨文字來看，那時的生產只是牧畜、漁獵，那時的文化只是祭祀、占卜，他們的地域是這樣小，他們的社會是這樣簡單！就在這個時候，地質調查所發掘了仰韶遺址，出了不少的彩陶，没有一個文字，隨着挖出來的没有一些銅器，這文化是我們在古書裏完全没有瞧見過的，又是一種面目。大家說，殷墟是銅器時代的初期，而仰韶是石器時代的後期。這樣一再的大發現，就把我們從向日的儒家、道家的歷史觀念裏拖了出來，知道書本的記載確是大有問題。豈但"傳疑"，直是作僞！

商代的文化，我們從殷墟遺物裏窺見一個大略了。夏，我們從種種方面知道商以前確有這一個大國，但究竟是怎樣狀況，因爲没有得到他們的遺物，已經"茫昧無稽"。三王尚且如此，何況三王以前的五帝，更何況五帝以前的三皇！我，因爲自己覺得把這件事實認識的真，所以民國十一年就在努力週刊附刊的讀書雜志裏對於三王的第一代（禹）和五帝的末二代（堯、舜）下一番破壞，——其實不是破壞，乃是把關於他們的傳説作一番系統的建設。爲什麽獨對於他們三人注意呢？只因他們是儒家所奉的中心人物，是尚書一經中的最大的偶像。那時商務印書館邀我編中學歷史教科書，我不能違背我的信念，所以也學了夏曾佑的辦法，列了一章"傳説中的三皇、五帝"。

想不到到了民國十八年，這部教科書竟因没有承認三皇、五帝而被禁了。我打聽禁止的理由，得到的消息是這位主張禁的達官説："學者的討論是可以的，但不能在教科書上這樣説，否則摇動了民族的自信力，必於國家不利。"我初聽得時，確是佩服這位達官的高見，惴惴慄慄，惟恐自己作了民族的罪人。繼而想：我們民族的自信力真是建築在三皇、五帝上的嗎？最明白的回答，是我們漢族都承認是炎帝、黄帝的子孫，如果推翻了炎帝、黄帝，我們這一族就團結不起來了。然而使我疑惑的，我們口裏常常説是"炎、黄神明之冑"，又常常説"炎、黄在天之靈實式憑之"，爲什麽我們這漢族老像"一盤散沙"，無論如何團結不起來呢？三皇、五帝，固然大家承認他們是最古的帝王，固然很少數的士大夫還在做好夢，可是同一班民衆有什麽關聯呢？有哪一個地方影響於他們的生活呢？世界上事，"千虚不敵一實"。以前學者對於三皇、五帝，竭盡能力去鋪張，裝了許多金身，畫了許多極樂世界，似乎可以吸收多少位信徒，但結果只落得貌合神離；反不如幾個民族英雄的慷慨悲歌使人感動。如果我們要團結這民族，那麼我們民族經過多少次的磨難，這磨難中的犧牲人物正可喚起全民衆的愛國精神。試看學校裏、戲館中、書場上，每一次講到演到楊繼業、岳飛、文天祥、史可法、林則徐等，便洋洋有生氣，使觀衆爲之泣下。誰曾聽説講演三皇、五帝而有同樣的感動呢？至於説到漢族本身，我們可以説是許多小民族的大團結。三代，總算是漢族的核心了罷？但商和夏不是一民族；周和商也不是一民族，周和楚、越又不是一民族；經過了千年的融冶，春秋時的蠻夷，到戰國時就看不見了，完全同化了。其間固然曾感受多少苦痛，但到現在竟真成爲一族了，這一族是拆不開的了。例如我們顧家，本是東越，居於東甌，語言衣服都不與華同，給漢武帝用了武力遷到江、淮，經了數百年同化，就是漢族了。到三國時，還有未曾同化的越人，叫做山越，也常常出來擄掠，但經過吴國的努力開發，這些人又同化於漢族了。到現在，有哪一個人出來組織越族同盟，想脱離漢族的？就使有這人出來，也決無人響應，因爲血统早已混合，分不清了。豈必遠溯秦、漢，就是遼、金、元、清各族，凡同化於漢人的也都爲漢族了。既爲一族，則利害所關自然一致，只要我們有方法團結就團結得起來，不必用同出一祖的空言來欺人。倘使藉欺詐而結合，那麼一旦民智大開，欺詐無法行使時，豈不是真把這個民族解散了嗎？

因此，我承認這位達官抱的是杞憂。我們的民族自信力應當建立於理性上。我們正應當把種種不自然的連絡打斷，從真誠上來結合。三皇、五帝既經一定不可信，萬無維持其偶像之理。我要順從“學者的討論是可以的”這一句話，所以把三皇、五帝的成分細細地加以分析，把三皇、五帝的演化的歷史詳詳地説明。

自從民國十八年，我由廣州回到北平，即本此志願，搜集材料。在這一年燕京大學的中國上古史講義裏，把東周至東漢的人們對於古史系統的觀念理出一個頭緒。其中五帝一部分，十九年重加修正，發表於清華學報，命題爲五德終始説下的政治和歷史；可惜只寫得半篇，便因病因事没有續下。三皇一部分，則於二十一年夏天，在妙峰山金仙庵中增改一過，分出章節，就是這一册書。因爲三皇太一的問題，自從道教起來之後又增加了多少故實，而道藏分量太多，我的生活已不容我一册一册的翻看，所以這册三皇考没有寫成。到二十二年，我想宕着總不是辦法，就請北京大學史學系同學楊拱辰先生(向奎)代我續下。到二十三年春間，他寫成了，便交哈佛燕京學社，編入燕京學報專號。那時燕京大學歷史學系同學翁獨健先生正在編輯道藏子目引得，又請他校對了一回。本來此書在這年秋冬間即可出版，不幸我的繼母病逝，我奔喪南旋，此事遂爾擱置。直至去夏北行，始經改定付印，到現在剛得出版。綜計這書從起草到印出，前後經歷七年，時間不爲不久。然而這七年之中，是我們中華民族處境最艱屯的時候，時時處處受着强烈的刺戟，只要這個人是有愛國感情的，他就没法安心做事，研究的工作哪裏談得到！所以，這本書還是寫得粗糙。將來倘徼天之幸，我們有安安穩穩坐在學院裏研究古史的一天，我很希望把這本書重新寫過。唉，不知今生今世會不會有這樣的福氣？

我們非常欣幸，得到國立浙江大學教授錢琢如先生(寶琮)的合作。錢先生是數學史專家，兼通天文學，著有中國數學史等書。一二八之變，我適省親在杭，江、浙道路阻絶，只得留住數月，在這時期中，就常常和錢先生會面。談到三皇太一的問題，彼此有同心之契，我既曾搜集了神話的材料，他也曾搜集了天文的材料。當下我便請他寫一篇太一考，登入燕京學報。去年我因爲母葬南旋，又和他往返了多次。我就把三皇考稿本送去，請他改正，承他答應了。本篇第二十二章太一的墮落，二十三章太一下行九宫及二十六章河圖與洛書，改作的地方尤多。他並且允許我的要求，把太一考作爲本書的附録。感謝之情，真是非言可表！

童丕繩先生（書業）上年來北平，專心研究古史，見到此稿，很高興，説要寫一篇批評，我就請他做序，序中多承指正。他主張把近時人討論這問題的作品一起收入，我們表示贊同，就將蒙文通先生、繆贊虞先生（鳳林）的文字彙合編爲附録，藉便讀者勘證。童先生又轉請馮伯平先生（家昇）把日本學者三篇三皇研究的文字作爲提要，也編入附録。三皇太一傳説演變略圖一幅，是楊先生的原稿，經童先生改作的。我們敬謝謝他們諸位的好意！

三皇問題，這本書固然没有寫好，但演變的規模已大略具備，這問題可算是解決了。這問題之所以能解決，全由於這傳説起得晚，讓我們看清楚其中的機構。五帝問題就没有這樣容易。"五帝"的集合名詞固然起得也不早，但這五位帝王各有其深長的歷史，有的商代已有，有的兩周已有，而且也許一人化作兩人（如嚳與舜），那時的史料零落不完，無法尋出其演變的系統，所以只能作爲一個懸案。我以前作的五德終始説下的政治和歷史，也只説秦、漢間的五帝而没有説殷、周間的五帝。三皇問題與殷、周無關，只是秦、漢以來宗教史的問題而不是古代史實問題，所以容許我們作這原原本本的説明。這正如僞古文尚書出於魏、晉，它所引用的材料大都存在，容易啟人懷疑，因此，雖有經典的權威，終爲明、清學者所打倒。可是二十八篇傳於春秋、戰國，編定於漢初，可供研究的材料太少了，我們雖有好多地方覺得他可疑，但竟有無從下手之苦。將來如能有大批的新材料出現，解決了二十八篇的問題，還解決了五帝的問題，那纔是史學界的大快事呢！

顧頡剛　　中華民國二十五年一月八日

三皇太一傳説演變略圖

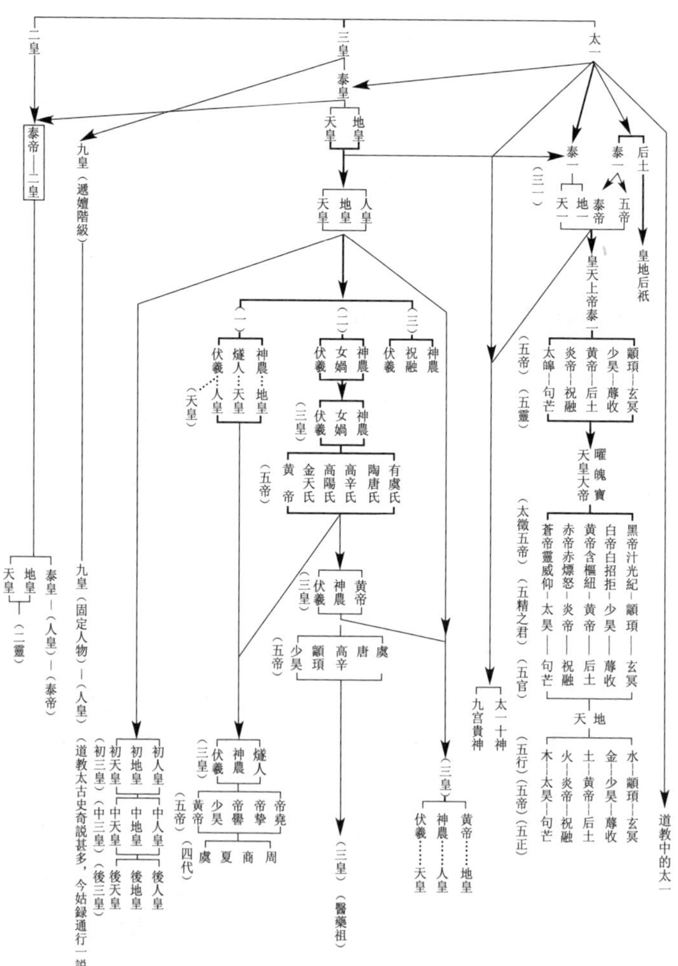

一 引言

“三皇五帝”這一個名詞，是大家習熟在口頭的。惟其習熟，所以覺得没有什麽疑問，他們的偶像就得繼續維持下去。但是不幸得很，到了二十世紀，這思想解放的時代，就是習熟的東西也要問一問了。

凡一種偶像的成立，必有一種或數種學説伏在它的背後鼓吹。例如夏、商、周的稱爲“三王”，本來的意義只是連續的三個朝代，是很簡單的，但到它們有了道德和政治的聯絡，而使這一名有了抽象的意義時，就有漢人的“三統説”隱在它們的背後了。“五帝”的起來，如無“五行説”的襯託，就未必能成功。五行説有幾種不同的説法，所以五帝也就跟着它變了幾種不同的式樣(詳見五德終始説下的政治和歷史)。講到三皇，它的背後也有兩種學説：一種是“太一説”，一種是“三統説”。

三皇是戰國末的時勢造成功的，至秦而見於政府的文告，至漢而成爲國家的宗教。他們是介於神與人之間的人物，自初有此説時直至緯書，此義未嘗改變。自從王莽們廁三皇於經(周禮)和傳(左傳中所説的三墳)，他們的名稱始確立了。

到了今日，古史上當然不該再有他們的地位，但他們在中國宗教史上的地位是不可磨滅的，對於這一方面，我們實在有整理研究的必要。我們是要把他們從古史裏清出去，清到宗教史裏去。這不是侮辱他們，只是要使他們得到一個最適當的地位。

或謂生於今日，自非時代落伍者，誰再信仰三皇、五帝，何必加以整理研究。不知信仰是一件事，研究又是一件事。學術界中一切平等，原無時髦與過時之别。既有問題，就當提出；既有材料，就當整理。清代學者研究古史的很多，但對於三皇問題頗少施功者，大概因爲這個問題太悠謬難稽了，以爲不值得費功夫之故；一半亦因道統所繫，一研究就破產，誰也不敢負這發難的責任。但我們不當如此，我們應使學術界中的懸案少一個好一個。

三皇問題不能單獨解決，有許多地方必須和五帝共同研究。所以本篇中有幾處簡直是五帝考，這是没法的事情。

二　“皇”字的原義

“皇”字，我們看慣了，似乎只是帝和王的異稱，或是高出於帝和王的階位。但在戰國以前的器物和文籍裏，卻毫没有這個意思，只當它形容詞和副詞用，偶然也用作動詞，或是有人用它作名字，絶没有用作一種階位的名詞的。所以白虎通義說：“皇，君也，美也，大也，天人之總，美大之稱也。”（見第一卷，號）除了“君也”一解，可以說是對的。

我們現在所看見的中國文字，當以甲骨文爲最古了，其中雖没有發現單獨的“皇”字，卻有“[illegible]”這樣一個字（殷虚書契後編下第十九頁、第二十六頁）。這個字是不認得的，但右旁的“[illegible]”字唐立庵先生（蘭）說就是“皇”字的初形，由文字的演進歷史來看，知道下從“丨”的字往往變爲“土”字，所以金文裏的從“土”，有從“王”的是錯誤了。它是象太陽剛從地下出來，光燄上射的景象，以後的用法是從這裏演變出來的。今分録“皇”字各條於下，以見其義。

（Ⅰ）金文

“叔角父作朕皇考宕公尊敦，其子孫永寶用□。”（叔角父

敦，見吴式芬攈古録金文卷二之二）

“豐兮𠨘作朕皇考尊敦，𠨘其萬年子子孫孫永寶用享孝。”（豐兮𠨘敦，見同上卷二之三）

“畢鮮作皇祖益公尊敦，用蘄眉壽魯休，鮮其萬年子子孫孫永寶用。”（畢鮮敦，見同上卷二之三）

“鄀公諴作旅匿，用追孝于皇祖皇考，用錫眉壽，萬年子子孫孫永寶用。”（鄀公簠，見同上卷二之三）

“中辛父作朕皇且日丁，皇考日癸隮𣪘，辛父其萬年無疆，子孫永寶用享。”（中辛父𣪘，羅振玉貞松堂集古遺文卷五）

“秦公曰：不顯朕皇且受天命，鼏宅禹責，十又二公在帝之𡰥，嚴龏夤天命，保𡦹氒秦，虩事䜌夏。”（秦公𣪘，見同上卷六）

以上以“皇”爲“祖”與“考”的形容詞。

“隹十又四年，墜医午台群者医□□作皇妣□□妃祭器□□台㚅台□保有齊邦；永世毋忘。”（陳侯午𣪘，貞松堂集古遺文卷五）

“用作朕皇考龔叔，皇母龔姒寶尊鼎。”（頌鼎，見攈古録金文卷三之三）

“爰作皇妣𡚁君中妃祭器八，永寶用享。”（鄦侯敦，見同上卷三之一）

“辛中姬皇母作隮鼎，其子子孫孫用享孝于宗老。”（辛中姬鼎，貞松堂集古遺文卷三）

“隹正月己亥，禾肇作皇母𢡘龏孟姬饙彝。”（禾肇彝，見同上卷四）

以上以“皇”爲“妣”與“母”的形容詞。

“叔□父作𦅫姬旅𣪘，其夙夜用享孝于皇君，其萬年永寶用。”（叔䚄父𣪘，貞松堂集古遺文卷五）

“隹皇上帝百神，保余小子，……我隹司配皇天王，對

作宗周寶鐘。”(宗周鐘，攈古録金文卷三之二)

“不顯文、武，皇天私厭𠦪德，配我有周，膺受大命。……肄皇天亡斁，臨保我有周。”(毛公鼎，見同上卷三之三)

“肄克享于皇天。”(克鼎，劉心源奇觚室吉金文述卷二)

“對䫉皇尹不顯休。”(史獸作父庚鼎，貞松堂集古遺文卷三)

以上以“皇”爲“上帝”、“天王”、“天”、“君”等的形容詞。

金文裏看到的“皇”字甚多，全是用作形容詞的；間有用它作名字的，如“函皇父”(愙齋集古録有函皇父敦及函皇父匜)。

(Ⅱ)古籍(書、詩、儀禮)

1. 作形容詞用的：

“皇天既付中國民越厥疆土于先王。”(書梓材)

“皇天上帝改厥元子。……其自時配皇天。”(書召誥)

“時則有若伊尹格于皇天。”(書君奭)

“皇天改大邦殷之命。……皇天用訓厥道。”(書顧命)

“肆皇天弗尚。”(詩大雅抑)

“燕及皇天。”(詩周頌雝)

以上“皇”爲“天”的形容詞。

“皇帝哀矜庶戮之不辜。……皇帝清問下民。”(書吕刑)

“有皇上帝，伊誰云憎。”(詩小雅正月)

“皇矣上帝，臨下有赫。”(詩大雅皇矣)

“皇皇后帝。”(詩魯頌閟宫)

以上以“皇”爲“帝”的形容詞。

“皇后憑玉几。”(書顧命)

“皇王惟辟，皇王烝哉。”（詩大雅文王有聲）

“於乎皇王。”（詩周頌閔予小子）

以上以“皇”爲“后”與“王”的形容詞。

“獻之皇祖。”（詩小雅信南山）

“無忝皇祖。”（詩大雅瞻卬）

“念兹皇祖。”（詩周頌閔予小子）

“皇祖后稷。……周公皇祖。”（詩魯頌閟宫）

“假哉皇考。”（詩周頌雝）

“於乎皇考。……休矣皇考。”（詩周頌閔予小子）

“某氏來婦，敢奠嘉菜于皇舅某子！……某氏來婦敢告于皇姑某氏！”（儀禮士昏禮）

“孝孫某，孝子某，薦嘉禮于皇祖某甫，皇考某子。”（儀禮聘禮）

“哀子某，哀顯相，……敢用絜牲剛鬣……哀薦祫事，適爾皇祖某甫，饗！”

“哀子某，來日某，隮祔某于爾皇祖某甫，尚饗！”女子曰：“皇祖妣某氏。”婦曰：“孫婦于皇祖姑某氏。”

“孝子某，孝顯相，……用尹祭嘉薦，……適爾皇祖某甫，以隮祔爾孫某甫，尚饗！”（以上儀禮士虞禮）

“孝孫某筮來日某，諏此某事，適其皇祖某子，尚饗！”

“孝孫某諏此某事，適其皇祖某子，筮某之某爲尸，尚饗！”（以上儀禮特牲饋食禮）

“孝孫某，來日丁亥，用薦歲事于皇祖伯某，以某妃配某氏，尚饗！”

“孝孫某，來日丁亥，用薦歲事于皇祖伯某，以某妃配某氏，以某之某爲尸，尚饗！”

“孝孫某，來日丁亥，用薦歲事于皇祖伯某，以某妃配某氏，敢宿！”

"孝孫某敢用柔毛剛鬣，嘉薦普淖，用薦歲事于皇祖伯某，以某妃配某氏，尚饗！"(以上儀禮少牢饋食禮)

以上以"皇"爲"祖"、"考"、"舅"、"姑"與"妣"等的形容詞。

"皇尸載起。"(詩小雅楚茨)

"皇尸卒爵，主人拜，尸答拜。"(儀禮特牲饋食禮)

"尸告飽，祝西面于主人之南，獨侑不拜，侑曰：'皇尸未實，侑！'尸又食。"

"尸執以命祝。卒命祝，祝受以東北面于户西，以嘏于主人曰：'皇尸命工祝，承致多福無疆于女孝孫！'"(以上儀禮少牢饋食禮)

以上以"皇"爲"尸"的形容詞。

"皇皇者華。"(詩小雅皇皇者華)

"朱芾斯皇。"(詩小雅采芑)

"穆穆皇皇。"(詩小雅假樂)

"思皇多士。"(詩大雅文王)

"思皇多祜。"(詩周頌載見)

"皇以間之。"(詩周頌桓)

"有驈有皇。"(詩魯頌駉)(毛傳"黄白曰皇"，朱熹注同)

"烝烝皇皇。"(詩魯頌泮水)

以上以"皇"作"煌"、"美"、"盛"及"黄白"解。

2. 作副詞用的：

"無皇曰：'今日耽樂乃非民攸訓，……小人怨汝詈汝，則皇自敬德。'"(書無逸)

"惟截截善諞言，……我皇多有之。"(書秦誓)

"武人東征，不皇朝矣。……不皇出矣。……不皇他

矣。”(詩小雅漸漸之石)

以上以“皇”字作“遽”、“遑”解。

3. 作動詞用的：

“四國是皇。”(詩豳風破斧)

“先祖是皇。”(詩小雅楚茨)

“繼序其皇之。”(詩周頌烈文)

“上帝是皇。”(詩周頌執競)

“賓入門，皇；升堂讓；將授志，趨。……皇，且行，入門主敬，升堂主慎。”(儀禮聘禮)

綜上所記，以形容詞爲最多。蓋“皇”有光美之義，故用以狀尊嚴偉大的神和人。孟子曰“充實之謂美，有光輝之謂大”，即此義。以後習用的“煌煌”，正是“皇”的原義。

此外，用“皇”字作人名的如“皇父”(窓齋著録之函皇父敦、函皇父匜，詩小雅十月之交、大雅常武)，作地名的如“皇澗”(詩大雅公劉)，正因它是一個形容詞，所以可以隨意用。若照了皇帝的意義來解釋，皇父豈不成了太上皇，皇澗豈不成了皇家的山谷嗎?

尚書中，惟洪範的“皇”字有用作名詞的。但洪範是一篇極有問題的書。它的成書或在戰國的末年，不能拿來作反證的。(説見劉節先生洪範疏證，古史辨第五册上編。)

三　名詞的“皇”的出現

本來人中最貴的是后，神中最貴的也是后；所以在三代最先的一代夏，就是稱人王作“后”的。對神稱“后帝”、“后土”、“后稷”。稍後稱人王的又有“天子、王、辟、君”諸名。其稱“帝”的，只是上帝的簡稱；而“皇”字不過是用以形容人王和天帝的美盛，絶想不到也可以用來作人王和天帝的職位的名稱的。及戰國以後，“帝”的意義有些變了，也可以作人王的稱謂了。孟子是戰國中期的人，在他的書裏説到的古史和論語差不多，惟有一些不同，就是多出了“帝”的名詞。上帝的“帝”，孟子裏不作上帝解而解作人王了。他説：

> 帝使其子九男二女百官牛羊倉廩備，以事舜於畎畝之中。（萬章上）
>
> 舜尚見帝，帝館甥于貳室，亦饗舜，迭爲賓主，是天子而友匹夫也。（萬章下）
>
> 大舜有大焉，……自耕稼陶漁，以至爲帝，無非取於人者。（公孫丑上）

他稱堯、舜都爲帝，可見“帝”是他們的階位了。但這也只把古聖先王稱作“帝”而已。

楚本不戴周爲共主，春秋時已自稱王。戰國而後的七雄和宋因爲國勢的强大，不甘於公侯，也相繼稱起“王”來。以後有幾國，國勢更强大了，再要升級，升作什麽呢？於是毫不猶豫地又稱作“帝”了。公元前二八八年（依史記），秦昭王自爲西帝，而致東帝於齊湣王。做不多久，湣王要使天下愛齊憎秦，去帝號；昭王不好意思獨做，也去了。過了二年，齊湣王滅宋，蘇代看齊太强了，便去勸燕昭王乘機復仇，推秦爲西帝，趙爲中帝，燕爲北帝，合起來打齊。齊湣王果然就被他們趕走了。不知爲了何故，三帝的事也没有實現。到前二五七年，秦國的國勢更强了，圍趙，要趙王尊秦王爲帝。那時魯仲連義不帝秦，信陵君又救趙破秦，此事仍未實現。(以上三事見戰國策齊策四、燕策一、趙策三。)這件事情雖終戰國之世沒有成功，可是那時人的心目中都以爲“王”的上一級是“帝”，這個觀念是已確立了。五帝的系統，帝典的文字，就在這帝制運動之下一一出現，把當時人的祈求塗在古史上，爲古史界添了不少的光彩。可是，天帝位號既經送與人王，天帝將再稱什麽呢?

楚辭是一部楚國的詩歌集。是不是屈原、宋玉們做的，或是一大部分楚國流行的無名氏的詩歌和一小部分屈原們的作品相糅雜的，這問題還没有解决。其中最早的一篇，應推天問。天問是很長的一首對於歷史發問的詩，它問了邃古之後，就問到鯀和禹的事;後來雖也説到堯、舜，但遠不及説鯀、禹的熱鬧，頗有詩經以後，論語以前之風。篇中稱人王曰“后”(“啟代益作后”，“鼓刀揚聲后何喜”)，稱天帝曰“帝”(“帝降夷羿”，“稷維元子，帝何竺之”)，亦曰“后帝”(“何獻蒸肉之膏而后帝不若”，“緣鵠飾玉，后帝是饗”)，這也是和詩、書相同的稱謂。我們可以信它不曾受多大的戰國人歷史觀念的薰染。

可是一到離騷，這“皇”字就成了一個特别的名詞了:

> 忽吾行此流沙兮，遵赤水而容與。麾蛟龍使梁津兮，詔西皇使涉予。(史記淮南衡山列傳記伍被言有云“汝西皇之使耶?”)

又九歌的第一篇是“東皇太一”，其詞云:

> 吉日兮辰良，穆將愉兮上皇。

它稱了西皇，又稱東皇，又稱東皇爲上皇，這種“皇”字的用法是以前所没有用過的。猜想起來，大約因爲“帝”已用作人王的位號，再拿來稱呼上帝，嫌於惑亂，所以改用了訓“美”訓“大”而又慣用作天神的形容词的“皇”來稱呼上帝了。至於“上皇”，簡直就是“上帝”的變文。上帝只當有一個，爲什麽有東皇和西皇呢？依我揣測，恐即是東帝和西帝的反映。人間既有東、西帝，天上就應有東、西皇了！

九章的橘頌中也有一個新名詞：

后皇嘉樹，橘徠服兮。受命不遷，生南國兮。

古書上，“皇后”這個名词是有的（書顧命“皇后憑玉几”），“后皇”卻没有，這因爲“后”是名詞，“皇”是形容詞，形容詞應放在名詞的前邊的緣故。這裏卻倒轉過來用，可見作者確認“皇”字可以替代“帝”字，所以把通常用的“后帝”（例如左傳昭元年的“后帝不臧”）改作“后皇”了。（依向來解釋，這后皇是楚王。我們不必問楚王有無稱皇，只看下面一句，“受命不遷，生南國兮”，就知道這指的是上帝。試問，人王能命令橘樹永遠生在南國而不遷徙嗎？）此後於詩賦中乃多見“后皇”一名詞（如漢書禮樂志、張衡西京賦、張華樂歌、歐陽修紅鸚鵡賦、袁桷次韻周南翁退朝詩）。

此外在離騷中，尚有幾處把“皇”字用作名詞的：

皇覽揆余於初度兮，肇錫余以嘉名。（王逸釋爲皇考，朱熹注同）

皇剡剡其揚靈兮，告余以吉故。（王逸釋爲皇天；朱熹一釋爲百神）

陟陞皇之赫戲兮，忽臨睨夫舊鄉。（王逸釋爲皇天，朱熹注同）

其他如“恐皇輿之敗績”尚可作形容詞解。

我們讀了楚辭，應當記着："皇"字用作上帝的稱謂是始見於此的。他們所以不稱"上帝"而稱"上皇"，不稱"后帝"而稱"后皇"的緣故，只因帝名已慣用於人王，嫌神人之無别，所以就换了一個字來專稱上帝了。

四 "皇"的由神化人

"帝"，本來是神，自有戰國的"帝制"運動而化爲人，於是把"皇"字來替代。過了不久，到戰國之末，不知以何因緣，而"皇"又化爲人了。在楚辭裹看，皇有兩個，又不知以何因緣，到那時有所謂三皇出現。

按：論語中只説三代，如：

> 周監于二代。(八佾第三)
> 夏后氏以松，殷人以柏，周人以栗。(同上)
> 行夏之時，乘殷之輅，服周之冕。(衛靈公第十五)

孟子説：

> 五霸者，三王之罪人也。(告子下)

他也只提出春秋時代的五霸和夏、商、周時代的三王組成的兩個集團；至於三王以前，他便没有什麽集合的稱謂。荀子卻不然，他説：

> 誥誓不及五帝，盟詛不及三王，交質子不及五霸。(大

略）

他在三王和五霸之上，更堆上了一座“五帝”了。

呂氏春秋是呂不韋集合了他的門客們作的，著作地點在秦，著作時期在秦始皇八年。在這部書裏，五帝以上已放上一個神農了，如云：

> 變化應求而皆有章，因性任物而莫不宜當，彭祖以壽，三代以昌，五帝以昭，神農以鴻。（執一）
>
> 神農師悉諸，黄帝師大撓，帝顓頊師伯夷父，帝嚳師伯招，帝堯師子州支父，帝舜師許由。（尊師）

但還不足，它還給我們一個三皇。我們在孟子書裏，讀到“三王、五霸”，在荀子書裏讀到“五帝、三王”，現在更進一步，讀到“三皇、五帝”了！它一共提了四次：

> 天地大矣，生而弗子，成而弗有，萬物皆被其澤，得其利，而莫知其所由始，此三皇、五帝之德也。（貴公）
>
> 夫取於衆，此三皇、五帝之所以大立功名也。（用衆）
>
> 上稱三皇、五帝之業以愉其意，下稱五伯名士之謀以信其事。（禁塞）
>
> 夫孝，三皇、五帝之本務而萬事之紀也。（孝行覽）

這三皇會和已化爲人的五帝在一起，會取於衆而大立功名，會以孝道作萬事之紀，當然是人類，當然是五帝以前的人王。他們爲什麽也像“帝”一樣，從天上跌到地下來呢？三皇是怎樣的三個人，呂氏春秋的作者没有説；他們既把神農常放在五帝之前，是否看他是三皇之一，也没有説。我們只能空洞地知道“三皇”這一名，和讀荀子時只能空洞地知道“五帝”這一名一樣。

爲什麽古代帝王系統的排列法老是“三，五；三，五”？爲什麽一樣的有天下之君，最早的稱“皇”，後來的稱“帝”，更後的又改稱“王”？爲什麽露臉最早的是三王，較後的乃是三王以前的五帝，最後的倒是五帝以前的三皇？

這種問題，並不是單有我們會發，便是創造時代的戰國人也未嘗不會發。所以吕氏春秋裏亟要説明皇帝王遞降的缘故，而云：

> 昔舜欲旗古今而不成，既足以成帝矣。禹欲帝而不成，既足以正殊俗矣。（諭大）
>
> 昔有舜欲服海外而不成，既足以成帝矣。禹欲帝而不成，既足以王海内矣。（務大）

可見他們的意思，必須“旗古今，服海外”的纔可爲“皇”，否則只可成“帝”，再差一點只可稱“王”了。

管子是一部秦、漢間人僞託的書，其中也有關於這事的解説：

> 明一者皇，察道者帝，通德者王，謀得兵勝者霸。（兵法第十七）

又如莊子外篇在宥説：

> 得吾道者，上爲皇而下爲王。

這是説明名號的不同由於道德和能力的不同。正如孟子對於“德位合一説”的疑問，説益、伊尹、周公的不有天下，爲的是繼世有天下的人不像桀、紂一般的壞；説仲尼的不有天下，爲的是没有天子薦之於天：全由於機會不同。在戰國時候，大家聽了這些解釋也就滿意了；可是我們呢？

除此之外，吕氏春秋勿躬篇有一史皇(云“史皇作圖”，淮南子脩務訓亦云“史皇産而能書”)，莊子胠篋篇有一柏皇氏，亦以“皇”爲名，好像也是五帝前的人王。但勿躬的主旨是説聖人治天下在於善使用人才而已不勞，史皇既列爲二十官之一，便不能算作古之王者，雖則與容成氏並列。容成氏是堯前之王，見淮南子本經訓，而吕氏春秋與史皇同列，可見史皇亦非臣；然在吕氏春秋中則確以爲臣了。柏皇氏列爲至德之世之一，且在伏羲、神農之前，當然有皇的可能；但只是容成氏等十二世之一，亦未必便是三皇中人。要之，戰國之末，是創作古史的全盛時代，既有許多五帝以外的帝(如山海經中帝鴻、帝俊等)，當然也可以有三皇以外的皇了。

莊子，通常都看作戰國時書，但其成分甚複雜，固有戰國的，亦有西漢的。(此問題甚複雜，當别爲論。)天運篇中也屢次提起“三皇、五帝”，如果此篇爲戰國末年所作，則亦可算爲吕氏春秋之説的輔佐。文云：

> 故夫三皇、五帝之禮義法度，不矜於同，而矜於治。故譬三皇、五帝之禮義法度，其猶柤梨橘柚耶？其味相反而皆可於口。
>
> 余語女：三皇、五帝之治天下，名曰治之，而亂莫甚焉！三皇之知，上悖日月之明，下睽山川之精，中墮四時之施。

看它對於三皇的觀念已含有菲薄的意味，這當然不是剛出現的三皇了！

自從“皇”字成了帝王的名號以後，於是許多人替它想解釋，如白虎通號篇云：

> 帝王者何？號也。號者功之表也，所以表功明德，號令臣下也。德合天地者稱帝，仁義合者稱王，别優劣也。皇者何謂也？亦號也。……號之爲皇者，煌煌人莫違也。煩一夫，擾一士，以勞天下者，不爲皇也。不擾匹夫匹婦故爲皇。故黄金棄于山，珠玉捐于淵，巖居穴處，衣皮毛，飲泉液，吮露英，庸無寥廓，與天地通靈也。

又如應劭風俗通義皇霸篇云：

> 皇者天；天不言，四時行焉，百物生焉。三皇垂拱無爲，設言而民不違，道德玄泊，有似皇天，故稱曰皇。

他們以爲“皇”只能出在没有物質文明的時代，“帝”只能出在不以仁義號召的時代。這分明取自道家的學説。

五 “皇”爲人王位號的實現

吕氏春秋作成了十八年，秦王政便削平六國，統一天下了。於是他命令丞相、御史等議帝號。丞相王綰、御史大夫馮劫、廷尉李斯等奏道：

> 昔者五帝地方千里；其外侯服、夷服諸侯或朝或否，天子不能制。今陛下興義兵，誅殘賊，平定天下，海内爲郡縣，法令由一統，自上古以來未嘗有，五帝所不及。臣等謹與博士議曰：古有天皇，有地皇，有泰皇；泰皇最貴。臣等昧死上尊號，王爲“泰皇”。

秦王批道：

> 去"泰"著"皇"，采上古"帝"位號，號曰"皇帝"。（史記秦始皇本紀）

同時，他又追尊莊襄王爲"太上皇"（同上）。"皇帝"一名的來歷如此，從此"皇"便成了人王的位號了。這原是三皇、五帝説鼓吹的結果。

"皇"與"帝"合爲一個名詞，好像項羽的"西楚霸王"，以"王"與"霸"合爲一個名词。戰國時的四種階位，都給他們兩人佔據了！"皇帝"既成爲一個名詞，於是就有人替它作起解釋，董仲舒春秋繁露三代改制質文篇説：

> 通天地、陰陽、四時、日月、星辰、山川、人倫，德侔天地者稱"皇帝"。

至於我們讀吕氏春秋時所起的"三皇是怎樣的三個人"的疑問也於這裏得到答案了：他們是天皇、地皇和泰皇；没有神農氏在内。王綰們所説的"五帝地方千里，其外侯服、夷服諸侯或朝或否，天子不能制"，正與吕氏春秋説的"有舜欲服海外而不成，既足以成帝矣"相印合；秦王之所以可稱爲"皇"，只因他的勢力超過了五帝！

我們對於天皇、地皇這兩個名詞好生面善。西周時人常説"皇天上帝"（見尚書）；東周時人常説"皇天、后土"（見左傳）。現在"天皇"之名就是從"皇天"倒轉來的，"地皇"之名就是從"后土"翻譯來的，恐怕依舊是天地之神罷？泰皇之名，前所未聞；但楚辭九歌中有東皇太一，"泰"和"太"古字是通的，也許是他。如果這個猜想不錯，則他到這時已由偏安的東皇升作了一統的泰皇了。凡是用“泰”作形容詞的都含有最高的意思，如周的第一個王是太王，齊的第一個公是太公，東方的最高的山是泰山，兩儀之上是太極。……王綰們說“泰皇最貴”，“泰”確是一個崇高尊貴的稱呼呵！

在秦始皇本紀裏，我們只能知道三皇的權威比五帝爲大，在三皇中以泰皇爲最貴。除此之外，它再没有告給我們什麽了。我們自己在先秦諸子中找去，只找到一處似乎與泰皇有些關係的。莊子應帝王篇云：

> 有虞氏不及泰氏。有虞氏其猶藏仁以要人，亦得人矣而未始出於非人。泰氏其卧徐徐，其覺于于，一以己爲馬，一以己爲牛，其知情信，其德甚真，而未始入於非人。

這泰氏，從來注家不知是什麽人。按吕氏春秋謂“舜欲旗古今而不成，既足以成帝矣”，則此條謂“有虞氏不及泰氏”，此泰氏甚有“皇”的可能，説不定這竟是戰國時關於泰皇傳説的一個僅存的記載。

爾雅相傳爲周公作，康有爲先生説它不見於西漢前，乃是劉歆僞造的(詳見僞經考漢書藝文志辨僞)，實在只是西漢末的産物。因此，它可以説：“林、烝、天、帝、皇、王、后、辟、公、侯，君也。”(釋詁第一。以後蔡邕獨斷也説“皇、王、后、帝，皆君也”。)淮南子時代較早，尚云：

> 帝者體太一，王者法陰陽，霸者則四時，君者用六律。(本經訓)

若在後世，定云“皇者效三才，帝者法五行”了。又吕氏春秋云：

> 五帝先道而後德，故德莫盛焉。三王先德而後事，故事莫功焉。五霸先事而後兵，故兵莫强焉。（先己）

當吕、劉作書的時代已有“皇”的傳説，書中亦屢提起，然而説到整個的系統時還時常忘掉，可見其新成立時不穩定的狀態。因爲還不曾用熟，故每每脱漏，以後的緯書及白虎通等就不會這樣了。

六　二皇二神和太帝

吕氏春秋和王綰等奏文是代表秦地的傳説，他們都説三皇。淮南於戰國屬楚，淮南王劉安又是一個楚辭學家，所以他的書中多維持楚辭的古史系統而道二皇（書中亦有三皇，如齊俗訓云“故三皇、五帝法籍殊方，其得民心均也”）。

原道訓云：

> 泰古二皇得道之柄，立於中央，神與化游，以撫四方。是故能天運地滯，輪轉而無廢，水流而不止，與萬物終始。

話説的玄妙得很，竟捉摸不定他們是人是神。但精神訓云：

> 古未有天地之時，惟象無形，窈窈冥冥，芒芠漠閔，澒濛鴻洞，莫知其門。有二神混生，經天營地，孔乎莫知其所終極，滔乎莫知其所止息。於是乃别爲陰陽，雜爲八極。剛柔相成，萬物乃形：煩氣爲蟲，精氣爲人。

這固然説的是二神，没有説二皇，但這“二”數是相同的。又（1）

二神"經天營地"，而二皇"能天運地滯"；(2)二神"滔乎莫知其所止息"，而二皇"輪轉而無廢，水流而不止"；(3)二神"萬物乃形"，而二皇"與萬物終始"；其意義皆甚相似，説不定二皇即是二神。看它先説"未有天地，莫知其門"，又説"别爲陰陽，萬物乃形"，則二神竟是開天闢地的神。若二皇即二神，則二皇也是開天闢地的神了，故原道訓云"與萬物終始"。

但繆稱訓中又提到二皇，那就確是人而不是神了：

> 昔二皇，鳳皇至於庭。三代，至乎門。周室，至乎澤。……德彌精，所至彌近。

是二皇爲三代以前的王者甚明。三代以前的二皇是誰呢？

這二皇，從楚辭看來，很像是東皇和西皇。但高誘因文中有"别爲陰陽，剛柔相成"之語，故於"二皇"注云"指説陰陽"，於"二神"注云"陰陽之神也"，這或者確是當初用二數來定名的本意。

淮南子中也曾提到"太皇"。精神訓云：

> 登太皇，馮太一，玩天地於掌握之中。

這"太皇"言"登"，似乎不是王綰等奏書中的"泰皇"。故高誘注云：

> 太皇，天也。……太一，天之形神也。

那麽，這句話是説他登上了天，憑依了天的形神，而玩弄天地，這"太皇"和"太一"兩名都是天的稱謂而不是神名。至於天文訓中的太一，那自然是神名了(詳下章)。

但是，地形訓裏還有一個“太帝”。依楚辭中“后帝”改稱“后皇”之例，則“泰皇”亦未嘗不可改稱爲“太帝”。他說：

> 昆侖之丘，或上倍之，是謂涼風之山，登之而不死。或上倍之，是謂懸圃，登之乃靈，能使風雨。或上倍之，乃維上天，登之乃神，是謂太帝之居。扶木在陽州，日之所曊。建木在都廣，衆帝所自上下。

昆侖之丘已經够高了，再往上去，走三倍的路，就登天了。天上是太帝之居，可見太帝即是上帝。他又説建木是衆帝所自上下之處，把“衆帝”較“太帝”，見得太帝是許多天帝中地位最高的一個。這和王綰們奏書中所謂“有天皇，有地皇，有泰皇；泰皇最貴”的話正相合。是不是他們所謂“二皇”即是天皇、地皇，所謂“太帝”即是泰皇？是不是太帝的地位在二皇之上？其系統是不是如“易有太極，是生兩儀”一般？材料太少，我們對於這些問題不敢下斷語，但可說似有此趨勢。

淮南子裏的二皇和太帝，爲神爲人，撲朔迷離，不容易分别；或者在那時也想不到應有什麽分别：因爲無此需要。二皇的名詞，以後倒也常見，如：

> 挾三王之趮趄，軼五帝之長驅，踵二皇之遐武。（文選張衡西京賦）
>
> 若然六器者，猶以二皇聖哲𩋠益。（文選馬融長笛賦）
>
> 二皇稱至化，盛哉唐、虞廷。（曹子建集卷六惟漢行）
>
> 聖帝之創化也，參德乎二皇，齊風乎虞、夏。（晉書皇甫謐傳皇甫謐釋勸論）
>
> 其後逮二皇之世，演八會之文，爲龍鳳之章。（陶弘景真誥卷一）

這些二皇，毫無疑義地是人而不是神。但自此以後，他們卻漸被人忘記而不提起了。

七 “九皇”和“民”

較淮南王時代稍後的有董仲舒。他是廣川（今河北省深縣、冀縣一帶）人，離燕、齊甚近，容易受到燕、齊方士的影響。他是春秋學家，春秋本來是非常平實的一部書，但他竟會在裏邊找出不平實的“三統説”來。所謂三統者，他説天地間有黑統、白統、赤統三個統循環當王，每一個新朝代起來，必是佔有這裏邊的一統，且合於這循環的次序的。他説，殷是白統，周是赤統，孔子作春秋以王魯是黑統。他在三代改制質文篇中説：

> 王者改制作科奈何？曰當十二色，曆各法而（而，當作其）正色，逆數三而復。絀三之前曰五帝，帝迭首一色，順數五而相復。禮樂各以其法象其宜，順數四而相復。咸作國號，遷宫邑，易官名，制禮，作樂。
>
> 故湯受命而王，應天變夏作殷號，時正白統，親夏，故虞，絀唐謂之帝堯，以神農爲赤帝，作宫邑於下洛之陽，名相官曰尹，作濩樂，制質禮以奉天。
>
> 文王受命而王，應天變殷作周號，時正赤統，親殷，故夏，絀虞謂之帝舜，以軒轅爲皇帝（即黄帝），推神農以爲九皇，作宫邑於豐，命相官曰宰，作武樂，制文禮以奉天。……
>
> 故春秋應天作新王之事，時正黑統，王魯，尚黑，絀夏，親周，故宋，樂宜親招武，故以虞録親，樂制（當作制爵）宜商，合伯子男爲一等。

他的意思，以爲一個新朝起來一定要改制度。改制度的事情有三個格式。第一個格式是“三統”，首建寅，次建丑，又次建子，下一代又是建寅。因爲是把“子、丑、寅”倒轉來數的，故云“逆數三而復”。第二個格式是“五帝”和“九皇”。以前説五帝、三皇，都有固定的人，例如黄帝一定是五帝中的人物，泰皇一定是三皇中的人物。他説：這樣不對，帝和皇是應該跟着時代變的；一個新王起來，應把自己的一代，和前一代（親的），更前的一代（故的），算做“三王”，三王的前五代算做“五帝”，五帝的前一代算做“九皇”。例如文王受命，夏、殷、周是三代；舜，本來不稱帝的，這時因爲他到三代之前去了，所以稱他爲帝舜；從此排上去，堯、嚳、顓頊、軒轅都是周的五帝，而軒轅居五帝之首，應當請他標上一種顔色，故稱他爲黄帝；軒轅的前一代是神農，倒數上去已經是第九代了，故推他爲九皇。每一個朝代，都有三個王，五個帝，一個皇。這皇、帝、王的名號，全不是固定的，是跟着朝代遞嬗的。所以周在兩代之後，文王就要改稱帝了；到八代之後，文王就要改稱皇了。試列一表如下：

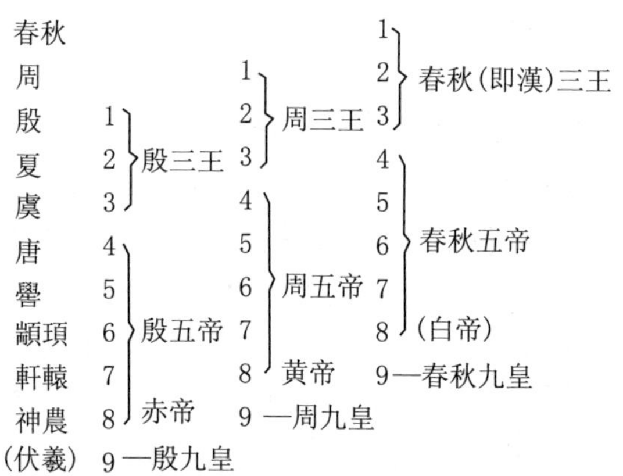

（注）凡加括弧者爲董書中所未明言，今爲補之。

第三個格式是“四法”。他説，制度有“商、夏、質、文”四類，也是循環的。因爲春秋的新王和舜是同樣的“法商”而王，所以要“以虞録親”（立嗣予子，篤母弟，妾以子貴，……）、“制爵宜商”了。

他的玩意兒多得很，不是本篇所能説明。現在只討論他的第二個格式。他説：

> 故聖王生則稱“天子”，崩遷則存爲“三王”，絀滅則爲“五帝”；下至附庸，絀爲“九皇”；下極其爲“民”。

以前總説皇、帝、王、霸的異號由於道德或勢力的不同，他則説是代次的不同，任你是誰，只要做到“王”，那“帝”和“皇”是逃不了的，只是時間有久暫而已；可是升到了“皇”之後，到了頂了，再换朝代時就要跌作“民”了！再説新王的封國，在三王内的封以大國，五帝的後裔則封以小國，九皇的後裔更小一點封以附庸；再换朝代時，九皇的子孫就要無立錐之地了！爲什麽要這樣呢？他説：

> 遠者號尊而地小，近者號卑而地大，親疏之義也。

原來這種制度的基礎建築於儒家的“親親之殺”上。朝代愈古則先王的名號愈尊，而他的子孫的勢力反愈縮小，這原是合於“新鬼大而故鬼小”的原理的呢。

照他的説法，伏羲應是殷的九皇，神農乃是周的九皇，軒轅則是春秋的九皇。依照漢人的見解，孔子作春秋乃是爲漢制法，故軒轅也即是漢的九皇。神農的所以被唤作赤帝，衹因他是殷的五帝的首一帝；軒轅的所以被唤作黄帝，也因他是周的五帝的首一帝：赤帝與黄帝是不能同時存在的。若照孔子的制度説來，則神農已落於九皇之外，軒轅已居於九皇的地位而不能復稱爲黄帝，顓頊卻有被喚作白帝的資格了(赤帝後爲黄帝，是依五行相生説火生土的次序；土生金，故顓頊應爲白帝)。

這種學説，後世固然忘了，但在當時確曾發生了不小的影響。史記封禪書云：

> 天子(漢武帝)既聞公孫卿及方士之言，……欲放黄帝以上接神仙人蓬萊士，高世比德於九皇，而頗採儒術以文之。

既云"欲放黄帝"，又云"比德於九皇"，可知黄帝即是九皇，董仲舒的學説已流行於社會了。

漢舊儀云：

> 聖王……又祭三皇、五帝、九皇、六十四民，皆古帝王，凡八十一姓。(太平御覽卷五二六禮儀部五引。孫星衍輯本漢舊儀補遺卷下云："案：民當作氏。")

周禮春官小宗伯，鄭玄注云：

> 鄭司農云："……三皇、五帝、九皇、六十四氏，咸祀之。"

這些話有錯誤，"三皇"應作"三王"，"氏"當作"民"，這是我們讀了董仲舒書之後可以知道的。至於姓也没有八十一個，因爲三王、五帝、九皇，包括九代，只有九個姓，加上六十四民，只有七十三姓。六十四民的數目怎樣來的呢？只因封禪説中有下列一段話：

> 齊桓公既霸，會諸侯於葵丘而欲封禪。管仲曰："古者

封泰山，禪梁父者七十二家，而夷吾所記者十有二焉。……”（管子封禪，史記封禪書）

依照董仲舒的學説，到了漢代，軒轅已經“絀爲九皇”，神農更“下極其爲民”了。這七十二家是周代的數目，到漢爲七十三家。七十三家中，除去三王三家，五帝五家，九皇一家，即爲六十四家。這六十四家都是絀滅爲民的，故云“六十四民”。這很分明地是從董仲舒的學説下計算出來的。這一種理想的制度，東漢人已不能盡知，故多誤説。

九皇，他書中提起的甚少。依我們所見，只有下列數則：

泰一者，執大同之制，調泰鴻之氣，正神明之位者也。故九皇受傅，以索其然之所生。……九皇殊制而政莫不效焉，故曰泰一。（鶡冠子泰鴻）

泰一之道，九皇之傅，請成於泰始之末。（鶡冠子泰録）

九皇之制，主不虚王，臣不虚貴，階級尊卑，名號自居。吏民於次者無國歷寵歷録副，其所付授，與天人參，相結連鈎考之，具不備也。（路史前紀卷二引文子、鶡冠子）

巍然如九皇，德澤四海沾。（王安石望九華山詩，臨川全集卷十二）

這幾段文字，都看不明白它的真義。但有一點足以指出的，他們看“九皇”並不像董氏所説，是一個遞嬗的階位，乃是一個或數個固定的人物。又鶡冠子説到九皇時必連説太一，且云“九皇殊制而政莫不效焉，故曰泰一”，似乎是九個皇同得泰一之道以治其國，因其道同，故名之曰泰一，則泰一即是九皇。鶡冠子和文子本來是很有問題的書，這些話説不定是出得很後的，所以對於董仲舒創立此名的原義已經弄不明白了。

八　“太一”一名的來源

大凡一個人能使後人在他的身上有所附會，有所依託，必是這個人的文字或思想上有使後人翻觔斗的餘地。不然，一個平正明白的道理，你儘説它是神奇的了不得，有誰來信你。老子之所以被擁爲道教始祖者以此，孔子之不能成爲教主者亦以此。道教中當然以“道”爲首義，老子卻是提出“道”的問題的第一人。什麽是“道”呢？

> 有物混成，先天地生。寂兮寥兮，獨立而不改，周行而不殆，可以爲天下母。吾不知其名，字之曰道，强爲之名曰大。（老子第二十五章）
>
> 大道氾兮其可左右，萬物恃之而生而不辭，功成不名有，衣養萬物而不爲主。（第三十四章）

“道”就是天下萬物之母。本來，未有天地之先，應當有些什麽？必有有這天地萬物的原因，必有有這天地萬物的根本；這就是他所説的“道”。你能説出這個“根本”是什麽形相，黑的，白的，長的，短的？這你雖不能説，然而你能説没有這個“道”麽？所以他説：

> 道之爲物，惟恍惟惚。惚兮恍兮，其中有象。恍兮惚兮，其中有物。窈兮冥兮，其中有精；其精甚真，其中有信。（第二十一章）

這樣子的一個“道”當然難以給它一個具體的名字，所以叫它做“道”可以，叫它做“大”可以，而叫它做“一”也未嘗不可：

> 昔之得一者，天得一以清，地得一以寧，神得一以靈，谷得一以盈，萬物得一以生，侯王得一以爲天下貞。（第三十九章）

韓非子解老説：

> 道者，萬物之所然也。……天得之以高，地得之以藏，維斗得以成其威，日月得以恒其光，……軒轅得之以擅四方，赤松得之與天地統，聖人得之以成文章。

老子説得着“一”則皆能如意，韓非子説得着“道”乃無不能成就，可見老子的“一”就是道了。

以後的人們也喜歡用“一”來名“道”，但他們又漸漸地感覺到這“一”字是太平凡了，萬不足以表示這個恍恍惚惚的“道”，於是請來了一頂榮耀的王冠加在它的頭上，名之曰“太一”或“大一”。莊子天下篇有云：

> 以本爲精，以物爲粗，以有積爲不足，澹然獨與神明居，古之道術有在於是者。關尹、老聃聞其風而悦之，建之以常無有，主之以太一。

“常無有”、“太一”就是老子中的“道”和“一”。從此，人們就多用這個加冠的“一”，如：

> 萬物所出，造於太一，化爲陰陽。（吕氏春秋大樂）

道也者，至精也，不可爲形，不可爲名，彊爲之名，謂之太一。(同上)

帝者體太一，王者法陰陽，霸者則四時，君者用六律。(淮南子本經訓)

洞同天地，渾沌爲樸，未造而成物，謂之太一。(淮南子詮言訓)

是故夫禮必本於大一，分而爲天地，轉而爲陰陽，變而爲四時，列而爲鬼神，其降曰命，其官於天地也。(禮記禮運)

楚辭的第二篇是九歌，王逸的叙説：“九歌者，屈原之所作也。昔楚國南郢之邑，沅、湘之間，其俗信鬼而好神，其祠必作歌樂鼓舞，以樂諸神。”而他們第一個歌的是“東皇太一”，歌首云：

吉日兮辰良，穆將愉兮上皇。……

“上皇”就是東皇太一，我們已在哲學家的書裏看到“太一”是“道”的别名，現在又在文學家的詩歌裏看到這個天神太一了。按文選卷十九載宋玉的高唐賦云：

有方之士，羨門、高溪、上成、鬱林、公樂、聚穀，進純犧，禱璇室，醮諸神，禮太一；傳祝已具，言辭已畢。

劉良注：

諸神，百神也。太一，天神也。

這兩種意義的“太一”的來源誰早誰晚，很難確定；不過，我們總可以説，在戰國以前是不見有這個名稱的。

九 “天神貴者太一”及三一

秦始皇的時候，三皇之説甚活躍。但一到西漢就沉寂了。高、惠、文、景之世，没有人提起過。武帝時，淮南子多談二皇，春秋繁露則有九皇之説，别方面也不曾見到三皇的名字。但到武帝元朔五年（前一二四），忽然有泰一出來（泰一與太一同），稍後又有三一出來。他們雖没有提起三皇的名稱，但我們在這裏邊尋得出它們的關係。

漢書郊祀志（史記封禪書文同；但因史記略有脱誤處，故舉此）云：

> 亳人謬忌奏祠泰一方，曰：“天神貴者泰一，泰一佐曰五帝。古者天子以春秋祭泰一東南郊，日一太牢，七日；爲壇，開八通之鬼道。”於是天子令太祝立其祠長安城東南郊，常奉祀如忌方。
>
> 其後人上書言“古者天子三年一用太牢，祠三一：天一、地一、泰一”。天子許之，令太祝領祀之於忌泰一壇上，如其方。……

王綰們奏書中以三皇位五帝之上，而此以泰一位五帝之上；奏書中以天皇、地皇、泰皇爲三皇，而此以天一、地一、泰一爲三一：其名詞和地位的相同如此，足信三一是三皇的化身，泰一是泰皇的化身。本來三皇中“泰皇最貴”，所以在三一中亦以泰一爲最貴了。又云：

> 後人復有言"古天子常以春解祠，祠黄帝，用一梟破鏡；冥羊，用羊祠；馬行，用一青牡馬；泰一，皋山山君，用牛；武夷君，用乾魚；陰陽使者，以一牛"。令祠官領之，如其方；而祠泰一於忌泰一壇旁。

這一則，封禪書作"泰一澤山君地長用牛"。史記索隱云："'澤山'，本紀作'嶧山'。'澤山君地長'，謂祭地於嶧山。同用太牢，故曰'用牛'。"如其説，是泰一與嶧山君同祀，一爲天神，一爲地神，與周人的皇天、后土甚相類。謬忌泰一壇上本已有泰一，又有三一中的泰一，到這時又有與嶧山君同祀的泰一：泰一的種類真多，泰一的運氣就突然地好起來了！

至元狩三年(前一二〇)：

> 文成(齊人少翁拜文成將軍)言"上即與神通，宮室被服非象神，神物不至"。迺作畫雲氣車，及各以勝日駕車辟惡鬼。又作甘泉宮，中爲臺室，畫天、地、泰一諸鬼神，而致祭具以致天神。

這一段裏先言天、地而後言泰一，頗與天一、地一、泰一之次相合，不知道他們所畫的是否即是三一。

由以上的數種記載看來，武帝時候的泰一是在三一之中，又在三一之外的。他的地位，總是"天神貴者"。

一〇 太一的勃興及其與后土的並立

我們已在上面知道太一日漸興盛，若向後看去，他的幸福正是無疆呢！漢書郊祀志云：

> 文成死，明年（元狩五年，前一一八），天子病鼎湖甚。……游水發根言："上郡有巫，病而鬼下之。"上召置，祠之甘泉。及病，使人問神君。神君言曰："天子無憂病。病少愈，强與我會甘泉。"於是上病愈，遂起幸甘泉，病良已。大赦，置酒壽宮神君。神君最貴者曰太一；其佐曰太禁、司命之屬，皆從之。非可得見；聞其言，言與人音等。時去時來；來則風肅然，居室帷中。時晝言，然常以夜。……神君所言，上使人受書其言，命之曰畫法。其所言，世俗之所知也，無絶殊者；而天子心獨喜。其事祕，世莫知也。

漢武帝固然相信鬼神，多立太一之祀；但以前所立，只是聽了别人的話照辦而已，並沒有特殊的情感。到這時，因爲自己的病好了，又親聞了太一們的説話，纔激起他的强烈的信仰。甘泉的太一祠所以終西漢之世而長存，及太一在諸神中取得獨尊的資格，其故都由於此。這條説"神君最貴者曰太一"，與王綰們奏書中所説的"泰皇最貴"正相印合。

到元鼎四年（前一一三）的秋天，武帝就實定泰一的祭典：

> 上（幸）雍且郊。或曰："五帝，泰一之佐也，宜立泰一而上親郊之。"上疑未定。齊人公孫卿曰："今年得寶鼎，其

冬辛巳朔旦冬至，與黄帝時等。"卿有札書，……因嬖人奏之。上大説，……拜卿爲郎，使東候神於太室。上遂郊雍，至隴西，登空桐。幸甘泉，令祠官寬舒等具泰一祠壇。祠壇放亳忌泰一壇，三陔；五帝壇環居其下，各如其方，黄帝西南；除八通鬼道。泰一所用如雍一畤物，而加醴棗脯之屬，殺一犛牛以爲俎豆牢具。而五帝獨有俎豆醴進。其下四方地爲餟，食群神從者及北斗云。……祭日以牛，祭月以羊彘，特。泰一祝宰衣紫及繡；五帝各如其方；日赤，月白。

十一月辛巳朔旦冬至，昧爽，天子始郊拜泰一。朝朝日，夕夕月，則揖；而見泰一如雍郊禮。其贊饗曰："天始以寶鼎神策授皇帝，朔而又朔，終而復始，皇帝敬拜見焉。"……

公卿言皇帝始郊見泰一、雲陽，有司奉瑄玉，嘉牲薦享，是夜有美光；及晝，黄氣上屬天。太史令談，祠官寬舒等曰："神靈之休，佑福兆祥，宜因此地光域，立泰畤壇以明應，令太祝領秋及臘間祠；三歲，天子一郊見。"

自從謬忌勸武帝立了泰一壇以來，十二年了，運動成熟了。本來西漢的上帝是沿秦制祠青、白、黄、赤諸帝的，到這時換了泰一了，五帝降爲第二級的上帝了。謬忌領祀的泰一本在長安城東南郊，三一等的泰一本附設在謬忌的壇上，自少翁始將泰一們畫在甘泉宫，自上郡巫始請泰一們在甘泉宫裏説話，而泰一遂在甘泉得一堅固的根據地。到這時，正式的泰一祠壇就設立在甘泉了。至於祝宰等官祠五帝及日、月衣青、赤、黄、白、黑，而祠泰一獨以紫者，則因泰一之居在紫宫裏的緣故。（淮南子天文訓云："紫宫者，太一之居也。"）

從此以後，有什麼重要的事情發生，就去祭祀泰一。元鼎五年（前一一二）的秋天：

> 爲伐南越，告禱泰一。以牡荆畫幡日、月、北斗、登龍，以象太一三星。爲泰一鋒旗，命曰靈旗。爲兵禱，則太史奉以指所伐國。

到明年春：

> 既滅南越，嬖臣李延年以好音見。上善之，下公卿議，曰："民間祠有鼓舞樂；今郊祀而無樂，豈稱乎！"公卿曰："古者祠天地皆有樂，而神祇可得而禮。"……於是塞南越，禱祠泰一、后土，始用樂舞。

伐南越時要禱泰一，滅了南越又要禱泰一，以前的五帝畤再不提起了。上云"祠天地"，下云"禱祀泰一、后土"，可見當時確認泰一爲天皇，后土爲地皇(禮記所謂"祭天於泰壇"，自是此時之言)。但是這樣之後，泰一與天一，泰皇與天皇，他們的職權又將如何劃分呢？

元封元年(前一一〇)冬：

> 上議曰："古者先振兵釋旅，然後封禪。"乃遂北巡朔方，勒兵十餘萬騎。還，……既至甘泉，爲且用事泰山，先類祠泰一。

"類"是什麽？書堯典云"肆類於上帝"，可見這是祭上帝的專名。

> 四月，還至奉高。上念諸儒及方士言封禪，人殊，不經，難施行。……至乙卯，令侍中儒者，皮弁縉紳射牛行事，封泰山下東方，如郊祠泰一之禮。……丙辰，禪泰山下阯東北肅然山，如祭后土禮。天子皆親拜見。

武帝因爲封禪之儀，講的太紛歧了，所以就用祀泰一之禮去封泰山，用祀后土之禮去禪肅然山。封相當於祭天，禪相當於祭地。

元封二年（前一〇九）冬：

> 郊雍五帝，還，拜祝祠泰一。贊饗曰："德星昭衍，厥維休祥。壽星仍出，淵耀光明。信星昭見，皇帝敬拜泰祝之享！"

他出去一次，回來必祭一次泰一，髣髴堯典上的巡狩四岳而歸"格于藝祖"似的。

> 初，天子封泰山，泰山東北阯，古時有明堂處，處險不敞。上欲治明堂奉高旁，未曉其制度。濟南人公玉帶上黄帝時明堂圖。……於是上令奉高作明堂汶上，如帶圖。及是歲（元封五年，前一〇六）修封，則祠泰一、五帝於明堂上坐，合高皇帝祠坐對之；祠后土於下房，以二十太牢。……還幸甘泉，郊泰畤。春（元封六年，前一〇五）幸汾陰，祠后土。

當時的郊祀系統當如下圖：

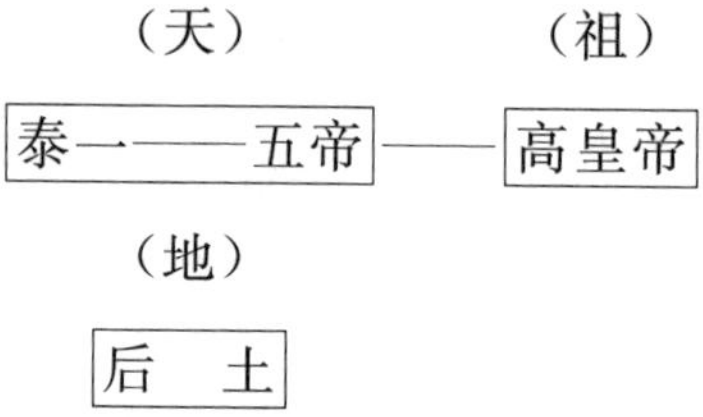

（天）　　　　（祖）

[泰一——五帝]——[高皇帝]

（地）

[后　土]

泰一后土之祀於是施及於泰山。甘泉泰一壇正式稱爲"泰畤"亦於此始定。

太初元年（前一〇四）：

幸泰山。以十一月甲子朔旦冬至日，祀上帝於明堂。後每(毋)修封。其贊饗曰：“天增授皇帝泰元神策，周而復始。皇帝敬拜泰一！”

祠上帝而贊饗之辭曰“皇帝敬拜泰一”，是明以泰一爲上帝了。“泰元”，索隱云：“案黄帝得寶鼎神策，則泰元者古昔上皇創曆之號。”王先謙補注云：

案册府元龜三十六“開元十三年，封禪禮畢，中書令張説進稱‘賜皇帝太一神策，周而復始’”，宋史志“真宗封禪，攝中書令王旦跪稱曰：‘天賜皇帝太一神策，周而復始’”，皆依仿漢世爲之。是泰元即泰一也。

他的説法如果是對的，那麽泰一又得了一個新名了！

此後關於泰一的記載，可惜司馬遷没有記下，故班固作漢書也無所記。史記封禪書總結武帝一代事曰：

今天子所興祠，太一、后土，三年親郊祠。建漢家封禪，五年一修封。薄忌太一及三一、冥羊、馬行、赤星五，寬舒之祠官以歲時致禮。

郊天，郊的是泰一。封禪，封的是泰一。還有薄忌的太一和三一的太一等。太一自前一二四年露臉，歷十餘年而取得正統的地位，凌駕五帝，統一諸天，更易上帝之名，真是宗教史上一件絶大的事情。這變，變的真快呵！

泰一之祀是極盛於漢武帝時的，他是天神，是上帝，是統屬五帝和北斗、日、月的。他的地位之高，等於現在的玉皇大帝。

漢書藝文志中録有泰一的許多著作：

太壹兵法一篇。(兵，陰陽)

泰一雜子星二十八卷。(數術，天文)

泰壹雜子雲雨三十四卷。(數術，天文)

泰壹陰陽二十三卷。(數術，五行)

泰一二十九卷。(數術，五行)

泰壹雜子候歲二十二卷。(數術，雜占)

泰壹雜子十五家方二十二卷。(方技，神僊)

泰壹雜子黄冶三十一卷。(方技，神僊)

又所録天一的著作：

天一兵法三十五篇。(兵，陰陽)

天一六卷。(數術，五行)

天一陰道二十四卷。(方技，房中)

以上泰一凡一百九十卷，天一凡六十五卷。泰一不及黄帝多(黄帝四四九卷)，天一不及神農多(神農九十二卷)；但在古帝王中已佔了第二、第四位了。

一一　泰帝的兩件故事

淮南子中的"太帝"，我們在上面已看到了。他是住在天上的，我們如能旅行到昆侖丘，儘管走上去，走到最上一層，便可看見他，自己也成了神仙了。這樣説來，太帝豈不是一個純粹的上帝了嗎？這也不然，他是會下凡做人帝的。我們試從封禪書裏找出兩段泰帝的故事來證明這句話，這兩段故事是武帝時人所説的。

其一，是元鼎四年(前一一三)事：

其夏六月，汾陰巫錦爲民祠魏脽后土營旁，見地如鉤狀，掊視，得鼎。鼎大，異於衆鼎，文鏤無款識。……天子使驗問得鼎無姦詐，乃以禮祠，迎鼎至……長安。公卿大夫皆議尊寶鼎。……有司皆言："聞昔泰帝興神鼎一，一者一統，天地萬物所繫象也。黄帝作寶鼎三，象天、地、人。禹收九牧之金，鑄九鼎，象九州。皆嘗鬺享上帝鬼神，有德則興。……"

其二，是元鼎六年(前一一一)事：

其春，既滅南越，嬖臣李延年以好音見。上善之，下公卿議，曰："民間祠有鼓舞樂，今郊祀而無樂，豈稱乎!"公卿曰："古者祠天地皆有樂，而神只可得而禮。"或曰："泰帝使素女鼓五十絃瑟，悲。帝禁不止，故破其瑟爲二十五絃。"於是塞南越，禱祠泰一、后土，始用樂舞。益召歌兒，作二十五絃，及空侯瑟自此起。

這兩件事只相差兩年，而公卿大夫議奏中乃兩稱泰帝，可見那時關於泰帝的故事頗發達。(風俗通卷六，瑟，"謹按世本'宓羲作，八尺一寸四十五絃'。黄帝書：'泰帝使素女鼓瑟而悲，帝禁不止，故破其瑟爲二十五弦。'"此云泰帝事出黄帝書，或爲彼等所本?)

看漢公卿之言，泰帝是一個生人，他是在禹和黄帝之前作帝王的，他也曾鬺享過上帝鬼神。然則他究竟是一位怎樣的帝呢?這位帝王爲什麽不見於我們的歷史？於是顔師古漢書注云：

泰帝者，即泰昊伏羲氏也。

這大概因爲那時公卿們既把泰帝放在黄帝之前，而在黄帝前的泰昊之"泰"與泰帝字同的緣故。但沈欽韓漢書疏證則以爲即是黄帝。他的理由是：

> (1)韓非十過："黄帝合鬼神於泰山之上，作爲清角。"淮南覽冥訓："昔者師曠(黄帝臣)奏白雪之音而神物爲之下降。"注："白雪，太乙五十絃樂名也。"
>
> (2)抱朴子極言篇："黄帝論道養則質玄、素二女。"既云使素女鼓之，則黄帝也。

王先謙也贊成這一説，於漢書補注中爲他加上兩條證據：

> (3)世本："庖羲瑟五十絃，黄帝損之爲二十五絃。"
>
> (4)王嘉拾遺記："黄帝使素女鼓庖羲之瑟，滿席悲不能已。後破爲七尺二寸，二十五絃。"則爲黄帝不疑。顔説誤也。

他們的理由固然也算極充足，但鑄一個鼎的時候稱他爲泰帝，鑄三個鼎的時候便稱他爲黄帝，這是什麽道理？如果鑄一個鼎的泰帝可以説爲黄帝，那麽鑄九個鼎的禹亦何嘗不可以説爲黄帝呢？所以在"破瑟爲二十五絃"及"使素女鼓瑟"兩件事上，確可以説泰帝就是黄帝，而在"興神鼎"上則絶没有併合的道理。

我對於這事的意見，以爲泰帝這個人是臨時由天上拉下來的，這些故事也是臨時拼湊起來的(看漢武帝於汾陰得鼎之後，齊人公孫卿的札書就會有"黄帝得寶鼎宛朐，仙登於天"的故事，司馬遷作五帝本紀時就采用了，可以推見。"武王誅紂，以妲己賜周公"的"想當然爾"，使無曹操之問，豈不成爲真事實)。那時的人見泰一正交好運，而泰一是一個天神，總覺得應使他下凡纔好。那時黄帝故事正風行，而泰一的地位在黄帝之上，所以就定他的時代前於黄帝。漢武帝要議郊祀之樂，就以黄帝的音樂故事算做泰帝的，爲這件故事再鍍一次金。如果漢武帝還活下去，對於天帝的泰一越尊敬，則人間的泰帝的故事亦將以應時代的需要而製造不已。到泰一没有新發展的時候，泰帝的歷史也就停止產生了。

一二　西漢時三皇消沉的原因

我們看了西漢時的學説與其歷史，該得發問：何以吕氏春秋與王綰們的奏書都以三皇列五帝之前，但一到了西漢，在五帝之前的乃是二皇、九皇、太一、太帝，而三皇卻不與其盛？比較近似的，是三一，但何以也不佔勢力？

依我們的猜想，這大概有兩種原因：

其一，西漢是陰陽説極盛的時候。戰國没有聽説過有陰陽家；而西漢則司馬談論六家要指即首列陰陽家，地位在儒、墨之上。泰皇本來是在天皇、地皇之上的，他們的關係好像“太極”之與“兩儀”。但武帝時以泰一爲天的異名，泰皇即可與天皇併家。甘泉泰畤與汾陰后土對立，汶上明堂祠泰一、五帝於上坐而祠后土於下房，天地之神既定，可以不需要再有别的。淮南子中的“二皇”説不定即是陰陽二神，故高誘注曰：“指説陰陽。”（原道訓）綜此，秦、漢人對於天上與人間最高人物的觀念的分别，約如下圖：

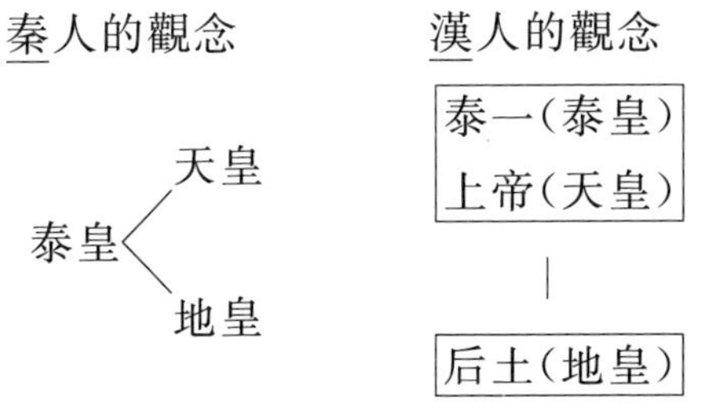

既没有三皇的需要，三皇之説自然就不發達了。

其二，西漢是極注重天文曆法的時代。在天象裏，有大帝星，有五帝星。甘公星經（五行大義引）云：

> 天皇大帝……一星在鉤陳口中。又有五帝内座五星，在華蓋下。

又史記天官書云：

> 中宫，天極星。其一明者，太一常居也。旁三星，三公，或曰子屬。後句四星，末大星正妃。餘三星，後宫之屬也。環之匡衛十二星，藩臣。皆曰紫宫。……
>
> 太微，三光之廷。匡衛十二星，藩臣，西將、東相；南四星，執法。中，端門；門左右，掖門。門内六星，諸侯。其内五星，五帝坐。

可見在紫宫裏有太一（即天皇大帝），在華蓋下有五帝。這座莊嚴的宫殿裏只容得一皇而容不下三皇。天象中既有一皇與五帝，所以祭祀之神也只能有泰一與五帝，古史中也只能有泰帝與五帝了。

一三　三皇的復現

三皇給西漢的人埋没了二百年，大家幾乎忘記了。但到了西漢的末年，忽然又顯現了。揚雄賦：

> 軼五帝之遐跡兮，躡三皇之高蹤。（漢書揚雄傳河東賦）
> 加勞三皇，勖勤五帝，不亦至乎。（漢書揚雄傳羽獵賦）

特別是王莽，他似乎酷好這“皇”字。他受漢高祖的禪讓，由於哀章的兩個銅匱，其一匱上署的是“赤帝行璽邦傳予黄帝金策書”，這就是説：赤帝劉邦傳國與黄帝王莽，王莽即成了黄帝。但他還不滿意，想進一步做黄皇，故即真之後把他的女兒（平帝后，孺子嬰時稱皇太后）更號爲“黄皇室主”。顔師古注云：“莽自謂土德，故云黄皇。室主，若漢之稱公主。”這樣，足見他已自居於黄皇了。

天鳳六年（一九），王莽令太史推三萬六千歲曆紀。明年，就依了這曆紀，改元爲地皇。這地皇的年號，和黄皇的名號是一致的，都表示其爲土德之王。但地皇這個名字，不但在五德中表示土德，也是秦三皇中的一個呵！

地皇三年（二二），霸（灞）橋失火，燒了。王莽心中其實嫌惡這件事，反下一詔書來自己安慰，道：

> 夫三皇象春，五帝象夏，三王象秋，五伯象冬。伯者，繼空續乏以成曆數，故其道駁。……乃二月癸巳之夜，甲午之辰，火燒霸橋，從東方西行；至甲午夕，橋盡，火滅。……其明旦即乙未，立春之日也。予以神明聖祖黄、虞遺統受命，至於地皇四年爲十五年，正以三年終冬。絶滅霸駁之橋，欲以興盛新室，統壹長存之道也。……其更名霸橋爲長存橋。

他以霸橋之“霸”釋作五伯之“伯”，謂其應在絶滅之列；又以皇、帝、王、霸分配春、夏、秋、冬，謂霸橋失火的翌日正爲立春，地皇三年正是冬之終，即此證明以後“霸”道可滅而“皇”道可興。

皇是誰呢？當然是他自己。拿這些話與黄皇、地皇合看，可知他不但不安於王，且不甘於帝，直要作皇咧！

在這一篇詔書裏，"三皇、五帝、三王、五伯"這一個古史系統又出現了。我們將問：他以何人爲三皇，何人爲五帝？關於這一個問題，康有爲以爲劉歆所作的助他篡位的世經裏，把少皞插入黄帝、顓頊之間，違背了舊説，是有心以伏羲、神農、黄帝爲三皇，少皞、顓頊、帝嚳、堯、舜爲五帝的。他在新學僞經考裏説：

> 按：今學無三皇名。惟春秋繁露三代改制質文篇云："故聖王生則稱天子，崩遷則存爲三王，絀滅則爲五帝；下至附庸，絀爲九皇；下極其爲民。"……史記五帝本紀以黄帝、顓頊、帝嚳、唐堯、虞舜爲五帝，實依大戴禮五帝德、帝繫姓及世本，蓋孔門相傳之説。……漢書律曆志載歆世經，以太昊帝、炎帝、黄帝、少昊帝、顓頊帝、帝嚳、唐帝、虞帝爲次，暗寓三皇、五帝之序。而月令"孟春盛德在木，其帝太皞；孟夏盛德在火，其帝炎帝；中央土，其帝黄帝；孟秋盛德在金，其帝少皞；孟冬盛德在水，其帝顓頊"，與世經相應。……月令、律曆志大行，於是三皇之説興，少昊之事出，五帝之號變。（卷六）

又史記經説足證僞經考：

> 劉歆欲臆造三皇，變亂五帝之説以與今文家爲難，因躋黄帝於三皇而以少皞補之。

這好像也對，因爲從太昊到舜恰恰八人，可以分配這八個位子。但我們細加考慮了一回，覺得不敢表示贊同。第一，在世經中，這八個人都稱爲“帝”，不稱“皇”；在月令中，其爲五帝而非三皇更顯明。第二，世經中不見有“三皇”一名，劉歆擅加少昊於帝系中尚不覺得什麽，他要是存心排列這個系統，又何必吝惜於此二字。第三，他説“今學無三皇名”，似以三皇一名爲王莽們所臆撰；但吕氏春秋或可竄亂，而始皇本紀則絶不出於竄亂，否則始皇帝的“皇”字是從哪裏來的？第四，劉歆既在月令中以太昊、炎帝、黄帝、少昊、顓頊爲五帝，當不至復以伏羲（太昊）、神農（炎帝）、黄帝爲三皇，否則這兩個系統是自相衝突了。我的意思，世經這個系統是全爲五德終始表的系統而列的，他不曾有分别誰爲三皇，誰爲五帝之意存於其間。至於没有此意，並非他不要有三皇、五帝這個歷史系統，乃是因爲王莽時的三皇、五帝還是保存董仲舒的學説的意義，看皇、帝、王諸名是順着時代變遷的。所以王莽即真之後，傳云：

> 策曰：“……帝王之道，相因而通；盛德之祚，百世享祀。予惟黄帝、帝少昊、帝顓頊、帝嚳、帝堯、帝舜、帝夏禹……咸有聖德假於皇天，功烈巍巍，光施於遠。予甚嘉之，營求其後，將祚厥祀。惟王氏，虞帝之祀也，出自帝嚳；劉氏，堯之後也，出自顓頊。”
>
> 於是封姚恂爲初睦侯，奉黄帝後。梁護爲脩遠伯，奉少昊後。皇孫功隆公千，奉帝嚳後。劉歆爲祁烈伯，奉顓頊後。國師劉歆子疊爲伊休侯，奉堯後。嬀昌爲始睦侯，奉虞帝後。……漢後定安公劉嬰位爲賓。周後衛公姬黨更封爲章平公，亦爲賓。殷後宋公孔弘，運轉次移，更封爲章昭侯，位爲恪。夏後遼西姒豐，封爲章功侯，亦爲恪。……

把上面所説的列爲一表，應如下式：

1 黄帝——姚恂——初睦侯
2 少昊——梁護——脩遠伯
3 顓頊——劉歆——祁烈伯
4 帝嚳——王千——功隆公
5 帝堯——劉疊——伊休侯
6 虞帝——嬀昌——始睦侯
7 夏——姒豐——章功侯 } 恪
8 殷——孔弘——章昭侯 }
9 周——姬黨——章平公 } 賓
10 漢——劉嬰——定安公 }

在這個表裏，王莽的封國制度用三統説是很明白的。董仲舒把新王及上二代之王算作“三王”，並云“下存二王之後以大國，使稱客而朝”，故他封漢後劉嬰及周後姬黨皆爲“公”，位爲“賓”。董云“絀王謂之帝，封其後以小國”，故殷後孔弘本爲“宋公”，現在因“運轉次移”而改封小國，爵爲“侯”了。自殷後推上去，至帝嚳後，凡五代，都應爲侯；惟帝嚳爲王莽自承的太祖，故奉祀他的王千特封爲公（也許因他是皇孫）。再上去，照董説是只有一個“九皇”了；但他有顓頊、少昊、黄帝三人。少昊與顓頊後俱封伯，這是爲了世代愈遠，國應當愈小的緣故。至於黄帝之後不封伯而封侯者，因爲黄帝是王莽的“太初祖”，所以把奉祀他的人進了一級。在這上面，可見他對於董氏學説，别的都用，惟九皇説不用。所以然之故，想因用了他的九皇説，黄帝只能“下極其爲民”了，殊不是敬祖宗的道理。所以他在古書中找出“三皇五帝”説來，重新用了。

如果王千、姚恂不因所奉祀的是王莽的祖先而進級，則同時應封伯者三，封侯者五，封公者二，恰合三皇、五帝、三王的次序。他的不封太昊、炎帝之後，只因他們已在三皇之外了，應當爲“民”了。從此可知王莽的“三皇”是黄帝、少昊、顓頊；他的“五帝”是帝嚳、堯、舜、夏、殷；他的“三王”是周、漢、新。（王莽時，有三統説中的五帝，是不固定的，帝嚳至殷是也。又有五德説中的五帝，是固定的，月令所記是也。）

因爲他有了這樣的一個新制度，所以要在古書裏插下證據，使人相信。周禮，是他改制度的大本營，左傳，又是劉歆所重編過的，他們就在這一經一傳中確立了三皇與五帝的根基（别詳三墳與古三墳書章中）。雖是他的三皇（黄帝至顓頊）也不久便被人忘記，但“三皇五帝”這個名詞從此就長存於天地間了。

三皇既經復現，於是讖緯書中就大講其“三皇、五帝”，如：

> 三皇百世計神元書；五帝之世受籙圖。（尚書緯璇璣鈐，白虎通五經引）
>
> 孔子曰：“三皇設言民不違；五帝畫象世順機；三王肉刑揆漸加，應世黠巧姦僞多。”（孝經緯，公羊傳襄二十九年解詁引）
>
> 三皇無文；五帝畫象；三王明刑，應世以五。（孝經緯援神契，周禮保氏疏引）
>
> 三皇步；五帝驟；三王馳；五伯鶩。（孝經緯鉤命決，白虎通號篇引）

白虎通講到封禪，也説：

> 三皇禪於繹繹之山，明已成功而去，有德者居之。繹繹者無窮之義也。五帝禪於亭亭之山，亭亭者制度審諦，道德著明也。三王禪於梁甫之山，梁者信也，甫者輔也，信輔天地之道而行之也。

這繹繹之山是爲了三皇特地造出來的。從此“皇、帝、王”就因了名號的不同而有各個的封禪處了。董仲舒要使皇、帝、王歸於同，他們則反道而行，要判之使不同。至應劭風俗通義又襲此説而小變之，云：

> 三皇禪于繹繹，明已成功而去，德者居之；繹繹者無所指作也。五帝禪于亭亭，德不及於皇；亭亭名山，其身禪予聖人。三王禪于梁父者，信父者子，言父子相信與也。

康先生的懷疑三皇一名，我又在他的筆記稿上見有一則，云：

> 吕覽孝行覽長攻“豈能跨五湖、九江而有吴哉”，説苑國語作“三江”，此作“九江”。知“九皇”之改爲“三皇”者多矣。

他的意思，以爲古書中“三皇”多半是從“九皇”改來的。因爲他是董仲舒的信徒，所以信守了春秋繁露的説話。崔懷瑾先生(適)承其流，在春秋復始的箴何篇中説：

> 案大戴記五帝德：“孔子曰：‘五帝用記，三王用度。’”
>
> 史記本紀始五帝，次夏，次殷，次周。然則稽古至五帝尚已，無所謂三皇也。三皇之目始於周官外史“掌三皇、五帝之書”。鄭君引左氏注之曰：“楚靈王所謂三墳五典。”按：左氏周官皆古文家言，孰爲三皇，惟見於緯書，亦無定説。王符潛夫論五德志曰：“世傳三皇，多以爲伏羲、神農爲二皇；其一者，或曰燧人，或曰祝融，或曰女媧，其是與非，未可知也。我聞古有天皇、地皇、人皇，以爲或即此謂，亦不敢言，其於五經皆無正文。”汪繼培箋，於“或曰燧人”曰：

> “尚書大傳及禮緯含文嘉說，見風俗通皇霸篇。禮記曲禮疏云：‘宋均注援神契引甄耀度，數燧人、伏羲、神農爲三皇。’”於“或曰祝融”曰：“禮號謚記說，見風俗通，白虎通亦引之。”於“或曰女媧”曰：“春秋運斗樞說。”於“天皇、地皇、人皇”曰：“初學記九引春秋緯云‘天皇、地皇、人皇兄弟九人，分九州，長天下。’”案：緯書爲古文支流；此孝經緯（即襄二十九年解詁所引孔子說三皇、五帝）也，今文家不應闌入。例以大戴記引孔子之言五帝，上不及三皇，則此文列三皇於五帝之前，必非孔子之言甚明。

我們不必像清末這班今文家一樣，斷定自從有了周官和緯書之後纔有三皇，三皇只存在於古文家的學說，因爲就本篇的前數章看來，三皇確有出現於戰國之末的事實；而且讖緯的思想實導源於西漢儒者，即所謂今文家，只因出在東漢時，爲要依照“漢爲火德”的功令，不得不沿用古文家的五德說的形式，看鄭興、賈逵一班古文家反對讖緯，即知讖緯非古文支流。但三皇一名的加入儒家的經典，由古文家言的左傳、周官及緯書始，是西漢末和東漢初的事情，這是千真萬確的提示，我們不該不信。

可是，歷史的壓力總是重的。西漢一代，太一的權威何等强大，王莽縱費力立出新系統來，究竟擺脱不了這個習慣，所以在他的傳中又有下列數事：

> 五威將乘乾文車，駕坤六馬，背負鷩鳥之毛，服飾甚偉。每一將，各置左、右、前、後、中帥，凡五帥，衣冠、車服、駕馬，各如其方面色數。將持節稱太一之使，帥持幢稱五帝之使。莽策命曰：“普天之下，迄於四表，靡所不至！”（傳中，始建國元年）
>
> 六年（天鳳）春，莽見盜賊多，乃令太史推三萬六千歲曆

紀，六歲一改元，布天下。下書曰："紫閣圖曰：'太一、黄帝皆僊上天，張樂崑崙、虔山之上。後世聖主得瑞者當張樂秦終南山之上。'予之不敏，奉行未明，乃今諭矣。……"（傳下）

七月（地皇元年），大風，毁王路堂。復下書曰："……昔符命文'立安爲新遷王；臨國雒陽，爲統義陽王。……伏念紫閣圖文'，'太一、黄帝皆得瑞以僊，後世褒主當登終南山'。所謂'新遷王'者，乃太一新遷之後也。'統義陽王'，乃用五統，以禮義登陽，上遷之後也。……其立安爲新遷王，臨爲統義陽王，幾以保全二子。……"（傳下）

這第一則五威將帥的制度即是武帝時泰一壇的制度。第二、三則所述紫閣圖文，謂太一與黄帝皆仙而上天，與武帝時公卿所述泰帝事相近，太一亦人王，且在黄帝前。即此可證泰帝即是太一。而太一的神人之郵，也給紫閣圖打通了。

一四　太一的消失

太一和三皇好像是迴避似的。當太一勢力高張時，不聽得有人提起三皇；到王莽時，三皇又擡頭了，太一卻漸漸退讓，終至於隱去了。但這是偶然的一件事，並非太一與三皇有一起一伏的必然關係。要明白它的原因，須把武帝以後的泰畤情況先看一下。

漢書郊祀志記宣帝時事，云：

十二年（元康四年，前六二），乃下詔曰："蓋聞天子尊事天地，修祀山川，古今通禮也。間者上帝之祠闕而不親，十有餘年，朕甚懼焉。朕親飭躬齋戒，親奉祀，爲百姓蒙嘉氣，獲豐年焉。”

明年(前六一)正月，上始幸甘泉，郊見泰畤。數有美祥。修武帝故事，盛車服，敬齋祠之禮，頗作詩歌。其三月，祠后土。

漢書宣帝紀神爵四年(前五八)：

春二月，詔曰：“迺者鳳皇甘露降集京師，嘉瑞並見，修興泰一、五帝、后土之祠，祈爲百姓蒙祉福。……齋戒之暮，神光顯著。薦鬯之夕，神光交錯，或降于天，或登于地，或從四方來集于壇。上帝嘉饗，海内承福。其赦天下!”

郊祀志又云：

明年(五鳳元年，前五七)，復幸甘泉，郊泰畤。改元曰五鳳。明年(前五六)，幸雍，祠五畤。其明年春(前五五)，幸河東，祠后土。赦天下。

後間歲(前五三)改元爲甘露。正月，上幸甘泉，郊泰畤。……後間歲(前五一)正月，上郊泰畤，因朝單于於甘泉宫。後間歲(前四九)，改元爲黄龍。正月，復幸甘泉，郊泰畤，又朝單于於甘泉宫。至冬而崩。

綜計宣帝一朝，於首尾十四年中五郊泰畤，兩祠后土，一祠雍五畤。他遵守他的祖父的制度，無所變更。而每逢改元，必郊泰畤，似是表示其隆重。

到元帝時(前四八——前三三)：

> 元帝即位，遵舊儀。間歲正月，一幸甘泉，郊泰畤。又東至河東，祠后土。西至雍，祠五畤。凡五奉泰畤、后土之祠。亦施恩澤，時所過毋出田租，賜百户牛酒，或賜爵，赦罪人。

他在位十六年，凡五奉泰畤之祠，合於"三年一郊"之制。

自武帝在甘泉立了泰一壇，到此八十年，這聖地不曾變换，也没有人想到變换。不料到了成帝即位，儒臣翼奉、匡衡、張譚等提出抗議來了。漢書翼奉傳云：

> 翼奉……治齊詩，與蕭望之、匡衡同師，三人經術皆明，衡爲後進。
>
> 明年(初元三年，前四五)夏四月乙未，孝武園白鶴館災。……上復延問以得失。奉以爲祭天地於雲陽、汾陰，及諸寢廟不以親疏迭毁，皆煩費違古制。……迺上疏曰："……漢家郊兆、寢廟、祭祀之禮多不應古，臣奉誠難亶居而改作，故願陛下遷都正本，衆制皆定。……"
>
> 其後貢禹亦言當定迭毁禮，上遂從之；及匡衡爲丞相，奏徙南北郊：其議皆自奉發之。

翼奉説漢家以先的祭祀制度"皆不應古"，都應改作。但他没有説明應如何的改作和爲什麽"皆不應古"；承其後的匡衡等乃有詳細的説明。郊祀志云：

> 成帝初即位，丞相衡、御史大夫譚奏言："帝王之事莫大乎承天之序，承天之序莫重於郊祀，故聖王盡心極慮以建其制。祭天於南郊，就天之義也。瘞地於北郊，即陰之象也。天之於天子也，因所都而各饗焉。

> “往者孝武皇帝居甘泉宮，即於雲陽立泰畤，祭於宮南。今常幸長安，郊見皇天反北之‘泰陰’，祠后土反東之‘少陽’，事與古制殊。又至雲陽，行谿谷中，阸陜且百里；汾陰則渡大川，有風波舟楫之危：皆非聖主所宜數乘。郡縣治道共張，吏民困苦，百官煩費。勞所保之民，行危險之地，難以奉神靈而祈福佑，殆未合於承天子民之意。
>
> “昔者周文、武郊於豐、鄗，成王郊於雒邑。由此觀之，天隨王者所居而饗之可見也。甘泉泰畤、河東后土之祠宜可徙置長安，合於古帝王。願與群臣議定！”奏可。

他們在這篇奏書上，老實說破，泰畤所以立在甘泉，只爲武帝常住在甘泉宮的緣故，至於在學理上說，“天”是就陽位的，該立在國都的南面，而今反在國都的北面，顛倒了陰陽的次序了。同樣，“地”是就陰位的，應在國都的北面，今反在東面，也不符了。再從事實上說，到甘泉去要走百餘里的山路，到汾陰去要渡過黃河，既有危險，又因所到的地方供張煩費，使百官和吏民都受到困苦，這是不合於天意的。從前周代郊社之禮都在國都附近舉行；現在應當復古，把泰畤移到長安南郊，后土移到長安北郊。這是把天地之祭作一番理性的改革。

我們在上邊知道，武帝所以在甘泉立泰畤，由於在壽宮中聽得太一們的講話；其立后土於汾陰，則是由於他東幸汾陰時，汾旁有光如絳。這些動機都由於信鬼神。現在匡衡們只依陰陽的學說和周代的舊制，全不理會鬼神的權威，可知他們對於泰畤、后土的觀念已經不是武帝的觀念了。

> 既定，衡言：“甘泉泰畤，紫壇八觚，宣通象八方，五帝壇周環其下，又有群神之壇，以尚書禋六宗，望山川，遍群神之義。紫壇有文章、采鏤、黼黻之飾及玉女樂。……臣

聞……上質不飾，以章天德。紫壇僞飾，女樂、鸞路、騂駒、龍馬、石壇之屬宜皆勿修。"

本來很講究的一座泰畤，現在移到長安時弄得質樸了。我們記得，當武帝滅了南越之後，令公卿議郊祀禮樂以禮神祇，於是述及"泰帝使素女鼓五十絃瑟，悲"的故事，現在這些樂舞也廢除了。不但除去樂舞，連太一乘的鸞路騂駒也不要了。這人格化的上帝，本來要聽音樂，要看文采，要乘車馬，現在一切取消了。匡衡們真有魄力，把這位威靈顯赫的上帝回復到"無聲無臭"。既經無聲無臭，再用得着什麼太一的名號！

郊祀志又說：

明年（建始二年，前三一），上始祀南郊。

是歲，衡、譚復條奏："……郡國候神方士使者所祠，凡六百八十三所。其二百八所，應禮，及疑無明文，可奉祀如故。其餘四百七十五所，不應禮，或復重，請皆罷。"奏可。……孝武薄忌太一、三一、黄帝、冥羊、馬行、泰一、皋山山君、武夷……之屬……皆罷。候神方士、使者、副佐，本草待詔七十餘人皆歸家。（漢書成帝紀，建始二年，春正月，罷雍五畤；辛巳，上始郊祀長安南郊，詔曰："迺者徙泰畤、后土于南郊、北郊，朕親飭躬，郊祀上帝，皇天報應，神光並見。三輔長無共張繇役之勞，赦奉郊縣長安〔天郊所在〕長陵〔地郊所在〕。……"三月……辛丑，上始祠后土于北郊。）

這是對於西漢前期的迷信作一次大破壞。從此以後，所祭祀的只有古禮所本有的，或陰陽的學説下所該有的，而没有由神話作背景以興起的了。這是對於漢代宗教的一個淨化運動！這是儒者和方士的一回大爭戰！

太一，在武帝時何等轟轟烈烈，現在既失去了他的聖地甘泉，就是原始的謬忌領祀的太一，三一中的太一，與皋山山君同祀的太一，都廢棄了。太一之神從此不靈了吧？但是他還有後運呢。

明年（建始三年，前三〇），匡衡因事免官，反對他的人都説不應當變動祭祀，又説：

> 初罷甘泉泰畤，作南郊日，大風壞甘泉竹宫，折拔畤中樹木十圍以上百餘。

見得太一的憤怒。成帝去問劉向，他是一個守舊的人，對道：

> 家人尚不欲絶種祠，況於國之神寶舊畤！且甘泉、汾陰及雍五畤始立，皆有神祇感應，然後營之，非苟而已也！……易大傳曰："誣神者殃及三世。"……

但廢舊立新，事已做成了，雖有反對，一時也没法改回來。再過了十六年，到永始三年（前一四），成帝尚無子嗣，疑心是甘泉的太一作怪，遂由皇太后下詔道：

> 蓋聞王者承事天地，交接泰一，尊莫著於祭祀。孝武皇帝大聖通明，始建上下之祀，營泰畤於甘泉，定后土汾陰；而神祇安之，饗國長久，子孫蕃滋。累世遵業，福流於今。今皇帝寬仁孝順，奉循聖緒，靡有大愆，而久無繼嗣。思其咎職，殆在徙南北郊，違先帝之制，改神祇舊位，失天地之心，以防繼祀之福。春秋六十，未見皇孫，……朕甚悼焉。春秋大復古，善順祀，其復甘泉泰畤、汾陰后土如故！……

於是甘泉的泰畤恢復了。可是那時候的儒者實在很盛，匡衡的同志依舊作南北郊的運動。成帝末年（前一三——前一〇），王商爲大司馬、衛將軍，輔政。杜鄴説商道：

> 古者壇場有常處，尞禋有常用，贊見有常禮，犧牲玉帛雖備而財不匱，車輿臣役雖動而用不勞。是故每舉其禮，助者歡説；大路所歷，黎元不知。今甘泉、河東天地郊祀，咸失方位，違陰陽之宜；及雍五畤，皆曠遠。……繕治共張，無解已時。……宜如異時公卿之議，復還長安南北郊。

他的理由依然和匡衡的一樣：甘泉、汾陰之祀，在學理上是失方位，違陰陽；在事實上是使人民繕治供張無已時，太苦了。學理只是那時的一種信仰，事實則是那時人民的切身利害。但即在此信仰上，可見陰陽方位的觀念極盛於西漢後期，在武帝時則尚不如是嚴格，所以他每立新的祭祀都不曾想到這一點。

因爲常有人作這南北郊運動，所以綏和二年（前七）成帝崩後，郊社之禮仍回復到長安來了。

繼位的哀帝多病，爲求神靈的保佑，興復神祠七百餘所。泰畤、后土亦於建平三年（前四）仍遷回原地。

過了八年，到平帝元始五年（公元五），大司馬王莽與太師孔光等六十七人議，又把泰畤、后土遷到長安。

總計天地之祀，成帝初年從甘泉、汾陰遷到長安，末年又從長安遷回原地，死後又從原地遷到長安；哀帝又從長安遷回原地；平帝又從原地遷到長安：三十七年之間搬了五次，人和神都勞了。

王莽是有大計劃的人，他把天地及諸神之祀重新整理了一過。大約在居攝間（公元六——八）吧，他奏言：

> 臣前奏徙甘泉泰畤、汾陰后土皆復於南北郊。謹案：周

> 官“兆五帝於四郊，山川各因其方”。今五帝兆居在雍五時，不合於古。又日、月、雷、風、山、澤，易卦六子之尊氣，所謂“六宗”也；星辰、水、火、溝、瀆，皆六宗之屬也：今或未特祀，或無兆居。謹與太師光、大司徒宮、羲和歆等八十九人議，皆曰：天子父事天，母事地。今稱天神曰皇天上帝泰一，兆曰泰時；而稱地祇曰后土，與中央黃靈同，又兆北郊，未有尊稱，宜令地祇稱皇地后祇，兆曰廣時。……分群神，以類相從，爲五部，兆天地之别神。中央〔黄〕帝，黄靈后土時，及日廟、北辰、北斗、填星、中宿、中宫，於長安城之未地兆。東方帝太昊，青靈句芒時，及雷公風伯廟、歲星、東宿、東宫，於東郊兆。南方炎帝，赤靈祝融時，及熒惑星、南宿、南宫，於南郊兆。西方帝少皞，白靈蓐收時，及太白星、西宿、西宫，於西郊兆。北方帝顓頊，黑靈玄冥時，及月廟、雨師廟、辰星、北宿、北宫，於北郊兆。

這是他們用了陰陽五行的系統把古今合理的神祀作一次總清理。本來泰一只叫泰一，現在叫皇天上帝泰一了。本來后土只叫后土，現在后土一名送給中央黄靈，原有的后土改稱皇地后祇了。本來五帝只是五帝，現在各有一靈以配之了。本來日、月、雷、風、雨及諸星是没有統屬的，現在都由五帝、五靈統帥着了。王莽的政治事業雖失敗，但他的文化事業佔了勝利，這樣的一個系統永遠支配了中國學術和國家宗教，直等到清亡而後已。

照我們想，“泰一”之上加了“皇天上帝”，他更尊貴了。但事情是有不可測的，他竟因戴這個高帽子而把原有的名字消失了！原因大約有二種：一，這名字太長，念起來不順口，於是縮短爲“皇天上帝”，不再連稱爲“泰一”。二，自匡衡以來，都要把人格化了的上帝恢復他的無聲無臭的原有狀態，泰一是曾有許多猥鄙的故事的，覺得不尊重，然而泰時明明祀泰一，没法替他洗刷；

現在泰一之上既有皇天上帝四字，便可移花接木地把泰一二字棄去不提了。他們爲要維持天地的莊嚴，不需有天神地祇的故事和感應，這是西漢末年的儒者“留術數而去鬼神”的公同心理，雖則在攝皇帝的心中未必如此。

可以證實太一的消失的，有月令和周禮。周禮，是王莽所發得的，別有論列。月令，見於吕氏春秋十二紀、淮南子時則訓及小戴禮記，似乎不是後出。但王莽傳中記元始四年(公元四)：

> 立樂經。益博士員，經各五人。徵天下通一藝，教授十一人以上，及有逸禮、古書、毛詩、周官、爾雅、天文、圖讖、鍾律、月令、兵法、史篇文字，通知其意者皆詣公車。網羅天下異能之士。至者前後千數，皆令記説廷中，將令正乖謬，壹異説云。

可見月令即使不是王莽時纔出，也是給這一班徵士整理過的，他們認爲乖謬的都正了，認爲異説的都壹了。因此，月令中的五帝、五神，即是居攝時郊祀新制中的五帝、五靈。而除了五帝、五靈之外，還説：

> 天子乃以元日祈穀於上帝。
> 令民無不咸出其力以共皇天上帝……以爲民祈福。

在五帝之上還有上帝，還有皇天上帝，這不是皇天上帝泰一嗎？然而“泰一”二字是扔下了。

至於周禮，有：

> 兆五帝於四郊。(春官小宗伯)
> 四圭有邸，以祀天旅上帝。(春官典瑞)

王大旅上帝則張氈案，設皇邸；朝日祀五帝則張大次小次，設重帟重案。(天官掌次)

王之吉服，祀昊天上帝則服大裘而冕；祀五帝亦如之。(春官司服)

它把上帝和五帝分開，這上帝豈不是皇天上帝泰一？昊天上帝一名，也只是皇天上帝的小變。這種制度，和武帝的泰一壇固有些相像，因爲泰一在上而五帝在下。但武帝時何嘗直稱泰一爲上帝，他更何嘗兆五帝於四郊？兆五帝於四郊的乃是王莽時呵！周代固有“皇天上帝”(書召誥)及“昊天上帝”(詩大雅雲漢)之名，但又何嘗有五帝，何嘗以上帝與五帝分掌諸天？正名定稱，以五帝分掌五天，而以上帝總領之者，始於王莽；所以周禮不能不説是王莽時的一部書。

王莽時的制度，上帝的整個稱號是“皇天上帝泰一”，然而那時的經(周禮)只稱“上帝”與“昊天上帝”，那時的傳(月令)只稱“上帝”與“皇天上帝”，都不提“泰一”二字。後之學者在經傳裏從不見上帝有泰一之名，便把泰一忘掉了。就是從史書裏看到，也只當他一個普通的天神，不當他是駕於五帝之上的權威最大的天神了。泰一與上帝合名，實際上只是他的名號的消失與地位的没落而已。

從此以後，大家想像中的上帝依然回復到周代的上帝，而忘記了他在西漢時的一段親民的歷史。

一五　人皇的出現

董仲舒作三代改制質文篇，説：

> 三正以黑統初，正日月朔於營室，斗建寅。天統氣始通化物，物見萌達。其色黑，故朝正服黑，……
>
> 正白統者，歷正日月朔於虚，斗建丑。天統氣始蜕化物，物始芽。其色白，故朝正服白，……
>
> 正赤統者，歷日月朔於牽牛，斗建子。天統氣始施化物，物始動。其色赤，故朝正服赤，……

他的朝代次序的學説，只是“黑、白、赤”三個統。此外，尚有“天統”二字，乃是指自然的統緒而言。故正黑統的得天統，正白統的得天統，正赤統的也是得天統。司馬遷作高祖本紀贊云：

> 夏之政“忠”；忠之敝小人以野，故殷人承之以“敬”。敬之敝小人以鬼，故周人承之以“文”。文之敝小人以僿，故救僿莫若以忠。三王之道若循環，終而復始。周、秦之間，可謂文敝矣。秦政不改，反酷刑法，豈不謬乎！故漢興，承敝易變，使人不倦，得“天統”矣。

他説周的“文”敝了，應當用夏的“忠”去救它，然而秦人不懂得這個道理，所以他們失敗了，只得讓漢去“得天統”了。這“天統”即是董仲舒書裏的“天統”，也即是後世所説的“正統”。

但到了西漢末年，新學説創造得太多了，尤其是劉歆，他是一個創造新學説的大宗師，所以在他的三統曆裏又另有一種三統説。三統曆這書已亡，虧得漢書律曆志把它保存了許多。他説：

> 夏數得天，得四時之正也。三代各據一統，明三統常合而迭爲首，登降三統之首，周還五行之道也。故三五相包而生。天統之正，始施於子半，日萌色赤。地統受之於丑初，日肇化而黄；至丑半，日牙化而白。人統受之於寅初，日孽

> 成而黑；至寅半，日生成而青。天施復於子；地化自丑，畢於辰；人生自寅，成於申。故曆數三統，天以甲子，地以甲辰，人以甲申。孟、仲、季迭用事爲統首。三微之統既著，而五行自青始，其序亦如之。

他真會變花樣！舊式的三統説，講“黑統、白統、赤統”的，給他一改，變成了“天統、地統、人統”了！正如五德終始説，本來主“相勝説”的，給他一改，便變成了主“相生説”；而本來只有一度的終始的，給他一改，也就變成了三度的終始了！

他在這段文字裏説，夏始自子爲天統，殷始自丑爲地統，周始自寅爲人統。本來，古人説話，常把“天、地、人”合講，例如易繫辭傳説：

> 立天之道，曰陰與陽。立地之道，曰柔與剛。立人之道，曰仁與義。

又如孟子説：

> 天時不如地利；地利不如人和。（公孫丑篇）

即此可見劉歆要立這個新説也未爲不可，雖則夏爲天統，殷爲地統，周爲人統，在古籍中得不到證據。不過他説夏始自子，周始自寅，不但和原始的三統説相衝突，而且也講不過去。依董氏説：

> 黑統——建寅，平明朝正。（夏，春秋）
> 白統——建丑，鳴晨朝正。（殷）
> 赤統——建子，夜半朝正。（周）

這個理由很簡單，一年十二個月中的第一月，和一日十二個時中的第一時是應當一致的。黑統以寅正爲正月，故即以寅時(平明)爲朝正。白統以丑月爲正月，故即以丑時(鳴晨)爲朝正。赤統以子月爲正月，故即以子時(夜半)爲朝正。現在劉歆卻把他們的次序倒過來了，建寅的夏反要“始施於子半”，建子的周反要“受之於寅初”了！(只有殷，因爲它在中間，故無所變更。)這是不是講不通的？

這種不通，當時的人也未嘗不覺得，故春秋緯感精符云：

> 天統十一月建子，天始施之端也；謂之天統，周以爲正。
>
> 地統十二月建丑，地助生之端也；謂之地統，商以爲正。
>
> 人統十三月建寅，物生之端；謂之人統，夏以爲正。(太平御覽卷二十六，又二十九引)

又三正記云：

> 十一月之時，陽氣始養根株黄泉之下，萬物皆赤；赤者盛陽之氣也，故周爲天正，色尚赤也。十二月之時，萬物始芽而白，白者陰氣，故殷爲地正，色尚白也。十三月之時，萬物始達孚甲而出，皆黑，人得加功，故夏爲人正，色尚黑。(白虎通三正篇引。三正記一書不知作者，觀其所説，必爲東漢產物。)

他們感到劉歆所説的不合，所以變换了。他們都使建子的爲天統，建寅的爲人統(三正記改爲天正、人正)，而改周爲天統，夏爲人統。三正記又云天正色尚赤，地正色尚白，人正色尚黑。如此，既和董仲舒的説法相合，又收容了劉歆新創的冠冕名詞，真算得“後來居上”！

我們再看，劉歆是把“三統”和“五行”打通了講的，其次序爲：

天統 —— 赤（火）

地統 ＜ 黄（土） / 白（金）

人統 ＜ 黑（水） / 青（木）

這分明是他用了“五行相生説”把“三統説”整理過的！虧他想得出，拿太陽的顔色來分配這三統。更虧他想得出，把太陽的顔色分成了五行的五色。可是，在子半會有赤色的太陽，到寅初反而變成了黑色，這將怎麽講？所以劉歆的講三統，實在不是講的三統，還是講他的五行相生説；他只要把五行相生説散播到各方面去，使得它無施不宜而已。

不過經他這樣一講，以後講三統説的雖於他的“夏數得天，始於子半”之説還不敢違背了舊説而從之，但終不敢不依他的“天統、地統、人統”之説了。“天皇、地皇、人皇”，就跟着這新三統説而起來！

緯書，不知是什麽時候出現的。漢書李尋傳中曾有這樣一段話：

> 紫宫極樞，通位帝紀。太微四門，廣開大道。五經六緯，尊術顯士。翼、張舒布，燭臨四海。少微處士，爲比爲輔。故次帝廷，女宫在後。聖人承天，賢賢易色，取法於此。天官上相、上將，皆顓面正朝；憂責甚重，要在得人。

從來注漢書的都以這“五經六緯”的緯即是緯書（孟康曰：“六緯，

五經與樂緯也”；張晏曰：“六緯，五經及孝經緯也”；師古曰：“六緯者，五經之緯及樂緯也，孟説是也”），倘使果如所言，是李尋的時候（漢成、哀間）已有緯書。但緯書中是很多講災異的，如果那時已有這類書，何以京房、翼奉、劉向、谷永、李尋這一班好談災異的人竟絶不一引？何以劉向、歆父子校録經傳，總群書爲七略，其中乃没有一部緯書？即此可知西漢是一個醞釀緯書的時代，而尚没有緯書存在。李尋所謂“五經六緯”乃是承上文“太微四門，廣開大道”來的：向南北開的大道謂之“經”，向東西的則謂之“緯”（正如今天津、濟南所闢馬路，有“經路”和“緯路”）。其云“尊術顯士”，即堯典“闢四門，明四目，達四聰”之義。蓋他述天象，因論天廷的政事，因“女宫在後”而想到“賢賢易色”，因“上將、上相”而想到“要在得人”，因“太微四門”而想到“五經六緯”與“尊術顯士”，語法正一律。所以我們不能從李尋傳裏推説那時已有緯書。

後漢書卷八十九張衡傳，記其於順帝時上書斥讖書之妄云：

> 讖書始出，蓋知之者寡。自漢取秦，用兵力戰，功成業遂，可謂大事；當此之時，莫或稱讖。若夏侯勝、眭孟之徒，以道術立名，其所述著，無讖一言。劉向父子領校祕書，閲定九流，亦無録。成、哀之後，乃始聞之。

説到成、哀之後，已當西漢之末了。自王莽以圖讖得國，光武帝效法了他而致中興，讖的勢力乃大盛，繼是而有六緯，與六經方駕。我們對於緯書，用了東漢思想史料的眼光去看它，可以説“雖不中，不遠矣”。

春秋緯中有一部命曆序，是很有系統的古史記載。它把開闢以來分爲十紀：

自開闢至獲麟二百二十七萬六千歲。分爲十紀，每紀爲二十六萬七千年。凡世七萬六百年。一曰九頭紀；二曰五龍紀；三曰攝提紀；四曰合雒紀；五曰連通紀；六曰序命紀；七曰修飛紀；八曰因提紀；九曰禪通紀；十曰疏訖紀。（司馬貞補三皇本紀引）

這九頭紀是三皇所佔的一紀，所以這書中又説：

天地初立，有天皇氏十二頭，淡泊無所施爲而俗自化。木德王。歲起攝提。兄弟十二人，立各一萬八千歲。

地皇十一頭，火德王。一姓十一人，興于熊耳、龍門等山，亦各萬八千歲。

人皇九頭，乘雲車，駕六羽，出谷口，分長九州，各立城邑，凡一百五十世，合四萬五千六百年。（司馬貞補三皇本紀引，謂爲河圖及三五曆，非命曆序文。但自來輯緯者均作命曆序文。）

又説：

天地開闢，萬物渾渾，無知無識。陰陽所恣，天體始於北極之野，地形起於崑崙之虚，日月五緯俱起牽牛。四萬五千年，日月五緯一輪轉。天皇出焉，號曰防五，兄弟十三人繼相治。乘風雨，夾日月以行。定天之象，法地之儀，作干支以定日月度，共治一萬八千歲。天皇被蹟在柱州崑崙山下。

次後，地皇出，黑色而碧，號曰文悦。兄弟十一人，興於龍門熊耳山。共治一萬九千歲。

次後，人皇出焉，駕六羽，乘雲谷口。兄弟九人，相象以别，分治九州。人皇治中輔，號曰握元。共治四萬一千六百歲。

九頭紀時，有臣無官位尊卑之别。（黄奭逸書考引清河郡本命曆序。按"清河郡本"未識何書。）

此外，再有關於人皇的話：

人皇出於提地之國，九男，九兄弟相似，别長九國。離艮地精女出，爲之后。（太平御覽卷三九六、一三五引）

人皇駕六蜚鹿，政三百歲。（繹史卷一注引）

以上幾段話，雖各書同稱引命曆序，但人數，年代多不同，想來一種書裏的文字不會如此衝突，不知以哪種所引爲是；惜原書不可見，無法加以别擇。其不出於（或不注明出於）命曆序的，有以下數段：

天皇、地皇、人皇，兄弟九人，分爲九州長天下。（太平御覽卷七十八引春秋緯）

天皇於是斟元陳樞，以立易威。（路史注引春秋緯保乾圖）

天皇氏之先，與乾曜合德，君有五期，輔有三名。（路史注引易通卦驗）

天皇九翼，提名旋復。（路史注引河圖括地象）

天皇被跡在柱州崑崙山下。地皇興於熊耳龍門山。人皇生於刑馬山提地之國。（繹史卷一注引遁甲開山圖）

人皇氏九頭，駕六羽，乘雲車，出谷口，分九州。（繹史卷一注引尚書璇璣鈐）

天地立，有天皇十三頭，號曰天靈，治萬八千歲。地皇

十一頭，治八千歲。人皇九頭，兄弟各三百歲，依山川土地之勢，裁度爲九州，各居其一方，因是而區别。（繹史卷一引項峻始學篇）

這些絕不是原始的神話，而是術數與理性綜合編成的，顯見得是很進步的一種東西了。

在以上許多材料中，可知人皇"九頭"即九頭紀（依御覽引春秋緯，則天、地、人三皇兄弟九人，當合爲九頭紀），而九頭紀是以九州之説爲其背景的。但命曆序云："自開闢至獲麟二百二十七萬六千歲，分爲十紀，每紀爲二十六萬七千年（按二數不合，必有一誤），凡世七萬六千年。"無論以人皇一代概九頭紀，或以三皇全體概九頭紀，又無論依哪家的年數推算，相差的年數總是多得很：下看五龍紀等，更不足了。

天皇以木德王，地皇以火德王，與相生的五德系統恰合。人皇以何德王，緯書雖没説，但依這次序應以土德王，所以他是生於提地之國，又分九州而以地精女爲后了。這和劉歆的新三統説與五德説何等相合，顯見得這三皇是從劉歆的學説裏推演出來的。若説他們先劉歆的説法而存在，何以在他的世經裏卻説"炮犧繼天而王，爲百王先首"，而不説開闢之初已有這三皇呢？

三皇，無論是秦博士的天皇、地皇、泰皇，或是漢方士的天一、地一、泰一，總有"泰"而無"人"。不料到了緯書裏，竟有"人"而無"泰"了。自此以後，人皇佔據了泰皇的地位，泰皇就被淘汰了！因此，元胡一桂的十七史纂古今通要云：

太昊……炎帝……黄帝，……秦以前未嘗列之於三皇也。

其三皇之號終不可泯，則仍以秦博士所謂天皇、地皇、人皇者當之，而不必附會其人。

清趙翼的陔餘叢考(卷十六)也説：

> 秦博士所議，但云天皇、地皇、人皇而已。

他們都把"泰皇"壓根兒忘記了，就是引秦博士的話也改變爲"人皇"了。一代碩學尚且如此，何況僅憑口耳傳聞的普通人呢！於是人皇的寶座是坐穩定了！

一六　伏羲們和三皇的併家及其糾紛

不信讖緯書尚易，要不信從讖緯書中流傳出來的歷史卻甚難。東漢時最有學問的張衡，他能不信讖緯，卻不能不信三皇，所以他條上"司馬遷、班固與典籍不合者十餘事"時，其一事云："史遷獨載五帝，不記三皇；今宜并録。"(後漢書本傳章懷太子注引)原來到了此時，歷史中不記三皇便是缺典了。他不知道，周官中的三皇、五帝與讖緯書中的三皇、五帝是在同一的時代背景下出現的。至於司馬遷的時代，本來不是讖緯的時代呵！但究竟天、地、人三皇只流行於下層社會，理智較强的士大夫們不能信，所以東漢時代表儒家説的白虎通就不肯提到他們。

伏羲氏"繼天而王，爲百王先首"，這已是西漢末年人的一種信念。現在天皇氏等起來，搶坐了這百王先首的位子，雖然爲儒者所不道，但在緯書中又如何可以解決這個衝突呢？神農，在吕氏春秋裏已列在五帝的前面，當然有請作三皇的可能；而且在易繫辭傳裏説包犧、神農的"觀象制器，備物致用，立成器以爲天下利"，確是對於人民有大功的，立爲三皇可説是應當的事。只是三皇僅有他們二人，缺了一位，這怎麽辦？這也是一個難題。

於是在緯書中就有了以下的彌縫：

> 三皇：虙戲、燧人、神農。虙者，别也，變也。戲者，獻也，法也。
>
> 虙戲始别八卦以變化天下，天下法則咸服貢獻，故曰“虙戲”也。燧人始鑽木取火，炮生爲熟，令人無復腹疾，有異於禽獸，遂天下之意，故曰“遂人”也。神農：神者，信也；農者，濃也。始作耒耜，教民耕種，美其衣食；德濃厚如神，故爲“神農”也。（禮緯含文嘉，風俗通義皇霸篇等引）
>
> 伏羲、女媧、神農，是三皇也。（春秋緯運斗樞，風俗通義皇霸篇引）
>
> 伏羲、女媧、神農，是三皇也。（春秋緯元命苞，文選東都賦李善注引）

他們以伏羲列三皇之首，以神農爲三皇之一，是相同的。其另一人則異：禮緯説是燧人，春秋緯説是女媧。燧人始見於莊子外篇繕性：

> 及燧人、伏戲始爲天下，是故順而不一。

但莊子外篇的時代是頗有問題的。次則見於韓非子五蠹篇：

> 上古之時，人民少而禽獸衆，人民不勝禽獸蟲蛇。有聖人作，構木爲巢以避群害，而民悦之，使王天下，號曰有巢氏。
>
> 民食果蓏蜯蛤，腥臊惡臭，而傷害腹胃，民多疾病。有聖人作，鑽燧取火以化腥臊，而民悦之，使王天下，號曰燧人氏。（又世本作篇：燧人出火。）

燧人和有巢本來是聯帶的(一個解決食的問題，一個解決住的問題)，爲什麽只請燧人入三皇而把有巢扔在一邊，不理他呢？而且用了什麽理由，知道他的次序應在伏羲之後、神農之前呢？這都是没有確據的。燧人還有一件苦處，就是他只見於諸子而不見於經記，所以雖有教民熟食的大功，但在崇尚經學之世是得不到和見於易繫辭的伏羲、神農的同等地位的。女媧卻比燧人佔些便宜，因爲她見於禮記明堂位：

> 女媧氏之笙簧。(世本作篇："女媧作笙簧。")

可是製造笙簧算得了什麽大功，如何可以廁入三皇；且明堂位中以"女媧之笙簧"與"垂之和鐘，叔之離磬"同列，垂和叔非帝王，女媧哪能一定説爲帝王。但在淮南子覽冥訓裏看，則她的大功立見，而且該作帝王了：

> 往古之時，四極廢，九州裂，天不兼覆，地不周載，火爁炎而不滅，水浩洋而不息，猛獸食顓民，鷙鳥攫老弱。於是女媧鍊五色石以補蒼天，斷鼇足以立四極，殺黑龍以濟冀州，積蘆灰以止淫水。蒼天補，四極正，淫水涸，冀州平，狡蟲死，顓民生。……陰陽之所壅沈不通者竅理之，逆氣戾物傷民厚積者絶止之。當此之時，卧倨倨，興眄眄，……侗然皆得其和，莫知所由生。……當此之時，禽獸蝮蛇無不匿其爪牙，藏其螫毒，無有攫噬之心。考其功烈，上際九天，下契黄壚。

讀上面一段話，女媧氏的功業真是大極了，她補了天，立了地，止了洪水，殺了狡蟲，然後人民方能生活下來。這種功業，遠超於伏羲、神農及禹之上，自應列入三皇而無愧色。可是她有了這樣平地成天的大功，何以直到淮南子中方得表章，又何以在天問中盛誇禹績而對於她只淡淡地問了一句“女媧有體，孰制匠之”的無關痛癢的話呢？

女媧何以列在伏羲之次？這在淮南子中也是有證據的。覽冥訓云：

> 伏羲、女媧不設法度而以至德遺於後世，何則？至虛無純一而不一嘍喋苛事也。

可見她自是伏羲以後的帝王了。這是一位富有天神性的人帝。

把女媧來比燧人，當然她較適宜在三皇之列，所以後來信從春秋緯說的人很不少(詳見後)。然而不讀諸子的人究竟多，她依然得不到和伏羲、神農同等的地位。

到了白虎通德論，又有一種新説：

> 三皇者，何謂也？謂伏羲、神農、燧人也。或曰，伏羲、神農、祝融也。
>
> 古之時未有三綱六紀，民人但知其母，不知其父；能覆前而不能覆後；卧之詓詓，行之吁吁，飢即求食，飽即棄餘；茹毛飲血而衣皮葦。於是伏羲仰觀象於天，俯察法於地，因夫婦，正五行，始定人道，畫八卦以治下。下伏而化之，故謂之伏羲也。
>
> 謂之神農何？古之人民皆食禽獸肉。至於神農，人民衆多，禽獸不足。於是神農因天之時，分地之利，制耒耜，教民農作，神而化之，使民宜之，故謂之神農也。
>
> 謂之燧人何？鑽木燧取火，教民熟食，養人利性，避臭去毒，謂之燧人也。
>
> 謂之祝融何？祝者，屬也。融者，續也。言能屬續三皇

之道而明之，故謂祝融也。（號篇）

又孝經緯鈎命決云：

伏羲樂爲立基，神農樂爲下謀，祝融樂爲祝續。（禮記樂記正義引）

於是三皇問題有了第三説，而祝融亦得備員於其中。可是在月令裏，只説“其帝炎帝，其神祝融”，祝融乃是炎帝的輔佐，五帝尚够不上，如何可以上僭到三皇呢！再看國語，則云：

夫黎爲高辛氏火正，以淳耀敦大，天明地德，光照四海，故命之曰祝融，其功大矣。（鄭語）

史記楚世家説：

重黎爲帝嚳高辛居火正，甚有功，能光融天下，帝嚳命曰祝融。共工氏作亂，帝嚳使重黎誅之而不盡；帝乃以庚寅日誅重黎，而以其弟吴回爲重黎後，復居火正爲祝融。

即左氏傳中也説：

火正曰祝融。……顓頊氏有子曰犂，爲祝融。（昭二十九年）

祝融只是一個官名，而且做這官的重黎及吴回都是帝嚳的臣子，哪有跳到最上層作三皇的可能！海内經云：

> 炎帝之妻，赤水之子聽訞生炎居。炎居生節竝。節竝生戲器。戲器生祝融。

然則祝融乃是炎帝的玄孫，又如何够得上作三皇！

這第三説不知是誰怎樣起來的，白虎通也没有説是誰建立的(也許因伏羲木德，神農耕地爲土德，而廁一火德之祝融於其間)。看風俗通則知這是禮號謚記之説，這恐怕也是緯書之一，其次序是(1)伏羲，(2)祝融，(3)神農。

尚書大傳雖説是伏生所作，但也不少後來的材料，例如古文尚書的篇名，當是西漢末或東漢時研究尚書的人所續附。其中亦有三皇名，與第一説同而次序則異，當是東漢時的一説。文云：

> 遂人爲遂皇，伏羲爲戲皇，神農爲農皇也。遂人以火紀：火，太陽也，陽尊，故託遂皇於天。伏羲以人事紀，故託戲皇於人。蓋天非人不因，人非天不成也。神農悉地力種穀疏，故託農皇於地。天、地、人道備而三五之運興矣。(風俗通義皇霸第一，太平御覽卷七十七、七十八引)

這"遂皇、戲皇、農皇"是三皇的三個新名；但僅此一見。他以遂人託於天，伏羲託於人，神農託於地，隱然把天皇、人皇、地皇拍合這三個人。這是在兩種很不相同的三皇系統之下所應有的佈置。又以遂人居伏羲之前，除此與莊子繕性外，尚有春秋緯命曆序。文云：

> 有人五色長肘，號曰有巢。……輱温次之，號曰遂皇。冬則穴居，夏則巢覆，燔物爲食，使民無腹疾，治五百三十歲。忽彰次之，號曰庖犧。(黄奭逸書考引清河郡本)

而河圖始開圖云：

> （伏羲氏）禪於伯牛，錯木作火。天乃大流火，赤爵銜之。（黄奭逸書考引清河郡本）

宋均注云“伯牛，即燧皇也”，則仍以燧人排在伏羲氏後了。孝經緯鈎命決云：

> 華胥履跡，怪生皇犧。（太平御覽卷七十八引）

稱伏羲爲“皇犧”，也是一個新名詞。春秋緯命曆序云：

> 有神人名石耳，蒼色大眉，……號皇神農。（太平御覽卷七十八引）

這和皇犧之名正相對，足見他們是三皇了。

確是什麽人始稱伏羲爲天皇雖不能知，然而最早記此説的當推世本了。文云：

> 女氏，天皇封弟㛂於汝水之陽，後爲天子，因稱女皇。其後爲女氏。夏有女艾，商有女鳩、女方，晉有女寬，皆其後也。（氏姓篇）

這位作者稱女媧爲女皇，易字作“㛂”，説是天皇之弟，以封汝水而得名，定女媧爲男子。（太平御覽卷一百三十五引世本帝繫篇云“堯取有宣氏子，謂之女皇”，又北堂書鈔卷二十三引詩緯含神霧云“赤龍感女媧”，此與初學記等引含神霧云“大電感附寶而生黄帝”，“瑶光感女樞生顓頊”相類，可知女媧爲女性，但不知其所生爲何人。)女媧的性别問題和我們討論這問題無關，但其稱伏羲爲天皇則必在伏羲們已與三皇發生糾葛之後，這條文字至早不得超過東漢。因此，可知世本的材料也不一概早，儘有東漢以來加入的。其帝繫篇的插入少昊，正與此同。

東漢之末，應劭作風俗通義，他贊同尚書大傳之説。他道：

> 謹按易稱“古者伏羲氏之王天下也，……伏羲氏没，神農氏作，……”惟獨叙二皇，不及遂人。遂人功重於祝融、女媧，文明大見。大傳之義，斯近之矣。(三皇篇)

他主張第一説，也有理由。但他因此疑易傳只記伏羲、神農爲缺典，這是他的錯誤；他不曾想，作易傳的時候還想不到把他們送入三皇的組合裏去呢！

高誘也是東漢末年人，他卻贊同第二説。他注吕氏春秋的用衆、孝行中“三皇”，都云：

> 三皇，伏羲、神農、女媧也。

至注淮南子原道裏的“二皇”則云：

> 二皇，伏羲、神農也。

其後酈道元水經注亦持此説，於渭水篇云：

> 庖犧之後，有帝女媧焉，與神農爲三皇矣。

至唐司馬貞作補三皇本紀，亦取此説。可見這三説之中，仍以第一、第二説爲有力。至祝融之説，不過禮號謚記一倡，和白虎通、風俗通一引而已，更没有響應的。又王符潛夫論五德志云：

> 世傳三皇、五帝，多以伏羲、神農爲二皇；其一者或曰燧人，或曰祝融，或曰女媧。其是與非，未可知也。我聞古有天皇、地皇、人皇，以爲或及此謂，尚不敢明。凡斯數(説)，其於五經皆無正文。故略依易繫，記伏羲以來以遺後賢。

他因爲三皇於五經無正文，故闕而不道；他的五德志，全依世經的系統。

鄭玄是東漢末的大經師，他的主張也和高誘相似，但他有一個系統的主張。他注尚書中候勑省圖云：

> 德合北辰者皆稱"皇"。運斗樞："伏羲、女媧、神農，爲三皇也。"德合五帝座星者稱"帝"，則黄帝、金天氏、高陽氏、高辛氏、陶唐氏、有虞氏是也。實六人而稱五者，以其俱合五帝座星也。女媧修伏羲之道，無所改作。(詩譜疏、書序疏引)

他這段話裏，主張女媧爲三皇還是因仍舊説，至於"德合北辰者皆稱皇，德合五帝座星者皆稱帝"，則是他的創義。本來北辰之位只容得一個人，故有了太一就没有三皇；現在則以伏羲們三人之德均合北辰而稱之爲三皇了。本來五帝座之位只容得五個人，所以少昊金天氏雖經劉歆硬插進五帝的系統裏，但白虎通、風俗通等均爲五數所限，没法把他收入，現在則凡德合五帝座星的均可稱五帝，少昊也居然擠進去了。這是五帝説的一個大改變。因此，三皇説也隨了改變。

伏羲、神農，本是固定的黄帝以前的人物。黄帝，則是固定的五帝的首一帝。所以自有人把伏羲、神農安放入三皇的宫殿裏，三皇中即缺着一個位子。如不爲三皇而爲淮南原道中的二皇，則恰如其分，例如高誘注。不幸是三，這空缺應當怎樣填滿纔對？遂人、女媧、祝融這三説，都有些不大妥當，因爲自來對於這三人不曾加以充分的尊敬。

一方面，五帝中正多着一人，又没法容納。

自從鄭玄大了膽子，把少昊請進五帝座中去，而後五帝成了“六帝”。三皇實止二皇，五帝竟爲六帝，這很足以給人暗示，説：把五帝之有餘補了三皇之不足罷！

因此，成於魏、晉間的僞古文尚書就想出了一種簡便的解決方法。僞孔安國尚書傳序云：

> 伏羲、神農、黄帝之書，謂之三墳，言大道也。少昊、顓頊、高辛、唐、虞之書，謂之五典，言常道也。

他雖没有明白揭出三皇、五帝來，但他借着左傳中的“三墳五典”和周禮中的“三皇五帝之書”相應，見得稱三墳的是三皇，稱五典的是五帝。他爽快得很，把遂人、女媧、祝融一概推出了；又把本來爲五帝之首的黄帝升做了三皇，什麽問題都解決了。從此，少昊便據了五帝的首座。

晉代的皇甫謐，他在帝王世紀中也主張這一説：

> 伏羲、神農、黄帝爲三皇；少昊、高陽、高辛、唐、虞爲五帝。（史記五帝本紀索隱、正義引）

這一説靠了經典的權威，很快地戰勝了前三説！禮緯稽命徵亦云：

> 三皇三正：伏羲建寅，神農建丑，黄帝建子。（古微書引）

緯書的内容儘有很晚的，宋陳振孫曾指出易緯推陰陽卦直至唐元和中（直齋書録解題卷三），所以，緯書也滿可以從容接受魏、晉間僞孔、皇甫謐等人的意見。

到了唐初，孔穎達著尚書正義，對於僞孔尚書傳序作很詳盡的解釋，云：

> 鄭玄注中候，依運斗樞，以伏羲、女媧、神農爲三皇；又云："五帝座：帝鴻、金天、高陽、高辛、唐、虞氏。"知不爾者，孔君（僞孔安國）既不依緯，不可以緯難之。又易興作之條不見有女媧，何以輒數？……既不數女媧，不可不取黄帝以充三皇耳。
>
> 又鄭玄數五帝何以六人？或爲之説云："德協五帝座，不限多少，故六人亦名五帝。"若六帝，何有五座？而皇指大帝，所謂耀魄寶，止一而已；本自無三皇，何云三皇？豈可三皇數人，五帝數座，二文舛互，自相乖阻也！
>
> 其諸儒説三皇，或數燧人，或數祝融，以配羲、農者；其五帝皆自軒轅，不數少昊：斯亦非矣。又燧人，説者以爲伏犧之前。據易曰"帝出于震"，震，東方，其帝太昊。又云"古者包犧氏之王天下也"，言古者制作莫先於伏犧。何以燧人廁在前乎？又祝融，乃顓頊以前火官之號，金天以上百官之號；以徵五經，無云祝融爲皇者。縱有，不過如共工氏。共工有水瑞，乃與犧、農、軒、摯相類，尚云霸其九州；祝融本無此瑞，何可數之乎！左傳曰"少昊之立，鳳鳥適至"，於月令又在秋享食，所謂白帝之室者也；何爲獨非帝乎？故孔君以黄帝上數爲皇，少昊爲五帝之首耳。……
>
> 孔君今者意以月令春曰太昊，夏曰炎帝，中央曰黄帝，依次以爲三皇。又依繫辭，先包犧氏王；没，神農氏作；又没，黄帝氏作；亦文相次，皆制作見於易，此三皇之明文

也。月令秋曰少昊，冬曰顓頊，自此爲五帝。然黄帝是皇，今言帝不云皇者，以皇亦帝也，别其美名耳。太昊爲皇，月令亦曰“其帝太昊”，易曰“帝出于震”，是也。又軒轅之稱黄帝，猶神農之云炎帝，神農於月令爲炎帝；不怪炎帝爲皇，何怪軒轅稱帝！

這一大篇話爲僞孔作解釋，真可謂無微不至。他用了易繫辭的話來駁鄭玄及諸儒之説，以爲把女媧、燧人、祝融加入三皇是易之所不許的。又駁鄭玄以五帝爲六人之説，以爲如用太微五星來分配五帝，則五星之上只有大帝一星，不能再有三皇，可見三皇、五帝之不本於星象。又據月令之文，以爲太昊（伏羲）、炎帝（神農）皆稱帝，則黄帝雖名爲帝，又何妨列於三皇。於是，黄帝便確爲三皇中人了！（趙翼陔餘叢考卷十六云：“穎達雖尊安國，亦未敢竟以黄帝入三皇之内，少昊列五帝之中，而顯與史記相戾也。”蓋其態度比較客觀，故不堅以爲必是也。）

司馬貞史記五帝本紀索隱云：

> 此以黄帝爲五帝之首，蓋依大戴禮五帝德。又譙周、宋均亦以爲然。而孔安國、皇甫謐帝王世紀及孫氏注系本，並以伏犧、神農、黄帝爲三皇，少昊、高陽、高辛、唐、虞爲五帝。

又張守節史記正義亦云：

> 案太史公依世本、大戴禮，以黄帝、顓頊、帝嚳、唐堯、虞舜爲五帝。譙周、應劭、宋均皆同。而孔安國尚書序、皇甫謐帝王世紀、孫氏注世本，竝以伏羲、神農、黄帝爲三皇，少昊、顓頊、高辛、唐、虞爲五帝。

秦嘉謨世本輯補(卷二)云：

> 案孫氏不知何代人，其注亦無引之者。此條語義似與世本本文相辨證，小司馬等但未引其文耳。

由此，我們可知東漢以來對於三皇、五帝的見解應分兩派：

1. 維持五帝德及五帝本紀説，以黄帝至虞舜爲五帝——應劭、譙周、宋均。
2. 以伏羲至黄帝爲三皇，少昊至虞舜爲五帝——僞孔安國、皇甫謐、孫氏。

南朝梁武帝是個很有學問的人，梁書武帝本紀説他：

> 少而篤學，洞達儒、玄，雖萬機多務，猶卷不輟手。……又造通史，躬製贊序，凡六百卷。

他對於上項問題，又有個新鮮的説法，尚書序正義引云：

> 梁主云："書起軒轅，同以燧人爲皇。其五帝自黄帝至堯而止。知帝不可以過五，故曰：舜非三王，亦非五帝，與三王爲'四代'而已。"

這雖没有提明是否武帝之説，而道藏洞神部譜録類混元聖紀按語有云：

> 梁武帝以伏犧、神農、燧人爲三皇，以黄帝、少昊、帝嚳、帝摯、帝堯爲五帝，謂舜非三王，亦非五帝，與三王爲"四代"。

這可見正義所引確爲武帝的話。這話大概在他的通史中，可惜六百卷書如今一頁也不存在，而這一説也最不佔勢力，只有他自己説説而已；不然，使舜在五帝和三王之間不上不下地弔着，這真成了一個畸零人了！（書業案：舜爲四代之首，蓋本古籍“虞、夏、商、周”四代之説。）

唐書玄宗本紀，天寶六載：

> 於京城置三皇五帝廟，以時享祭。

陔餘叢考卷十六“三皇五帝”條云：

> 唐天寶中祀三皇則伏羲、神農、黄帝；祀五帝則少昊、顓頊、高辛、唐堯、虞舜；蓋用穎達之説。

此未詳其何所本。果爾，則“伏羲、神農、黄帝”之爲三皇，經僞孔的尚書序和孔穎達的尚書疏一鼓吹之後，這件事算是確定了，關於這個問題的爭論算得到一個結束了。所不幸者，諸種異説在書本上依然存在，遂使學者們對於這個問題仍不能建立一致的信仰而已。

一七　天皇大帝與太微五帝

當王莽時，上帝是皇天上帝太一，五帝是太皞、炎帝、黄帝、少皞、顓頊。因此，周官中記祭祀，有“上帝”及“五帝”之别。

在另一方面，研究天文的人也在星座裏規定了“天皇大帝”及

“五帝”的星辰。甘公星經云：

> 天皇大帝一星，在鉤陳口中。又有五帝内座五星，在華蓋下。

到緯書興起之後，一方面接受王莽時的歷史，一方面接受天文家的學説，創出了許多新奇可喜的天帝人帝説。例如：

> 天皇大帝，北辰星也，含元秉陽，舒精吐光，居紫宫中，制御四方，冠有五彩。（春秋合誠圖，初學記服食部引）
>
> 紫宫，天皇耀魄寶之所理也。（春秋佐助期，史記封禪書索隱引）
>
> 東方青帝靈威仰，木帝也。南方赤帝赤熛怒，火帝也。中央黄帝含樞紐，土帝也。西方白帝白招拒，金帝也。北方黑帝汁光紀，水帝也。（河圖，五行大義引）
>
> 帝者承天立五府，以尊天重象也。蒼曰靈府，赤曰文祖，黄曰神汁，白曰顯矩，黑曰玄紀。（尚書帝命驗，隋書宇文愷傳引）
>
> 帝者諦也，象上可承五精之神。五精之神實在太微。（孝經援神契，禮記玉藻正義引）
>
> 天子皆五帝之精寶，各有題叙，以次運相據起；必有神靈符記，使開階立隧。（春秋演孔圖，初學記卷九引）

本來，五帝只有一個判别顔色的名號，到王莽時而把太皞、顓頊等併了上去，又把句芒、玄冥等做了他們的輔佐，五帝的名稱始繁。到這時，帝既有靈威仰、赤熛怒等怪名字，廟又有靈府、文祖諸號，其稱謂愈紛雜了。這種名字，也有有根據的。例如文祖，即由堯典“舜格于文祖”來。因爲文祖是堯的祖廟，而堯在西漢之末作了漢帝的祖先，與漢同居於火德，故即以他的祖廟算做赤帝之廟。至於五帝之上的這位上帝，也給以天皇耀魄寶一個名號了。那時的信仰是天人合一的，看人間的五帝即是天上的五帝，所以王莽以土德王，就自居於黃帝。在緯書中，更充滿了這種氣味，如：

太微宮有五帝座星。蒼帝春起受制，其名靈威仰。赤帝夏起受制，其名赤熛怒。白帝秋起受制，其名白招拒。黑帝冬起受制，其名汁光紀。黃帝季夏六月起受制，其名含樞紐。（春秋緯文耀鉤，周禮春官大宗伯疏引）

東宮蒼帝，其精爲青龍。南宮赤帝，其精爲朱鳥。西宮白帝，其精爲白虎。北方黑帝，其精爲玄武。中宮大帝，其尊北極星，含元出氣，流精生一。（春秋緯文耀鉤，史記天官書索隱引）

天有五帝，五星爲之使。（春秋緯元命苞，開元占經引）

歲星帥五精聚於東方七宿，蒼帝以仁良温讓起。熒惑帥五精聚於南方七宿，赤帝以寬明多智起。填星帥五精聚於中央，黃帝以重厚聖賢起。太白帥五精聚於西地七宿，白帝以勇武誠信起。五星從辰星聚於北方，黑帝起，以宿占國。（春秋緯運斗樞，開元占經引）

赤熛怒之神爲熒惑，位南方，禮失則罰出。鎮，黃帝含樞紐之精，其體璇璣中宿之分也。（春秋緯文耀鉤，史記天官書索隱引）

蒼帝之爲人，望之廣，視之專，長九尺一寸。赤帝之爲人，視之豐，長八尺七寸。（春秋緯合誠圖，古微書引）

赤帝鋭頭。黑帝大頭。（樂緯叶圖徵，太平御覽卷三六三引）

> 蒼帝起，蒼雲扶日。赤帝起，赤雲扶日。黄帝起，黄雲扶日。白帝起，白雲扶日。黑帝起，黑雲扶日。（洛書靈準聽，初學記卷一等引）
>
> 蒼帝將亡則麒麟見泄。黄帝將亡則黄龍墜。玄帝將亡則靈龜執。白帝將亡則虵有足，伏如人。（春秋合誠圖，開元占經引）
>
> 赤帝亡，五郡陷。黑帝亡也狼胡張。黄帝亡也黄星墜。白帝亡也五殘出。蒼帝亡也大禮彗星出。（尚書緯運期授，開元占經引）
>
> 赤帝之滅日消小。（春秋緯元命苞，開元占經引）
>
> 黑帝亡，二日並照。（尚書緯考靈曜，太平御覽卷三引）
>
> 黑帝治八百歲，運極而授木。蒼帝七百二十歲而授火。（春秋緯保乾圖，文選漢高功臣頌注引）
>
> 蒼帝之始二十八世，滅蒼者翼也；滅翼者斗；滅斗者虚；滅虚者房：五星之精。（春秋緯感精符，春秋公羊傳宣元年疏引）
>
> 蒼帝之治八百二十歲，立戊年蔀。……白帝之治六十四世，其亡也枉矢射參。（尚書緯運期授，詩文王序正義引）

照前邊説的看來，五帝是天上太微宫中的五座星，不是人王。但是也各有其世數、歲數，以及五德之運，滅亡之徵，似乎又是人王。所以然者何？這些緯書的作者是把天神和人王的界限打通了的。他們覺得人間的五帝和天上的五帝（太微宫五星）是一非二：降則在地，神即人也；陟則在天，人即神也。所以他們説的“蒼帝”，是歲星、天皇、太皞、帝嚳、周王的一個集合的名詞；他們説的“赤帝”，也是熒惑、地皇、炎帝、帝堯、漢皇的一個集合的名詞，……而不是某一人的專名。

因爲他們有了這種天人合一的信仰，所以就有許多的感生之説出現。但感生之説是發生得很早的，商頌的玄鳥，大雅的生民，把商、周兩民族都算做上帝降生的了。就是秦，也有“玄鳥隕卵”的故事，見於史記秦本紀。緯書中的記載，固然不能説是西漢後發生的思想，而其用了五行相生的系統來支配感生説，則確是西漢末年的學説所造成的事實。劉歆們的世經(見漢書律曆志)中所列的五德系統表是這樣的：

(木)	1. 太皞伏羲氏	6. 帝嚳高辛氏	11. 周
(火)	2. 炎帝神農氏	7. 帝堯陶唐氏	12. 漢
(土)	3. 黄帝軒轅氏	8. 帝舜有虞氏	(緯書起時，新已滅亡，
(金)	4. 少皞金天氏	9. 伯禹夏后氏	没有替王莽作宣傳的話，
(水)	5. 顓頊高陽氏	10. 商	故不書13新)

於是緯書中的感生説，可以照了這個次序排列起來了：

1. 太皞伏羲氏(木)

大跡出雷澤，華胥履之，生宓犧。(詩緯含神霧，太平御覽卷七十八引。按：説卦傳曰“帝出乎震”，震爲雷，故其地爲雷澤。)

華胥履跡，怪生皇犧。(孝經緯鉤命決，太平御覽卷七十八引)

2. 炎帝神農氏(火)

少典妃安登游于華陽，有神龍首感之於常羊，生神農：人面，龍顔，好耕，是謂神農，始爲天子。(春秋緯元命苞，路史後紀三注引)

(附)赤龍感女媧。(詩緯含神霧，北堂書鈔卷二十三引。按此條未明言感而生者爲誰，惟春秋緯既以女媧次伏羲之後，則亦謂女媧爲赤帝，感而生者或即女媧。如其非也，則作者之意當爲赤龍感女媧而生神農也。)

3. 黄帝軒轅氏(土)

大電繞北斗樞,照郊野,感附寶而生黄帝。(詩緯含神霧,初學記卷九引)

附寶出,降大靈,生帝軒。(孝經緯鈎命決,太平御覽卷七十九引)

4. 少皞金天氏(金)

黄帝時大星如虹,下流華渚,女節夢接,意感而生白帝朱宣。(春秋緯元命苞,文選王命論注引。按:此雖未明言少皞,但黄帝時生的白帝,捨少皞外更無他人;故賈逵云"左氏以爲少昊代黄帝,即圖讖所謂帝宣也"。)

5. 顓頊高陽氏(水)

摇光如蜺,貫月正白,感女樞,生顓頊。(詩緯含神霧,初學記卷九引。按:水色黑,此云正白,似不合;然湯亦水德,乃云"扶都見白氣貫月,感黑帝生湯",此正與之同。他們所以如此,當自有一種解釋,但我們不知之耳。)

6. 帝嚳高辛氏(木)

未見。(按:各帝皆有感生之説,而此獨缺,蓋偶未被引,遂致失傳。)

7. 帝堯陶唐氏(火)

慶都與赤龍合昏，生赤帝伊祁，堯也。（詩緯含神霧，初學記卷九引）

堯母慶都，有名於世，蓋火帝之女，生於斗維之野，常在三河之東南。天大雷電，有血流潤大石之中，生慶都。長大，形像火帝，常有黄雲覆蓋之。夢食，不飢。及年二十，寄跡伊長孺家；無夫。出觀三河之首，常若有神隨之者。有赤龍負圖出，慶都讀之，云“赤受天運”。下有圖，人衣赤光，面八彩，鬚髮長七尺二寸，兑上豐下，署曰“赤帝起誠天下寶”。奄然陰風四合，赤龍與慶都合婚，有娠；龍消不見。既乳堯，貌如圖表。及堯有知，慶都以圖予堯。（春秋緯合誠圖，太平御覽卷八十引）

8. 帝舜有虞氏（土）

姚氏縱華感樞。（尚書緯帝命驗，初學記卷九引。按：此句之義爲姚氏感樞星而生重華。）

握登見大虹，意感而生舜于姚墟。（詩緯含神霧，太平御覽卷八十一引）

9. 伯禹夏后氏（金）

禹，白帝精，以星感。修紀山行，見流星，意感栗然，生姒戎文禹。（尚書緯帝命驗，太平御覽卷八十二引）

夏，白帝之子。（春秋緯元命苞，禮記大傳正義引）

命星貫昴，修紀夢接生禹。（孝經緯鈎命決，太平御覽卷八十二引）

10. 商（水）

契母有娀浴于玄丘之水，睇玄鳥銜卵過而墜之。契母得而吞之，遂生契。（詩緯推度災，古微書引）

玄鳥翔水，遺卵于流。娀簡狄吞之，生契封商。（尚書中候，太平御覽卷八十三引）

扶都見白氣貫月，感黑帝生湯。（詩緯含神霧，太平御覽卷八十三引）

殷，黑帝之子。（春秋緯元命苞，禮記大傳正義引）

11. 周（木）

蒼耀稷生感跡昌。（尚書中候，詩大雅生民正義引）

周本后稷，姜原游閟宫，其地扶桑，履大人跡而生后稷。（春秋緯元命苞，太平御覽卷一三五引）

周，蒼帝之子。（春秋緯元命苞，禮記大傳正義引）

姬昌，蒼帝之精，位在房心。（春秋緯元命苞，初學記卷九引）

孔子案録書，含觀五帝英人，知姬昌爲蒼帝精。（春秋緯感精符，太平御覽卷八十四引）

孔子曰："扶桑者，日所出，房所立，其耀盛，蒼神用事。"（春秋緯元命苞，太平御覽卷八十四引）

12. 漢（火）

含始吞赤珠，刻曰"玉英生漢皇"。後赤龍感女媪，劉季興。（詩緯含神霧，太平御覽卷八十七引）

庶人爭權，赤帝之精。（春秋緯文耀鉤，太平御覽卷八十七引。宋均注："庶人，項羽、劉季也。"）

劉媪夢赤鳥如龍，戲己；生執嘉。執嘉妻含始游雒池，

赤珠上刻曰：“玉英，吞此者爲王客。”以其年生劉季爲漢皇。（春秋緯握誠圖，史記高祖紀正義及太平御覽卷一三六引）

（附） 孔子：

孔子母徵在游於大澤之陂，睡，夢黑帝使請己。己往，夢交；語曰：“女乳必於空桑之中。”覺則若感，生丘於空桑之中，故曰玄聖。（春秋緯演孔圖，太平御覽卷三六一引）

丘，水精，治法爲赤制功。（春秋緯演孔圖，公羊隱元年傳引）

黑龍生爲赤，必告示象使知命。（同上）

叔梁紇與徵在禱尼丘山，感黑龍之精以生仲尼。（論語撰考讖，禮檀弓上疏引）

孔子所以會成黑帝之子，並不是把他算做“介於木（周）火（漢）之間”的閏統，乃是從三統説的黑統來的。當漢武帝時，一班儒者爲“夏時”作鼓吹，説夏是黑統，商是白統，周是赤統，三統循環，周後應復爲黑統；而孔子作春秋以當新王，用夏時，即他自居於黑統的表徵。“玄聖”之號，大約即於是時發生。他既爲黑統，又號玄聖，約定俗成，匪伊朝夕，故雖在五行相生的感生説中亦只得成爲黑帝之子了。何況在這個新五德説中，殷是黑帝之子，而孔子乃是殷王的後裔呢！

天皇大帝耀魄寶，一方面是北辰星，一方面也就是西漢時“天神貴者太一”的變相，他的輔佐五帝，既然都有了新奇可喜的名字，他當然也得照樣地來一個。但因他和五帝合起來成爲“六天”，五行説中安排不下他；所以感生説無論宣傳得多麽起勁，永沒有高攀到他的頭上。

鄭玄是東漢末年的一位經學大師。他是混合今古文的"通學者"；他承受以前的一切，不像古文學家的菲薄緯書了。所以，他注禮記云：

(月令"令民無不咸出其力以共皇天上帝")皇天，北辰耀魄寶，冬至所祭于圜丘也。上帝，太微五帝。

(又"天子乃以元日祈穀于上帝")上帝，太微之帝也。

(又"天子乃薦鞠衣于先帝")先帝，太皞之屬。

(又"其帝太皞，其神勾芒")此蒼精之君，木官之臣，自古以來，著德立功者也。(下炎帝等略同，不再舉。)

(明堂位"魯君孟春……祀帝于郊")帝，謂蒼帝靈威仰也。昊天上帝，魯不祭。

(禮器"魯人將有事於上帝")上帝，周所郊祀之帝，謂蒼帝靈威仰也。魯以周公之故得郊祀上帝，與周同。

(喪服小記"王者禘其祖之所自出，以其祖配之")禘，大祭也。始祖感天神靈而生，祭天則以祖配之。

(大傳"禮，不王不禘。王者禘其祖之所自出，以其祖配之")凡大祭曰禘。自，由也。大祭其先祖所由生，謂郊祀天也。王者之先祖皆感太微五帝之精以生，蒼則靈威仰，赤則赤熛怒，黄則含樞紐，白則白招拒，黑則汁光紀，皆用正歲之正月郊祭之，蓋特尊焉。孝經曰"郊祀后稷以配天"，配靈威仰也；"宗祀文王於明堂以配上帝"，汎配五帝也。

又注周官云：

(小宗伯"兆五帝於四郊")兆，爲壇之營域。五帝：蒼曰靈威仰，太昊食焉；赤曰赤熛怒，炎帝食焉；黄曰含樞紐，黄帝食焉；白曰白招拒，少昊食焉；黑曰汁光紀，顓頊食焉。黄帝亦於南郊。

（大宗伯"以玉作六器，以禮天地四方"）此禮天以冬至，謂天皇大帝在北極者也。禮地以夏至，謂神在混淪者也。禮東方以立春，謂蒼精之帝，而太昊、句芒食焉。禮南方以立夏，謂赤精之帝，而炎帝、祝融食焉。禮西方以立秋，謂白精之帝，而少昊、蓐收食焉。禮北方以立冬，謂黑精之帝，而顓頊、玄冥食焉。

（春官典瑞"四圭有邸，以祀天旅上帝"）祀天，郊天也。上帝，五帝。所郊亦猶五帝；殊言天者，尊異之也。

在這些注裏，充滿了緯書中的太微五帝説和五精感生説。這從現在看來固然不值一笑，但我們在讀了緯書之後再去讀它，則這類思想正是東漢時代的流行病，他可以不負攪亂經典的責任。

不過，這些注文又微微把月令及緯書裏的原來樣子改變了。月令中的帝本來只是太皞們，他因有緯書的成見在胸，所以把"上帝"釋爲"太微之帝"，而把"先帝"釋作"太皞之屬"。本來合一的人帝和天帝，他則分開了。又"皇天上帝"本來是一個整的名詞，是一個五帝之上的上帝，看王莽所説的"皇天上帝泰一"可知。但他把"皇天"釋作北辰耀魄寶，把"上帝"釋作太微五帝，把這個名詞腰斬了。所以然之故，只因他的心目中有以下的一個圖，作他的注解的骨幹，所以他到處把材料這樣地配合起來：

天皇大帝 （亦稱天、皇天、昊天上帝）	太微五精之帝 （亦稱帝、天、五帝、上帝）	五精之君 （亦稱帝、先帝）	五官之臣
天皇大帝耀魄寶	蒼帝靈威仰	太昊	句芒
	赤帝赤熛怒	炎帝	祝融
	黄帝含樞紐	黄帝	后土
	白帝白招拒	少昊	蓐收
	黑帝汁光紀	顓頊	玄冥

在這個圖裏，共有四個階級，月令中的五帝、五神的地位跌到第三和第四級裏去了。月令本没有説五帝之上更有五天帝。緯書雖爲五天帝各立新名，但也没有説月令的五帝是配食於他們的。現在鄭玄既捨不得緯書，也捨不得月令，把兩個近於重複的系統變成了一個上下相承的系統，遂使正統的五帝僅豫於五帝的配食之列，他不能不負這創立新説的責任。

還有，他把“天”及“皇天”釋作天皇大帝固是可以，但他不應把孝經的“郊祀后稷以配天”的“天”另釋作靈威仰。我們也知道他的意思，周是木德，感蒼帝之精所生，所應郊祀的上帝應是蒼帝，所以后稷所配食的應爲靈威仰，——他還没有資格配食耀魄寶呢！但同樣的名詞可作異樣的解釋嗎？而且，靈威仰既給后稷配去了，孝經所云“宗祀文王于明堂以配上帝”，他釋爲“汎配五帝”，是文王所配的上帝，將爲赤熛怒、白招拒們而不是他的本德的蒼帝了！這是講得過去的嗎？所以他的學説雖有淵源，而仍不免隨情抑揚之弊。

時代稍後於鄭玄的王肅，他雖也是一個“通學者”，但他的思想比較接近於古文學家。他反對讖緯；他只要抱着幾部經記。對於上面的問題，他有兩個主張：第一是没有所謂五精感生説，第二是不承認五帝之外再有五天帝。這都是和鄭玄立於反對的地位的。

他的一家之言的聖證論（用孔子的話來證明自己的學説，故曰“聖證”）已失傳了。幸而禮記祭法篇的正義裏雜引了他的許多話，我們還能窺見他的學説的一斑：

> （祭法“有虞氏禘黄帝而郊嚳，祖顓頊而宗堯”）按：聖證論以此“禘黄帝”是宗廟五年祭之名，故小記云：“王者禘其祖之所自出，以其祖配之。”謂虞氏之祖出自黄帝，以祖顓頊配黄帝而祭，故云“以其祖配之”。依五帝本紀，黄帝爲虞氏九世祖；黄帝生昌意，昌意生顓頊，虞氏七世祖。以顓頊配

黄帝而祭，是“禘其祖之所自出，以其祖配之”也。

鄭玄酷信緯書之説，以爲王者之先祖皆感太微五帝之精以生，而禘則爲祭此太微五帝的禮。王肅反之，以王者之先祖爲人類所生，禘則爲祭此先祖以前之祖的禮。雖是很講不通，(祖之所自出如是人類，則仍應稱祖，如虞氏七世祖顓頊與九世祖黄帝只差兩世，在“祖”的稱謂上不該有分别。爲什麽要稱顓頊爲祖，而稱黄帝爲“祖之所自出”呢?)但在他的理性上不容有靈威仰等荒謬的名詞存在，所以想出另一種解釋來把鄭玄的學説掃除，這一點苦心是我們應當原諒的。再看下去：

> 故肅難鄭云：“案易‘帝出乎震’。震，東方，生萬物之初，故王者制之，初以木德王天下；非謂木精之所生。五帝皆黄帝之子孫，各改號代變而以五行爲次焉；何太微之精所生乎！又郊祭，鄭玄云‘祭感生之帝’，唯祭一帝耳，郊特牲何得云‘郊之祭，大報天而主日’！又天，唯一而已，何得有六！又家語云：‘季康子問五帝，孔子曰：“天有五行，木、火、金、水及土，分時化育以成萬物，其神謂之五帝。”’是五帝，〔上天〕之佐也。猶三公輔王，三公可得稱王輔，不得稱天王。五帝可得稱天佐，不得稱上天。而鄭云以五帝爲靈威仰之屬，非也。……”

這一段話很顯明地排斥鄭玄的感生之説和六天(五天帝加一天皇大帝)之説，很顯明地擡出孔子家語做自己的“聖證”。他主張，人間的五帝都是黄帝的子孫，不是太微五帝之精所生；及其死而爲天上的五帝，則是天的輔佐而不即是天。

孔子家語這部書，名義上是孔子的弟子所記，甚至可説爲論語之所由出。然而王肅的孔子家語解自序上很露出僞作的馬脚。

他説：

> 鄭氏學行五十載矣。自肅成童始志於學而學鄭氏學矣。然尋文責實，考其上下，義理不安，違錯者多，是以奪而易之。然世未明其款情，而謂其苟駁前師以自見異於人。乃喟然而歎曰："豈好難哉，予不得已也！……"孔子二十二世孫有孔猛者，家有其先人之書，昔相從學，頃還家方取以來，與予所論有若重規叠矩。……恐其將絶，故特爲解以貽好事之君子。

他因鄭玄之學義理不安，所以自己起來奪而易之；恰好他的弟子孔猛從家裏帶了一部家語來，翻開一看，和自己爲了奪易鄭玄之學而新倡的學説完全一樣：這是何等奇巧的事，他的心如何與聖人之心相印合呵！

可是這樣奇巧的事是不容易給人相信的。所以這書一出來，鄭玄的弟子馬昭就説：

> 家語王肅增加，非鄭玄所見，肅私定以難鄭玄。（玉海卷四十一引）

其後顔師古注漢書，於藝文志"孔子家語"條也注道：

> 非今所有家語。

這個問題，直到清代中葉而完全解決，孫志祖作家語疏證，范家相作家語證僞，就内容研究，尋出每篇每章的根據及其割裂改竄的痕跡，於是這一宗造僞書的案子就判定了。所以，我們對於孔子家語，只須當作王肅的學説看便得。

我們既經明白了這宗公案，再來看家語中的五帝篇，就可以明白王肅所以造出這篇的宗旨。本篇云：

> 天有五行，木、火、金、水、土，分時化育以成萬物，其神謂之五帝。

注(正文是王肅作，注亦王肅作)云：

> 一歲三百六十日，五行各主七十二日也。化生長育，一歲之功，萬物莫敢不成。五帝，五行之帝，代天生物者。後世讖緯皆爲之名字，亦爲妖怪妄言。

這是他打破“六天”之說的。他以爲天有五行，自然地運行，自然地化育萬物。五帝只是五行之神，幫助天生長萬物的，並非各佔一天。至讖緯書上的靈威仰諸名，自是妖怪妄言，學者所不當信。又云：

> 古之王者易代而改號，取法五行。五行更王，終始相生，亦象其義。故其爲明王者而死配五行，是以太皞配木，炎帝配火，黄帝配土，少皞配金，顓頊配水。……五行佐成上帝而稱五帝；太皞之屬配焉，亦云帝，從其號。

注云：

> 法五行更王，終始相生，始以木德王天下。其次以生之行轉相承。而諸説乃謂五精之帝下生王者，其爲蔽惑無可言者也。
>
> 天至尊，物不可以同其號；亦兼稱“上帝”。上得包下，五行佐成天事，謂之“五帝”。以地有五行而其精神在上，故

> 亦爲“上帝”。黄帝之屬故亦稱“帝”，蓋從天五帝之號。故王者雖號稱“帝”而不得稱“天帝”。

這是他打破感生之説的。他以爲佐成上帝化育之功的是五行；法五行的是明王；明王死了之後配五行；五行以佐成天事稱五帝；明王從其號，故亦稱五帝。至於紛紛之説，謂五精之帝下生王者，乃是蔽惑的話，也是不當信的。又云：

> 康子曰："陶唐、有虞、夏后、殷、周獨不得配五帝者，意者德不及上古耶？將有限乎？"孔子曰："古之平治水土及播殖百穀者衆矣，唯勾龍曾食于社，而棄爲稷神，易代奉之，無敢益者，明不可與等。故自太皞以降，逮於顓頊，其應五行而王，數非徒五而配五帝，是以其德不可以多也。"

這一段是説明顓頊之後所以没有王者再配五帝的緣故，因爲五帝的數目已經滿了，不可增了。依照緯書所説，凡是王者都爲太微五帝所生，都有稱爲某帝的資格。在那時的空氣之下，所以有王莽自稱爲黄帝，公孫述自稱爲白帝，光武帝自稱爲赤帝，華孟自稱爲黑帝(見後漢書質帝紀)的事實。但到了王肅，他把月令的五帝系統守得謹嚴了，顓頊之後就不許再有新的五帝出現了。

用了王肅的意見，我們也可以畫出一個圖來，表明他的思想的骨幹，並看它與鄭玄的觀念有怎樣的不同：

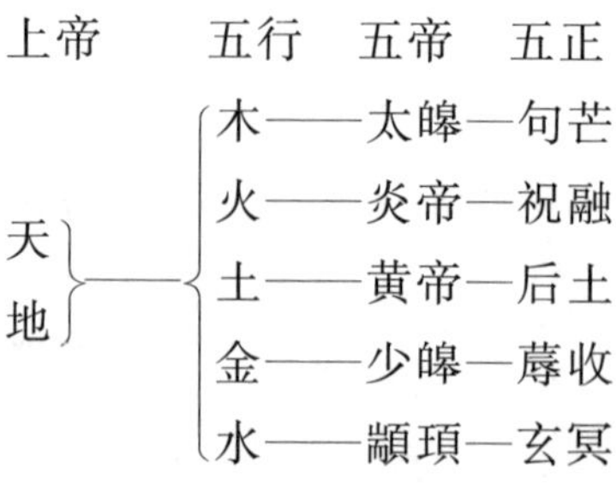

這是對於讖緯的大反動！這是"留術數而去鬼神"的大手筆！鄭玄所謂"六天"，所謂"德合北辰者稱皇，德合五帝座星者稱帝"，他都用了自撰的孔子語言，摧陷而廓清之了！

一八　盤古的出現與三皇時代的移後

關於建立宇宙的古帝，秦的三皇既可合爲漢的泰帝，自然西漢的泰帝也可分爲東漢時的三皇。怪誕到了緯書，依我們想，該是透了頂了；但還是不肯罷休。

緯書中有一種叫做遁甲開山圖，其中所説有巨靈者，他出世最早，本領最大。文云：

> 有巨靈者，徧得元神之道，故與元氣一時生混沌。（太平御覽卷一，又説郛卷五引）
>
> 有巨靈胡者，徧得坤元之道，能造山川，出江河。（文選西京賦李善注引）
>
> 巨靈與元氣齊生，爲九元真母。（路史前紀卷三注引）

照它所講，頗似淮南子中的"二神"，但這裏只有一人。這個傳説似乎没有發生多大的影響，因爲後來的書裏很少見他。

在山海經裏有兩個神，勢力頗大，也很有做造物主的資格。其一云：

> 鍾山之神，名曰燭陰，視爲晝，瞑爲夜，吹爲冬，呼爲夏，不食，不飲，不息，息爲風。身長千里，在無臂之東。其爲物，人面，蛇身，赤色，居鍾山之下。（海外北經）

其一云：

> 西北海外，赤水之北，有章尾山，有神人面，蛇身而赤，直目正乘，其瞑乃晦，其視乃明，不食，不寢，不息，風雨是謁，是燭九陰，是謂燭龍。（大荒北經）

這雖然是兩地的神，而其形狀能力完全相同，名字一個叫燭陰，一個叫燭龍，而燭龍能"燭九陰"，所以這兩種傳説實爲一神的小變；只是海外經與大荒經的作者記得不同而已（海外經和大荒經，作者雖不同，而其所根據之圖則爲一物）。但這神的氣魄雖大，不幸也没有正式成爲開天闢地的大聖。若要此人，還得另請高明呢。

後漢書南蠻西南夷傳中記載一段有趣的南蠻始祖的故事，云：

> 昔高辛氏有犬戎之寇，帝患其侵暴，而征伐不剋，乃訪募天下有能得犬戎之將吴將軍頭者，購黄金千鎰，邑萬家，又妻以少女。時帝有畜狗，其毛五彩，名曰槃瓠。下令之後，槃瓠遂銜人頭造闕下；群臣怪而診之，乃吴將軍頭也。……乃以女配槃瓠。槃瓠得女，負而走入南山，止石室中，所處險絶，人跡不至。……經三年，生子一十二人，六男，六女；槃瓠死後，因自相夫妻。……其後滋蔓，號曰蠻夷。

説南蠻的始祖是高辛氏的狗女壻，我想南蠻的文化如果高一些，他們一定要否認這門皇親的。但槃瓠的命運太好了，他竟在無意中變成了開天闢地的人物——盤古。夏曾佑氏的中國歷史教科書（今易名中國古代史）中曾説：

> 今按盤古之名，古籍不見，疑非漢族舊有之説，或盤古、槃瓠音近，槃瓠爲南蠻之祖，……故南海獨有盤古墓，桂林又有盤古祠。不然，吾族古皇並在北方，何盤古獨居南荒哉？（第一篇第一章）

他這個説法是對的，而始記盤古這個人物的，今所見以吴徐整的三五歷紀爲最早。這書上説：

> 天地混沌如雞子，盤古生其中，萬八千歲。天地開闢，陽清爲天，陰濁爲地。盤古在其中，一日九變。神於天，聖於地。天日高一丈，地日厚一丈，盤古日長一丈。如此萬八千歲，天數極高，地數極深，盤古極長。後乃有三皇。數起於一，成於五，盛於七，處於九，故天去地九萬里。（藝文類聚卷一引）

梁任昉(?)的述異記又説：

> 生物始於盤古，天地萬物之祖也。其死也頭爲五岳，目爲日月，脂膏爲江海，毛髮爲草木。先儒説盤古泣爲江河，氣爲風，聲爲雷，目瞳爲電，喜爲晴，怒爲陰。秦、漢間俗説盤古頭爲東岳，腹爲中岳，左臂爲南岳，右臂爲北岳，足爲西岳。吴、楚間説，盤古夫妻，陰陽之始也。

這位盤古的形態和山海經中的燭陰(或燭龍)竟會這等相似，大概是把盤古作爲開天闢地的人物之後，乃將燭陰的故事塗附上去的。但不明白的是：爲什麽南蠻民族的祖先會得變爲開天闢地的人物？如果直接以燭陰當此鉅艱，也未必不能勝任吧？

此後，連天皇也不是首出御世的聖人，更不必説伏羲了。宋胡宏作皇王大紀，正式把盤古列於三皇之首，説：

> 盤古生於大荒，莫知其始，明天地之道，達陰陽之變，爲三才首君，於是混茫開矣。

以後元陳桱的資治通鑑前編，明王世貞、袁黄的綱鑑合編及清吴乘權的綱鑑易知録等，三皇之前都必先書盤古。三皇的地位於是又低了一層！

宋代的一部僞書，三墳，其中勦襲緯書十紀之言而顛倒其次序，云：

> 太古之人皆壽盈，易始三男三女，冬聚夏散，食鳥、獸、蟲、魚，草、木之實，而男女構精，以女生爲姓，始三頭，謂之合雄紀，生子三世。合雄氏，子孫相傳，記其壽命，謂之叙命紀。通紀四姓，生子二世，男女衆多，群居連逋，從强而行，是謂連逋紀。生子一世，通紀五姓，是謂五姓紀。天下群居，以類相親，男女衆多，分爲九頭，各有居方，故號居方氏。

我們看緯書中説“人皇九頭”，又説“兄弟别長九州”，則居方氏不即是人皇嗎？人皇之上已有合雄、叙命、連逋、五姓諸紀，依命曆序之言，一紀爲二十六萬七千年，則人皇之起也甚遲了。時代既遲，地位當然不能特高。後之作者，如清林春溥的開闢傳疑，即依此説，而將三皇全放在居方氏之下。他的依據是春秋緯的“天皇、地皇、人皇兄弟九人，分九州，長天下”，見得分居九州的不但人皇而已。

一九　女媧地位的升降

盤古，自三國至今日一千七百年，已公認爲首出御世的聖王了。但我們不要忘記，在盤古未出的時候，女媧實爲開闢天地的大人物。

女媧的地位在後人的傳説裏雖也不算低下，如鄭玄等便以她爲三皇之一，但究竟和原來的情形不同；即以她的形狀性別而論，本來是蛇身人首，也没有人説他定是女性，而在以後就成了伏羲的女弟或是伏羲的夫人，漸漸變爲一個美好的女主了。

她的名字，最早在天問裏見到。天問問道：

> 女媧有體，孰制匠之？

這用白話譯出，就是説："女媧的身體，是誰作成的呢？"問的好像突兀，爲什麽單問到她的身體的來歷呢？王逸注説：

> 傳言女媧人頭蛇身，一日七十化，其體如此，誰所制匠而圖之乎？

因爲她有一個多變化的身體，所以發生疑問。然而所謂"一日七十化"者，並不是她自己的身體如此，大約是説她一日而七十化萬物；因爲我們在其他的記載裏知道女媧是個奠定天地而創造萬物的人。許慎的説文説：

> "媧"，古之神聖女，化萬物者也。

應劭的風俗通義説：

> 俗説天地開闢，未有人民，女媧摶黄土作人，劇務力不暇供，乃引繩於泥中，舉以爲人。故富貴者，黄土人；貧賤凡庸者，絙人也。（見太平御覽卷七十八）

當天地初開闢時没有人類，女媧乃用黄土摶爲人類，但這工作太繁重了，於是用了省事的法子，引繩於泥中，一拉起時就造出許多人來，然而又未免流於庸賤了。天問的問話，應當以此二條作注脚乃可，就是説人類是女媧造的，萬物是女媧化的，然而她自己的身體又是哪一個人所作成的呢？這好比反基督教的人説：上帝造成人類，上帝又是誰造的呢？

女媧不僅有創造萬物人類的傳説，而且也有補天奠地的傳説。淮南子覽冥訓説：

> 往古之時，四極廢，九州裂，天不兼覆，地不周載，火爁炎而不滅，水浩洋而不息，猛獸食顓民，鷙鳥攫老弱，於是女媧鍊五色石以補蒼天，斷鼇足以立四極，殺黑龍以濟冀州；積蘆灰以止淫水。蒼天補，四極正。淫水涸，冀州平。狡蟲死，顓民生。背方州，抱圓天。和春，陽夏，殺秋，約冬。枕方寢繩，陰陽之所壅沈不通者竅理之，逆氣戾物傷民厚積者絶止之。當此之時，卧倨倨，興眄眄，一自以爲馬，一自以爲牛，其行蹎蹎，其視瞑瞑，侗然皆得其和，莫知所由生，浮游不知所求，魍魎不知所往。當此之時，禽獸蝮蛇無不匿其爪牙，藏其螫毒，無有攫噬之心。考其功烈，上際九天，下契黄壚，名聲被後世，光暉重萬物。（冀州即中國，説詳馬培棠冀州考原，禹貢半月刊一卷五期）

這一段神話是説當上古的時候，天也壞了，地也裂了，水火傷人，猛獸鷙鳥食人，於是女媧乃鍊石補天，斷鼇足立極，黑龍也殺了，猛獸鷙鳥也死了善了，而人民乃得安居，無思無慮，如牛如馬的過他們的太平日子。女媧有這樣的功德，安得不“名聲被後世”呢！

風俗通又説：

> 女媧禱祠神祈而爲女媒，因置昏姻。（見繹史卷三引）

是女媧於補天修地造人之後又創設婚姻制度，從此以後的人類就不須她自己動手製造了。關於她死後的事，山海經又有記載道：

> 有神十人，名曰女媧之腸，化爲神，處栗廣之野。（大荒西經）

統觀以上的記載，我們知道，天由她補，地由她修，人由她造，且死後她的腸子尚能化而爲神人，豈不是人類的始祖嗎，她的地位不應在三皇之先而爲首出御世的聖王嗎？乃後來的開闢始祖不奉她，另請一位南蠻的祖宗槃瓠，這是什麽道理？想來也許是因爲她被傳説定成一個女人，不克擔此重任？然而我們知道，在漢代以先，至少在楚國一帶地方，是奉女媧爲開闢天地的人物的。以後的史家以爲她既作過修補天地的工作，而又不在開闢的時候，於是替她想出所以修補天地的原因來。記載這原因的，就我們所見，第一是王充論衡。順鼓篇道：

> 傳又言共工與顓頊爭爲天子，不勝，怒而觸不周之山，使天柱折，地維絶。女媧消煉五色石以補蒼天，斷鼇之足以立四極。

司馬貞補三皇本紀也載：

> ……特舉女媧……而充三皇。當其末年也，諸侯有共工氏任智刑以强，霸而不王，以水乘木，乃與祝融戰，不勝而怒，乃頭觸不周山崩，天柱折，地維缺，女媧乃鍊五色石以補天，斷鼇足以立四極，聚蘆灰以止滔水，以濟冀州；於是地平天成，不改舊物。

這兩説和淮南子不同的地方，就是淮南説天地是自然缺陷的，而他們則説天地缺陷的原因由於共工觸不周山。其實這本是兩個各不相干的傳説(共工觸不周山之説亦見淮南，然與女媧無關)，何必硬拉在一起。但既已硬拉在一起，那麼女媧雖有修補天地的大功，當然不該再算作首出御世的聖王了。

二〇　三皇名稱確立後對於舊名稱的解釋

三皇爲天皇、地皇、人皇，自有緯書以來，其勢甚盛。但對於泰皇何以改爲人皇，始終無以除掉讀書者的疑惑，應當給它一個解釋纔好。五行大義(第二十，論諸神)引帝王世紀道：

> 天皇大帝，曜魄寶。地皇爲天一。人皇爲太一。

太一、天一從此有了着落，可是地一爲什麼不見？要知道這裏所説的天皇大帝、天一、太一是三個星名，他們是拿歷史上的三皇來配天上最有權威的三個星的。在星圖上向來没有地一星，所以地皇只好配天一了。宋羅苹路史注又云：

> 按孔衍春秋後語，泰皇乃人皇。（前紀卷二）

孔衍之書已亡，不知其如何證明泰皇即人皇。至羅苹的自己解釋，則云：

> 秦丞相綰曰："古有天皇，有地皇，有泰皇；泰皇最貴。"貴者非貴於二皇也，以其阜民物，備君臣，政治之足貴也。……張晏云"人皇九首"，韓勑孔廟碑云"前開九頭，以叶言教"是也。泰皇即九頭紀，舊記不之知爾。真源賦云"人皇厭倦塵事，乃授籙於五姓"，知爲九頭紀也。（前紀卷二）

他用下列幾種理由，證明泰皇即人皇：（一）泰皇之所以足貴在其阜民物，備君臣的政治，這就是人道；（二）真源賦謂人皇授籙於五姓紀，五姓紀前爲九頭紀；人皇爲九頭紀，故知泰皇即九頭紀。他的第一理由也是有所本的，周禮正義序云："政教君臣，起自人皇之世。"惟第二理由則殊苦薄弱，因爲泰皇九頭，從來没有這句話，所以羅苹也只能説一聲"舊記不之知爾"。舊記不知，彼果何從而知之？

董仲舒曾説出一個"九皇"的名詞。文子亦云：

> 九皇之制，主不虛王，臣不虛貴，階級尊卑，名號自居。（不見於今本文子；路史前紀卷二注引）

吴韋昭曾説：

> 人皇九人，所謂"九皇"。（路史前紀卷二注引）

他把"九皇"一名完全送給人皇了。其後馬驌在繹史中集合韋昭、羅苹之言，斷之曰：

> 秦博士稱“古有天皇、地皇、泰皇；泰皇最貴”，即人皇也，亦號九皇。（卷一）

這泰皇、九皇、人皇三個不同的名號，從此以後就集合於一人之身了。

淮南子裏的“二皇”怎麽辦呢？路史云：

> 伯陽父曰：“泰古二皇得道之秉，立乎中央，神與化游，以撫四方，是故能天運地墆而輪轉無廢，水流不止，而與萬物相終始。”然不曰三皇者，豈非泰皇之世，人道大備，非復二皇之代，故退首乎十紀，而不遂與二靈參乎？予故從之，别紀二靈，而返泰皇氏於九頭紀。（前紀卷二）

他把泰皇氏列於九頭紀，而别記天皇、地皇在九頭紀之前爲二靈（他以“泰皇之世，人道大備”，亦即泰皇爲人皇的證據）。馬驌乃云：

> 天皇、地皇，稱爲二靈，是泰古二皇也。注謂伏羲、神農者，非。（繹史卷一）

這麽一來，淮南子裏的二皇就拍合了天皇、地皇了。天皇、地皇爲二皇，人皇爲九皇，於是此後天地人三皇在西漢前期的書中也各各有了着落了。故事愈整齊，其真相愈泯滅，這是一個例子。

他們對於泰皇、二皇、九皇，都有法子作解釋，使其與天地人三皇合爲一體，獨至於泰一，則因他的名下没有帶一個“皇”字，忘記了，再想不起他是“皇天上帝泰一”了。雖以羅泌的好博逞奇，亦只有録泰皇氏於九頭紀；而録泰壹氏於循蜚紀，雜在無名的巫常氏和空桑氏之間。他説：

> 泰壹氏，是爲皇人（原注：道言"天真皇人者泰壹也"）。……昔者神農嘗受事于泰壹小子（本草經），而黄帝、老子皆受要于泰壹元君。蓋範無形，嘗無味，要會久視，操法攬而長存者。有兵法、雜子、陰陽、雲氣、黄冶及泰壹之書。……其書言"黄帝謁娥眉，見天真皇人（原注：三一經云："黄帝游靈臺青城山絶巖之下，見天真皇人"），拜之玉堂曰：'敢問何爲三一之道？'皇人曰：'而既已君統矣，又咨三一，無乃朗抗乎？……'黄帝乃終身弗違而天下治。……"（前紀卷三）

這書把泰壹只説成一個仙人，羅泌也没奈何了。三皇經云：

> 皇人者，泰帝之所使，在娥眉山，黄帝往受真一五牙之法。（見路史卷三注引）

羅苹注云：

> 泰帝者，泰皇氏也。傳言泰帝興神鼎，説者以爲伏羲，失之。

泰帝是泰皇，也是人皇，就這樣定了。只苦了泰一，卻來給人皇做了個使者！

二一 道教中的三皇

緯書是東漢時民間信仰的一個薈萃。這些民間信仰，依附孔子，以孔子作中心。他們似乎要造成孔教，但因有一班儒者的不合作，而且起來破壞他們，所以未能成功。到漢末時，有張道陵的新教起來，依附老子，一時民間信仰就湊集在那裏。適值佛教輸入，就模仿了佛教的儀式而建立道教，這一次居然成功了。道教中的著作謂之道經，在道經裏也一樣有三皇，一樣有開天闢地的説法。但自魏、晉至元、明，全是道經的著作時期，所以其中的説法頗不一致；而他們説來全很有趣。

道經太玄部裏有一種叫作雲笈七籤，是一部很有名的道教經典，其中有許多關於開闢以來和三皇的説法。

太上老君開天經(在雲笈七籤内)云：

> 蓋聞未有天地之間，太清之外不可稱計。虛無之裏，寂寞無表，無天無地，無陰無陽，無日無月。……唯吾老君獨處空玄寂寥之外，玄虛之中，視之不見，聽之不聞，若言有不見其形，若言無萬物從之而生，……而有洪元。洪元之時亦未有天地，虛空未分；玄虛寂寥之裏，清濁未判。洪元一治，至于萬劫。洪元既判而有混元；混元一治萬劫，至于百成。百成也八十一萬年而有太初，……太初一治至于萬劫，人成之初，故曰太初。……太初既没，而有太始，……置立天下九十一劫，九十一劫者，至于百成，百成者亦八十一萬年。太始者，萬物之始也，故曰太始。……太始既没，而有太素。太素之時，老君下降爲師，教示太素，以法天下八十

> 一劫，至于百成，亦八十一萬年。……太初以下，太素以來，天生甘露，地生醴泉，人民食之，乃得長生，死不知葬埋，棄屍於遠野，名曰上古。

太初時方纔有人類，太始時方始有萬物。太初以上爲混元，混元之上爲洪元，洪元之上是個虚無寂寥的世界，所有的只是一個“無”。萬物是由陰陽而生的，這時卻連陰陽也没有，然而已有老君了。老君處在玄虚寂寥的世界裏，看也看不見他的形象，聽也聽不到他的聲音；然而不能説没有他，因爲他是造物主呵！自太初到太素是有人類以來的上古，這是人類的黄金時代，吸甘露，飲醴泉，長生不老。以後呢？又云：

> 太素既没而有混沌，……混沌以來始有識名。混沌號生二子：大者胡臣，小者胡靈。胡臣死爲山嶽神，胡靈死爲水神。……混沌既没，而有九宫。……九宫没後，而有元皇。……元皇之後，次有太上皇。……太上皇之後，而有地皇。地皇之後，而有人皇。

莊子的應帝王篇説混沌是中央之帝，在這裏他是一位首出御世的帝王，説他“號生二子”，不知是怎麽樣的生法？繼之者爲九宫，以先我們知道，“太一行九宫”（易乾鑿度）的“九宫”，乃是古代天文學上的一個名詞，如今纔曉得古帝王也有叫“九宫”的。而最奇特的卻是“太上皇”了。當秦始皇打平了天下之後，自己稱做“始皇帝”，又尊莊襄王爲“太上皇”，以後漢高祖也這樣地模仿了。我們總以爲這是秦始皇的創舉，哪裏知道“太上皇”乃是古代帝王，秦始皇不過是沿用呢！

> 人皇之後，而有尊盧。尊盧之後，而有勾婁。勾婁之

> 後，而有赫胥。赫胥之後，而有太連。太連以前，混沌以來，名曰中古。
>
> 太連之後，而有伏羲。……自伏羲以前，五經不載，書文不達。……伏羲没後，而有女媧。女媧没後，而有神農。……神農没後，而有燧人。……燧人没後，而有祝融。祝融之時，老君下爲師，號廣壽子，教修三綱，齊七政。三皇修道，人皆不病。……次有高原、高陽、高辛三世。次有蒼頡、仲説，教書學文。三皇之後，而有軒轅黄帝。

自混沌到太連是中古，伏羲以後是近世的事了。哪幾位是三皇呢？説是伏羲、女媧、神農吧？但軒轅黄帝又不承接。説是高原、高陽、高辛吧？也不像，在舊説裏，高陽是顓頊，高辛是帝嚳，本來是黄帝以後的帝王。到底黄帝承自何人，是難以確定的了。

全部道藏的三皇説法，自是頗多歧異，即是在同一部書裏也有許多不同。道藏的著者以道士們爲多，他們所説的全是湊集來的，先秦諸子，各種緯書以及帝王世紀、三五歷紀等，是他們古史的淵藪，但也没有融化成一個系統。再加入些他們的想像，那就是儒者們所稱的荒誕了。

雲笈七籤内有一篇天尊老君名號歷劫經略，是記老君在哪一時有哪些教化的事。有云：

> 老君至開冥賢劫之時，……號曰無極太上大道君，亦號曰最上至真正一真人，亦號曰無上虚皇元始天尊。……爾時盤古真人因立功德，見召於天中。盤古乃稽首元始虚皇道君，請受靈寶内經三百七十五卷。時高上虚皇太上道君則授以三皇内經三十六卷，而盤古真人乃法則斯經，運行功用，成立天地，化造萬物。……遂有五億五千五百五十萬重天地

> 焉。十方俱行道德之化後，天皇氏始興焉。

盤古，是很熟習的，“真人”也不眼生，卻想不到盤古也成了真人。他法則了三皇内經而成立天地萬物；以後天下太平，俱行道德之化了，天皇氏方纔繼之而起。天皇氏起後：

> 老君降三玄空天宫，以天皇内經十四篇授與天皇；以治天下三十六萬歲，乃白日昇仙，上三玄空天宫中。天皇氏後而地皇氏興焉，太極老君又授地皇内經十四篇；地皇氏得此經以治天下三十六萬歲，乃白日昇天，上素虚玉皇天宫中，萬歲朝尊。地皇仙後，人皇氏興焉，太極老君又授人皇内經十四篇；人皇得此經以治天下三十六萬歲，於是白日昇仙，上太素虚玉皇天宫，受自然之壽。由是以後，九億九千九百九十九萬歲，方至于五帝興焉。

太極老君的功德大極了，給他們每人一部經，他們本着這部經安安穩穩的治理天下三十六萬年，然後“白日昇仙”，這真是享盡了人間天上之福。以後隔了九億九千九百九十九萬年，五帝纔繼之而起，這個中間是誰來治理呢？文獻無徵，只好闕疑，可是未免嫌它闕疑得太長久了。

> 五帝各理三萬六千歲，而五帝氏後逮於中皇天皇君出世，而啟太上老君，太極真人下降崑崙之山，又授以天皇内經十四篇。而天皇君得此經，以道治世三萬六千歲，白日登仙，上昇太清天中。天皇君仙後而地皇君興焉。地皇君出世，太上老君太極真人又下降流綱之山，授地皇君地皇内經十四篇。而地皇君得此經，以道治世三萬六千歲，白日登仙，上昇太極虚皇天中。而地皇君仙後，而人皇君興焉。人

> 皇君時，太極真人太上老君下降於南霍之山，又授以人皇君内經十四篇。而人皇君得此經，以道治世三萬六千歲，白日登仙于太極南朱上天宫。自中三皇氏後，老君經九萬九千九百九十萬歲，又以法授人皇君子孫，俾治世修道，元始天尊真人皆降焉。

初三皇之後有五帝，五帝後有中三皇君。中三皇君每位治理天下三萬六千年，當初三皇的十分之一。這裏面的五帝也僅僅的知道這麽一個名詞，是哪幾個人呢？人皇君後：

> 五龍氏興焉。天真皇人太上老君降下開明之國，以靈寶真文三皇内經各十四篇授五龍氏。五龍氏得此經，以道治世萬二千歲，白日登仙。爾時甘露降焉，蒼生則於中化生。是後運動陰陽，作爲五行四微世欲生死之業，……經于三十六萬歲後，神人氏興焉。神人氏出生，其狀神異，若盤古真人而亦號"盤古"，即是無劫蒼生萬物之所承也。以己形狀類象分别天、地、日、月、星辰、陰陽、四時、五行、九宫、八卦、六甲、山川、河海，不能決定，故以天中元景元年七月一日上登太極天上，上啟元始太上天尊，更授神寶三皇内經，並靈寶五符經，老君下降授神人氏。得斯經下世，則按經圖，分畫天地，名前劫高上真人，更新開乎造化時事，故昧前皇聖人功用，所以於此而爲更始。

五龍氏後是神人氏。巧得很，這位神人氏的像貌竟似盤古真人，所以他亦叫做"盤古"了。盤古真人是成立天地、化造萬物的，這位盤古也是萬物蒼生之所承。世人只知道盤古開天，哪裏曉得有前後相像的二人做了兩次開闢的工作！這位盤古想着以他自己的身體作爲樣本去分别天地日月萬物萬事，但没有成功，所以跑到天上去求元始太上天尊再授給他兩部經，於是由太上老君降臨授他。這次按經圖分晝天地，纔成功了。盤古真人雖然已經創造天地萬物，神人氏所爲乃是一種更新運動。後世的人無論革命或改制，只是政治或經濟上的改革，他卻要重整宇宙，再列山川，這是何等的魄力！既經又是一番世界，怪不得前皇聖人的功用被他湮没了！

> 自斯盤古以道治世萬九千九百九十九載，白日昇仙，上崑崙登太清天中，授號曰元始天王。……而盤古真人氏仙後，伏羲氏興。伏羲氏興，而太極天真大神以清濁已分，元年上啟太上老君，以天皇内經十四篇並靈寶圖道德五千文授伏羲。……伏羲以道治世六千歲，白日昇天中，號曰天真景星真人。
>
> 伏羲氏後而燧人氏興焉。……燧人氏以道經治世六千歲，於丹霍之山白日昇仙，登于太極左宫，號曰玉虚真人。
>
> 燧人氏後，祝融氏興焉。……祝融氏以道德治天下六千歲，白日昇于太極南昌上宫，號大行真人。自伏羲、燧人各授六百歲，傳子孫得六千歲。
>
> 祝融氏後而神農氏興焉。神農以道治天下二百歲，於大室之山白日昇仙，上登太皇之天，號曰靈寶虚皇真人，傳世子孫合五百二十二年，後則軒轅氏興。
>
> 黄帝以道治世一百二十年，於鼎湖山白日昇天，上登太極宫，號曰中黄真人。

盤古治世萬九千九百九十九年後昇仙，以後是伏羲、燧人、祝融、神農、黄帝，他們全是白日昇仙的。這和太上老君開天經的次序不同，在那裏伏羲傳女媧，以後是神農、燧人、祝融。同一部書内的兩篇書，可以互相歧異如此，真可説是出人意外。今依此篇列一世系表如下：

盤古真人→初天皇→初地皇→初人皇→五帝（五人）→中天皇→中地皇→中人皇→五龍氏→神人氏（盤古）→伏羲氏→燧人氏→祝融氏→神農氏→軒轅氏

洞神部玉訣類有一種經叫做玄經元旨發揮，其本意是"本玄經著元旨，復徵古史爲發揮"（見序言）。這裏面也講到人類以前，天地未闢，混沌世界的時候，又和雲笈七籤所説的不同。第一是先天章，所謂"先天"是極渺茫的，是太極以前的無極，是"道生一"之"道"。第二是元始章，此章中有五太，即：太易、太初、太始、太素、太極，共經二萬七千年。爲什麽這無知無識的五太也有年數可紀呢？是因爲它們一樣的有理、氣、象、數的。第三是開物章，天地萬物自此開始，玄、元、始三氣相凝合而生盤古氏。我們試看他是何等樣的人物：

> 天地渾淪如鷄子，盤古生其中，一日九變，神於天，聖於地。天日高一丈，地日厚一丈，盤古日長一丈，如此萬八百歲，天極高，地極厚，盤古極長。
>
> 其生也神靈，極天之高，極地之厚，宰御形氣，胚腪萬有。其死也，頭爲五嶽，目爲日月，脂膏爲江海，毛髮爲草木，然則盤古萬物之祖也。

頭一段和三五歷紀所説的相同，第二段與述異記所説的相似。這纔是"萬物皆備於我"，所以山川、日月、江海、草木，全出於其一身。我們想一個造物主也應當有這樣的一個偉大軀幹，不然，又如何可以創造這樣一個繁複的世界！據此書的注（著者自注，元杜道堅）説盤古也就是混沌，他説"逮渾沌鑿而盤古死"。莊子的喻言被他現實化了。

第四是太上章，盤古氏没，初天皇氏生。

初天皇氏，天皇十二頭，元氣肇始，有神人號天皇氏，爲物初生民之主。……物初生民與動物同出一氣，分形未清，故有蛇身人首者，有人身牛首者。如天之二十八宿，地之十二宫神，皆以禽獸之名而名，蓋禽獸與人同稟天星地靈而生，故稱人曰“倮靈”焉。則知天皇氏之民，無思無爲，若嬰兒之未孩，飡元飲和，抱道自然，……是時人壽千餘歲。子孫相承，歷十五運，合五千四百年。

初天皇氏没，初地皇氏作。……

地皇氏十一頭，繼初天皇氏而王，德合自然，功贊天地。定星辰，分晝夜，調陰陽，制寒暑，四時順序，人民毓，萬木折，萬草萌，鱗介、羽毛、飛潛、動植，各正生成。則知地皇氏之民若嬰兒之既孩，餐霞茹芝，無飢飽勞役。……是時人上壽猶千歲，子孫相承，歷……五千四百年。

初地皇氏没，初人皇氏作。……

人皇九頭，當是時也，生類日衆，如孩已童，天性既鑿，人欲漸萌。披木葉，藉草萊，食果飲水，長幼群居。無爪牙之利，以禦猛獸；無官民之分，以制剛虣；强食弱肉，民不堪處。即山川土地之勢，財度九州，九頭各居其一而爲之長。人皇居中以制八輔，謂之九頭紀。……子孫相承，歷五千四百年，初人皇氏没，中天皇氏出。

人和禽獸本皆由一氣所生，而當初天皇之時分形尚未能清，所以蛇身人首、人身牛首的多有。地皇氏出，纔有分晝夜、定四時等事業，動植萬物乃各正生成，也許不致有禽獸與人分別不清的現象了。人皇之時，人欲已萌，不能各安其居，於是九頭各據一州，人皇居於中爲之長，以管理之。所謂九頭者，就是九個人的意思，這好比説魚幾尾、鳥幾隻一樣。人皇時叫作九頭紀，卻又相當於叙命紀，天皇氏當於五龍紀，地皇氏當於合雄紀。初三皇子孫相承共治一萬六千二百年，而中三皇繼起。

> 中天皇號泰皇氏，繼初人皇氏而王。……當時之民，如童初冠，生實不足以濟飢餒，取動物之可食者而飽其腹，恬淡自安，他無營爭，雖有君長之，而民安其故。世代相承，歷五千四百年，中天皇氏没，中地皇氏出。……
>
> 中地皇號有巢氏，繼泰皇氏而王。當是時也，山無蹊隧，澤無舟梁，萬物群生，連屬其鄉，禽獸成群，草木遂長，人民野處，不勝虎狼蛇豕之毒；有巢氏教民構木爲巢，以避群害，冬則處穴，夏則居巢，寒暑有備，禽獸不傷；然後民安其所，天下九頭咸歸而尊事之。子孫相承，歷五運，凡一千八百年，中地皇氏没，中人皇氏出。……
>
> 中人皇號燧人氏，繼有巢氏而王。人民巢居穴處，飲血茹毛，傷害腹胃，漸致夭喪；有燧人氏始教民鑽木取火，炮生爲熟，避腥去臭，養人利性，遂天之道，故號燧人氏。……世代相承，歷一千三百一十年，而後天皇氏作。

中天皇相當於連通紀，中地皇相當於五姓紀，中人皇相當於循蜚紀。這裏説中天皇號曰泰皇。泰皇到不面生，他不是秦人所説三皇中最貴的泰皇嗎？自從人皇出世之後，泰皇早被人忘掉，卻跑在這裏作中天皇，真可謂“失之東隅，收之桑榆”。韓非子五蠹篇序有巢氏在燧人氏之先，可是有人擁戴燧人作三皇，有巢氏卻被冷落了下來；如今他也時來運轉，做了中地皇了。燧人氏仍在他的後面做中人皇，也算得地位相當。

第五是三五章，三五章者：

> 後三皇逮五帝也。

後天皇號伏羲氏，風姓，歲起攝提，始甲寅，以木德王。都太昊之墟，教民伏犧，因以爲號。冶金成器，示民炮食，一號炮犧，仰觀俯察，近取遠求，畫八卦，造書契，作甲曆，結繩而爲網罟，以畋以漁，而聖職教化之道興。當時人民群處，綱常未立，伏羲德合上下，法兩儀以正君臣父子夫婦之義，於是人倫乃正。繼天而王，爲百王先，尊之曰天皇。太昊在位一百一十六年，傳女媧至無懷通十五代，歷一千三百單七年，而後地皇神農氏作。

後地皇號神農氏，姜姓，起辛丑，以火德王，都魯。當時人民啖茹生疾，陰陽相寇，神農嘗百草製百藥以療之。教民耒耜之利，以播種百穀，民乃粒食。日中爲市，有無相通，使民宜之。諸侯夙沙氏叛不用命，箕文諫而殺之；神農修德，夙沙氏之民自攻其君而歸。其地南通交趾，北接幽都，西距三危，東連暘谷。在位一百四十年。傳臨魁至榆罔八世，歷五百二十六年，而後人皇氏作。

後人皇號軒轅氏，公孫姓；長於姬水，改姬姓。起庚子，以土德王。都軒轅之丘，因號焉。承榆罔之衰，蚩尤不用命，戰于涿鹿，戮于中冀。……畫野分州，經土設井，人民不爭，百官無私，市不預賈，相讓以財，四夷賓貢，諸侯咸歸，是爲黄帝。

伏羲相當於因提紀；其下所傳的十五代，據注言，爲：女媧氏、大庭氏、柏黄氏、中央氏、栗陸氏、驪連氏、赫胥氏、尊盧氏、混沌氏、皞英氏、有巢氏、朱襄氏、葛天氏、陰康氏、無懷氏。正文中曾以有巢氏爲中地皇，這卻在後天皇之後十一傳；混沌本説即盤古氏，這卻在後天皇之後九傳。不過，這種矛盾，他們也自有辦法，他們説這乃是以先的有巢、盤古的後嗣。女媧，他們説是伏羲的皇后，是繼伏羲爲君的。神農氏當於禪通紀，以後八世是：帝臨魁、帝承、帝明、帝直、帝釐、帝哀、帝榆罔（據注。按：此僅七世）。黄帝當於流訖紀。這九紀和春秋緯命曆序所説的十紀前後的次序不同。又如依命曆序每紀爲二十六萬七千年之説，那末，自初天皇到神農氏纔二萬六千五百多年，還不到一紀的十分之一，卻如何分佔了八紀？好在他們是不理會這些的，閉户造車，不必管其出門合轍與否。我們看人類的進化也不算慢了，七萬年前尚無人類（據注言自開物至大禹爲六萬四千八百年，而人民萬物始於開物），三萬年前尚且人獸難分：這是道教的人類學呵！

三皇，我們知道了許多，但我們並不知道他們的父母是誰，他們是如何産生的。元始上真衆仙記（洞真部譜録類）説的很詳細，云：

> 真書曰："昔二儀未分，溟涬鴻濛，未有成形，天地日月未具，狀如雞子，混沌玄黄；已有盤古真人，天地之精，自號元始天王，游乎其中。溟涬經四劫，天形如巨蓋，上無所係，下無所根；天地之外，遼屬無端；玄玄太空，無響無聲；元氣浩浩，如水之形。下無山嶽，上無列星，積氣堅剛，大柔服結，天地浮其中，展轉無方；若無此氣，天地不生。天者如龍，旋迴雲中，復經四劫，二儀始分，相去三萬六千里。……元始天王在天中心之上，名曰玉京山，山中宫殿並金玉飾之，常仰吸天氣，俯飲地泉。復經二劫，忽生太元玉女在石澗積血之中，出而能言，人形具足，天姿絶妙，常游厚地之間，仰吸天元，號曰太元聖母。元始君下游見之，乃與通氣結精，招還上宫。"

當天地未分的時候，已有盤古真人游於其中；又經四劫，天形乃像一個巨蓋在空中懸着；又經四劫，天地始分，相隔了三萬六千里路。盤古真人住在玉京山的宫殿裏吸天氣，飲地泉，倒也逍遥自在，但又未免太孤寂了。隔了二劫之後，忽然於積血之中生出一個天姿絶妙的女人來，這豈不是“天作之合”？於是他招她到上宫，到上宫後：

> 太元母生天皇十三頭，治三萬六千歲，書爲扶桑大帝東王公，號曰元陽父。又生九光玄女，號曰太真西王母，是西漢夫人。天皇受號十三頭，後生地皇，地皇十一頭，地皇生人皇九頭，各治三萬六千歲。

這相當於上面所見的初三皇，但亦有不同（頭數、年數）。我們看了這個，纔知道天皇是盤古的兒子，也就是東王公；他的妹妹便是西王母；地皇是他兒子，人皇是他孫子。這早就是家天下了，哪裏有什麽禪讓！

這是又一個古史系統，三皇後不是中三皇或五帝，卻是八帝。文云：

> 次得八帝；大庭氏、庖羲、神農、祝融、五龍氏等是其苗胤也。

八帝後乃有五帝：

> 太昊氏爲青帝，治岱宗山。顓頊氏爲黑帝，治太恒山。祝融氏爲赤帝，治衡霍山。軒轅氏爲黄帝，治嵩高山。金天氏爲白帝，治華陰山。

唐堯以下五人乃是上列五帝的辅佐（注言），“五帝一劫遷，佐者代焉”。他們也治在山上：

> 堯治熊耳山，舜治積石山，禹治蓋竹山，湯治玄極山，青烏治長山及馮修山長。

雲笈七籤中也引有三皇、八帝的話：

> 三皇經云："昔天皇治時，以天經一卷授之；天皇用而治天下二萬八千歲。地皇代之，上天又以經一卷授之；地皇用而治天下二萬八千歲。人皇代之，上天又以經一卷授之；人皇用而治天下亦二萬八千歲。三皇所授經合三卷，爾時號爲三墳是也，亦名三皇經。又有八帝，治各八千歲，上天又各以經一卷授之，時號爲八索是也。此乃三墳八索根本經也。"(卷四，三皇經說)

三墳是三皇的書，八索是八帝的書，五典當然是五帝的書了，這又是何等適合的事情！可惜他們不曾於八帝和五帝之下再造出"九帝"或"九王"來，不然，豈不是連九丘之名也一併有了着落了嗎！

雲笈七籤又引小有經，説三墳八索的用處：

> 三皇治世，各受一卷，以天下有急，召天上神，地下鬼，皆勑使之，號曰三墳。後有八帝，次三皇而治，又各受一卷，亦以神靈之教治天下：上三卷曰三精，次三卷曰三變，次二卷曰二化；凡八卷，號曰八索。(卷九)

由此我們知道三墳、八索乃是遣將驅神，以神靈之教治天下的文字。

然而到底八帝是些什麽人？太上三皇寶齋神仙上録經(洞神部方法類)有云：

黄帝曰："先天有三皇之神，八帝次其治，皆高真爲輔，邪惡不生，災害不作，非世所傳伏羲、女媧之時也。其治各一萬三千歲。"

這位絶世聰明的黄帝也只能説八帝不是伏羲、女媧等，而不能説是哪幾位，我們自然不必强作解人了。

自從三皇到五帝，雖然奠定了天地，作了許多大事業，然而哪一位不是得到了一部經，纔能成功的。太上黄籙齋儀卷五十二（洞玄部威儀類）記有歷代聖人神仙所授經，是老君授經的總賬。今録其一段如下：

老君授上三皇玄中大經，
老君授中三皇太素經，
老君授下三皇金闕祕經，
老君授中三皇開元經，
老君授後三皇攝提本經，
老君授伏羲元陽經三十四卷，
老君授神農元陽經三百六十卷，
老君授祝融安神經，
老君授黄帝道德經。（以下直授到周昭王）

這裏面有五個三皇。兩中三皇不知是一是二？後三皇也不知是否即下三皇？伏羲、神農等又不在三皇之數，那麽這三皇是誰？這當然是又一個新古史系統了。

以上所説的無論三皇、九皇，全是古時治理天下有大功的帝王，雖然他們可以不死，可以成仙，但也是從修鍊中得來，當他們修鍊時是頗喫苦的。金瑣流珠引注（太玄部辭字下）記有地皇學道的故事，云：

> 昔地皇氏不受妄存，忽一旦將軍見，身長九千萬丈，聲似天雷，呼地皇爲地氏之子：“子師何人，攝呼我身！”於是地皇對曰：“臣師是五靈老君。”將軍又曰：“子緣不師於五靈老君；若師老君，我更見身責子將作何也？……是何山上妄言妄語，殃及子身？容子三年理人，後當代責子之罪！”於是地皇日夜憂懼恐死，即登山涉水，尋求五靈老君。五靈老君見來，遥知被責，便言曰：“大皇奉道不真，罵（按或篤字誤）道不神，今被天神所責，怨在何人？”於是，地皇氏再拜老君，唯稱死罪：“鄙性好道，修求不真，自身本是愚人，今逢愚匠，令某妄修行，天官責罰，敢望人身！伏乞大道大恩，賜納驅使，免得三年之外，天官責罰其罪，恐失人身，何敢更受皇位！”老君即變大神通，閉氣捻訣，西土人謂之“結印”是也。須臾之間，唐、李、徐三將一時俱下，與地皇氏爲保舉，度大道金籙玉籙八十餘階，天皇、地皇、人皇三皇内文内籙等經四十九卷，修行十四年得道。理世八萬九千年後而昇玄丘之臺。（卷八）

這位將軍是誰？他姓盤名體，“主管三清之上，大羅之中，巡檢神龍鬼之徒”，他的權威很大。倒霉的地皇受了騙，錯認了老師，以至於修道不真。我們想像當將軍責罰他的時候，聲色俱厲，地皇惶恐顫慄着口内稱臣，惟恐死罪，是如何的可憐！“再容你三年”，他得了赦旨之後，到處去尋老君；尋到了，多虧授以真法，於是皇位得保而昇仙了。

金瑣流珠引又記地皇的家庭狀況：

> 地皇以土德行世，積土爲臺，豎石爲柱，築土爲穴室，室大號曰宫，宫而爲姓也。……與徵姓而通婚，生子六人，長子改姓風，二子姓工，三子、四子、五子、六子，以上四

姓風也。徵姓妻亡，又再與商姓子通婚，又生六子，長子改姓公孫，二子改姓力，三子改姓飛，四子、五子、六子，總承宫姓。（卷十五）

他娶了兩次夫人，生了十二個兒子，家庭是很美滿的。書中又記有人皇行仁德的事：

昔有人皇常行陰德於人，……又以每日思身自巡游天下，檢校人物不平不允之事，抱屈之徒，願令得達入夢中見我，我與之申屈，常以心願如此。以一十四年百姓有不平之事，抱屈之人皆各自夢見，人皇斷之；夢覺各自知罪，彼此兩自責己。數千餘人，往往如此。功滿，太上與之長壽，爲人皇，壽一萬八千歲，後昇玄丘之仙宫。

有了寃屈的事，如果跑到人皇那裏去告狀，未免費事，如今在睡夢中就能了卻，豈不是大陰德嗎！

別有一種修道人修"三皇法"時所應存想的初、中、後三皇，與上面所説的完全不同。洞神八帝妙精經（洞神部本文類）云：

(初)天皇君長九寸，披青錦帔，著青錦裙，戴九天寶冠，執飛仙玉策。

(初)地皇君長九寸，披白錦帔，著素錦裙，戴三晨玉冠，執元皇定録之策。

(初)人皇君長九寸，披黄錦帔，著黄錦裙，戴七色寶冠，執上皇保命玉策。

這初三皇是"虚無空之變化，應感同人，同而又異"，如果你打算登三清之宫，你就時時存想他們，就會有神降長生之訣；但男女不得混雜，不得履殗穢，如果犯了，是要受罰的。

> (中)天皇君人面蛇身十三頭，平初元年十一月八日出治，姓望，名獲，字閏，將從青雲中陣兵萬萬九千人，主治雲中百二十魃鬼，千二百游行鬼賊，萬二千陰邪之彪。
>
> (中)地皇君人面蛇身十一頭，太始元年七月五日出治，姓嶽，名鏗，字紫元，將五嶽嶽兵萬萬九千人，主治八荒四極三河四海山川溪谷龍蛇黿鼈黿鼉老彪爲人作精祟者。
>
> (中)人皇君人面龍身九頭，太平元年正月三日出治，姓愷，名胡桃，字文生，將天、地、水三官兵萬萬九千人，主治一切七世父母，三曾五祖，三鬼五神，内外男女傷死客亡墮水産乳，惡禽猛獸，木石所殺，刑獄刀兵之鬼爲人作精祟者。

這中三皇是“玄元始之應變”，學道之士，存思啟告，請此三皇，他們就率領着兵將，幫助你自己身中的吏兵(他們以爲凡天上所有之官吏，人身中亦具有)，收治逆鬼惡吏凶人，一切的精魔全收服了。又可以使神役鬼，應心即驗，你想作什麽，全可以成功的。

> (後)天皇君人面蛇身，姓風，名庖犧，號太昊。
>
> (後)地皇君人面蛇身，姓雲，名女媧，號女皇。
>
> (後)人皇君牛面人身，姓姜，名神農，號炎帝。

如果修道的人修好了這後三皇法，也是可以成“真聖”的。這三種三皇的階級不相同，學道的人應自後三皇起以至於初三皇，不可躐等而進。

又有一種三皇，我們不曉得他是什麽意義；不僅我們不曉得，連黄帝也須來問人。陰符經三皇玉訣(洞真部玉訣類)云：

> 黄帝曰："天皇者何也?"廣成子曰："天皇者，先天之前，五劫開化，混沌之始也。天皇一氣聖化萬象，主天聖玉虚聖境明皇之祖炁也。"
>
> 黄帝曰："地皇者何也?"天真皇人曰："地皇者，天皇一氣下降於地，地炁受之，二炁相合，主生化金光之炁，乃是洞神真境真皇之祖炁也。"
>
> 黄帝曰："人皇者何也?"廣成子曰："人皇者在天地之間，虚無至理，爲天皇一炁地皇一炁太空虚中相合化，金、木五星爲中宫，合乾坤八卦，保護化神，乃仙境主中元人皇之祖炁也。"

這樣的答覆，我們看了還是莫名其妙，但黄帝自然是明白的了。

傳授三洞經戒法籙略説(正乙部肆字上)裏面的三皇也不是人間的帝王。文云：

> 三皇者，則三洞之尊神，大有之祖炁。天皇主炁，地皇主神，人皇主生；三合成德，萬物化焉。

這和黄帝所問的三皇相似，他們是尊神，是祖炁，而不是人王。此外我們在太上求仙定録尺素真訣玉文(洞真部玉訣類)中，見到三皇奇異的名諱，是：

> 天皇君諱闇閡閉闒(四字)
> 地皇君諱閘闒閨閉閔間闙(七字)
> 人皇君諱閚閒闐閉闌(五字)

這或係符文，然而害我們越發不知道三皇究竟是些什麽樣的人物了。

二二　太一的墮落

太一在西漢是正式的上帝。但到王莽時既改稱皇天上帝太一，後來又單稱皇天上帝或簡稱上帝，便把"太一"忘掉了。如後漢書光武帝紀：

> （建武元年）六月己未，即皇帝位，燔燎告天，禋于六宗，望于群神，其祝文曰："皇天上帝，后土神祇，眷顧降命，屬秀黎元。……"

又如獻帝紀：

> 建安元年春正月癸酉，郊祀上帝於安邑，大赦天下。秋七月，車駕至洛陽。……丁丑，郊祀上帝，大赦天下。

讀此可知那時的天神，最貴的是皇天上帝，而太一的尊嚴已在不知不覺之間漸漸衰落了下去。

到東晉，晉書禮志一云：

> 明帝太初三年（三二五）七月，始詔立北郊，未及建而帝崩。及成帝咸和八年（三三三）正月，追述前旨，於覆舟山南立之天郊，則五帝之佐，日、月、五星、二十八宿、文昌、北斗、三台、司命、軒轅、后土、太一、天一、太微、勾

陳、北極、雨師、雷、電、司空、風伯、老人，凡六十二神也。

太一這一跌真跌得可以，他只是五帝之佐的同輩了，他只是六十二神中的一神了！從此以後，他就與上帝合不攏來。

後來呢？隋書禮儀志一云：

> 梁、陳以降，以迄于隋，議者各宗所師（按：指鄭玄、王肅二家），故郊丘互有變易。梁南郊，……用一特牛祀天皇上帝之神於其上，……五方上帝、五官之神、太一、天一、日、月、五星、二十八宿、太微、軒轅、文昌、北斗、三台、老人、風伯、司空、雷、電、雨師皆從祀。

這把太一更顯明地定爲"從祀"，他的地位還不及五方帝，哪能仰攀皇天上帝咧！

在北朝，太一所受的待遇也差不多。魏書禮志一云：

> （太祖）二年（三九九）正月，帝親祀上帝于南郊，以始祖神元皇帝配。……爲壝埒三重。天位在其上，南面；神元西面。……五精帝在壇内壝内：四帝各於其方，一帝在未。日、月、五星、二十八宿、天一、太一、北斗、司中、司命、司禄、司民，在中壝内，各因其方。其餘從食者合一千餘神，餟在外壝内。……上帝、神元用犢各一；五方帝共用犢一；日、月等共用牛一。

他們把天神分成四級：上帝爲第一級，五精帝爲第二級，太一們爲第三級，許多的小神爲第四級。

及至唐，唐書禮樂志一云：

設昊天上帝神座於壇上，北方南向。……五方帝、日、月，於壇第一等。……五星、十二辰、河漢，……於第二等十有二陛之間，各依其方：……北辰坐於東陛之北，曜魄寶於北陛之西，北斗於南陛之東，天一、太一皆在北斗之東，五帝内座於曜魄寶之東，皆差在前。二十八宿……於第三等。……

這比較後魏的制度顯然又有不同。日、月本在第三級的，這裏升到第二級了。二十八宿本也在第三級的，這裏降到第四級了。曜魄寶，在鄭玄時代就是皇天上帝，現在也和太一享受同一的命運，落到第三級了。漢朝人看天上的一粒星做上帝，唐朝人則把上帝升到没有形象表現的地位，而以“日、月”下上帝一等，“星”下上帝二等，這不能不説是理智的進步。

推原太一的地位所以弄到這樣降落的緣故，我們不能不説是由於當時天文學説的轉變。那時的星占家也正在順着時代的要求，修改舊有的星圖。甘公星經（隋蕭吉五行大義第二十引）説：

天皇太帝本秉萬神圖，一星，在勾陳中，名曜魄寶，五帝之尊祖也。天一、太一主承神（注：承猶侍也），有兩星在紫微宫門外，俱侍星天皇太帝。天一主戰鬥，知吉凶。……太一主風雨、水旱、兵革、飢疫、災害，復使十六神游於九宫。天一是含養萬物，太一是察災殃，是爲天帝之臣。

晉書天文志一説：

鉤陳口中一星曰天皇大帝，其神曰耀魄寶，主御群靈，執萬神圖。

天一星在紫宫門右星南，天帝之神也；主戰鬥，知人吉凶者也。太一星在天一南，相近，亦天帝神也；主使十六神，知風雨、水旱、兵革、飢饉、疾疫、災害所在之國也。

晉書天文志係唐李淳風等根據晉武帝時太史令陳卓總甘、石、巫咸三家所定的星圖而作的，故其記天皇大帝、天一、太一等星名和甘公星經同而與史記天官書異。天官書中没有天皇大帝星，其天一也只是陰德三星的别名，不是後來的天一星。天官書説：

> 天極星：其一明者太一常居也。

這個太一常居的星是北極五星中最赤明的一個，也不是後來的所謂太一星。晉書天文志裏對於北極五星説：

> 北極，北辰最尊者也。……第一星主月，太子也。第二星主日，帝王也，亦太乙之坐，謂最赤明者也。第三星主五星，庶子也。（卷一）

東漢以後，天皇大帝既執行主御群靈的職務，太一降爲臣職，退到紫微宫門外，掌管風雨水旱等事，北極的第二星也就徒擁帝王的虚名，毫無實權了。因此，太一在晉代只是郊天時所祀的六十二神之一。他和天一、太微、勾陳等星既站在同等的地位，政府舉行南郊時，他就不得不以星官的資格位於從祀之列了！

從晉到唐四五百年，這位消沉的太一總算交了兩回幸運。其一在陳時，隋書禮儀志二云：

> 陳制：……又令太中署常以二月八日於署庭中以太牢祠老人星，兼祠天皇大帝、太一、日、月、五星、鉤陳、北

極、北斗、三台、二十八宿、大人星、子孫星，都四十六坐。

在祠老人星時，太一得與天皇大帝並列，同享太牢，行次也排在日、月、五星之上，豈不是不幸中之大幸。又一次在唐時，舊唐書肅宗本紀：

(乾元元年，七五八)六月，……己酉，初置太一神壇於圓丘東。是日，命宰相王璵攝行祠事。

這又是一個特典。除此之外，太一、天一二星俱只有以内官資格從祀，和當年萬能的上帝相去太遠了！

因爲太一只是一個官，所以就有人替他定出俸禄的數額。唐段成式酉陽雜俎云：

太一君，諱臘，天秩萬二千石。(諾皋紀上)

這數目也不算小了，抵得過人間的宰相了。他雖説從帝王的地位跌到官吏，還算享有華貴的生活呢。

他的地位的變遷，天文學説固有很大的力量，但民間流傳的故事也一樣於他有不利。拾遺記云：

劉向於成帝之末校書天禄閣，專精覃思。夜有老人著黄衣，植青藜杖，登閣而進。見向暗中獨坐誦書，老父乃吹杖端煙燃，因以見向，説開闢已前。向因受五行洪範之文。……至曙而去。向請問姓名，云“我是太一之精，天帝聞卯金之子有博學者，下而觀焉”。(卷六)

看這一説，太一是受天帝的命令而降觀的，當然是天帝的屬僚。又廣異記中有二事。其一云：

> 唐仇嘉福者，京兆富平人，家在簿臺村，應舉入洛。出京，遇一少年，狀若王者，裘馬僕從甚盛，……乃以後乘見載。數日，至華岳廟，謂嘉福曰："吾非常人，天帝使我案天下鬼神，今須入廟鞫問。……"……嘉福出堂後幕中，聞幕外有痛楚聲；抉幕，見己婦懸頭在庭樹上，審其必死，心色俱壞。須臾，貴人召還，見嘉福色惡，問其故，具以實對。……貴人驚，……遂傳教召岳神。神至，問："何以取簿臺村仇嘉福婦致楚毒？"……判官自後代對曰："此事天曹所召，今見書狀，送。"貴人令持案來，左右封印之，至天帝所，當持出，己自白帝。顧謂岳神："可即放還！"因謂嘉福："……宜速還富平。"因屈指料行程，云："四日方至，恐不及事，當以駿馬相借。君後見思，可於淨室焚香，我當必至。"……嘉福上馬，便至其家。家人倉卒悲泣，嘉福直入，去婦面衣候氣，頃之遂活。……
>
> 後歲餘，嘉福又應舉之都，至華岳祠下，遇鄧州崔司法妻暴亡，哭聲哀甚，惻然憫之，躬往詣崔，令其輟哭，許爲料理。崔甚忻悦。嘉福焚香淨室，心念貴人；有頃遂至。歡敘畢，問其故，"此是岳神所爲，誠可留也。爲君致二百千；先求錢，然後下手"。因書九符，云："先燒三符；若不愈，更燒六符，當還矣。"言訖，飛去。嘉福以神言告崔，崔不敢違。始燒三符，日晚未愈。又燒其餘，須臾遂活。崔問其妻，"初入店時，忽見雲母車在階下，健卒數百人各持兵器，羅列左右，傳言'王使相迎'；倉卒隨去。王見，喜。方欲結歡，忽有三人來云：'太乙神問何以奪生人妻？'神惶懼，持簿書云：'天配爲己妻，非横取之。'然不肯遣。須臾，有大

神五六人持金杵至王庭，徒衆駭散；獨王立樹下，乞宥其命。神遂引還。”嘉福自爾方知是太乙神也。……（見太平廣記卷三〇一仇嘉福）

太乙神能與生人結交，能爲人救還妻子，且能爲人索醫治費，覺得他是非常近人情的一個神。他的權力，在天帝之下而在岳神之上。其二云：

景雲中，河東南縣尉李某妻王氏有美色，著稱三輔。李朝趨府未歸，王裝梳始畢，焚香閑坐，忽見黄門數人御犢車，自雲中下，至堂所。王氏驚問所以，答曰：“華山府君使來奉迎。”辭不獲，……揮淚而行，死于階側。俄而綵雲捧車，浮空冉冉，遂滅。李自府還，……撫屍號慟，絶而復蘇者數四。少頃，有人詣門，自言能活夫人。李磬折拜謁，求見衛護。其人坐牀上，覓朱書符。朱未至，因書墨符飛之。須臾，朱至，又飛一符。笑謂李曰：“無苦，尋當活。”有頃，王氏蘇。李拜謝數十，竭力贈遺。人大笑曰：“救災恤患，焉用物乎！”遂出門不見。王氏既悟，云：“初至華山，見王，王甚悦。……晏樂畢，方申繾綣，適爾杯酌，忽見一人乘黑雲至，云：‘太一令唤王夫人！’神猶從容，請俟畢會。尋又一人乘赤雲，大怒曰：‘太一問華山何以輒取生人婦！不速送還，當有深譴！’神大惶懼，便令送至家。”（見太平廣記卷三〇〇河東縣尉妻）

華山神老要搶奪别人的妻子，太一神卻老要跳出來打抱不平，因爲他的地位優越，所以總是他得到勝利。他是把“救災恤患”做主義的。道教中的太乙救苦天尊大約即由此來。

宋代的太一像是很瀟灑的。李公麟曾畫太一圖，韓駒題詩云：

> 太乙真人蓮葉舟，脱巾露髮寒颼颼。輕風爲帆浪爲檝，卧看玉宇浮中流。中流蕩漾翠綃舞，穩如龍驤萬斛舉。不是峰頭十丈花，世間那得蓮如許。龍眠畫手老入神，尺素幻出真天人。恍然坐我水仙府，蒼煙萬頃波粼粼。……（聲畫集卷二）

這樣，簡直把太一看做一個落拓不羈的名士，和莊嚴的天帝如何合得攏來！但據許地山先生説，這恐怕是從佛教中勦襲來的。佛教的神有毘紐天（Vishnu），一名遍入天，是保衛世界的神。他睡在龍身上，蓮花從他身上擁起，梵天據之而坐。印度人本是崇拜蓮花的，常拿它作宇宙的象徵。太一也是保衛世界的神（見下太一在道教中的地位章），所以就把毘紐天的形象給他借用了。

宋江休復鄰幾雜志中又有記事一則，云：

> 洛陽北有山泉，……有廟，即太一之祠，俗號爲“聖王”。近因旱，中使請禱得雨，乃請封爲清淵侯。

可憐得很，太一竟降爲侯爵了！受他管轄的岳神尚且封王，現在他的地位連岳神也不及了！他墮落到這樣，決不是稱“皇天上帝泰一”時所能想到的呵！不過，他的運氣還没有完，他還有一場轟轟烈烈的事業在後頭咧。

二三　太一下行九宫和太一的分化

我們知道後漢時有一種占卜的方法叫“九宫”，和“卦候”“風角”等同是很有靈驗的，張衡一班儒者都相信它。但“九宫”的起源什麽樣，卻因材料缺乏很難查考了。易緯乾鑿度有這樣一段話：

> 易一陰一陽合而爲十五之謂道。陽變七之九，陰變八之六，亦合之十五，則象變之數若一。陽動而進，變七之九，象其氣之息也；陰動而退，變八之六，象其氣之消也。故太一取其數以行九宫，四正四維皆合於十五。

鄭玄注“太一取其數以行九宫”道：

> 太一者，北辰之神名也。居其所曰太帝，行於八卦日辰之間曰天一，或曰太一。出入所游息於紫宫之内外，其星因以爲名焉。故星經曰：“天一、太一，主氣之神。”行，猶待也。四正四維以八卦神所居，故亦名之曰宫。天一下行，猶天子出巡狩，省方岳之事；每卒則復。太一下行八卦之宫，每四乃還於中央，中央者北辰之所居，故因謂之九宫。

據鄭玄的注解，九宫乃是太帝的紫宫和他的四正四維八個行宫。天上的太帝也和人間皇帝一樣，常常要巡狩的。在他出來的時候，稱天一，或稱太一。鄭玄又説明太一巡行的次第道：

> 太一下九宫，從坎宫始。坎，中男；始，亦言無適也。自此而從於坤宫；坤，母也。又自此而從震宫；震，長男也。又自此而從巽宫；巽，長女也。所行者半矣，還息於中央之宫。既又自此而從乾宫；乾，父也。自此而從兑宫；兑，少女也。又自此而從於艮宫；艮，少男也。又自此從於離宫；離，中女也。行則周矣，上游息於天一、太一之宫，而返於紫宫。

如今我們依着易説卦傳的方位，畫一個太一巡行九宫次第圖：

		南		
	巽四	離九	坤二	
東	震三	中央五	兑七	西
	艮八	坎一	乾六	
		北		

我們看，這不是朱夫子周易本義前面所畫的洛書嗎？這圖内數字的排列非常巧妙，縱、横、斜徑，三數相加皆得十五。但他們究竟和陰陽消息有什麽關係？何以要説"四正四維皆合於十五"？看了鄭玄的詳細注解，還是不能明白，卻無法追究了。

東漢以後的術數有太一、遁甲、六壬三派，都和這太一行九宫法有關係。神其説者又去託始於黄帝、風后及九天玄女。隋書經籍志子部五行類二百七十二種書大半是屬於太一、遁甲、六壬的。但是述作一多，見解便很難一致。況且"太一行九宫"原是一種莫名其妙的理想，各家儘可按往舊造説，是永不會拆穿的。前章講到在六朝時太一和太帝的分家，那時的術數家對於下行九宫的太一便不能依照鄭玄的説法了，所以黄帝九宫經（五行大義第二十引)説：

天一之行始於離宫，太一之行始於坎宫。天一主豐穰，太一主水旱兵饑，合十二神游行九宫十二位，從少之多。

玄女式經(同上引)云：

六壬所使十二神者：神后主子，水神；大吉主丑，土神；功曹主寅，木神；大衝主卯，木神；天剛主辰，土神；太一主巳，火神；勝先主午，火神；小吉主未，土神；傳送主申，金神；從魁主酉，金神；河魁主戌，金神；微明主亥，水神。

五行大義(同上)云：

九宫十二神者：天一在離宫，太一在坎宫，天符在中宫，攝提在坤宫，軒轅在震宫，招摇在巽宫，青龍在乾宫，咸池在兑宫，大陰在艮宫。……太一行於九宫，一歲一移，九年復位。……又别有青龍，……太陰，……害氣，合爲十二神。

五行大義又載太一十六神、遁甲九神、八使之神等名字，使人一看就要眼花，恕不多抄了。至於太一巡行一次所費的時間，靈樞經説：

太一常以冬至之日居叶蟄之宫四十六日。明日居天留四十六日。明日居倉門四十六日。明日居陰洛四十五日。明日居天宫四十六日。明日居玄委四十六日。明日居倉果四十六日。明日居新洛四十五日。明日復居叶蟄之宫，日冬至矣。

費了一年的時間巡行了八宫，中央招摇宫未得休息。這樣一年一度的巡行，注重在四正四維的八宫，還和鄭玄乾鑿度注的説法相近。照後來的説法，九宫每一宫内都有一個神，坎宫的神移到坤宫的時候，坤宫的神同時就移到震宫，如此九神同時移動。五行大義裏説“一歲一移，九年復位”，是一歲九神移動一次也。

這些民間的迷信醖釀到唐朝，勢力漸漸地濃厚。到玄宗天寶三年(七四四)，運動成熟了，遁甲九神竟一躍而爲國家的正式祀典。唐書玄宗本紀説：

> 天寶三載冬十二月癸丑，祀九宫貴神於東郊，大赦。

舊唐書禮儀志云：

> 天寶三年，有術士蘇嘉慶上言，請於京東朝日壇東置九宫貴神壇。其壇三成，成三尺，四階，其上依位置九壇，壇尺五寸。東南曰招摇，正東曰軒轅，東北曰太陰，正南曰天一，中央曰天符，正北曰太一，西南曰攝提，正西曰咸池，西北曰青龍。五爲中，戴九履一，左三右七，二四爲上，六八爲下，符於遁甲。四孟月祭。尊爲九宫貴神，禮次昊天上帝，而在太清宫太廟上；用牲牢璧幣類於天地神祇。玄宗親祀之。如有司行事，即宰相爲之。(卷四)

據會昌元年檢校尚書左僕射王起等奏議，九宫貴神的位列星座是依據黄帝九宫經和五行大義的，立表如下：

宮數	方隅	神	星	卦	行	色	附記
一	北	太一	天蓬	坎	水	白	白一
二	西南	攝提	天内	坤	土	黑	白一
三	東	軒轅	天衝	震	木	碧	木一
四	東南	招摇	天輔	巽	木	緑	木二
五	中	天符	天禽	離	土	黄	離一、土二
六	西北	青龍	天心	乾	金	白	金一、白二
七	西	咸池	天柱	兑	金	赤	金二
八	東北	太陰	天任	艮	土	白	土三、白三
九	南	天一	天英	離	火	紫	離二

看此表，可知他們用八卦來配九宮，離便複了一次；用五行來配九宮，木、金各複了一次，土複了兩次。至於顔色，他們打破五行説的"青、赤、黄、白、黑"五色而成"白、黑、碧、緑、黄、赤、紫"七色，白色複了兩次。

舊唐書肅宗本紀云：

> 乾元二年(七五九)正月，親祀九宮貴神。宿齋於壇所。

舊唐書禮儀志云：

> 乾元三年(恐是二年之誤)親祀之(指九宮貴神)。初，九宮貴神四時改位，呼爲"飛位"。乾元之後不易位。(卷四)

又舊唐書禮儀志記天寶三年敕(在會昌元年中書門下奏内)：

> 九宮貴神實司水旱，功佐上帝，德庇下人。冀嘉穀歲

登，災害不作，每至四時初節，令中書門下往攝祭者。

玄宗於天寶三年，肅宗於乾元二年，皆曾親祀九宮貴神。皇帝不能親到時也得親署御名，稱臣於貴神之前。九宮貴神在當時係次於昊天上帝而高於太廟，其祀典之隆重可知。到了文宗時，因有儒臣反對，乃降爲中祀。舊唐書禮儀志說：

> 太和二年（八二八）八月，監察御史舒元輿奏："七月十八日，祀九宮貴神，……伏見祝版九片。臣伏讀既竟，竊見陛下親署御名，乃稱臣於九宮之神。臣伏以天子之尊，除祭天地宗廟之外，無合稱臣者。王者父天母地，兄日姊月。……此九神於天地猶子男也；於日月猶侯伯也。陛下尊爲天子，豈可反臣於天之子男耶！……"詔都省議，皆如元輿之議；乃降爲中祠，祝版稱皇帝，不署。（卷四）

又新唐書（卷一六〇）崔元式傳附載崔龜從云：

> 太和初遷太常博士，最明禮家沿革，……定……九宮皆列星，不容爲大祠。………詔可其議，九宮遂爲中祠。

這又是儒生戰勝方士的一件故事。

到唐武宗會昌元年（八四一），因累年以來，水旱愆候，增重九宮之祀。至二年，左僕射太常卿王起等獻議云：

> 今九宮貴神既司水旱，降福禳災，人將賴之；追舉舊章，誠爲得禮。……伏請自今以後，卻用大祠之禮，誓官備物，無有降差；惟御署祝文，以社稷爲本（比），伏緣已稱臣於天帝，無二尊故也。（舊唐書卷四禮儀志）

於是太一們又得以水旱之災而恢復玄宗時的地位，所差的只天子不稱臣這一事而已。

不知何時，九宫貴神又降爲中祀。宋真宗咸平四年（一〇〇一），駕部員外郎杜鎬上言：

按封禪書："天神貴者太乙，太乙佐曰五帝。"今禮以五帝爲大祠，太乙爲中祠。況九宫所主風雨霜雹疾疫之事，唐朝玄、肅二宗並嘗親祀。……欲望復爲大祀。（文獻通考卷八十）

真宗是一個篤信道教的人，祀神不厭其敬，就應允了。這也算一回小小的復古。

逐年飛位，是太一行九宫的本義。但自唐肅宗之後，已久不行。宋仁宗景祐二年（一〇三五），學士章得象等上言：

司天監生于淵……請改祀九宫太一，依逐年飛移位次之法。案郄良遇九宫法有飛棋立成圖，每歲一移，推九州所主災福事。又唐術士蘇加慶始置九宫神壇……歲祭以四孟，隨歲改位行棋，謂之飛位。……今于淵等所請合天寶初祭之禮，又合良遇飛棋之圖。……議者或謂不必飛宫，若日月星辰躔次周流而祭有常所，此則定位之所當從也。若其推數於回復，候神於恍惚，因方弭沴，隨氣考神，則飛位之文固可遵用。請依唐禮，遇祭九宫之時，遣司天監一員詣祠所，隨每年貴神飛棋之方旋定祭位。仍自天聖己巳入歷，太一在一宫，歲進一位，飛棋巡行，周而復始。（宋史卷一〇三禮志六）

仁宗照准了。我們翻開現在的黄曆，上邊的"貴神方"每年一改，這就是太一飛棋巡行的位次。

九宮貴神的祀典是唐代天寶三年以後根據術士之説所建立而宋代遵行的。但民間對於太一下行九宮一事，其説不一。遁甲九神得立爲國家祀典，而其他各家説未見重視，亦有幸有不幸耳。唐開元間王希明奉敕編太一金鏡式經。他説：

自太公、張良以下，至李淳風别起“太一新曆”。

在這部書中所載的卻不是天寶間祠祀的九宮貴神，而是：

太一十神：五福、君棋、大游、小游、天一、地一、四神、臣棋、民棋、直符：皆天之尊神。行五宫，五行而周。

這十個太一的名字也煞是好玩。天一、地一本與太一並立爲三一的，現在則稱爲天一太一、地一太一，天一和地一只是太一的冠號了。君棋、臣棋、民棋，一看就知道是理性下的判别。大游、小游，大約是從太一飛移巡行上想出來的。

唐憲宗時，劍南西川節度使劉闢有跋扈之意。新唐書(卷一五八)劉闢傳説：

以術家言五福太一舍於蜀，乃造大樓以祈祥。

此所謂五福太一當係太一金鏡式經中“太一十神”的領袖。太一十神未得享受政府的祀典，卻先受藩鎮的款待了。到了宋代，十神太一交了幸運，他們地位的被人尊敬竟達到九宮貴神之上。遼史太祖本紀説：

九年(九二四)，君基太一神見，詔圖其像。

這件事没有詳細的記載，不知其究竟。但太一神上有了“君基”二字，足見其神名又有些更變。

宋史太宗本紀云：

> 太平興國六年（九八一）十月甲午，詔作蘇州太乙宫成。
>
> 太平興國八年（九八三）五月（按：扈蒙東太一宫碑銘作三月，文見道藏洞神部記傳類）丁卯，詔作太一宫於都城南。十一月己未，太一宫（即東太一宫）成。

這太一宫不即是九宫貴神壇，顯見太一神又另有一番活動。自此以後，關於太一宫的事情，史上記載不絶：

> （真宗）大中祥符二年（一〇〇九）二月己巳，幸上清宫祈雨。戊申，遣使祠太一。（宋史真宗本紀）
>
> （仁宗）天聖二年（一〇二四）九月辛卯，祠太一宫。
>
> 天聖六年（一〇二八）三月壬戌，作西太一宫。九月癸卯，祠西太一宫。十二月癸亥，祠西太一宫。
>
> 天聖九年（一〇三一）九月癸亥，祠西太一宫。
>
> 慶曆七年（一〇四七）三月辛丑，祈雨於西太一宫。（以上俱仁宗本紀）
>
> （神宗）熙寧四年（一〇七一）十一月乙亥，作中太一宫。
>
> 熙寧六年（一〇七三）十一月癸丑，中太一宫成，減天下囚罪一等，流以下釋之。乙卯，親祀太一宫。（以上俱神宗本紀）
>
> 神宗詔改定大祀：太一東以春，西以秋，中以夏，冬增大蜡爲四。（宋史卷九八禮志一）
>
> （哲宗）紹聖四年（一〇九七）九月癸酉，謁中太一宫，爲民祈福。（哲宗本紀）

自從太宗立了東太一宮，仁宗立了西太一宮，神宗又立了中太一宮，太一的祀典可謂絢爛已極。爲什麽到了北宋，他這樣興盛呢？文獻通考（卷八十）引宋高宗紹興十八年（一一四八）禮官奏云：

> 太平興國（太宗）初，司天楚芝蘭建言："太一有十，曰五福、君基、大游、小游、天一、臣基、直符、民基、四神、地一，天之尊神也。五福所在無兵疫，人民豐樂。自雍熙元年入巽宮吴分蘇州，請建宮都城南蘇村，以應蘇臺之名。"乃建東太一宮。八年宮成，合千一百區。（按本紀太平興國六年之蘇州太乙宮當即此宮，而八年都城南之太一宮似亦即此宮，或六年始造，八年完成。）凡十殿，四廊，圖三皇、五帝、九曜、七元、天地水三官、南斗、三台、二十八宿、天曹、四司、十精、泰一、五嶽、儲副、佐命、十二山神、八卦、六丁、五行、四瀆、本命等神，及四直靈官、三十六神將像五百二十四軀。
>
> 天聖（仁宗）六年，司曆者言泰一入蜀之坤宮，又建西宮於八角鎮，前後東西凡四殿，又建齋殿，塑像自内出，始鑄印給之。
>
> 熙寧（神宗）四年十月，司天言甲寅五福當入中都，又建中宮於集禧觀。
>
> 政和（徽宗）間，改龍德宮爲北泰一宮。
>
> 今四立日皆望祀太一於惠照設位，宜擇地建宮。

高宗就詔兩浙漕臣照辦了。

據徽宗時所頒政和五禮新儀（宋史禮志六引），有祀十神太一的制度：

> 立春日祀東太一宫；立夏、季夏土王日祀中太一宫；立秋日祀西太一宫；立冬日祀中太一宫。
>
> 宫之真室殿，五福太一在中，君基太一在東，太游太一在西，俱南向。延休殿四神太一，承鼇殿臣基太一在東，西向北上。凝祐殿直符太一，臻福殿民基太一在西，東向北上。膺慶殿小游太一在中，天一太一在東，地一太一在西；靈貺殿太歲在中，太陰在西：俱南向。三皇、五方帝、日、月、五星、二十八宿、十日、十二辰、天地水三官、五行、九宫、八卦、五嶽、四海、四瀆、十二山神等並爲從祀。東、西太一宫準此。

三皇、五方帝等居然列於從祀，足見這太一確有上帝的派頭，他幾乎回復了西漢時的地位。再九宫亦是配祀，怎麽自己配起自己來了？

十神太一的地位並不平等，而以五福太一爲最高。當神宗熙寧四年，司天中官正周琮奏(見宋史禮志六)云：

> 太一經推算，七年甲寅歲，太一陽九百六之數，復元之初。故經言太歲有陽九之災，太一有百六之厄，皆在入元之初。終今陽九百六當癸丑甲寅歲，爲災厄之會。然五福太一移入中都，可以消異爲祥。竊詳五福太一自國朝雍熙元年甲申歲入東南巽宫時，修東太一宫；天聖七年己巳歲五福太一入西南坤位，修西太一宫。請稽詳故事，崇建祠宇，迎之京師。

神宗依了他，詔建中太一宫於集禧觀。但關於他們的冠服，曾有一度異議：

> 太常禮院言：“中泰一宫冠服依東、西泰一，而東、西泰一惟五福、君基冠通天冠，大游以下皆冠道冠。按史記‘天神貴者泰一，泰一佐者五帝’，又方士言十泰一皆天之尊神，請並用通天冠，絳紗袍。”從之。（文獻通考卷八十）

雖説待遇平等了，而五福終居最尊貴的地位，我們看徽宗時的太一宫仍是五福居中而南向的。我們若問五福太一何以取得最高的地位，這只要看宋扈蒙的東太一宫碑銘（道藏洞神部記傳類）便可知曉。文云：

> ……又聞諸陰陽家流云：太乙之神其類非一，則有君基、臣基之號，大游、小游之名，或則司水旱之權，或則主兵荒之沴；唯五福太乙上循五宫，下視九土，所至則民皆富壽，所臨則歲必豐穰。詩謂百凶以之而不作，書云五福由之而必臻，蓋七曜之歲星，四時之春令也。則知歷代英主，前朝舊章，尊而祀之，良有以也。……

原來這是一位專降福利的神靈！

那時既有九宫貴神，又有十神太一，不衝突嗎？看哲宗元祐七年（一〇九二）監察御史安鼎的奏書（宋史禮志六），則是不衝突的。奏云：

> 按漢武帝始祠太一一位。唐天寶初，兼祠八宫，謂之九宫貴神。漢祀太一，日用一犢，凡七日而止。唐祀類於天地。今春秋祀九宫太一，用羊豕；其四立祭太一宫十神，皆無牲，以素饌加酒焉。
>
> 載詳星經，太一一星在紫宫門右，天一之南，號曰天之貴神。其佐曰五帝。飛行諸方，躡三能以上下，以天極星其

一明者爲常居。主使十六神，知風雨、水旱、兵革、饑饉、疫疾、災害之事。唐書曰：“九宫貴神實司水旱；太一掌十六神之法度以輔人極。”國朝會要亦云：“天之尊神及十度、十六度並主風雨。”由是觀之，十神太一、九宫太一與漢所祀太一共是一神。今十神皆用素饌，而九宫並薦羊豕，似非禮意。

讀此可以知道，十神太一是喫素的而九宫貴神是喫葷的。安鼎很會懷疑，以爲這兩種神都出於漢的太一，不當喫不同的祭菜。哲宗便詔禮官詳定。禮官道：

十神、九宫太一各有所主，即非一神。故自唐迄今，皆用牲牢。别無祠壇，用素食禮。（同上）

經這樣一説，似乎這兩種神又應當分開；至於祭菜，喫葷是沿襲唐制，喫素是宋家創制，也並不衝突。太一神就在這樣矛盾的制度之下生存着。

二四　太一在道教中的地位

太一由方士之力起家，賴漢武帝的好神仙，漸漸升到了上帝的地位；不幸，自從王莽們給他加冠之後，反把他的本來名字埋没了。後來雖由隱復顯，由整而分，究竟没有回復到原來的身份。然而失於彼者得於此，雖不見容於政治舞臺，卻還有宗教中的出路。

道教中的神名“太一”的，真是多不可計，而其中活動最力，

最有大功德於人類的是太一救苦天尊。太一救苦護身妙經(在洞玄部本文類)云:

> 天尊曰:"萬物吾生,萬靈吾化,遭苦遭厄,當須救之。……"此東方長樂世界有大慈仁者太一救苦天尊,化身如恒河沙數,物隨聲應,或住天宫,或降人間,或居地獄,或攝群邪,或爲仙童玉女,或爲帝君聖人,或爲天尊真人,或爲金剛神王。……

元始天尊是很負責的,對於他自己造出的萬物萬靈,看他們(它們)受災受難,覺得很抱歉,所以他想了個補救的辦法,派一個太一救苦天尊去作救護的工作,這位天尊有化身萬億的神通。

> 老君重奏曰:"此之神威有無量變化,如何得至我師御前?"天尊告老君曰:"汝可舉聲唱太一之名,使仙官齊詠,自然應現化身。"於是老君衆仙等遵其教旨,齊聲稱詠"太一救苦天尊"之名。忽見帝君班中有童子一人,步步躡於蓮花,稽首至天尊前奏曰:"臣乃太一,爲我師開化説法,臣集相聚形,聽宣妙音。中天快樂一時,地下動經萬劫,三界之中,群生受苦。"高聲叫唤:"苦哉!苦哉!"旋繞天尊,禮拜俯伏,乞下天關。

一個足躡蓮花的童子,便是這位天尊的化身;他以爲天上快樂一時,地下已經過了多少災厄,衆生苦極了,怎忍不下天關。天尊應許他道:

> 汝行願慈悲,衆生受苦,依汝行願,分身救之。

於是：

童子喜笑，再拜而退。衆仙觀見童子化一天尊，足躡蓮花，圓光照耀，手執柳枝淨水，九頭獅子，左右隨從，乘空而去。

這豈不是佛家救苦救難的觀世音菩薩：又是蓮花，又是柳枝，又是淨水？這又作一度的勦襲！不知道爲什麽，觀音大士和太一救苦天尊救苦救難了這些年，人間的苦痛還是不曾消滅？

靈寶領教濟度金書（在洞玄部威儀類）卷九十六第三有太一救苦天尊的全副稱呼，是：

東極天中長樂宫赤圖光内紫金容大聖，神通廣度沈淪九幽教主，大慈仁者，尋聲赴感應念垂慈億億劫中度人無量大慈大悲大智大慧太一救苦天尊。

好難記！他的住處，他的功德全具備了。

太一救苦天尊也簡稱太一天尊，而太上洞玄靈寶業報因緣經（洞玄部本文類）説他是太上道君的化身，因此，他在道教中的地位是數一數二的，太極祭鍊内法議略（洞玄部方法類）云：

元始以一炁肇造化而生萬物之根，太一導萬物斂造化而還一炁之源。元始天尊開其始，太一天尊歸其終，論名雖殊，論理則一。以玉皇言之，太一天尊獨運慈悲之化，玉皇雙任生殺之權。太一天尊之妙則在玉皇之上，其權則在玉皇之下。

太一救苦天尊曾向元始稱臣，而此處云與元始有相等的妙處，元始以一氣生萬物，太一復使之返於本源；無元始則萬物莫由生，無太一則將下流而不返。玉皇掌大權能生能殺，太一則慈悲爲懷。似此，他與元始、玉皇是鼎足而立的了。

其它的神名叫“太一”的，道藏中觸目皆是，地位似皆在太一天尊下，且無甚事跡可言，今略舉如次：

1. 東方三元太一慶生真君
2. 南方三元太一廣明真君
3. 西方三元太一神虎真君
4. 北方三元太一隱道真君
5. 東北三元太一鬼策真君
6. 東南三元太一本生真君
7. 西南三元太一坤母真君
8. 西北三元太一大老真君
9. 上方三元太一天呱真君
10. 下方三元太一地齒真君

    （按：以上統稱十方三元太一真君）

11. 上元九宮太一真君
12. 中元九宮太一真君
13. 下元九宮太一真君

    （按：以上統稱三元九宮太一真君。以上十三名見洞真部本文類靈寶無量度人上品妙經卷六太一神變五福護國禳兵品）

14. 上清紫微碧宮太一大天帝（洞玄部威儀類靈寶領教濟度金書卷二四七）
15. 太一月孛星君（同上卷二五一）
16. 太一玉帝（同上卷二九〇）
17. 太一玄生帝君（同上卷二九三）

18. 北斗太一玄冥司(同上卷三〇七)
19. 太一月孛真君(同上卷三一六；按，或即太一月孛星君)
20. 太一十神真君(同上卷三一八)
21. 紫微碧玉宫太一大天帝保制劫運天尊(洞真部威儀類太上靈寶朝天謝罪大懺卷三)
22. 六天洞淵大帝伏魔上上太一天尊(同上)
23. 太一福神(太一救苦護身妙經)
24. 太一使者(金鎖流珠引卷十六)
25. 太一八神使者
26. 下太一
27. 中太一
28. 上太一
29. 太一中臺大使
(以上見太上洞玄靈寶業報因緣經卷四頁十上下持齋品第七太上道君遣三界十方善惡神靈按行人間條)
30. 九星帝君内嬪名諱皆冠"太一"二字。(見洞玄部譜籙類上清衆經諸真聖祕卷一；惟同書卷五所録各内嬪名諱皆冠"空常"二字)

天上有神，人的身體中也有許多神，這些神誰來監視着？就是太一。雲笈七籤卷十八(太玄部)云：

> 經曰："璇璣者，北斗君也，天之侯王也，主治萬二千神。……人亦有之，在臍中；太一君，人之侯王也。……太一君有八使者，八卦神也。太一在中央主總閲諸神，案比定録，不得逋亡。八使者以八節之日上對太一，故臍中名爲太淵都鄉之府也。……"

經曰："臍者，人之命也，一名中極，一名太淵，一名崑崙，一名特樞，一名五城。五城中有五真人，五城者五帝也。五城之外有八使者，八卦神也，并太一爲九卿。八卦之外有十二樓者，十二太子，十二大夫也，并三焦神合爲二十七大夫，四支神爲八十一元士。故五城真人主四時上計，八神主八節日上計，十二大夫主十月以晦日上計。月月不得懈怠，即免上計事。……故太一常以晦朔八節日夜半時五城擊鼓，集召諸神，校定功德。……"

臍是人的生命所在，而居人身的中部，所以就做了太一的宫殿。他第一件任務，就是監視着這些神，不使其逋亡；第二件是督促他們於一定的時期上計，不使懈怠。所謂"上計"，當然計的是本人的行爲功過；修道的人能得成仙與否大半在於他們的上計，當五城擊鼓，召開諸神會議的時候，就是你能成仙與否的關鍵。所以說"常當存念留之，即長生矣"。"存念留之"，就是恐怕你忘了諸神在監視着你呢！

其它體内各個重要機關，也全有太一居住。上清衆經諸真聖祕（洞玄部譜籙類）有：

第一真法帝君，太一五神，一共混合變爲一大神，在心之内，號曰天精君，字飛生上英。

第二真法帝君，太一合會，五神混化，内變爲一大神，號曰堅玉君，字凝羽珠。

第三真法帝君，太一五神，號曰元生君，字黄梅子玄。

第四真法帝君，太一五神在肝中，號曰青明君，字明輪童子。

第五真法帝君，太一五神在脾中，號曰養光君，字太昌子。

第六真法帝君，太一五神在肺中，號曰上元素玉君，字梁南中童子。

第七真法帝君，太一五神混合化爲一大神，在人兩腎中，號曰玄陽君，字冥光先生。

第八真法帝君，太一五神混合變化爲一大神在膽中，號曰含景君，字北臺玄精。

第九真法帝君，太一五神混合變化爲一大神在泥丸紫房之中，號曰帝昌上皇君，字先靈元宗。

第二、第三，依本書卷五中央黄老君傳，則知一個（第二）在人骨節中，一個（第三）在人精血中；其餘心、肝、脾、肺、膽、腎、泥丸（兩眉間）全有太一五神居住。所謂五神者，是：無英公子、白元尊神、太一、司命、桃康合延，因爲桃康、合延居於兩腎，所以叫作五神。無英公子是肝神，白元尊神是肺神，太一在腦（在腦的太一。據洞真部玉訣類元始无量度人上品經注卷三所説亦總衆神，諱務猶收，字歸會昌；又曰太一真，諱規英，字文化），司命在心。這樣的五神又能合併爲一大神。而如肺、肝、心等部既然有此大神，又有不混合之一神存在，那麽，他們是怎樣一種關係呢？這是難以解釋的。這太一五神據説也和天神是一體，不過是天神的“分釋降炁，下入人身之中”而已，仍然是“時復上游上清”。

我們知道，先秦諸子們曾經把“太一”用作一種哲學上的名詞，特别是道家唤陰陽未分時的“道”曰“太一”。道教雖非來自道家，也是託始於老子的，自然，這種“太一，道也”的説法也得收籠來，用以解釋道教中的“道”。雲笈七籤卷十八（太玄部）有云：

經曰：“上上太一者，道之父也，天地之先也。乃在九天之上，太清之中，八冥之外，細微之内。吾不知其名也，元氣

> 是耳。其神，人頭鳥身，狀如雄雞鳳凰五色，珠衣玄黄。……”

老子曰“道生一”，這卻説上上太一是“道”的父親，雖然是元氣，而代表這元氣的神是人頭鳥身，有文彩的軀體好像一隻公雞或一隻鳳凰。看他還有一個兒子呢：

> 經曰：“無極太上元君者，道君也，一身九頭，或化爲九人……上上太一之子也。非其子也，元氣自然耳。……”

道由元氣所生，道君也由元氣所生，所以説無極太上元君是他的兒子。但也不可絶對的説是他的兒子，不過他們的關係相當於父子而已。

玄、元、始三氣也叫作真一、玄一、太一，靈寶無量度人上品妙經卷二十六第四(洞真部本文類)云：

> ……道出而爲神，神化而爲氣。氣者，未有天地陰陽之先，真元萬化之祖，道之妙感也。其氣非色非形，非有非無，不隸陰陽，不屬五行，能生能化，能成能实，爲道之神。……内凝玉精，造立混沌，下逮萬類，此氣爲始。……本名曰一氣，故有真一、玄一、太一，亦曰玄、元、始三氣；自建植玉京及於泉户，鬼神人物莫不由之。

爲什麼叫作真一、玄一、太一呢？太上昇玄三融神變化妙經卷下第二(洞真部本文類)云：

> ……萬法之中，唯一是貴。……所言玄一、真一、太一三一。玄者是空，空虚玄遠，統上無極，統下無基，中觀無邊，故名玄一。玄者遠也，體性充實，合藏一切，不礙萬

物，故名之爲虚。……玄者是一，一者是道，性者是淨。真一者是實，理者是正，故名正一。太者是大，能生萬物，包統一切，故名太一。……

道藏中的思想本不統一，論"道"論"氣"亦各有其説法而不相謀，所以我們也只好望文生義地爲它作解釋，而不必强使相同。這裏説未有天地之時，先有"一氣"，因"一氣"之説，故可以叫作真一、玄一、太一，又叫作玄、元、始三氣。上至天上的京城(玉京)，下至人物鬼神，莫不由此"一氣"所造成。因爲它空虚玄遠，無極無垠，充滿宇宙之間，所以叫作玄一。但空虚無物，何由而生萬物，那麽必有其實者在，又必有其理在，所以叫作真一(亦作正一；但下文"九一"之中有真一又有正一)。因其能生萬物，包統一切，太者大也，故又可以叫作太一。三氣實一氣，一氣中包有此三德耳。

道教中的"太一"實在太神祕了，不特我們難於洞曉其中的奥義，就是道士們也弄不清楚，所以在太極祭鍊内法議略(洞玄部方法類)内，有論"太一"的一段話，以解衆人之惑。文云：

或問太一天尊之義，余曰：禮記禮運曰"禮本於太一，變而爲陰陽，轉而爲四時"，家語曰"太一者，元氣也"，是推造化之源也。史記天官書曰"中宫天極星，其一明者，太一常居也"，以其北極中一星不動，故乃爲衆星之主也。莊子曰"主之以太一"，亦至理也。内觀經云"太一帝君在頭曰泥丸"，總衆神也。黄庭經云"太一流珠安崑崙"，乃造化朝元之義也。度人經云"太一司命"，生神章云"太一執符"，"太一誦之，以具身神"，"太一戒觀"，天童經云"太一執我"，皆神之稱也，非天尊也。如劉向"太一之精"，是亦神也。楚辭"東皇太一"，亦福神也。淮南子云"太微者，太一之庭；紫宫者，太一之居”，皆星主也。數有太一數，謂數始於一，而一原於太一，故曰太一數。其神則五福十神太一星君，即漢所祠太一也。雷有太一雷，乃月孛也，水之餘炁，水屬一神，其名曰太一。

這位作者把古書中的太一整理了一下，説禮運中的太一和家語中的太一是造化的本源；史記天官書中的太一是衆星之主；莊子中的太一是理之至；内觀經中的太一總身中衆神；黄庭經中的太一乃造化返於其本源之謂；度人經、生神章、天童經中的太一皆是神名，而非天尊；劉向説的“太一之精”也是天神；楚辭東皇太一是福神；淮南子中的太一是星主。又數原於太一，故有太一數。漢所祠的太一乃五福十神之流。此外雷神、水神也有喚做太一的。總其所論，仍不外：1. 造化之本源，2. 星辰，3. 天神，4. 人身中之神；此等説法和我們所知的無甚差别。其下又論太一天尊之義云：

諸經諸法諸書“太一”二字極多，不暇盡議，惟太一天尊“太一”兩字尤爲微妙。“太”者至也，“一”者不二也。苟悟至不二之理，能守其至不二之天，則精神魂魄悉聚而不散離。種種邊非空非色，寂然不動，渾然至真，還我本然天真之一，此一者非一之一也，乃我本然之天也。以一其衆魂不一之妄心，隨心現化，而曰“太一天尊”。人之生也，耳馳於聲，目馳於色，念念之間以萬事分其天真之一，故衆生死而爲長夜之魂，悟萬化還其天真之一，故太一天尊能救幽魂之苦。……或曰：道生一，太一天尊毋乃幾於數乎？曰：總萬於一，不一於一，而還我之天於太極未兆朕之前，無形無名，非同非異，故曰太一；至於是，道亦泯矣，况於數乎！應化之真，不得已而有“天尊”之名。……唯人人物物皆具是

> 一，若人一念還一，則十方衆生悉度，故曰爾時救苦天尊遍滿十方界。然則太一天尊非實居東方也，東方乃天地之生炁，托言東方爲現化之境，以溥生生之恩焉。太一天尊即道也。

他説太一天尊的“太一”兩字微妙得很，這兩字應當解做“至不二”。“至不二”又是什麽呢？就是人的天真之一。人如能瞭解這“至不二”的道理而保住這天真之一，則精神魂魄將凝聚而不散離。但人類自出生以來，目迷於色，耳迷於聲，種種妄想妄念使得他漸漸地失去了天真之一。若要再一其不一之妄心，能隨心而現化，只有仰仗太一天尊的法力，這就是他所以名“太一”天尊之故也。總萬於一，一仍有數；太一乃還於太極未兆之先，無形無名，非空非色，無所謂道，更不有數，此又在一之先，故乃名之曰太一。所以又加“天尊”二字者，乃緣於不得已，實則太一天尊也就是道的異名呵！

玉清無極總真文昌大洞仙經注（洞真部玉訣類）卷五，“太一召天魔”注，也有道士們對於“太一”的解釋，云：

> 上卷略釋之“太一”乃水精元氣之所化。天地之先，一數生水以成象；人生之前，一炁之精感化而成形。非水無以立天地，非精炁無以立人身。老子曰：“天得一以清，地得一以寧，神得一以靈，萬物得一以生。”所以太一爲萬神之宗主，故能執符以召制六天大魔。大洞經中凡言太一者有十：如上卷“太一務命根”，“太一居紫房”；中卷“太一召天魔”，“攝提太一真”；下卷“太一上元炁”，“太一儔丘蘭”，“太一揚威明”，“上攝女太一”，“羽節命太一”，“太一景中王”等是。太一之神於五神中併而爲一，是故五臟皆有太一，亦猶天地之間無處無水也。在大道中謂之“太一天尊”；諸天謂之“太一帝君”；九天之中謂之“碧玉宫太一大天帝”，專主水

> 事；斗中謂之“太一五福”；諸地謂之“太一尊神”；雌一女真謂之“太一元君”，在人謂之“太一之神”：隨處莫不皆有。太一居人腦中，人有罪福，小則太一簡閲奏帝，大則三尸奏事，重則三官鼓筆，所以太一乃人神之領袖也。得一則事畢。孔子曰：“吾道一以貫之。”人得一而生，既已生矣，復能守一，則此道大明。及至成全，一亦何在，識者宜盡心焉。僧問：“萬法歸一，一歸何處?”丹經云“既至成時一也無”，蓋欲人無所執著。欲求魚兔，須藉筌蹄；魚兔既獲，筌蹄可捨。又云“過河須用筏，到岸不須船”，釋“應無所住而生其心”。

他説“太一”是天地之先，水精元炁所化，人身之所以成形則又爲精炁感化而成。他的意思是説因水精元炁而化太一，因太一而人類萬物得以生，所以他又引老子“天得一以清……”等話。太一既爲人類萬物所由生，故爲萬神之宗主。代表至上的“道”的叫作“太一天尊”，其餘在諸天、九天、諸地、人身中亦莫不有太一，而各具名稱。佛家説無處無佛，道家也説無處無太一。末了，他説，人既得“一”而生，又能守“一”，則能有所成；等到有所成了，也就無所謂“一”了。這也是免去執著的意思；用它作我們渡河的一條船，達彼岸後就不必再管船了。

太一的作用，大之則無物不賅，小之則無微不入；你作一事，動一念，反正逃不了他。他是怎樣的普遍而又深入呵！

二五　太一的死亡

周禮中的昊天上帝，甘公星經中的天皇大帝和漢代所祀的太一，其發生的時代和背景雖有不同，而其地位則相等，在後人看起來是没有多少分别的，因之而有“三位一體”的説法發生。鄭玄注周禮大宗伯“以禋祀祀昊天上帝”云：

> 昊天上帝，冬至圜丘所祀天皇大帝。

他又注爾雅釋天“北極謂之北辰”云：

> 天皇，北辰耀魄寶，又云昊天上帝，又名大一常居。以其尊大，故有數名。（周禮大宗伯正義引）

他説“又名大一常居”，是他不明瞭這句話的意義。在史記天官書裏的“太一常居”，不過是説某一個星是太一所常住的地方而已；昊天上帝又如何成了他的常居？所以他這個“太一常居”，實在就是武帝及其以後所祀的太一。

因爲這位天神本没有一定的名稱，所以以後祭祀他的時候也就隨意命名，例如三國魏叫作“皇皇帝天”，西晉叫作“昊天上帝”，梁叫作“天皇大帝”。不想到了唐代，他卻由一而化爲兩了。唐書禮樂志一云：

> 設昊天上帝神座於壇上，……曜魄寶於北陛之西。

這分明不承認鄭玄的“天皇北辰曜魄寶，又云昊天上帝”之説。所以禮樂志三又云：

> 至高宗時，禮官以謂太史圜丘祭昊天上帝在壇上，而曜魄寶在壇第一等，則昊天上帝非曜魄寶可知。……由是盡黜玄説。

自從唐代立了這種制度，宋代就跟着辦，他們的最高之神仍是昊天上帝而別祀天皇大帝。真宗景德三年（一〇〇六），鹵簿使王欽若言：

> 漢以五帝爲天神之佐，今在第一龕。天皇大帝在第二龕，與六甲、岳、瀆之類接席。……卑主尊臣，甚未便也。……（宋史卷九九禮志二）

這可見那時對於天皇大帝太不尊重，且把五帝直看作上帝。到徽宗政和三年（一一一三），議禮局上五禮新儀：

> 皇帝祀昊天上帝，太史設神位版。昊天上帝位于壇上，東方南向，席以蒲越。天皇大帝、五帝、大明、夜明、北極九位于第一龕。（同上）

天皇大帝雖升到第一龕，究竟比昊天上帝低了一等，“三位一體”的說法是不能維持了。本來是一個神而硬被人們分開，把那一半降了一級，這樣的運命也够不濟了吧？豈意還有不濟的命運在後頭。元史祭祀志一云：

> 唐、宋以來，壇上既設昊天上帝第一等，復有天皇大帝，其五天帝與太一、天一等皆不經見。本朝大德九年（一三〇五），中書圓議，止依周禮祀昊天上帝。

這根本就不理天皇大帝了，豈不是那一半的運命越發不濟了嗎？而此時的太一卻也同其運命，只有十神太一中最貴的五福太一得到祭祀。在宋代的煊赫，不想竟成爲臨死時的迴光返照了。元史祭祀志又云：

五福太一有壇時，以道流主之。

這是把原有的國家重要祀典隨便交給道士們了。此外，我們所見元代有關太一之事，共如下列：

至元十八年(一二八一)十一月乙亥，“召法師劉道真問祀太一法”。(元史世祖紀)

大德元年(一二九七)正月辛卯，“建五福太一神壇”。(成宗紀)

至治三年(一三二三)十一月癸丑，“祭遁甲五福神”。(泰定帝紀)

泰定二年(一三二五)二月戊申，“命道士祭五福太一神”。(同上)

至順元年(一三三〇)九月乙未，“以立冬祀五福十神太一真君”。(文宗紀)

至順二年(一三三一)正月甲辰，“敕每歲四祭五福太一星”。(同上)

祀儀如何，我們不得詳知，但絕不會是隆重的大典。把它和漢代、宋代相較，他真有没落之感了！

明太祖統一後，命李善長、宋濂、劉基等議禮，結果：

釐正祀典，凡天皇、太一、六天、五帝之類，皆爲革除。而諸神封號悉從本稱，一洗矯誣陋習。(明史禮志)

五帝是鄭玄所説的“太微五帝”，六天是五帝加上天皇大帝耀魄寶，他們全認爲不經而革除了。他們的天神仍是昊天上帝，自以爲制度嚴正，可以超越漢、唐。自從太一歸道教私有之後，明代的道教並不甚興盛，世宗雖因喜歡長生術和道士們往還，太一的聲威終没有建立起來。

到了清代，郊祀的制度共分三等，哪一等裏也没有天皇大帝和太一。今録清史稿禮志文，如下：

> 清初定制，凡祭三等。圜丘、方澤、祈穀、太廟、社稷爲大祀。……大祀十有三：正月上辛祈穀，孟夏常雩，冬至圜丘，皆祭昊天上帝；夏至方澤祭皇地祇；四孟享太廟；歲暮祫祭；春秋二仲，上戊祭社稷，上丁祭先師。
>
> 中祀十有二：春分朝日；秋分夕月；孟春歲除前一日祭太歲、月將；春仲祭先農，季祭先蠶；春秋仲月祭歷代帝王、關聖、文昌。
>
> 群祀五十有三：季夏祭火神；秋仲祭都城隍，季祭礮神；春冬仲月祭先醫；春秋仲月祭黑龍、白龍二潭暨各龍神，玉泉山、昆明湖、河神廟、惠濟祠暨賢良、昭忠、雙忠、獎忠、褒忠、顯忠、表忠、旌勇、睿忠親王、定南武壯王、二恪僖、宏毅、文襄、勤襄諸公等祠。其北極佑聖真君、東嶽都城隍，萬壽節祭之。亦有因時特舉者，視學釋奠先師，獻功釋奠太學，御經筵祇告傳心殿。其嶽鎮、海瀆、帝王陵廟、先師闕里、元聖周公廟巡幸所莅，或親祭或否；遇大慶典，遣官致祭而已。（卷一）

天皇大帝既没有，太一二字也絶未提到，轟轟烈烈的太一於是乎“壽終正寢”了！

二六　河圖與洛書

讀者們看了關於太一的幾章，或者覺得這完全是方士道士們的荒謬，與我輩儒者不生什麽關係，可以不管。可是“言不可以若是其幾也”，我輩儒者的經書本不在一個目的下寫成，它們的來源雜得很，何況後儒的注釋各挾着時代的沉淀，道教既盛極一時，儒者的經解中又怎能掃盡了荒謬的氛圍氣。現在就從“太一下九宫”的根據地河圖、洛書上出發，看一看經説的變遷和道教的關係。

尚書顧命篇裏寫康王即位時的陳設，云：

> 越玉五重：陳寶、赤刀、大訓、弘璧、琬琰，在西序。大玉、夷玉、天球、河圖，在東序。

這是他們的寶物，或是他們的古董。其中以玉爲最多，球、璧、琬、琰都是玉。“河圖”不知是什麽東西，也許是黄河的圖，也許是在河中找出來的一塊玉石，上面有些圖畫的紋理的。

這“河圖”後來便爲傳説所湊集。論語記孔子嘆道：

> 鳳鳥不至，河不出圖，吾已矣夫！（子罕）

可見河圖是一種祥瑞。在吕氏春秋應同篇裏又見到一種祥瑞，叫作“丹書”。文云：

> 凡帝王者之將興也，天必先見祥乎下民。……及文王之時，天先見火，赤烏銜丹書集於周社。

這河圖和丹書本來是兩種不相干的東西，一種大約由河而出，一種則是赤烏所銜；但在淮南子裏竟把它們併在一起，説道：

古者至德之世，賈便其肆，農樂其業，大夫安其職，而處士修其道；當此之時，……洛出丹書，河出緑圖。（俶真訓）

他説“丹書”由洛所出，而河所出的叫作“緑圖”，這真是天然的巧對。稍後，司馬遷作史記孔子世家，所引孔子的話也就變作：

河不出圖，雒不出書，吾已矣夫！

河圖與洛書從此聯合而不可分了。但説到這裏，這圖和書僅僅是些祥瑞而已，究竟它們有什麽功用，或是哪位聖人曾經利用了它們，還全没有知道。但在易繫辭傳裏，則説：

河出圖，洛出書，聖人則之。

這位聖人是誰？他們説就是伏羲，他畫卦時是取象於河圖、洛書的。從此以後，河圖、洛書的地位愈加提高了。伏羲畫卦是何等樣的大事業，是一切的哲學和人倫的基本，原來他根據的是這兩件好東西，然則它們是怎樣的神聖呵！禮緯含文嘉云：

伏羲德洽上下，天應以鳥獸文章，地應以河圖、洛書。（周易正義叙論引）

也説河圖、洛書都是伏羲時出現的。河圖、洛書全歸給伏羲，有這一經一緯主持，似乎没有問題了；然而不然，漢書五行志説：

> 劉歆以爲虙戲氏繼天而王，受河圖，則而畫之，八卦是也。禹治洪水，賜洛書，法而陳之，洪範是也。

他把河圖送給伏羲，而把洛書改給了禹。爲什麽他要這樣改變呢？因爲尚書洪範記箕子的話：

> 我聞在昔，鯀陻洪水，汨陳其五行，帝乃震怒，不畀洪範九疇，彝倫攸斁。鯀則殛死，禹乃嗣興，天乃錫禹洪範九疇，彝倫攸叙。

既然天錫九疇，應當有一件實物作佐證，恰巧有這“洛書”的新發現，所以就判定是禹的了。這洛書所記載的是什麽？據他們説，也許是洪範九疇全篇文字，也許是洪範開頭的“初一曰五行……”一段綱領。

經過了劉歆的編定，而後河圖屬易，爲八卦；洛書屬書，爲洪範：這件事就確立了。

但是，我們看緯書，關於河圖、洛書的種類極多。就我們所知道的河圖緯有河圖括地象、河圖始開圖等三十七種，洛書緯有洛書甄曜度、洛書靈準聽等九種，又有老子、孔子的河洛讖各一種：幾佔了全數讖緯的四分之一。所以然之故，因爲河出圖、洛出書本是一段神話，毫無實物，只要你會海闊天空地瞎講，不論什麽全可以算作河圖、洛書的範圍裏的東西。就是在七經正緯中也常有提到河、洛出圖書的故事。略記二則，以見大凡：

> 舜以太尉受號，即位爲天子。五年二月，東巡狩。至于中月，與三公諸侯臨觀河、洛。有黄龍五采，負圖出，置舜前，甍入水而前去。圖以黄玉爲匣，如櫃，長三尺，廣八寸，厚一寸，四合而有户，白玉檢，黄金繩，芝爲泥，封兩

端，章曰“天黄帝符璽”五字，廣袤各三寸，深四分，鳥文。舜與大司空禹臨侯望博等三十人集發。圖玄色而綈狀，可舒卷，長三十二尺，廣九寸；中有七十二帝地形之制，天文位度之差。（春秋緯運斗樞，御覽卷八十一引）

天乙在亳，夏桀迷惑，諸鄰國繦負歸德。東觀乎洛，降三分沈璧，退立，榮光不起，黄魚雙躍出，躋于壇，黑烏以雄隨，魚亦止，化爲黑玉，赤勒，曰：“玄精天乙受神符。”伐桀，克。（尚書中候洛予命，御覽卷八十三引）

這是緯書作者的新發明，河圖、洛書是帝王受命的必要條件。凡是一個新天子，或將作天子的，一定要“臨觀河、洛”。他們不到泰山去封禪了（想來泰山離東、西漢的國都太遠，不若河、洛近便之故）。他們收受圖書的手續如下：

1. 臨觀河、洛，沈璧行禮。
2. 榮光起，某德之色的雲浮至。
3. 某德之色的龍（或鳳皇，或魚，或雀）負圖出（或化圖，或銜書），龍没而圖在。
4. 圖是用某德之色的玉做匣子的，封泥上面蓋的印章是“天某帝符璽”五字（某帝之某即某德之色）。
5. 把匣子打開，其中有卷着的圖書，寫着天地的祕密（或是天帝的除授書，或是天文地理的記載）。
6. 應當禪讓的，於是行禪讓禮；應當征伐的，於是興師征伐。

這可稱爲最有具體表現性的“受命”，而圖書實爲受命的證物。

至於受命以外的事，也可以跟河圖、洛書發生關係。例如續漢書祭祀志引的張純泰山刻石文：

維建武三十有二年二月，皇帝東巡狩，至于岱宗。……

> 皇帝唯慎河圖、雒書正文，是月辛卯柴，登封泰山，甲午，禪于梁陰，以承靈瑞，以爲兆民。……（卷上）

然則光武帝到泰山封禪，是依着河圖、洛書的正文的。即此可知在東漢人的觀念中，河圖、洛書是有文字的，而且字數也不少。

我們看了以上的考證，知道最初是以河圖、洛書爲一種祥瑞，稍後乃定爲八卦和洪範之所本，及緯書興起，又以爲帝王受命時所接受的天書。從後漢到唐末七八百年中對於河圖似乎没有新鮮的見解，也没有十分討論到上列三種説法的異同。獨對於洛書的解釋則又有新的發展。洪範"天乃錫禹洪範九疇，彝倫攸叙"，僞孔安國傳云：

> 天與禹洛出書，神龜負文而出，列於背，有數至于九。禹遂因而第之，以成九類，常道所以次叙。

據漢書五行志所載，劉歆以爲"初一曰五行"以下六十五字皆雒書本文。此説若確，則禹接受洛書後，不必有"因而第之"的事了。惟其洛書爲龜背上的文字，字數不會很多。隋儒之治古文尚書者，或以爲原來没有"初一曰"等字，只有三十八字；或以爲只有二十字，如下圖所示：

五紀	五福六極	五事
八政	皇極	稽疑
庶徵	五行	三德

禹既受了洛書，依照九宫數的次第，排比“九疇”的先後，箕子乃演爲洪範之文。這種説法可算是前面三種説法的調和派。孔穎達尚書正義雖然没有把這一點來詳細疏解，然而從六朝到清代，僞孔傳究竟博得多數人的信仰。九疇何以要在龜背上這樣排列呢？隋蕭吉五行大義説：

> “初一曰五行”，位在北方，陽氣之始，萬物將萌。“次二曰敬用五事”，位在西南方，謙虚就德，朝謁嘉慶。“次三曰農用八政”，位在東方，耕種百穀，麻枲蠶桑。“次四曰協用五紀”，位在東南方，日月星辰，雲雨並興。“次五曰建用皇極”，位在中宫，百官立表，政化公卿。“次六曰乂用三德”，位在西北，抑伏强暴，斷制獄訟。“次七曰明用稽疑”，位在西方，決定吉凶，分别所疑。“次八曰念用庶徵”，位在東北，肅敬德方，狂僭亂行。“次九曰嚮用五福，威用六極”，位在南方，萬物盈實，陰氣宣布，時成歲德，陰陽和調，五行不忒。故黄帝九宫經云：“戴九履一，左三右七，二四爲肩，六八爲足，五居中宫總御得失。”(卷一，論九宫數)

蕭吉以爲九疇常道和它們在龜背上的方位有密切的關係，可以補僞孔傳説法的不足。大戴禮盛德篇講明堂制度，記“九室”的次第爲“二九四三五七六一八”。這九個數字究應怎樣讀法？表示什麽意義？實在是數學的謎。但是北周的盧辯知道是“法龜文也”，也是拿九宫數的行列次第來解釋明堂九室的。由此可見洛書“龜文”和術數家的九宫數在六朝時候早已混爲一談了。

到了宋代，河圖、洛書的説法又有更新的發展，且其五光十色有過於任何時代。以下讓我們看看他們的説法究竟如何。

東都事略儒學傳(九六)云：

> 陳摶讀易，以數學授穆修，以象學授种放；放授許堅；堅授范諤昌。

陳摶是五代末華山中的一個道士，他不僅鍊丹燒汞，作黄白之術，卻又能讀易，是很難得的了。他傳的“象”和“數”是些什麽呢？朱震的漢上易傳云：

> 國朝龍興，異人間出。濮上陳摶以先天圖傳种放；放傳穆修；修傳李之才；之才傳邵雍。放以河圖、洛書傳李溉，溉傳許堅；堅傳范諤昌；諤昌傳劉牧。修以太極圖傳周敦頤；敦頤傳程頤、程顥；是時張載講學於二程、邵雍之間。故雍著皇極經世之書，牧陳天地五十有五之數，敦頤作通書，程頤述易傳，載造太和、三兩等篇，或明其象，或論其數，或傳其辭，或兼而明之。（書首進書表）

這兩説雖不盡同，然而足見宋代的理學如何與象數有關係。陳摶的勢力大極了，他的學説分成三派，邵雍們傳他的先天圖，劉牧們傳他的河圖、洛書，周敦頤傳他的太極圖。所謂“象”和“數”，就是這些圖和書。

其實説陳摶傳下河圖、洛書的話本來不甚可靠，因爲宋史隱逸傳説他是：

> 好讀易，手不釋卷，常自號扶摇子，著指玄篇八十一章，言導養及還丹之事。

本没有提到他傳圖、書的話。也許因他“好讀易”，所以纔有這種附會；又因有了這種附會，纔有一種僞書，叫做龍圖，託了他的名字而出現。此書，朱熹已明斥其僞（見語類卷六十七）。但書雖不是他作的，時代卻也在北宋之初，所以它的關於圖、書之說仍不失爲有價值的史料。書現在是失傳了，幸而序文尚保存，可以看得一個大概。序云：

且夫龍馬始負圖出於羲皇之代，在太古之先也。今存已合之位或疑之，況更陳其未合之數耶！……龍圖本合，則聖人不得見其象，所以天意先未合而形其象，聖人觀象而明其用。是龍圖者，天散而示之，伏羲合而用之，仲尼默而形之。始龍圖之未合也，惟五十五數，上二十五，天數也，中貫三五九，外包之十五，盡天三天五天九并十五之用；後形一六無位，又顯二十四之爲用也。玆所謂“天垂象”矣。下三十，地數也，亦分五位，皆明五之用也。十分而爲六，形坤之象焉，六分而成四象，地六不配在上則一不用，形二十四；在下則六不用，亦形二十四。後既合也，天一居上爲道之宗，地六居下爲氣之本，天三幹地二地四爲之用。三若在陽則避孤陰，在陰則避寡陽。大矣哉，龍圖之變，歧分萬塗，今略述其梗概焉。（見宋文鑑卷八十五）

因爲圖是龍馬所負而出，所以叫做“龍圖”。這還是些未合的位數，是伏羲畫卦所本。按着宋末雷思齊的易圖通變所説，龍圖中共有二十餘圖，第一爲“龍馬圖”，其餘的全是用易傳天地五十有五之數雜以納甲，貫穿易理而造出的。然而雷氏的書中並没有載着此項圖象，元張理的易象圖説載有起首的幾個，今録之如下：

1. 龍圖天地未合之數

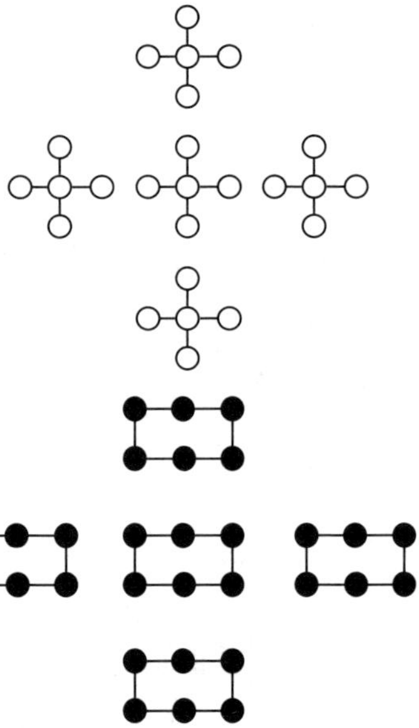

張氏對它解釋道：

上位天數也，天數中於五，分爲五位，五五二十有五，積一、三、五、七、九，亦得二十五焉。五位縱横見三，縱横見五；三位縱横見九，縱横見十五。序言“中貫三、五、九，外包之十五”者此也。下位地數也，地數中於六，亦分爲五位，五六凡三十，積二、四、六、八、十，亦得三十焉。序言“十分而爲六，形地之象”者此也。（内篇上）

因爲易繫辭傳有“天一、地二、天三、地四、天五、地六、天七、地八、天九、地十”的話，所以單數一、三、五、七、九爲天；雙數二、四、六、八、十爲地。因此，“五”爲天的中數，而“六”爲地的中數。一、三、五、七、九加起來共爲二十五；二、四、六、八、十加起來共爲三十：這就是所謂“天地之數五十有五”

也。因天數中於五，故分爲五位，五五亦二十五；按着全數五位來説，則縱横可以見三（如◦◦◦），可以見五（如⁙）；單以其中的三位來説，則可以見九（如◦◦◦ ◦◦◦ ◦◦◦），可以見十五（如⁙ ⁙ ⁙）。地以六做中數，所以五位各作六形，而五六亦得三十。這個是“天地未合之數”，下邊的就是“已合之位”了。

2. 天地已合之位

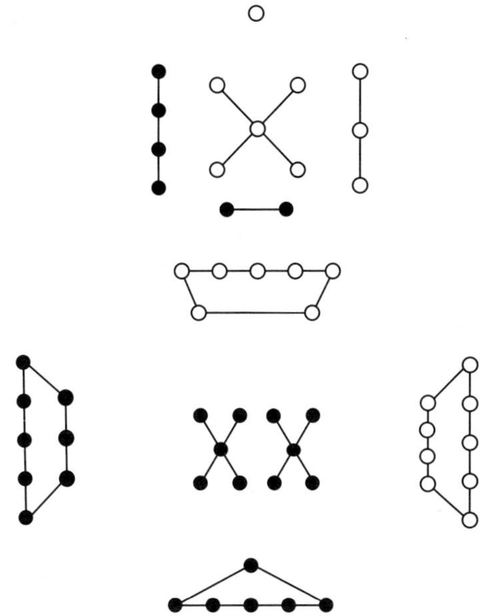

上邊的是象，下邊的是形；上邊的中五象爲五行，中圈爲土，居中以運四方，左上爲火，右上爲金，左下爲木，右下爲水；右三圈象三才，左四點象四時。鄭玄注易“大衍之數”説：

> 天地之數五十有五，……天一生水于北，地二生火于南，天三生木于東，地四生金于西，天五生土于中。陽無耦，陰無配，未得相成。地六成水于北與天一并，天七成火于南與地二并，地八成木于東與天三并，天九成金于西與地

四并，地十成土于中與天五并也。（禮記月令疏引）

所以下位的六、七、八、九，皆爲成數，而成數在下又象地。一、二、三、四，象天在上；六、七、八、九，象地在下。上下天地相交，則成爲第三圖“天地生成”之數。

3. 龍圖天地生成之數

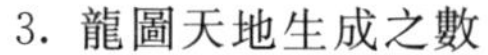

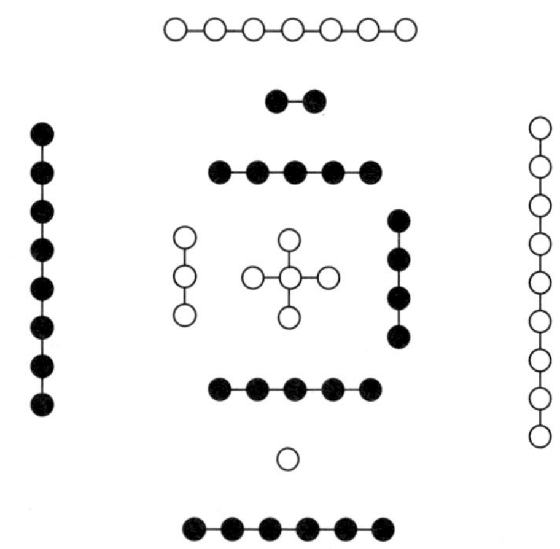

第二圖上邊一 二、三、四動往右移；下邊的六、七、八、九不動而“正位”：就成了這樣一與六合在北位，二與七合在南位，三與八合在東位，四與九合在西位，五與十居中而爲天地運行的樞紐。

一、二、三、四爲生數，爲四正，故坎、離、震、兑爲四正，六、七、八、九爲成數；爲四維，故乾、巽、艮、坤爲四維。蓍策分掛，揲歸四象，皆本於此。則成爲第四圖洛書天地交午之數：

4. 洛書天地交午之數

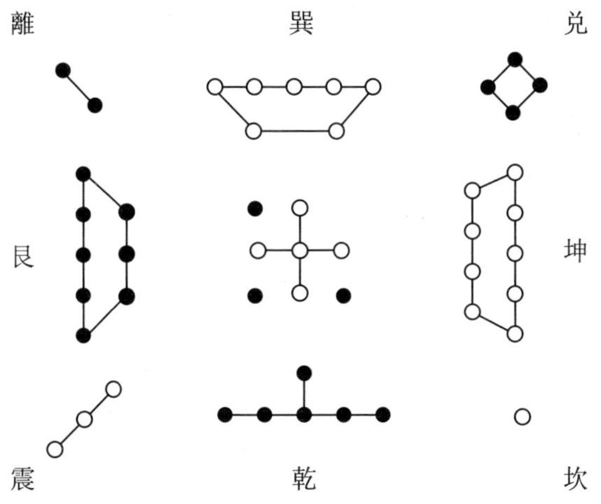

至第五圖縱數横數全是十五，故稱“縱横十五之象”，也就是太一巡行九宫次第圖：

5. 洛書縱横十五之象

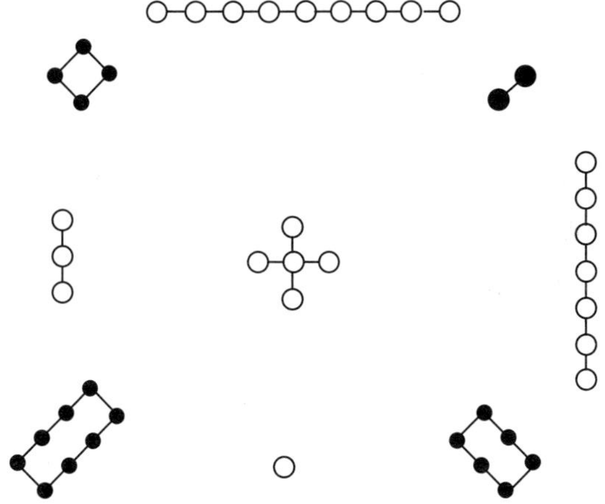

在圖、書之説初起時，二者本無關係，以後乃説爲同是畫卦所本，及劉歆分贈給伏羲、大禹，以成其八卦、洪範，乃成定説；如今，又似乎全送給伏羲了，圖、書二物相關相成，分不開了，

因之而有“易可通範，範可通易”的説法。

圖、書究竟没有一種實物作憑證，所以它們的解説很可隨意左右，而造成正相反的説法。劉牧是宋仁宗時候的人，據晁公武的讀書志説他有劉氏易解十五卷，如今僅有易數鉤隱圖三卷及遺論九事一卷。他的河圖、洛書，恰和張理書中的龍圖説法相反：他的河圖正是龍圖的“洛書縱横十五之象”，而他的“洛書五行生數”和“洛書五行成數”相合，正是張氏書中的“龍圖天地生成之數”。他又明白地説河圖、洛書全是出於伏羲之世的，伏羲兼則之以畫八卦；但“五行”的象數尚未顯明，所以禹又法之以陳九疇。他説他的學説也是陳摶傳下來的，那麽，爲什麽有兩歧呢？到底是誰的對呢？“堯、舜不復生，將誰使定儒、墨之誠乎？”這是没法定的了；不過因爲朱熹和蔡元定的説法下同張理的龍圖，又經朱熹置於周易之首，而朱熹注解的書後來成了官家審定的教科書，他的説法成爲定論，不容懷疑，所以他們這一派戰勝，劉牧是失敗了。

朱熹雖然是蔡元定的老師，而河圖、洛書的説法實由蔡氏而定，周易啟蒙的注裏引他的話道：

> 古今傳記自孔安國、劉向父子、班固，皆以爲河圖授羲，洛書賜禹。關子明、邵康節皆以十爲河圖，九爲洛書，蓋大傳既陳天地五十有五之數，洪範又明言“天乃錫禹洪範九疇”，而九宫之數戴九履一，左三右七，二四爲肩，六八爲足，正龜背之象也。惟劉牧意見以九爲河圖，十爲洛書，託言出於希夷，既與諸儒舊説不合，又引大傳以爲二者皆出於伏羲之世。其易置圖、書，並無明驗，但謂伏羲兼取圖、書，則易、範之數誠相表裏，爲可疑耳。其實天地之理一而已矣，雖時有古今先後之不同，而其理則不容有二也，故伏羲但據河圖以作易，則不必預見洛書而已逆與之合矣；大禹

但據洛書以作範，則亦不必追考河圖而已暗與之符矣。其所以然者何哉？誠以此理之外無復他理故也。

他們關於圖、書的贈與說亦不同，蔡氏主張分贈伏羲、大禹，仍是劉歆的說法。他以爲圖、書的理儘自可通，但伏羲的畫卦正不必預知洛書，而大禹作範亦可不必追考河圖也。他定的河圖、洛書如下：

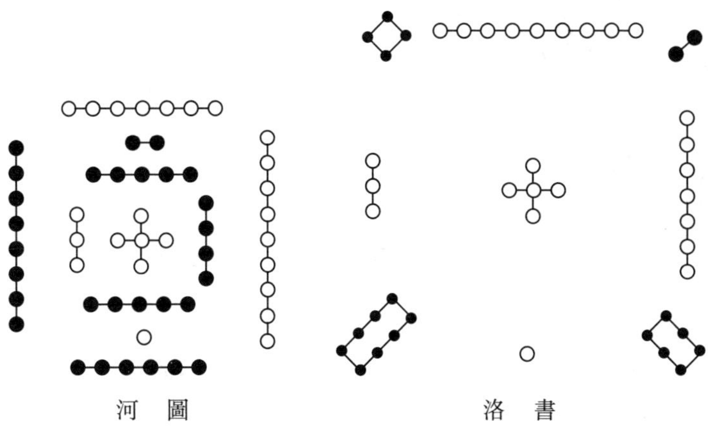

河　圖　　　　洛　書

他的河圖正是張理書中的“龍圖天地生成之數”，洛書是“洛書縱横十五之象”。他們的說法儘管和劉牧相反，但圖、書的樣子没有什麽差異，只不過名題的顛倒而已。以後又有一種大不相同的說法見於元吴澂的易纂言，說：

“河圖”者，羲皇時河出龍馬背之旋毛，後一六，前二七，左三八，右四九，中五十，以象旋毛如星點而謂之“圖”。羲皇則其陽奇陰耦之數以畫卦生蓍。“洛書”者，禹治水時，洛出神龜背之坼文，前九後一，左三右七，中五，前之右二，前之左四，後之右六，後之左八，以其坼文如字畫而謂之“書”。禹則自其一至九之數以叙洪範九疇。（卷五“河

出圖洛出書”注）

他説“河圖”是河中龍馬背的旋毛，“洛書”是洛中神龜背的坼文，這樣似乎合理化了，免掉龍龜背負的麻煩。他的圖、書如下。（此二圖見古今圖書集成經籍典第五十一卷河圖洛書部彙考。按通志堂本易纂言未載，今據集成注文録入）

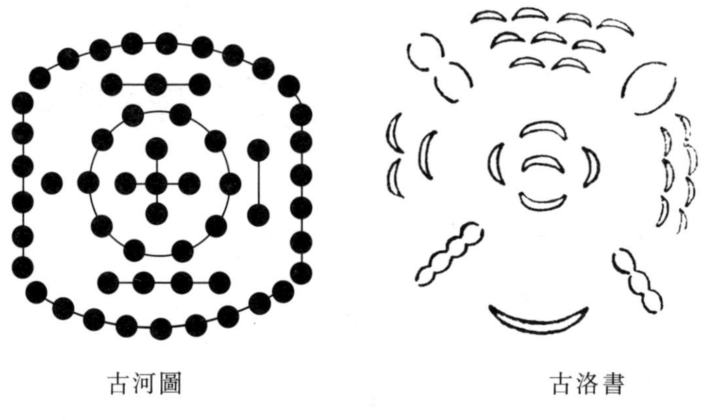

古河圖　　古洛書

明初趙謙又想出一種新的河圖，其六書本義云：

> 天地自然之圖，虙戲氏龍馬負圖出於滎河，八卦所由以畫也。易曰“河出圖，聖人則之”，書曰“河圖在東序”是也。此圖世傳蔡元定得於蜀之隱者，秘而不傳，雖朱子亦莫之見；今得之陳伯敷氏。嘗熟玩之，有太極含陰陽，陰陽函八卦之妙。（見胡渭易圖明辨卷三引）

他説傳自蔡元定，而蔡氏的圖，我們是見過的，和他的大不相同。可見他是没有什麽根據的。今轉録其圖如下。（本圖亦見易圖明辨卷三）

又易圖明辨(卷三)引宋濂曰:“新安羅端良願作陰陽相含之象,就其中八分之以爲八卦,謂之河圖。用井文界分九宫,謂之洛書。……”又引趙仲全道學正宗之古太極圖,謂即羅端良之河圖。所引趙仲全圖,即如趙謙圖而八分者也。此外的新圖、書尚多,以其無甚勢力,今不具引了。道教固然把太一們一變再變,變個不了,號稱有典有則的儒者也是把河圖、洛書刻刻變化。爲什麽會得這樣?因爲本來大家是捕風捉影。

二七 河圖洛書的倒墜

自從宋初造起新的圖、書,五光十色,愈來愈奇,至明始停止製造，而反對和推翻的聲浪卻愈來愈高了。其實在北宋時新的説法初起，歐陽修就已經痛詆它了，他說：

> “河出圖，洛出書”，“聖人幽贊神明而生蓍”，“兩儀生四象”，若此者非聖人之言。（易或問）
>
> 河圖之出也，八卦之文已具乎？則伏羲受之而已，復何所爲也。八卦之文不具，必須人力爲之，則不足爲河圖也。其曰觀天地，觀鳥獸，取於身，取於物，然後始作八卦，蓋“始作”者前未有之言也。考其文義，其創意造始，其勞如此，而後八卦得以成文，則所謂河圖者何與於其間哉！若曰已受河圖，又須有爲而立卦，則觀於天地鳥獸，取於人物者皆備言之矣，而獨遺其本始所受於天者，不曰取法於河圖，此豈近於人情乎？（易童子問）

他説河圖如已具八卦之文，則何勞乎伏羲之畫？如無八卦之文，仍須人畫，則又何貴這河圖？若云河圖雖出，仍須輔以人功而成卦，則何以起始不曰“取法於河圖”？他問的雖這樣理直氣壯，但當時並没有人信他，他的門人蘇軾就反對他的話，道：

> 河圖、洛書，其詳不可得而聞矣。然著於易，見於論語，不可誣也。而今學者或疑焉。山川之出圖、書有時而然也。……河圖、洛書，豈足怪哉！（蘇氏易傳卷七）

同時的人雖不信他的話，以後他的同調竟漸漸地多起來了。歸有光，人家說他是明代的歐陽文忠公，他們真的有些相像，他也是不信圖、書的人，聽他説：

> 諸經遭秦火之厄，易獨以卜筮存，漢儒傳授甚明，雖於

大義無所發越，而保殘守缺惟恐散失，不應此圖交叠環布遠出姬、孔之前，乃棄而不論，而獨流落於方士之家，此豈可據以爲信乎！（易圖論上）

自漢以來，説易者今雖不多見，然王弼韓康伯之書尚在，其解前所稱諸章無有以圖爲説者。蓋以圖説易自邵子始。吾怪夫儒者不敢以文王之易爲伏羲之易，而乃以伏羲之易爲邵子之易也，不可以不論。（易圖論下）

大傳曰“包羲氏之王天下也，仰則觀象於天，俯則觀法於地”，夫天地之間何往非圖而何物非書也哉！揭圖而示之曰：孰爲上下，孰爲左右，孰爲乾、兑、離、震，孰爲巽、坎、艮、坤，天之告人也何其瀆！因其上下以爲上下，因其左右以爲左右，因其乾、兑、離、震以爲乾、兑、離、震，因其巽、坎、艮、坤以爲巽、坎、艮、坤，聖人之效天也何其拘！（易圖論後）

你説易有圖，爲什麽漢儒不傳？爲什麽王、韓注易也不提到？圖是那樣的詳細，聖人只是照鈔，又何其拘守？他問的頭頭是道，足爲歐陽公的知己。他又辨洛書道：

洪範之書，起於禹而箕子傳之。……漢儒説經多用緯候之書，遂以爲天實有以畀禹。故以洛書爲九疇者孔安國之説。以“初一”至“六極”六十五字爲洛書者，二劉之説。以“戴九履一”爲洛書者，關朗之説。關朗之説，儒者用之。箕子所言錫禹洪範九疇，何嘗言其出於洛書？禹所第不過言天人之大法有此九章，從一而數之至於九，特其條目之數，“五行”何取於一，而“福極”何取於九也！……夫易之道甚明，而儒者以河圖亂之；洪範之義甚明，而儒者以洛書亂之。其始起於緯書，而晚出於養生之家，非聖人語常而不語

怪之旨也。(洪範傳)

到了清代，對於圖、書的批評和不信任的人越發多了；自此以後，河圖、洛書乃失去了它的權威，而僅僅成爲學術史上的名詞。黄宗羲是清初的大儒，他著有一種易學象數論，是專辨圖、書的，他説：

> 歐陽子言河圖、洛書怪妄之尤甚者；自朱子列之本義，家傳户誦，今有見歐陽子之言者，且以歐陽子爲怪妄矣。……後之人徒見圖、書之説載在聖經，雖明知其穿鑿傅會，終不敢犯古今之不韙而黜其非。……(圖書一)

他的反對圖、書，只是反對後人的穿鑿附會的説法；而對於圖、書的本身，則並不否認其存在。他説：

> “天垂象，見吉凶，聖人象之”者，“仰觀於天”也。“河出圖，洛出書，聖人則之”者，“俯察於地”也。謂之“圖”者，山川險易，南北高深，如後世之“圖經”是也。謂之“書”者，風土剛柔，户口扼塞，如夏之禹貢，周之職方是也。謂之“河洛”者，河、洛爲天下之中，凡四方所上圖書皆以河、洛繫其名也。顧命西序之“大訓”猶今之祖訓，東序之“河圖”猶今之黄册，故與寶玉雜陳。不然，其所陳者爲龍馬之蜕與，仰伏羲畫卦之稿本與？無是理也。孔子之時，世莫宗周，列國各自有其人民土地，而河、洛之圖書不至，無以知其盈虚消息之數，故嘆河不出圖。……若圖、書爲畫卦叙疇之原，則卦畫疇叙之後，河復出圖，將焉用之？而孔子嘆之者，豈再欲爲畫卦之事耶？

他以爲河圖、洛書就是現今地圖方志一類的東西，因爲河、洛居天下的中心，所以各地方進呈他們的圖書於中央政府，就叫作“河圖、洛書”。孔子的時候，各國多不奉周爲共主，以致圖籍不來，而各國的土地人民也就莫由知其消長了。所以他嘆道：“河不出圖，……吾已矣夫！”“河不出圖”者，非“河”不出圖也，各國不上圖也。如果圖是畫卦所本，難道孔子還打算再畫個八卦不成？因爲他把圖書説成了“圖經”一類的東西，所以他於宋、元以來的河圖、洛書當然一概不能承認，而説它們是方士們的扭合。

宗羲之弟宗炎著有易學辨惑一書，也是專辨圖、書的。他的叙言説：

> 河圖、洛書之説，因漢世習爲讖緯，遂謂龍馬神龜貢獻符瑞，其事略與兩漢之言禎祥者相似。後儒因緣附會，日增月益，至陳圖南鑿鑿定爲一六、二七、三八、四九、五十之數，上、下、左、右、中之位爲河圖，九宫奇正耦隅之狀爲洛書，云是羲卦、禹範之根原。兩相比較，俱似景響，未見有實理存乎其間。歐陽永叔斥爲怪妄，是誠仲尼之徒也。……

由此可見他的態度的一斑。於宋人的圖、書作逐項的駁辯，黄氏弟兄之外，尚有毛奇齡、胡渭等。

毛奇齡的河圖洛書原舛編字數雖不多，而叙述圖、書源流舛錯甚詳盡。他説其初只有河圖，如尚書顧命及論語所説；淮南子乃以“緑圖”、“丹書”並舉，孔安國、劉歆又以河圖歸伏羲，洛書歸大禹。自緯書出後，説涉怪誕，然而終東漢之末也没有所謂圖、書出來。宋初陳摶驟出其河圖、洛書，而上無傳人，無出處，惟游其門者傳之。於是有劉牧的圖、書，有邵雍、蔡元定的圖、書。陳摶的圖到底是根據什麽呢？毛氏説他是本於鄭玄注易的“大衍之數”。而“大衍”的注解並非河圖，河圖是另有注解的。鄭玄只作注解並没有圖，陳摶乃演其注以爲圖，根底曲直全可明白了。至於洛書，毛氏謂爲九宫配卦數所成，乃易緯家所謂“太一下九宫”法。稍後張惠言的易圖條辨也有和毛氏相似的意見。

胡渭的易圖明辨及洪範正論是辨斥圖、書最力的兩種書。不過，他也不是完全否認圖、書的，而承認它們只是伏羲觀察中的一事，他説：

> 渭按：易之爲書，八卦焉而已。卦各具三畫，上畫爲天，下畫爲地，中畫爲人：三才之道也。羲皇仰觀而得天道，俯觀而得地道，中觀於兩間之萬物而得人道。……河圖、洛書乃仰觀俯察中之一事，後世專以圖、書爲作易之由，非也。（易圖明辨卷一）

他對於宋人的圖、書和學説當然不能贊成，所以下面他先辨“天地之數”不得爲河圖，又辨“五行生成之數”不是河圖，又辨“太極”“兩儀”“四象”等不是圖、書所有。他道：

> 河圖亡已久，雖老聃、萇宏之徒亦未經目覩，故夫子適周，無從訪問，贊易有其名而無其義。所謂“疑者丘蓋不言”也。若夫天地之數，夫子未嘗指爲河圖，故自漢、魏以迄隋、唐，言河圖者，或以爲九宫，或以爲九篇，未有指五十五數爲河圖者。……陳摶生於五季，去古彌遠，何從得其本真而繪圖以授人乎？（同上）

他雖然否認宋人的圖、書，但對於易繫辭傳“河出圖，洛出書”的話仍然不敢堅決的否認，而説它們也是畫卦所本的材料之一；二黄、毛氏也同有此種論調（宗炎之説與兄宗羲相似，亦主張圖、書爲地理書，見易學辨惑）：這是他們的不徹底處。至於河圖、洛書的領受人問題，他們也不敢多加討論，因爲易書全是聖經，得罪哪個也不好，所以雖明知其中很有衝突，也只得置之不理。胡渭一方面説河圖、洛書是伏羲觀察中的一事，一方面又説：

> 或問洪範九疇果即是洛書，箕子何以不著其名？曰：禹受洛書作洪範九疇，當時五尺童子無不知之。言“天錫禹”，則其爲洛書明矣。故不復著也。（洪範正論卷一）

這樣地兩不開罪的辦法，實非學者應有的態度。不過我們應當原諒他，在他那個時代，如果對於易經、書經的來源發生了疑問，豈不犯了“離經叛道”的大罪？清代自然也有爲河圖、洛書辯護的，例如江永的河洛精藴，就是很費心力而著成的一部書；然而可惜他的精力是白用了。如今我們不特否認易書是聖經，並連伏羲、大禹是否有其人也問起來，那末，他們畫卦作範的事情自然更屬悠謬難稽；何況怎樣的圖，怎樣的書，這些説法出得更後呢。所以這個問題在今日，已達到了“以不了了之”的地步，再不能引起人們的注意和討論了。

二八　三墳與古三墳書

左氏昭十二年傳記楚靈王狩于州來，派蕩侯們圍了徐來恐嚇吴國，自己停在乾谿作後援。靈王靠着自己的武力，驕傲得很，瞎吹了一陣；右尹子革只管將順他。那時有人私下責問子革：“你爲什麽不加匡正呢？”他答道：“你等着吧！”一忽兒，王出來，恰巧左史倚相趨過，王指了他向子革説：

是良史也，子善視之！是能讀三墳、五典、八索、九丘。

子革道："他不算什麽！我曾問他祈招之詩，他答不出呢！"（祈招一詩是祭公謀父爲了周穆王欲肆其心，要使天下都有自己的車轍馬跡而作的）靈王問他："你背得出嗎？"子革就背了出來，其中語句暗暗譏誚着這位有野心的靈王，害得他聽了良心發現，好幾天没有喫飯睡覺。

在這一段故事裏，出來了"三墳"之名，與五典等並列。杜預注謂"皆古書名"，説得很浮泛，究竟是些什麽古書呢？在他以前的賈逵，曾注謂：

三墳，三王之書；五典，五帝之典。（左傳疏引）

許是三王的時代太落後了，所以他的説法没有得到後人的信任（文選閒居賦注引賈説作"三皇"，未知與疏引孰是。書業案：宋本注疏"王"亦作"皇"，見校勘記）。

馬融注謂：

三墳，三氣，陰陽始生天地人之氣也。五典，五行也。（左傳疏引）

馬説最不通，"三氣""五行"，無論怎麽好的史，將怎樣去讀它？什麽事全是後來者居上，可巧周禮春官中有云：

外史……掌三皇、五帝之書。

鄭玄注便謂這是"楚靈王所謂三墳、五典"。這樣的注解最是完滿的了，拿三墳、五典來印合“三皇、五帝之書”，豈不是“天衣無縫”？

出在魏、晉之間的僞孔安國尚書序根據鄭注，確定地說：

> 伏羲、神農、黄帝之書，謂之三墳，言大道也。少昊、顓頊、高辛、唐、虞之書，謂之五典，言常道也。至于夏、商、周之書，雖設教不倫，雅誥奥義，其歸一揆。故歷代寶之，以爲大訓。

孔穎達爲它作了一大篇解釋，已見第十六章所引。三墳爲三皇的書，這個問題就這樣地解決了。有了這一經一傳的互相印證，這項事情似乎再没有什麽疑問。但我們要知道左傳和周禮是一鼻孔出氣的。康有爲先生的新學僞經考曾説：

> ……莽傳所謂“發得周禮以明因監”，故與莽所更法立制略同，蓋劉歆所僞撰也。歆欲附成莽業而爲此書。其僞群經，乃以證周官者。（漢書藝文志辨僞）

錢玄同先生説康氏的話是“一語破的之論”（重印新學僞經考序）。周禮既是劉歆僞造，他更於它經設證，於是“掌三皇、五帝之書”一句的證據就偷偷地埋伏在左傳裏。左傳楚靈王次於乾谿以及向子革誇口的一段話，史記楚世家裏全有（不過史記裏誤子革爲析父），單單靈王誇奬倚相及子革微詞託諷的話則一字没提。在周本紀裏也没有祭公謀父諫勸穆王的祈招之詩。説是司馬遷的删削罷，在子革是“曲終奏雅”，爲什麽偏偏把雅的删掉？而且“三墳、五典、八索、九丘”既是古書，是何等重要的古史材料，他又如何忍心删削？這無疑地是劉歆重編左傳時插下的埋伏，而老實的鄭玄竟落入了他的圈套。

以前我國的讀書人有一個通病，他們總以爲古時是黄金時代，每天夢想過“羲皇之世”，一天到晚只想替古人錦上添花。三皇是古時的聖王，他們的書叫做三墳，既有此名豈可以任它有名而無實，於是古三墳書就出現了。

古三墳書分爲山墳、氣墳、形墳三部分。山墳是天皇伏羲氏的連山易；氣墳是人皇神農氏的歸藏易；形墳是地皇軒轅氏的乾坤易（按：依據鄭樵通志應作坤乾）。我們在前邊（第十六章）知道尚書大傳曾把燧人拍合天皇，伏羲拍合人皇，神農拍合地皇，現在在這部書裏是根本换過了。我們又知道（同上），僞孔安國尚書序、皇甫謐帝王世紀、孫氏注世本，是定伏羲、神農、黄帝爲三皇的，如今古三墳書也完全相同。是僞孔們的冥合於邃古呢？還是因爲僞孔的書太通行了，逼得三墳也不能不照樣辦呢？這個問題似乎已無待討論。

連山、歸藏之名是有來歷的。周禮春官：

> 太卜……掌三易之法：一曰連山，二曰歸藏，三曰周易。

周易的“周”字，雖有人説是“易道周普，無所不備”（鄭玄易贊，周易正義序引），但不及説爲“代名也”（陸德明經典釋文、朱熹易本義等）的普遍。孔穎達周易正義序更鄭重地説：

> 周易稱周，取岐陽地名，毛詩云“周原膴膴”是也。文王作易之時，正在羑里，周德未興，猶是殷世也，故題周别於殷。以此文王所演，故謂之周易，其猶周書、周禮題周以别餘代。故易緯云“因代以題周”是也。（第三論三代易名）

周易既一定是周的東西，不能再送給任何人了，所以軒轅氏的易

只得改稱爲乾坤(周易中的二卦)。倘使依據鄭樵的本子,"乾坤"是"坤乾"之誤,那也是有證據的。這證據出在禮記禮運上:

> 子曰:"我欲觀夏道,是故之杞;而不足徵也,吾得夏時焉。我欲觀殷道,是故之宋;而不足徵也,吾得坤乾焉。"

可見夏時是夏的遺書而坤乾是殷的遺書。鄭玄注:"得殷陰陽之書也,其書存者有歸藏。"照他所説,坤乾即是歸藏,這大約因鄭玄先讀了周禮,記得這個名詞,所以要化異爲同。周易上既明著了周字;而坤乾上卻無殷字,比較不受朝代的拘束,所以古三墳書中便取來作爲黄帝的易名了。

再説到連山、歸藏,問題又來了。鄭玄注周禮"三易",引杜子春説云:"連山,虙犧;歸藏,黄帝。"在這部三墳中,連山雖仍屬伏犧,但歸藏卻不是黄帝而是神農的,對不對呢?又,孔穎達周易正義序云:

> 案世譜等群書,神農一曰連山氏,亦曰列山氏。黄帝一曰歸藏氏。

照此説來,連山又不屬伏犧而是神農的了。這話也不是没有證據。左昭二十九年傳和國語魯語上都提起"烈山氏",説他有子曰柱,爲稷神;禮記祭法之文和魯語大體相同,但此名作"厲山氏"。鄭玄注祭法云:"厲山氏,炎帝也,起于厲山。"韋昭注魯語云:"烈山氏,炎帝之號也,起于烈山。""烈"和"厲"是一聲之轉,自然是一人。現在世譜等書又説神農一曰連山氏,亦曰列山氏,"連、列"也即"烈、厲"的聲轉。因爲炎帝號連山氏,而連山是易的一種,所以皇甫謐帝王世紀就説:

> 庖羲氏作八卦，神農重之爲六十四卦，黄帝、堯、舜引而伸之，分爲二易。至夏人因炎帝曰連山，殷人因黄帝曰歸藏；文王廣六十四卦，著九六之爻，謂之周易。（太平御覽卷六〇九引）

他已直捷把連山易派在炎帝名下了。現在這部三墳裏仍將連山歸給伏羲，又對不對呢？至於鄭玄易贊所謂“夏曰連山，殷曰歸藏”（周易正義序引），這是學者們一致的信仰。既經是炎、黄，又説是夏、殷，未免有衝突之嫌，所以皇甫謐有“夏人因炎帝曰連山，殷人因黄帝曰歸藏”的一説，見得炎、黄創其端而夏、殷承其緒，本來是一件東西。

古三墳書説伏犧易爲連山，神農易爲歸藏，黄帝易爲乾坤（或坤乾），從上面的話看來，簡直是没有一個没有問題。這種官司是打不清的，姑且不管它罷！我們且看一看三墳中的易是什麽樣子。

我們知道，周易中有八個卦，重叠起來就化爲六十四。爲了簡便易記，更替每卦定一個象，作爲表徵。例如乾的象爲天，坎的象爲水，那坎下乾上的訟卦，象傳便説它“天與水違行，訟，君子以作事謀始”。倒過來呢，乾下坎上是需卦，象傳説“雲（也是水）上於天，需，君子以飲食宴樂”。如今這三皇之易也是這般：

> 山墳（連山）八卦：——君、臣、民、物、陰、陽、兵、象。
>
> 氣墳（歸藏）八卦：——歸、藏、生、動、長、育、止、殺。
>
> 形墳（乾坤或坤乾）八卦：——天、地、日、月、山、川、雲、氣。

把這些卦重叠起來，每墳也都有六十四卦。例如臣下君上就是相卦；君下臣上就是侯卦。又如歸下藏上是交卦；藏下歸上是定位卦。這部書裏也有傳，不知道是哪一位聖賢做的。例如“君、臣——相”，傳曰：“相位至貴，君之臣也。”又如“君、民——官”，傳曰：“君臨百官，以爲民也。”又如“地、天——降氣”，傳曰：“聖人以推中氣正歲年。”這些句法真覺得與周易同聲相應。可惜它的時代太早了，那時還不曾給文王演爲三百八十四爻，所以書裏雖已立了“爻卦大象”的題目，卻只有卦而没有爻。

古三墳書是易經和書經的混合物。這三種墳是易體，還有四篇文字是書體。

山墳中雜有一篇河圖代姓紀，記載開闢以來的事情，它的光怪陸離的地方不亞於緯書和道藏，如云：

> 有巢氏生太古之先，覺識於天地蟲魚鳥獸，俾人居巢穴，積鳥獸之肉，聚草木之實；天下九頭，咸歸有巢，始君也。……燧人氏，有巢子也，生而神靈，教人炮食，鑽木取火，天下生靈尊事之，始有日中之市，交易其物，有傳教之臺，有結繩之政。……伏羲氏，燧人子也，因風而生，故姓風。

有巢氏、燧人氏雖不在三皇之内，然而竟是天皇伏羲氏的祖和父。這種關係，應感謝它記了下來，在别處我們是絶未見過的。

天皇伏羲氏策辭也是山墳中的一篇，是策命他的臣下的言語，在起首他説當他的父親燧皇時代，天還没有降下河圖，生民結繩而無不信。自從他即位以來，人類生聚也多了，而“群群蟲聚，欲想吞害”，偏幸老天特别的親善起來，河龍馬負圖而出，於是他畫了八卦，以後自上而下，纔得安居。他的官吏有共工、皇桓、朱襄氏、昊英氏、栗陸氏、赫胥氏等；當他分配職務時，他這樣地説，他的臣子就這樣地答：

> 皇曰："咨予上相共工：我惟老極無爲；子惟扶我正道，咨告於民，俾知甲曆歲時自兹始，無或不記，子勿怠！"共工曰："工居君臣之位，無有勞，君其念哉！"
>
> 皇曰："下相皇桓：我惟老極無爲；子惟扶我正道，撫愛下民，同力咨告於民，俾知甲曆日月歲時自兹始，無或不記，子其勿怠！"桓曰："居君臣之位，無有勞，君其念哉！"

原來昊英氏始進甲曆，在這以前，人們只知道草木的一生一殺，所以多少年就叫多少易草木。雖然有了甲曆記歲，而人民是頑固的，不愛接受，於是上下兩個宰相的職責就是推行這個新定的曆法。其他有栗陸主養草木，開導泉源，大庭主室屋，昆連主刀斧等等。

氣墳中有人皇神農氏政典，形墳中有地皇軒轅氏政典，是他們的政治原理，今引數段，以見大凡：

> 政典曰："惟天生民，惟君奉天，惟食喪祭衣服教化一歸於正。"
>
> 政典曰："君正一道，二三凶；臣正一德，有常吉。時正惟四，亂時不植。氣正惟和，氣亂作癘。官正惟百，民正惟四，色正惟五，惟質惟良。病正四百四，藥正三百六十五，過數乃亂，而昏而毒。道正常，過政反僻。刑正平，過政反侈。禮正度，過政反僭。樂正和，過政反流。治正簡，過政反亂。喪正哀，過政反游。干戈正亂，過正反危。市肆正貨，過政反邪。譏禁正非，過政失用。"（以上人皇神農氏政典）
>
> 政典曰："國無邪教，市無淫貨，地無荒土，邑無游民，

山不童，澤不涸：其正道至矣。正道至，則官有常職，民有常業，父子不背恩，夫婦不背情，兄弟不去義，禽獸不失長，草木不失生。”

政典曰：“方圓角直曲斜凹凸必有形，遠近高下長短疾緩必有制，寒暑燥濕風雨逆順必有時，金木水火土石羽毛必有濟，布帛桑麻筋角齒革必有用，百工器制必有制。……”（以上地皇軒轅氏政典）

許多人説這些策辭太淺陋了。但如有人要替它辯護，也何嘗不可説三皇在草昧之世，思想朴質，人事簡單，文化甚低，還不得不淺陋呢！

這書的末尾有一篇後序，没有記下作者的姓名。文云：

傳曰：河圖隱於周初，三墳亡於幽、厲，洛書火於亡秦，治世之道不可復見。余自天復中隱於青城之西，因風雨石裂，中有石匣，得古文三篇，皮斷簡脱，皆篆字，乃上古三皇之書也。

從這篇短文裏，可知三墳是和河圖、洛書有同等地位的，而不幸這三部書在八百年中竟同遭了淪亡的厄運。如今河圖、洛書由宋人找出來了，三墳又早在唐昭宗天復中（九〇一——九〇三）給狂風猛雨在四川的青城山石縫裏打出來了。在周、秦是“天喪斯文”，而在唐、宋是“天開文運”，相形之下，誰敢道今不如古！按青城是仙經中的“第五洞天”（見元和郡縣志卷三十一蜀州），歷代方士如張道陵、范長生、孫思邈、杜光庭都棲隱其間，那麽初發現這文字的三墳的人也許是個道士吧！

把這部書表章於世的，是宋代的毛漸。他在序文裏詳述他發現的經過及其對於這書的見解：

> 春秋左氏傳云："楚左史倚相能讀三墳、五典、八索、九丘。"……漢書藝文志録古書爲詳，而三墳之書已不載，豈此書當漢而亡歟？
>
> 元豐七年(一○八四)，予奉使京西，巡按屬邑，歷唐州之泌陽；道無郵亭，因寓食于民舍。有題于户，"三墳書某人借去"。亟呼主人而問之，曰："古之三墳也，某家實有此書。"因命取而閲之：三墳各有傳，墳乃古文而傳乃隸書。觀其言簡而理暢，疑非後世之所能爲也。就借而歸録；間出以示好事，往往指爲僞書。
>
> 然考墳之所以有三，蓋以"山、氣、形"爲别。……與先儒之説"三墳"特異。皆以義類相從，曲盡天地之理。復有姓紀、皇策、政典之篇，文辭質略，信乎上古之遺書也。胤征引"政典曰：'先時者殺無赦；不及時者殺無赦'"，孔氏以謂政之典籍；頗與書合。豈後人之能僞耶！世人徒以此書漢時已亡，非後世之宜有。且尚書當漢初重購而莫得，武帝時方出於屋壁間，詎可遂爲僞哉！……

毛漸既是一位大官，他對於此書又這樣地篤信，經不起他的鼓吹，這部上古遺書就風行於世了。

又過了五十餘年，鄭樵作史記後的第二部通史——通志，開始把三墳中的材料收入歷史。他在三皇紀的序文中説：

> 三皇者，天皇、地皇、人皇是也，其説不一，無所取證；當取伏羲爲天皇，神農爲人皇，黄帝爲地皇之説爲正。(自注"其説出三皇太古書"，按即三墳。)伏羲作連山；神農作歸藏；黄帝作坤乾。易之始自伏羲；三易之本自三皇。夏人因連山而作連山；商人因歸藏而作歸藏；周人因坤乾而作周易。

經他這樣一説，古三墳書就真成了易的基礎了。伏羲爲天皇，神農爲人皇，黄帝爲地皇，也居然成了歷史的事實了。下面伏羲的紀文：

> 命子襄爲飛龍氏，造六書。……命子英爲潛龍氏，造甲曆。……乃升傳教之臺而以甲曆示民。命栗陸爲水龍氏，“繁滋草木，疏導泉源，毋怠於時!”命混沌爲降龍氏，“驅除民害，民安則安，民危則危，毋怠於民命!”命大庭氏主屋廬，爲民居處。命陰康氏主水土，爲民田里。於是共工爲上相，柏皇爲下相，朱襄、昊英常居左右，……栗陸居北，赫胥居南，昆連居西，葛天居東，陰康居下，分九州之牧而天下化。

這便是把山墳中的代姓紀和皇策辭合起來寫的(原文一部分見下引胡應麟文内)。後人作史，如其根據了通志這段文字，即無異採用了三墳之文了。

毛漸表章三墳，受到許多人的指摘。鄭樵也是如此。所以他在通志藝文略中替它辯護道：

> 三皇太古書亦謂之三墳，……其書漢、魏不傳，至元豐中始出於唐州比陽之民家；世疑僞書。然其文古，其辭質而野，其錯綜有經緯，恐非後人之能爲也。如緯書猶見取於前世，況此乎！且歸藏至晉始出，連山至唐始出，然則三墳始出於近代亦不爲異事也。(經類，古易)

他們真有勇氣來維持這一部書。尤其奇怪的，是頗有批評精神的鄭樵，他在别的地方最敢疑古惑經，而這一部新鮮的古書居然能吸住了他的信仰。

然而古三墳書究竟出世得太遲了，它不但不能像周禮和古文尚書這樣取得經典的地位，而且也不能像逸周書和穆天子傳一樣取得史籍的地位。自宋至今，信它的人遠比不屑掛齒的人爲少。至於辨駁它的，據我們所見，有以下幾家：

葉夢得是南北宋之間的人，行輩稍後於毛漸。他說：

> 古三墳書爲古文，奇險不可識，了不可知其爲何語，其妄可知也。（文獻通考卷一七七引）

可見這書一出世，就給人不留餘地的否認了。稍後於葉氏的有晁公武，他在郡齋讀書志中說：

> 三墳書七卷（頡剛案：云七卷者，蓋以山、氣、形三墳爲三卷，代姓紀爲一卷，伏犧皇策爲一卷，神農、軒轅兩政典爲二卷）：右皇朝張商英天覺得之於比陽民家。……按七略不載三墳，隋志亦無之。世皆以爲天覺僞撰，蓋以比李筌陰符經云。（卷四，經解類）

南宋後期的陳振孫，他在直齋書録解題中說：

> 古三墳書一卷：元豐中毛漸正仲奉使京西，得之唐州民舍。其辭詭誕不經，蓋僞書也。……蓋自孔子定書，斷自唐、虞以下；前乎唐、虞，無徵不信，不復采取，於時固以影響不存去之。二千年而其書忽出，何可信也！况皇謂之墳，帝謂之典，皆古史也，不當如毛所録；其僞明甚。人之好奇，有如此其僻者！（卷二，書類）

到元，馬端臨又發表他的反對的議論在文獻通考裏：

> 按夫子所定之書，其亡於秦火而漢世所不復見者，蓋杳不知其爲何語矣。況三墳已見削于夫子而謂其書忽出於元豐間，其爲謬妄可知。夾漈好奇而尊信之，過矣！又況詳孔安國書序所言，則墳、典，書也，蓋百篇之類也；八索，易也，蓋彖、象、文言之類也。今所謂三墳者，曰山墳、氣墳、形墳，而以爲連山、歸藏、坤乾之所由作，而又各有所謂大象六十四卦，則亦是易書，而與百篇之義不類矣，豈得與五典並稱乎！

這四家的批評，葉夢得只是一種直覺，並未説出它僞的理由；晁公武把漢書、隋志不載爲抗議，也未能使對方屈伏，因爲佚書的復現本是可能的事，不過這書佚失的時期特别長久則頗爲可疑而已。陳、馬兩家説三墳爲孔子所删，不應尚存於世，這理由也不硬，不見逸周書的流傳嗎？但他們還舉出一個理由，説三墳既爲三皇的書，就該與紀載五帝的五典一樣，應當全是記事的體裁，而不應夾入易類之文，這是站得住的駁詰。試看周禮，三易是太卜掌的，三皇、五帝之書是外史掌的，既確認三皇之書是三墳，那麽三墳即非三易。這一點實爲作者的疏忽，也許他只讀了周易、尚書而不曾讀過周禮。至於晁氏説是張商英所得，陳氏説是毛漸所得，這個歧異也是一個枝節的問題。大概在這書的初刻本上曾有張氏的序文，因此致誤吧？

對於這書作最厲害的攻擊的，要推明代的胡應麟。他在四部正譌（少室山房筆叢的一種）中有極暢盡透徹的議論：

> 三墳之僞，前人辯之審矣。鄭漁仲以爲"三皇太古書"而尊信爲實然，甚矣鄭之疏略也！余讀之，蓋諸贋書中至淺陋者。世以隋購三墳，劉炫僞造連山等百餘篇上之，即此書（頡剛案：此説見明王世貞四部稿）。然炫在隋號大儒，其學

博，其業精，其造連山雖僞妄，必有過人者。今三墳之首，所稱“太始、太極、太易、太初、太素”皆勦合乾坤鑿度之文而增飾之，而乾坤鑿度則又全録沖虚天瑞之語者也。至其所列連山、歸藏、乾坤等象，布置錯綜，僅同兒戲。其引物連類，取義稱名，合於羲、農之世者十無三四。亡論六代以前，即真出於炫，豈淺陋至是極哉！且伏羲爲“天皇”，似矣；神農而曰“人皇”，軒轅而曰“地皇”，是故爲異説而罔顧其理之弗根也。“先時者殺，不及時者殺”，夏后所引是矣，而以出軒轅，是妄意其時而弗知其命之弗順也。又其所言“三十二易草木”等語，皆庸人孺子所縮朒而不肯言者。是書蓋即序者毛漸所爲。余故劇論爲光伯（劉炫氏）解紛。若三皇之説，世自漁仲外無信者；葉夢得、馬端臨已極譏鄭之好怪，吾何暇爲辯哉！

天皇氏策辭云：“……皇曰：‘子居我水龍之位，主養草木，開道泉源，無或失時；子其弗怠！’陸曰：‘竭力於民，君其念哉！’皇曰：‘大庭：主我屋室，視民之未居者喻之；借力同構其居，無或寒凍！’庭曰：‘順民之辭！’皇曰：‘陰康：子居水上，俾民居處，無或漂流；勤於道，達於下！’康曰：‘順君之辭！’皇曰：‘渾沌：子居我降龍之位，惟主於民！’皇曰：‘昆連：子主我刀斧，無俾野獸犪虎之類傷殘生民，無俾同類大力之徒驅逐微弱；子其伏之！’連曰：‘專主兵事，君無念哉！’皇曰：‘四方之君：咸順我辭，則世無害；惟愛於民，則位不危！’皇曰：‘子無懷安，惟安於民：民安子安，民危子危；子其念哉！’”案三墳此章全剽舜典；而辭意淺陋，殆類村學究語。詎曰庖犧之代預規虞世之文哉！

王長公讀三墳書云：“伏羲畫連山而有‘民、兵，——器’，‘陰、兵，——妖’，‘陽、兵，——譴’，‘兵、陽，——陣’，至策辭而曰‘主我屋室’，‘主我刀斧’，神農歸藏而曰‘殺、藏，——墓’：此皆不知其時而妄爲説者也。”余執此更推之，連山猶或可解，至歸藏、乾坤强半笑資。因備録後，後之論三墳者觀此足矣。

歸藏卦爻曰“歸、動，——乘舟”，神農之世未有舟楫也。曰“動、歸，——乘軒”，神農之世未有軒蓋也。曰“藏、止，——重門”，神農之世未有屋室也。曰“殺、動，——干戈”，神農之世未有戈矛也。曰“殺、長，——戰”，曰“殺、止，——亂”，而不知征伐兵爭實肇於黄帝。曰“生、動，——勳陽”（傳云“聖人以行慶錫”），曰“止、殺，——寬宥”，而不知賞慶赦宥實始於唐、虞。他若所謂“歸、殺，——降”，“生、藏，——害”，皆剌謬之妄談；所謂“長、歸，——從師”，“長、藏，——從夫”，皆經典之賸語。曰“地氣”，曰“水氣”，曰“火氣”，曰“風氣”，則釋門之四大；而曰“殺、生，——無忍”，曰“動、止，——戒”，又釋子委談也。曰“金氣”，曰“木氣”，曰“水氣”，曰“火氣”，則術士之五行；而曰“生、殺，——相剋”，曰“金氣殺”，又術家淺數也。凡歸藏中爻象類若此。至乾坤“天、地——圓丘”等象，尤爲捧腹資。鄭漁仲以該洽自信，胡漫然弗考哉！

乾坤卦象曰“雲、天，——成陰”，曰“雲、地，——高林”，曰“山、地，——險徑”，曰“氣、地，——下溼”，曰“山、日，——沈西”，曰“天、日，——昭明”，曰“川、日，——流光”，曰“日、月，——代明”，曰“川、月，——東浮”，曰“日、山，——危峰”，曰“月、山，——曲池”，曰“山、雲，——叠峰”，曰“山、氣，——籠煙”，曰“川、氣，——浮光”，曰“雲、氣，——流霞”，曰“月、天，——夜明”，曰“川、山，——島”，曰“雲、山，——岫”，曰“氣、山，——嵒”，曰“雲、川，——溪”，曰“氣、川，——泉”，曰“山、澗，——川”，曰“日、川，——湖”。

> 上所云地皇氏卦象，大類今世村學塾師教小兒蒙求、總龜，又似初習聲偶者詩學大成中字面。夫“高林”、“險徑”、“危峰”、“曲池”、“島”、“岫”、“煙”、“霞”、“川”、“嵒”、“溪”、“澗”，皆漢、唐、六代詞人語；亡論三皇，即六籍四詩固不盡見。而“昭明”、“代明”、“流光”、“成陰”、“下溼”、“沈西”、“東浮”諸語，或勦諸經典，或取諸閭閻，蓋亡一字類三代以上者。故余嘗謂僞書之陋無陋於三墳也！
>
> “皇曰：‘岐伯天師：……先時者殺，不及時者殺’”，此二語與胤征合。夫胤征誓師出衆，言固應爾；岐伯燮理陰陽而首戒以殺，何也？蓋僞者以黄帝首伐蚩尤，故剽胤征二語以實之，又於序中特援爲證，而不知適以愈彰其僞。“心勞日拙”，誠然哉！（卷上）

看了他這許多話，我們不必對於這部書再作批評了。我們可以知道，古三墳書的作者對於三皇的知識和想像是怎樣的空洞淺薄。語云“畫鬼魅易，畫犬馬難”，因爲犬馬個個人看得見，有一點不像就給人指出來了；而鬼魅是無憑的，可以隨你的意興畫去，可以不受種種形象的拘束。但我們讀了這部古三墳書，纔知道鬼魅也不是容易畫的，如果你没有羅兩峰的才情，且不要大膽發表你的鬼趣圖！

二九　近代對於三皇的祭祀和信仰

在五帝以前既有三皇御世，而三皇名目依照僞孔尚書傳序是伏羲、神農、黄帝，於是在唐代祭祀前代帝王的祀典裏就有了他們三人的位分了。唐會要云：

> （天寶）六載（七四七）正月十一日勅：三皇、五帝創物垂範，永言龜鏡，宜有欽崇。三皇：伏羲（以勾芒配）、神農（以祝融配）、軒轅（以風后、力牧配）。五帝：少昊（以蓐收配）、顓頊（以玄冥配）、高辛（以稷棄配）、唐堯（以羲仲、和叔配）、虞舜（以夔、龍配）。其擇日及置廟地，量事營立；其樂器請用宮懸；祭請用少牢。仍以春秋二時致享共，置令丞，令太常寺檢校。（卷二十二）

可知他們全依僞孔的話辦事的。五代擾攘，祀典多廢，到宋代這三皇專廟的祭祀似已廢弛，如今所見到的史料裏便没有這種痕跡了。到了元代，在異民族統治之下，三皇也變了性質：祀三皇的典禮由醫師主辦，而從祀的又是十大名醫，三皇竟成了醫藥之祖了。元史祭祀志記元成宗時事道：

> 元貞元年（一二九五），初命郡縣通祀三皇如宣聖釋奠禮。太皞伏羲氏以勾芒氏之神配。炎帝神農氏以祝融氏之神配。軒轅黄帝氏以風后氏、力牧氏之神配。黄帝臣俞跗以下十人姓名載於醫書者從祀兩廡。有司歲春秋二季行事，而以醫師主之。

這是元代的創制而非勦襲。但他們爲什麼要把開天立極的聖人限爲醫流之祖呢？元人虞集對此曾有詳細的説明。他道：

> 國家之制，自國都至於郡邑，無有遠邇，守令有司之所在，皆得建廟通祀三皇，而醫者主之，蓋爲生民立命之至意也。……世祖皇帝……禮樂刑政，治具畢舉，……於是山川之靈，神明之祠，凡可以衛吾民之生者莫不秩祀。……獨念夫血氣動乎形骸之内，寒暑感乎時序之異，不能無傷沴者

焉，則致意於醫者之學。又慮夫師匠不立，古學既絶，遐陬遠邑混于一方一曲相傳之私而不足通其極也，推而上之，原其所自出，必至於三聖人然後止。是此三聖人之所以惠利生人者不必以醫之一技，而求夫爲醫之道，不上達於三聖人則不足以盡其神聖之能事。（道園學古録卷三十六，澧州路慈利州重建三皇廟記）

三皇廟者，祠伏羲、神農、黄帝之神，自國都至於郡縣皆立諸醫者之學，我國家之制也。……上古聖神繼天立極，斯民生生之道萬古賴焉。祀典之重，禮亦宜之，而不特專爲醫者之宗。夫求盡民之生養而思捄其害之者，莫要於醫也。醫之爲學，舍此將安所宗哉！（同上，撫州路樂安縣新建三皇廟記）

傳曰“天地之大德曰生”，蓋言乎天地之心生物而已矣。篤生聖神，代天工以前民用，開物成務，世以益備。……猶懼夫六氣之沴害於外，七情之感傷於内，或不得以全其生也，是以有醫藥砭焫之事焉。凡所以因其事而制其變，思盡其道以遂生物之心而已矣。……我世祖皇帝混一宇内，……而萬國生聚之衆，其癢痾疾痛不得不以爲憂，是以郡縣無間内外，皆設廟學，置師弟子員而教以其藝，使推本其先聖先師而祀之。作伏羲、神農、黄帝之像，南面參坐；而以昔者神明之醫與凡爲其學而著名者，以次列坐配享從祀，略如近代儒學之制。……天地之爲德，聖神之爲能，我聖祖之爲制作，思有以遂其心焉。凡爲吾人者，何可不盡其心以求生生之理乎！蓋嘗聞之，善養心者莫若理義，……是以上古之世無奇袤之疾，不待鑽灼其肌膚，苦毒其腸胃，而泰然委順，登上壽而不衰，此三皇之所以爲盛也。（同上，崇仁縣重建醫學三皇廟記）

郡縣之祀，境内山川鬼神之在祀典者，有詔令則脩祀焉，有故則禱焉。其定制通祀，惟社稷與夫子。我國朝始建三皇之廟以祀伏羲、神農、黄帝，自國都至於郡縣，通祀爲三矣。祭於春秋之季月，有司守令行事，醫諸生執禮致拜，告享倣於儒學，而器服牲幣亦視以爲法，我聖朝之制也。……周令……爲政年餘，歲豐民安，粗有餘力，乃徹故祠而新之。……作開天之殿以奉三聖人，刻貞木以象之，容服之飾如京廟所定。殿有開天之門，外有櫺星之門；殿前有三獻官之次；門左爲惠民藥局，右則守廟者處焉。……噫，聖人之爲斯民慮者周矣！……若夫推本於三皇者，蓋欲斯民涵泳於至和之中，休休焉以安，雍雍焉以居，以樂於無爲而永於天年也。（同上，袁州路分宜縣新建三皇廟記）

從這四篇文字看來，可知設立三皇廟以供奉醫家的祖師是元世祖統一中原後（一二八〇——一二九四）的創舉，而普及於成宗時的。他們不受中國的重道輕藝的傳統文化的束縛，爲了注意民生日用，覺得醫術很該重視，所以模仿了儒學來辦醫學，模仿了孔子廟來造三皇廟。因爲出於帝王的命令，所以設立得很普遍，和各縣舊有的社稷壇與孔廟鼎足而三。假使辦得好，未始不可孕育中國科學的萌芽，可惜元代的壽命既很短促，而當時的醫界又没有傑出的人才，會得利用這優厚的時勢來發展他們共同的事業。這真是辜負了元世祖們的美意！至於醫師何以應奉三皇爲祖，虞集也没有舉出堅確的理由來。他説："三聖人之所以惠利生人者不必以醫之一技；而求夫爲醫之道，不上達於三聖人則不足以盡其神聖之能事。"他又説："祀典之重，禮亦宜之，而不特爲醫者之宗。"又説："推本於三皇者，蓋欲斯民涵泳於至和之中，休休焉以安，雍雍焉以居。"這些話都是説三皇的規模大得很，醫師雖該祖三皇，但三皇卻不專是醫師之祖，這和木匠的祭魯班，織工的祭嫘祖，性質大大不同。所以然者，因爲虞集本身是個儒者，伏羲、神農等原是儒家門中的聖人，他不忍給醫流搶奪了去。他決不能像没有受過舊文化薰陶的元世祖們一樣，聽得神農氏有嘗藥及作本草的傳説，黄帝有作内經的傳説，而神農、黄帝是三皇之二，爽快把伏羲硬拉入醫界，派定三皇是醫流的祖師。文化不同，思想自異，這是不足怪的。

在虞集的文集裏，還有一篇吉安路三皇廟田記，我們可以從這裏見到當時三皇廟的經濟情形。文云：

> 醫者之學，國朝之制，始遍天下。其初廟祭祀教養率依倣儒學，然而歲以春秋之季修祀事，有司取具而已，或至醵諸醫者，而師弟子之廩稍無所從出。夫國家制爲通祀，有司之重事也，……顧無以資其爲學之具，差其全否之食，是故良有司凜然懼無以稱聖朝之意；而爲醫官而知所重輕者，恒懼不能稱其職焉。吉安之爲郡，土厚而物殷。……仍改至元之二年(一三三六)其守張侯浩介其郡人醫愈郎遼陽行省醫學提舉謝縉孫，以其修理醫學之事來告而請書之，云："……張侯之來，有民鄧明遠請以其所得賞田之半歸諸醫學以備用。……計歲租之入得米一百五十石有奇，……自是祭祀有備，師徒有舌食矣。……"(卷三十六)

從這一篇文字裏，可知後來醫學的所以塌臺實由於經濟基礎的没有穩固。元世祖和成宗發出命令，叫天下都立三皇廟，立固立了，但祭祀時的費用不得不臨時向醫師們拼湊。醫學裏的師生，他們的喫飯問題也無法解決。遠比不上根柢深厚的儒學，祭祀教養都有學田供給。吉安是一個殷富的地方，尚且籌畫不出辦法來。直到元的末帝元順帝時，始有一個鄧明遠捐了若干畝田，年入租米一百五十石；數目雖不多，而大家已經覺得是曠舉，要請這位虞大老特爲此事撰記文了。即此可見一種新制度的建立原非容易的事，如果根基不曾打好，那麽，它的“其興也勃”也只有反映出“其亡也忽”的結局的悲哀而已。

把三皇定爲醫流的祖師，在元代也不是没有人反對。元典章中記載元成宗時的一件事：

> 大德三年(一二九九)……太常寺關送博士斤照擬得唐會要所載三皇創物垂範，候言藻鑑，宜有欽崇，於是伏羲、神農、黄帝俱有廟貌之設，春秋二時致祭，仍以勾芒、祝融、風后、力牧各附配享之位。稽諸典禮定規，雖百世不易也。況所謂創物垂範，是即開天立極，立法作則之義。今乃援引夫子廟堂十哲爲例，擬十代名醫，從而配食。果若如此，是以三皇大聖限爲醫流專門之祖，揆之以禮，似涉太輕；兼十代名醫，考之於史，亦無見焉。合無止令醫者於本科所有書内照勘定擬？……(卷三十，祭禮，配享三皇體例)

這位博士覺得以三皇之大聖而限爲醫流之祖，似乎太褻瀆了他們，十大名醫僅有傳説而無信史，也不值得尊崇，所以打算令醫者另覓他們的真正的祖師。但這次的擬議並没有發生效力，因爲在元武宗至大年間祭三皇仍有十大名醫配享，且定爲通例。元典章云：

> 至大二年(一三〇九)正月，行省准中書省咨湖廣行省咨爲祭享三皇事理，……咨請定奪回示。准此，送據禮部呈參詳：三皇開天立極，澤流萬世，有國家者所當崇祀。自唐天寶以來，伏羲以勾芒配，神農以祝融配，黄帝以風后、力牧配。……其配享坐次，宜東西相向，以勾芒、祝融居左，風后、力牧居右。若其相貌冠服，年代遼遠，無從考證，不可妄定，當依古制以木爲主，書曰勾芒氏之神，祝融氏之神，

風后氏之神，力牧氏之神。所謂十大名醫，比依文宣大儒從祀之例，列置兩廡。如此尊卑先後之序，似爲不紊。……合依禮部所擬，定爲通例。……（卷三十，祭禮，三皇配享）

他們的祭禮就這樣確定了。

明太祖得了天下，起初沿用元朝辦法；後來他覺得不對，就改了；但到了他的子孫手裏又改回來了。明史禮志四云：

三皇：明初仍元制，以三月三日，九月九日通祀三皇。洪武元年（一三六八），令以太牢祀。二年，命以勾芒、祝融、風后、力牧左右配。俞跗、桐君、僦貸季、少師、雷公、鬼臾區、伯高、岐伯、少俞、高陽十大名醫從祀，儀同釋奠。四年（一三七一），帝以天下郡邑通祀三皇爲瀆。禮臣議："唐元宗嘗立三皇五帝廟於京師，元成宗時乃立三皇廟於府州縣，春秋通祀，而以醫藥主之，甚非禮也。"帝曰："三皇繼天立極，開萬世教化之原，汩於藥師，可乎！"命天下郡縣毋得褻祀。正德十一年（一五一六），立伏羲氏廟於秦州，秦州古成紀地，從巡按御史馮時雄奏也。嘉靖間（一五二二），建三皇廟於太醫院北，名景惠殿，中奉三皇及四配。其從祀，東廡則僦貸季、岐伯、伯高、鬼臾區、俞跗、少師、桐君、雷公、馬師皇、伊尹、扁鵲、淳于意、張機十三人。西廡則華陀、王叔和、皇甫謐、葛洪、巢元方、孫思邈、韋慈藏、王冰、錢乙、朱肱、李杲、劉完素、張元素、朱彦修十四人。歲仲春秋上甲日，禮部堂上官行禮，太醫院堂上官二員分獻，用少牢。後建聖濟殿於内，祀先醫，以太醫官主之。二十一年（一五四二），帝以規制湫隘，命拓其廟。

在洪武四年以前祀三皇是和元代相同的；從四年起乃不許以三皇降儕於藥師，禁止天下郡縣通祀他們。明太祖實録記四年三月丁未事有較詳的記載，道：

> 上諭中書省臣曰："天下都邑咸有三皇廟，前代帝王大臣皆不親祀，徒委之醫藥之流；且如郡縣通祀，豈不褻瀆？至於堯、舜、禹，皆聖人，有功於天下後世，又不立廟，朕不知何説也。宜令禮部會諸儒詳考以聞。"於是禮部同翰林院太常寺官"考前代聖帝賢王，自唐以來皆祭於陵寢。唐玄宗嘗立三皇五帝廟于京師，至元成宗時乃立三皇廟于府州縣，春秋通祀而以醫藥主之，甚非禮也。"上曰："三皇繼天立極，以開萬世教化之源，而汩於醫師，其可乎！自今命天下郡縣毋得褻祀，止命有司祭於陵寢。"

這是把三皇和其他先代帝王同等待遇，不另立廟，只祭於陵寢，可算是一件合理的舉動。但世宗嘉靖年間又建三皇廟於太醫院了（景惠殿之建，據明會典爲二十一年，而聖濟殿建於十五年，志記事次序與此異，又東廡配祀據會典亦爲十四人，較志多少俞一人，似皆以會典爲是），而且從祀的有二十八位名醫，比元代又多了。此後，終明一代也没有變更過。

清因明制，没有多改，不過配享的位次稍微移動了些。大清會典（卷十九）詳細記載道：

> 景惠殿在太醫院署内之左。正内一龕，太昊伏羲氏正中，炎帝神農氏居左，黄帝軒轅氏居右，均南嚮。籩豆案三。東配位二龕，首勾芒，次風后，均西嚮。西配位二龕，首祝融，次力牧，均東嚮。籩豆案東西各一。東廡三龕，首僦貸季、天師岐伯、伯高、少師、太乙雷公；次伊尹、倉

公、淳于意、華陀、皇甫謐、巢元方；次藥王韋慈藏、錢乙、劉元素(按：元當作完)、李杲，均西嚮。籩豆案三。西廡三龕，首鬼臾區、俞跗、少俞、桐君、馬師皇；次神應王扁鵲、張機、王叔和、抱朴子葛洪、真人孫思邈；次啟元子王冰、朱肱、張元素、朱彦修，均東嚮。籩豆案三。

和明代不同的，只是華陀、皇甫謐、巢元方、韋慈藏、錢乙、劉完素、李杲、鬼臾區、俞跗、少俞、桐君、馬師皇、扁鵲、張機等十四人東西廡從祀的位次變換了。(他們都是順着時代的次序，不過明代是先東廡而後西廡，清代則是東西廡相對次的。)

我們在上文看到元成宗元貞年間令天下郡縣通祀三皇，而以醫師主之；我們知道在民間是最容易崇拜偶像的，況且以三皇的大聖而兼任先醫，有了一班病民作擁護者，他們的香火是絶不會冷落的了。如今隨手取一些地方志看，幾乎每府縣裏都有三皇廟而全是祀作先醫的。舉些例，如山東的濟南府志(王鎮等撰)，"先醫廟在南關黑虎泉東，舊稱三皇廟"；江蘇的江寧府志(光緒八年刊)，"帝王廟在欽天山之陽，……國初廢，别祀伏羲、神農、黄帝於其地，以爲三皇祠，以其爲醫師之祖也"。又有僅祀神農爲藥皇的，如浙江鄞縣志(張恕等修)有趙存洵撰重修藥皇廟記，云：

炎帝神農氏本草經三卷，始著於梁七録而漢志無之。或疑爲晚出之書，然散見百家傳記者。……夫以帝之功德及民，"斲木爲耜，揉木爲耒"，易有之矣。"以火紀官，故爲火師而火名"，傳有之矣。……所以利濟萬世者，不惟醫藥一端。

這明明説的是神農一人而不及伏羲、黄帝。本來三皇之中，依據傳説看來，神農是最有先醫的資格的，全把三皇當作藥皇自易引起人們的懷疑。

章學誠對於藥皇廟祀三皇之故曾有考證，道：

> 丙辰(嘉慶元年，一七九六)四月二十三日，游于北城三皇廟，乃藥肆公建，所謂藥皇廟也。殿有孫端人編修所製碑文，其發端意謂神農本草當祀，而羲、黄於義無取。下云“有功於民，皆得通祀”，解釋藥王並祀三皇之義，殊屬勉强。古聖孰非有功於民，必以羲、農、黄帝爲醫藥祖耶？按神農有本草，而黄帝有素問、靈樞，安得謂黄帝於義無取。禮記“醫不三世，不服其藥”，孔疏引别説云：“黄帝鍼灸，神農本草，素女脈訣，不習此三世之書，不得服其藥。”杭大宗謂鄭康成以伏羲、神農、黄帝爲三世；不知其何所本。孔氏正義蓋不取針灸、本草之説。杭引鄭説果有出處，則尤足爲三皇醫祖之證矣。然今禮注，鄭氏並無羲、農、黄帝爲三世之説，杭氏不知何所見也，俟考。(章學誠丙辰札記，嘉業堂刊本。按：是年先生在紹興原籍。)

孫端人以爲羲、黄祀爲醫祖，於義無取，遂强爲解釋，謂有功於民的可得通祀。章學誠説神農有本草，而黄帝有素問、靈樞，則祀黄帝也頗有據。伏羲雖似無説，然而禮記“醫不三世”之文如依杭世駿所引鄭玄説，則伏羲正爲三世之首，自亦當祀。

杭世駿的文章在他的道古堂文集裏(卷二十三)，題爲醫三世説。文云：

> 記曰：“醫不三世，不服其藥。”鄭康成以伏羲、神農、黄帝爲“三世”。孔安國序尚書，以“伏羲、神農、黄帝之書謂之三墳”。杜子春注周禮：“連山，宓戲；歸藏，黄帝。”王

硃以三墳爲言道，子春以連山、歸藏爲言易，而未有及於醫者。神農嘗百藥，著本草經，而管、吕、晁錯所引神農之教亦無有及於醫者。唯王氏注内經，於陰陽應象大論引神農曰："病勢已成，可得半愈。"高保衡、林億等校正内經，於至真要大論引神農曰："藥有君臣佐使以相宣攝合和，宜用一君二臣三佐五使，又可一君二臣九佐使也。"農之言惟此而已。伏羲無一言傳於世。内經中言"上古"疑指伏羲，言"中古"疑指神農，則伏羲爲一世，神農爲二世也。著至教論，雷公曰"上通神農，著至教，擬於二皇"，二皇爲羲、農，此在黄帝之世祖述羲、農之明證也。

間嘗論之，凡爲醫者其術必有所授而其言必有可徵。何謂術有所授？在自得師。六節藏象論，帝問何謂氣，岐伯曰："此上帝所祕，先師傳之。"移精變氣論"上古使僦貸季理色脈而通神明"，注引八素經序云："天師對黄帝曰：'我於僦貸季理色脈已三世矣。'"刺法論"岐伯曰：'臣聞夫子言'"，注："夫子者，祖師僦貸季。"夫曰"三世"，則在伏羲之世爲私淑諸人。曰"聞"，則相傳有此語而誦而聞之，非親受業也。靈樞經：黄帝言"余聞先師有所心藏，弗著于方"。岐伯言"先師之所口傳"。曰"心藏"，曰"口傳"，似曾受業而藏之，而傳之矣。不知此"先師"别是一人而得僦貸季之傳者耶？若是僦貸季，則爲祖師，岐伯不得受業也，而言"必則古昔，稱先王"如是。何謂言有所徵？靈樞："帝問岐伯：'夫子之問學熟乎？將審察於物而心生之乎？'岐伯曰：'必有明法以起度數，法式檢押，乃後可傳。'是岐伯學之熟也。"二皇所遺經論至多，黄帝之世具在。有曰"上經"，其言曰"夫道者上知天文，下知地理，中知人事，可以長久"，氣交變大論引之。有曰"下經"，其言曰"胃不和則卧不安"，評熱論引之。又曰"筋痿者，生於肝使内也；肉痿者，得之濕地也；

> 骨痿者，生於大熱也”，痿論引之。又有“經論中”，陰陽類論引之，注以爲“上古經之中也”。瘧論“岐伯曰：‘經言“無刺熇熇之熱，無刺渾渾之脈，無刺漉漉之汗”’”，又“經言曰：方其盛時必毁；因其衰也，事必大昌”，此又泛言“經”，不知其在上在下在中也。又有占候靈文，名太始天元册文，伏羲之時已鐫諸玉版，神農之世鬼臾區十世祖始誦而行之，其言曰：“太虚寥廓，肇基化元，萬物資始，五運終天，……”鬼臾區述之，見天元紀大論。……九鍼九篇，岐伯廣之爲八十一篇，見於離合真邪論篇。又有刺法，王砅注“今經亡”；評熱論云：“在刺法中。”……又有脈法，五運行大論引脈法曰“天地之變，無以脈診”（經脈别論注亦引三世脈法）。又有脈要，其言曰“春不沈，夏不弦，秋不數，冬不濇，是謂四塞”，至真要大論引之。……軒、岐之世，二皇之經論具在；帝雖生而神靈，岐伯雖審察於物而心生，未嘗師心自用也，……故能扳二皇而三之，躋一世於仁壽。……

這篇文章證明黄帝以前已有許多的醫術和醫書，而從雷公的“擬于二皇”之言看來，可證伏羲、神農俱爲醫學宗祖。可惜這篇文章出在清朝，倘由元人做出，豈不爲世祖成宗添了許多立廟的理由；虞集們作三皇廟記，也不必儘説些空洞之談了。清朝的樸學，哪得不使人佩服！不過，我們生在現在時代，觀念又和他不同了；我們首先要問黄帝内經的著作時代。如果黄帝内經確是黄帝時作的，那麽此中所引的醫書醫説當然可以推到伏羲、神農的時代。若不幸而竟是晚出的，那麽杭氏的力量至多不過證明了在這書以前曾有過那些醫書醫説而已，同伏羲、神農還是發生不了什麽關係。現在試查一查昔人的批評。宋陳振孫直齋書録解題説：

> 黄帝與岐伯問答。三墳之書無傳，尚矣。此固出於後世依託。（卷十三）

言下已不信爲真書。清姚際恒在古今僞書考中更決絶地説：

> 漢志有黄帝内經十八卷。隋志始有黄帝素問九卷。唐王砅爲之注。砅以漢志有内經十八卷，以素問九卷，靈樞經九卷，當内經十八卷；實附會也。故後人於素問係以内經者非是。或後人得内經而衍其説爲素問，亦未可知。……其書後世宗之，以爲醫家之祖。然其言實多穿鑿；至以爲黄帝與岐伯對問，益屬荒誕。無論隋志之素問，即漢志所載黄帝内外經並依託也。……或謂此書有“失侯失王”之語，秦滅六國，漢諸侯王國除，始有失侯王者。予案：其中言“黔首”，又藏氣發時曰“夜半”，曰“平旦”，曰“日出”，曰“日中”，曰“日昳”，曰“下晡”，不言十二支（古不以地支名時），當是秦人作。又有言“歲甲子”（古不以甲子紀年），言“寅時”，則又漢後人所作。故其中所言有古近之分，未可一概論也。

照他所説，今本黄帝内經並非漢志之舊，其凝固時代直延到唐。書中文字，早的可以到秦，遲則在漢後。這個見解是對的。我們看，本病論篇（在素問遺篇内）有：

> 心爲君主之官，神明出焉。神失守位，即神游上丹田，在帝太一帝君泥丸君下。

這豈不是唐朝人的話！至於素問後面的靈樞經，宋晁公武郡齋讀書志云：

> 靈樞經九卷：右王砯謂此書即漢志黄帝内經十八卷之九也。或謂好事者於皇甫謐所集内經倉公論中鈔出之，名爲古書也。未知孰是。（卷十五）

就是杭世駿，雖曾用它來證明“醫三世”之説，但也不肯信它是真古書。他在靈樞經跋中説：

> 隋經籍志：“……黄帝九靈十二卷。”……王砯以九靈名靈樞。靈樞之名，不知其何所本。……余觀其文義淺短，與素問岐伯之言不類，又似竊取素問之言而鋪張之，其爲王砯所僞託可知。自砯改靈樞後，後人莫有傳其書者。唐寶應至宋紹興，錦官史崧乃云家藏舊本靈樞九卷，……是此書至宋中世而始出，未經高保衡、林億等校定也，孰能辨其真僞哉！其中“十二經水”一篇，無論黄帝時無此名；而天下之水何止十二！衹以“十二經脈”而以十二水配，任意錯舉，水之大小不詳計也。堯時作禹貢，九州之水始有名，湖水不見於禹貢；唐時荆、湘文物最盛，洞庭一湖屢詠歌於詩篇，徵引於雜説，砯特據身所見而妄臆度之耳。挂漏不待辨而自明矣。（卷二十六）

這話也是不錯的。靈樞經如其出得早，就不會有九宫八風篇（第七十七）的太一行九宫了！（原文見本篇第二十三章引）

這書的著作時代既已約略知道，我們可以再問：其中牽涉及伏羲的最堅强的證據是“擬于二皇”一語，這二皇究竟是誰？關於這一問題，我們已在前面（第六章）討論過，淮南子裏也有二皇這個名詞。我們曾説，從楚辭看來，像是東皇和西皇；但高誘因文中有“别爲陰陽”之語，故以爲陰陽之神。姚際恒批評内經，以爲其中一部分的材料是秦、漢的。它同楚辭和淮南子的時代既相近，當然有使用同樣的名詞的可能。在那時，伏羲、神農尚没有跟“皇”字聯合起來，就是到了高誘的時代也還没有打統賬，怎能一見這“二皇”字樣就知道是羲、農呢？杭氏用了僞孔以後的眼光來看秦、漢間的書籍，哪有對的道理！

杭氏又説：“内經中言‘上古’疑指伏羲、言‘中古’疑指神農，則伏羲爲一世，神農爲二世也。”這句話更説不響了。淮南子裏的“二皇”，從羅泌路史以來久説爲天皇、地皇（見第二十章），而天皇、地皇常有和伏羲、神農併家的趨勢（見第十六及二十八章），杭氏的解釋還算有根據。至於當黄帝的時代，依照傳説，距離羲、農之世尚不遠，而他就要把伏羲定爲上古，神農定爲中古，叫他們一個人代表一個長時期，這似乎在道理上總説不過去。不見伏羲之前還有有巢、燧人等氏嗎？伏羲已爲上古，他們將稱做什麽古呢？而且把内經中此類的話搜集起來，也不見得恰和羲、農相配。例如：

> 帝曰：“上古聖人作湯液醪醴，爲而不用，何也？”岐伯曰：“自古聖人之作湯液醪醴者以爲備耳。夫上古作湯液，故爲而弗服也。中古之世，道德稍衰，邪氣時至，服之萬全。”（湯液醪醴論篇第十四）

這哪有羲、農的時代界綫存在在裏邊！所以，他想用了黄帝内經的材料來建設三皇都爲醫祖的歷史，這是不可能的。何況他還謬舉了鄭玄的話來解釋曲禮中“醫不三世”之文呢！

三皇都爲醫流的祖師，這是元代皇帝杜撰的事實，我們不必從古書裏替他們圓謊。至於“醫不三世”這句話，是不是可以用孔疏的别説或杭説去解釋它，我們覺得文義甚明，也不必“道在邇而求諸遠，事在易而求諸難”。

三皇從最高無上的統治階級跌成了自由職業者，也算淪落得盡致了。從今以後，不知他們還要變些什麽樣子；也許同太一一樣，就此没人理會了吧？我們寫完這篇論文，真不勝升沉之感了！

補遺七則

自本文付印之後，時有朋好商量，或亦翻檢有得，覺其頗應增加。可惜已經印成，無法添進。兹當全文刊竣，因集合這些新材料，作此補遺一篇。明知還是掛一漏萬，總算可以少漏一些。他日續有所得，倘本文能再版，必仍補入。南旋省親，即在後天，燈下匆匆，實在也寫不好了！

顧頡剛。（二五，一，八。）

一

史記淮南衡山列傳記伍被言云：

> 徐福入海求神異物，還爲僞辭曰："臣見海中大神言曰：'汝西皇之使耶？'臣答曰：'然。''汝何求？'曰：'願請延年益壽藥。'神曰：'汝秦王之禮薄。……'"

讀此，知當時神仙家以"西皇"稱中國皇帝，或更以"東皇"稱海中的大神呢。

二

太平御覽三四八引太公兵法云：

> 神后加四仲者以爲明堂宫。時天一出游八極之外，行窈冥之中，日照其前，月照其後。當此之時，天一自持玉弩執法，丞相劾不道者。

這是一則僅存的天一故事。可惜古書失傳的太多，否則本書中必可更寫一章天一和地一了。

三

漢書禮樂志所載郊祀歌，其天馬章曰：

> 太一況，天馬下。（顔師古注："言此馬乃太一所賜，故來下也。"）

天地章曰：

> 合好効歡虞泰一。

揚雄甘泉賦曰：

> 配帝居之懸圃兮，象泰壹之尊神。
> 於是欽柴宗祈，燎熏皇天，招繇泰壹。

這些都是西漢詞賦家筆下的太一。

四

馬融尚書注云：

> 上帝，太一神，在紫微宫，天之最尊者。(經典釋文引)

可見到東漢之末，尚以太一爲上帝。

五

吕氏春秋察今云：

> 是故有天下七十一聖，其法皆不同，非務相反也，時勢異也。

又求人云：

> 古之有天下也者七十一聖，……其所以得之，所以失之，其術一也。

當吕氏著書的時候，秦尚未統一，故知這"七十一聖"的數目是晚周時的古代總數。秦有天下，然後爲第七十二代。但是史記封禪書中記管仲的話，卻爲：

> 古者封泰山、禪梁父者七十二家。

即此可知這是秦人之説；但也説不定是漢人之説，因爲連第七十二代已併入"古者"的數目裏了。到漢則爲第七十三代，故有"六十四民"之説(見本文第七章)，周官小宗伯，賈公彦疏云：

案史記云："九皇氏没，六十四民興；六十四民没，三皇興。"

賈氏此語，不但杜撰史記，而次序亦全然顛倒。孫詒讓周禮正義云：

據董子説，九皇即帝之以遠而遷者。……其所云"下極其爲民"，蓋即謂六十四民也。以此推之，六十四民當在九皇之前。……又管子封禪篇、史記封禪書並云"古者封泰山、禪梁父者七十二家"。竊疑六十四民并五帝三王是爲七十二代，皆列於郊號，荀子禮論篇所謂"郊者，并百王於上天而祭祀之者也"。民，亦古帝王之號，鄭坊記注云："先民，謂上古之君也。"劉恕引作"六十四氏"，蓋謂即管子封禪篇所云無懷氏，莊子胠篋篇所云容成氏、大庭氏之屬。然與董子説不合，恐不足據也。

孫氏此説能糾正賈疏的倒置，劉恕的誤改，固甚精密，但他把六十四民并五帝三王爲七十二代，則實爲千慮之一失，他既知"六十四民在九皇之前"，爲什麽在七十二代裏不算進九皇呢？他不知道"六十四民"乃是漢代的説法，如果"民——皇——帝——王"的系统在周代已有，就應改稱爲"六十二民"了。

六

河圖、洛書，淵源頗遠；本文所收，墜遺甚多。兹特補之如下：

(一)墨子非攻篇云："河出緑圖，地出乘黄。"

(二)管子小匡篇云："昔人之受命者龍龜假，河出圖，雒出書，地出乘黄。”

(三)吕氏春秋觀表篇云：“事與國皆有徵；聖人上知千歲，下知千歲，非意之也，蓋有自云也。緑圖幡薄，從此生矣。”

(四)漢書武帝紀：“元光元年……五月，詔賢良曰：‘朕聞昔在唐、虞，……麟鳳在郊藪，河、洛出圖書。……’”

(五)漢書王莽傳録其大誥曰：“河圖、雒書遠自昆侖，出于重壄。”

按：讀此知戰國時稱河圖曰“緑圖”，這名詞漢以後就漸忘了(曾一見於淮南子，見本文第二十六章引)；至於河圖、雒書實物的顯現，則在王莽時。因此想起：

(六)史記秦本紀：“燕人盧生奏録圖書曰：‘亡秦者胡也。’”

(七)漢書王莽傳：“有丹書著石，文曰：‘告安漢公莽爲皇帝。’”

(八)又：“得銅符帛圖於石前。”

(九)又：“哀章……銅匱……圖書皆書莽大臣八人。”

這種“圖書”即是“河圖、雒書”的變相。秦、漢時所作的豫言，無論是禎祥抑是妖孽，都用圖畫和文字合璧的方式來表示，然則河圖與雒書應爲一物的兩面，正和近世的推背圖一樣。

七

魏了翁古今考卷一高帝紀條云：

人主自號皇帝，自秦政始，而漢因之；謚曰高皇帝，則亦因始皇帝之陋也。三皇、五帝稱號，聖人未嘗言；雖三王、五伯，亦未嘗言。僅見於孟氏書，戴氏禮。……俗師强爲差等，矜抗皇號於過高，而妄意帝稱，羞與王伍。蓋春秋時，吴、楚、越皆稱王矣；至于戰國，則齊、魏、韓、趙諸君亦稱王。王號既卑，則强者不得不帝。於是秦昭王稱西帝，齊閔王稱東帝，尋懼而皆去之，復稱王。至秦政二十六年，遂兼皇帝之號。……漢初，大抵襲(?)秦以從民望，而於典章法度猥襲秦餘，如"皇帝"之稱最爲固陋，亦因仍不改。……

這一段話，完全與我們的意見相同，可見這個問題在宋人眼光中已當如此説了。

翁跋

去年暑假中，因爲我正在編道藏引得，顧頡剛師便要我替他看一看他和楊向奎君合著的三皇考中和道教有關係的幾章有否道藏中應補上的材料。後來他又給我閱讀三皇考全文的機會，並且囑我把讀後的意見寫出來。我對於這個問題未曾研究過，本來不配説什麽，現在因感顧師的好意，大膽把我讀後的一些膚淺見解寫在這裏，請顧師和讀者們指正。

三皇和太一的關係從來没有人特别注意過，更没有人作過有系統的研究。顧師的三皇考算是第一次把這問題提出來，並且加以一番整理。顧師以爲三皇之出現在前，太一和三一的出現在後，後者的發生是受了前者的影響。"三一是三皇的化身，泰一是泰皇的化身。本來三皇中'泰皇最貴'，所以三一中亦以泰一爲最貴了"(九章)。三皇之所以能成立，就是因爲它的背後，除了三統説以外，還有這個太一説的襯託。因爲有了這種關係，三皇和太一便可以打成一片了，便可以説："三皇是戰國末的時勢造成的，至秦而見於政府的文告，至漢而成爲國家的宗教。"(一章)對於這個關係的解釋，我有些不同的意見。我以爲三皇最初在古籍出現的時候已經是古史系統中最高的一級了，它的成立最遲在戰國時；太一是天神，它的具體化最遲在西漢初年。二者表面上雖然有些相似的模樣，雖然有互相影映的可能，雖然後來因爲受人的附會牽合發生了一些糾葛；而實際上二者的發生各有其背景，二者的演進各有其路綫。一個在歷史傳説中活動，一個在天神領域裏活動。所以講古史的時候，三皇便被捧出來了；莊子和吕氏春秋中是這樣，秦始皇時是這樣，王莽時也是這樣。講到天神祀奉的時候，太一便出面了；西漢是這樣，後來各代也是這樣。所以"太一和三皇好像是迴避似的：當太一勢力高張時，不聽得有人提起三皇；到王莽時，三皇又擡頭了，太一卻漸漸退讓，終至於隱去了"(十四章)。這可以證明二者的勢力範圍是分得很清楚的。

然而爲什麼秦始皇時的三皇是天皇、地皇、泰皇，漢武帝時的三一也是天一、地一、太一？"泰皇最貴"，太一也是"天神貴者"？這中間到底有没有關係？有的話，怎樣的關係？没有的話，怎樣的各自發生？要解答這些問題，我以爲要分兩方面來説。

第一，我們先得研究一下三皇是怎樣出來的。三皇的出來，我以爲最少有兩種原因：第一是皇號的成立。皇字，我們知道，最初多數是作形容詞用的。後來在楚辭中見到用作天神的尊號(東皇、西皇)；在莊子和吕氏春秋中見到用作人王的尊號(三皇、五帝)。皇字由形容詞變作名詞的過程恐怕是語言文字變用的一般通則。本來形容詞是用以形容名詞的，但在形容詞與被形容的名詞合成一個名詞的上面，再有别的約詞(Modifier)的時候，被形容的那個名詞往往可以省去。例如："美人"是形容詞"美"和名詞"人"合成的一個名詞，但"美人"上面加數詞"三"或"五"的時候，我們往往只説"三美""五美"，把"人"字省了。"聖人"是形容詞"聖"和名詞"人"合成的一個名詞，"聖人"上面加了"先"或"後"的時候，我們便也只説"先聖"或"後聖"了。久而久之，這些形容詞便自己成爲名詞了。皇字的形容詞與名詞合成的名詞，我們所知道的，有"皇祖"、"皇天"、"皇王"等；依據上面所説的通例，那麽在"皇王"上面假使加了一個"三"字，豈不就成了"三皇"嗎？皇字之所以由形容詞變成名詞，與"三皇"之所以出現，我想這是很可能的一種過程。然而這還不够，這最多只能説明"皇"字之成爲名詞與"三皇"一名出現的原因；三皇在古史系统中地位的確定還得有待於别種因素。戰國是古史創造極盛的時期，有的稱"三王、五霸"，有的進一步稱"五帝、三王"，有的更進一步稱"三皇、五帝"。大家談古史總喜歡往上推，你説三王、五霸，我就説五帝、三王；你説五帝、三王，我就説三皇、五帝；我説的總要比你説的古。同時，那個時候社會上大多數的歷史觀念是退化的，越古越好，越近代越不成。所以三皇在當時古史系統中便居了最古最理想的階段了。三皇的地位算是確定了，三皇是誰呢？這還有問題。

三皇的名號，我們第一次從李斯等的口裏聽到，原來所謂三皇是天皇、地皇、泰皇，而且泰皇是最貴的。對於這三個名號，第一第二是很明顯的，比較簡單；第三而又是最貴的泰皇就有問題了。從來對於泰皇的解釋，普通有兩種説法：一種認泰皇就是太昊，這顯然是望文生義的附會，因爲泰皇的泰和太昊的太相同的緣故。這種説法最少有一點講不通。泰皇假使是太昊，是一個古帝王的固定名稱，爲什麽對於其他兩個不採用同樣的辦法，也用兩個固定名稱，而偏要用那顯然是理想化象徵化的"天""地"二字？還有一種説法，認泰皇等於人皇。持此説者有的不説理由，有的所舉的理由不充分(參看十九章)。我的意見和這一種説法比較相近,但我不以爲泰皇等於人皇;我以爲泰皇的“泰”字當初根本就是“人”字,李斯等所説的就是人皇,並不是泰皇。有兩種解釋可以説得通:第一,天地人三者連繫的思想在戰國時已經很流行了。那時候人説話説到大道理的時候總喜歡拉上天地人來。在先秦的載籍中可以找到許多例子來:易繫辭傳:“立天之道,曰陰與陽。立地之道,曰柔與剛。立人之道,曰仁與義。”老子:“人法地,地法天,天法道,道法自然。”(二十五章)孟子:“天時不如地利;地利不如人和。”(公孫丑)吕氏春秋:“始生之者天地;養成之者人也。”(本生)又:“上揆之天,下驗之地,中審之人,若此則是非可不可無所遁矣。”(序意)這些例子可以證明那時候差不多各家的思想中都有天地人連繫的觀念了。有了這種觀念,同時又有了三皇的古史系統,於是很自然的把這天地人三者的觀念套上了三皇這個産生未久的空架子,成功了所謂天皇、地皇、人皇。本來他們對於古史就是很模糊的,五帝已經有些弄不清了,何況三皇,把天地人配上這個模糊的三皇,剛剛合式。同時,我們也可以解釋爲什麽人皇(假定泰皇是人皇)最貴。古籍中説人貴的很不少:孝經聖治章:“天地之性人爲貴。”書僞泰誓:“惟天地萬物父母,惟人萬物之靈。”列子楊朱篇:“人肖天地之類,懷五常之性,有生之最靈者也。”又天瑞篇:“榮啟期曰:‘天生萬物,惟人爲貴;而吾得爲人,是一樂也。’”人既然是最靈最貴的,那麽“人”所理想化的人皇自然也是最貴的了。但是史記上明明寫的是“泰”字,何以説就是“人”字呢?這又得有一個解釋:古時“泰”、“太”、“大”三字是通用的,而“大”字古文像人形,並且有作人字用的。南唐徐鍇説文繫傳大部:“天大、地大、人亦大焉,象人形,古文人也。凡大之屬皆從大。臣鍇案:老子:‘天大、地大,王亦大也。’古文亦以此爲人字也。特奈反。”清錢坫説文解字斠詮大部:“繫傳作古文人也,蓋古文尚書亦以大爲人字。”假使這一說果然靠得住，泰皇的泰很可能是由“大”（古文人）轉“太”，由“太”再轉“泰”而成的。秦三皇當初是天皇、地皇、人皇，不是天皇、地皇、泰皇。這自然只是一個可能的假設而已。

那麽漢武帝時的“天神貴者太一”和天一、地一、太一所合成的三一是從哪裏來的？太一這個名稱早就有了：道家把它用作道的名號；楚辭中發現它是東皇太一；到了漢武帝時便有人稱它爲“天神貴者”。顧師以爲它之所以爲“天神貴者”是因爲它是最貴的泰皇的化身。但是太一名號的出現在秦三皇名號出現之前，秦三皇中最貴的又是人皇（假定上面的假定是對的），不是泰皇，太一之所以成爲“天神貴者”原因當別有所在。太一本來是道家的最高最理想的道的名號，方士們受了道家的影響，把太一神化了，尊爲天神。在玄學中太一是最高的道，做了天神，自然也得爲“貴者”了。說不定這便是太一之所以爲“天神貴者”的原因。至於三一，素來人都認它做天一、地一、太一三者所合成的一個名稱。天一、太一在三一名稱出現的時候，别地方也見過；地一除了當時一提外，一直至宋代十神太一出來的時候才再見。三一後來也少見；在道經中有“三一”這個名詞，但所謂三一是玄一、真一、太一（道藏洞真部本文類，太上昇玄三一融神變化妙經），已經成爲很玄妙的東西，已經不是天一、地一、太一了。我以爲漢武帝時的所謂三一的發生和太一這個名稱有極密切的關係。那時候太一的勢力非常膨脹，地位顯然是確定了；有一部分人眼看這種情勢，同時又不能忘情於天地，由是便想把太一與天地拉在一起。太一的下一字是“一”字，那麽在“天”“地”之下也各配一個“一”字，豈不是就有了關係？這樣便成功了很整齊的天一、地一、太一。太一的“一”有它的特别的歷史背景，但“天”“地”之下的“一”將作何解釋？這顯然是一個盲目的模仿。三一的産生便是這種盲目模仿的結果。我本來還有一種假設，我以爲史記封禪書中關於三一的幾句應當念作："古者天子三年壹用太牢，祠神三：一天，一地，一太一。"（按：封禪書於此段稍後有"又作甘泉宫，中爲臺室，畫天地太一諸鬼神"，天地與太一連稱，不作天一地一，或可爲旁證。）漢書郊祀志把"神"字省了，或脱了，於是不能不於"三一"下斷句，這樣便鑄成了三一和地一等名稱。但封禪書中别的地方也有三一這個名稱單獨出現，我的假設自然推翻了。（按：漢書郊祀志大部分是根據史記封禪書寫成的；但今本封禪書，據史記探源又是録自郊祀志，此中糾葛，實在無從弄清。）

謬忌説："天神貴者太一；太一佐曰五帝。"戰國時候的人常説三皇、五帝。這中間有没有關係？太一佐的五帝是否即三皇、五帝的五帝？我以爲這中間最少没有直接關係。三皇、五帝的五帝是古史中的五帝，儘管他們的人物没有確定，而在當時一般人的觀念中，他們是有"禮義法度"和"地方千里"的人間帝王。他們是三皇以後的帝王，不是三皇的佐。太一佐的五帝是西漢初年所奉祀的五帝，是秦地原有的白、青、黄、赤四帝再加上漢高祖所補的黑帝而成的。太一未貴以前，五帝很有地位。五帝之所以降作太一之佐，和當時宗教情形有關係。當時各地方各派别的宗教競爭很厲害。五帝的勢力大半在西方，太一的勢力大半在東方。東方方士們要替他們的神太一爭地位，便説太一是天神最貴的，五帝不過是太一的佐而已。方士們勝利了，太一果然升爲最貴的天神，五帝只好屈爲其佐了。這一次的調動和西漢一代的國家宗教都有大關係。

以上是我們對於秦三皇和西漢太一、三一的來源和它們發生經過的假設；至於後來它們各自演變的過程，和在這過程中它們所發生的關係，三皇考中有很精細的叙述，我没有什麽意見。但是在它們演變的過程中有一件特别值得注意的事，那就是它們和道教的發生關係。三皇在道教中，除了花樣更新奇地位更神祕以外，所關係還比較的小；惟有太一在道教中所佔的地位實在太複雜了。它一方面在道教教理中居最高的地位；一方面在道教神的系統中，處處見得到它的名號。道教裏面最主要的成分是道家以及陰陽五行的思想理論和中國自古以來的鬼神術數；而在這兩方面，太一簡直有負起貫通責任的能力。瞭解太一在道教中的地位，它與各方面的關係，是瞭解道教的門徑之一。瞭解道教，它的吸收能力和溶化方式，又是瞭解中國文化的門徑之一。三皇考引起了這個問題，也許是三皇考自身貢獻以外的一個收穫。

一九三五年一月十五日，於燕大蔚秀園，翁獨健。

五德終始說下的政治和歷史*

一 五行說的起源

五行，是中國人的思想律，是中國人對於宇宙系統的信仰；二千餘年來，它有極强固的勢力。它在經典上的根據，爲尚書的甘誓和洪範。這兩篇中，都有"五行"字樣，而洪範講"水、火、木、金、土"的性質尤爲顯明。甘誓說是夏書，洪範說是商書(自有書序之後成爲周書)：夏、商之書既稱引它，那麽，它的起源當在夏、商之前了。所以史記曆書中就說：

> 黄帝考定星曆，建立五行，起消息。

自有此記載，而五行遂確定爲黄帝所建立。大家對於這一説，毫不發生問題。直至七年前，梁任公先生作陰陽五行說之來歷(東方雜誌二十卷十號)，始對於這個向來信守的五行起源説有所懷

---

* 1930 年 2 月 27 日—6 月 2 日作。原載清華學報第六卷第一期，1930 年 6 月；收入古史辨第五册時重加修改，其後作者又在自藏本上作了校訂，均據以改正。

疑；但他仍以爲這一個名詞是本來有的，不過到了戰國時被人加上新的解釋而已。所以這文的結論，是：

> 春秋、戰國以前，所謂陰陽，所謂五行，其語甚希見，其義極平淡。且此二事從未嘗併爲一談。諸經及孔、老、墨、孟、荀、韓諸大哲皆未嘗齒及。

此論既出，駁者甚多。四年之後，他的弟子劉節先生又作洪範疏證(東方雜誌二十五卷二號)，證明洪範一篇出於戰國之末，其中所載的五行之説即是戰國時騶衍一輩人的學説；比了任公先生承認洪範是箕子的話但無神秘色彩的更進一步。此説出後，不聞駁論。是不是我國的學術界已經把這個結論默認了呢？

我個人對於這個問題的見解，是十分贊成劉先生的。我以爲五行之説如果真是黄帝傳到夏、商，夏、商傳到秦、漢，則五行思想早已有了强固的基礎，孔、孟、老、莊們著書立説，縱然不積極提倡，也必於無意中流露出一些以五行爲信條的時代色彩。即使他們不但不願提倡，而且有意打破這個社會信條，則更當提出了這個問題而加以攻擊。我們看，漢儒生在以陰陽五行爲信條的社會裏，便没有不受陰陽五行説的浸潤的，陰陽五行即是他們的思想的規律。到了魏、晉，玄學起來了，王弼們就對於這些術數公然攻擊了，把術數的大本營的周易也講成非術數了。可見在一種時代意識之下，無論什麽人對於它都脱離不了關係：普通人無思無慮，只有全盤承受；聰明的人或把它説得更精密些，或用了自己的見解改變它的面目，或則不滿意它而起作反抗的運動。假使五行之説早從黄帝時傳下來，則到商、周時已有久遠的歷史，早該起了鉅大的影響，爲什麽我們在商代的甲骨文字裏找不到它的痕跡呢？爲什麽我們在東、西周的文籍(尚書、周易、詩經等)裏，除了甘誓和洪範之外，也找不到它的痕跡呢？爲什麽我們在諸子書(如論語、孟子、老子、莊子等)裏也找不到它的痕跡呢?黄帝傳了下來,經歷夏、商、周不曾發生影響,而一到秦、漢便在社會上大活動起來,這是什麽道理?

如果有人駁我,説:尚書中甘誓和洪範既説到五行,是五行之説在夏、商的文籍裏已有徵了。墨子書中有“五行無常勝”及“帝以壬癸殺黑龍於北方”的話,是五行之説在諸子書中又有徵了。爲什麽你説從黄帝至商、周不發生影響呢?我説,洪範爲僞書,劉先生文中已講明了。甘誓這一篇,記與有扈戰於甘的事,但這一件事,墨子以爲禹,書序以爲啟,吕氏春秋先己篇又以爲是夏后相,可見這事在秦、漢間還是一種没有凝固的傳説。至文中所云“威侮五行,怠棄三正”,五行與三正對舉,簡直是漢人的易服色,改正朔的論調。試問夏爲寅正,商纔改用丑正,周纔改用子正,無論伐有扈的是誰,總是夏王,那時尚没有商、周二正,他的誓師文中怎麽已説了“三正”呢?就算照了董仲舒們的曲解,説建寅、建丑、建子三種曆法是夏以前本來有的,夏、商、周三代不過順了三統的次序循環沿用,但是夏王用的只是寅正,有扈氏如有不奉正朔之罪也只能討伐他的怠棄寅正,怎能説“怠棄三正”而强迫他連過去及未來的丑正、子正也一齊奉守了呢?所以這種不合理的話實在使人看了好笑,前代的經師無論怎麽樣替它圓謊總是圓不攏的。

甘誓始引於墨子,我們只能把它與墨子看成同時代的東西。墨子這部書是什麽時候著作的呢?我以爲不是在戰國末,便是在西漢初。第一,它裏邊稱“子墨子曰”,足見是墨子後學者所作而非墨子自作。第二,自尚賢、尚同至非樂、非命,皆分上中下三篇,字句小異而大旨無殊,俞樾以爲是相里、相夫、鄧陵三家相傳之本,後人合以成書(見墨子閒詁序),這個假設很可信,故墨子一書自當在“墨分爲三”之後。第三,書有篇題是很後的事,自詩經以至論語、孟子,皆摘篇首數字爲題,直至荀子始立了題目做文章；墨子亦然，足見此書不能出於荀子以前。第四，墨家的衰息由於漢景、武時的誅殺游俠，今所傳的墨子書是從七略著録的本子傳下來的，是墨家絶了之後的一個本子；章學誠言公篇説古人書無私著，爲某家之學者往往附衍其説於某家的書的後面，這是一個很精確的觀察；今所傳的墨子書出於漢代，其中有些漢代人所附衍的東西也無足怪。有此四個理由，故吾以爲墨子中有幾處説到"五行"，並不是在墨子生時已有此説，乃是因爲墨子的書没有凝固，而戰國之末五行説很風行，至漢更盛，那時的墨學者便把這時代思潮糁入墨子中去了。

綜上所説，甘誓、洪範、墨子們在傳説中的著作時代與實際的著作時代俱不相應。它們雖都説到五行，但都不足爲五行説起源甚早之證。

此外，在國語和左傳中，也屢見"五行"字樣。如：

> 地之五行，所以生殖也。（國語魯語上，記臧文仲語）
>
> 則天之明，因地之性，生其六氣，用其五行，氣爲五味，發爲五色，章爲五聲。（左傳昭二十五年，記子太叔語）
>
> 天有三辰，地有五行。（昭三十二年，記史墨語）

似乎是春秋時人也常用這一個名詞。但國語和左傳實出於戰國時人的撰述，又加以漢人的竄亂，性質複雜，有待於我們的分析者正多，决不能遝看作春秋時代的史料。我們只該存疑。然則，五行説是什麽時候起來的呢？最可依據的材料還得算荀子的非十二子篇。其文云：

> 略法先王而不知其統，猶然而材劇志大，聞見雜博，案往舊造説，謂之五行，甚僻違而無類，幽隱而無説，閉約而無解；案飾其辭而祗敬之曰："此真先君子之言也！"子思唱

> 之，孟軻和之，世俗之溝猶瞀儒嚾嚾然不知其所非也，遂受而傳之，以爲仲尼、子游爲茲厚於後世：是則子思、孟軻之罪也！

這段話的是非先不必講，至少它已告給我們幾件事情：(一)在荀子時已有五行之說了；(二)從荀子眼光看來，這五行說是案了往舊之文(或傳聞)杜造出來的，其說甚僻違，甚幽隱，甚閉約；(三)這班人造了五行說之後，騙人道，這是真正的孔子和子游的話；一般的俗儒就受而傳之了。

所可怪的，他說五行說是子思所倡，孟軻所和。子思書雖不傳，不知其果倡是說與否，但孟子的書具在，哪有一絲一毫的五行氣息？荀子這樣説，不是錯怪了他嗎？這個疑案，我以爲可用史記的孟子荀卿列傳中所記騶衍的事實來解決：

> 騶衍睹有國者益淫侈，不尚德，若大雅整之於身，施及黎庶矣，乃深觀陰陽消息而作怪迂之變，終始大聖之篇，十餘萬言。其語閎大不經，必先驗小物，推而大之至於無垠。先序今以上至黃帝，學者所共術，大竝世盛衰，因載其禨祥度制，推而遠之，至天地未生，窈冥不可考而原也。……稱引天地剖判以來，五德轉移，治各有宜，而符應若茲。……然要其歸，必止乎仁義節儉，君臣上下六親之施；始也濫耳。王公大人初見其術，懼然顧化；其後不能行之。

這一段文字也告訴我們幾件事情：(一)騶衍因爲一班王公大人淫侈而不尚德，以致不能施及黎庶，故深觀陰陽消息而作怪迂不經之説，使得他們聽了懼而修德；(二)他的歷史學説有兩種：其一，從黃帝推上去，推到天地未生；其二，從天地剖判以來到當世，用了五德轉移之説，説明各代的符應及其爲治之宜。這兩種學説，如果我們代他定個名目：前者應名爲“實塔式的歷史觀”，後者應名爲“螺旋式的歷史觀”。他的書有十餘萬言之多，實爲戰國時一大著作。

在這一段裏，“陰陽消息”的字樣出現了，“五德轉移”的字樣也出現了。騶衍是荀子以前人，他的學説在當時是很流行的，他的學説是以陰陽五行作基礎的，他的學説是“濫”，是“怪迂”，是“閎大不經”，有類于“僻違”、“幽隱”、“閉約”的，爲什麽非十二子篇裏不一提他的名字呢？

我很疑騶衍亦儒家。他的學説歸本於“仁義節儉，君臣上下六親之施”，此其一。史記平原君傳集解引劉向別録，有騶衍論“辯”一節，適之先生以爲完全是儒家的口吻，與荀子論辯的話相同（中國哲學史大綱卷上，頁三六〇），此其二。史記以他與孟子、荀卿合傳，此其三。西漢儒者如董仲舒、劉向等的學説與他極相像，此其四。

如果這個推論不錯，我敢作一假設：非十二子中所駡的子思、孟軻即是騶衍的傳誤，五行説當即騶衍所造。戰國時，鄒與魯接壤，鄒與魯又並包于齊。鄒、魯之間爲儒學中心，故莊子天下篇有“其在於詩、書、禮、樂者，鄒、魯之士，搢紳先生多能明之”的話。魯學風被於齊，齊遂成爲儒學大支，故西漢立學，詩有魯詩，又有齊詩，論語有魯論語，又有齊論語。我們研究戰國文化，當把魯、鄒、齊三國看作一個集團。孟子是騶（鄒）人。騶衍以騶爲氏，當也是騶人（史記上寫他爲齊人，或他由騶遷齊，或他以騶人久居於齊，故有此説，均未可知）。史記言“騶衍後孟子”，或騶衍聞孟子之風而悦之，剌取其説以立自己的主張，觀其言仁義，言六親可知。不過那時的齊國人説話是很浪漫的（孟子上有“齊東野語”，莊子上有“齊諧”，史記上有“燕、齊海上之方士”），騶衍是齊彩色的儒家，他把儒家的仁義加上齊國的怪誕，遂成了這一個新學派。給人傳訛，即以騶衍之説爲孟子之説，因以騶衍的五行説爲孟子的五行説。又因孟子受業子思之門人（史記説），遂又以孟子的五行説爲子思的五行説。於是荀子遂有“子思倡之，孟軻和之”的話。此等事情，在現在看來固然荀子太糊塗，或者可説荀子必不至這樣糊塗；但在當時，則口説之力甚强而筆札之用頗弱，孟子與騶衍因地方的接近和思想的一部分類同，因而在傳説中誤合爲一人，也是很可能的。

以上的話是本篇的引論，只希望把“五行説起於戰國的後期”，“騶衍是始創五行説的人”這兩個意思略略説明。但騶衍的書既無傳，五行説的材料又太少，我不敢確實斷説五行説必是戰國後期起的。我以爲零碎的五行思想是久已有的，但或少於五數（如秦國有白、青、黄、赤四帝之祠），或多於五數（如左傳文七年，郤缺引夏書，釋之曰：“水、火、金、木、土、穀，謂之六府”），並不曾有嚴整的五行系統。非十二子中既説“案往舊造説”，則一方面是“按舊”，一方面是“造説”可知。騶衍憑藉了往舊的五行思想（即古代人把宇宙事物分類的思想），自己造出整整齊齊的一大套五行説，用之於歷史上，説明歷代的符應及其爲治之宜，這是很可能的事。所以五行思想的起源，我們雖不能知道，而五行學説的起源則我們不妨作此假設。

以下的文字，專討論騶衍的五德轉移説及其在政治上和歷史上所發生的影響。

二　騶衍的略史及其時代

騶衍的事實，除了史記之外竟很不易找到，史記記他的事又十分錯亂。孟子荀卿列傳道：

騶衍，後孟子。……騶子重於齊。適梁，惠王郊迎，執賓主之禮。適趙，平原君側行撇席。如燕，昭王擁彗先驅，請列弟子之座而受業；築碣石宫，身親往師之。其游諸侯，見尊禮如此。……自騶衍與齊之稷下先生，如淳于髡、慎到、環淵、接子、田駢、騶奭之徒，各著書言治亂之事，以干世主。……騶衍之術，迂大而閎辨；奭也，文具難施；淳于髡久與處，時得有善言：故齊人頌曰"談天衍，雕龍奭，炙轂過髡"。

史記集解引劉向别録云：

騶衍之所言五德終始，天地廣大；盡言天事，故曰"談天"。

又魏世家云：

惠王數被於軍旅，卑禮厚幣以招賢者，騶衍、淳于髡、孟軻皆至梁。

又燕召公世家云：

燕昭王於破燕之後即位，卑身厚幣以招賢者。謂郭隗曰："齊因孤之國亂而襲破燕；……誠得賢士以共國，以雪先王之恥，孤之願也。先生視可者得身事之。"郭隗曰："王必欲致士，先從隗始。况賢於隗者，豈遠千里哉！"於是昭王爲隗改築宫而師事之。樂毅自魏往，鄒衍自齊往，劇辛自趙往；士爭趨燕。（燕策一語略同）

又平原君虞卿列傳云：

平原君厚待公孫龍，公孫龍善爲堅白之辯。及鄒衍過趙，言至道，乃絀公孫龍。

史記集解於此條下引劉向別録云：

齊使鄒衍過趙，平原君見公孫龍及其徒綦毋子之屬，論白馬非馬之辨，以問鄒子。鄒子曰："不可！彼天下之辨有五勝三至而辭正爲下辨者，别殊類使不相害，序異端使不相亂，杼意通指，明其所謂，使人與知焉，不務相迷也。故勝者不失其所守，不勝者得其所求，若是，故辯可爲也。及至煩文以相假，設辭以相悖，巧譬以相移，引人聲使不得及其意，如此害大道。夫繳紛爭言而競後息，不能無害君子。"坐皆稱善。

是鄒衍曾與梁惠王、燕昭王、趙平原君發生過賓主的關係。適之先生駁之云：

這幾句話很不可靠。平原君死於西曆前二五一年，梁惠王死於前三一九年(此據紀年；若據史記，則在前三三五年)，梁惠王死時，平原君還没有生呢。平原君傳説騶衍過趙，在信陵君破秦存趙之後(前二五七年)，那時梁惠王已死六十二年了(若依史記則那時惠王已死了七十八年)，燕昭王已死二十二年了。史記集解引劉向别録也有騶衍過趙見平原君及公孫龍一段，那一段似乎不是假造的。依此看來，騶衍大概與公孫龍同時。(中國哲學史大綱卷上，頁三五六)

讀了這一段話，可知騶衍與燕昭王尚可並世，而與梁惠王則必不能相及。所以致誤之故，我以爲也和荀子書中致誤的原因一樣：騶衍和孟軻兩個人，因籍貫的相近和學説的一部分相同，給人弄糊塗了。騶衍的五行説可以算做孟軻的，孟軻見梁惠王的故事也就算做騶衍的了。

燕昭王立於公元前三一一年，信陵君破秦存趙在前二五七年，兩事相距五十四年，似乎騶衍在社會上活動的時間不會這樣長久。我們姑且假定他游燕的時候不是在昭王初立時吧。如此，他的著書立説的時代當在公元前三世紀的前半世紀。

在這半世紀中，戰國的時勢有没有重要的變動？有的，是帝制運動。戰國時的國君，老想升級。晉之三家，齊之田氏，本來是世卿，到公元前四〇三——前三八六年，先後列爲諸侯了。秦、宋本來是諸侯，齊、韓、魏、趙是剛由世卿升作諸侯的，因爲他們的國勢駕於一般諸侯之上，到公元前三三四——前三一八年，先後稱王了。在這些國家之中，有的國勢日益發展，又駕於諸王之上了，又想升級了。人世上的位號，到了王已經登峰造極。現在再想升級，有什麽更高的位號呢？有的，是上帝的帝。於是這特别强盛的國便要自稱爲帝以壓抑諸王而有以下的事情發生：

(一)秦昭王十九年(前二八八)十月，秦昭王自爲西帝，而使魏冉至齊，致東帝於齊湣王。不久，蘇代自燕入齊，勸湣王除帝號，使天下愛齊而憎秦。湣王從之，復爲王。十二月，秦亦復爲王。(見戰國策齊策四，及史記秦本紀、田敬仲完世家、六國表)

(二)燕昭王二十六年(前二八六)，齊湣王滅宋。蘇代遺燕昭王書，勸昭王説秦，以秦爲西帝，趙爲中帝，燕爲北帝，立爲三帝以令諸侯：韓、魏不聽則秦伐之，齊不聽則

燕、趙伐之。昭王善其書，召蘇代，與謀伐齊。二十八年(前二八四)，竟破齊，湣王出走。(燕策一及六國表)

(三)趙孝成王九年(前二五七)，秦圍趙邯鄲。魏王使辛垣衍因平原君謂趙王曰："秦所以急圍趙者，前與齊湣王爭强爲帝，已而復歸帝，以齊故。今齊(視)湣王已益弱，方今惟秦雄天下。此必非貪邯鄲，其意欲求爲帝。趙誠發使尊秦昭王爲帝，秦必喜，罷兵去。"魯仲連適游趙，勸止之。會魏公子無忌救趙擊秦，秦軍引而去。(見趙策三及史記魯仲連列傳)

這三件事相距不過三十一年，都在秦昭王的世裏。當昭王初年，齊國甚强，故昭王自欲爲帝，猶必以東帝送給齊湣王。除齊之外，燕、趙亦均不弱，故蘇代勸燕伐齊，即以北帝歆動燕王，而欲他以中帝送給趙，以西帝送給秦。到昭王晚年，秦爲惟一的强國了，故昭王伐趙，求爲帝；而魏王亦勸趙尊秦爲帝。在那時，不必把帝分成東西中北了，寰宇之中只能有一個帝了。

在公元前三世紀的前半世紀中，帝制運動是一件最大的事，因爲帝制定了，就立刻開展一個新局面了。我很疑心五帝之説，帝典之文，都是在這個時代中應時而生的；此事説來話長，暫且按下。

騶衍的時代，正是帝制運動的時代。騶衍的居地，正是東帝(齊)和擬議中的北帝(燕)的國家。騶衍的思想，則是講仁義禮樂的魯文化和誇誕不經的齊文化的混合物。有了這三種環境，於是五德終始説就産生了！五德終始説没有别的作用，只在説明如何纔可有真命天子出來，真命天子的根據是些什麽。至騶衍創立此種學説的用意，或在警誡當時國君，以爲如果没有真命天子的根據時切不可存着干求天位的非分妄想，也未可知。

五德終始説是一種命定論，自是儒家承受傳統思想，重視天命的結果。説"時日曷喪，予及汝皆亡"，説"有夏多罪，天命殛之"(湯誓)，説"我生不有命在天"(西伯戡黎)，説"有命自天，命此文王"(大明)，究竟兩方面的話還是抽象的。惟有五德終始説，卻是一種極具體的天命的律法。要是這一説在墨子的世裏已存在，那麽，非命篇中一定大駁而特駁了。現在没有，足見這是騶衍憑空想出來的。

他的學説，除了這最有名的五德終始説外，還有"大九州説"也曾發生過大影響。史記孟子荀卿列傳云：

> 先列中國名山、大川、通谷、禽獸、水土所殖、物類所珍，因而推之，及海外人之所不能睹。……以爲儒者所謂"中國"者，於天下乃八十一分居其一分耳。中國名曰赤縣神州；赤縣神州内自有九州，禹之序九州是也，不得爲州數。中國外如赤縣神州者九，乃所謂九州也：於是有"裨海"環之，人民禽獸莫能相通者，如一區中者，乃謂一州。如是者九，乃有"大瀛海"環其外，天地之際也。

這是他大膽的對於世界的想像，他這想像比了我們現在實在知道的世界還要大。大概他生在齊國，那時海上交通必已發達，他聽到一點海外狀況，就"舉一反三"，畫出這樣一幅偉大的地圖來。(爾雅釋地及列子湯問都稱中國爲"齊州"，恐因那時海上交通的中心在齊，故海外民族就以齊州稱全中國。)這大九州的名號，史記只記了一個神州，但淮南地形訓全記下了：

> 東南神州，曰農土。正南次州，曰沃土。西南戎州，曰滔土。正西弇州，曰并土。正中冀州，曰中土。西北台州，曰肥土。正北濟州，曰成土。東北薄州，曰隱土。正東陽州，曰申土。

後漢書張衡列傳中載其所作思玄賦，中有句云“越印州而愉敖”，章懷注引河圖云：

> 東南神州，曰晨土。正南印州，曰深土。西南戎州，曰滔土。正西弇州，曰开土。正中冀州，曰白土。西北柱州，曰肥土。北方玄州，曰成土。東北咸州，曰隱土。正東揚州，曰信土。

這兩個名單雖文字間有出入，大體還是相同，“神州”都是其中的一州，可信爲騶衍的遺説。所不可解者，正中的冀州，正東的揚州，都是禹貢中的小州，爲什麽也厠在這大九州裏呢？古籍無存，只得存疑。自從他有了這種學説，使得中國人的胸襟爲之擴大了許多，可以説是他的好影響。

他這個人，真是有絶大能力的。談天、説地，已使人舌撟而不能下了。然而他還有許多特殊的本領。據書上的材料看來，似乎他對於醫藥和音樂都有成就。漢書劉向傳云：

> 淮南有枕中鴻寶苑秘書及鄒衍重道延命方，世人莫見。而更生父德治淮南獄，得其書。更生幼而讀誦，以爲奇，獻之，言黄金可成。

這重道延命方如果不是一部假託的書，那麽，我們可以説，他是一個兼長方技的人。列子湯問篇説：

> 鄭師文棄家從師襄游。……於是當春而叩商弦，以召南吕，涼風總至，草木成實。及秋而叩角弦，以激夾鐘，温風徐迴，草木發榮。……師襄乃撫心高蹈曰：“微矣子之彈也！雖師曠之清角，鄒衍之吹律，亡以加之。”

師襄的話當然不真，因爲他是孔子同時人，無論如何不能下見鄒衍。但列子的作者或者有所依據。張湛注云：

> 北方有地美而寒，不生五穀。鄒子吹律煖之而禾黍滋也。

這是同樣地不知其出處的。如果真有這回事，他在音樂上又有奇蹟了。

三　騶衍的五德終始説

史記騶衍傳説：

> 稱引天地剖判以來，五德轉移，治各有宜，而符應若兹。……作主運。

這是記載五德轉移説（這裏稱做"轉移"，封禪書及始皇本紀則稱做"終始"）的起點。在那條上，已説明五德轉移説是騶衍創造的。他作的書有主運。這篇書已失傳，幸史記集解引有如淳的注：

> 今其書有主運，五行相次轉用事，隨方面爲服。

讀此，可知主運即是説明五德轉移之説的。五德，爲得到五行中的某行而成天子者的所據之德。五行以次循環，以次用事，終而復始，得到五德的天子也跟着它循環，跟着它用事，終而復始。哪一行用事那時的人所穿的衣服也當跟着這一行的顔色而改變。

史記封禪書又說：

> 自齊威、宣之時，騶子之徒論著終始五德之運。及秦帝而齊人奏之，故始皇采用之。……騶衍以陰陽主運顯於諸侯，而燕、齊海上之方士傳其術(按，上言燕有宋毋忌等爲方僊道，故此與齊之騶衍合言之)不能通，然則怪迂阿諛苟合之徒自此興，不可勝數也。

讀了這一段，可知他的學說的結果是很壞的。他的目的原在警誡有國者的淫侈及其對于天子之位的希冀，但反使一般方士可以利用了他的學說以爲阿諛苟合的資料。這是他想不到的。他“論著五德終始之運”，集解又引如淳曰：

> 今其書有五德終始，五德各以所勝爲行。

又文選魏都賦注引七略曰：

> 鄒子有終始五德，從所不勝：土德後木德繼之，金德次之，火德次之，水德次之。

則他的五德說是以“土、木、金、火、水”相次轉移的，其轉移的次序是照着五行相勝的原理規定的。因爲木克土，故木繼土後；金克木，故金繼木後。……换言之，新朝之起必因前朝之德衰，新朝所據之德必爲前朝所不勝之德。這是他的中心思想。

戰國時的人本來常在豫備新王的出世。墨家鼓吹尚賢和尚同；就是希望天下道德最好的人作地位最高的人。孟子汲汲勸時王行仁義，施王政，就是要時王實現孟子的理想去取得天下。現在騶衍有這個新學説發表，使得時君知道：如要做成天子，定要在五德中得到符應，纔可確實表示其受有天命。這個學説的意義最簡單，最能吸收智識薄弱的人的信仰，所以它的勢力便一日千里了。

騶衍的著作，漢書藝文志上著録了兩部：

1　鄒子四十九篇；

2　鄒子終始五十六篇。

他的書共有一百零五篇之多，關於這個五德問題的議論必極詳細。可惜從隋書經籍志以下就不著録了。失傳的緣故，當由讖緯的禁絶。因爲讖緯是導源於騶衍一派的思想的，末流既不勝其弊，遂連這位老祖師的遺書也連根拔去了。他的書雖失傳，猶幸吕氏春秋中保留了一鱗片爪。蕩兵篇云：

> 黄、炎故用水火矣，共工氏固次作難矣，五帝固相與爭矣，遞興廢，勝者用事。

這“遞興廢，勝者用事”一語，就是五德終始説的骨幹。但此文太短，説得較詳盡的是應同篇。文云：

> 凡帝王者之將興也，天必先見祥乎下民。
>
> 黄帝之時，天先見大螾大螻。黄帝曰：“土氣勝!”土氣勝，故其色尚黄，其事則土。
>
> 及禹之時，天先見草木秋冬不殺。(頡剛按：此句以下文例之，應爲“天先見木，草秋冬不殺”，後人未得其句讀，遂誤倒爲“草木”耳。)禹曰：“木氣勝!”木氣勝，故其色尚青，其事則木。
>
> 及湯之時，天先見金，刃生於水。湯曰：“金氣勝!”金氣勝，故其色尚白，其事則金。

> 及文王之時，天先見火，赤烏銜丹書集於周社。文王曰："火氣勝！"火氣勝，故其色尚赤，其事則火。

這一段話，與史記所謂"五德轉移，符應若兹"，如淳注所謂"五行相次轉用事，隨方面爲服"，七略所謂"終始五德，從所不勝：土德後木德繼之……"的話完全符合。故雖録入吕氏春秋，仍可信其爲騶衍的學説。在這一段話裏，我們可以知道：騶衍的兩種歷史論，第一種是從黄帝推上去的，第二種是從黄帝推下來的；這兩種歷史論雖都爲他所創造，實際上乃不發生關係，他没有把天地未生至黄帝的前一代加入這五德的組合裏。又他的五德終始説所支配的時代是很短的，夏以上只有黄帝一德（五帝當已盡數納入黄帝的德中），自從黄帝到周，也僅有四代，占了四德。他雖説"五德終始"，但第一次的終始中還缺了一德，哪裏説得到"終而復始"。

這缺着的一德是什麽呢？應同篇又説：

> 代火者必將水，天且先見水氣勝。水氣勝，故其色尚黑，其事則水。

這是推測未來的天子所據的德運的。因爲周是火德，滅火者水，故代周者必爲水德。他説，水德的符應現在雖尚未顯現，但因代火者必爲水，故天"且"先見水氣勝了；得着這水德的人，其服色是應當尚黑的，其政治是應當照着水德的方式做的。可惜他所定的五德的政治的方式，現在已看不到了。

騶衍是後於孟子而作燕昭王師的，史記中説他在燕作主運，此説如信，他倡此説時約當公元前二九〇至前二八〇間。那時周室尚存，他自當有這般推測。但吕氏春秋作於秦始皇八年（前二三九），那時東、西周都亡了，火德已銷盡了，滅火者（秦）之爲水德已可確定了，爲什麽這部書裏還只説“代火者必將水”呢？爲什麽水德的符應還不肯出來呢？

這個問題，以我猜測，或有下列的情形。一，呂氏春秋鈔録鄒子終始之文，未加潤色。二，那時六國未滅，秦雖滅周，尚未成一統之功，那時人對於天子的觀念和商、周人不同，一定要統一了所有的土地纔算具備了天子的資格，看禹貢的分列九州、五服可知，故呂氏春秋不即以滅周的秦爲水德，亦不爲秦尋出水德的符應。

漢書嚴安傳引鄒子之言曰：

> 政教文質，所以云救也。當時則用，過則舍之，有易則易也。故守一而不變者，未睹治之至也。

這所謂“變”，就是隨着五德之運而流轉。這是他的理論的僅存者。至於“政教文質，所以云救”，更是後來董仲舒、司馬遷們常説的話了。

他的五德説，在朝代遞嬗之外還有月令的意義。周禮夏官司爟“掌行火之政令，四時變國火以救時疾”，鄭玄注云：

> 鄭司農(衆)説以鄹子曰：“春取榆柳之火；夏取棗杏之火；季夏取桑柘之火；秋取柞楢之火；冬取槐檀之火。”

春夏秋冬本來是四時，他别“季夏”於“夏”之外而爲五時，足見其用五行説分配。案論語陽貨篇有“鑽燧改火”一語，何晏集解云：

> 馬融云：“周書月令有‘更火’之文：春取榆柳之火；夏取棗杏之火；季夏取桑柘之火；秋取柞楢之火；冬取槐檀之火。一年之中，鑽火各異木，故曰‘改火’也。”

馬融雖引周書，説與鄒衍一致。皇侃疏云：

改火之木隨五行之色而變也。榆柳色青，春是木，木色青，故春用榆柳也。棗杏色赤，夏是火，火色赤，故夏用棗杏也。桑柘色黄，季夏是土，土色黄，故季夏用桑柘也。柞楢色白，秋是金，金色白，故秋用柞楢也。槐檀色黑，冬是水，水色黑，故冬用槐檀也。

照他所説，五行的意義更明顯。但有一可疑之點，就是：他的朝代遞嬗説本來用“土、木、金、火、水”爲次的，爲什麼到了這段文裏要改用“木、火、土、金、水”爲次呢？對於這個問題，賈公彦周禮疏直斥皇侃的話爲不成立。他道：

言春取榆柳之等，舊師皆以爲取五方之色同，故用之。今按：棗杏雖赤，榆柳不青，槐檀不黑，其義未聞。

那麽，鄒衍“更火”之説究竟用的是哪一種五行系統，當然無法斷定。我們只能從鄭衆的引文中知道他曾有這樣的分配而已。

四　秦的符應及始皇的改制

秦始皇二十六年(前二二一)，秦初并天下，令丞相御史道：

寡人以眇眇之身，興兵誅暴亂，賴宗廟之靈，六王咸伏其辜，天下大定。今名號不更，無以稱成功，傳後世。其議帝號！

於是定帝號爲皇帝，天子自稱曰朕，命爲制，令爲詔，除謚法。

秦始皇初做皇帝，高興得很，一切制度都要改變，以建立開國的盛大規模。騶衍的爲真命天子作鼓吹的學説創造了六十餘年，到這時逢着應用的機會了。所以史記封禪書説：

> 騶子之徒論著終始五德之運，及秦帝而齊人奏之，故始皇采用之。

又説：

> 秦始皇既并天下而帝，或曰："黄帝得土德，黄龍地螾見。夏得木德，青龍止於郊，草木暢茂。殷得金德，銀自山溢。周得火德，有赤烏之符。今秦變周，水德之時。昔秦文公出獵，獲黑龍，此其水德之瑞。"

把這兩段文字合看，可見所謂"或曰"即是"齊人"的説話。他的話與吕氏春秋所記載的符應大略相同，試作一比較表如下：

五德	吕氏春秋		封禪書	
	帝王	符瑞	帝王	符瑞
土	黄帝	大螾大螻見	黄帝	黄龍地螾見
木	禹	草木秋冬不殺	夏	青龍止於郊，草木暢茂
金	湯	刃生於水	殷	銀自山溢
火	文王	赤烏銜丹書集於周社	周	赤烏之符

在這個表裏，四代的符應有半數相同。差異得最顯著的，是商的符應，一方面説刃自水生，一方面説銀自山溢。但這没有什麽大關係。有關係的，乃是黄帝多了一個黄龍，夏多了一個青龍，頗

有以龍爲君象，以君之德爲龍之色的樣子。説起了這事，使我們迴憶到易文言傳上的話：

> 見龍在田，利見大人，君德也。
> 飛龍在天，乃位乎天德。

它也以龍爲君象，和這符應自然有些關係。又始皇本紀云：

> 三十六年，……秋，使者從關東夜過華陰平舒道，有人持璧遮使者曰："爲我遺滈池君。"因言曰："今年祖龍死。"使者問其故，因忽不見。

這個豫言是以"祖龍"暗射"始皇"的，祖等於始，龍等於皇，其以龍爲君象的意義也很顯明。至於五色之龍，墨子貴義篇上也有：

> 帝以甲乙殺青龍於東方；以丙丁殺赤龍於南方；以庚辛殺白龍於西方；以壬癸殺黑龍於北方。

可見封禪書中齊人所言之符瑞雖和吕氏春秋不同，但在五行的方式上原是應當如此，也没有什麽奇怪。

可恨我們的頭腦太會懷疑了！我們記得，周語一云：

> 昔夏之興也，融降于崇山；其亡也，回禄信于聆隧。

祝融與回禄都是火神，而終始爲夏的國運的徵兆，那麽，禹爲什麽不以火德王呢？我們又記得，"湯有七年之旱"，這是古書裏最多提起的。大雅雲漢云："旱既太甚，……赫赫炎炎"，又云"旱魃爲虐，如惔如焚"，旱和火太有關係了，爲什麽湯不爲火德呢？還有，周的赤烏固然是火德的符瑞，但墨子非攻下篇不曾説嗎：

> 反商之周，天賜武王黄鳥之旗。（北堂書鈔引隨巢子文同）

何以武王不居了土德呢？這樣説來，這些帝王的符瑞不免出於作者的“單相思”了！

最可注意的，乃是説秦的水德之瑞由於秦文公獲黑龍。吕氏春秋裏僅説將來的天子應爲水德，在他出世的時候，天必先見水德之瑞。到秦始皇即天子位時，説者根據了這一義而推秦爲水德，又根據了“水色黑”及“龍爲君象”而説其所獲水德之瑞爲黑龍，這都在意想之内。所不可解者，這個水德之瑞乃不爲秦始皇所得而爲秦文公所得。吕氏春秋所記的得着符瑞的人是黄帝、禹、湯、文王，足見五德之瑞即應於受命之王的本身。封禪書這段話除了黄帝之外，説夏，説殷，説周，不實指其人，已屬模棱；而於秦乃實指了秦文公，既不舉初封的秦仲，又不舉成大功的始皇，只歸之於一個普通的先公，這件事頗值得研究。

按史記十二諸侯年表，秦文公立於周平王六年（前七六五），卒於桓王四年（前七一六），凡享國五十載。年表中文公事實，僅有十年作鄜畤，十九年作陳寶祠兩事。秦本紀中，除了這兩件事之外，又有“二十七年，伐南山大梓，豐大特”的話，亦含有神話意味。封禪書中則對於鄜畤陳寶兩事有較詳的叙述：

> 秦文公東獵汧、渭之間，卜居之而吉。文公夢黄蛇自天下屬地，其口止於鄜衍。文公問史敦，敦曰：“此上帝之徵，君其祠之！”於是作鄜畤，用三牲。……
>
> 作鄜畤後九年，文公獲若石云，於陳倉北阪城祠之。其

> 神或歲不至，或歲數來；來也常以夜，光輝若流星，從東南來，集於祠城，則若雄雞，其聲殷云，野雞夜雊。以一牢祠，命曰陳寶。

讀此，可見秦文公是很崇信神道的人。他夢見了一條黄蛇就造鄜畤，拾到了一塊石頭就造陳寶祠，足見他所信仰的宗教還是拜物教。

秦文公造了兩個大廟，又初置史官以紀事(秦本紀)，是秦的文化的創造者，故常爲後人所記念。這個爲騶衍之學的齊人，迎合秦人心理，假借了“秦文公東獵汧、渭之間”的一件舊故事，杜造了“出獵獲黑龍”的一件新故事，以見秦的王業之成早有豫兆於周室東遷之際。但這又何以解釋吕氏春秋的“天且先見水氣勝”的“且”字呢?

再有一個理由也是可能的。秦始皇應爲水德，其符瑞應爲黑龍，這在五德終始説上是確定了的。但那時實無黑龍出現，實無“天且先見水氣勝”的符瑞爲始皇所得。爲要證明五德終始説的真實，使秦始皇聽了相信，只得把這個符瑞移到前代去了。

這位齊人既把這些有憑有據的符瑞告給始皇，始皇果然很相信，於是就根據了水德的條例，做出一番似“因”而實“創”的事業來。秦始皇本紀説：

> 始皇推終始五德之傳，以爲周得火德，秦代周德，從所不勝，方今水德之始。改年始朝賀皆自十月朔。衣服旄旌節旗皆上黑。數以六爲紀。符法冠皆六寸；而輿六尺。六尺爲步。乘六馬。更名河曰德水，以爲水德之始。剛毅戾深，事皆決於法，刻削毋仁恩和義，然後合於五德之數。於是急法，久者不赦。

封禪書也説：

> 於是秦更名河曰德水，以冬十月爲年首，色上黑，度以六爲名，音上大吕，事統上法。

這是中國歷史上第一次用了五德終始説而制定的制度。

看了上一段記載，可知在五德的法典裏，注意的是以下幾件事；其受水德支配的是這樣：

五德法典中的事項	水德下的制度
年始，朝賀	十月朔(以十月爲正月，建亥)
衣、服、旄、旌、節、旗	上黑
數	以六爲紀
符、法冠	六寸
輿	六尺
步	六尺
乘	六馬
音	上大吕
(政術)	剛毅戾深，事皆決於法

從上面一個表裏，使我們推知五德法典的大概當如下表：

五德	正朔	服色	度數	音律	政術
土	?	上黄	以五爲紀	上黄鐘	?
木	建寅	上青	以八爲紀	上姑洗	助天生
金	建丑	上白	以九爲紀	上無射	助天收
火	建子	上赤	以七爲紀	上林鐘	助天養
水	?	上黑	以六爲紀	上大吕	助天誅
根據書籍	春秋繁露	吕氏春秋	月令	月令	洪範五行傳

有了這一個方式，每逢新朝起來時就可照此安排了。

又前漢書禮樂志云：

> 五行舞者，本周舞也，秦始皇二十六年更名曰“五行”也。

後漢書明帝紀永平三年“蒸祭光武廟，初奏文始、五行、武德之舞”，章懷注云：

> 五行舞者，……其舞人冠冕衣服法五行色。

他們的話如果可信，又是秦始皇用了五行説定制度的一個實例。

中庸篇末道：

> 非天子不議禮，不制度，不考文。今天下車同軌，書同文，行同倫。雖有其位，苟無其德，不敢作禮樂焉。雖有其德，苟無其位，亦不敢作禮樂焉。……上焉者雖善無徵，無徵不信，不信民弗從。下焉者雖善不尊，不尊不信，不信民弗從。故君子之道，本諸身，徵諸庶民，考諸三王而不繆，建諸天地而不悖，質諸鬼神而無疑，百世以俟聖人而不惑。

騶衍創了五德終始説，把三代的制度用了五德之運來説明，這是“考諸三王而不繆”的。這個學説永遠可以循環應用，乃是“百世以俟聖人而不惑”的。這個學説給“功過五帝，德侔三皇”的秦始皇帝當着“天下車同軌，書同文，行同倫”的時候用來“議禮、制度、考文”，自然萬民就尊而信之，信而從之了。所以中庸這一段話，可以抵得一篇秦始皇帝改制頌。

五　漢爲水德或土德的爭辨

自從秦始皇統一天下之後，不過十五年，就給漢高祖們滅掉了。這水德之運僅有十五年，太短了。就是從周亡算起，也不過四十九年，依舊是太短。秦的據有水德之運的時期既這樣短，算不算呢？

封禪書説：

> 漢興，……二年，東擊項籍而還入關，問："故秦時上帝祠何帝也？"對曰："四帝：有白、青、黄、赤帝之祠。"高祖曰："吾聞天有五帝；而有四，何也？"莫知其説。於是高祖曰："吾知之矣，乃待我而具五也！"乃立黑帝祠，命曰北畤。

漢高祖立了一個黑帝祠之後，曆書説他：

> 高祖曰："北畤待我而起"，亦自以爲獲水德之瑞。雖明習曆及張蒼等咸以爲然。是時天下初定，方綱紀大基，高后女主皆未遑，故襲秦正朔服色。

可見漢高祖也自以爲是水德，其符應即是北畤待他而起。贊同這一説的有張蒼等。他既自信爲水德，所以仍舊沿用秦的正朔和服色。一直到高后執政時没有發生過問題。

這件事可以作兩種解釋：其一，是承認秦爲水德，也承認漢爲水德，兩代的水德不妨並存。其二，承認漢爲水德，但以爲漢是直接繼周的，不承認秦占有五德之運，其理由是秦的年代太短。這兩種解釋不知道他們用的是哪一種。看高祖的"亦自以爲獲水德之瑞"的"亦"字，似乎他用的是第一種。但同德的能不經五德的一度循環而緊緊地承接嗎？這恐怕不爲鄒子終始所許可吧？

因爲這個原故，到文帝時就有人樹起異議來了。第一個是賈誼。史記賈生列傳云：

> 賈生以爲漢興至孝文二十餘年，天下和洽而固，當改正朔，易服色，法制度，定官名，興禮樂。乃悉草具其事儀法，色尚黄，數用五，爲官名，悉更秦之法。

他是承認秦爲水德，又承認漢滅秦，土克水，漢應爲土德的。秦爲水德故尚黑；漢爲土德故尚黄。水德之數以六爲紀；土德之數以五爲紀。他是確遵了五德終始説而議禮的。只有定官名一項，始皇本紀没有提起，不知曾否根據了五德之數而有所改定；如今賈誼也改作了。

他草具其事儀法之後，本傳云：

> 孝文帝初即位，謙讓未遑也。諸律令所更定及列侯悉就國，其説皆自賈生發之。於是天子議以爲賈生任公卿之位。絳（周勃）、灌（灌嬰）、東陽侯馮敬之屬盡害之，乃短賈生曰："雒陽之人，年少初學，專欲擅權紛亂諸事！"於是天子後亦疏之，不用其議；乃以賈生爲長沙王太傅。

他胸中的一大套土德制度，竟以文帝的謙讓和絳、灌之屬的嫉妬，没有施用的機會。過了數年，他就死了。在這件事上，可見漢初並不以定德改制當作一個重要的問題，所以賈誼的主張不曾得着一班民衆做後盾，而且從絳、灌們的眼光看來，這種改制説簡直足以“紛亂諸事”的，於是他只得鬱鬱以没世了！藝文志陰陽家有五曹官制五篇，班固注云：“漢制，似賈誼所條。”這也許是他的定制度的遺著，可惜現在看不到。

大約是文帝十四年吧（史記孝文本紀及漢書郊祀志説是十四年，封禪書則説爲十二年），又有一個人起來，繼續這個“改德運動”。封禪書云：

> 魯人公孫臣上書曰：“始秦得水德，今漢受之。推終始傳，則漢當土德。土德之應黄龍見。宜改正朔，易服色，色尚黄。”

他因爲第一個得土德的黄帝，其符應是“黄龍地螾見”的，所以第二次得土德的漢，其符應也該有“黄龍見”。這個符應雖還没有出來，但他豫言它是會得顯現的。賈誼僅言漢當爲土德而已，他則更言漢當有土德的符應，這是他比賈誼進一步的地方，也是他比賈誼膽大的地方，也是他比賈誼能够吸引民衆信仰的地方。

不幸這時候的丞相恰恰是那位主張水德的張蒼，所以他碰了一鼻子的灰。封禪書道：

> 是時丞相張蒼好律曆，以爲“漢乃水德之始。故河決金堤，其符也。年始冬十月，色外黑内赤（服虔曰：“十月陰氣在外，故外黑；陽氣尚伏在地，故内赤也”），與德相應。如公孫臣言，非也！”罷之。

張蒼不信那未來的土德的符應（黄龍見）而信據這已見的水德的符應（河決金堤），故斥公孫臣説。因爲他官居丞相，他勝利了。

但是，公孫臣終於靠了他的幸運（也許靠了他的詭計）戰勝了張蒼。文帝十五年，黄龍真的在成紀(天水郡屬縣)出現了！史記孝文本紀云：

> 十五年，黄龍見成紀。天子乃復召魯公孫臣，以爲博士，申明土德事。於是上乃下詔曰："有異物之神見於成紀，無害於民，歲以有年。朕親郊祀上帝諸神；禮官議，毋諱以勞朕!"有司禮官皆曰："古者天子，夏躬親禮祀上帝於郊，故曰郊。"於是天子始幸雍；郊見五帝，以孟夏四月答禮焉。

又封禪書云：

> 文帝乃召公孫臣，拜爲博士，與諸生草改曆服色事。

又曆書云：

> 其後黄龍見成紀，張蒼自黜，所欲論著不成。(按：史記十二諸侯年表序云："漢相張蒼曆譜五德"，漢書藝文志陰陽家有"張蒼十六篇"，爲張蒼論著，惜不傳。)

又張丞相列傳云：

> 其後黄龍見成紀，於是文帝召公孫臣以爲博士，草土德之曆，制度，更元年。張丞相由此自絀，謝病稱老。

綜合以上幾條看來，可知黄龍出現之後，文帝即幸雍郊祀五帝，拜公孫臣爲博士，與諸生草土德的曆法、服色、制度，張蒼就免職了。

但張丞相列傳所説的"更元年"，卻不與黄龍見爲一事。這件事出在新垣平的手裏。封禪書云：

其明年(十六年)，趙人新垣平以望氣見上，言長安東北有神氣成五采，若人冠絻焉。……天瑞下，宜立祠上帝以合符應。於是作渭陽五帝廟，同宇，帝一殿，面各五門，各如其帝色。……貴平上大夫，賜累千金。而使博士諸生刺六經中作王制，謀議巡狩封禪事。……

其明年，新垣平使人持玉杯，上書闕下獻之。平言上曰："闕下有寶玉氣來者。"已視之，果有獻玉杯者，刻曰"人主延壽"。平又言："臣候日再中。"居頃之，日卻復中。於是始更以十七年爲元年。

讀此，可知文帝的更元年完全因新垣平而不因公孫臣。但新垣平所以這樣做，也可以說是步公孫臣的後塵。他看見公孫臣豫言黄龍見而真的黄龍見，得着天子的寵信，他就變本加厲，想出神氣五采，獻玉杯，日再中……種種花樣來了。他比了公孫臣的膽子更大，欺騙皇帝的次數更多，所以土德的制度尚未頒行，而後元年卻先實定了。

土德的制度爲什麽終没有頒行呢？那可以説，公孫臣受了新垣平的累。曆書云：

新垣平以望氣見，頗言正曆服色事，貴幸。後作亂，故孝文帝廢不復問。

封禪書云：

人有上書告新垣平所言氣神事皆詐也。下平吏治，誅夷新垣平。自是之後，文帝怠於改正朔服色神明之事。

可見新垣平也是講改正朔，易服色的，因爲他詐欺的事發覺，殺了，文帝遂不高興再辦土德的大典了。公孫臣的"黃龍見"的豫言雖幸得應驗，而漢家終没有實定爲土德，這未免辜負了他的一番好意。

綜合以上的記叙，我們可以知道：漢高帝、惠帝時，漢德已定爲水德；文帝時，賈誼、公孫臣等要把水德推翻而建立土德制；自從黃龍見於成紀，這事頗有實現的可能，不幸以新垣平伏誅，又擱下了。這是公元前二〇六至前一五七年中的情形。

六　漢武帝的改制及三統説的發生

這種改德和改制的運動，在景帝時怎樣，我們没有找到記載，不敢懸斷。但文帝時既有賈誼、公孫臣、新垣平一班人的宣傳，又有黃龍見及改元年的事實，儒者和方士們一定繼續鼓吹着。雖没有給景帝提倡，又因新垣平的族誅而銷聲匿跡，但潛伏的勢力總是不可侮的。

到武帝時，這潛伏的勢力又飛躍了。恰好武帝是一位好大喜功之主，又憑藉漢家全盛之業，所以他和秦始皇最相類：他們的黷武窮兵是一樣的，封禪求仙是一樣的，就是定德改制也是一樣的。

封禪書中記他初即位時事，道：

> 今天子初即位，尤敬鬼神之事。元年，漢興已六十餘歲矣，天下艾安，搢紳之屬皆望天子封禪改正度也。而上鄉儒術，招賢良，趙綰、王臧等以文學爲公卿，欲議古立明堂城南以朝諸侯，草巡狩、封禪，改曆服色事。

可見在漢武帝的初年，改曆服色之事，搢紳之屬已伸長了脖子在望，以文學爲公卿的人又已在討論，在起草，武帝又正心向着他們；這件事運動了三十餘年，成熟了，全國人一致有此要求了。

不幸，那時有道家與儒家之爭，而竇太后是道家的護法者。她看見儒家佔了上風，很不快樂。史記儒林列傳云：

> 孝文時頗徵用(儒者)。然孝文帝本好刑名之言。及至孝景，不任儒者。而竇太后又好黄、老之術。故諸博士具官待問，未有進者。及今上(武帝)即位，趙綰、王臧之屬明儒學，而上亦鄉之，於是招方正賢良文學之士。……太皇竇太后好老子言，不説儒術，得趙綰、王臧之過以讓上。上因廢明堂事，盡下趙綰、王臧吏。後皆自殺。

封禪書云：

> 草巡狩、封禪，改曆服色事，未就。會竇太后治黄、老言，不好儒術，使人微伺，得趙綰等姦利事，召案綰、臧，綰、臧自殺，諸所興爲皆廢。

於是這個快要實現的制度又打消了！綜計這個改德和改制的運動，賈誼始倡之而阨於絳、灌，公孫臣繼倡之而阨於張蒼，新垣平繼倡之而見殺於文帝，趙綰、王臧繼倡之而見殺於竇太后，真可謂盤根錯節，厄運太多了。

但是，到了這時，已有一班搢紳之屬作後盾；所徵的賢良文學之士雖不用，他們總是豫備繼承着趙綰、王臧的事業而努力的。武帝建元六年(前一三五)五月，竇太后崩。元光元年(前一三四)冬十一月(那時建亥，故冬十一月即元光元年二月，離六年五月〔即八月〕竇太后崩僅六個月耳)，武帝就令郡國舉孝廉了，夏五月就詔試賢良了，董仲舒、公孫弘一班人就起來了，給竇太后摧殘的儒術又像春草一般地怒茁了。

不過我們在那時的記載上，並不曾找到公布改德的事實。這或因記載脱漏，或因改制之事需要長期的豫備，均未可知。

元封元年（前一一〇），有"報德星"的一件事。漢書郊祀志云：

> 望氣王朔言候獨見填星出如瓜，食頃復入。有司皆曰："陛下建漢家封禪，天其報德星云。"

按：漢代以五星分配五行，淮南子天文訓及郊祀志王莽請祀六宗奏書中均有記載，其方式如下：

五行 書名	木	火	土	金	水
淮南子	歲星	熒惑	鎮星	太白	辰星
郊祀志	歲星	熒惑星	填星	太白星	辰星

這五種星，兩書所載全同。"鎮"與"填"雖異字，但此二字在漢代是通用的。例如漢書地理志："天水郡，莽曰填戎"，而原陟傳及後漢書隗囂、馬援傳則均作"鎮戎"。又如西域傳烏孫條云"馮夫人上書，願使烏孫鎮撫星靡"，鄯善條則云"於是漢遣司馬……以填撫之"。顏師古注云："填音竹刃反"，是"填"亦音"鎮"。填星出而謂"天報德星"，是漢已自承爲土德可知。秦爲水德，改名河爲"德水"，漢爲土德，因稱填星爲"德星"，這是很相類的事。（此事，史記封禪書亦有之，但"填星"二字，除索隱本及北宋本外均誤作"旗星"，見張文虎校刊史記札記。）填星既爲土星，土色黄，故這星的顔色是黄的。史記天官書云：

填星，其色黄，九芒。

自天報德星之後，元封二年祠泰一，其贊饗之辭即爲：

德星昭衍，厥維休祥。壽星仍出，淵耀光明。信星昭見，皇帝敬拜泰祝之享！（郊祀志）

這可見那時對於此事的重視了。

既有了這件事，再回上去看，則漢武帝所得的土德的禎祥已在十年前具備。元鼎四年（前一一三）：

迎鼎至中山，曣唱，有黄雲蓋焉。

又元鼎五年（前一一二）：

郊見泰一，是夜有美光。及晝，黄氣上屬天。（均郊祀志）

這也是黄，那也是黄，可見漢爲土德早爲那時一般人所承認，天報德星只是一種形式的證明罷了。

改制中最困難的是曆法。到太初元年（前一〇四），曆法方面的研究已得到一個結果，所以就正式宣布改制。漢書武帝紀云：

太初元年……夏五月，正曆，以正月爲歲首。色上黄。數用五。定官名。協音律。

又史記封禪書云：

夏，漢改曆，以正月爲歲首。而色上黄。官名更印章以五字。爲太初元年。

又曆書云：

至今上即位，招致方士。唐都分其天部，而巴落下閎運算轉曆，然後日辰之度與夏正同。乃改元，更官號，封泰山。因詔御史曰："乃者有司言星度之未定也，廣延宣問以理星度，未能詹也。蓋聞昔者黄帝合而不死，名察度驗，定清濁，起五部，建氣物分數。然蓋尚矣；書缺樂弛，朕甚閔焉。朕唯未能循明也。紬績日分，率應水德之勝。今日順夏至，黄鍾爲宫，林鍾爲徵，太蔟爲商，南吕爲羽，姑洗爲角。自是以後，氣復正，羽聲復清，名復正變，以至子日當冬至，則陰陽離合之道行焉。十一月甲子朔旦冬至已詹。其更以七年爲太初元年，年名焉逢攝提格，月名畢聚，日得甲子，夜半朔旦冬至。"

又漢書律曆志云：

……於是迺詔御史曰："迺者有司言曆未定，廣延宣問以考星度，未能讎也。蓋聞古者黄帝合而不死，名察發斂，定清濁，起五部，建氣物分數。然則上矣；書缺樂弛，朕甚難之。依違以惟，未能修明。其以七年(元封七年)爲元年！"遂詔卿(公孫卿)、遂(壺遂)、遷(司馬遷)與侍郎尊，大典星射姓等議造漢曆。迺定東西，立晷儀，下漏刻，以追二十八宿，相距於四方，舉終以定朔晦分至，躔離弦望。迺以前曆上元泰初四千六百一十七歲，至于元封七年，復得閼逢攝提格之歲，中冬十一月甲子朔旦冬至，日月在建星，太歲在子，已得太初，本星度新正。姓等奏不能爲算，願募治曆者更造密度，各自增減，以造漢太初曆。迺選治曆鄧平及長樂司馬可，酒泉候宜君，侍郎尊及與民間治曆者凡二十餘人；方士唐都，巴郡落下閎與焉，都分天部，而閎運算轉曆。其法以律起曆，曰："律容一龠，積八十一寸，則一日之分也。與長相終，律長九寸，百七十一分而終復；三復而得甲子。夫律，陰陽九六，爻象所從出也。故黄鍾紀元氣之謂律。律，法也，莫不取法焉。"與鄧平所治同。於是皆觀新星度日月行，更以算推如閎、平法。法一月之日，二十九日八十一分日之四十三。先藉半日，名曰"陽曆"。不藉，名曰"陰曆"。所謂陽曆者，先朔月生；陰曆者，朔而後月迺生。平曰："陽曆朔皆先旦月生，以朝諸侯王群臣便。"迺詔遷用鄧平所造八十一分律曆，罷廢尤疏遠者十七家。復使校律曆昏明宦者淳于陵渠復覆太初曆，晦朔弦望皆最密，日月如合璧，五星如連珠。陵渠奏狀，遂用鄧平曆，以平爲太史丞。

用了以上的記載，把秦始皇與漢武帝的改制作一比較表，如下：

帝王／改制	秦始皇	漢武帝
正朔	十月朔（建亥）	正月朔（建寅）
服色	上黑	上黄
度數	以六爲紀（例如乘、輿、符）	以五爲紀（例如官名印章）
音律	上大吕	上黄鍾
政術	上法	（未言）

在這個表裏，服色度數與賈誼們説的一模一樣，確是土德的制度。只有正朔，是分明不依照五德説改的。在漢前之秦既建亥，如以"戌、亥、子、丑、寅"爲次而逆數之（因爲周建子，秦建亥，亦以逆數），則漢應建戌；如以"亥、子、丑、寅、卯"爲次而循

環之，則漢應建卯。爲什麼他們不順了五德之數，建戌或建卯，反而建了離亥兩辰的寅呢？

説到這裏，我們應當考一考三統説。

三統説是什麽？在我們看得見的材料中，最早的是董仲舒的三代改制質文篇所舉的：

> 春秋曰："王正月。"……何以謂之"王正月"？曰：王者必受命而後王。王者必改正朔，易服色，制禮樂，一統於天下，所以明易姓非繼人，通以己受之於天也。王者受命而王，制此月以應變，故作科以奉天地，故謂之"王正月"也。
>
> 王者改制作科柰何？曰：當十二色，歷各法而（當作"其"）正色，逆數三而復。絀三之前曰五帝，帝迭首一色，順數五而相復。禮樂各以其法象其宜，順數五而相復。咸作國號，遷宫邑，易官名，制禮，作樂。
>
> 故湯受命而王，應天變夏作殷號，時正白統，親夏，故虞，絀唐謂之帝堯，以神農爲赤帝，作宫邑於下洛之陽，名相官曰尹，作濩樂，制質禮以奉天。
>
> 文王受命而王，應天變殷作周號，時正赤統，親殷，故夏，絀虞謂之帝舜，以軒轅爲黄帝，推神農以爲九皇，作宫邑於豐，名相官曰宰，作武樂，制文禮以奉天。……
>
> 故春秋應天作新王之事，時正黑統，王魯，尚黑，絀夏，親周，故宋，樂宜親招、武，故以虞録親，樂制（疑當作"制爵"）宜商，合伯子男爲一等。

這段話的内容很複雜，擬另作三統説下的政治及其歷史一文論之。現在且簡單地一講。

創三統説的，他把朝代的遞嬗歸之於三個統的循環。這三個統的名字是黑統、白統、赤統。得到哪一個統而爲天子的，那時的禮樂制度就照着哪一個統的定制去辦理。他把本代和前二代列爲“三王”(即本屆的三統)，三王之前的五代列爲“五帝”，五帝之前的一代列爲“九皇”，一共是九代。

所以三王、五帝、九皇，都不是固定的名稱而是推移的名稱，好像親屬之有高祖、曾祖和曾孫、玄孫一樣。除此之外，又有所謂“四法”。四法之名是夏、商、質、文(夏、商不是代名，乃是兩種法制的類名)，也是循環的。因爲三統以三數循環，四法以四數循環，故必歷了十二代始得一次大循環(例如第一代爲黑統法文，第二代爲白統法商，……到了第十三代仍爲黑統法文)。

我們在明瞭了五德終始説之後再來看這種學説，不消説得，這是從五德説蜕化出來的。五德説終而復始，它也終而復始，此其一。五德説以顏色分，它也以顏色分，此其二。五德説以五德作禮樂制度的標準，它也以三統四法作禮樂制度的標準，此其三。不過五德説但以五數循環，而它則以三與四爲小循環，十二爲大循環。可見它起得較後，故能把簡單的五德説改頭换面，變成了複雜的三統説。

現在我們順了代次，把五德説與三統説作一比較表，如下：

代　次	五德説	三統説	附　記
夏前一代	土德(尚黄)	赤統　法商	此一代，五德説説爲黄帝，三統説説爲帝嚳。
夏	木德(尚青)	黑統　法夏	
商	金德(尚白)	白統　法質	
周	火德(尚赤)	赤統　法文	
周後一代	水德(尚黑)	黑統　法商	此一代，五德説説爲秦(漢初説爲漢)，三統説説爲春秋。
周後二代	土德(尚黄)	白統　法夏	此一代，漢文帝以下之五德説説爲漢，三統説無文。

在這個表裏，兩説相同之點顯現得最清楚的是商、周及周後一代，顔色完全一樣。商在五德説中尚白，在三統説中亦爲白統。周在五德説中尚赤，在三統説中亦爲赤統。周後一代在五德説中尚黑，在三統説中亦爲黑統。所以我很疑心三統説是割取了五德説的五分之三而造成的。董仲舒在此文中所以只敢從“湯受命而王”説起者，正因這三代所尚之色和五德説一致，凡五德説所擺佈下的符應和制度，大可取作三統説之用而不見其矛盾。若一説到夏，則一邊青，一邊黑，就要惹人疑惑了。例如禮記禮器中説的：

> 或素或青，夏造殷因。

我們就可知道這是五德説下的産物，和三統説是柢牾的。

董仲舒是春秋家，春秋家説孔子作春秋是制一代之法的，孔子之被稱爲“素王”即因於此。孔子既受命而王，所以他要改正朔，易服色，制禮樂。但不幸他有其德而無其位，終究是一個素王(空王)，因此，他只能在春秋一經裏把他手定的制度垂諸空文。董仲舒在這篇中説，孔子作春秋託王於魯；因爲春秋與虞在四法裏都是“法商”，故春秋便“以虞録親，樂制宜商”了。

在這篇文字中，講改制的方式極詳；今以文繁，只摘其與周後一代相關的兩種鈔出來，其一是黑統，其二是法商。

> 三正以黑統初。正日月朔於營室；斗建寅。天統氣始通化物，物見萌達。其色黑，故朝正服黑，首服藻黑，正路輿質黑，馬黑，大節綬幘尚黑，旗黑，大寶玉黑，郊牲黑。犧牲角卵。冠於阼；昏禮迎於庭；喪禮殯於東階之上。祭牲黑牡；薦尚肝。樂器黑質。……親赤統，故日分平明，平明朝正。(以上是黑統的制度。)

> 主天法商而王，其道佚陽，親親而多仁樸。故立嗣予子；篤母弟；妾以子貴。昏冠之禮字子以父；別眇夫婦對坐而食；喪禮別葬；祭禮先臊；夫妻昭穆別位。制爵三等；禄士二品。制郊宫明堂員；其屋高嚴侈員；惟祭器員。玉厚九分；白藻五絲。衣制大上；首服嚴員。鸞輿尊蓋法天列象；垂四鸞。樂制鼓；用錫儛，儛溢員。先毛血而後用聲。正刑多隱；親戚多諱。封禪於尚位。（以上是法商的制度。）

讀此，可知這也是把一代的正朔，服色，禮樂，爵禄，宫室，器物，刑法，……一一制定了的。可惜鄒子終始不曾傳下來，可惜史書上記的秦始皇、漢武帝的改制太簡單，我們不能把五德説下的制度和這三統説下的制度作一詳細的比較。我們只能説，從這一篇三統説的制度裏可以推知五德説下的制度亦當爲很瑣細的，不會像史書裏所説的漢武帝改制，數用五，只改了官名的印章爲五字。

他們説，孔子是定了一代的制度而没有實行的。實行的是誰呢？當然是漢。所以漢人有"孔子爲漢制法"的話。所以説春秋繼周實即是説漢繼周。换句話説，就是把秦踢出了三統之外，不算它是一代。再换句話説，就是周爲赤統，漢繼周後應爲黑統，應當照着上邊開的一個黑統的單子去做。

這不是我有意文致，乃是有實據可查的。史記高祖本紀末，司馬遷的贊裏説：

> 夏之政忠；忠之敝，小人以野，故殷人承之以敬。敬之敝，小人以鬼，故周人承之以文。文之敝，小人以僿，故救僿莫若以忠。三王之道若循環，終而復始。周、秦之間，可謂文敝矣。秦政不改，反酷刑法，豈不謬乎！故漢興，承敝易變，得天統矣。

這是説，政術是循環的，三代是一次的終始，故夏爲忠，殷爲敬，周爲文；周之後又應當是忠了。秦既承周，乃不知救文敝，反酷刑法，這是它的謬誤，這是它所以不在三統中占得一統的緣故。到漢興，承敝易變，以忠救文，於是就得到了自然的統(天統)了。這是很清楚的三統説，他也把秦踢出了三統之外，司馬遷的春秋學是"聞諸董生"(太史公自序)的，所以我們可以推知董仲舒是主張漢爲黑統的。

他們建立這三統説只是一種玩意兒嗎？不是，那時的社會正有此需要。什麽需要？就是"行夏之時"。在一部左傳中，告訴我們那時有兩種曆法，一是周曆，一是晉曆：周曆是建子的，晉曆是建寅的。因爲晉國即夏虚，故他們的曆法也稱爲"夏時"。這是一個大問題，當在三統説的專篇論文中説明之。現在我們所要提出來的，即是在三統説中，黑統建寅，夏與漢在代次上既俱爲黑統，故俱應建寅。夏之爲寅正，古書中已證明了。漢應爲寅正，在三統説中也確定了，正可照此改造曆法了。三統説的中心主張，不過如此。

三統説何以有"漢應爲寅正"的中心主張呢？這只要看漢書律曆志便知。志中説：

> 三代既没，五伯之末，史官喪紀，疇人子弟分散，或在夷狄，故其所記有黄帝、顓頊、夏、殷、周及魯曆。戰國擾攘，秦兼天下，未皇暇也；亦頗推五勝，而自以爲獲水德：乃以十月爲正，色上黑。漢興，方綱紀大基，庶事草創，襲秦正朔。以北平侯張蒼言，用顓頊曆。比於六曆，疏闊中最爲微近。然正朔服色未覩其真。而朔晦月見，弦望滿虧多非是。

讀了這一段，可以知道漢初是曆法最混亂的時候，那時有六種曆法，但都是疏闊得很。顓頊曆在六種曆法中比較最精密，但漢朝聽了張蒼的話用了它，弄得月盡月初見了月亮；到了月望，反而虧了；上下弦時卻又滿了。有了朔晦弦望之名，没有朔晦弦望之實，這在民生日用之間有怎樣的不便。加以十月爲正，先冬後春，於四時之序又不相應。故這時的改曆運動是全體人民的要求。他們的設想，以用寅正爲最善。但漢代是"必則古昔，稱先王"的時代，一切的行事必須在經典中找出證據，於是有孔子"行夏之時"之言（論語）；有孔子傳夏小正之説（史記夏本紀）；有孔子到杞國訪得夏時之事（禮記禮運）；有孔子應天作新王，作春秋以正黑統之書（春秋繁露）：把這個要求完全推到孔子身上，説漢的該用寅正是孔子主張的。這也是很複雜的一個傳説，待在專文中詳細討論。

可是，改曆並不像改服色的容易，必須有經久的豫備。漢武帝初年雖已有改制之志，而終於遲至三十年之後者，未始不是爲了求得精密的曆法之難。律曆志云：

> 至武帝元封七年，漢興百二歲矣。大中大夫公孫卿、壺遂、太史令司馬遷等言曆紀壞廢，宜改正朔。是時御史大夫兒寬明經術，上乃詔寬曰："與博士共議，今宜何以爲正朔？服色何上？"寬與博士賜等議，皆曰："帝王必改正朔，易服色，所以明受命於天也。創業變改，制不相復。推傳序文，則今夏時也。……臣愚以爲三統之制，後聖復前聖者，二代在前也。今二代之統絶而不序矣，唯陛下發聖德，宣考天地四時之極則，順陰陽以定大明之制，爲萬世則！"

在這一段話裏，很明白地説，推三統之制，固然現在該用夏時，但以前的曆法已不可知了，不能遵行古制而必須另外創造新制了。創造了新制，便可"爲萬世則"了。這就是説，現在定的曆法如果精密，將來即使换朝代也不必改了。所以，這新的曆法，是由唐都分天部，落下閎運算轉曆來的。漢行夏時而於前代無所遵循，漢定曆法而後世可以相承不變，這不是把三統説打破了嗎？所以，三統説只是漢用寅正的敲門磚，孔子行夏時等等又只是三統説的護身符，實際上乃與漢家曆法没有關係，因爲那時所要求的乃是一個精密的曆法，什麽"夏時"，什麽"黑統"，都不過替它戴上的帽子而已。

漢在五德説上是應當尚黄的，在三統説上是應當建寅的，所以漢武帝的改制就"以正月爲歲首，色上黄"，對於這兩方面都顧到了。

説到這裏，該得發問：漢爲黑統，黑統是"朝正服黑，首服藻黑，正路輿質黑，馬黑，大節綬幘尚黑，大寶玉黑，郊牲黑"的，現在服色尚黄，不是衝突了嗎？爲什麽這兩種衝突的學説會得同時應用呢？

這個問題很難回答。最直捷的答語，是漢人的行事本來很滑稽，不能叫他們跟了我們的理性走。宛轉一點，也可説是三統説的詳密的組織僅見於董仲舒書，這或是他的一家之言，未得當時多數人的承認；而三統説的中心問題即在曆法，曆法既改，其餘便不關重要；況五德説的勢力亦正不小，三統説自不能把它全部吞併過來。最重要的一個理由，或在當時改制的幾個中心人物，他們對於這兩種學説都有相當的信仰。漢書郊祀志贊云：

> 漢興之初，庶事草創，唯一叔孫生略定朝廷之儀。若乃正朔、服色、郊望之事，數世猶未章焉。至於孝文，始以夏郊。而張倉據水德，公孫臣、賈誼更以爲土德，卒不能明。孝武之世，文章爲盛。太初改制，而兒寬、司馬遷等猶從臣誼之言，服色數度遂順黄德。彼以五德之傳從所不勝，秦在水德，故謂漢據土而克之。

太初改制是兒寬、司馬遷主持的。兒寬有書九篇，列於七略儒家(見漢書藝文志)，可惜現在看不到。司馬遷則傳下一部大著作，史記，其中用三統説的，如上舉的高祖本紀贊；用五德説的，如五帝本紀：

> 有土德之瑞，故號黄帝。

其反對漢用水德的，如張丞相列傳贊：

> 張蒼文學律曆，爲漢名相，而絀賈生、公孫臣等，言正朔服色事而不遵明，用秦之顓頊曆，何哉？

可見他是贊成賈誼、公孫臣的主張的，他是以五勝定五德的終始的。他對於三統説和五德説都有信仰。推之兒寬，當亦如此。有了他們主張漢爲黑統兼土德，於是漢的受命之符遂真成爲黑統兼土德了。

我們在這一章裏，可以知道：三統説和五德説各有其正朔和服色，他們除了顔色的偶然相合(如殷爲白統兼金德，周爲赤統兼火德)之外是不相容的。漢武帝時，三統説主張漢應爲黑統，五德説主張漢應爲土德，他們都接受了。接受的方法，是取了三統説中的正朔而去其服色，取了五德説中的服色而去其正朔。這兩種不相容的學説終於相容了，太初改制就這樣地改了。

七 世經的出現

漢的成爲土德，醖釀於文帝時而實現於武帝太初元年，具如上述。照我們想，這事既醖釀了七十餘年，又經國家頒爲法典，已是十分確定的了。自從天地剖判以來，五德終始之序，爲：

黄帝—夏—殷—周—秦—漢

土←木←金←火←水←土

已是不可改移的事實了。

可是，事情常有出乎意料之外的，到世經出現，這個系統又完全改變了樣子。世經是西漢末年的一部書，劉歆三統曆引用之。班固作漢書，他在律曆志裏説：

> 至孝成世，劉向總六曆，列是非，作五紀論。向子歆究其微眇，作三統曆及譜，以説春秋，推法密要，故述焉。

他明説自己的律曆志是“述”三統曆的。故顔師古注云：

> 自此以下，皆班氏所述劉歆之説也。

又律曆志首云：

> 至元始中，王莽秉政，欲耀名譽，徵天下通知鍾律者百餘人，使羲和劉歆等典領條奏，言之最詳。故删其僞辭，取正義著于篇。

可見劉歆們幫助王莽説話的“僞辭”是給他“删”掉了的。

世經這部書，在别的地方從没有引用過，只見於劉歆的三統曆。以那時的學風而論，僞書是大批地出現，劉歆又是造僞書的宗師(俱見康長素先生新學僞經考)，則此書頗有亦出於劉歆的可能。話説得寬一點，此書也有出於劉歆的學派的可能。

世經中，商湯以上但詳世次，商湯以下則以三統曆説明其年月之數。其文甚多，今專録其與五德終始説有關係的，如下：

春秋昭公十七年："郯子來朝。"傳曰："昭子問少昊氏鳥名何故，對曰：'吾祖也，我知之矣！昔者黄帝氏以雲紀，故爲雲師而雲名。炎帝氏以火紀，故爲火師而火名。共工氏以水紀，故爲水師而水名。太昊氏以龍紀，故爲龍師而龍名。我高祖少昊摯之立也，鳳鳥適至，故紀於鳥，爲鳥師而鳥名。'"言郯子據少昊受黄帝，黄帝受炎帝，炎帝受共工，共工受太昊，故先言黄帝，上及太昊。稽之於易，炮犧、神農、黄帝相繼之世可知。

太昊帝：易曰："炮犧氏之王天下也。"言炮犧繼天而王，爲百王先首。德始於木，故爲帝太昊。作罔罟以田漁，取犧牲，故天下號曰炮犧氏。

祭典曰："共工氏伯九域。"言雖有水德，在火木之間，非其序也。任知刑以彊，故伯而不王。秦以水德，在周、漢木火之間。周人遷其行序，故易不載。

炎帝：易曰："炮犧氏没，神農氏作。"言共工伯而不王，雖有水德，非其序也。以火承木，故爲炎帝。教民耕農，故天下號曰神農氏。

黄帝：易曰："神農氏没，黄帝氏作。"火生土，故爲土德。與炎帝之後戰于阪泉，遂王天下。始垂衣裳，有軒冕之服，故天下號曰軒轅氏。

少昊帝：考德曰："少昊曰清。"清者，黄帝之子青陽也。是其子孫名摯立。土生金，故爲金德，天下號曰金天氏。周遷其樂，故易不載，序於行。

顓頊帝：春秋外傳曰："少昊之衰，九黎亂德；顓頊受之，乃命重黎。"蒼林昌意之子也。金生水，故爲水德。天下號曰高陽氏。周遷其樂，故易不載，序於行。

帝嚳：春秋外傳曰："顓頊之所建，帝嚳受之。"清陽玄囂之孫也。水生木，故爲木德。天下號曰高辛氏。帝摯繼之，不知世數。周遷其樂，故易不載。周人禘之。

唐帝：帝繫曰："帝嚳四妃，陳豐生帝堯。"封於唐。蓋高辛氏世衰，天下歸之。木生火，故爲火德。天下號曰陶唐氏。讓天下於虞，使子朱處于丹淵，爲諸侯。即位七十載。

虞帝：帝繫曰："顓頊生窮蟬；五世而生瞽叟；瞽叟生帝舜。"處虞之嬀汭。堯嬗以天下。火生土，故爲土德。天下號曰有虞氏。讓天下於禹；使子商均爲諸侯。即位五十載。

伯禹：帝繫曰："顓頊五世而生鯀；鯀生禹。"虞舜嬗以天下。土生金，故爲金德。天下號曰夏后氏。繼世十七王，四百三十二歲。

成湯：書經湯誓，湯伐夏桀。金生水，故爲水德。天下號曰商；後曰殷。……凡殷世繼嗣三十一世，六百二十九歲。

……武王：書經牧誓，武王伐商紂。水生木，故爲木德。天下號曰周室。……周凡三十六王，八百六十七歲。

秦伯：……五世，四十九歲。

漢高祖皇帝：著紀，伐秦繼周。木生火，故爲火德。天下號曰漢。……

這真是非常奇怪的一篇記載。用了這一篇記載，繪起五德終始的圖來，該成下面這個樣子(乙圖)。這比了前面説的五德終始(甲圖)差異了多少?

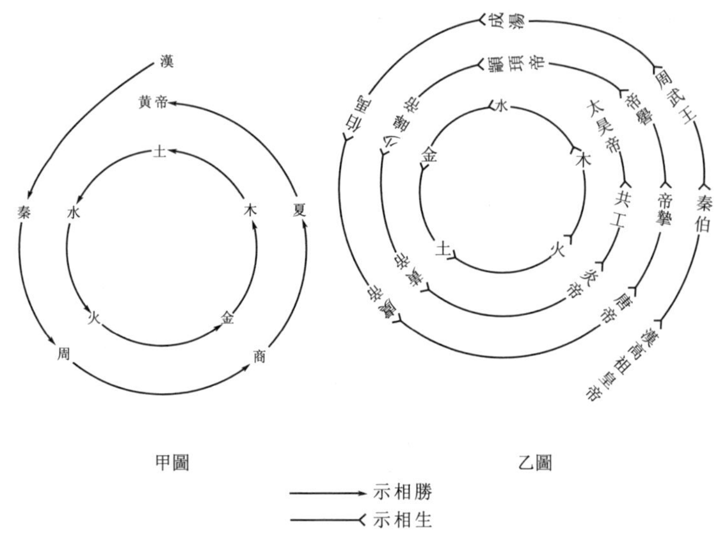

甲圖　　乙圖

——→示相勝
——<示相生

我們比較這兩個圖，可以知道，世經的系統，第一是不遵守五德相勝的次序，第二是把朝代伸展了兩倍。因此，本來以"土、木、金、火、水"爲次的，現在改以"木、火、土、金、水"爲次了；本來到秦代剛湊滿五德之數的，現在到周代已經是第三次終始了。這個系統是從什麽地方出來的呢？大家不知道。然而大家都沿用它，無論作古史的和作通史的都依照着它。我們現在看到的歷史書，從皇甫謐的帝王世紀直到吴承權的綱鑑易知録，没有不這樣寫的，也没有敢不這樣寫的。它是成了正統了！它是成了偶像了！它是成了大權威者了！

這個五德系統究竟是怎樣出來的？裏邊自有複雜的原因（因爲它的原因太複雜了，所以二千年來的人看不破，拆不穿），非三言兩語所可道盡。諸君要知道嗎？讓我把這些理由一樁一樁地道來！

八　世經以前的古史系統

我們要明白世經的系統，必須先明白了世經以前的古史系統。世經以前的古史系統太多了，我們且從騶衍傳叙起。史記記騶衍的學説，其一，是：

> 先序今以上至黄帝，學者所共術，大竝世盛衰，因載其禨祥度制，推而遠之，至天地未生，窈冥不可考而原也。

可見當騶衍之世，"學者所共術"的最古的帝王是黄帝，所以騶衍的推至"天地未生"的學説也只能從黄帝推起。其二，是：

> 稱引天地剖判以來，五德轉移，治各有宜，而符應若兹。

騶衍傳雖没有明言以"五德轉移"的是哪幾代，但吕氏春秋及封禪書已代它言明了，是黄帝、夏、商、周四代。

根據這兩個學説，可以知道騶衍之世所共術及騶衍所自造的古史系統應如下式：

（騶衍所造）　　　‖　（學者所共術）

天地未生→天地剖判→黄帝→夏→商→周

這實在是很簡單的一個系統。但到了後來，就有"五帝"之説。記載這一説的有以下許多書：

> 黄帝能成命百物以明民共財；顓頊能修之；帝嚳能序三

辰以固民；堯能單均刑法以儀民；舜勤民事而野死。（國語魯語及禮記祭法）

昔黄帝令伶倫作爲律。……帝顓頊令飛龍作效八風之音。……帝嚳命咸黑作爲聲歌。……帝堯立，乃命質爲樂。……帝舜乃令質修九招、六列、六英以明帝德。（吕氏春秋古樂篇）

孔子曰："黄帝，少典之子也，曰軒轅。……顓頊，黄帝之孫，昌意之子也，曰高陽。……帝嚳，……玄囂之孫，蟜極之子也，曰高辛。帝堯，……高辛之子也，曰放勳。……帝舜，……蟜牛之孫，瞽瞍之子也，曰重華。……"（大戴禮記五帝德；史記五帝本紀略同）

少典産軒轅，是爲黄帝。黄帝産玄囂；玄囂産蟜極；蟜極産高辛，是爲帝嚳。帝嚳産放勳，是爲帝堯。黄帝産昌意；昌意産高陽，是爲帝顓頊。顓頊産窮蟬；窮蟬産敬康；敬康産句芒；句芒産蟜牛；蟜牛産瞽瞍；瞽瞍産重華；是爲帝舜。……（大戴禮記帝繫；史記五帝本紀略同）

這種説話是怎樣來的，是不是信實的記載，我們且不必管（因爲裏邊的情形太複雜，非數言可了，當另作五帝考一文論之），但我們可以知道，在騶衍以後的古史系統已經放成

黄帝→顓頊→帝嚳→帝堯→帝舜→夏→商→周

了。我們如果依了帝繫篇的記載畫成一個"五帝世系表"，應如下式：

```
黄帝 ————┬—玄囂—蟜極—帝嚳——帝堯
（五帝一）│          （五帝三）（五帝四）
          │
          └—昌意—顓頊—窮蟬—敬康—句芒—蟜牛—瞽瞍—帝舜
                （五帝二）                          （五帝五）
```

吕氏春秋和封禪書中的齊人所以在五帝之説已起之後仍維持"黄帝、夏、商、周"四代的舊説者，或因五帝出於一族，時代亦極

相近，所以把顓頊、帝嚳、帝堯、帝舜歸併在黄帝的一代中也未可知。(看淮南子齊俗訓列四代禮樂，不稱黄帝而稱虞，當以此故。)

五帝之説，大約是戰國後期起來的。在未有此新系統時，孟子書中但云：

> 五霸者，三王之罪人也。

等到有了這個新系統，荀子書中即謂：

> 詬誓不及五帝；盟詛不及三王；交質子不及五霸。

而"五帝——三王——五霸"遂成了一個很長的歷史系統了。

到了戰國之末，這個系統又伸展了。吕氏春秋(公元前二三九年所作)云：

> 故耳之欲五聲，目之欲五色，口之欲五味，性也；雖神農、黄帝，其與桀、紂同。(情類)
>
> 無訝無訾，一龍一蛇，與時俱化而無肯專爲，……此神農、黄帝之所法。(必己)
>
> 然而以理義斲削，神農、黄帝猶有可非，微獨舜、湯。(離俗覽)
>
> 爲天下及國，莫如以德，莫如行義，……此神農、黄帝之政也。(上德)
>
> 神農師悉諸；黄帝師大撓。……(尊師)

於是黄帝之前又有神農了！又云：

> 天地大矣，生而弗子，成而弗有，……此三皇、五帝之德也。（貴公）
>
> 夫取于衆，此三皇、五帝之所以大立功名也。（用衆）
>
> 夫孝，三皇、五帝之本務而萬事之紀也。（孝行覽）

於是五帝之前又有三皇了！三皇是哪三個人，神農既在黄帝之前，是否即爲三皇之一，吕氏春秋都没有説。

吕氏春秋作成了十八年，秦王政削平六國，令丞相御史議帝號。丞相王綰等議道：

> 昔者五帝地方千里；其外侯服、夷服諸侯或朝或否，天子不能制。今陛下興義兵，誅殘賊，平定天下，海内爲郡縣，法令由一統，自上古已來未嘗有，五帝所不及。臣等謹與博士議曰：古有天皇，有地皇，有泰皇；泰皇最貴。臣等昧死上尊號，王爲“泰皇”。

在這一説裏，可見三皇是天皇、地皇、泰皇。和吕氏春秋合看，則秦時的古史系統，是：三王之前爲五帝，五帝之前爲三皇，而在三皇、五帝之間又有一個神農氏。

到了西漢初葉，這個古史系統又有些增益了。淮南王安立於文帝十六年（前一六四），死於武帝元狩元年（前一二二），他的淮南子一書即是作於此四十二年中的。在這一書内説起的古史，我們也可尋出它的系統：

> 故不言之令，不視之見，此伏犧、神農之所以爲師也。（主術訓）
>
> 昔者黄帝治天下，……田者不侵畔，漁者不爭隈；……鳳凰翔於庭，麒麟游於郊。……然猶未及虙戲氏之道也。

(覽冥訓)

至德之世，甘瞑于溷澖之域而徙倚于汗漫之宇。……及世之衰也，至伏犧氏，……而知乃始昧昧晽晽，……是故其德煩而不能一。乃至神農、黄帝，剖判大宗，竅領天地，……是故治而不能和下。(俶真訓)

在這幾段裏，很明白地在神農、黄帝之前又捧出一位伏犧氏來了！

莊子雖是戰國時人，但莊子這部書卻極多漢人的著作，因爲西漢初葉是道家全盛時代，這部書爲那時的道家的著作所湊集，不啻一部道家叢書。所以莊子的古史系統和淮南子的古史系統極相像。只是又多出了一些：

古之人在混芒之中，與一世而得澹漠焉。……逮德下衰，及燧人、伏犧始爲天下，是故順而不一。德又下衰，及神農、黄帝始爲天下，是故安而不順。德又下衰，及唐、虞始爲天下，興治化之流，澆淳散朴，……然後民始惑亂。(繕性)

它固然把伏犧放在神農之上，但又把燧人放到伏犧之前了！

管子，也是一部雜亂的書籍。孟子對公孫丑説："子誠齊人也，知管仲、晏子而已矣！"因爲管仲是齊國的中心人物，故爲齊人的著作所湊附。西漢時，齊學極發達，我們無論在儒林傳中看儒生，或在封禪書中看方士，齊人皆佔大部分。所以管子這部書，我們可以用了"秦、漢間的齊學叢書"的眼光去看它。它裏面有一篇封禪，説道：

桓公既霸，會諸侯於葵丘而欲封禪。管仲曰："古者封泰山，禪梁父者七十二家，而夷吾所記者十有二焉。昔無懷氏封泰山，禪云云。虙羲封泰山，禪云云。神農封泰山，禪云云。炎帝封泰山，禪云云。黄帝封泰山，禪亭亭。顓頊封泰山，禪云云。帝佶封泰山，禪云云。堯封泰山，禪云云。舜封泰山，禪云云。禹封泰山，禪會稽。湯封泰山，禪云云。周成王封泰山，禪社首。皆受命，然後得封禪。"（史記封禪書文同）

這是在黄帝以前更加上炎帝，在神農氏以前更加上虙羲和無懷氏的。據它説，必須受命的人（即受天命而爲天子的）始得封禪，自上古到周上泰山去封禪的已有七十二家了。可惜管仲只記得十二家而忘記了六十家，否則古史系統要怎樣地放長呢！

到這裏止，黄帝以上已有炎帝、神農、虙羲、燧人、無懷氏五代。但司馬遷作史記，對於這五代概不理會，仍依五帝德及帝繫之説，從黄帝開頭。炎帝和神農則以與黄帝有關，在黄帝的本紀中帶説了幾句：

軒轅之時，神農氏世衰，諸侯相侵伐，暴虐百姓，而神農氏弗能征，於是軒轅乃習用干戈以征不享，諸侯咸來賓從。而蚩尤最爲暴，莫能伐。

炎帝欲侵陵諸侯，諸侯咸歸軒轅。軒轅乃修德振兵，……以與炎帝戰於阪泉之野；三戰，然後得其志。

蚩尤作亂，不用帝命，於是黄帝乃徵師諸侯，與蚩尤戰於涿鹿之野，遂擒殺蚩尤。而諸侯咸尊軒轅爲天子，代神農氏。

在這幾段話中，可以知道：(1)神農氏是黄帝以前的天子，但到黄帝時已很衰微，諸侯又横暴，於是黄帝興勤王之師，使諸侯仍去服從神農氏。(2)炎帝（大約是當時諸侯中的一個）還要想侵陵諸侯；黄帝和他打了三次仗，方把他打敗。(3)蚩尤（大約也是當時諸侯中的一個）又作亂，不用神農氏之命，黄帝又把他擒殺了。(4)黄帝有了這三次武功，於是諸侯歸心，推他爲天子以代神農氏。

這一個記載的來源也不必講（因爲這些事不出一源，講起來複雜得很），但我們可以知道，在司馬遷作史時，他確認神農氏與黄帝是相承接的兩代，在神農的季世有侵陵諸侯的炎帝和蚩尤而爲黄帝所平定的事。

至於伏羲這人，司馬遷並非不知道，他曾在自序中説："伏羲至純厚，作易八卦。"不過他作史記時有意確守五帝德的系統，故不肯説到黄帝以前罷了。

伏羲既進了古史系統，於是易繫辭傳中説：

> 古者包犧氏之王天下也，……始作八卦以通神明之德，以類萬物之情。作結繩而爲罔罟，以佃以漁，蓋取諸離。
>
> 包犧氏没，神農氏作。斲木爲耜，揉木爲耒，耒耨之利以教天下，蓋取諸益。……
>
> 神農氏没，黄帝、堯、舜氏作。……垂衣裳而天下治，蓋取諸乾、坤。

戰國策也説：

> 帝王不相襲，何禮之循！宓戲、神農，教而不誅。黄帝、堯、舜，誅而不怒。及至三王，觀時而制法，因事而制禮。（趙策二）

於是"伏羲——神農——黄帝——堯——舜"的一個新系統又成立了。這一個系統靠了繫辭傳在經典中的地位，幾有壓倒五帝德的系統的趨勢。

以上諸説，我們可以總列爲"夏以前的帝王表"，比較一下：

書名	古帝王名氏											附記
國語、禮記祭法						（炎帝）	黃帝	顓頊	帝嚳	堯	舜	未説明“五帝”而與五帝德之五帝合。
五帝德、帝繫						（赤帝）	黃帝	顓頊	帝嚳	帝堯	帝舜	五帝德説明“五帝”。
吕氏春秋	三皇				神農	（炎帝）	黃帝	顓頊	帝嚳	帝堯	帝舜	其系統爲三皇、神農、五帝。
秦始皇時王綰等奏	天皇、地皇、泰皇											其系統爲三皇、五帝，但未言五帝爲誰。
淮南子				伏羲氏，伏犧，虙戲氏	神農	（炎帝）	黃帝			（堯）	（舜）	
莊子繕性			燧人	伏戲	神農		黃帝			唐	虞	凡六代。
管子封禪		無懷氏		虙羲	神農	炎帝	黃帝	顓頊	帝佶	堯	舜	夏以上凡九代。
史記		（無懷氏）		（伏羲）	（神農氏）	（炎帝）	黃帝	顓頊	帝嚳	帝堯	帝舜	五帝本紀與五帝德及帝繫全合。
易繫辭傳				包犧氏	神農氏		黃帝			堯	舜	凡五代。
戰國策趙策				宓戲	神農		黃帝			堯	舜	凡五代。
總計	三皇｛天皇 地皇 泰皇	無懷氏	燧人	伏羲	神農	炎帝	黃帝	顓頊	帝嚳	帝堯	帝舜	三皇三代，三皇以下十代。

（註一）凡於名氏上加括弧的，表明此名氏爲本書或本篇所有，但未以之列入古史系統。

（註二）吕氏春秋十二紀及淮南子時則訓、天文訓，俱有另一種五帝系統，在此種五帝系統中是將炎帝正式列入的。但此系統決不能出現於秦及漢初，下有詳辨，兹故缺之。

（註三）在此表外，尚有許多古史系統，如韓非子之有巢燧人，淮南子之二皇等，以與本文無甚關係，故略去之；將來當另作文討論。

我們看了這個表，可以知道，在許多古史系統中，只有黄帝、堯、舜是不缺席的。再有二人，就很難定。一派説這二人是顓頊、帝嚳；别一派則説是伏羲、神農。説顓頊、帝嚳的，以黄帝爲五帝的首一帝，與騶衍時的史説合，可以稱爲"前期五帝説"。説伏羲、神農的，以伏羲爲首一帝，黄帝居五帝之中，殆是秦以後的史説，可以稱爲"後期五帝説"。這兩種學説各有其畛域，不容相混(國語、五帝德、帝繫、吕氏春秋、史記爲前期説；淮南子、莊子、易傳、戰國策爲後期説，當司馬遷作史記時，已當承受後期説了，只爲他讀書多，所以違俗而從了前期説)，惟有貪多務博的管子封禪篇，想多拉攏幾位古帝王撑着"七十二代封禪"的場面，才把這兩個系統併成了一個系統，連兩系統所俱不收的無懷氏和炎帝也一起拉進了。

我們看了這個表，又可知道，炎帝這人確是常給人家稱道的，但除了封禪篇以外卻再没有把他放入古史系統的了。所以然之故，只因以前説作他的子孫的國家，如申、吕，如齊、許，都早亡了，没有人替他爭地位了。而帝嚳後之宋、周、晉、魯、燕、吴，顓頊後之秦、趙、楚、越、田齊，在戰國時，或保持其舊國，或正作新的發展，祖先的地位就靠了苗裔的勢力而不墜，而擴大。黄帝是最早的帝王，兼爲顓頊和帝嚳的祖父，又爲"百家言"的中心人物，其勢力之大自不消説。堯、舜，靠了"天下之顯學"儒、墨二家的鼓吹，使禪讓的大典實現於燕國；舜又是田齊的祖先，齊人是最誇誕的，他們的勢力也正不可一世。在這種環境之下，五帝的座位哪能不請黄帝、顓頊、帝嚳、堯、舜去坐，哪裏再有空位給與炎帝。所以炎帝雖和黄帝同時出生(國語晉語云："昔少典娶于有蟜氏，生黄帝、炎帝")，而竟致落伍了。到了秦、漢，許多小民族已團結爲一大民族，顓頊、帝嚳也失了人們的需要。那時道家極盛，他們篤信"世代愈古則人民愈康樂"的歷史律，要找黄帝以上的帝王來壓倒黄帝以下的帝王，恰好那時農家所鼓吹的古帝神農，音樂家所鼓吹的古帝伏羲（楚辭大招云："伏戲駕辨，楚勞商只。"世本云："伏羲作琴，伏羲作瑟"），也正風靡一時，於是伏羲、神農便給道家取去，成了道家學説的工具了。他們使用這工具，在罵儒、墨的時候，便把伏羲、神農請出來，説伏羲、神農時是如何好，到黄帝、堯、舜時便如何如何的墮落。逢了講至道至德的時候，又把伏羲、神農請出來，説在至道至德之世是何等好，到伏羲、神農之世就如何漸漸地澆漓起來了。因爲有了他們的鼓吹，而伏羲、神農在黄帝前的系統遂得確立。又因爲有了他們的鼓吹，而儒家也把這兩位古帝請進了易的範圍。可是"五帝"是只許容納五個人的，擠進了伏羲、神農，只得擠出了顓頊、帝嚳，因爲他們的地位已經不重要了，有類於戰國以後的炎帝了。

這是兩個五帝系統的來源。因篇幅的限制，説得太簡了，有許多問題簡直没有講清楚；俟將來作專篇論文時再細談吧。

九　漢帝應讓國説及再受命説

騶衍創立五德終始説，給人兩個暗示。第一個暗示是不可妄冀非分，凡無五德之運的決做不成天子。第二個暗示是天命不永存，此德衰而彼德興，則易姓受命之事便立刻顯現。這兩個暗示如果是他創説的本意，則上一事是用以對一般人説法的，下一事是用以對君主説法的。他希望没有人爭爲天子，天子亦不以"時日曷喪"而暴虐天下。

堪笑秦始皇一方面要"至於萬世，傳之無窮"，一方面卻又聽信了齊人的話，自承爲水德。他不想想：倘有土德之帝起來，他的天子之位是不是尚可傳之無窮呢？

五德說既演"五德轉移，天命無常"的道理，三統說是模倣五德說而作的，這中心思想自然一樣。封禪說雖簡單些，但它說泰山是新受命的帝王封禪告天的地方，自古以來已有七十二代的帝王到過泰山封禪，則也是一種革命受命的學說。這幾種學說天天鼓吹，使得一般人深信受了天命的天子是常會被革職的；只要皇帝做得不好，失了上天的撫育黎元的用意，就應當有新的皇帝起來嬗代。那時人看皇帝是上帝的官吏，符應是上帝給與他的除書，封禪是他上任時發的奏書，五德和三統的改制是上任後的一套排場。

關於這種情形，我們可以舉出一個適當的例來。當光武帝時，公孫述據蜀稱成帝，移檄中國，徵引圖緯。光武帝駁他道：

> 西狩獲麟讖曰："乙子卯金"，即乙未歲授劉氏，非西方之守也。"光廢昌帝，立子公孫"，即霍光廢昌邑王，立孝宣帝也。黄帝姓公孫，自以土德，君所知也。"漢家九百二十歲，以蒙孫亡；受以丞相，其名當塗高"，高豈君身耶？（華陽國志公孫述志）

讀此，可知公孫述的檄文中曾引了西狩獲麟讖以見處在西方的他具有應運而興的資格，讖上說的"立子公孫"，也即是他的姓。光武駁他，說西狩獲麟讖指的是漢，所謂"乙子卯金"是漢高祖以乙未歲受命；所謂"立子公孫"，是皇孫病已嗣位。這都没有什麽大關係。所奇怪的，乃是他以中興之主的資格，而說漢家將來應亡於蒙孫之手，得國的是丞相當塗高。這種預言自己滅亡的度量，似非前世和後世的君主所能有。

因爲那時人相信做天子的也像做官一樣，多少年後須換一新任，故緯書中便有下面的話：

> 黑帝治八百歲，運極而授木。蒼帝七百二十歲而授火。（春秋緯保乾圖；文選漢高功臣頌注引。）
>
> 蒼帝之治八百二十歲。……白帝之治六十四世。（尚書緯運期授；詩大雅正義及御覽咎徵部引。）

它把每一德的帝王的世數和年數都明白規定了。（黄帝、赤帝的年數世數並非没有，只因緯書久佚，我們無從尋到。）

以上所引，都是東漢初年的材料。我現在要説的是西漢之季的事實，爲什麽卻先引了東漢之初的材料呢？這因西漢中葉以前的歷史，我們有史記、漢書兩部書可用；但到西漢中葉以後，只有漢書一部書了，材料太少，不够説明那時的時代思潮。讖緯書固非西漢中葉後所有（七略不録此類書可證），但這樣大規模的，有組織的迷信思想決不會突然發生，一定積累了多少年而後成就，西漢一代就是讖緯書的孕育時期。我們正可從讖緯中尋求些西漢人所播下的種子。

在這一章裏，我們要講許多人心厭漢的故事。現在且把西漢的國勢先説一下：

當戰國、秦、漢之際，疲於戰爭，民生陷於極度的痛苦。到文帝之後，居然太平了數十年，百姓們快樂極了。故封禪書云：

> 今天子（武帝）……元年，漢興已六十餘載矣，天下艾安，搢紳之屬皆望天子封禪改正度也。

可見漢武帝的封禪和改制雖出於他的好大喜功，但當時的民衆也確有此種要求，許他如此。不幸武帝處此全盛時代太奢侈了，封禪巡狩之事遂又成了民衆的痛苦。試看成帝初，匡衡等奏言：

> 承天之序，莫重於郊祀。……祭天於南郊，就陽之義

也；瘞地於北郊，即陰之象也。……今……至雲陽（泰畤所在），陿陝且百里；汾陰（后土祠所在），則渡大川，有風波舟楫之危，皆非聖主所宜數乘。郡縣治道共張，吏民困苦，百官煩費。勞所保之民，行危險之地，難以奉神靈而祈福祐，殆未合於承天子民之意。……甘泉泰畤，河東后土之祠，宜可徙置長安。

其實，在那時，天子只有到甘泉和河東去郊祀了；走得並不遠，而匡衡們還說"吏民困苦，百官煩費"，要把那兩個廟搬到國都中去。那麽，武帝的東至海上，西至隴西，北至朔方，南至彭蠡，且令"郡國各除道，繕治宮館，名山神祠所"（封禪書）的，吏民的困苦要怎樣呢？百官的煩費又要怎樣呢？

然而封禪所費雖多，還遠不及征伐之甚。武帝時的武功自然是彪炳千秋，但耗費的財力也着實可驚。漢書食貨志云：

武帝因文、景之畜，忿胡、粤之害，即位數年，嚴助、朱買臣等招徠東甌，事兩粤，江、淮之間蕭然煩費矣。唐蒙、司馬相如始開西南夷，鑿山通道千餘里，以廣巴、蜀，巴、蜀之民罷焉。彭吴穿穢貊、朝鮮，置滄海郡，則燕、齊之間靡然發動。及王恢謀馬邑，匈奴絶和親，侵擾北邊，天下共其勞，干戈日滋，行者齎，居者送，中外騷擾相奉，百姓抏敝以巧法，財賂衰耗而不澹。入物者補官，出貨者除罪，選舉陵夷，廉恥相冒，……興利之臣自此而始。

又漢書西域傳云：

孝武之世，圖制匈奴。……遭值文、景玄默，養民五世，天下殷富，財力有餘，士馬强盛。故能睹犀布瑇瑁，則

> 建珠崖七郡；感枸醬竹杖，則開牂柯、越巂；聞天馬蒲萄，則通大宛、安息。……於是廣開上林，穿昆明池，營千門萬户之宫，……天子負黼依，襲翠被，馮玉几而處其中。設酒池肉林，以饗四夷之客。……及賂遺贈送，萬里相奉，師徒之費不可勝計。至於用度不足，迺擢酒酤，筦鹽鐵，鑄白金，造皮幣，算至車船，租及六畜。民力屈，財用竭，因之以凶年，寇盗並起，道路不通。直指之使始出，衣繡杖斧，斷斬於郡國，然後勝之。是以末年遂棄輪臺之地而下哀痛之詔，豈非仁聖之所悔哉！

這幾段文字，把漢武帝浪費的情形及其傷害民生的結果寫得清楚極了。武帝以前積了五世的休養，財力有餘；給他這樣痛快地一幹，國庫也空了，人民也窮了，寇盗也起來了。武帝真是一個敗家子，把偌大的家産揮霍個乾淨！

因爲武帝的功業雖大而陷溺其民者亦甚酷，所以那時的人民對於他的怨毒很深。當宣帝初即位時，令丞相御史議孝武廟樂，下詔道：

> 孝武皇帝躬仁誼，厲威武；北征匈奴，單于遠遁；南平氐、羌、昆明、甌駱兩越，東定薉貉、朝鮮，廓池斥境，立郡縣，百蠻率服，欵塞自至。……封太山，立明堂，改正朔，易服色。……上天報況，符瑞並應，寶鼎出，白麟獲。……而廟樂未稱，朕甚悼焉。其與列侯、二千石、博士議！（漢書夏侯勝傳）

長信少府夏侯勝獨説：

> 武帝……多殺士衆，竭民財力，奢泰亡度，天下虚耗。

百姓流離，物故者過半。蝗蟲大起，赤地數千里；或人民相食。……亡德澤於民，不宜爲立廟樂！（同上）

天下怨憤之情，於此可見。在這樣怨憤的空氣中，人民對於漢帝的信仰是衰微了，一班五德三統論者就依據了自家的學説而主張易姓受命了。這不是他們好弄術數的玄虚，正是他們在失望之下的新希望。

就我們看得見的材料中，把這個希望公開地向漢帝講説的，第一個是眭弘。漢書本傳云：

眭弘，字孟，魯國蕃人也。……從嬴公受春秋（據儒林傳，嬴公是董仲舒的弟子）。至符節令。

孝昭元鳳三年（前七八）正月，泰山萊蕪山南匈匈有數千人聲。民視之，有大石自立，高丈五尺，大四十八圍，入地深八尺，三石爲足。石立後，有白烏數千下集其旁。是時昌邑有枯社木卧復生。又上林苑中大柳樹斷枯卧地，亦自立。有蟲食樹葉成文字，曰“公孫病已立”。

孟推春秋之意，以爲石柳皆陰類，下民之象，而泰山者，岱宗之嶽，王者易姓告代之處。今大石自立，僵柳復起，非人力所爲，此當有從匹夫爲天子者。枯社木復生，非故廢之家。公孫氏，當復興者也。

孟意亦不知其所在，即説曰：“先師董仲舒有言：‘雖有繼體守文之君，不害聖人之受命。’漢家，堯後，有傳國之運。漢帝宜誰差天下，求索賢人（顔注引孟康曰：“誰，問；差，擇也。問擇天下賢人”），禪以帝位；而退自封百里，如殷、周二王後：以承順天命。”孟使友人内官長賜上此書。

我們倘使單看這一篇，未有不以眭弘爲發狂，亦未有不以春秋家的學説爲誕妄已極的。但我們知道，漢代的學問的基礎本不建築於事實上，它本没有客觀的真實性；它只是些頭痛醫頭，腳痛醫腳的方案，只是些適應時勢，刻刻改變的理論，它逢了盛世，便作誇揚；逢了亂世，便作怨讟。要是泰山大石自立，上林苑中枯了的大柳樹再生的事實出現在漢武帝時，不知道這班儒生和方士又要如何地説作祥徵，漢武帝將又去封禪且改元了。不幸那時武帝已經享盡榮華而死（自武帝崩至此凡九年），人民經了一番大痛苦，創痍未復，他們長在希望易姓受命，有一個新天子出來救濟他們一下，既有這等事情發生，正好爲易姓受命之説張目，哪裏再肯説作符瑞，討漢家的歡喜。所以泰山大石自立，就是到泰山告易代的象徵。蟲食樹葉成“公孫”字，就是公孫氏要繼漢而興的象徵。石柳爲下民之象，石自立，柳復起，就是“當有從匹夫爲天子者”的象徵。繼體之君（昭帝）雖無失德，但上天既要使另一聖人受命，也只得禪讓了；何况漢是堯後，其應當使用傳國的方式已是前定的事實呢。（漢爲堯後説，下邊再論。）這些説話，都不是眭弘一人忽發奇想想出來的，乃是當時的社會上有此要求，有此醞釀，而後他順了這個趨勢説出來的。不過既經據了天位的人，哪肯輕易讓給人家，所以眭弘就以妖言惑衆之罪伏誅了！這真可算得一個民衆革命思潮中的犧牲者。

眭弘身殉之後，民衆對於易代的想望仍未終止。這種宣傳的情形，可惜没有紀載流傳下來，我們不能知道。但看宣帝神爵二年（前六〇），蓋寬饒的奏書道：

> 韓氏易傳言“五帝官天下，三王家天下”。家以傳子；官以傳賢。若四時之運，功成者去。不得其人，則不居其位。（漢書蓋寬饒傳）

可以知道這種宣傳在眭弘死後並没有間斷，成了民衆的口頭禪，所以蓋寬饒便很不游移地説出來了。可憐他們感到了社會的不安，想不出解決的方法，只會希望皇帝去複演歷史上的故事而讓位與賢人，這豈非"與虎謀皮"。所以蓋寬饒也犯了"大逆不道"之罪；他不甘下吏，自剄於北闕下了。

在這十八年中，眭弘與蓋寬饒兩次請求漢帝禪讓，都做不到。但民間的怨氣自在，他們對於漢帝早已没有好感了。漢帝失去了信仰，猶居天位而不肯去。人民的膽子又小，自揣没有得到五德之運，可把漢德勝了，因此也不敢反叛。長此相持，怎麼辦呢？於是有許多災異之説起來，想把漢帝嚇倒（災異的學説在董仲舒時已有，但至此時而大盛）。這種災異説，就是封禪説的反面文章；做得最有名的是京房、谷永等。劉向在這個時代思潮之中，耿耿忠心，惟恐漢室真爲災異壓倒，又極力以災異説向元、成二帝下警告，冀其感動修德，所以他也成了一個災異專家。

京房是一個易學家，他的學説託於孟喜（見漢書儒林傳）。漢書藝文志上有災異孟氏京房六十六篇，即是他一手造成的學説。元帝中，他曾於召對時言道：

> 春秋紀二百四十二年災異，以視萬世之君。今陛下即位以來，日月失明，星辰逆行，山崩泉涌，地震石隕，夏霜冬靁，春凋秋榮，隕霜不殺，水旱螟蟲，民人飢疫，盜賊不禁，刑人滿市。春秋所記災異盡備。陛下視今爲治邪亂邪？（漢書京房傳）

説到這等地步，元帝只得自承："亦極亂耳，尚何道！"如此，漢帝也已自知漢有亡徵了。

谷永，是研究京氏易最密的人，善言災異。成帝初即位，委政元舅大將軍王鳳。是時日食地震，議者多歸咎於他。谷永知道他方在得勢之際，暗底下想靠傍他，就上書道：

> (日食地震)……不可歸咎諸舅。此欲以政事過差丞相父子,……皆瞽説欺天者也。……
>
> 元年正月,白氣較然,起乎東方。至其四月,黄濁四塞,覆冒京師。……白氣起東方,賤人將興之徵也。黄濁冒京師,王道微絶之應也。夫賤人當起而京師過微,二者已醜。(王先謙補注引王文彬曰:"言二者之徵兆已相連比而見也。")陛下誠……急復益納宜子婦人,毋擇好醜,毋避嘗字,無論年齒。推法言之,陛下得繼嗣於微賤之間,乃反爲福。(漢書谷永傳)

"王道微絶,賤人當興",這是已固定的事實。谷永卻想出禳解的方法,勸成帝多納宜子的婦人,不論貌的美醜,年的長幼,和曾經生産過没有,只要使太子出於微賤之間,就可對付了上天的垂象。如此,漢就不可亡了。不幸成帝生不出兒子,谷永空設下這個計策。

成帝永始二年(前一五),有黑龍見東萊。上使尚書問永,受所欲言。永對曰:

> 臣聞王天下有國家者,患在上有危亡之事而危亡之言不得上聞。如使危亡之言輒上聞,則商、周不易姓而迭興,三正不變改而更用。夏、商之將亡也,行道之人皆知之;晏然自以若天有日,莫能危。是故惡日廣而不自知,大命傾而不寤。……
>
> 漢家行夏正,夏正色黑;黑龍,同姓之象也。……未知同姓有見本朝無繼嗣之慶,多危殆之隙,欲爲擾亂,舉兵而起者邪?……
>
> 今陛下輕奪民財,不愛民力,聽邪臣之計,去高敞初陵,捐十年功緒,改作昌陵,……大興繇役,重增賦斂,……

> 百姓財竭力盡，愁恨感天，災異屢降，饑饉仍臻，流散冗食，餧死於道，以百萬數。公家無一年之畜，百姓無旬日之儲：上下俱匱，無以相救。……（同上）

這條黑龍若出在文帝前，豈不成了漢的水德的符瑞。就是出在武帝後，也是漢的黑統的符瑞。爲什麼成帝時出來了，不當它是祥瑞而反看成災異呢？爲什麼谷永不勸成帝去封禪，倒説同姓者將起兵呢？至於改造一個昌陵，在全盛時代算得了什麼，而在那時也就要上下俱匱，愁恨感天了。可見那時的漢朝，正像一個衰病的人一樣，處處露出了下半世的光景。

成帝元延元年（前一二），因災異尤數，上又問谷永。永對曰：

> 臣聞天生蒸民，不能相治，爲立王者以統理之。方制海内，非爲天子；列土封疆，非爲諸侯；皆以爲民也。垂三統，列三正，去無道，開有德，不私一姓；明天下乃天下之天下，非一人之天下也。……
>
> 陛下承八世之功業，當陽數之標紀，涉三七之節紀，遭无妄之卦運，直百六之災阨，三難異科，雜焉同會。建始元年以來，二十載間，群災大異交錯鋒起，多於春秋所書。……彗星，極異也，土精所生，流隕之應，出於飢變之後，兵亂作矣，厥期不久。隆德積善，懼不克濟。（同上）

這實在是咒詛漢朝，説它逢了重重叠叠的厄運，又出了許許多多的災異，是一定亡了，雖隆德積善也怕過不去了。但那時“北無熏粥、冒頓之患，南無趙佗、吕嘉之難，諸侯無吴、楚、燕、梁之勢”（谷永語），他們所怕的是什麼？爲什麼他們惶惶若不可終日，在臣子的奏書中也把這種很可忌諱的話盡情地講出来呢？

他説的漢的厄運共有五句，但下云“三難異科”，可知只有三種。這大約因前兩句都歸併到末一句裏去了。現在逐句解釋於下：

(1)三七之節紀——從高帝元年(前二〇六)到平帝元始四年(四)爲二百十年。谷永此對在成帝元延元年(前一二)，離二百十年之數只有十五年了。大約那時災異家言，二百十年是一個大厄運。

(2)无妄之卦運——易雜卦傳曰：“无妄，災也。”京房説无妄，以爲“大旱之卦，萬物皆死，無所復望”(見周易集解)。顔注引應劭曰：“无妄者，無所望也。萬物無所望於天，災異之最大者也。”王補注引項安世曰：“古‘妄’與‘望’通。秦、漢言无妄，皆無望也。朱英之説黄歇與揚子法言皆然，故太玄以去準无妄。”

(3)百六之災阨——漢書律曆志引易九戹曰：“入元百六，陽九；次三百七十四，陰九。”顔注引孟康曰：“所謂陽九之阨，百六之會者也。百六與三百七十四(共四百八十)，六乘八之數也。”律曆志又云：“凡四千六百一十七歲，與一元終，經歲四千五百六十，災歲五十七。”可見他們在四千餘年中定出五十餘個災歲，而第一百零六年是陽九的阨年。在這四百八十年中，以這一年和第三百七十四年爲重大的災歲。可是從高祖到成帝，已經不止一百零六年了，爲什麽説他“直百六之災阨”？這個問題很難解釋，所以自來注漢書的人都不注。以我猜想，或者從高祖元年到武帝太初四年爲一百零六年，他們以爲在這一年上發生的災阨直到成帝時尚未消散；或者他們因成帝是漢帝的第九代(故云“承八世之功業”)，從這“九”字上想到陽九(故云“當陽數之標季”)，又從這陽九上想到百六之阨(故云“直百六之災阨”)，遂有此言，均未可知。

我們在這種話裏可以知道，在那時，大家相信，漢代是大阨當前而且已是無望的了。大家只有靜待着大恐怖的來臨！

劉向曾集合上古至秦、漢的災異，著成洪範五行傳論十一篇，爲災異説中最有系統的記載。此書雖亡，但班固作漢書五行志，把它收入，我們還能看見。他因元帝起昌陵，制度泰奢，上書諫道：

> 王者必通三統，明天命所授者博，非獨一姓也。孔子論詩，至於“殷士膚敏，祼將于京”，喟然歎曰：“大哉天命，善不可不傳于子孫！是以富貴無常。不如是，則王公其何以戒慎，民萌何以勸勉！”蓋傷微子之事周而痛殷之亡也。……自古及今，未有不亡之國也。
>
> 昔高皇帝既滅秦，將都雒陽，感寤劉敬之言，自以德不及周而賢於秦，遂徙都關中，依周之德，因秦之阻。世之長短，以德爲效。故常戰栗不敢諱亡。……
>
> 陛下……徙昌陵，……功費大萬百餘。死者恨於下；生者愁於上。怨氣感動陰陽，因之以饑饉，物故流離以十萬數。臣甚惛焉！（漢書劉向傳）

這也是很清楚地説，漢室快要亡了。而成帝起昌陵，就是致亡的原因之一。這種話若給漢武帝聽得，豈不要大笑他們的眼孔太小。然而若無武帝的大傷元氣於先，成帝的徙昌陵又何至挨那時諸臣的痛駡，以爲這是亡國的舉動呢！

那時人都承認漢運已衰，滅亡在即，但實際上卻没有新受命的天子起來，滅亡不了，這又使得許多人心焦了。於是在這不生不死的局面之中，他們又創造了一種新學説，——漢再受命説。這一説是調和民衆的“漢運已衰，將有新受命的天子出來”的一個觀念和皇室的“漢運雖衰，天命未改”的一個觀念而成的。這就是説：新受命的天子將出來，固然是事實，但這新受命的依然是漢。在我們看來，這種“换湯不换藥”的設想，豈非太滑稽了！

這個新學説的創造者，是甘忠可。漢書李尋傳云：

> 成帝時，齊人甘忠可詐造天官曆、包元太平經十二卷，以言“漢家逢天地之大終，當更受命於天。天帝使真人赤精子下教我此道”。忠可以教重平夏賀良、容丘丁廣世、東郡郭昌等。
>
> 中壘校尉劉向奏忠可假鬼神罔上惑衆，下獄治，服。未斷，病死。賀良等坐挾學忠可書，以不敬論。後賀良等復私以相教。

這不知道是成帝哪一年的事。通鑑載劉向上論王氏封事於陽朔二年（前二三），漢書劉向傳又以作中壘校尉次於上封事之後，而此云“中壘校尉劉向奏忠可”，則此事當在陽朔二年之後。距蓋寬饒之死，已近四十年了。

所可怪者，是劉向奏他罔上惑衆。劉向不是惓惓君國，惟恐漢室之亡的嗎？有了甘忠可的學説，正可向民衆宣傳，使他們對於漢朝懷了新的希望，延長漢的壽命。爲什麽他竟竭力地破壞呢？大約一種運動發生，總是盲目的。惟有盲目的潮流，纔是一種最堅强不可抵禦的勢力。我們現在站在旁觀的地位來看漢代的社會，自然對於他們的行事的是非，學説的因果，和思想演變的系統看得很清楚。但漢代人正在這個大潮流之中，爲潮流所激盪，只會盲目地奔馳，不會有自覺的評判。劉向所信仰的是災異，其所望於漢家的是皇帝的修德行仁以除去其災異；至於再受命説，則是他的書裏所没有的，其怪妄不經也顯而易見，所以他反對了。他不知道在這個大潮流中，甘忠可正和他在一條路上走，他們原來是同志呢。（這和孟子提倡堯、舜、禹的禪讓説而反對燕王噲的禪位於子之正相類。)

甘忠可雖死，夏賀良仍在。過了些時候，他又起來作這個運動了。李尋傳云：

> 哀帝初立，司隸校尉解光亦以明經通災異得幸，白賀良等所挾忠可書。事下奉車都尉劉歆。歆以爲不合五經，不可施行。而李尋亦好之。光曰："前歆父向奏忠可下獄，歆安肯通此道！"
>
> 時郭昌爲長安令，勸尋宜助賀良等。尋遂白賀良等皆待詔黄門。數召見，陳説："漢曆中衰，當更受命。成帝不應天命，故絶嗣。今陛下久疾，變更屢數，天所以譴告人也。宜急改元易號，迺得延年益壽，皇子生，災異息矣。得道不得行，咎殃且亡。不有洪水將出，災火且起，滌盪人民！"

經了他的半利誘，半威刼之後，哀帝遂真的再受命了：

> 哀帝久寢疾，幾其有益，遂從賀良等議。於是制詔丞相御史："蓋聞尚書五曰'考終命'，言大運壹終，更紀天元人元，考文正理，推曆定紀，數如甲子也。
>
> "朕以眇身，入繼太祖，承皇天，總百僚，子元元，未有應天心之效。即位出入三年，災變數降，日月失度，星辰錯謬，高下貿易，大異連仍，盜賊並起。朕甚懼焉，戰戰兢兢，唯恐陵夷。
>
> "惟漢興至今二百載，曆紀開元，皇天降非材之右，漢國再獲受命之符。朕之不德，曷敢不通！夫受天之元命必與天下自新，其大赦天下。以建平二年爲太初元將元年。號曰陳聖劉太平皇帝。漏刻以百二十爲度。布告天下，使明知之。"(同上)

這也是受命運改制的。但所改的制只見“漏刻以百二十爲度”一事，不知道還有别的没有。夏賀良所云“得道不得行，咎殃且亡”，此“行”字當作世經之“序于行”的“行”字講，即指五德之運。但哀帝的詔書上没有説，不知是否記載的疏漏。

哀帝受命改制，夏賀良等達到了心願，這是何等可喜的事。不幸他們所許給哀帝的利益絲毫没有着落，而他們一經得勢就忘形起來；弄得不久又失敗了。李尋傳云：

> 後月餘，上疾自若。賀良等復欲妄變政事；大臣爭以爲不可許。賀良等奏言：“大臣皆不知天命，宜退丞相御史，以解光、李尋輔政。”
>
> 上以其言亡驗，遂下賀良等吏，而下詔曰：“……待詔賀良等建言，改元易號，增益漏刻，可以永安國家。朕信道不篤，過聽其言，幾爲百姓獲福；卒無嘉應，久旱爲災。以問賀良等，對當復改制度；皆背經誼，違聖制，不合時宜。……賀良等反道惑衆，姦態當窮竟！”皆下獄。……賀良等皆伏誅。尋及解光減死一等，徙敦煌郡。（同上）

這一齣再受命的滑稽劇就這樣地完了。這個運動大約有二十年的歷史，有一月餘的得勢。

在這一件事情之外，哀帝時尚有一事也是值得一説的。漢書佞幸傳云：

> 董賢，……爲人美麗自喜。哀帝望見，説其儀貌，……拜爲黄門郎，由是始幸。……賢寵愛日甚，……出則參乘，入御左右，……常與上卧起。……
>
> 上舅丁明……爲大司馬，亦任職，頗害賢寵。……上寖重賢，欲極其位，……遂以賢代明爲大司馬，册曰：“……

往悉爾心，統辟元戎，……允執其中！……”是時賢年二十二。……咸（蕭咸）私謂閎（王閎）曰：“董公爲大司馬，册文言‘允執其中’，此乃堯禪舜之文，非三公故事。長老見者莫不心懼。此豈家人子所能堪邪！”……

後上置酒麒麟殿，賢父子親屬宴飲，王閎……在側。上有酒所，從容視賢笑曰：“吾欲法堯禪舜，何如？”閎進曰：“天下乃高皇帝天下，非陛下之有也。陛下承宗廟，當傳子孫於無窮。統業至重，天子無戲言！”上默然不説，左右皆恐。於是遣閎出，後不復侍宴。……後數月，哀帝崩。

可見哀帝爲了愛幸董賢，心欲禪讓，既見之於册文，復出之於口語。眭弘、蓋寬饒們所爲流血以求者，至是乃有實現的希望。但因哀帝不久便死，又只成了一句空話。

我們看了這一章，可以知道：自武帝好大喜功，弄得四海困窮之後，人民已不願漢家再居天位。眭弘、蓋寬饒提出禪位賢人的辦法，漢帝大怒，他們都被殺了。災異説者從曆數上指出漢家的大厄運，又把一切稍變常態的物事都説成了漢運衰微的徵象，甚而至於説漢已無望，想去嚇倒漢帝；但要漢帝自承爲極亂則可，要他退位則不可。民間雖有種種革命受命的流言，但也没有一個勇夫挺身而起，自居爲新受命的天子而把漢帝趕掉。甘忠可等雖想出調和的辦法，請漢帝再受命，但結果只爭得曇花的一現，白送掉幾條性命。哀帝雖有禪位董賢的意思，但天年不永，又未得如願。“漢室將亡，賤人將興”，在武帝後九十年中，自庶人以至於天子，已成了公同的信念了，但老不實現。進既不可，退又不能，大家悉在此僵局之下徘徊觀望。

上兩章裏，講世經以前的古史系統，講西漢之季的人心不安的現象，占了許多篇幅，似乎軼出了五德終始説的範圍之外。但我們要明白相勝的五德終始説何以會得變成相生的五德終始説，簡單的五德系統何以會得變成複雜的五德系統，實在不可不對於這個題目以外的情形周覽一遍。一件事情是不會無端發生的，必有許多的積因。這些積因日在鼓盪之中，一遇到適當的機會就發洩出來。發洩的力量有大有小，小發洩則把現狀作小改變，大發洩則把現狀作大改變。現在世經之説把騶衍的五德終始説徹底改造，而又爲後世所遵用，是其所積之因必多，且必醖釀已久，達到成熟的地步，故其發洩之力甚大而維持之力甚强。易傳曰："臣弑其君，子弑其父，非一朝一夕之故，其所由來者漸矣，由辨之不早辨也。"就説得這個道理。

當騶衍創立五德終始説時，古史系統上至黄帝而止，所以他的五德系統就從黄帝算起。但以後古史系統愈放愈長，而五德系統固定不變，那就不能使人滿意了。只因秦皇、漢武已把它用作國典，未可隨了民意改變，没有法子。然而董仲舒作三代改制質文篇，三代以上就推出八代，已與世經相似。自董仲舒到西漢末約一百年，自然這新的古史系統更確立了，世經的作者即欲不用而亦勢有不可了。

西漢之季，國政不綱，皇位已摇動，群情也浮動。依照那時的學説，實應有新受命的天子起來，否則漢室也應再受命。但這個問題在五德上作何處置呢？眭弘説："漢爲堯後，有傳國之運。"那麽，堯是什麽德呢！這受禪的天子又應爲什麽德呢？甘忠可所得的天帝書是"赤精子之讖"，赤爲火德之色，是不是説漢家再受命時應爲火德呢？谷永説："彗星，土精所生；兵亂作矣，厥期不久。"是不是説繼漢而起的應爲土德呢？那時的材料傳下來的太少，這些問題固然不能決定，但即在這些零碎話裏已可窺見大家正在猜測新天子的五德之運，所以有志干求天位的人也要迎合群衆心理，自居于大家想望的某一德中纔對。

康長素先生(有爲)的新學僞經考、崔觶甫先生(適)的史記探源，抉出劉歆作僞之跡，使學術界中認識新代的學術及其改變漢學的情狀，自然是巨眼燭照；但他們把這個改變的責任一起歸在劉歆身上，以爲都是他想出來，造出來的，未免把他的本領看得太大。劉歆固然得到改變學術的機會與權勢，且實有許多爲所竄亂或臆造的文件，但倘使前無所因，則無源之水，其涸也可立而待也。惟其所改變的東西在漢代已醖釀了二百年（如古史系統），或一百年（如漢帝讓國説），大家耳濡目染已久，一旦逢到機會，取而易之，自然不致成爲使人疑駭的大問題，故外表雖爲突變，而實際則仍爲漸變。但劉歆所易，有醖釀成熟的，也有不成熟的，有順從民意的，也有出以獨斷的，所以有許多太新的東西就不能馬上取得一般人的信仰而屢受攻擊了（事實見下數章）。在這一點上，我很佩服錢賓四先生（穆），他的劉向歆父子年譜（燕京學報第七期）尋出許多替新代學術開先路的漢代材料，使我草此文時得到很多的方便。

在上兩章裏，我們已認清楚世經的歷史系統的由來（世經以前的古史系統）和改變騶衍的五德終始説的動力（漢帝應讓國説及再受命説），於是我們再在下數章裏看編排世經的方式（五行相生説，漢爲火德説，漢爲堯後説，王莽的自本……）如何。

一〇　五行相生説

五行的關係，我們在前邊只講了"相勝"。相勝的意義，我們一想就想得出來。例如拿了一柄斧頭跑到樹林裏砍下一棵樹，這就叫做"金勝木"。又如拿了一盆水澆滅一爐火，這就叫做"水勝火"。這是原始的相勝説。白虎通云：

> 五行所以相害者，天地之性衆勝寡，故水勝火也。精勝堅，故火勝金。剛勝柔，故金勝木。專勝散，故木勝土。實勝虚，故土勝水也。

這是進步的相勝説，因爲已經説得很抽象了。

自從有了五行相勝説，就引起了五德終始説，把五行相勝的原理用之於朝代的遞嬗上。這因下一代"革"上一代的命，正與五行中某一行"勝"某一行相像。

但朝代的遞嬗原有兩種方式，一是革命，一是禪讓；革命如商、周，禪讓如虞、夏。五行相勝的原理可以適用於商、周的革命，但不可適用於虞、夏的禪讓。以前的五德終始説，黄帝之後便是夏，這個牴牾還不顯明。但經了西漢人的宣傳，古史的系統既甚伸展，向來説爲一帝的又往往説成一代，那就顯出了支吾的樣子。例如淮南子中説"神農十七世"，史記中説"神農氏世衰"，即是承認神農爲一代名，在這一代中，首帝稱神農氏，末帝也稱神農氏。又如董仲舒的三代改制質文篇中説："絀三之前曰五帝，帝迭首一色。"而記湯文王的改制之事云：

> 〔湯〕絀唐謂之帝堯，以神農爲赤帝。
>
> 〔文王〕絀虞謂之帝舜，以軒轅爲黄帝，推神農以爲九皇。

是他認堯爲湯之前四代(合本代而言，下同)，神農爲湯之前八代；舜爲文王之前四代，軒轅爲文王之前八代，神農爲文王之前九代。照他的話，我們可以畫出一個"周代的古史系統表"來：

周←	殷←	夏←	虞←	唐←	帝嚳←	顓頊←	軒轅←	神農
(一代)	(二代)	(三代)	(四代)	(五代)	(六代)	(七代)	(八代)	(九代)
三王			五帝					九皇

在這個表中，可見他已把九皇、五帝與三王同等看待。三王爲三代；九皇、五帝即爲六代。這和騶衍時的古史系統，黄帝以後即繼以夏的，大不同了。

軒轅之與神農，照史記説是盡臣節的。後來軒轅作天子，乃出於諸侯的公推，非由革命。顓頊、帝嚳，據帝繫等説，是黄帝的孫和曾孫，同一皇族，也不必革命。帝堯是帝嚳的兒子，更不必説。舜受堯的禪讓，禹受舜的禪讓，止有祥和，毫無克伐。所以這個古史系統既立，以前的五德終始説只有倒壞，因爲五德終始説的基礎是建築於五行相勝説之上的，而在這一個系統中，除了殷對夏，周對殷之外，無所用其相勝。這怎麽辦呢？

歷史系統和五行系統不能合拍，在漢代人的眼光看來，是多麽可以發愁的事？

不要慌罷！五行系統除了相勝説之外還有相生説，歷史系統何嘗不可改用了相生説以濟相勝説之窮呢！

五行相生説，始見于董仲舒書（春秋繁露第五十八篇爲五行相勝，第五十九篇爲五行相生）。他道：

> 天地之氣合而爲一，分爲陰陽，判爲四時，列爲五行。行者行也，其行不同，故謂之五行。五行者五官也，比相生而間相勝也。……
>
> 東方者木；……木生火。南方者火；……火生土。中央者土；……土生金。西方者金；……金生水。北方者水；……水生木。

這段話雖明白，但他只言了相生而不言其所以相生，使人讀了不能有很深的認識。五行大義引白虎通云：

> 木生火者，木性温煖伏其中，鑽灼而出，故生火。火生

土者，火熱故能焚木，木焚而成灰，灰即土也，故火生土。土生金者，金居石依山津潤而生，聚土成山，山必生石，故土生金。金生水者，少陰之氣温潤流澤，銷金亦爲水，所以山雲而從潤，故金生水。水生木者，因水潤而能生，故水生木。

這把五行所以相生之故説得很透澈了。

此外，還有易説卦傳中的一章也是用了八卦的方位來説明五行相生的原理的。其文如下：

帝出乎震，齊乎巽，相見乎離，致役乎坤，説言乎兑，戰乎乾，勞乎坎，成言乎艮。

萬物出乎震，——震，東方也。齊乎巽，——巽，東南也；齊也者，言萬物之潔齊也。離也者，明也，萬物皆相見，南方之卦也，——聖人南面而聽天下，嚮明而治，蓋取諸此也。坤也者，地也，萬物皆致養焉，故曰"致役乎坤"。兑，正秋也，萬物之所説也，故曰"説言乎兑"。戰乎乾，——乾，西北之卦也，言陰陽相薄也。坎者，水也，正北方之卦也，勞卦也，萬物之所歸也，故曰"勞乎坎"。艮，東北之卦也，萬物之所成終而成始也，故曰"成言乎艮"。

讀這一章，很可見出：下一段是解釋上一段之文的。只有上段説"帝出乎震"，下段説"萬物出乎震"，其言"出"雖同，而所出之物卻不同。又看它説震爲東方，巽爲東南方，離爲南方，乾爲西北方，坎爲正北方，艮爲東北方，可見作者是把八卦分配四方四隅的。坤和兑雖未説出其方位，但坤爲西南，兑爲正西，循文讀去自然知道。所以這個方位是從正東起，歷東南、正南、西南、正西、西北、正北，而至東北終，很清楚。

易説卦傳是什麽時候著作的呢？據一般人的見解，則十翼爲孔子所作，説卦爲十翼之一，自當出孔子的手筆。但論衡正説篇云：

> 孝宣皇帝之時，河内女子發老屋，得逸易、禮、尚書各一篇，奏之。宣帝下示博士，然後易、禮、尚書各益一篇。

在這一段裏，雖没有説明增益的逸易是哪一篇，而隋書經籍志卻指爲説卦。文云：

> 及秦焚書，周易獨以卜筮得存，唯失説卦三篇。後河内女子得之。

論衡説是一篇，爲什麽隋書説爲三篇？這因序卦、雜卦文少，合之則與説卦爲一篇，分之則與説卦爲三篇。（韓康伯注本及唐石經猶以序卦、雜卦附説卦卷内。）漢人所説的發屋得古書事凡有三次，伏生一次，魯共王一次，河内女子一次；但俱不可信，説見康長素先生新學僞經考。

今單就宣帝時河内女子發得説卦一事説。康氏云：

> 法言問神篇："易損其一也，雖惷知闕焉"，則西漢前易無説卦可知。揚雄、王充嘗見西漢舊本故知之。説卦與孟喜卦氣圖合，其出漢時僞託無疑。（僞經考卷三上）

予按：五行與八卦本是兩個不相容的宇宙律。五行家看宇宙間的一切是五種物質及其能力所演成，這五種東西的名字是"水、火、木、金、土"。八卦家則看宇宙間的一切是八種物質及其能力所演成，這八種東西的名字是"乾、坤、震、巽、坎、離、艮、兑”，其具體之物即是“天、地、雷、風、水、火、山、澤”。這如何合得攏來？但説卦傳卻異想天開，把這兩個宇宙律合攏來了！我們只要看説卦傳中這一章的後面所説的：

> 乾爲金。坤爲地(土)。巽爲木。離爲火。坎爲水。艮爲山(土)。

可見金、木、火、水、土五行已具備於八卦之中。我們若把説卦傳的系統和董仲舒的五行相生的系統合列一表，當如下式：

<table>
<tr><td rowspan="2">春秋繁露</td><td colspan="2">東</td><td>南</td><td colspan="2">中央</td><td colspan="2">西</td><td>北</td></tr>
<tr><td colspan="2">木</td><td>火</td><td colspan="2">土</td><td colspan="2">金</td><td>水</td></tr>
<tr><td rowspan="2">説卦傳</td><td>東</td><td>東南</td><td>南</td><td>西南</td><td>東北</td><td>西</td><td>西北</td><td>北</td></tr>
<tr><td>震</td><td>巽(爲木)</td><td>離(爲火)</td><td>坤(爲地)</td><td>艮(爲山)</td><td>兑</td><td>乾(爲金)</td><td>坎(爲水)</td></tr>
</table>

這雖有兩卦(震、兑)未言其屬性，但東爲木，南爲火，西爲金，北爲水，在這一點上，五行與八卦已相一致。唐李鼎祚周易集解引干寶易注，云：

> 〔震，六二，震來厲〕干寶曰：六二木爻，震之身也。

則震之爲木可知。火珠林載八卦六位圖，云：

> 乾，屬金。坤，屬土。震，屬木。巽，屬木。坎，屬水。離，屬火。艮，屬土。兑，屬金。

至是而八卦即是五行了。八卦雖有八個，但以乾、兑合爲金，坤、艮合爲土，震、巽合爲木，也只算是五個了。現在根據以上諸説，總繪一圖，以見它們合爲一家的情狀及其終始的次序：

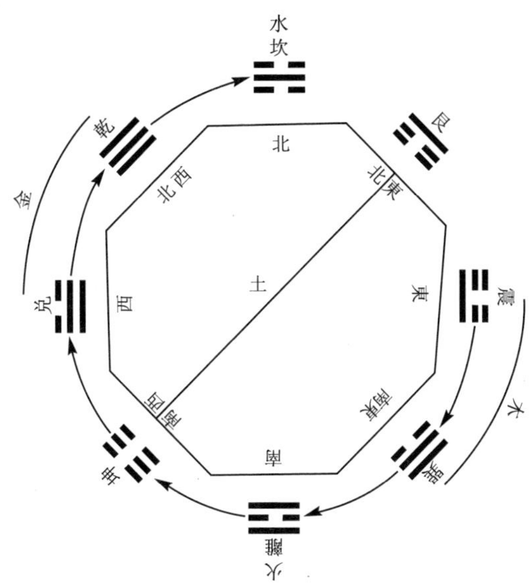

看了這個圖，我們可以知道，說卦傳上的八卦方位和五行相生說竟是一模一樣的，他們都是：

1. 在五行上，以木、火、土、金、水爲次。

2. 在方位上，以東、南、中、西、北爲次。

這種易學，把八卦遷就五行到如此地步，一定要在五行學說極昌盛的時候纔能發生。說卦既出於漢宣帝時，恐怕就是漢宣帝時人所作的吧？

自從八卦與五行合爲一物，而說卦傳上又說"帝出乎震"（這"帝"字，我以爲原是"萬物"二字，因爲要創造一個新的歷史系統，故改爲此字以張大之；今姑仍之），於是要把五行相勝說的歷史系統改到五行相生說的下面去的就可利用這一點了。漢書郊祀志贊云：

> 劉向父子以爲"帝出於震"，故包羲氏始受木德。其後以母傳子，終而復始。自神農、黃帝下歷唐、虞、三代而漢得

> 火焉。故高祖始起，神母夜號，著赤帝之符。旗章遂赤，自得天統矣。

又荀悦漢紀一高祖紀云：

> 及至劉向父子，乃推五行之運，以子承母，始自伏羲；以迄於漢，宜爲火德。其序之也，以爲易稱“帝出乎震”，故太皞始出乎震，爲木德，號曰伏羲氏。

他們都明白指出，創造這個新的歷史系統的人是劉向父子，劉向父子所持的理由是易傳上的“帝出乎震”；這比了我們以前知道的五德終始説差異了多少？

漢書律曆志云：

> 至孝成世，劉向總六曆，列是非，作五紀論。向子歆究其微眇，作三統曆及譜。

可惜五紀論現在不傳，不知道劉向對於這個問題的見解究竟怎樣。三統曆則因班固收入律曆志之故，我們還能够看見裏邊所引的世經，證實了班固和荀悦的兩段記載。

我們在這一章裏，可以知道，到了漢代，因古史系統的伸展和所伸展的古史的不適於使用五行相勝的方式，故騶衍的五德終始説必須有一度徹底的改造。這徹底改造的口號是説卦傳上的“帝出乎震”，而説卦傳是一篇五行相生化的八卦説。

一一　漢爲火德説及秦爲金德説

在班固和荀悦的兩段記載中所引起的問題，別的且放在下面再講，現在先把漢爲火德的問題提出討論。

我們在上邊，知道漢高祖以作北畤祀黑帝之故而自承爲水德，張蒼亦以河決金堤之故而定漢爲水德。到文帝時，才有賈誼、公孫臣們説漢是土德。到武帝時，才依了土德改制。如今卻説：

> 高祖始起，神母夜號，著赤帝之符，旗章遂赤，自得天統矣。

豈非太突兀了？要是高祖始起時已著赤帝之符，旗章已用赤色，則漢之爲火德在開國時已昭著了，已確定了，爲什麼開國之後歷數十年，水德和土德還是一個爭論的問題呢？爲什麼在爭論之際，没有人舉出神母夜號的故事，説漢之爲火德已前定了呢？爲什麼武帝的改制竟實定爲土德呢？現在漢初的歷史中全没有漢爲火德的痕跡，卻待劉向父子尋出了"帝出乎震"的前提，又尋出了"以母傳子"的方式之後，始回想起開國時曾有"神母夜號，著赤帝之符"的事來，這還能哄騙誰？

我們即此可以知道，漢之爲火德，非確有赤帝之符，乃是因爲伏羲始出於震，爲木德，從此排下去，到漢便是火了。在新的五德終始系統中，漢之不得不爲火，正如在舊的系統中漢之不得不爲土一樣。黄龍見於成紀的符瑞，是公孫臣主張漢爲土德之後才出現的。那麼，神母夜號的符瑞，自然應當待劉向父子發明了漢爲火德的主張之後而才出現，可以無疑了。

這一件神母夜號的故事，我們鈔出來看一遍：

> 高祖被酒，夜徑澤中，令一人行前。行前者還報曰："前有大蛇當徑，願還！"高祖醉曰："壯士行，何畏！"乃前，拔劍斬蛇；分爲兩，道開。行數里，醉困卧。後人來至蛇所，有一老嫗夜哭。人問"嫗何哭"？嫗曰："人殺吾子。"人曰："嫗子何爲見殺？"嫗曰："吾子，白帝子也，化爲蛇當道。今者赤帝子斬之，故哭。"人乃以嫗爲不誠，欲苦之。嫗因忽不見。後人至，高祖覺；告高祖。高祖乃心獨喜，自負；諸從者日益畏之。（漢書高帝紀。史記高祖本紀也有此事，但司馬遷時不能有此故事，必出僞竄。）

既經有了這件故事，於是就有了這把寶劍。應劭漢官儀（太平御覽職官部引）云：

> 侍中左貂右蟬，……往來殿中；……至東京時，屬少府，亦無員。駕出，則一人負傳國璽，操斬蛇劍〔參〕乘，輿（與）中官俱止禁中。

也就有了這個地方。唐魏王泰括地志（史記高祖本紀正義引）云：

> 斬蛇溝源出徐州豐縣中平地，故老云高祖斬蛇處，至縣西五十里入泡水也。

物證這樣地齊全，似乎已不能不信爲實事。但我敢斷然地説：這件故事是爲了改造漢室的受命之符而出現的，這些物證更在其後。如果不是，爲什麽這些記載不見於西漢之世，甚至連東漢初班固作的漢書百官公卿表序和地理志的豐縣下都没有記?

關於這件故事，我們又有一個新問題應當討論了。漢之爲赤帝子，在新的五德終始系統中應當如此固無疑義(因爲從伏羲木排下去，神農火，黄帝土，顓頊金，嚳水，堯木，舜火，夏土，商金，周水，秦木，漢自當爲火)，但爲什麽秦會成了白帝子呢?秦不是自居於水德的嗎?西漢定爲土德，不是也承認秦爲水德的嗎?水之色黑，爲什麽秦竟成了白帝子?白爲金德之色，爲什麽秦是金德?五行相生之序，生火者爲木，秦既列在漢的火德之前，爲什麽不改成了木德?

這個緣故很不易解釋。據我看來，這是仍用五行相勝説的。因爲秦爲漢滅，火勝金，漢既爲火德，秦自當爲金德了。

讀者們看了這個解釋，不免要問：漢之爲火德是由相生説來的，在相生説的系統中，如何容得下相勝?對於這個駁詰，實在無法解答。我想，這或者是剛在改變五德系統，尚未成爲定論的時候所出；一經沿用，後來就没法消滅了。或者那時曾有一個參用相勝和相生説的系統，看其得國以禪讓則用相生的系統次之，若其得國以征伐則用相勝的系統次之。只因那時的五德史説的材料傳下來的太少，我們無從判别。

如果有人説："白帝子"的"白"字安知非本是"黑"字或他色字，後來傳訛的，你何必過信任它呢?我説，不對，這確是"白"字，因爲還有他處的文字可以作證：

> 秦襄公既侯，居西陲，自以爲主少皞之神，作西畤，祠白帝。
>
> 櫟陽雨金，秦獻公自以爲得金瑞，故作畦畤櫟陽而祀白帝。(以上二條俱見漢書郊祀志。史記封禪書也有之，但司馬遷不能有此説，亦必出僞竄，理由詳下。)
>
> 秦失金鏡，魚目入珠。(太平御覽八十六引尚書緯考靈

曜）

有人雄起戴玉英，祈，旦失籥，亡其金虎。（太平御覽八十七引尚書緯帝命驗。又引鄭玄注曰："'祈'，讀曰'晳'，白也，謂之秦也。'旦失籥'，户將開。'金虎'，白獸之長，喻於秦君。"）

這些記載中，"西陲"、"西畤"的"西"，"雨金"、"金瑞"、"金鏡"、"金虎"的"金"，和"白帝"的"白"聯成一個系統，確與五行説十分合拍。但秦襄公在春秋前（前七七七——前七六六），秦獻公亦在戰國初（前三八四——前三六二），恐怕那時五行之説還没有起來呢！而且秦國倘使有了這些故事，秦之爲金德亦甚明白矣，爲什麽還要推本於秦文公的獲黑龍而自居於水德呢？恐怕襄公、獻公的"自以爲"就是西漢末年的人的"自以爲"吧？

我説這段話，或者有人不服，以爲秦襄公、獻公的作西畤、畦畤而祀白帝，史記封禪書明載之，秦本紀及年表亦明載之。你説"司馬遷時不能有此説，必出僞竄"，請拿證據來！我對於這個質問，將答説，證據是有的，就出在封禪書上。按封禪書記秦所祠的上帝，有下列諸條：

秦襄公既侯，居西陲，自以爲主少皞之神，作西畤，祠白帝。其牲用騮駒、黄牛、羝羊各一云。

秦文公夢黄蛇自天下屬地，其口止于鄜衍。文公問史敦。敦曰："此上帝之徵，君其祠之！"於是作鄜畤，用三牲，郊祭白帝焉。

秦宣公作密畤於渭南，祭青帝。

秦靈公作吴陽上畤，祭黄帝；作下畤，祭炎帝。

櫟陽雨金，秦獻公自以爲得金瑞，故作畦畤櫟陽而祀白帝。

照它所説，秦國的上帝祠共有六處，其分配如下：

> 甲，白帝——1. 西畤，襄公作；
> 　　　　　 2. 鄜畤，文公作；
> 　　　　　 3. 畦畤，獻公作。
> 乙，青帝——密畤，宣公作。
> 丙，黄帝——上畤，靈公作。
> 丁，炎帝(即赤帝)——下畤，靈公作。

可見青帝、黄帝、炎帝都只一祠，而白帝凡有三祠。及漢高祖起，封禪書記他的事道：

> 漢興，高祖……二年，東擊項籍而還入關，問："故秦時上帝祠何帝也?"對曰："四帝，有白、青、黄、赤之祠。"高祖曰："吾聞天有五帝；而有四，何也?"莫知其説。於是高祖曰："吾知之矣，乃待吾而具五也!"乃立黑帝祠，命曰北畤。

此祠一立，秦地的上帝祠又多出了一個：

> 戊，黑帝——北畤，漢高祖作。

大約秦公祠白、青、黄、赤帝時，只是把不同的顔色一次一次地增加；到漢高祖時，五行説的勢力大了，纔以爲既有四帝不容缺了一帝，既有白、青、黄、赤四色不容缺了黑色，所以更立一個北畤，而高祖亦遂自以爲得到了水德之瑞。

照這樣講，秦地的上帝祠在秦共有六個，在漢共有七個。但封禪書卻説：

> 秦并天下，……唯雍四時上帝爲尊。故雍四時，春以爲歲禱，因泮凍，秋涸凍，冬賽祠。
>
> 孝文帝……即位十三年，……有司議增雍五時，車各一乘，駕被具。
>
> 黄龍見成紀，……於是夏四月，文帝始郊見雍五時祠。
>
> 新垣平以望氣見上，言長安東北有神氣成五采，……宜立祠上帝以合符應。於是作渭陽五帝廟，……祠所用及儀亦如雍五時。
>
> 今上（武帝）……郊雍，獲一角獸，若麟然。有司曰："陛下肅祗郊祀，上帝報享。……"於是以薦五時。

這真是很奇怪的，秦時的上帝祠只有"雍四時"而無六時，漢時又只有"雍五時"而無七時。再有兩個到了哪裏去了？又爲什麼獨缺了這兩個呢？僞竄的人也曾見到這一層，所以插説：

> 〔秦并天下〕……西時、畦時祠如其故，上不親往。
>
> 〔孝文帝……即位十三年，……有司議增雍五時，路車各一乘，駕被具〕西時、畦時禺車各一乘，禺馬四匹，駕被具。

他以爲西時、畦時的地位次於其他諸時一等，故上不親往而祭品亦差（"禺"，即俑偶之"偶"，非真物）。因此之故，就不算在四時或五時之内了。可是，同樣的祭祀上帝之時，爲什麼只有西時、畦時的地位低一等呢？西時爲襄公所立，是秦國的第一個時，地位應當獨尊，爲什麼反低了呢？畦時因獻公得金瑞而立，在許多時中它最有符瑞的意味，爲什麼它的地位也低了呢？如果説，秦已并天下，不再偏居西陲了，秦已定水德，不再希罕金瑞了，所以把這兩時看作不重要，那麼，秦文公所立的鄜時也是祠白帝的，在五行的系統上，白帝原是管着西方和金瑞的，爲什麽鄜畤的地位不因此而降低一等呢？

再有一個證據也足以證明西、畦兩畤之爲僞竄。照他們所講，這兩畤在漢時是和其他五畤一樣地祭祀，不過祭品較差而已。但成帝建始元年（前三二），匡衡奏請罷雍五畤云：

> 王者各以其禮制事天地，非因異世所立而繼之。今雍鄜、密、上、下畤，本秦侯各以其意所立，非禮之所載術也。漢興之初，儀制未及定，即因秦故祠，復立北畤。今既稽古，建立天地之禮，郊見上帝，青、赤、白、黄、黑五方之帝皆畢陳，各有位饌，祭祀備具。諸侯所妄造，王者不當長遵。及北畤，未定時所立，不宜復修。（漢書郊祀志）

他請罷的畤，只説秦侯以意所立的鄜、密、上、下四畤，和漢未定天下時所立的北畤，放過了西畤、畦畤。難道他要廢去五畤而獨留這兩個畤嗎？這大足證明這兩個畤本來没有，所以他不説了。

於此，我們可以明瞭，青、黄、赤三帝所以只有一畤而白帝獨有三畤者，這原因就在西、畦兩畤是西漢末年的人造出來的。他們所以造出這兩個畤的緣故，因爲漢是火德，被火德所勝的應爲金，故秦爲金德，故秦有金德的符瑞（櫟陽雨金），故秦首祀金德的上帝（少皞之神）。凡秦本紀、十二諸侯年表、六國表、封禪書中關於西畤、畦畤的記載都是有了"赤帝子斬白帝子"的故事之後插進去的。因爲是插進去的。故務求周密，不像密畤、上畤等，各篇中或載或不載，反不一律了。

郊祀志贊説"高祖……著赤帝之符，旗章遂赤"，這一件事是本紀中所未見的。故顔師古注引鄧展（三國魏人）説云：

> 向父子雖有此議，時不施行。至光武建武二年，乃用火德，色尚赤耳。

足徵這一説很不能爲人所信。但封禪書中卻有漢初施行“色尚赤”的記載：

> 高祖……遂以十月至灞上，與諸侯平咸陽，立爲漢王。因以十月爲年首，而色尚赤。
>
> 於是夏四月，〔文帝〕始郊見雍五畤祠，衣皆上赤。

這與下面説的：

> 十一月辛巳朔旦冬至昧爽，天子始郊拜太一，朝朝日，夕夕月，……而衣上黄。（武帝元鼎五年）
>
> 天子……封太山下東方，如郊祠太一之禮。……禪太山下阯東北肅然山，如祭后土禮。天子皆親拜見，衣上黄，而盡用樂焉。（武帝元封元年）

是何等地衝突呵！

漢既以居火德而色尚赤，同樣，秦亦當以居金德而色尚白。是以封禪書云：

> 秦并天下，……三年一郊。……通權火，拜於咸陽之旁，而衣上白，其用如經祠云。

一二　漢爲堯後説

夏以前的歷史，我不知道了。若商，在湯之前有契，有相土，有王亥、王恒，有上甲微等。到湯滅夏時，國勢久已强盛了。周，在武王克商以前，有公亶父，有公劉，有太王，有王季、文王，也在岐山之下經營了許多年了。秦，自秦仲立國，訖於始皇成帝業，依史記的記載，已有六百二十三年的歷史。所以漢以前的朝代，都是從小國變成大國，從大國變成共主，没有以平民的資格而作天子的。

但平民作天子的傳説，在戰國時卻很流行。例如堯典中寫的舜，起初只是民間的一個鰥夫，後來由四岳之薦而登庸，終於陟帝位。故孟子説："匹夫而有天下者，德必若舜、禹。"那時儒、墨兩家的主張，誰有最好的德，誰就應居最高的位。

這種想像到了秦末果真實現，漢高祖以平民登帝位了！雖則他的道德是否高出於一切人還是問題，但他開創一個古今未有的局面這是無疑的。

漢高祖以平民作皇帝，不是可羞的事，乃是可誇的。司馬遷於秦漢之際月表序中論之云：

> 昔虞、夏之興，積善累功數十年，德洽百姓，攝行政事，合之於天，然後在位。湯、武之王，乃由契、后稷修仁行義十餘世。……秦起襄公，章於文、繆，獻、孝之後，稍以蠶食六國，百有餘載，至始皇乃能並冠帶之倫，以德若彼，用力若此，蓋一統若斯之難也。
>
> 秦既稱帝，患兵革不休以有諸侯也，於是無尺土之

封。……然王跡之興，起於閭巷；合從討伐，軼於三代。鄉秦之禁，適足以資賢者，爲驅除難耳。……此乃傳之所謂“大聖”乎！豈非天哉！豈非天哉！非大聖孰能當此受命而帝者乎！

這些贊歎之辭，很能代表一般西漢人對於漢高祖的信仰。

因爲高祖起於閭巷不足爲羞，反而使人深信他是一個天命的大聖，所以他成就了帝業之後不曾爲自己的門第裝點。司馬遷作高祖本紀時也就直書其事，云：

高祖，沛豐邑中陽里人，姓劉氏，字季。父曰太公；母曰劉媪。

他的祖父是誰，已不能知道了，曾祖以上更不必提了。其實，就是“父曰太公，母曰劉媪”也何嘗是真的名字。“太公”只是尊稱。例如史記齊太公世家云：

於是周西伯獵，果遇太公（吕尚）於渭之陽。與語，大説，曰：“自吾先君太公曰：‘當有聖人適周，周以興’，子真是邪？吾太公望子久矣！”故號之曰“太公望”，載與俱歸。

這一件事固然不是真的歷史，但足見秦、漢時人確有“太公”一個稱謂，故謂齊太公之名是由周文王的太公盼望他而來的。（這太公，是王季呢，是太王呢？如指王季，則太公爲父之尊稱。如指太王，則太公爲祖之尊稱。）至劉媪，則直是“劉家老太太”的意思，尚不可知其母家的姓（除非她是“劉劉氏”）。就是高祖字季，實在也是他的排行，並非特地題出來的名（看他的兩兄名伯、仲可知）。所以然之故，只因高祖起於貧賤之家，没有受過貴族文化的薰陶，一家中人不必有像樣的名和字。至於他們家裏的譜牒，不消說得是沒有。所以漢書禮樂志中所載的郊祀歌、房中歌等，宣揚漢德，誇辭甚多，但終不曾提起高祖的先人來。一比了詩三百篇中的周、魯、商諸頌，各各誇陳其祖德的，真是大不同了。

想不到過了多少年，漢高祖忽地成了名人的子孫了。漢書眭弘傳中說他上給昭帝的書：

> 先師董仲舒有言，“雖有繼體守文之君，不害聖人之受命”。漢家，堯後，有傳國之運。漢帝宜誰差天下，求索賢人，禪以帝位，而退自封百里，如殷、周二王後，以承順天命。

“漢爲堯後”，這真是一句破天荒的話！究竟是當時有此世系呢？還是儒者鼓吹堯、舜禪讓太動人了，遂使人懸擬此後之易代應爲禪讓，漢既居於堯的地位，遂聯想爲堯的子孫呢？這種史料存留太少，我們無從猜測。眭弘是嬴公的弟子，嬴公是董仲舒的弟子，我們姑且假設在那時的春秋學說中曾有漢爲堯後的主張罷。

眭弘既秉承董仲舒們的受命的學說，主張漢帝應效法先祖堯的禪位賢人，自然可認他在春秋學中有所根據。但我們翻看公羊傳及春秋繁露等書，都毫沒有這件事的痕跡。不過，在左傳裏，關於此事，卻確有詳細的記載。其文如下：

> 晉人患秦人之用士會也，……乃使魏壽餘僞以魏叛者以誘士會。執其帑於晉，使夜逸，請自歸於秦。秦伯許之。履士會之足於朝。秦伯師於河西；魏人在東。壽餘曰：“請東人之能與夫二三有司言者，吾與之先。”使士會。士會辭曰：“晉人，虎狼也；若背其言，臣死，妻子爲戮，無益於君，

> 不可悔也!”秦伯曰:“若背其言,所不歸爾帑者有如河!”乃行。……既濟,魏人譟而還。秦人歸其帑。其處者爲劉氏。(文十三年)

這是説,士會逃在秦國,晉人騙他回來之後,秦人把他的家眷送歸;但還有一部分留在秦國的,就不以士爲氏而以劉爲氏了。(所以改爲劉氏之故,或因“劉”之古文爲“鎦”,留而不行,故曰鎦。)又:

> 范宣子曰:“昔匄之祖,自虞以上爲陶唐氏,在夏爲御龍氏,在商爲豕韋氏,在周爲唐杜氏,晉主夏盟爲范氏。”(襄二十四年)

這是范宣子數自己的氏族系統,説他的家在虞前是陶唐氏,後歷夏、商、周三代均改氏。范宣子是士會之孫;因爲士會受封於范,遂以范爲氏了。又:

> 蔡墨……對曰:“……有夏孔甲擾于有帝,帝賜之乘龍,河、漢各二,各有雌雄,孔甲不能食而未獲豢龍氏。有陶唐氏既衰,其後有劉累,學擾龍於豢龍氏,以事孔甲,能飲食之。夏后嘉之,賜氏曰御龍,以更豕韋之後。龍一雌死,潛醢以食夏后,夏后饗之。既而使求之,懼而遷於魯縣。范氏其後也。”(昭二十九年)

這是可以證實范宣子的話的。陶唐氏之後有劉累,已以劉爲氏了。其在夏所以爲御龍氏者,就爲劉累替孔甲豢龍。其處秦所以爲劉氏者,就爲復劉累之舊。

杜預左傳注於“在周爲唐杜氏”條注云:

> 唐、杜，二國名。殷末，豕韋國於唐。周成王滅唐，遷之於杜，爲杜伯。杜伯之子隰叔奔晉，四世及士會，食邑於范氏。

他所以説“唐、杜；二國名”，是根據賈逵注國語所云“武王封堯後爲唐、杜二國”來的（正義引）。但既分爲二國，而乃謂成王滅唐，遷之於杜，則又似爲一國然，未詳其實。今姑依賈逵及杜預之説，爲左傳中這三段文字列一世系表（凡世數非直接的，用虚綫次之）：

陶唐氏……御龍氏（劉累）……豕韋氏…┬…唐氏
└…杜氏（杜伯）—隰叔……士會｛范氏（在晉者）；劉氏（在秦者）

這似乎是很尋常的一件事，不值得大驚小怪。但因前端是陶唐氏，陶唐氏爲堯，後端是劉氏，劉氏爲漢，就顯出了“漢爲堯後”的意義來了。自有此説，而漢家世系爲之伸展極長。史記高祖本紀只説高祖爲沛人，其父曰太公而已；到了東漢班固作漢書時，便不能那樣簡單了。因此，他的高帝紀贊就説：

> 春秋晉史蔡墨有言：“陶唐氏既衰，其後有劉累，學擾龍，事孔甲，范氏其後也。”而大夫范宣子亦曰：“祖，自虞以上爲陶唐氏，在夏爲御龍氏，在商爲豕韋氏，在周爲唐杜氏，晉主夏盟爲范氏。”范氏爲晉士師，魯文公世奔秦，後歸於晉；其處者爲劉氏。
>
> 劉向曰：“戰國時，劉氏自秦獲於魏；秦滅魏，遷大梁，都於豐。故周市説雍齒曰：‘豐，故梁徙也。’”是以頌高祖云：“漢帝本系，出自唐帝。降及於周，在秦作劉。涉魏而東，遂爲豐公。”豐公，蓋太上皇父，其遷日淺，墳墓在豐

鮮焉。

及高祖即位，置祠祀官，則有秦、晉、梁、荆之巫，世祠天地，綴之以祀，豈不信哉！

由是推之，漢承堯運，德祚已盛。斷蛇著符，旗幟上赤，協於火德。自然之應，得天統矣！

在這一贊裏，把左傳中的三段記事融成一片，而又採劉向之説，説明士會留秦的一系從秦轉魏，又遷於豐。高祖之祖爲豐公，也舉出來了。他所以説"高祖即位，置祠祀官，則有秦、晉、梁、荆之巫"，顔師古引應劭注云：

先人所在之國，悉致祠巫祝，博求神靈之意也。

又引文穎注云：

巫，掌神之位次者也。范氏世仕於晉，故祀祠有晉巫。范會支庶留秦爲劉氏，故有秦巫。劉氏隨魏都大梁，故有梁巫。後徙豐，豐屬荆，故有荆巫也。

這樣一解釋，於是封禪書中所載的諸國之巫便都爲漢室先人的神靈所依。漢之世系歷代凡六，其先人所在跨國凡四，真可謂源遠流長了！可是高祖所置的祠祀官尚有九天巫、河巫、南山巫，武帝所置的尚有粤巫，爲什麽就和漢的先人不發生關係了呢？

假使左傳所載都爲信史，則司馬遷一時疏漏，賴劉向、班固等查明補正，豈非快事。不幸左傳是一部很有問題的書，其出現頗不光明。經清代幾個今文學家研究，確爲劉歆改頭换面之作（詳下"春秋左氏傳的著作時代的各家説"章）。它的材料固有甚早的，亦有甚後的。故此書之染有濃厚的漢代色彩，自無足怪。

但左傳中漢爲堯後的記載，固已不待清代學者提出今古文問題，而早爲經師所不信。東漢初，賈逵云：

> 五經家皆無以證圖讖明劉氏爲堯後者，而左氏獨有明文。（後漢書賈逵傳）

這就是説：言劉氏爲堯後的只有左傳和圖讖，五經家則從無是説。左傳編於劉歆之手；圖讖起於哀、平之間：這一説的來源也就可想而知。

又孔穎達左傳正義云：

> 炫（隋劉炫）於“處秦爲劉”謂非丘明之筆；“豕韋、唐杜”不信元愷（杜預）之言。己之遠祖數自譏訐。（襄二十四年）

可見劉炫寧可自己失掉堯的子孫的光榮，而必指斥“其處者爲劉氏”一語不是左傳的本文。但孔穎達雖笑劉炫的譏訐遠祖，實在他自己對於這一語也是不信的。他説：

> 伍員屬其子於齊，使爲王孫氏者，知己將死，豫令改族。……士會之帑在秦不顯，於會之身復無所辟，傳説“處秦爲劉氏”，未知何意言此。討尋上下，其文不類，深疑此句或非本旨。蓋以爲漢室初興，捐棄古學，左氏不顯於世，先儒無以自申。劉氏從秦徙魏，其源本出劉累：插注此辭，將以媚於世。明帝時，賈逵上疏云：“五經皆無證圖讖明劉氏爲堯後者，而左氏獨有明文。”竊謂前世藉此以求道通，故後引之以爲證耳。（文十三年）

他的意思，以爲“其處者爲劉氏”一句是本來没有的。只因漢室初興的時候不重古文學，而左氏爲古文，遂致不顯於世；先儒插入此句，見得漢爲堯後之文爲左氏所獨有，好使君主見了喜歡，讓左氏出頭。他這個假設，由我們看來，有一半對。“其處者爲劉氏”之語，插進的痕跡顯然：秦人既歸士會之帑了，爲什麽還有“處者”，爲什麽處者要改氏？孔氏説此句出於先儒插注，這是對的。但古文學卻非漢室初興時所有，漢爲堯後之説亦不能出現於漢初，孔氏這一猜把時代猜早了。

我的意思，以爲左傳中這三段文字，魏壽餘誘士會一段除末句外自是不假；至范匄和蔡墨的兩段話則殊不可信，非漢爲堯後之説已發生時不會出現。

等到緯書起來，漢爲堯後之説早成熟了，所以又有一則新的故事云：

> 堯之長子監明早死，不得立。監明之子封於劉。朱又不肖而弗獲嗣。（尚書中候，古微書引。）

於是劉累之所以氏劉之故也説明了。不但如此，漢高祖的父親和母親的名字也出現了。史記高祖本紀索隱引王符云：

> 太上皇名煓。（按今潛夫論無此語，或司馬貞誤記。）

索隱又云：

> 皇甫謐云：“媪蓋姓王氏。”……今近有人云：母温氏貞。時打得班固泗水亭長古石碑文，其字分明作“温”字，云“母温氏”。貞與賈膺復、徐彦伯、魏奉古等執對，反覆沈歎古人未聞，聊記異見，於何取實也。

高祖的父名劉煓，母姓温或王氏，就這樣完了嗎？唉，他們講故事的興致還濃得很呢！春秋緯握成圖云：

> 劉媪夢赤鳥如龍，戲己，生執嘉。執嘉妻含始游雒池，赤珠上刻曰：“玉英，吞此者爲王客。”以其年生劉季爲漢王。（史記高祖本紀正義及御覽皇親部引。）

大家看啊！高祖的父又名爲執嘉，母又名爲含始了！劉媪不是高祖的母親而是他的祖母了！然則，太公是他的父親還是他的祖父呢？

綜合以上的記載，我們可以畫出一個“漢爲堯後的世系表”來，結束這宗西漢末、東漢初的公案：

…唐氏
堯—監明—劉氏…劉累…豕韋氏…
…杜氏（杜伯）—隰叔…士會—劉氏…豐公—執嘉（煓）—漢高祖

一三　王莽自大司馬做到皇帝的經歷

西漢一代，與外戚相終始。不過當全盛時代，外戚雖强，也不敢推倒皇室。到了元、成之際，漢室益衰，大家引領而望新受命的天子出來之情也愈亟，勢燄赫奕的外戚自然起意了。

且説宣帝時廷尉史王禁獻其女政君入掖庭，爲太子奭所幸，生子驁（即成帝）。宣帝崩後，太子即位，是爲元帝，驁立爲太子，政君立爲皇后。王禁也封爲陽平侯；他死後，長子鳳嗣位。元帝崩，成帝立，尊皇后爲皇太后，以王鳳爲大司馬大將軍領尚書事，益封五千户，王氏就興盛了。王鳳專政十一年，死了；弟王音代其位。王音專政七年，死了；弟王商代其位。王商專政三年，死了；弟王根代其位。綏和元年（前八），王根辭職，薦他的姪子王莽自代。綜計成帝一朝（前三二——前七），政權始終不出王氏之手。在這漢運已衰的空氣中，王氏就取得了代興的資格。

劉向是漢室的忠臣，看見這種情形，生氣得很。他曾上封事極諫道：

> 今王氏一姓，乘朱輪華轂者二十三人。……大將軍秉事用權，五侯驕奢僭盛，……行汙而寄治，身私而託公。依東宫之尊，假甥舅之親，以爲威重。尚書、九卿、州牧、郡守，皆出其門。筦執樞機，朋黨比周。……游談者助之説，執政者爲之言。排擯宗室，孤弱公族。……内有管、蔡之萌，外假周公之論。兄弟據重，宗族磐互。歷上古至秦、漢，外戚僭貴未有如王氏者也。……
>
> 物盛必有非常之變先見，爲其人微象。孝昭帝時，冠石立於泰山，仆柳起於上林，而孝宣帝即位。今王氏先祖墳墓在濟南者，其梓柱生枝葉，扶疏上出屋，根垂地中。雖立石起柳，無以過此之明也。事勢不兩大，王氏與劉氏亦且不並立。……陛下爲人子孫，守持宗廟，而令國祚移於外親，降爲皂隸，縱不爲身，奈宗廟何！（漢書劉向傳）

漢書中未記此疏年月，但通鑑則載於陽朔二年（前二三）。如果司馬光是有所據的，那還是成帝即位後十年内的事呢。在那時，王氏已經是"朋黨比周，宗族磐互"了，已經有"游談者助之説"，且"假周公之論"了，其祖墓上已有梓柱的祥瑞了，在事勢上已經"與劉氏不並立"而使劉向直言"國祚移於外親"了。所以王氏的篡漢是前定的事實，所不可知者，是何人行篡位的大典及其篡位的方式將如何而已。

王莽是王太后的姪子，但因他的父親曼早死没有封侯。那時他的兄弟輩都以輿馬聲色佚游相高，他獨孤貧恭儉，師事沛郡陳參，受禮經，勤身博學，被服如儒生。他的叔父王商覺得他有學行，上書願分户邑封他，遂於永始元年(前一六)封爲新都侯，國南陽新野之都鄉千五百户。他爵位愈尊，節操愈謙，名譽極好。他繼王根爲大司馬二年，成帝崩，無子，以元帝庶孫欣嗣位，是爲哀帝。哀帝即位後，自有他的外家，所以丁、傅諸家起來當權，王莽退處了六年。哀帝崩，王太后即日至未央宫，收取璽綬，遣使者馳召莽，復拜爲大司馬，迎九歲的中山王爲皇帝，是爲平帝。從此以後，王莽的政權就鞏固了。

王莽二次得權之後，漢書説他：

> 於是附順者拔擢，忤恨者誅滅。王舜、王邑爲腹心。甄豐、甄邯主擊斷。平晏領機事。劉歆典文章。孫建爲爪牙。豐子尋，歆子棻，涿郡崔發，南陽陳崇，皆以材能幸於莽。莽色厲而言方，欲有所爲，微見風采。黨與承其指意而顯奏之。莽稽首涕泣，固推讓焉。上以惑太后，下用示信於衆庶。

因爲王莽有了這樣一個堅固的團體，所以他能够辦起許多新事業來，使得他的名望日高，得到民衆的熱烈的信仰。

平帝即位的第一年(一)，他就示意益州塞外蠻夷，自稱越裳氏，重譯到漢廷，獻白雉一，黑雉二。他爲什麼要這樣呢？因爲在尚書大傳裏有下面一段話：

> 交趾之南，有越裳國。周公居攝六年，制禮作樂，天下和平。越裳以三象重譯而獻白雉。……成王以歸周公。公曰："……吾何以獲此賜也？"其使請曰："吾受命吾國之黄

> 耇，曰‘久矣天之無别風淮雨(“烈風淫雨”之誤)，意者中國有聖人乎？有則盍往朝之！’”(御覽七百八十五引)

他爲要自比於周公，故複演這越裳氏重譯而獻白雉的佳話。於是群臣盛陳莽功德，致周成白雉之瑞千載同符。他們説：“周公及身而託號於周，莽宜賜號曰安漢公，益户疇爵邑。”王莽謙讓數四，終於受了。這是他二次得政後的第一次升級。

我們看本篇第九章，可以知道西漢之季是災異説極盛的時代，西漢的國運就被這災異説打擊得奄奄欲絶。現在王莽得政，卻有祥瑞來了，這是民衆的視聽上的一個極大的改變，足以唤起他們的光明的希望的。可是以前的災異説是漢受其殃，現在的祥瑞説卻非漢得其利，因爲鼓吹這一説的人本只爲自己打算呵！

平帝二年(二)，王莽欲燿威德，厚遺黄支國(在南海中，去京師三萬里)王，令遣使貢獻，於是黄支國獻犀牛。他又使使者風匈奴單于，上書慕化，單于從之，上書言“幸得備藩臣，竊樂太平聖制(時莽奏令中國不得二名)，臣故名囊知牙斯，今謹更名知”。又越巂郡有黄龍游江中。夏間，王莽奏太后，説：“幸賴陛下德澤，間者風雨時，甘露降，神芝生，蓂莢、朱草、嘉禾，休徵同時並至。”可見那時的祥瑞連駢而來，正同元、成間的災異連駢而出一樣。到元始五年(五)，莽加九命之錫，在太后的策書中説“天符仍臻，元氣大同，麟鳳龜龍衆祥之瑞七百有餘”，可知那時在幾天之中即會出現一個祥瑞。

王莽一方面博求禎祥，一方面制禮作樂。自宗廟、社稷、封國、車服、刑罰之制，以及吏民養生、送終、嫁娶、奴婢、田宅、器械之品，莫不有所更定。這因他是禮家出身，所以要把所有的禮制都用己意改過，使其成爲極整齊的一大套。這確是一代的大手筆，而他也更像那位“思兼三王以施四事”的周公了。

因爲他的權勢這樣高，功業這樣大，所以稱頌他的功德的人非常多。漢書王莽傳中還保存得一整篇奏書，是張竦爲陳崇（就是上邊所説的"以材能幸於莽"的陳崇，他那時做大司徒司直）所草的。這篇文字用了許多經書上的詞句來稱美王莽，結論云：

> 是故成王之於周公也，度百里之限，越九錫之檢，開七百里之宇，兼商、奄之民，賜以附庸殷民六族。……今陛下既知公有周公功德，不行成王之褒賞，遂聽公之固辭，……誠非所以爲國也。臣愚以爲宜恢公國，令如周公。……

於是王莽的封國有擴大的要求了。

平帝四年（四）四月，王莽女立爲皇后。太保王舜（即上邊"爲腹心"的王舜）等奏言：

> 春秋列功德之義。太上有立德，其次有立功，其次有立言，惟至德大賢然後能之。其在人臣，則生有大賞，終爲宗臣，殷之伊尹，周之周公是也。

又人民上書者八千餘人，咸曰：

> 伊尹爲阿衡；周公爲太宰。周公享上公之賞。宜如陳崇言！

於是王莽又益封地，稱宰衡，位上公了。這是他二次得政後的第二次升級。

他受了宰衡，辭了封地。因此一辭，又把古代的佳話複演了起來。史記周本紀説：

> 西伯（周文王）陰行善，諸侯皆來決平。於是虞、芮之人

有獄不能決，乃如周。入界，耕者皆讓畔，民俗皆讓長。虞、芮之人未見西伯，皆慙，相謂曰："吾所爭，周人所恥，何往爲！祇取辱耳！"遂還，俱讓而去。諸侯聞之，曰："西伯蓋受命之君！"……詩人道西伯，蓋受命之年稱王而斷虞、芮之訟。（按：此指詩大雅緜篇中的"虞、芮質厥成，文王蹶厥生"兩句。）

因此，又有王舜的奏書：

天下聞公不受千乘之土，辭萬金之幣，……莫不鄉化。蜀郡男子路建等輟訟慙怍而退。雖文王卻虞、芮何以加！宜報告天下！

文王的德化，使得虞、芮之人不訟而去，做了他的受命之徵，則王莽的德化能使路建們輟訟慙怍而退，不也是一個受命之徵嗎？

就在這一年（平帝四），王莽奏起明堂、辟雍、靈臺，爲學者築舍萬區，作市常滿倉，制度甚盛。群臣又奏言：

昔周公奉繼體之嗣，據上公之尊，然猶七年制度乃定。夫明堂、辟雍，墮廢千載莫能興。今安漢公起於第家，輔翼陛下，四年於兹，功德爛然。公以八月載生魄庚子奉使朝用書，臨賦營築。越若翊辛丑，諸生庶民大和會，十萬衆竝集。平作二旬，大功畢成。唐、虞發舉，成周造業，誠亡以加。宰衡位宜在諸侯王上！

這幾句話，在經典上也是有根據的。尚書云：

惟三月哉生魄，周公初基，作新大邑于東國洛，四方民

大和會，侯、甸、男邦、采、衛，百工播民和，見士于周。(康誥篇首錯簡)

……乙卯，周公朝至于洛，則達觀于新邑營。……越七日甲子，周公乃朝用書，命庶殷侯、甸、男邦伯。厥既命殷庶，庶殷丕作。(召誥)

王莽起明堂等新建築的方式即是周公營洛邑的方式，他不但像周公，簡直是周公復生了。

這時，吏民以莽不受新野田而上書者前後四十八萬七千餘人，及諸侯王公列侯宗室見者皆叩頭言："宜亟加賞於安漢公。"王莽苦辭，願畢制禮作樂之事。但太后下詔不許，令議"九錫"之儀。於是公卿大夫博士議郎列侯九百二人皆曰：

帝者之盛，莫隆於唐、虞，而陛下任之。忠臣茂功，莫著於伊、周，而宰衡配之。所謂異時而興，如合符者也。謹以六藝通義經文所見，周官、禮記宜於今者，爲九命之錫。臣請命錫！

於是五年夏，太后臨前殿，親錫他緑韍、衮冕、鸞路、龍旂……許多貴重的東西。這是他二次得政後的第三次升級。

王莽這樣一幹，一時天下頓呈昇平的氣象。他因爲西方的羌人還没有表示，又遣中郎將平憲等多持金幣，騙他們獻地内屬。平憲等去後，果然得到美滿的結果。他們奏言：

羌豪良願等種人口可萬二千人，願爲内臣，獻鮮水海允谷鹽池，平地美草皆予漢民，自居險阻處爲藩蔽。問良願等降意，對曰："太皇太后聖明，安漢公至仁，天下太平，五穀成熟，或禾長丈餘，或一粟三米，或不種自生，或繭不蠶

> 自成。甘露從天降；醴泉自地出。鳳皇來儀；神爵降集。從四歲以來，羌人無所疾苦，故思樂内屬。"宜以時處業，置屬國領護。

他們所説的"或禾長丈餘，或一粟三米"，在經典中也是有根據的。尚書大傳云：

> 成王之時，有三苗貫桑葉而生，同爲一穗，其大盈車，長幾充箱。民得而上諸成王。（尚書歸禾序正義引）

又書序曰：

> 唐叔得禾，異畝同穎，獻諸天子。王命唐叔歸周公於東，作歸禾。
>
> 周公既得命禾，旅天子之命，作嘉禾。

所以這也是王莽和周公千載同符的一件事。自良願等獻地内屬，王莽又立了一個西海郡。他又以經義正了十二州名。

王莽的勢力和聲望到了這等地步，他不做皇帝再做什麼，所以漢的宗室泉陵侯劉慶上書，就直捷痛快地説：

> 周成王幼少稱"孺子"，周公稱攝。今帝富于春秋，宜令安漢公行天子事如周公！

周公行天子事有根據嗎？他們説是有的。其一在大誥。據書序説：

> 武王崩，三監及淮夷叛；周公相成王，將黜殷，作

大誥。

則大誥是周公所作。而這篇的開頭卻説：

> 王若曰："猷，大誥爾多邦，……"

不説"周公曰"而逕説"王若曰"，可見這個"王"即是周公了。其二在康誥。據書序説：

> 成王既伐管叔、蔡叔，以殷餘民封康叔，作康誥。

則康誥是成王時書。而這篇的開頭説：

> 惟三月哉生魄，周公初基，作新大邑于東國洛。……王若曰："孟侯，朕其弟，小子封！……"

康叔封是成王的叔父，此間乃云"王若曰，朕其弟"，可見這個"王"必非成王而是周公了。其三在洛誥，篇末説：

> 惟周公誕保文、武受命，惟七年。

可見周公攝政稱王之期凡歷七年。其四在明堂位：

> 昔者周公朝諸侯于明堂之位，天子負斧依南鄉而立。……武王崩，成王幼弱，周公踐天子之位以治天下。六年，朝諸侯於明堂，制禮、作樂，頒度量而天下大服。七年，致政於成王。成王以周公爲有勳勞於天下，是以封周公於曲阜，地方七百里，革車千乘，命魯公世世祀周公以天子之禮樂。

這一段話與洛誥之文對看，即顯出“周公誕保文、武受命，惟七年”的意義，而周公的稱王乃得了一個積極的證明。其五在尚書大傳：

> 周公攝政，一年救亂，二年克殷，三年踐奄，四年建侯衛，五年營成周，六年制禮作樂，七年致政成王。（尚書康誥正義等引）

此文雖没有踐位稱王之文，但看“攝政”“致政”的話，則其行天子事已甚顯明。自有此文，而周公在這七年間所行的大事乃可屈指而數了。此外的根據當然還有，我們另篇討論吧。（周公的真事實及其稱王説之由來，當于另作“尚書中的周初史料”一文中論之。）

劉慶既有這等提議，群臣當然説“宜如慶言”！

然而王莽行了天子事，將置平帝於何地呢？於是平帝就不得不於這年的十二月裏夭亡了。（平帝之崩，漢書平帝紀及王莽傳俱言其病，但翟義傳中所録的翟義檄文則謂是王莽毒殺。通鑑從之。）在平帝未死時，漢書説：

> 平帝疾，莽作策請命於泰畤，戴璧秉圭，願以身代。藏策金縢，置于前殿，敕諸公勿敢言。

這種辦法，也是周公的態度。尚書金縢篇云：

> 既克商二年，王（武王）有疾弗豫。……周公……乃自以爲功，爲三壇同墠；爲壇於南方北面，周公立焉，植璧秉圭，乃告太王、王季、文王。史乃册祝曰：“……以旦代某之身！……”公歸，乃納册于金縢之匱中。……諸史與百執

事對曰："……公命我勿敢言。"

總而言之，凡是周公的故事，他都學會了而且做盡了。

平帝十四歲死。那時元帝世絶，宣帝曾孫有五十三人，玄孫有二十三人，但從王莽的卜相之下，只有玄孫中最幼的廣戚侯子嬰最吉，所以他就嗣位了。

就在這一月裏，前煇光謝囂奏武功長孟通浚井得白石，上圓下方，有丹書著石，文曰"告安漢公莽爲皇帝"。於是王舜等共令太后下詔曰：

> ……玄孫年在繈褓(按：只有二歲)，不得至德君子，孰能安之！安漢公莽輔政三世，……遂同殊風，至于制作，與周公異世同符。今前煇光囂，武功長通上言丹石之符。朕深思厥意，云"爲皇帝"者，乃攝行皇帝之事也。……其令安漢公居攝踐祚，如周公故事！……

於是群臣奏言：

> 太皇太后聖德昭然，深見天意。……禮明堂記曰"周公朝諸侯於明堂，天子負斧依，南面而立"，謂周公踐天子位六年，朝諸侯，制禮作樂，而天下大服也。……書逸嘉禾篇曰："周公奉鬯立于阼階，延登，贊曰：'假王涖政，勤和天下'"，此周公攝政，贊者所稱。成王加元服，周公則致政。書云："朕復子明辟。"周公常稱王命，專行不報，故言我復子明君也。臣請安漢公居攝踐祚，服天子韍冕，背斧依于户牖之間，南面朝群臣，聽政事。車服出入警蹕，民臣稱臣妾，皆如天子之制。郊祀天地，宗祀明堂，共祀宗廟，享祭群神，贊曰"假皇帝"。民臣謂之"攝皇帝"。……其朝見太皇

太后、帝、皇后，皆復臣節。……

太后一一答應了，於是王莽便做了事實上的皇帝了。這是他踏上皇帝位的第一步。

漢的宗室固有勸王莽行天子事的劉慶，但也有怕王莽奪取漢祚的劉崇。他在居攝元年起兵討莽，不幸敗了。群臣復奏：

> 劉崇等謀逆者，以莽權輕也，宜尊重以填海内。

權重做了攝皇帝，可謂已經登峰造極了，再要加重應當怎麽辦呢？於是太后詔莽，朝見太后稱“假皇帝”。本來見了太后是稱“臣”的，現在也稱起“假皇帝”來了。這是他踏上皇帝位的第二步。

居攝二年九月，東郡太守翟義立嚴鄉侯劉信爲天子，移檄郡國，言莽毒殺平帝，欲絶漢室。郡國響應，累十餘萬。這次聲勢浩大，不比劉崇了。所以莽很惶懼，晝夜抱孺子嬰告禱郊廟，放大誥作策。這篇大誥是很可笑的一篇文章，完全脱了尚書裏的大誥的調而寫成的(因爲那時的經師説，大誥是周公伐武庚、管、蔡時所作，翟義、劉信的討王莽正與武庚、管、蔡的叛周公情形相類)。原文太長，今摘鈔幾段如下：

> 惟居攝二年十月甲子，攝皇帝若曰：……熙，我念孺子若涉淵水，予惟往求朕所濟度奔走，以傅近奉承高皇帝所受命。……天降威明，用寧帝室，遺我居攝寶龜。太皇太后以丹石之符，迺紹天明意，詔予即命居攝踐祚，如周公故事。……
>
> 反虜故東郡太守翟義擅興師動衆，曰“有大難于西土，西土人亦不靖”，於是動。嚴鄉侯信誕敢犯祖亂宗之序。天

降威，遺我寶龜，固知我國有呰災，使民不安，是天反復右我漢國也。……

予不敢僭上帝命。……太皇太后肇有元城沙鹿之君，陰精女主聖明之祥，配元生成，以興我天下之符，遂獲西王母之應，神靈之徵，以祐我帝室。……是以廣立王侯，竝建曾玄，俾屏我京師，綏撫宇内；博徵儒生，講道于廷，論序乖謬，制禮作樂，同律度量，混一風俗，正天地之位，昭郊宗之禮，定五時廟祧，咸秩無文，建靈臺，立明堂，設辟雍，張太學，尊中宗、高宗之號。

昔我高宗崇德建武，克綏西域，以受白虎威勝之瑞。天地判合，乾坤序德，太皇太后臨政，有龜龍麟鳳之應，五德嘉符相應而備。河圖、雒書遠自昆侖，出于重壄。古讖著言，肆今享實。此乃皇天上帝所以安我帝室，俾我成就洪烈也。烏虖，天用威，輔漢始而大大矣！……

予永念曰：天惟喪翟義、劉信，若嗇夫，予曷敢不終予畝！……故予大以爾東征。命不僭差，卜陳惟若此！（漢書翟義傳）

他的運氣真好，翟義等又給他打滅了。於是他的氣燄更高，自謂威德日盛，獲天人助。

居攝三年（八），他的母親功顯君死了，意不在哀，令太后詔議其服制。少阿羲和劉歆（即上面"典文章"的劉歆）與博士諸儒七十八人皆曰：

居攝之義，所以統立天功，……安輯海内也。……伊尹……居攝以興殷道；……周公……居攝以成周道。……今太皇太后比遭家之不造，……孺子幼少，未能共上下。皇天降瑞，出丹石之符。是以太皇太后則天明命，詔安漢公居攝

> 踐祚，將以成聖漢之業，與唐、虞、三代比隆也。
>
> 攝皇帝遂開秘府，會群儒，制禮作樂，卒定庶官，茂成天功。聖心周悉，卓爾獨見，發得周禮以明因監，則天稽古而損益焉。……非聖哲之至，孰能若兹！……
>
> 今功顯君薨，……攝皇帝以聖德承皇天之命，受太后之詔，居攝踐祚，奉漢大宗之後，不得顧私親。……攝皇帝當爲功顯君緦縗弁而加麻環絰，如天子弔諸侯服，以應聖制。

王莽就照議行了。在這一段裏最重要的一句話，是“發得周禮以明因監”。周禮這部書，大家相信是周公致太平之跡，然而溯其來源則由于王莽的“發得”。在這樣崇拜周公的高潮之下，在周公的偶像這樣支配現實政治的時候，忽然發得了周禮一書以供他制禮作樂時的“因監”，這部書的出現不是很有可疑嗎？

就是這一年（居攝三），廣饒侯劉京言齊郡新井，車騎將軍千人扈雲言巴郡石牛，太保屬臧鴻言扶風雍石。這些符瑞的情狀，約略可於王莽奏太后書中見之：

> 陛下至聖，遭家不造，遇漢十二世三七之阸，承天威命，詔臣莽居攝，受孺子之託，任天下之寄。臣莽兢兢業業，懼於不稱。
>
> 宗室廣饒侯劉京上書，言“七月中齊郡臨淄縣昌興亭長辛當一暮數夢，曰：‘吾天公使也。天公使我告亭長，曰：“攝皇帝當爲真。”即不信我，此亭中當有新井。’亭長晨起視亭中，誠有新井，入地且百尺。”
>
> 十一月壬子，直建冬至，巴郡石牛，戊午（當是“扶風”之誤）雍石文皆到於未央宫之前殿。臣與太保安陽侯舜等視。天風起，塵冥。風止，得銅符帛圖於石前，文曰：“天告帝符，獻者封侯。承天命，用神令。”騎都尉崔發（即上面“以才

能幸於莽”的崔發)等眡視。(顏注:“眡,古視字也。視其文而説其意也。”)

及前孝哀皇帝建平二年六月甲子,下詔書,更爲太初元將元年。案其本事,甘忠可、夏賀良讖書臧蘭臺。臣莽以爲“元將元年”者,大將居攝改元之文也。於今信矣!

尚書康誥:“王若曰:‘孟侯,朕其弟,小子封’”,此周公居攝稱王之文也。春秋:“隱公不言即位,攝也。”此二經,周公、孔子所定,蓋爲後法。孔子曰:“畏天命,畏大人,畏聖人之言。”臣莽敢不承用!

臣請共事神祇,宗廟,奏言太皇太后、孝平皇后,皆稱“假皇帝”,其號令天下,天下奏事,毋言“攝”。以居攝三年爲初始元年;漏刻以百二十爲度。用應天命。臣莽夙夜養育,隆就孺子,令與周之成王比德,宣明太皇太后威德於萬方,期於富而教之。孺子加元服,復子明辟,如周公故事。

這是他根據了齊郡新井等符瑞,甘忠可們的讖書,以及周公、孔子的經文而改定的制度。本來他號令天下及天下奏事是稱“攝皇帝”的,現在則直稱“皇帝”了。本來漏刻以百爲度,哀帝再受命,用了甘忠可之説改以百二十爲度,不到兩個月又改回來:他這次的改制又照甘氏説改了。至改居攝爲初始,則是表明他已不是攝皇帝了。這是王莽踏上皇帝位的第三步。

他走了這三步,除他對太后們還稱“假”外,其他一切是真皇帝了,於是有哀章的金匱策書,使他直接受漢高祖的禪讓。(見下面“王莽的受禪及其改制”章。)

在這一章裏,可以知道王莽從大司馬做到皇帝是極有秩序的,他共升了六次級,費了八年功夫。在這八年中(一——八),他費了許多心思定了許多制度,顯現了許多符瑞,用了藝術的手腕把一個愁慘的舊國變成一個昇平的新國。

這一章和五德終始説無關，似乎又出了題外。但我們要明白王莽時的古史系統的改變，不得不先認清了這個所以改變的社會背景以及那時候的歷史觀念的方式。王莽是怎樣一個相信歷史而又喜歡自出心裁的人。他的目的是在做成皇帝，他的手段是在歷史中找出他做皇帝的根據，所以他的一切行動悉以經（古史記載）爲標準。但經中所記的古事有限，在實用上一定不够。爲要救濟這個缺憾，所以他只得"發得周禮以明因監"了，而書逸嘉禾篇更是一個應時代需要而發生的顯例。我們知道了這個，則根本改變古史系統的世經，自可知道它是在同一的時代使命之下出現的。

其次，王莽在未作皇帝之前一切模倣周公。他的歷史觀念，只是一個循環論。周公時有了許多文物，又有了許多禎祥，他就可以攝政稱王；那麽，王莽只要有了周公的文物和禎祥，當然他也該居攝稱帝了。到做成皇帝之後，他又應一切模倣堯、舜，堯典、禹貢等老文章就是他的政治的新文章了。這種循環論最與五德終始説相合，所以他對於五德説下的歷史有一種大規模的改定，而他也成了舜的子孫。

又有一件事，我們應當先提一下。讖緯諸書，向來儒者均斥爲妖妄。但我們懂得了五德三統諸説，懂得了災異禎祥諸説，則這種妖妄之談正是應有的碩果，絲毫不足駭詫。讖緯書中，五德終始説的材料是很豐富的，我們要整理這種材料，不得不對於造成這種材料的時勢先看一遍。這就是我寫出這一章的宗旨。

下面兩章——今古文問題，春秋左氏傳著作時代的各家説——也是和五德終始説雖没有直接關係而卻爲解決新式的五德終始説的先決問題。

一四　今古文問題

那位爲王莽典文章的劉歆，曾在過去的學術界中掀起一回鉅大的風潮，即是經書中的今古文之爭。這個問題成爲一個最大的癥結，直到現在還不能徹底解決。(此問題太大，不能在這篇中詳論，只得約略說一下，讀者諒之。)

劉歆的事蹟，依據漢書本傳及藝文志，大略如下：

他名歆，字子駿(哀帝建平元年改名秀，字穎叔，當以哀帝名欣，與"歆"音同，避嫌名之故)，是劉向的少子。從小就通詩、書，能屬文。成帝時，召見，待詔宦者署，爲黄門郎。那時王莽亦爲黄門郎，他們倆很投契。河平(前二八——前二五)中，成帝以書頗散亡，使謁者陳農求遺書於天下，詔劉向、歆父子及任宏、尹咸等校定。劉向管的是經傳、諸子、詩賦三部分。但劉歆很喜博涉，即數術、方技之類也無所不究。向死後，哀帝初即位，那時王莽爲大司馬，舉歆宗室有材行，遷侍中，奉車都尉，使他復領五經，卒父前業。歆於是總群書而奏七略。這部書雖已亡，但漢書藝文志是從它出來的，我們還可看得一個大概。

向、歆父子始皆治易。宣帝時，詔向受穀梁春秋，十餘年大明習。及歆校秘書，見"古文春秋左氏傳"，大好之。這是"古文"二字的起源，我們不可忽略過。

古文，是對今文而言的。漢代流傳的經書本子，當然用漢代的文字書寫。現在，劉歆從秘府裏尋出來的一部春秋左氏傳(左氏爲孔子的春秋經所作的傳)則是用古文字書寫的。這因左氏傳在漢代没有通行，所以還保存得漢以前的原狀。在理論上，本講得過去。經書，在孔子時已有了，從孔子到漢約三百年，在這時期中爲經書作傳的人當然很多，也當然不盡在漢代通行。左氏傳幸留在秘府裏，有人把它表章，使得絶了二百年的學統可以復續，這是怎樣一件可喜的事！可是，我們不要忘了漢代是託古改制的時代，尤其是西漢之末，是周禮、逸書等等大批出現的時代（見上章），我們不能對於它作無條件的信任。

他尋出了春秋左氏傳之後，漢書本傳説他：

> 初，左氏傳多古字古言，學者傳訓故而已。及歆治左氏，引傳文以解經，轉相發明，由是章句義理備焉。

可見他對於左氏傳是曾經動過一番手的。本傳又説：

> 歆以爲左丘明好惡與聖人同，親見夫子；而公羊、穀梁在七十子後。傳聞之與親見之，其詳略不同。歆數以難向，向不能非間也，然猶自持其穀梁義。

這可見他們父子對於春秋之學的意見不同，又可見劉向對於左氏傳中的春秋義是不贊成的。本傳又説：

> 及歆親近，欲建立左氏春秋及毛詩、逸禮、古文尚書，皆列於學官。

這可見他要求立於學官的經傳，在左氏春秋之外，還有毛詩、逸禮和古文尚書三種。

按漢書儒林傳云：

> 漢興，言易自淄川田生。言書自濟南伏生。言詩，於魯則申培公，於齊則轅固生，燕則韓太傅。言禮，則魯高堂

生。言春秋，於齊則胡毋生，於趙則董仲舒。

這是漢武帝時的情形。那時經學派别，寥寥無幾，除詩有三派，春秋有二派外，餘均爲一家之言，無異説。到武帝罷斥百家，獨尊儒術之後，各種新派别都起來了。班固儒林傳贊云：

> 自武帝立五經博士，開弟子員，設科射策，勸以官禄，訖于元始（平帝年號），百有餘年，傳業者寖盛，支葉蕃滋，一經説至百餘萬言，大師衆至千餘人，蓋禄利之路然也。
>
> 初，書惟有歐陽，禮后，易楊，春秋公羊而已。至孝宣世，復立大、小夏侯尚書；大、小戴禮；施、孟、梁丘易；穀梁春秋。至元帝世，復立京氏易。

可知宣、元之世是經學分列的時代。大約因爲“勸以官禄”，故學者群思自立門户，希冀私學變成官學。但是他們只在議論上求勝利，想不出什麽新的方法。劉歆從小就受有很好的家學，稍長又博覽秘府藏書，他也希望自己的學説立於學官，竟被他發明了一個新途徑。秘府中的書當然有用古文寫的，他就從這上面得到暗示，覺得倘在今文經書之外别出許多古文經書，一定可使經學界中開出一個新面目。所以他在三家詩之外别出一種毛詩，在歐陽、夏侯書之外别出一種古文尚書，在大、小戴禮之外别出一種逸禮，在公羊、穀梁春秋之外别出一種左氏春秋，這四種新經和新傳都是以“古文”爲標幟的。

他提出這個請求之後，本傳云：

> 哀帝令歆與五經博士講論其義，諸博士或不肯置對。歆因移書太常博士責讓之。

這一篇移書是今古文問題的第一次辯論，是學術史上的最重要的材料。原書全文録入本傳，今摘鈔如下：

> 夫子没而微言絶，七十子終而大義乖。重遭戰國棄籩豆之禮，理軍旅之陳，孔氏之道抑而孫、吴之術興。陵夷至於暴秦，燔經書，殺儒士，設挾書之法，行是古之罪，道術由是遂滅。
>
> 漢興，去聖帝明王遐遠，仲尼之道又絶，法度無所因襲。時獨有一叔孫通，略定禮儀。天下唯有易卜，未有他書。至孝惠之世，乃除挾書之律。然公卿大臣絳、灌之屬咸介胄武夫，莫以爲意。至孝文皇帝，始使掌故朝錯從伏生受尚書。尚書初出於屋壁，朽折散絶。今其書見在，時師傳讀而已。詩始萌芽。天下衆書往往頗出，皆諸子傳説，猶廣立于學官，爲置博士。在漢朝之儒，唯賈生而已。
>
> 至孝武皇帝，然後鄒、魯、梁、趙頗有詩、禮、春秋先師，皆起于建元之間。當此之時，一人不能獨盡其經，或爲雅，或爲頌，相合而成。泰誓後得，博士集而讀之。故詔書稱曰："禮壞樂崩，書缺簡脱，朕甚閔焉!"時漢興已七八十年，離於全經固已遠矣。

這是説孔子所定的六經，在他死後，經過了學者們的改變，戰國的兵亂，秦的燔燒，已經散失的不像樣子。漢興之後，還不把這件事放在心上，六經只有周易流傳，此外惟叔孫通略略定了些禮儀。直到文帝時，朝錯始從伏生受尚書，但尚書只是朽折散絶的一堆竹簡。詩經是萌芽於文帝時，合成於武帝時的。春秋的先師，也到武帝建元之間剛有。所以現在(西漢之季)所有的六經，是漢興七、八十年後東拼西湊而成的，已經不是當初的原本了。這段話雖非完全真實(例如武帝詔書，史記儒林列傳所載的爲"禮廢樂崩，朕甚愍焉”，此間卻説“禮壞樂崩，書缺簡脱，朕甚閔焉”，他爲要證明六經的不完全，不惜杜造了“書缺簡脱”一語增加進去)，但當漢初創痍未復之際，不能馬上闡揚文化，以致經學的發達遲了數十年，加以道家壓抑儒家，六經的地位不高，學習的人不多，這是當然的現象，所以我覺得這些話大體是可信的。下面説：

> 及魯恭王壞孔子宅，欲以爲宫，而得古文於壞壁之中，逸禮有三十九，書十六篇。天漢之後，孔安國獻之。遭巫蠱倉卒之難，未及施行。及春秋左氏，丘明所修，皆古文舊書，多者二十餘通，藏於秘府，伏而未發。
>
> 孝成皇帝閔學殘文缺，稍離其真，乃陳發祕藏，校理舊文。得此三事，以考學官所傳，經或脱簡，傳或間編。傳問民間，則有魯國柏公，趙國貫公，膠東庸生之遺學與此同，抑而未施。

這是説魯恭王在孔子舊宅牆壁中發得了逸禮和逸書五十五篇，都是用古文字寫的，孔安國把它獻給武帝，因巫蠱之難而未及施行。還有一部春秋左氏，數量很多，也是用古文字書寫的，一樣地擱在祕府裹。直到成帝詔劉向、歆等校書，方得發見。拿這三部書去校對學官的本子，有的“經”是脱了簡的(缺了)，有的“傳”是間了編的(亂了)。到民間去訪問，纔知道有柏公、貫公、庸生的學説與此相同，但都不曾得到政府的認可。在這裹，他没有説到毛詩的來源。

這一段話很不可信。其一，史記魯共王世家無壞孔子壁得古文經事；司馬遷是尊信六藝的，他也曾講業齊、魯之都，使有此事，不應不載。其二，司馬遷作孔子世家，云：“安國爲今皇帝博士，……早卒”，那麽，當他作史記時，安國已死了；司馬遷且不及見巫蠱之難，而謂孔安國能看見嗎？其三，魯共王死于武帝元朔元年（前一二八），到征和二年（前九一）巫蠱事起，已歷三十六年了；漢武帝時很崇奬經學，如有此事發生，爲什麽要延遲到三十年後而始獻上呢？（還有許多牴牾處，見新學僞經考卷三上。）因爲他所説的話，時代與事實均不相合，而且上文説他治左氏時已經自己動過一番手，所以這一段話很可斷爲他的謊話。下面又説：

> 往者綴學之士不思廢絶之闕，苟因陋就寡，……信口説而背傳記，是末師而非往古。至於國家將有大事，若立辟雍、封禪、巡狩之儀，則幽冥而莫知其原。猶欲保殘守缺，挾恐見破之私意，而無從善服意之公心。或懷嫉妬，不考情實，雷同相從，隨聲是非。抑此三學，以尚書爲備，謂左氏爲不傳春秋，豈不哀哉！
>
> 今聖上……下明詔，試左氏可立不，……將以輔弱扶微。……今則不然，深閉固距而不肯試，猥以不誦絶之；欲以杜塞餘道，絶滅微學。……若必專己守殘，黨同門，妒道真，違明詔，失聖意，以陷于文吏之誅，甚爲二三君子不取也！

這是痛駡那時的博士，只知道抱守家學的殘書，聽信末師的口説，就以爲真理盡在於是。一到國家舉行大典，問他們儀制如何，就不知道怎麽回答。有什麽好東西出來，反要懷了嫉妬之心，結了朋黨，把它壓抑下去。所以尚書二十八篇明明不是全本，他們卻説是完全的；左氏明明的是春秋傳，他們卻説是不傳春秋的。

這是劉歆的一面之辭，對方的話可惜没有整篇傳下來。今把漢書本傳及儒林傳、王莽傳所載的幾條録下：

其言甚切，諸儒皆怨恨。是時名儒光禄大夫龔勝以歆移書，上疏深自罪責，願乞骸骨罷。及儒者師丹爲大司空，亦大怒，奏歆改亂舊章，非毀先帝所立。……歆由是忤執政大臣，爲衆儒所訕；懼誅，求出補吏，爲河内大守。（本傳）

歆白左氏可立，哀帝納之。以問諸儒，皆不對。歆於是數見丞相孔光，爲言左氏以求助；光卒不肯。（儒林傳）

莽召問群臣禽賊方略。……故左將軍公孫禄徵來與議。禄曰："……國師嘉新公（劉歆）顛倒五經，毁師法，令學士疑惑。……宜誅……以慰天下。"（王莽傳）

要立幾部逸經逸傳於學官，使得大家對於孔子之道多明白些，這是好事。即使他太露鋒鋩，激起諸儒的妒忌，亦何至爲他們所怨恨，必欲把他置於死地而後快。這可見他的學説在經學上所起的變動必甚劇烈，其勢將把以前的經學家的地盤盡數打破，所以他們要和他拼命了。

哀帝既死，王莽復柄政。劉歆的同志既成了最有勢力的人，而且他自己又爲這最有勢力的人"典文章"，於是他再不怕諸博士的反對了。班固儒林傳贊云：

平帝時，又立左氏春秋、毛詩、逸禮、古文尚書。

這雖不知道是哪一年的事，但那時已達到了劉歆的志願，把這四種書一齊立於學官了。這是漢代學術的一個大改變！

平帝四年，王莽奏起明堂、辟雍、靈臺，爲學者築舍萬區。劉歆那時官羲和、京兆尹。王莽使他治明堂，辟雍；有功，封紅休侯。又使他典儒林史卜之官，考定律曆。這時候，劉歆已成爲文化事業的中心人物，他可以用了自己的理想構成一個文化的系統。他決不會因已立了四種古文學的經傳就滿足的。

於是那時有一個大規模的學術運動發生。王莽傳説：

> 立樂經。益博士員，經各五人。徵天下通一藝，教授十一人以上，及有逸禮、古書、毛詩、周官、爾雅、天文、圖讖、鍾律、月令、兵法、史篇文字，通知其意者皆詣公車。網羅天下異能之士。至者前後千數。皆令記説廷中，將令正乖謬，壹異説云。

又平帝紀云：

> 徵天下通知逸經、古記、天文、曆算、鍾律、小學、史篇、方術本草，及以五經、論語、孝經、爾雅教授者，在所爲駕一封軺傳，遣詣京師。至者數千人。

這一件事，王莽傳載于元始四年，平帝紀則載于五年，大約此事非一時可辦，四年徵遣，五年數千人集京師，乃令記説廷中耳。這件事情，手段非常毒辣，一方面把古文學的種子散播到民間，一方面又令今文學增加許多敵人，凡古文學家的眼光中感到的"乖謬"和"異説"都掃空了。這是用了利禄的引誘來統一學術思想。從此以後，今文學的勢力有減無增，古文學的勢力也就有增無減了。

在這兩段記載裏，我們可以知道那時除了劉歆傳中的四部經傳外，又立了樂經、周官、爾雅等書於學官。（這兩段中雖只説徵求通周官、爾雅等的人，並没有説把周官、爾雅等立學，但藝文志在"周官經六篇"下已注明"王莽時，劉歆置博士"，推之爾雅等當亦如是。）

王莽傳説"史篇文字"，平帝紀説"小學史篇"，關於此事，許慎説文序中有一點紀載：

> 孝平皇帝時，徵禮(沛人爰禮)等百餘人，令説文字未央廷中，以禮爲小學元士。黄門侍郎楊雄采以作訓纂篇，凡倉頡以下十四篇，凡五千三百四十字。群書所載，略存之矣。

可見訓纂篇是這次文字方面的“正乖謬，壹異説”的結果。推之其它方面，亦當如此；惜已無從覓得材料。説文序又云：

> 及亡新居攝，使大司空甄豐等校文書之部。自以爲應制作，故頗改定古文。時有六書：一曰古文，孔子壁中書也。二曰奇字，即古文而異者也。三曰篆書，即小篆，秦始皇帝使下杜人程邈所作也。四曰左書，即秦隸書。五曰繆篆，所以摹印也。六曰鳥蟲書，所以書幡信也。

這是王莽的第二次審定文字。第一次審定當時通用文字的總數，第二次是審定各種字體。因爲他注重古文，所以把它列在第一。又以古文專屬之孔子壁中書，見得壁中書占有獨尊的地位。這都是劉歆宿日的主張，藉王莽的權力而實現的。這真是一個“古文”與“古文經”的大運動！

因爲有了這樣一個大運動，所以今古文的界限就確實建立，所有的經書都分成今學和古學了。其實所謂古學何嘗是真的古學，只不過是王莽所需要之學，劉歆所認爲應行提倡之學而已。康長素先生以“新學僞經”名書，這是很不錯的。今依據漢書藝文志，列一“今古文總表”。(藝文志是出於七略的，七略是劉歆在哀帝時所奏的，似乎不能記及王莽時新出的古文學書籍。但古代的書並無刻本，隨時可以增加。只要看王莽新發得的周禮，藝文志中也有，就可知道七略雖係哀帝時所奏，而亦不少王莽時新增入的材料了。)

經名	今　文	古　文
易	施、孟、梁丘三家經十二篇	古文易經，民間費氏經與之同
書	大、小夏侯經二十九卷，歐陽經二十二卷	古文經四十六卷(五十七篇)
詩	齊、魯、韓三家經二十八卷	毛詩二十九卷
禮	后、戴經七十篇，記百三十一篇	古經五十六卷，周官經六篇
春秋	公羊、穀梁經十一卷，公羊傳十一卷，穀梁傳十一卷	古經十二篇，左氏傳三十卷
論語	齊二十二篇，魯二十篇	古二十一篇
孝經	長孫、江、后、翼經一篇，十八章	古孔氏一篇，二十二章

這一個表所録的古文經，比了上面的記載，又添出了易經、論語、孝經三種。自從添出了這三種，而後所有的經書便完全具備了古文了。

這三種裏，易經頗奇怪，只見於叙録而不見於篇目中。叙録云："劉向以中古文易經校施、孟、梁丘經，或脱去'无咎'、'悔亡'；惟費氏經與古文同。"可見古文的易經與今文的易經所差只在幾處脱字，其餘全同。至於和古文相同的費氏經，也但見于叙録而不見于篇目。深疑此經的古文或尚無贋造之本，不過空寫幾個名詞而已。古論語，注云："出孔子壁中。"孝經，叙録云："唯孔氏壁中古文爲異。"到説文序，云：

> 壁中書者，魯共王壞孔子宅而得禮記、尚書、春秋、論語、孝經。

劉歆在移讓太常博士書中只説魯共王壞壁得逸禮和逸書，其七略又多出了古論語和孝經。到這裏，又多出了春秋了。要不是許慎杜撰，也許仍是劉歆説的。古文經日有增益，孔家壁中的古簡册也就日出而不窮，這是多麽滑稽的事情？

古文經既是這樣地整齊而且完備，但傳經的系統不完全，也是一個缺憾。所以他們又爲它造出許多傳授的源流來。漢書儒林傳云：

> 費直，字長翁，東萊人也。治易爲郎，……長於卦筮。亡章句，徒以彖、象、系辭十篇文言解説上、下經。瑯邪王璜平仲能傳之。璜又傳古文尚書。
>
> 孔氏有古文尚書。孔安國以今文字讀之，因以起其家，逸書得十餘篇，蓋尚書滋多於是矣。……安國爲諫大夫，授都尉朝。而司馬遷亦從安國問故，遷書載堯典、禹貢、洪範、微子、金縢諸篇多古文説。都尉朝授膠東庸生。庸生授清河胡常少子，……又傳左氏。常授虢徐敖，……又傳毛詩；授王璜，平陵塗惲子真。子真授河南桑欽君長。
>
> 毛公，趙人也，治詩，爲河間獻王博士，授同國貫長卿。長卿授解延年。延年……授徐敖。敖授九江陳俠，爲王莽講學大夫。
>
> 漢興，北平侯張蒼及梁太傅賈誼，京兆尹張敞，太中大夫劉公子皆修春秋左氏傳。誼爲左氏傳訓故，授趙人貫公，爲河間獻王博士。子長卿，……授清河張禹少子。禹……授尹更始。更始傳子咸及翟方進、胡常。常授黎陽賈護季君，……授蒼梧陳欽子佚，以左氏授王莽，至將軍。而劉歆從尹咸及翟方進受。由是言左氏者本之賈護、劉歆。

照這樣講，古文學派的淵源至長，學者甚衆，且有兩種是河間獻王已立博士的，它簡直是個“顯學”，爲什麽劉歆竟小覷它而稱它爲“微學”？再説春秋左氏傳，自張蒼、賈誼以來傳授不絶，河間獻王且爲立博士，何以傳了二百年，博士們還説它不傳春秋？劉歆左氏之學是從尹咸們傳來的，師承歷歷可數，爲什麽本傳中説他因領校秘書而發見此書，又爲什麽説他始引傳文以解經？又張蒼修左氏傳，爲什麽史記本傳中不説，但云“好書律術”？賈誼作左氏傳訓故，爲什麽史記本傳中也不提一字，但謂其“能誦詩、書”；連七略裏也不載這部著作？……對於這些記載，實在可提出的疑問太多了！

自清代學者重提出了今古文問題之後，作最嚴正的系統的批評的，首推康長素先生的新學僞經考。他自述其澈悟此問題之由來，有下列一段話，今録之以終此章：

> 自劉申受、魏默深、龔定盦以來，疑攻劉歆之作僞多矣，吾蓄疑於心久矣。吾居西樵山之北，……讀書澹如之樓，……碧陰茂對，籐床偃息，……拾取史記，……偶得河間獻王傳、魯共王傳讀之，乃無得古文經一事，大驚疑。乃取漢書河間獻王、魯共王傳對較史記讀之，又取史記、漢書兩儒林傳對讀之，則漢書詳言古文事，與史記大反，乃益大驚大疑。
>
> 又取太史公自序讀之，子長自稱“天下郡國群書皆寫副，集于太史公，太史公仍世父子纂其業，乃緬金匱石室之藏，厥協六經異傳，整齊百家雜語”，則子長於中秘之書，郡國人間之藏，蓋無所不見。其生又當河間獻王魯共王之後，有獻書開壁事更無所不知。子長對此孔經大事更無所不紀。然而史記無之，則爲劉歆之僞竄無疑也！……
>
> 於是以史記爲主，遍考漢書而辨之。以今文爲主，遍考古文而辨之。遍考周、秦、西漢諸書，無不合者。雖間有竄

> 亂，或儒學以外雜書有之，則劉歆採擷之所自出也。於是渙然冰釋，怡然理順，萬理千條，縱横皆合矣。吾憂天下學者窮經之入迷途而苦難也，乃先撰僞經考，粗發其大端。（重刻僞經考後序）

我深信一個人的真理即是大家的真理。僞經考這書，議論或有錯誤，但是這個中心思想及其考證的方法是不錯的。他雖没有完工，但已指示我們一條繼續工作的路。讀者諸君如不信，不妨把他所説的各篇，照班馬異同的辦法，鈔出比較，看它們是不是在兩個時代潮流中對於聖人的經典的派别和數量有很衝突的記載？

一五 春秋左氏傳著作時代的各家説

在劉歆本傳及其移書中，我們可以知道，他雖舉出了逸禮、古文尚書、春秋左氏三部書，但在這三部書中，他是側重春秋左氏的（1. 特言“歆治左氏，引傳文以解經”。2. 他以爲左丘明好惡與聖人同，親見夫子，不似公羊、穀梁之得於傳聞。3. 哀帝下詔，試左氏可立否。4. 傳中説他要立左氏、毛詩、逸禮、古文尚書四種，移書中只説逸禮、逸書、左氏三種，博士所駁只説古文尚書、左氏二種）。我們現在研究五德終始説，也是以左氏爲最有關係。所以先把左氏一書的來歷説明一下：

左氏這個人名，最早見於史記。（論語中亦有之，辨見後。）太史公自序云：

> 昔西伯拘羑里，演周易。孔子厄陳、蔡，作春秋。屈原放逐，著離騷。左丘失明，厥有國語。孫子臏腳，而論兵

法。不韋遷蜀，世傳呂覽。韓非囚秦，説難、孤憤。詩三百篇，大抵賢聖發憤之所爲作也。此人皆意有所鬱結，不得通其道也。

此等話之可信與否是另一問題，但他認左丘因失明的憤鬱而作一部書以發其憤，這一部書名爲國語，這是一件很清楚的事實。又他排列次序把左丘放在屈原之後，則也承認他是一個戰國時人。漢書司馬遷傳引他的報任安書，書中也有這一段話，説到左丘的仍是“左丘失明，厥有國語”一語。但下文還説：

及如左丘明無目，孫子斷足，終不可用，退論書策以舒其憤，思垂空文以自見。

則左丘爲氏而明爲名，如壺丘子林、吾丘壽王、梁丘賀之類，是以地爲氏的。又史記十二諸侯年表序云：

於是譜十二諸侯，自共和訖孔子，表見春秋、國語，學者所譏盛衰大指著于篇。

又漢書司馬遷傳贊云：

司馬遷據左氏國語，采世本、戰國策，述楚漢春秋，接其後事，訖于大(天)漢。

可見司馬遷作的史記是根據左丘明的國語的，左丘明做的只是國語。

但十二諸侯年表序中還有一段説：

> 孔子明王道，……西觀周室，論史記舊聞，興於魯而次春秋。……七十子之徒口受其傳指，為有所刺譏褒諱挹損之文辭不可以書見也。
>
> 魯君子左丘明懼弟子人人異端，各安其意，失其真，故因孔子史記具論其語，成左氏春秋。

然則左丘明竟是孔子同時人，或稍後于孔子的人。他作的書，名爲左氏春秋。他作書的宗旨，是因孔子作春秋時没有把他的指意寫出來，只以口説給弟子傳下，他恐怕弟子口傳失真，所以具論其語。照這樣説，左丘明作左氏春秋的用意是專爲輔翼孔子的春秋的。

又漢書司馬遷傳贊也説：

> 孔子因魯史記而作春秋，而左丘明論輯其本事以爲之傳，又纂異同爲國語。

又嚴氏春秋引觀周篇云：

> 孔子將修春秋，與左丘明乘如周，觀書於周史。歸而修春秋之經，丘明爲之傳，共爲表裏。（左傳序正義引）

則左丘明所做的又非左氏春秋，乃是孔子的春秋的傳了。他是孔子同時人，孔子的春秋經和他的春秋傳是同時做成的。至于國語這書，不過是作春秋傳時賸下來的一堆材料，爲備稽考異同之用而已。

他們既把左丘明與孔子的關係説得這樣密切，於是論語公冶長篇的一段話對於春秋經也就發生了意義：

> 子曰："巧言、令色、足恭，左丘明恥之。匿怨而友其人，左丘明恥之，丘亦恥之。"

劉歆所謂"左丘明好惡與聖人同，親見夫子"，根據在此。既然左丘明與孔子的好惡相同，自然他們二人所作的春秋經和傳，其意旨是十分符合的了。這比公羊、穀梁之出于七十子後的，其價值高了多少？

照這樣説，現在流傳的春秋左氏傳，的確是左丘明在孔子時作的。一千九百年來，大多數人對於這個斷案毫不發生問題。但也有一小部分人在懷疑着。今無暇細檢，只就朱彝尊的經義考（卷一六九）中鈔出若干條看一下：

> 王接（晉人）曰："左氏辭義贍富，自是一家書，不主爲經發。"
>
> 啖助（唐人）曰："左氏傳自周、晉、齊、宋、楚、鄭等國之事最詳。晉則每一出師，具列將佐；宋則每因興廢，備舉六卿。故知史策之文，每國各異。左氏得此數國之史以授門人；義則口傳，未形竹帛。後代學者乃演而通之，總而合之，編次年月以爲傳記。"
>
> 王晳（宋人）曰："左氏……雖附經而作，然於經外自成一書，故有貪惑異説，采掇過當。至於聖人微旨，頗亦疏略。"
>
> 程子曰："左傳非丘明作。'虞不臘矣'及'庶長'皆秦官秦語。"
>
> 劉安世（宋人）曰："左氏傳於春秋所有者或不解，春秋所無者或自爲傳。讀左氏者當經自爲經，傳自爲傳，不可合而一也，然後通矣。"
>
> 林栗（宋人）曰："左傳凡言'君子曰'，是劉歆之辭。"

羅璧(宋人)曰:“左傳、春秋,初各一書。後劉歆治左傳,始取傳文解經。晉杜預注左傳,復分經之年與傳之年相附。於是春秋及左傳二書合爲一。”

吕大圭(宋人)曰:“宗左氏者,以爲丘明受經於仲尼,好惡與聖人同。觀孔子謂‘左丘明恥之,丘亦恥之’,乃‘竊比老彭’之意,則其人當在孔子之前。而左氏傳春秋,其事終於智伯,乃在孔子之後。”

羅喻義(明人)曰:“左氏原自爲一書。後人分割附經。……宜還其舊。”

尤侗(清人)曰:“左氏之爲丘明,自遷、固以下皆信之,獨啖助、趙匡立説以破其非。而王介甫斷左氏爲六國時人者十一事。據左傳紀韓、魏、智伯之事及趙襄子之謚,計自獲麟至襄子卒已八十年。夫子謂‘左丘明恥之,丘亦恥之’,則丘明必夫子前輩。豈有仲尼没後七八十年,丘明猶能著書者乎!”

從以上這些零碎話看來,可知自從西漢博士説了“左氏不傳春秋”之後,雖是古文學派佔了勝利,使得“左氏竟傳春秋”,但總遏不住有思想的學者的反對。歸納以上許多人的説話,得下列諸點:

1. 春秋經所有的,左傳中或没有。左傳中所有的,春秋經也多没有。可見這是各不相關的兩部書。

2. 左氏中最後的謚法命于獲麟後八十年,又用秦官秦語,作傳的人必不能與孔子同時,必非論語中所見的左丘明。

3. 左傳中記事,以周、晉、齊、宋、楚、鄭等國爲最詳,可見左氏所得的是這幾國的史策。至於加以演通,總合編次年月以爲傳,這是後代學者的事情。

4. 取左氏解春秋,始於劉歆。(書中的“君子曰”,都是劉歆的話。)至分經之年與傳之年相附，則始於杜預。不傳春秋的左氏經過這兩回的安置，遂與春秋合爲一物。

這幾點的觀察都很鋭利，但可惜没有一個人起來作系統的研究，説明作者的時代及此書的由來與其演變的。(王安石雖有斷左氏爲六國時人的十一事，似乎是一篇有系統的論文，但也失傳了。)直到清代中葉，劉逢禄作左氏春秋考證，始在左傳裏抉出許多劉歆的作僞的事實：有的本爲一篇，給他拆成兩篇；有的原書裏本來没有，給他添了出來；有的本來一連多少年没有記載，他卻把不相干的事情敷衍過去；有的爲了要維持"凡例"的信用，杜造出什麽事情來證明。(他的書只是隨文評説，没有系統的敘述。我原想把他的論證鈔些出來，可是這樣一寫又要占許多篇幅，這章文字嫌太長了。好在下面所敘的康、崔諸家是有系統的敘述的，劉氏的話也被引不少，故亦不妨缺去。)自從經過了他的一番分析的研究之後，左氏一書就不得復成爲春秋的傳了。可是爲了十二諸侯年表序中有"左氏春秋"之名，他依然相信左丘明的書名應爲左氏春秋。他道：

> "左氏春秋"，猶晏子春秋、吕氏春秋也。直稱"春秋"，太史公所據舊名也。冒曰"春秋左氏傳"，則東漢以後之以訛傳訛者矣。……(卷上)

他對於論語中的左丘明的解釋，以爲他和作左氏春秋的是同名的兩個人。他道：

> 爲左氏春秋者，則當時夫子弟子傳説已異，且魯悼已稱謚，必非論語之左丘；其好惡亦大異聖人，知爲失明之丘明。猶光武諱秀，歆亦可名秀……也。(卷下)

自從劉氏做了這部考證之後，約莫過了九十年，康長素先生在他的新學僞經考裏重把這個問題提出。他以爲不但春秋左氏傳之名是僞造的，即左氏春秋之名亦爲僞造，左丘明只做得國語。他道：

按史記儒林傳，春秋祇有公羊、穀梁二家，無左氏。河間獻王世家無得左氏春秋立博士事。馬遷作史多採左氏。若左丘明誠傳春秋，史遷安得不知。儒林傳述六藝之學彰明較著，可爲鐵案。……

漢書司馬遷傳稱司馬遷據左氏國語；……史記太史公自序及報任安書……凡三言左丘明，俱稱國語：然則左丘明所作，史遷所據，國語而已，無所謂春秋傳也。

歆以其非博之學，欲奪孔子之經而自立新説以惑天下，……求之古書，得國語，與春秋同時，可以改易竄附，於是毅然削去平王以前事，依春秋以編年，比附經文，分國語以釋經而爲左氏傳。……託之河間、張蒼、賈誼、張敞名臣通學以張其名，亂之史記以實其書。……凡公、穀釋經之義，彼則有之；至其敘事繁博，則公、穀所無。遭逢莽篡，更潤色其文以媚莽；因藉莽力，貴顯天下通其學者以尊其書。證據符合，黨衆繁盛，雖有龔勝、師丹、公孫禄、范升之徒，無能摇撼。

蓋國語藏於秘府，自馬遷、劉向外罕得見者，……歆故得肆其改竄。“舊繡移曲折，顛倒在短褐”，幾於無跡可尋。此今學所以攻之不得其源。今以史記、劉向新序、説苑、列女傳所述春秋時事較之，如少昊嗣黄帝之妄，后羿、寒浞篡統，少康中興之誣，宣公之夫人爲夷姜而非烝，……隱母聲子爲賤妾而非繼室，仲子非桓母，是皆歆誣古悖父竄易國語而證成其説者。（劉逢禄左氏春秋考證甚詳。）且國語行文舊體，如惠之二十四年則在春秋前，悼之四年則在獲麟後，皆與春秋不相比附。雖經歆改竄爲傳，遺跡可考。史記五帝本紀、十二諸侯年表皆云“春秋、國語”，蓋史公僅採此二書，無左氏傳也。……

或據史記十二諸侯年表云：“魯君子左丘明懼弟子人人畏端，各安其意，失其真，故因孔子史記，具論其語，成左氏春秋”以相難。則亦歆所竄入者，辨見前。(按前云：“考文翁孔廟圖，史記仲尼弟子列傳無左丘明名。且左傳稱悼四年，……則丘明在孔子後遠矣。豈七十子學成德尊所存者不足據，而非弟子之丘明反足據乎！……‘安意失真’之説與七略同，其爲歆言無疑義矣。”見史記經説足證僞經考。)

國語僅一書而志(漢書藝文志)以爲二種，可異一也。其一，二十一篇，即今傳本也；其一，劉向所分之新國語五十四篇：同一國語，何篇數相去數倍？可異二也。劉向之書皆傳於後漢，而五十四篇之新國語，後漢人無及之者，可異三也。蓋五十四篇，左丘明之原本也。歆既分其大半凡三十篇以爲春秋傳，於是留其殘賸，掇拾雜書，加以附益，而爲今本之國語，故僅得二十一篇也。考今本國語：周語、晉語、鄭語多春秋前事。魯語則大半敬姜一婦人語。齊語則全取管子小匡篇。吴語、越語筆墨不同，不知掇自何書。然則其爲左傳之殘餘而歆補綴爲之至明。歆以國語原本五十四篇，天下人或有知之者，故復分一書以當之，又託之劉向所分，非原本，以滅其跡。其作僞之情可見。……

劉申受左氏春秋考證知左氏之僞，攻辨甚明；而謂“左氏春秋，猶晏子春秋、吕氏春秋，……”蓋尚爲歆竄亂之十二諸侯年表所惑，不知其即國語所改。……然……謂“楚屈瑕篇年月無考，固知左氏體例與國語相似，不必比附春秋年月也”，是明指左傳與國語相似矣。……隱公篇“紀子帛莒子

> 盟于密"證曰："如此年，左氏本文盡闕。"……桓公篇……"冬，曲沃伯誘晉小子侯殺之"證曰："即有此事，亦不必在此年；是年左氏文闕。"……莊公篇"元年"證曰："此以下七年文闕；楚荆尸篇、伐申篇年月亦無考。"昭公篇"冬十一月，晉魏舒、韓不信如京師"證曰："此篇重定元年，僞者比附經文而失檢耳。"又觀各條，劉申受雖未悟左傳之摭於國語，亦知由他書所采附，亦幾幾知爲國語矣。（漢書藝文志辨僞上）

至於論語中的左丘明，康先生也以爲是劉歆加進去的。他説：

> 歆造古文以遍僞諸經，無使一經有缺；至於論語、孝經，亦復不遺。……自鄭康成雜合古、今，則今本論語必有僞文。如"巧言、令色、足恭，左丘明恥之，丘亦恥之……"一章，必歆僞竄。
>
> 又何晏論語集解雜采古、今：采孔、馬（古）之注則改包、周（今）之本；用包、周之説又易孔、馬之經。今"巧言令色"一章，集解正引僞孔安國注，其爲古文論語尤爲明確。
>
> 歆以左丘明親見聖人，好惡與同，以仲尼弟子無左丘明，故竄入論語以實之。

這些都是很重要的創見。康先生本想把左傳拆散，歸還國語，成國語原本一書，已見于萬木草堂叢書目録；但遺稿中竟没有，這是一件很可惜的事。

用了這副眼光去看關於左丘明的史料，則僅有太史公自序及報任安書中所説的爲可信；其他如十二諸侯年表序、論語公冶長篇所言，皆出僞竄，其僞竄之故是爲裝點左傳的來歷，擡高左傳的地位。劉歆"始引傳文以解經"既明見于本傳，"左丘明好惡與聖人同"又出于他的口述，他爲爭立左氏傳又這等出力，當時儒者又因此事恨之刺骨：足見他對於左氏傳的成立有極大的關係，我們把改變國語爲左傳的責任歸到他身上，實在算不得寃枉。

崔觶甫先生（適）是繼續康先生的工作的人。他著有春秋復始，又著有史記探源。著春秋復始的宗旨，是要根據公羊傳、春秋繁露，及何休解詁等尋出孔子作春秋的原意；凡穀梁傳、左氏傳的經義和紀事盡從刊落。他以爲穀梁亦是古文學，是劉歆先作了，爲左氏傳作驅除的，凡漢書裹所説的武帝、宣帝時穀梁傳授的系統及其立學的經過，皆出僞造。（這又是一個新問題，但與本篇無甚關係，恕我不談了。）他説，公羊傳原名是春秋傳，是真正的、惟一的春秋傳；自從有了穀梁、左氏，劉歆才替它加上公羊傳的名字。所以現在應當以真正的春秋傳來治春秋之學，來恢復春秋的原始狀態。他對於左氏傳等的總批評，是：

> 傳（公羊傳）於“紀子伯”“宋子哀”皆曰“無聞焉爾”，以明不發經之義。是凡有傳者皆塙有所據，此真春秋之信史也。此可雪“口説流行”之誣矣。（七略詆傳爲口説流行。）左丘明乃三家分晉後人，博采異聞，不擇信否而雜録之，此真口説流行者也，本不與春秋之事相比附。其相比附者，多與古史記相剌謬。如“齊仲孫”是慶父而非湫；“秦伯罃”是穆公，非康公；宣公是文公弟，非文公子；繆姜是成夫人，非宣夫人；……季札讓國，非讓謁與夷眛，乃不受乎闔閭；晉靈公即位，自能用將，漏言殺陽處父，則非在母抱之時；令狐之役，秦自伐晉，非送公子雍，趙盾無欲立公子雍之事。……左氏國語反是，是固周末之異聞，非春秋之信史也。
>
> 劉歆得之，以爲事實既不相同，義理更可立異，而復雜取傳記，附以臆説，僞造左、穀二傳，藉以破壞春秋，爲莽飾非，爲己文過之詭計。凡與公羊傳義略同者率其常義；傳之精義，穀梁削除之以孤其援，左氏反對之以篡其統。如王

> 氏世卿，故左、穀盡去譏世卿之文。新室篡漢，故左、穀始終不見一篡字。此歆之爲莽飾非也。春秋崇正，則擅造醜語以誣之，如穀梁詆隱公探先君之邪志，左氏誣孔父以艷妻賈禍之類。春秋惡諼，則多陳陰謀以矯之，如穀梁誣公子友紿殺莒挐，左氏謂先軫請執宛春以怒楚，欒枝使輿柴僞遁之類。此歆之爲己文過也。好聖人之所惡，惡聖人之所好，顧謂好惡與聖人同，幾以隻手掩天下之目者二千年，甚矣其禍經也！

這種話是站在今文學家的地位上説的，他先承認了公羊傳所記的全是真確的事實，而後以左氏傳等校之，凡不合於公羊傳者皆視爲非信史。我們則不能這樣，公羊傳一書無論是否孔子的真傳，我們只能把它放在傳説的地位，與左氏傳等作同等的研究，而後定其可信的程度。所以崔先生的這種簡易的建設的工作，我們不能認爲滿意。但是他在破壞一方面，則我覺得可信的很多。如公羊傳譏世卿而左、穀不譏，公羊傳言篡而左、穀無一篡字，分明有兩股不同的時代潮流在激盪，造成了涇、渭之判。

春秋復始的末一卷是專辨左氏傳所記於春秋中無所繫屬的，與先秦古書相剌謬的，及其自相矛盾的，分爲"鑿空"，"誤析一事爲二事"，"分野"，"互體"四章。除"誤析一事爲二事"或是國語原文之誤外，其餘都是劉歆的竄亂。

崔先生著史記探源的宗旨，在删去史記中的竄亂之文，回復它的真相。史記是一部"厥協六經異傳，整齊百家雜語"的書，是古書的一個總匯。劉歆當漢末新初，既經把古書古學重新整理，作大規模的改變，則這個總匯群書的史記也不由得不隨着改變。所以史記的受竄亂也不亞於國語等。他立志澄清這些東西，故細心研讀史記，把其中有新學的色彩的指出删掉。其卷一爲序證，先列出幾個去取的標準，如下：

甲，春秋——史記之文，凡與左氏傳同，有真出自左丘明者，列國世系及政事、典章之屬是也。其出自劉歆的有下五類：（一）終始五德，（二）十二分野，（三）變象互體，（四）告則書，（五）官失之。

乙，尚書——劉歆僞造古文尚書，本與今文尚書别行；自馬融、鄭玄用古文之學而釋今文之經，晉出古文又僞造二十五篇，其書獨傳，於是今文尚書不復可見。幸而史記作在未有古文經的時代，還保存得許多真今文的經和經説，雖則漢書儒林傳寃枉它，説"司馬遷從安國問故，遷載堯典……諸篇多古文説。"惟百篇書序則是劉歆僞造而羼入的，如爲符瑞作的嘉禾，爲禪讓作的舜典，都是跟着王莽時代的要求而出現的。

丙，漢書——漢書作於史記之後，當然有許多鈔録史記之文。但有許多反是史記倒轉來鈔録漢書的，這或因補缺，或因續竄。司馬遷自序本説他所叙的事"至於麟止"，即指武帝元狩元年的獲麟。故凡元狩元年以後之事，悉據漢書補入。

丁，補缺——史記本有亡缺，元、成間褚少孫補了幾篇，别人也有妄續的。

以上四項，丙、丁與劉歆無關，乙與本章亦無關，今所應注意的是甲。他説：

史記儒林傳曰："言春秋，於齊、魯自胡毋生，於趙自董仲舒。"太史公自序曰："昔孔子何爲而作春秋哉？余聞之董生"云云。是太史公之於春秋，一本於董生，即一本於公羊。其取之左氏，乃國語也。自序曰"左丘失明，厥有國語"，可證是時無所謂左傳也。

> 劉歆破散國語，並自造誕妄之辭與釋經之語，編入春秋逐年之下，託之出自中秘書，命曰春秋古文，亦曰春秋左氏傳。今案其體有四。一曰“無經之傳”。姑即隱公篇言之，如三年冬“鄭伯之車僨於濟”是也。夫傳以釋經，無經則非傳也，是國語也。二曰“有經而不釋經之傳”。凡傳以釋經義，非述其事也。如五年九月“初獻六羽”，公羊傳曰：“何以書？譏始僭諸公也”，是釋其義也。左傳但述羽數，此與經同述一事耳，豈似傳體！以上録自國語居多。……三曰“釋不書於經之傳”。如元年四月“費伯帥師城郎，不書，非公命也”。夫不釋經而釋不書於經，則傳書者不當釋黄帝何以無典，傳詩者不當釋吴、楚何以無風乎！彼傳不然，則此非傳也。四曰“釋經之傳務與公羊氏、董氏、司馬氏、劉向之説相反而已”。如隱三年書“尹氏卒”，譏世卿，爲昭二十三年立王子朝張本也。宣十年書“齊崔氏出奔”，譏世卿，爲襄二十五年弑其君光張本也。……左氏改“尹”爲“君”，謂之隱公之母；於崔氏之出奔曰“非其罪也”。凡以避世卿之譏，袒庇王氏而已。此皆劉歆所改竄。故公孫禄劾其“顛倒五經，毁師法”，班固曰“歆治左氏傳，其春秋意已乖”也。

這段話非常的精當。他已把劉歆强國語就春秋及其杜撰春秋和左傳的義例的方法和類别告給我們，我們正可繼續加功，使得全部左氏傳都經過這一番分析，而把這兩個主人——左丘明和劉歆——的東西還給這兩個主人。

他指出劉歆增竄的五事，其一爲終始五德。這是和本篇最有關係的一段文字。其中的主張雖有爲我所不敢贊同的（如説終始五德之説爲劉歆所造，託始于鄒衍），但大部分的意思我都承受。下面討論世經時，將本其意以爲説。至於這段文字，擬留在本篇之末“批評五德終始説者的見解”一章中詳細論之，兹不贅。

距今四年前(一九二六),瑞典高本漢先生(Bernhard Karlgren)所作的論左氏傳之真僞及其性質一書在瑞典哥敦保大學出版。不久,即由陸侃如、衛聚賢兩位先生譯成漢文,名左傳真僞考,三年前在新月書店出版。書首冠有胡適之先生的提要與批評。

這部書分爲上下兩篇,上篇從歷史證據上討論左傳的真僞,下篇從助詞的文法分析上研究左傳的性質。歷史的證據,因爲今古文問題及經義異同問題太複雜了,材料的真僞也太難定了,所以從我們看來不能十分滿意。文法的分析,則是中國古書上破天荒的工作,創獲非常多,大足指示我們今後努力的方向。

高先生對於康先生的話頗不信任,以爲他是一個政客而兼傳教的人,其主張有點新聞紙的味兒。這種態度,與崔先生認左傳所記事與公羊傳不同的即爲晚周異聞而非信史頗相類。我們以爲劉歆與康有爲的功過應當分開看。劉歆爲適應時代的需要而造僞書是一件事;他取了真古史作他造僞書的材料又是一件事。康有爲爲適應時代需要而提倡孔教,以爲自己的變法説的護符,是一件事;他站在學術史的立場上打破新代出現的僞經傳又是一件事。我們不能從他們的兩件政治性的工作——篡位與變法——上面否定他們的兩件學術性的工作——表章古史和打破僞書。學問的目的與手段,本來可有兩種不同的成就,例如星占術爲了迷信的需要而發生,結果卻造成了純科學的天文學。康有爲果然是個政客,但前於他的劉逢禄,後於他的崔適,則明明都是學者,他們爲什麼要説同樣的話呢?所以康先生在研究今古文問題上,乃是一個上承劉氏而下開崔氏的人,與他的從政和傳教没有關係。

這書的下篇分爲三部分:

1. 從文法上證明左傳不是魯國人做的;

2. 用書經、詩經、莊子、國語等比較左傳文法,證明左傳自有特殊的文法組織,不是作僞者所能憑虚構成的;

3. 用左傳的文法來比較“前三世紀的標準文言”，證明左傳是前四五世紀的作品。

適之先生對於這三部分的批評，以爲第三部分含有些感情作用，他希望把此書擡到前四五世紀去，所以因了它和前三世紀的標準文言的不同而有此斷語。然而言語除了時代性之外還有地方性。孟子是前三世紀的人，但孟子一書乃是用魯國方言寫的而不是前三世紀的標準文言，他也承認。何以見得左傳的作者不能在前三世紀仍用他自己的方言著書呢？第二部分，因爲尚書、詩經等都不是可以籠統地算作一種單純的作品的，所以他認它們爲自成文法系統的作品是一個錯誤。但他比較研究的結果，説道：

> 在周、秦和漢初書内，没有一種有和左傳完全相同的文法組織的。最近接的是國語，此外便没有第二部書在文法上和左傳這麽相近的了。

這是大可幫助今文家的主張的。今文家説劉歆割裂國語，造爲春秋左氏傳，今本的國語只是劉歆割裂的殘餘；如今他從文法的比較上證明這“兩部書的文法組織很是相同”，豈非添了一個有力的證據。第一部分把左傳的語言假定作“左語”，又把論語、孟子的語言假定作“魯語”，選了七種助詞作爲比較的標準〔(1)“若”與“如”，(2)“斯”字作“則”字解，(3)“斯”字作“此”字解，(4)“乎”字作“於”字解，(5)“與”字作疑問語尾，(6)“及”與“與”，(7)“於”與“于”〕，結果是都不同，左傳的語言決不是魯語。這是他的最大的成功。（爲節省篇幅起見，恕我對於適之先生之文不引原文，只作概括的叙述。）

在這方面的研究上，可以完全打破史記十二諸侯年表中僞竄的“魯君子左丘明”一句話。這句話看似平常，其實春秋左氏傳一個名詞的基礎就建築在上邊。左丘明因爲是魯人，故與孔子相接近。孔子的春秋因爲口授於弟子，弟子們將安其意而失真，故左丘明要“因孔子史記(春秋)”而成左氏春秋(春秋左氏傳)。這顯而易見與劉歆所謂“左丘明好惡與聖人同”是一鼻孔出氣的。只因它不説左氏傳而説左氏春秋，所以還能騙人。如今把這“魯”字去掉了，左丘明已決不是魯人了，這句話也就失其存在的理由了。

高先生雖因今古文問題的糾纏，在審擇歷史材料上有些太寬泛的地方，但其證明左傳是焚書以前存在的，而不主張此書從孔門産出及其與魯國有何關係，則甚可把傳統的記載打破，而與今文家的説話互相印證。

總上所説，我以爲左傳與春秋的應該分家已是確定了的事實。惟如何從左傳中析出其與春秋併家的時代所增入的部分，使得它可以回復爲一部古史，則有待於我們的努力者尚多。本篇之作，就是想從歷史方面提出一個在左丘明作書時所不曾有的問題而在現今的左傳中卻有豐富的材料的，用了漢、新間的時勢來證明這些材料的由來。

一六　王莽的自本

禮記郊特牲有云：

> 諸侯不敢祖天子，大夫不敢祖諸侯。而公廟之設於私家，非禮也，由三桓始也。

這是儒家的階級思想，他們要使天子、諸侯、大夫……的階級分明。因爲這樣，所以諸侯的祖只能推到始封者，而不能推到始封者之父(天子)；大夫的祖只能推到始命者，而不能推到始命者之父(諸侯)。

王莽固然是禮家出身,不過他想做皇帝,便顧不得這些了。於是他打破禮教的束縛而發表他的自本。(顏師古注"自本"曰:"述其本系",不知當時書名是不是這兩個字;如其是的,則當由世本所脱化。)漢書元后傳云:

> 莽自謂黄帝之後,其自本曰:"黄帝姓姚氏,八世生虞舜。舜起嬀汭,以嬀爲姓。至周武王,封舜後嬀滿於陳,是爲胡公。十三世生完,完字敬仲,犇齊,齊桓公以爲卿,姓田氏。十一世,田和有齊國。三世,稱王。至王建,爲秦所滅。項羽起,封建孫安爲濟北王。至漢興,安失國,齊人謂之王家,因以爲氏。
>
> "文、景間,安孫遂,字伯紀,處東平陵。生賀,字翁孺,爲武帝繡衣御史,逐捕魏郡群盗,……翁孺皆縱不誅;它部御史……至斬萬餘人。……翁孺以奉使不稱,免。嘆曰:'吾聞活千人,有封子孫。吾所活者萬餘人,後世其興乎!'"
>
> "翁孺既免,而與東平陵終氏爲怨,迺徙魏郡元城委粟里,爲三老。魏郡人德之。元城建公曰:'昔春秋沙麓崩,晉史卜之曰:"陰爲陽雄,土火相乘,故有沙麓崩。後六百四十五年,宜有聖女興。其齊田乎?"今王翁孺徙,正直其地,日月當之。元城郭東有五鹿之虚,即沙麓地也。後八十年,當有貴女興天下云。'"

在這一篇文字裏,我們可以知道幾件事實:

1. 王莽有兩個祖先是古帝(黄帝、舜),又有幾世是周代的諸侯(陳),又有幾世是戰國時的王(齊);直至漢興,始爲平民。他是一個極久遠的貴族。

2. 王賀捕盜，所活萬餘人，有興兆。

3. 王賀徙居元城，即春秋時沙麓故地；而春秋時沙麓崩，晉史在占卜上已知道六百四十五年之後將有田氏聖女興的事。

王莽有了這樣一個高貴的世系，又有兩個興盛的豫兆，他就被證明爲有做皇帝的資格了。

於是，我們試把這篇話研究一下：

其一，他説“黄帝姓姚氏”，這是我們以前所没有聽見過的。我們以前只從國語裏知道黄帝姓姬：

> 昔少典娶于有蟜氏，生黄帝、炎帝。黄帝以姬水成，炎帝以姜水成；成而異德，故黄帝爲姬，炎帝爲姜。（晉語四）
>
> 黄帝之子二十五人，其同姓者二人而已。……惟蒼林氏同于黄帝，故皆爲姬姓。（同上）

又從史記中知道黄帝姓公孫：

> 黄帝者，少典之子，姓公孫。（五帝本紀）

可是現在他又姓了姚，他便有了三個姓了。

其二，他説“黄帝……八世生虞舜”，這確與帝繫所謂：

> 黄帝産昌意。昌意産高陽，是爲帝顓頊。顓頊産窮蟬。窮蟬産敬康。敬康産句芒。句芒産蟜牛。蟜牛産瞽瞍。瞽瞍産重華——是爲帝舜——及産象敖

相合。但國語（包左傳）中卻尚有一個幕：

有虞氏禘黄帝而祖顓頊。……幕，能帥顓頊者也，有虞氏報焉。（魯語上）

陳，顓頊之族也。……自幕至於瞽瞍無違命，舜重之以明德。（左傳昭八年）

如果把幕插入帝繫的世系裏，豈不成了九世嗎？

其三，他說“舜起嬀汭，以嬀爲姓”，這是又有問題的。堯典中固說“釐降二女于嬀汭，嬪于虞”，似乎舜有姓嬀的可能。但楚辭中說：

舜閔在家，父何以鱞？堯不姚告，二女何親？（天問）

左傳也說：

少康……逃奔有虞，……虞思於是妻之以二姚而邑諸綸。（哀三年）

史記也說：

帝舜曰：“咨爾費，贊禹功，……爾後嗣將大出！”乃妻之姚姓之玉女。（秦本紀）

可見戰國、秦、漢間人都以爲舜姓姚。現在舜的姚姓送與黄帝，而自己則改姓爲嬀了，這豈非一件奇突的事。但他所以這樣說，也有他的道理。史記云：

陳胡公滿者，虞帝舜之後也。昔舜爲庶人時，堯妻之二女，居於嬀汭，其後因爲氏姓，姓嬀氏。（陳杞世家）

這可見司馬遷以爲舜後即改姓爲嬀的。又左傳云：

> 舜重之以明德，寘德於遂，遂世守之。及胡公不淫，故周賜之姓，使祀虞帝。（昭八年）

可見左傳的作者以爲周初封胡公時是賜姓爲嬀的。王莽以爲舜後之陳既可姓嬀，則舜亦自可姓嬀了。

其四，自胡公至田安，時代較近，有史書可憑，没有問題。惟王氏是否濟北王之後，還有一點小疑問。王符潛夫論云：

> 周室衰微，吴、楚僭號，下歷七國，咸各稱王。故王氏、王孫氏、公孫氏，……國自有之。（志氏姓）
>
> 周靈王之太子晉，……其嗣避周難於晉，家於平陽，因氏王氏。（同上）

然則王氏的來源並非單元，凡是王國之後都可姓王。王莽不姓田氏而姓王氏，固有出於田齊的可能性，卻無出於田齊的必然性。潛夫論又云：

> 漢高祖徙諸田關中。……及莽，自謂本田安之後；以王家，故更氏云。（同上）

加上“自謂”二字，言下也頗有不信任的意思。

其五，他以春秋時沙麓崩爲王氏將興之兆，這是顯然的讕言。按春秋僖公十四年：

> 秋八月辛卯，沙鹿崩。

它没有説明在哪一國。公羊傳云："沙鹿者何？河上之邑也。""河上"，估的地方太廣了，究竟是哪裏呢？穀梁傳云："林屬於山爲鹿；沙，山名也"，説得更空洞了。可知公、穀二傳的作者實在没有知道它在哪裏。到了左傳，始説：

> 秋八月辛卯，沙鹿崩。晉卜偃曰："期年將有大咎，幾亡國。"

這纔指定沙鹿爲晉國之地，晉當承其咎了。所謂"期年將有大咎"，蓋指僖十五年晉惠公與秦戰於韓被獲的事。疑左傳的作者看了下一年之經而定爲晉的咎徵，因以沙鹿爲晉地的。在這裏，也没有齊、田之聖女將興的卜説。（或曰：康氏定左傳爲劉歆改國語而成，你已相信他的話了。但康氏又説劉歆的改作左傳，主助莽篡。現在王莽以沙鹿崩爲王氏之瑞，而左傳無之，可見左傳不是助莽篡位的書了。它既不是助莽篡位的書，則必不出於劉歆的改作了。我對於此問的答説，是：左傳的出現由於劉歆，這是我相信的。但左傳的材料，性質甚爲複雜，有的是國語原文，有的是他種古書之文而爲劉歆所採，有的是劉歆所臆增，有的是劉歆以後的人所增，原不可一概而論。即劉歆所臆增者，有的是爲解釋經文而增，有的是爲發揮他自己意見而增，有的是爲適應漢末新初的時勢而增，也不可一概而論。且劉歆所增的，或因不合於東漢時的功令，或因不適於東漢人的脾胃，以致被删或被改，也是可有的事。此等事皆有待於我們的詳細考核。康氏的話，只可作一個提議或一個發凡，完工的日子正遠着呢。所以我們現在對於左傳的話，不可用了一種簡單的標準去下評判。本篇中有的取它，有的駁它，並非漫無標準，乃是希望以不同的評判尋出多種的標準。至於研究的精密，自非今日之事。）這大約是王莽因自己的家住在沙鹿，故就春秋經文附會爲此。

綜上所説，可知自本中晉史之言，曰"陰爲陽雄"，曰"宜有聖女興"，明是王太后握了政權之後所造。曰"土火相乘"，也明是漢爲火德之説已興之後所造。曰"後六百四十五年"，按魯僖公十四年當公元前六百四十六年，至漢哀帝末年（前一）恰當此數。這一年，即是"王太后至未央宫收取璽綬，遣使者馳召莽，拜爲大司馬，與議立嗣，太后臨朝稱制，委政於莽"之年，王氏代漢的局面到這時可謂已成就了。

王莽的自本，我們審查之後，它的真意義可以宣布了。此書的主要之點凡三。一，他爲黄帝之後，黄帝的土德是表現在他的名號上的，永遠不變的，故他亦應據有土德。二，他爲舜後，漢爲堯後，舜是受堯的禪讓的，所以他們應把這禪讓的故事複演一回。三，"陰爲陽雄"，故他應藉了姑母的力量而得國；"土火相乘"，故他應以土德代漢的火德。禪讓的次序這樣定了，五德相生的次序又這樣定了，他尚能不做皇帝嗎！他不做皇帝，是上天所不許的了！於是世經系統中的人物就一一跳躍而出，各各坐在他的新座位上，古代的歷史就爲之作全部的改觀了！

一七　"炎帝神農氏"

上面講過，眭孟曾説"漢爲堯後，有傳國之運"，劉向父子又因説卦傳之文而尋出漢爲火德的道理。我們姑且承認這是昭帝和成帝時的真事實吧。把他們所説的合起來，應如下式：

（火）堯——漢

現在又出現了王莽的一個系統，説他自己是土德，又是黄帝和舜的苗裔。把這一説與上一式合攏來，應如下式：

（火）　　　　堯——漢

(土)黄帝——舜——王莽

這是何等合適的事情！火生土，是固定的了。堯禪舜，又是固定了的。那麽，漢的禪讓給莽，自然也是前定的事了。所感到的缺陷，只是王莽的祖先有黄帝和舜在五德終始中兩次輪到土德，連自己共有三次，而漢的祖先則只有一堯，其在五德終始中輪到的火德，連了自己只有兩次。所以堯的前邊，應當補上一位纔是。

説到這裏，就有一個疑問起來了。帝繫篇及史記中所寫的古帝王的世系，是：

黄帝—┬—玄囂 — 蟜極 — 帝嚳 — 帝堯
　　　└—昌意 — 顓頊 — 窮蟬 — 敬康 — 句芒 — 蟜牛 — 瞽瞍 — 帝舜

舜固是黄帝之後，堯亦何嘗不是黄帝之後呢！舜以黄帝之後而與黄帝同爲土德，何以堯爲黄帝之後而要另成爲火德呢？這是王莽所没法解答的。我猜想，他所以請黄帝不姓姬而姓姚，或者存心把黄帝拉到舜一邊來，使得堯與舜不同祖，而成爲：

(？姓)　？——堯——漢

(姚姓)黄帝——舜——王莽

的局面。他也許要把姬姓送給堯的祖呵！

王莽前的朝代是漢，虞舜前的朝代是唐，那是無疑問的。黄帝以前的朝代是什麽呢？照騶衍的原始的五德終始説，黄帝已在天地剖判之際了，黄帝以前更没有帝了。但據騶衍以後的記載，若吕氏春秋，若淮南子，若春秋繁露，若易繫辭傳，……則黄帝之前尚有神農氏。既經這樣，漢的系統就可照了王莽的系統而寫爲：

(火)神農氏——堯——漢

了。可是神農氏之爲火德，遠不及黄帝之爲土德的旗幟鮮明，未免不像，這將怎麽辦？於是他們又想到了炎帝。炎帝的火德，寫在字面上，比黄帝的土德還要清楚。只是以前人都説黄帝、炎帝爲同父昆弟，他們是同時人，並不能劃分兩個時代。如何可以把表示黄帝前一代的"神農氏"和表示火德的"炎帝"兼而有之呢？於是勇於造僞史的漢人就把這兩位漠不相關的古人生生地合起來了，"炎帝神農氏"一名就出現了，戰國、秦、漢間陸續出現的神農事蹟全給炎帝收受了！這時的炎帝，再不是國語中的炎帝，再不是淮南子中的炎帝，也再不是史記中的炎帝了。

"炎帝神農氏"一名不太長嗎？他們（王莽及助王莽造僞史以篡位的人）説，不妨。舜爲有虞氏，已見於檀弓等書了。堯爲陶唐氏，也見於左傳及史記了。黄帝名曰軒轅，五帝德及史記也寫明了。用了這些名氏來配"炎帝神農氏"，就可不嫌此名之特長，且可泯滅其拼湊的痕跡。於是劉、王兩家的世系再經一次的迻寫，而成爲：

（火）炎帝神農氏—帝堯陶唐氏—漢

（土）黄帝軒轅氏—帝舜有虞氏—新（王莽以新都侯起，故國號當曰新。）

這是何等地整齊好看！漢之所以必禪新，新之所以必繼漢，看了這一個世系表及其五德之運，再有什麼理由可以反對的！

千餘年來，大家對於"炎帝神農氏"一名安之若素，所有的歷史書上都這樣寫了。但是這種偷天换日的手段固然可以欺騙一班庸衆，終于騙不了一二思考精密的學者。三國時，譙周作古史考，就以爲炎帝與神農各是一人（左傳正義引）。可惜這書已佚，無從知道他的理由。到清代中葉，崔述作補上古考信録，很痛快地説：

> 史記五帝本紀曰："軒轅氏之時，神農氏世衰，諸侯相侵伐，暴虐百姓，而神農氏弗能征。"又曰："炎帝欲侵陵諸侯；軒轅乃修德振兵，以與炎帝戰於阪泉之野。三戰，然後得其志。"夫神農氏既不能征諸侯矣，又安能侵陵諸侯？既云

世衰矣，又何待三戰然後得志乎？且前文言衰弱，凡兩稱神農氏，皆不言炎帝。後文言征戰，凡兩稱炎帝，皆不言神農氏。然則與黄帝戰者自炎帝，與神農氏無涉也。其後又云：“諸侯咸尊軒轅爲天子，代神農氏”，又不言炎帝。然則帝於黄帝之前者自神農氏，與炎帝無涉也。

封禪書云：“古者封泰山，禪梁父者七十二家，而夷吾所記者十有二焉。神農封泰山，禪云云。炎帝封泰山，禪云云。”夫十有二家之中既有神農，復有炎帝，其爲二人明甚，烏得以炎帝爲神農氏也哉！……

要之，自司馬遷以前未有言炎帝之爲神農者，而自劉歆以後始有之。

這真是一個理直氣壯的駁詰，可惜不能起劉歆於地下而面質之。

一八　“全史五德終始表”的三個難題

火德與土德既具備了這三次終始中的帝統，於是全部的歷史應當一切依照了這個方式而配置在三次終始裏了。

以前我們曾引班固郊祀志贊和荀悦漢紀，説劉向父子從説卦傳的“帝出乎震”一句話上尋出一個新的歷史系統，這個系統是：“包羲氏始受木德；其後以母傳子，終而復始；自神農、黄帝下歷唐、虞、三代而漢得火。”我們姑且相信，這是劉向生存時和他的兒子劉歆所共倡的學説。照這一説排下去，應爲：

	（第一次終始）	（第二次終始）	（第三次終始）
（木）	伏羲	堯	秦
（火）	神農	舜	漢

（土） 黄帝 夏

（金） 顓頊 商

（水） 帝嚳 周

如此從伏羲的木德開頭，依次循環，到漢而爲火德，本也説得過去。可是，這個系統對於王莽的自本是不合適的。試抽出火土二德，作一表以比較之：

假定的劉向終始説	從王莽的自本排列的漢新世系
(火)神農—舜—漢	(火)炎帝神農氏—堯—漢
(土)黄帝—夏	(土)黄帝———舜—新

然則照了前一説，漢雖火德，其所承之運乃舜而非堯；新雖土德，其運乃不能承舜而須承夏了。這和後一説太扞格了！

所以，爲王莽設想，一定要捨去這個簡易的"全史五德終始表"而別創一個，使得可與他的自本之説相合。他們那時所規擬的草稿，我們雖無從看見，但不妨試擬一個；

	（第一次終始）	（第二次終始）	（第三次終始）
（木）	1.？ ——	6.？ ——	11.？
（火）	2. 炎帝神農氏——	7. 堯——	12. 漢
（土）	3. 黄帝——	8. 舜——	13. 新
（金）	4.？ ——	9.？	
（水）	5.？ ——	10.？	

這樣一排，立刻有許多問題起來：

其一，炎帝以前尚空一位，請誰坐？

其二，自黄帝至堯，尚空三位，請誰坐？

其三，自舜至漢，中空三位，請誰坐？

這又須他們大大地費一番考慮的功夫了！

第一問題似乎最易解決。炎帝既與神農合爲一人，那麽儘可請神農以前的天子作炎帝以前的天子。神農以前的天子，誰呢？

這是一想就想得出來的，是伏羲，因爲在莊子、淮南子、封禪書、戰國策、易繫辭傳等書裏都早已告知我們了。所以這第一位就請伏羲氏坐了下去。但是伏羲氏只是伏羲氏，他没有複沓的稱號。如何可以照“炎帝神農氏”的辦法，加上兩字，還是一個未決的問題。

第二問題就困難了。從祭法裏，從五帝德和帝繫裏，從管子封禪篇和史記五帝本紀裏看五帝的系統，從黄帝到堯，中間只有顓頊和帝嚳兩代。這兩個人如何可以坐滿三個位子？這是一個極難解決的問題。

第三問題也不容易解決。自舜至漢的中間，實際上有夏、商、周、秦四代，但只有三個位子。前面一個問題正嫌位子太多，這一個卻嫌太少了。能擠一個過去嗎？不行，有王莽的自本在中間擋着。

第一問題缺少一個尊號，第二問題多出一個位子，第三問題缺少一個位子，這是王莽們重定五德終始表時所苦心焦思的三個難題。

一九　夏商周的新德及秦的閏統問題

現在，我們先從第三個問題講起吧。

自虞至漢的中間，實際上有四代，但只留得三個位子，豈不是要“二桃殺三士”了嗎？好在這是請坐的而不是搶坐的，權在請坐的人的手裏，由得他進退。所以他們仍用張蒼和董仲舒的老法子，把秦剔了出去。這樣一來，第九位爲夏，第十位爲商，第十一位爲周，就指定了：夏爲金德，商爲水德，周爲木德，也分配好了。

可是，以前講五德的人都説夏爲木德，商爲金德，周爲火德；其符瑞有青龍、銀山、赤烏等等。現在因湊付五德系統而使夏的木德變成了金德，商的金德變成了水德，周的火德變成了木德，人家若問他們有什麽佐證時將何以回答呢？因爲這樣，所以有替他們各各造出些新符瑞的需要。

不幸那時的書亡佚太多，我們不能直接看見他們替夏、商、周造出的新符瑞。（世經中引有考德，顔師古注謂是考五帝德之書，其中對於五德之運當有不少新説，可惜失傳了。）猶幸讖緯書中頗有這一類的話。讖緯是發源於西漢末而盛行於東漢的，把王莽們手造的歷史保存在裏邊是很可能的事。現在鈔出幾條看一下：

> 禹，白帝精，以星感。修紀山行見流星，意感栗然；生姒戎文禹。（太平御覽卷八十二引尚書緯帝命驗）
>
> 周文王爲西伯。季秋之月甲子，赤雀銜丹書入豐鄗，止於昌户；乃拜稽首受取，曰："姬昌，蒼帝子。亡殷者紂也。"（太平御覽卷二十四引尚書中候）
>
> 夏，白帝之子。殷，黑帝之子。周，蒼帝之子。（禮記大傳正義引春秋緯元命苞）

照這樣講，夏、商、周的五德之運便適應於五行相生的系統了。（他們於周的符瑞所以還肯説"赤雀"者，因爲那時今文泰誓列於尚書，其中明言赤烏，壓没不了，故姑存之，列之於不重要的地位。）

夏金，殷水，周木，既已定了，可是秦的水德的證據也太多，始皇本紀有之，封禪書有之，曆書有之，要完全推翻這件事實倒也不便。於是想出一個"閏位"的辦法來，説秦雖水德，但是他的水德是介於周木和漢火之間的，失了他的固有的行次，所以不久敗滅。又説他是“任知刑以强”的，只能算“伯(霸)”，而不能算“王”。於是秦的一代就不爲正統而爲閏統，不爲“秦王”而爲“秦伯”了。

閏統的辦法有没有先例呢？他們看國語，有這樣一段：

> 昔共工氏棄此道也，……欲壅防百川，墮高堙庳以害天下。……禍亂並興，共工用滅。(周語下)

看淮南子，又有這樣兩段：

> 昔者共工與顓頊爭爲帝，怒而觸不周之山，天柱折，地維絶。……地不滿東南，故水潦塵埃歸焉。(天文訓)
>
> 昔共工之力，觸不周之山，使地東南傾，與高辛爭爲帝，遂潛於淵，宗族殘滅，繼嗣絶祀。(原道訓)

他們想：共工和水既是這等有關係，自該把他算做水德了。他的氣力可以觸不周之山而使地東南傾，其任力而不任德也可知了。他與顓頊或高辛爭爲帝，以致宗族殘滅，可見他的帝業是没有成功的。這三個條件都與秦相符合，自然可把共工作爲秦的先例。但“木火之間”從天地剖判以來共有三次：秦已坐定第三次了，共工應該放在第一次或第二次呢？第二次在堯前，他們或者以爲堯典中的共工是堯的臣子，爲堯所流，又無叛逆的憑據，不應與國語和淮南子中的共工混同(漢書古今人表就分作兩人)，所以把這爭帝不成的共工放到第一次去。但如此，他的時代又遠在顓頊和高辛之前，不能與他們爭爲帝了。好在這是小節，不妨歸之於古史傳説的紛歧。至於有大關係的五德次序，是定得妥當了。

然而，秦是統一天下的，共工若從没有做過帝王，將不足與秦相配，所以也須把他説成一個統一天下的君主。但若竟把他説成“王天下”，那又違背了閏統的決定了。必得把他説成似王非王，然後可與“秦伯”對舉。於是他們創造些新證據，如下：

> 共工氏之伯九有也，其子曰后土，能平九土。（魯語上）
> 共工氏有子曰勾龍，爲后土。（左傳昭二十九年）
> 共工氏以水紀，故爲水師而水名。（左傳昭十七年）

如此，則共工氏自身是“伯九有”的，與秦極似。其子勾龍又是“能平九土”的，多少與統一天下有些關係。至於“爲水師而水名”，其開國規模又已定了，其爲水德是無疑的事了。所差的，不過只成了“伯”而已。（此數條何以爲僞竄，當於下邊月令中的五帝五神一章中詳論之。）

第一次五德終始的木火之間，有以水德居閏統的共工。第三次，又有秦伯。第二次呢？世經中没有説明。但我把它細讀幾遍，纔知道作者並没有忘記。世經云：

> 帝嚳……爲木德。帝摯繼之，不知世數。……帝堯……爲火德。

可見它是把帝摯算作第二次終始中的閏統的。帝摯這人，古書中説起得很少。帝繫云：

> 帝嚳卜其四妃之子而皆有天下。上妃……曰姜嫄氏，産后稷。次妃……曰簡狄氏，産契。次妃曰陳鋒氏，産帝堯。次妃曰娵訾氏，産帝摯。

史記五帝本紀云：

帝嚳崩而摯代立。帝摯立不善，崩，而弟放勳立。

帝繫的堯前而摯後，與史記的摯前而堯後雖有些不同，但都把嚳、摯與堯看作帝統的三傳。現在世經卻説“帝摯繼之，不知世數”，直以帝摯自有其若干世，可以當得一代。帝摯在嚳木堯火之間爲閏統，豈不是與共工和秦甚相類嗎？（所差的，只是没有説明他是水德。）

這三次五德終始中的閏統都定了，我們可以畫出一個表來了：

終始之次／正統與閏統	第一次	第二次	第三次
木	伏羲氏	帝嚳	周
閏　水	共工	帝摯（水？）	秦
火	炎帝神農氏	帝堯	漢

其實，什麽共工和帝摯，都不過作秦的閏統的陪客而已；而秦之所以爲閏統，也不過被王莽的自本所擠，致虞之後，漢之前，只留三個位子，不够兼容四代，逼得用了閏統之名來敷衍它一下而已。

二〇　“少昊金天氏”

第三問題患在地位之寡，他們想出閏統的辦法把秦安頓了。第二問題患在地位之有餘，既不能把一個人拆做兩個人（兩個人併作一個人則可，如炎帝神農氏），只得補一位進來。但這補進來的一位應當是誰呢？

他們於是翻出帝繫篇一瞧(這是我的猜想)，知道顓頊是黄帝之孫，帝嚳是黄帝之曾孫，堯是黄帝之玄孫，從黄帝到堯共有五代，卻只有四帝，大可補入“黄帝之子”一帝來填滿這個空白，而成爲：

(土)黄帝　　全史五德終始表中　第三位
(金)黄帝之子(未定其人)　第四位
(水)顓頊　第五位
(木)帝嚳　第六位
(火)堯　第七位

這樣一安排，就開了兩種新紀録。其一，顓頊與嚳，向來都附屬於黄帝土德之内的，現在一爲水德，一爲木德，都自占了五德之運。其二，新添了一個金德的天子，在黄帝之後，顓頊之前。

但，黄帝之子，國語中説有二十五人，其知名的有夷鼓、青陽、蒼林氏三人；加上帝繫所記，又有玄囂、昌意二人。就算用了司馬遷的“其一曰玄囂，是爲青陽”的説法，其知名的尚有四人。這帝位應當送給誰呢？他們在高文典册中找來找去(也是我的猜想)，結果在周書(今稱逸周書)嘗麥解裏找得一段文字：

> 昔天之初，誕作二后，乃設建典，命赤帝分正二卿，命蚩尤於宇，少昊以臨四方，司□□上天未成之慶。蚩尤乃逐帝，爭於涿鹿之河，九隅無遺。赤帝大懾，乃説於黄帝，執蚩尤，殺之於中冀。……乃命少昊清司馬鳥師以正五帝之官，故名曰質，天用大成，至於今不亂。

他們想，少昊名清，又當黄帝之時，或者就是黄帝之子青陽吧？他有“天用大成，至於今不亂”的大功，也可説是具備了爲帝的資格了。他們又在國語(今在左傳)裏找到一段文字：

> 昔帝鴻氏有不才子，掩義隱賊，好行凶德，……天下之民謂之渾敦。少皞氏有不才子，毁信廢忠，崇飾惡言，……天下之民謂之窮奇。顓頊氏有不才子，不可教訓，不知話言，……天下之民謂之檮杌。此三族也，世濟其凶，增其惡名，以至於堯，堯不能去。（左傳文十八年）

他們想，少皞氏列於帝鴻氏和顓頊氏的中間，如果帝鴻氏可以解爲黄帝（後來賈逵、鄭玄和杜預都釋帝鴻爲黄帝；但我們在山海經中知道帝鴻爲帝俊之子，非黄帝），則少皞氏在黄帝與顓頊的中間，非有天下之主而何，非後於黄帝而先於顓頊的有天下之主而何！於是這第四位就給少昊氏（“昊”與“皞”通）坐定，他現成地享有了金德之運。

他們既經請了少昊插入五帝的組合裏而有成爲“六帝”的趨勢，在古史界中是怎樣一件大事。可是關於少昊的材料太少，他既没有給戰國人鼓吹過，也没有經秦、漢人的宣傳，這個地位如何可以站得住？於是他們的偷天换日的手段又施展了。

第一，他們在國語裏插進了一段顓頊受帝位於少皞的故事。在鈔録這一段文字之前，我們先須讀一讀史記的太史公自序：

> 昔在顓頊，命南正重以司天，北正黎以司地。唐、虞之際，紹重、黎之後，使復典之，至於夏、商，故重、黎氏世序天地。其在周，程伯休甫其後也。當周宣王時，失其守而爲司馬氏。司馬氏世典周史。

這原是司馬遷自叙其世系，誇揚其門第之言。但給劉歆一班人瞧見了，就把這段文字改頭换面，寫成了下面一段文字：

> 昭王問於觀射父曰：“周書所謂‘重、黎實使天地不通’

者，何也？若無然，民將能登天乎？”對曰：“非此之謂也。古者民神不雜。民之精爽不攜貳者，……則明神降之，在男曰覡，在女曰巫，是使制神之處位次主而爲之牲器時服。而後使先聖之後之有光烈而能知山川之號，高祖之主，宗廟之事，……而敬恭明神者以爲之祝。使名姓之後能知四時之生，犧牲之物，……上下之神，氏姓之出，而心率舊典者爲之宗。於是乎有天地神民類物之官，是謂五官，各司其事，不相亂也。民是以能有忠信，神是以能有明德。……

“及少皡之衰也，九黎亂德；民神雜糅，不可方物；夫人作享，家爲巫史。……禍災荐臻，莫盡其氣。顓頊受之，乃命南正重司天以屬神，命火正黎司地以屬民，使復舊常，無相侵瀆，是謂‘絶地天通’。其後三苗復九黎之德，堯復育重、黎之後不忘舊者使復典之，以至於夏、商，故重、黎氏世叙天地而别其分主者也。

“其在周，程伯休父其後也。當宣王時，失其官守而爲司馬氏；寵神其祖以取威於民，曰：‘重實上天，黎實下地。’遭世之亂而莫之能禦也。……”(楚語下)

這一大段文字的來源共有三處。其一是尚書吕刑，抽取了裏邊的“乃命重、黎絶地天通”一語而大做文章。其二是史記自序，整段地鈔進去，可謂熟讀司馬氏家譜。其三是山海經的大荒西經，摘了“帝令重獻上天，令黎卬下地”一語，説是出於司馬氏的宣傳。其他巫呵，覡呵，祝呵，宗呵，説得非常透澈，這是因爲劉歆在王莽持政時做了“羲和”，又“治明堂”，又“典儒林史卜之官”，這些典制是他很熟諳的緣故。他主張“絶地天通”，或者他有感於王莽時圖讖之盛，競作符命封侯，以致人心不安，覺得“神人雜糅”的不及“絶地天通”的好，也未可知。

我們何以知道這一段文字是假造的呢？這有幾種理由。太史公自序之言如果是司馬遷鈔自國語，則九黎亂德，重、黎正之，三苗亂德，重、黎之後又正之，這正是司馬氏先代的兩件最光榮的功績，自序裏爲何忘了？重上天，黎下地，也是司馬氏家傳的兩件神聖的故事，自序裏爲何也忘了？這還不奇，顓頊之王天下，受自少皞，國語之文明白如此，何以五帝本紀裏竟缺了少皞一代？這還不奇，巫覡祝宗這些制度，國語裏口口聲聲説是古代確定的。故前云"各司其序，不相亂也"，下即云"少皞之衰，九黎亂德"，亂，即亂此巫覡祝宗所司之序也。下又云"三苗復九黎之德"，則又亂此矣。下又云"堯復育重、黎之後不忘舊者，使復典之"，(史記無"不忘舊者"四字)則又復此矣。這樣的一個自古以來確定的制度，這樣的一個亂了兩回又復了兩回的舊典，在古代宗教史上是何等重要的材料，爲什麼司馬遷作封禪書時卻不録一字呢？爲什麼班固作郊祀志時又完全收進了呢？此無它，司馬遷在劉歆前，還不知道有這些事；而班固生於劉歆之後，耳濡目染已久，就不自覺地上了他的老當罷了。(崔觶甫先生因疑五德終始説出於劉歆所造，故以封禪書爲"妄人録漢書郊祀志"。其實，五德終始説源遠流長，證據繁多，其變遷之跡亦自可尋，必不能把它一起卸在劉歆的肩上。至封禪書不録郊祀志，則這一條乃是一個確證。曆書中有這段話，自然是僞竄的了。)

第二，他們在左傳裏又加進了一段郯子説祖德的故事。在鈔録這一段文字之前，我們也應把左傳中的幾段零碎話先讀一下：

> 任、宿、須句、顓臾，風姓也，實司太皞與有濟之祀。(僖二十一年)
>
> 武王克商，成王定之，選建明德以藩屏周。……分魯公以大路大旂，……因商、奄之民，命以伯禽，而封於少皞之虛。(定四年)

任國在今濟寧縣，宿與須句都在今東平縣，顓臾在今費縣（據春秋大事表），距魯都（今曲阜縣）均不逾二百里。看左傳此文，這幾個小國的先祖有名太皞的，有名有濟的。成王封伯禽爲魯公，其地爲少皞的舊址。少皞與太皞名義相承，也有爲東方小民族的一個先祖的可能[①]。所以劉歆們又在左傳中插入一段：

> 秋，郯子來朝，公與之宴。昭子問焉曰："少皞氏鳥名官，何故也？"郯子曰："吾祖也，我知之！昔者黄帝氏以雲紀，故爲雲師而雲名。炎帝氏以火紀，故爲火師而火名。共工氏以水紀，故爲水師而水名。……我高祖少皞摯之立也，鳳鳥適至，故紀於鳥，爲鳥師而鳥名。鳳鳥氏，歷正也。玄鳥氏，司分者也。伯趙氏（伯勞），司至者也。青鳥氏，司啟者也。丹鳥氏，司閉者也。祝鳩氏，司徒也。鴡鳩氏，司馬也。鳲鳩氏，司空也。爽鳩氏，司寇也。鶻鳩氏，司事也。五鳩，鳩民者也。五雉爲五工正，利器用，正度量，夷民者也。九扈（青雀）爲九農正，扈民無淫者也。自顓頊以來不能紀遠，乃紀於近，爲民師而命以民事，則不能故也。"（昭十七年）

郯國在今郯城縣，離曲阜二百餘里。曲阜如真爲少皞之虚，郯子也未嘗没有爲少皞子孫的可能。可是這一段話，實在不能使人相信。他説少皞立於黄、炎之後，可見他確認少皞是有天下者的一代。下面又説"自顓頊以來"，可見他又以少皞置於顓頊之上，和國語中的"顓頊受之"有同樣的意義。總之，他實定少皞爲黄、炎以後，顓頊以前的一代，在這段文字中已明白寫出；這在劉歆之前是没有人主張過的。至於一大批"鳥官"，以掌曆法的爲獨多，且其地位也特高，大概因爲劉歆自己通明曆法，且任羲和之官，借以自重吧？

這段文字的根據在哪裏？我以爲也出在嘗麥解。那篇說"乃命少昊清司馬鳥師以正五帝之官"，即是"以鳥名官"一事的來源。那篇說"故名曰質"，質之去聲爲摯，也即是"少皞摯"一名的來源。

自從國語中有了"及少皞之衰也，……顓頊受之"的一段紀載，左傳中又有了"少皞摯之立也，鳳鳥適至，故紀於鳥；……自顓頊以來，不能紀遠"的一段紀載，而後少皞之爲顓頊以前的天子，乃得了堅實的基礎。

但是，漢人雖愚，歷史的系統裏忽然跑進了一個嶄新的"古帝"，也不會立時信奉的，所以東漢初年的賈逵(他的父賈徽是劉歆的弟子；他傳父業，故爲古文學專家)對章帝說：

> 五經家皆言顓頊代黄帝，而堯不得爲火德。左氏以爲少昊代黄帝，即圖讖所謂帝宣也。如令堯不得爲火，則漢不得爲赤。其所發明，補益實多。(後漢書卷三十六本傳)

即此可知當時的經學家還不肯承認黄帝、顓頊之間曾有少皞一代；賈逵們想要維持這個偶像猶須借重於圖讖中不同名的帝，更須借了"堯不得爲火則漢不得爲赤"的威嚇的話來聳動漢帝的聽聞。又可見賈逵所云"其所發明，補益實多"者，即左傳中"發明"了"漢爲堯後"和"顓頊繼少昊後"諸說之後，其補益於漢家的五運曆數者乃甚多也。

到了東漢的中葉，這個新古帝的偶像依然没有得到普遍的承認。所以張衡於順帝時曾條上司馬遷、班固所叙與典籍不合者十餘事，其一事云：

> 帝繫："黄帝産青陽昌意。"周書曰："乃命少皞行清。"清即青陽也。今宜實定之。(後漢書卷五十九本傳，章懷太子

注引衡集)

可知少皞即青陽這一件事，經劉歆學派宣傳了一百餘年，還不曾得到“實定”。

自從古文學派戰勝了今文學派，把今文家的遺説剗除略盡，然後這個新古帝的偶像在初成立時所受的各方攻擊的痕跡看不見了。自從通學者起來，雜糅今古，亂攪一陣，然後這個新古帝的來源也弄糊塗了。攻擊的痕跡既看不見，來源又弄糊塗，於是這件事纔“實定”了！幾個作史的人和無數讀史的人習非成是，以爲這是固有的事實，再没有懷疑的聲浪了！這樣平安地把人騙了一千七百餘年，直到康長素先生作新學僞經考，始發其覆，他道：

> 考五帝無少皞之説。……按〔逸周書嘗麥解〕，蚩尤爲古之諸侯，而少皞與蚩尤爲二卿，同受帝命，則少皞亦古之諸侯，與蚩尤同，非五帝，更非黄帝之子甚明。
>
> 劉歆欲臆造三皇，變亂五帝之説，以與今文家爲難，因躋黄帝於三皇而以少皞補之；……又懼其説異於前人，不足取信，於是竄入左傳、國語之中。……而不知其猶有逸周書遺文不能彌縫也。夫出於一己者則較若畫一，偶見他書者輒判然不同，其爲己所私造尚待辨耶！
>
> 歆又竄之史記曆書中曰："少皞氏之衰也"，即國語楚語之文。史記紀五帝用大戴禮、世本之説；若左傳、國語有少皞事，史公於二書素所引用，何以遺之？其爲僞竄，益無疑矣。如謂本紀據大戴，不兼他書，則八愷等説固兼左傳矣。如左、國有少皞，斷無不兼及也。(文十八年“少皞氏有不才子”，與縉雲氏並稱。縉雲氏非古天子，則少皞未可據以爲天子；殆即逸周書所稱之類。五帝本紀亦有此語，今皆不必斷爲竄僞。)(史記經説足證僞經考)

劉歆如果看見這篇駁文，他應當痛悔當時疏忽，忘記把帝繫、五帝德和五帝本紀一起改竄了！（也許他曾想到改竄，只爲“五帝”之名所限，不便改成六帝，因而縮手，亦未可知。）

黄帝的氏爲軒轅，帝堯的氏爲陶唐，上面已説過了。顓頊和帝嚳的氏是什麽呢？五帝德説：“顓頊……曰高陽；……帝嚳……曰高辛。”帝繫説：“蟜極産高辛，是爲帝嚳；……昌意産高陽，是爲帝顓頊。”則顓頊當爲高陽氏，帝嚳當爲高辛氏可知。（顓頊是否爲高陽，帝嚳是否爲高辛，這是很有問題的。但這不是世經所應負的責任，因爲在世經之前早已這樣説了。這些問題，將來作五帝德及帝繫姓考時當詳細討論，今不及。）自黄帝至帝堯五代中，别人都有了氏號，惟獨少昊没有。這也須替他配上一個才好。

要尋一個“□□氏”來配少昊，古書裏多得很，僅僅莊子一書已可找出二十個來，要湊湊場面原不爲難。但少皞的得居於古帝中第四位，以金德王，事出偶然，毫無的據，容易給人窺破。他們感到應當替他找出“以金德王”的根據的需要，所以不在古書裏檢出一“□□氏”，而逕自杜撰了一個“金天氏”，使得他的金德可以直接從名氏上表現出來，像炎帝、黄帝的從帝號上表現出他們的火德、土德一樣，於是“少皞金天氏”一個名字就成立了！（他們尚爲他想出許多金德的證據，下邊再詳叙。）

這個整齊的名字造成了之後，如何插入古書裏呢？好在左傳是他們的勢力範圍，可以隨意增訂的，他們便在昭元年傳内淡淡地着了一筆：

> 昔金天氏有裔子曰昧，爲玄冥師。

又在昭二十九年傳中寫道：

> 少皞氏有四叔，曰重、曰該、曰修、曰熙，實能金木及水。使……修及熙爲玄冥。世不失職，遂濟窮桑。

讓這兩段文字以“玄冥”一名的聯絡，“世不失職”一事的呼應，見出“少皞氏”就是“金天氏”，而金天氏一名在古文籍中也就得到了根據。至於玄冥這名，我想當是由魯語（上）的“冥勤其官而水死”來的。

這個譌名一直沿用下去，没有被人戳穿。到崔述作補上古考信録，始略略指出其破綻：

> 金天氏之名見於春秋傳，但云“裔子爲玄冥師”而已，未言爲少皞也。……少皞氏之子雖嘗爲玄冥，然烈山氏之子柱爲稷，周棄亦爲稷；顓頊氏之子黎爲火正，高辛氏之子閼伯亦爲火正：則玄冥一官亦不必少皞氏之子孫而後可爲也。

因爲他没有抓住這件事情的中心問題（這個中心問題必待清末幾個研究今古文問題的人出來纔會明白），所以他的駁詰的力量只能打在這一説的表面。

二一　“太昊伏羲氏”

第三、第二問題都解決了。第一問題本已解決了一半（神農氏前爲伏羲氏），現在要找補一半也不算困難。

他們想，少皞之外不是還有一個太皞嗎？就從這個名字上看，已可知其在少皞之前。少皞既作了天子，他也未便向隅。既經伏羲氏上面缺着一個尊號，只要請他去頂補就是了。於是“太皞伏羲氏”一個名號又成立了！

但他們想：“庖犧氏之王天下”，繫辭傳中早已寫明，至太皞則但爲任、宿諸國的祖先，書本上還没有他作天子的明文；馬上推戴，似乎嫌鹵莽些。於是又在郯子的“鳥名官”一答内加了一句：

> 太皞氏以龍紀，故爲龍師而龍名。

見得他是和黄帝們一樣地有天下的；而且太皞紀龍，少皞紀鳳，亦正遥遥相應。至於太皞和伏羲兩名的連絡，也就在這“龍”字上生發。試看：

> 易曰：“天垂象，見吉凶，聖人象之。河出圖，雒出書，聖人則之。”劉歆以爲虙羲氏繼天而王，受河圖，則而畫之，八卦是也。禹治洪水，賜雒書，法而陳之，洪範是也。（漢書五行志）
>
> 河以通乾出天苞；洛以流坤吐地符。河龍圖發；洛龜書感。（周易正義引春秋緯）
>
> 伏犧氏王天下，龍馬出河，遂則其文以畫八卦，謂之“河圖”。（僞孔安國尚書顧命傳）
>
> 燧人氏没，宓犧代之。受龍圖，畫八卦，所謂“河出圖”者也。有景龍之瑞。（宋書符瑞志上）

伏羲受龍圖而畫八卦，太皞爲龍師而龍名，這是何等地符同呵！可是尋求這一説的源頭，還是出在劉歆的話裏。劉歆一倡了伏羲受河圖之説，於是緯書、尚書傳、符瑞志等便跟着他宣傳了，太皞與伏羲就合併而不可分了。然而，我們回顧前於劉歆的易繫辭傳，只有説：

> 包犧氏……仰則觀象於天，俯則觀法於地，觀鳥獸之文與地之宜，近取諸身，遠取諸物，於是始作八卦。

何嘗有受河圖，得龍瑞之説！即此可見伏羲時龍馬負圖出河之説是爲證實“太皞氏以龍紀”一事之用的，而太皞氏的以龍名官又是由少皞氏的以鳥名官比例而來的。（劉歆固然只説了“受河圖”，没有説“龍負河圖”，但漢書引他的説話原是不完全的，且稍後於劉歆的緯書就已説“河龍圖發”了，在他支配之下的左傳也説“太皞氏以龍紀”了，他編入三統曆的世經已把太皞與伏羲合作一人了，則龍負河圖之説當然發於劉歆。）

太皞即伏羲，自從有了此説之後，似乎也没有人懷疑過。惟崔述以爲應當分作兩人，他在左傳郯子的話中指出太皞列於黄、炎之後，與伏羲列在黄、炎之前者不同。但左傳這一段，世經已説明是“逆數”，且它以太皞、少皞、共工、炎帝入於歷史系統，除了世經之外更無是説，這段文字與世經相爲表裏甚是明顯，實不足以駁世經。除此之外，崔氏再有一個較爲可信的理由：

> 蓋自史記以前，未有言庖羲風姓，爲龍師者，亦未有言太皞畫八卦，作網罟者。然則庖羲氏之非太皞也明矣。（補上古考信録卷下）

二二　“全史五德終始表”的定本

三個難題都解決了，古史系統已用了五行系統排列好了，古帝王的名氏也已在一個模型裏製造出來了，於是他們的“全史五德終始表”可以寫定了：

(木)	1. 太皞伏羲氏	6. 帝嚳高辛氏	11. 周
(閏水)	共工	帝摯	秦
(火)	2. 炎帝神農氏	7. 帝堯陶唐氏	12. 漢
(土)	3. 黄帝軒轅氏	8. 帝舜有虞氏	13. 新
(金)	4. 少皞金天氏	9. 伯禹夏后氏	
(水)	5. 顓頊高陽氏	10. 商	

上面説過，漢書郊祀志贊以爲這個新的五德終始系統是劉向父子排成的，其所持的理由是説卦傳上的一句話。贊云：

> 劉向父子以爲“帝出於震”，故庖羲氏始受木德；其後以母傳子，終而復始。自神農、黄帝，下歷唐、虞、三代，而漢得火焉。……昔共工氏以水德間於木火，與秦同運，非其次序，故皆不永。

現在我們既知道八卦的方位及其在五行上的分配，又知道世經的“全史五德終始表”的排列式，於是我們可以替這一段贊語補繪一個圖，如右：

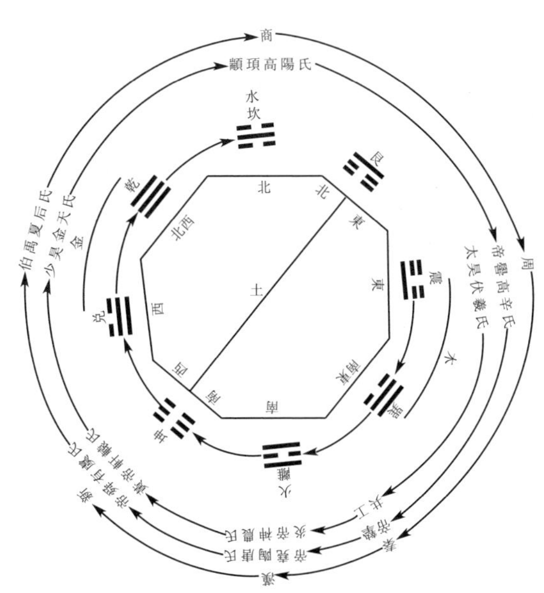

這就是歷史系統在陰陽和五行上的根據！所謂“天統”，所謂“自然之應”，就是這件東西！

這一個圖，他們

造成功的時候，一定拊掌稱快道：“新室的代漢有了歷史的根據了，證明得千真萬確了！誰敢反抗的，即是‘威侮五行’，應當‘恭行天罰，勦絶其命’！”

於是他們宣布他們所作的世經。

不過，這個“西洋鏡”已給我們拆穿了；我們知道它構造的層次，我們認識它拼合的痕跡，我們領會它創立的宗旨。我們也有一個圖，現在就跟着他們的圖一起宣布了罷！

相生的五德終始	水	閏水	火	土	金	水	木	閏水	火	土	金	水	木	閏水	火	土
新的系統				黃帝						帝舜						新
漢的系統			炎帝						帝堯						漢	
湊成五德相生的系統	伏羲氏		神農氏		少皞	顓頊	帝嚳									
湊成古帝的複名	太皞			軒轅氏	金天氏	高陽氏	高辛氏		陶唐氏	有虞氏						
夏以後的次序											夏	商	周			
共工閏統的來源		共工						帝摯						秦		

【説明】1. 紅綫圈，表示舊有的系統。

2. ﾉﾉ，表示本相聯合的兩個系統。

3. 藍綫圈，表示假定國語（左傳的前身）所本有的。

4. 黄綫圈，表示閏統。

二三　對於世經的評判

世經中的五德終始的系統的來源，我們既已明瞭，就可進而評判它的全文。

這一篇裏，有的是引用人家的話，有的是作者自己說的話。我們固然知道它所引的話半是自說自證，但也不妨開出一個單子，看它所依據的書籍共有多少種：

1. 春秋左氏傳

2. 易繫辭傳

3. 祭典(即小戴禮記中的祭法。)

4. 考德(顏師古注："考德，考五帝德之書也。"此書大約東漢時已佚，故其他書中不見徵引。按：逸周書第四十二篇爲耆德，但序云"武王秉天下論古施□而□位以官，作考德"。如序文不誤，則篇題之"耆德"應爲"考德"之誤。這一篇未知是否即世經所本，可惜也亡了，無從質證。)

5. 春秋外傳(即國語。)

6. 帝繫(即大戴禮記中的帝繫。)

7. 書經

8. 書序

9. 周書(即逸周書)

10. 禮記

11. 春秋

12. 史記(自書序至此五書，因與五德終始說無甚關係，本篇未録。)

13. 著紀(漢書藝文志有漢著記百九十卷；顏師古注：

"若今之起居注。")

此外關於曆法的引用書籍，有殷曆、春秋曆、三統曆等。（尚有四分曆。按：四分曆爲漢章帝時李梵等所造，當是班固作律曆志時所增入的。）

世經的作者取漢的世系於著紀；取商、周、秦的世系於書經、書序、周書、禮記、春秋、史記；取唐、虞、夏的世系於帝繫；取唐以上的世系於左傳、國語、易傳、祭典、考德。其自己説的，則是五行相生的次序，及何以此書有而彼書無的解釋。

現在，我們單把它的唐以上的世系所根據的材料審查一下。繫辭傳中"庖犧氏之王天下也"一章，説的是觀了卦象而制器的故事。但這一章的學説的基礎，建築於説卦傳的物象上和九家易的互體和卦變上。説卦傳爲漢宣帝時所出，已見上文。九家易則是京房一派的易學。必須用了這些學説來講，纔能把這一章的故事講通。所以我很疑心這是京房學派所作，插入繫辭傳的。（我曾作"論繫辭傳中觀象制器的故事"一文，登燕大月刊第六卷第三期及古史辨第三册。）在那時，後期五帝説正流行着，所以作者就採取了這一個歷史系統作爲易學系統。左傳、國語，爲劉歆一輩人所僞竄，尤其是世經所引的"少皞摯之立也"和"少皞之衰，顓頊受之"這兩章，爲要湊成新的五德終始系統而造作，上面也已説過了。祭法一篇，本是鈔襲魯語而成（理由詳見崔述經傳禘祀通考），其所謂"共工氏伯九域"即用魯語的話。那時春秋内外傳（他們目左傳爲春秋内傳，國語爲春秋外傳）全在劉歆的掌握之中，要怎樣增改就怎樣增改。共工之所以得列入古史系統，只因他曾有爭爲帝的傳説，恰與秦相近似，可以作爲閏統的先例。故秦既爲水，他亦只得爲水；秦既爲伯，他亦只得爲伯。故"爲水師"及"伯而不王"諸説必出於重排五德終始表之後。國語之文是劉歆改的，祭法之文本是鈔録展禽論祭海鳥一章的，他改了國語這一章（實際上不是改，是增加。只要把"非是族也，不在祀典"之句直接“黄帝能明民共財”，删去昔烈山氏和共工氏一段，就是原本的樣子。當於下邊月令中的五帝五神一章中詳論之），併把祭法改了，是很容易的事。考德一書，除了這裏所引的一語之外，别處再也没有見過。這書既考五帝之德而又特著少皞，與舊説不同，足徵其亦出於王莽、劉歆們的手筆。總此而論，世經中唐以上的世系所根據的五部書是没有一部可靠的，這些材料是都出於西漢末葉的。

世經中，可以提出的問題尚多。今把上面所鈔的世經文字逐段寫出，加以評判：

> 春秋昭公十七年，“郯子來朝”。傳曰：“昭子問少昊氏鳥名何故，對曰：‘吾祖也，我知之矣！昔者黄帝氏以雲紀，故爲雲師而雲名。炎帝氏以火紀，故爲火師而火名。共工氏以水紀，故爲水師而水名。太昊氏以龍紀，故爲龍師而龍名。我高祖少皞摯之立也，鳳鳥適至，故紀於鳥，爲鳥師而鳥名。’”言郯子據少昊受黄帝，黄帝受炎帝，炎帝受共工，共工受太昊，故先言黄帝，上及太昊。稽之於易，炮犧、神農、黄帝相繼之世可知。

這一段話頗迷蒙了許多人的眼。以崔述那樣精密的人，亦信左傳爲實録而以世經爲曲解。他以爲它們是兩個系統：

（左傳的系統）黄帝—炎帝—共工—太昊—少昊

（世經的系統）太昊—共工—炎帝—黄帝—少昊

他又以爲就太昊、少昊兩個名字看，就可知道是時代相銜接的兩帝。（補上古考信録云：“太皞、少皞不同姓，若其時又不相及，則何爲皆以‘皞’名？而太皞紀官爲龍，少皞紀官爲鳳，亦似相比然者。”）這單就左傳和世經的文字上着眼固然如此；但我們知道了世經的系統的構成的經過，知道了少皞是爲填滿一個空位用的，太皞是爲補成伏羲氏的尊號用的，又知道了共工的閏統和水德以及其介於木火之間是爲作秦的先例用的，則左傳這段文字實與世經一鼻孔出氣，必非較早的材料。太昊與少昊的不相銜接，並非他們不該銜接，乃是給五德系統所牽制而無法銜接。至於左傳何以要用逆數，則以少昊、共工二代的出現以及太昊與伏羲氏合名的出現甚不光明，倘也照了世經寫了，或者更要起人懷疑，所以偷偷摸摸，在左傳中插下這種"似非而是"的材料，來惑亂學者的耳目。就使有人出來打破世經的系統，也不能連帶打破左傳的系統。左傳的系統不破，則太昊、少昊和共工還是列於古帝王的系統中，世經的歷史還能保持其一部分的信用。這是他們作僞技術的高超！

郯子所説的五種紀官法，大約只有黄帝一種是較早的傳説，史記中説黄帝"官名皆以雲命，爲雲師"，左傳中也有縉雲氏（史記集解引應劭説，黄帝的夏官爲縉雲）。至炎帝的火官由他的火德來，共工的水官由他的水德來，本極顯明。太昊的龍官，由於伏羲氏得龍負的河圖而畫八卦來，上面已説明了。少昊的鳳，也正與太皞的龍相輝映。故此四種官中，水火爲五德，龍鳳爲符瑞。

> 太昊帝：易曰："炮犧氏之王天下也。"言炮犧繼天而王，爲百王先首。德始於木，故爲帝太昊。作罔罟以田漁，取犧牲，故天下號曰炮犧氏。

這除了"太昊帝"一名之外，幾乎完全取自繫辭傳。以前把無懷氏或燧人氏放在伏羲氏之前的系統，他一概不睬，好像司馬遷作五帝本紀不睬黄帝以前似的。但司馬遷雖不睬黄帝以前，還説黄帝繼神農氏爲天子，承認黄帝以前尚有帝王；他則説"炮犧繼天而王，爲百王先首"，直認伏羲爲開天闢地的人了。司馬遷作史，以五帝德的系統爲其系統，劉歆們作史，以繫辭傳的系統爲其系統，不使古史伸展過長，這都算得他們的斷制謹嚴。

> 祭典曰："共工氏伯九域。"言雖有水德，在火木之間，非其序也。任知刑以彊，故伯而不王。秦以水德，在周、漢木火之間。周人遷其行序，故易不載。

這幾句話，實已把共工氏的閏統由秦比例而來的意思説明了。繫辭傳中只説觀象制器的故事；共工如未制器，傳中本應無名。此云"周人遷其行序，故易不載"，可見作者看繫辭傳爲正則的古史，凡繫辭傳所没有的必爲尋出其所以缺去的理由，這真可謂"牛頭不對馬嘴"。（但即此可知，繫辭傳中這一章文字在那時是極有勢力的。）至"周人遷其行序"，怎樣遷法，他没有説，這又使得我們心癢難爬了！

共工這一名，後來都以世經關係分作兩人，一置在炎帝前，一置在堯時。我以爲只是一個。堯典説：

> 帝曰："疇咨若予采？"驩兜曰："都，共工方鳩僝功！"帝曰："吁，静言庸違，象恭滔天！"
>
> 帝曰："咨，四岳，湯湯洪水方割，蕩蕩懷山襄陵，浩浩滔天，下民其咨，有能俾乂？"僉曰："於，鯀哉！"……帝曰："往欽哉！"九載，績用弗成。

這兩段文字，以前的人都分開講：治洪水者只是鯀而共工不與。然則"共工方鳩僝功"，鳩的是什麽功呢？他們也説不出來。按：周語説：

> 昔共工棄此道也，……欲壅防百川，墮高堙庳以害天

> 下，……禍亂並興，共工用滅。其在有虞，有崇伯鯀播其淫心，稱遂共工之過，堯用殛之於羽山。

可見在那時的傳説中，共工的工作也是治水，他的治水的方法是墮山以壅川；後來鯀治水時又用他的方法，所以事業不成，給堯殛了。把這一段話與堯典所説的合看，似堯典中的“方鳩僝功”即指“墮高堙庳”之事。故堯説他“象恭滔天”，與下文的“浩浩滔天”正相應。疑堯典的作者本説共工治水不成而致洪水滔天之禍，堯乃詢四岳以治水之人而得鯀，終於一樣地失敗：但以文義較晦，不易看清楚耳。

因爲共工爲鯀前治水的人，民間對於他有一種水的傳説，故淮南子天文訓説他與顓頊爭爲帝，“地維絶；地不滿東南，故水潦歸焉”(此與天問所云“康回憑怒，地何故以東南傾?”者類同)。又原道訓中説他與高辛爭爲帝，“遂潛於淵”(此與左傳所云“鯀化爲黄熊，其神入於羽淵”者類同)。至本經訓則云：

> 舜之時，共工振滔洪水以薄空桑，龍門未開，吕梁未發，江、淮通流，四海溟涬，民皆上丘陵，赴樹木。舜乃使禹疏三江、五湖，……鴻水漏，九州乾。

直以洪水之災爲共工所發出。共工既與水的關係這樣深，於是劉歆們派他爲水德，厠入太昊與炎帝之間，又在左傳郯子的話中埋伏了僞證，算作古帝王的一代，而與堯典中的共工分了家。但他在治水或鬧水的傳説中雖有勢力，而在帝王系統中則除了左傳和世經之外卻再没有憑藉，他在這一點上是找不到民衆的傳説作後盾的，所以後來編古史的人對於他的霸統就常常忘記或删卻了。

> 炎帝：易曰：“炮犧氏没，神農氏作。”言共工伯而不王，

> 雖有水德，非其序也。以火承木，故爲炎帝。教民耕農，故天下號曰神農氏。

這條中，關於神農氏（除炎帝）的材料也都取自繫辭傳。因爲繫辭傳中把神農氏緊接炮犧氏，劉歆們恐人誤會，故對於共工的閏統復作一次解釋。

> 黄帝：易曰："神農氏没，黄帝氏作。"火生土，故爲土德。與炎帝之後戰於阪泉，遂王天下。始垂衣裳，有軒冕之服，故天下號曰軒轅氏。

這一條把繫辭傳的"垂衣裳"與"軒轅"的名詞作一個八股文的搭題。又把史記的"與炎帝戰於阪泉"改作"與炎帝之後戰於阪泉"。這"之後"二字大可注意，因爲炎帝已從一個人變成了一代了！（史記言"神農氏衰"，此文當即由此而來；但史記中的炎帝與神農氏本非一人，詳前。）

> 少昊帝：考德曰："少昊曰清。"清者，黄帝之子清陽也。是其子孫名摯立。土生金，故爲金德。天下號曰金天氏。周遷其樂，故易不載，序於行。

這段話説得非常蹊蹺。既説"少昊曰清，清者黄帝之子清陽"，是少昊爲黄帝之子無疑；乃又説"是其子孫名摯立"，那麽，王天下的少昊又是清陽的子孫而非黄帝之子了。前後兩句話中，爲什麽會得這樣衝突？我想，這至少有兩個理由。其一，是要把一個人名變成一個代名，因爲一個人在五德中占有一德，似乎這五德之運轉得太快了。他要使得少昊一名，自黄帝之子以至清陽的子孫都用爲稱號，有如炎帝或神農氏一樣。其二，黄帝之子清陽，向不説爲有天下，一旦令其繼黄帝即位，難免給人破壞；所以油滑一點，説得模棱兩可。倘使有人出來反對，便可分辨道："我只説清陽的子孫作天子，本没有説是黄帝之子呵！"

> 顓頊帝：春秋外傳曰："少昊之衰，九黎亂德；顓頊受之，乃命重黎。"蒼林昌意之子也。金生水，故爲水德。天下號曰高陽氏。周遷其樂，故易不載，序於行。

這一條裏，把顓頊説爲"蒼林昌意之子"，也是一個創聞。黄帝的兒子，國語中有夷鼓、青陽、蒼林氏，帝繫中有玄囂、昌意，它們説的本來各不相關。自史記説"玄囂，是爲青陽"，而玄囂與青陽併作了一人。這裏説"蒼林昌意之子"，而蒼林氏與昌意又併成了一個。假使依照"炎帝神農氏"的辦法，顓頊的父親大可被稱爲"昌意蒼林氏"了。只可憐賸下一個夷鼓，不再有弟兄和他併家了！

> 帝嚳：春秋外傳曰："顓頊之所建，帝嚳受之。"清陽玄囂之孫也。水生木，故爲木德。天下號曰高辛氏。帝摯繼之，不知世數。周遷其樂，故易不載。周人禘之。

世經對於上古史的系統，一以易繫辭傳爲主，凡爲繫辭傳所没有的，必爲尋出其所以不載的原因。共工以水德介於木火之間，非其次序，故云"周人遷其行序，故易不載"。少昊、顓頊、帝嚳，於五行之序没有差錯了，而繫辭傳也没有，則云"周遷其樂，故易不載"。但繫辭傳所記只是觀象制器的故事，與行序和樂有什麽關係？而且遷了行序和樂，難道就可革掉他們的世次，不承認他們曾經王天下嗎？"周人禘嚳"，魯語和祭法都説了，這裏也説了。嚳爲周之自出，用了最尊重的祭禮去祭他，然而竟革掉他的世次，消滅他在歷史上的地位，這是什麼道理？願劉歆有以語我來！

這一條於帝嚳之下寫“帝摯繼之，不知世數”，似乎作者特別慎重，多聞闕疑。其實不然。從前把古代看得很短，故騶衍們排五德符應，夏以前只共占一德；而帝繫中排帝王世次，自五帝的首一代至末一代，總共不過九世。但經過西漢二百年的醖釀，這古史系統定須放長了。劉歆們既肩了重定古史系統的責任，不得不實現此放長的一義。放長的辦法有二，一以一德拆成數德，一以一世拆成數世；如此，便可顯出其占有的時間之長。爲了一德拆成數德，故自黄帝至堯、舜，雖在一族，亦各有其五德之運。爲了一世拆成數世，故此篇於黄帝則云“與炎帝之後戰於阪泉”，見得炎帝傳了若干世纔到黄帝。於少昊則云“黄帝之子清陽，是其子孫名摯立”，見得黄帝傳了若干世纔到少昊。於顓頊則云“少昊之衰，顓頊受之”，見得少昊傳了若干世纔到顓頊。於帝嚳則云“帝摯繼之，不知世數”，見得帝摯傳了若干世纔到帝堯。（下條於帝堯云：“高辛氏世衰，天下歸之”，亦即此意。）可是，漏洞總是掩蓋不了的。顓頊既爲蒼林昌意之子，無論蒼林昌意是不是一個人，顓頊總是黄帝之孫。從黄帝到少昊已歷若干世了，少昊之後又歷若干世，而顓頊始得即天子之位，他何以這樣老壽，眼看他的姪子、姪孫、曾姪孫、玄姪孫……一世一世地過去呢？既曰帝摯繼帝嚳不知世數了，既曰高辛氏世衰，天下歸堯了，那麽，堯之距嚳亦甚遠矣，爲什麽又云“帝嚳四妃，陳豐生帝堯”，堯還是嚳的兒子呢？故即用世經之文自相對勘，也是七穿八洞的。於此可見製造假古董實在不是一件容易的事，雖以劉歆的才能也不能不露出破綻來。

世經自堯以下，除了五德的次序以外，大都沿用舊史，用不着在本篇中批評了。（夏、商、周的年數仍有問題，但這是三統曆的問題，將來當於三統説下的政治和歷史中詳論之。）

這篇文字，是中國上古史材料中最重要的一件。二千年來的傳統的上古史記載以及一班人的上古史觀念，誰能不受它的支配！雖是從我們的眼光裏看出來是七穿八洞的，但要是我們生早了若干年，我們便未必能看出；就使看出了也未必敢這樣説。這便叫作權威，叫作偶像！

世經，我説是劉歆作，或者有人要不信，以爲這是劉歆的三統曆所引，如何便把創作的責任也歸給了他。但五行相生的五德終始説下的歷史系統，班固的漢書，荀悦的漢紀，都説爲"劉向父子"所立。劉向有三個兒子，長子伋，中子賜，少子歆，伋和賜在政治和學術上都不占地位。劉向固然可以創立相生的五德終始説，但決不能創立世經的歷史系統。因爲世經的歷史系統是從王莽的自本上出發的，其基礎實建築於王氏代劉氏上。劉向對於王鳳等的擅權已經痛哭流涕了，如何肯幫助王莽去取得代漢的符應！何況成帝末年，向已死了(見漢書禮樂志)，他又怎能豫爲王莽留下這代漢的符應！所以用了相生的五德終始説作成世經的歷史系統，這是劉向所不知道的，想不到的。劉向既不能作，伋和賜在政治和學術上也都不占地位，賜又早卒，然則只有爲王莽典文章的劉歆是有著作的資格了。何況左傳之文與此書相爲表裏，左傳乃是經過劉歆的筆削的，正可作爲旁證呢。至班固們對於此書的著作人，何以不説爲劉歆而説爲"劉向父子"，我以爲他們是上了劉歆的當。劉歆因爲他的父親是當時學術界的碩望，所以他發表自己的主張時要利用他的父親的牌子做擋箭牌。並且這樣一來，使世經的歷史系統的出現提前了若干年，也可騙人相信王之代劉實爲前定之事，並不是王莽作了攝皇帝之後而始爲即真之謀了。

或者又有人要駁我，説：班固們所説的"劉向父子"，只是説他們創立相生的五德終始説下的歷史系統而已，何曾説他們所創立的乃是世經的歷史系統。如有此駁，我將答説：班固所謂劉向父子所創立的新學説實即是世經的歷史系統。試列表以明之：

漢書郊祀志贊	世經
包羲氏始受木德。其後以母傳子，終而復始。	炮犧氏……爲百王先首，德始於木。以火承木，故爲炎帝。黄帝爲土德。少昊爲金德。顓頊爲水德。帝嚳爲木德。帝堯爲火德。
自神農、黄帝下歷唐、虞、三代而漢得火焉。	漢高祖皇帝……繼周。木生火，故爲火德。
昔共工氏以水德間於木火，與秦同運，非其次序，故皆不永。	共工……雖有水德，在火木之間，非其序也，……故伯而不王。秦以水德，在周、漢木火之間。

即此可知，班固作郊祀志贊時所舉的劉向父子的新學説確指世經而言。我們既知道劉向必不能立世經的系統，其長子和次子又没有創立此新學説之可能，則世經的著作人不是劉歆再有什麽人呢？

二四　王莽的受禪及其改制

古帝王的系統定了，世經公布了，於是王莽就動手收拾漢家的天下了。漢書王莽傳説：

> 梓潼人哀章學問長安，素無行，好爲大言。見莽居攝，即作銅匱爲兩檢：署其一曰"天帝行璽金匱圖"，其一署曰"赤帝行璽某傳予黄帝金策書"，——某者，高皇帝名也。書言王莽爲真天子，皇太后如天命。圖書皆書莽大臣八人，又取令名王興、王盛，章因自竄姓名，凡爲十一人，皆署官爵

爲輔佐。……昏時，衣黄衣，持匱至高廟，以付僕射。僕射以聞。

戊辰，莽至高廟，拜受金匱神嬗。御王冠，謁太后。還坐未央宫前殿，下書曰："予以不德，託於皇初祖考黄帝之後，皇始祖考虞帝之苗裔，而太皇太后之末屬。皇天上帝隆顯大佑，成命統序，符契圖文，金匱策書，神明詔告，屬予以天下兆民。赤帝漢氏高皇帝之靈承天命，傳國金策之書。予甚祇畏，敢不欽受！以戊辰直定，御王冠，即真天子位，定有天下之號曰新。其改正朔、易服色、變犧牲、殊徽幟、異器制，以十二月朔癸酉爲建國元年正月之朔。以雞鳴爲時。服色配德上黄。犧牲應正用白。使節之旄旛皆純黄；其署曰'新使五威節'，以承皇天上帝威命也！"

那時漢與新的禪讓，並非孺子嬰傳授與王莽，乃是漢高祖傳授與王莽，也即是赤帝傳授與黄帝。故哀章所作之銅匱，題爲"赤帝行璽邦傳予黄帝金策書"，莽受嬗後所下書，亦云"赤帝漢氏高皇帝之靈承天命，傳國金策之書"，又云"予復親受金策於漢高皇帝之靈"。這或者因禪讓之事須由漢高祖承天命爲之，方見鄭重，或因孺子嬰太幼，不足行禪讓之事，或因哀章的銅匱上這樣署了便這樣幹，皆未可知。我們在這條上，可以知道當時人的信仰，凡以火德王的都可稱爲赤帝，以土德王的都可稱爲黄帝；而五德相生，帝王的嬗讓是以"圖書"爲其信物的。（這與"河圖洛書"很有關係，詳下"讖緯書中的受命"章。）

王莽得國之後，第一件事就是改制。他的改制的方式，和漢武帝一樣：是把三統説與五德説混合用的。他在三統説中自居於白統，在五德説中自居於土德。他爲要自居於土德，費了很大的氣力，把古史系統完全改變，已見上文。至於白統，則是承接漢的黑統而來，他完全收受傳統的見解，絲毫不曾費力。我們可以列出一個表來，顯明他的改制的意義：

三統說			五德說		
白統的事項		王莽的改制	土德的事項		王莽的改制
正朔	歷正日月朔於虛，斗建丑。（繁露）	以十二月朔癸酉爲建国元年正月之朔。	服色	土氣勝，故其色尚黄。（吕氏春秋）	服色配德上黄。
朝正	親黑統，故日分鳴晨，鳴晨朝正。（繁露）	以雞鳴爲時。	徽幟	（以始皇爲水德，其旄旌節旗皆上黑比例之，則土德之旄旌節旗當上黄。）	使節之旄幡皆純黄。
犧牲	郊牲白。（繁露）	犧牲應正用白。			

這可謂最守法度的改制，也是在歷史上最有根據的改制了。

他的第二件事，是封國和命官。王莽傳云：

> 始建國元年正月朔，……順符命去漢號焉。……莽乃策命孺子曰："咨爾嬰！昔皇天右乃太祖，歷世十二，享國二百一十載，歷數在於予躬。詩不云乎：'侯服於周，天命靡常。'封爾爲定安公，永爲新室賓。往踐乃位，毋廢予命！"又曰："其以平原、安德、漯陰、鬲、重丘凡户萬，地方百里，爲定安公國，立漢祖宗之廟於其國，與周後並，行其正朔服色，世世以事其祖宗。……"讀策畢，莽親執孺子手流涕歔欷曰："昔周公攝政，終得'復子明辟'。今予獨迫皇天威命，不得如意！"哀嘆良久。
>
> （中叙封四輔、三公、四將事，文多不録。在這十一人中，劉歆的官爵是國師，嘉新公；哀章是國將，美新公。）
>
> 策曰："……帝王之道，相因而通；盛德之祚，百世享

祀。予惟黄帝、帝少昊、帝顓頊、帝嚳、帝堯、帝舜、帝夏禹、皋陶、伊尹，咸有聖德假於皇天，功烈巍巍，光施於遠。予甚嘉之，營求其後，將祚厥祀。惟王氏，虞帝之後也，出自帝嚳；劉氏，堯之後也，出自顓頊。"於是封姚恂爲初睦侯，奉黄帝後。梁護爲脩遠伯，奉少昊後。皇孫功隆公千，奉帝嚳後。劉歆爲祁烈伯，奉顓頊後。國師劉歆子疊爲伊休侯，奉堯後。嬀昌爲始睦侯，奉虞帝後。山遵爲褒謀子，奉皋陶後。伊玄爲褒衡子，奉伊尹後。漢後定安公劉嬰位爲賓。周後衛公、姬黨更封爲章平公，亦爲賓。殷後宋公孔弘，運轉次移，更封爲章昭侯，位爲恪。夏後遼西姒豐，封爲章功侯，亦爲恪。四代古宗，宗祀於明堂，以配皇始祖考虞帝。周公後褒魯子姬就，宣尼公後褒成子孔鈞，已前定焉。

這個封爵系統即是世經的歷史系統，少昊一代在詔書裏公布了，而且他也有了後代了。他所謂漢"享國二百一十載"，即是谷永説的"涉三七之節紀"。他所謂"予獨迫皇天威命"，即是眭弘(?)説的"漢家、堯後，有傳國之運"，也即是自本中的晉史説的"土火相乘"。漢命不得不終，新又不得不興，這是五德三統的運行中所必有的事實，他哪裏是篡位呢！

不過，在這一篇詔書裏，又有奇突的問題發生了。從帝繫看，從史記看，堯爲帝嚳之子，舜爲顓頊六世孫，甚明白。就是世經，它雖把年代伸長了許多，但對於帝繫之説還没有打破。爲什麼王莽的詔書裏卻説："惟王氏，虞帝之後也，出自帝嚳；劉氏，堯之後也，出自顓頊"，而以皇孫功隆公千奉帝嚳後，劉歆爲祁烈伯(這當是另一個劉歆，那個劉歆已封爲嘉新公了；下面封劉疊爲伊休侯，别之曰"國師劉歆子"，即因此)，奉顓頊後，竟把他們祖孫父子的關係倒了轉來呢？這或者因漢在新前，漢祖堯在新祖舜前，故堯的上代亦應在舜的上代之前，或者要在堯、舜禪讓之外更使顓頊、帝嚳禪讓一次，以見漢、新兩代的祖先無不在禪讓的形式之中，遂有此改定，皆未可知。（這是專屬世系而不屬五德的一個改變。）

他的封國是依照三統説的。繁露云：“下存二王之後以大國，使稱客而朝”，故他封漢後劉嬰爲定安公，周後姬黨爲章平公，位爲賓。繁露云：“絀王謂之帝，封其後以小國”，當新朝時，三王是“新、漢、周”，周的前一代應爲五帝，其裔孫應封小國了，故他説“殷後宋公孔弘，運轉次移，更封爲章昭侯”。我們現在可把他所封的古帝王之後列爲一表，總看一下：

（1）　黄帝—姚恂—侯
（2）　少昊—梁護—伯
（3）　顓頊—劉歆—伯
（4）　帝嚳—王千—公
（5）　帝堯—劉疊—侯
（6）　虞帝—嬀昌—侯
（7）　夏——姒豐—侯 ⎫
（8）　殷——孔弘—侯 ⎭ 恪 ⎫
（9）　周——姬黨—公 ⎫　 ⎬ 宗祀明堂，配虞帝。
（10）　漢——劉嬰—公 ⎭ 賓 ⎭

在此表内，以近古數代列爲賓恪，配事虞帝，是應用春秋家的“親、故”之義的。其以二王後（周、漢）封公，二王以前封侯，最前數代封伯，則是應用春秋家的“親、疏”之義的。至於黄帝之後不封伯而封侯，帝嚳之後不封侯而封公，各升一級者，當以黄帝與帝嚳俱爲王莽所自認的直系的祖先之故。如果不升級，則同時應封伯者三，應封侯者五，應封公者二，其中或暗寓了“三皇、五帝、三王”的意義也未可知。因爲照繁露的説法，漢應以顓頊爲五帝的首一帝；現在運轉次移，帝嚳當然升補顓頊的地位。帝嚳既爲五帝之首，則其前之黄帝、少昊、顓頊自應列爲三皇了。(周禮及王莽傳中俱有"三皇、五帝"之文，但均未列舉其人。這或者因與舊證太不合，未宣布、或宣布之後旋失傳了，均未可知。)

他即位後的第三件事情，是定宗系。王莽傳云：

> 莽又曰："予前在攝時，建郊宫，定祧廟，立社稷。神祇報況，或光自上復於下，流爲烏；或黄氣熏烝，昭燿章明，以著黄、虞之烈焉。自黄帝至於濟南伯王(顔師古注："莽之高祖名遂，字伯紀，故謂之伯王")，而祖世氏姓有五矣。黄帝二十五子，分賜厥姓，十有二氏，虞帝之先，受姓曰姚；其在陶唐曰嬀，在周曰陳，在齊曰田，在濟南曰王。予伏念皇初祖考黄帝，皇始祖考虞帝，以宗祀於明堂，宜序於祖宗之廟。其立祖廟五，親廟四；后夫人皆配食。郊祀黄帝以配天，黄后(顔注引孟康曰："黄帝之后也")以配地。……姚、嬀、陳、田、王氏，凡五姓者，皆黄、虞苗裔，予之同族也。……其令天下上此五姓名籍於秩宗，皆以爲宗室；……其元城王氏，勿令相嫁娶(顔注："元城王氏不得與四姓昏娶，以其同祖也")，以别族理親焉。"封陳崇爲統睦侯，奉胡王(顔注引孟康曰："追王陳胡公")後；田豐爲世睦侯，奉敬王(孟康曰："追王陳敬仲")後。……遣騎都尉囂等分治黄帝園位於上都橋畤，虞帝於零陵九疑，胡王於淮陽，陳敬王於齊臨淄，愍王(通鑑卷三十七云："莽以濟北王安爲濟北愍王"，則此愍王爲田安，非齊湣王。王莽傳於劉快敗死事下，引莽語，稱齊湣王爲"濟南愍王"，則莽亦書湣爲愍。顔注於本條下引服虔曰"齊愍王"，殊嫌混淆)於城陽宫，伯王於濟南東平陵，孺王(顔注："莽之曾祖名賀，字翁孺，故謂之孺王")於魏郡元城。

又地皇元年：

> 望氣爲數者多言有土功象。……莽乃博徵天下工匠，……壞徹城西苑中建章、承光……凡十餘所，取其材瓦以起九廟。……一曰黄帝太初祖廟，二曰帝虞始祖昭廟，三曰陳胡王統祖穆廟，四曰齊敬王世祖昭廟，五曰濟北愍王王祖穆廟，凡五廟不墮云。六曰濟南伯王尊禰昭廟，七曰元城孺王尊禰穆廟，八曰陽平頃王戚禰昭廟，九曰新都顯王戚禰穆廟。殿皆重屋。太初祖廟東西南北各四十丈，高十七丈，餘廟半之。

這兩段文字大可補綴前引自本的不足。他把"姚、嬀、陳、田、王"五個氏姓的人合爲一家了，宗廟和園陵都經過了一番系統的整理了。我們現在可以集合以上的種種材料，爲他列出一個比較詳盡的世系圖來(見下頁)。這種開國排場，比了漢高祖時絢爛了多少，闊綽了多少？他何等地具有做皇帝的資格呵！

他的第四件事情，是爲漢立宗廟。王莽傳云：

> 以漢高祖爲文祖廟。莽曰："予之皇始祖考虞帝受嬗於唐。漢氏初祖唐帝，世有傳國之象。予復親受金策於漢高皇帝之靈，惟思褒厚前代，何有忘時。漢氏祖宗有七，以禮立廟於定安國。其園寢廟在京師者，勿罷，祠薦如故。……"

他對待漢室這樣優厚，既可以消弭劉氏的反抗，又可顯出自己以正得國。堯典中說：

> 帝曰："格汝舜！詢事考言，乃言底可績，三載。汝陟帝位！"舜讓于德，弗嗣。正月上日，受終于文祖。

祖先	世次	氏姓	追王之號	廟號	九廟次序	奉後者	奉後者之封爵
黃帝		姚		太初祖	祖廟一	姚恂	初睦侯
帝嚳						王千	功隆公
虞帝	黃帝八世孫	嬀		始祖	祖廟二	嬀昌	始睦侯
胡公滿		陳	胡王	統祖	祖廟三	陳崇	統睦侯
田敬仲完	胡公十三世孫	田	敬王	世祖	祖廟四	田豐	世睦侯
田和	敬仲十一世孫	田					
王建	田和八世孫	田					
田安	建孫	田	愍王	王祖	祖廟五		
王遂（字伯紀）	安孫	王	伯王	尊禰	親廟一		
王賀（字翁孺）	遂子	王	孺王	尊禰	親廟二		
王禁（字稚君）	賀子	王	頃王	戚禰	親廟三		
王曼（字元卿）	禁子莽父	王	顯王	戚禰	親廟四		

二十有八載，帝乃殂落。……月正元日，舜格于文祖。

這文祖大約是堯的祖廟(史記五帝本紀云："文祖者，堯太祖也"，這是一個較早的解釋)，禪舜的典禮在此舉行，舜正式即位的典禮亦在此舉行。王莽既承祖德，以舜自比，所以就稱漢高祖爲文祖，表示其色色符合唐、虞。我們現在相信，歷史是不能複演的；但在漢代，尤其在五德終始説之下，若是不能複演便不成其爲歷史了！

他的第五件事情，是禁止剛卯及金刀。王莽傳中記他的詔書云：

予前在大麓，至於攝假，深惟漢氏三七之阸，赤德氣盡，思索廣求，所以輔劉延期之術靡所不用。故作金刀之利，幾以濟之。……赤世計盡，終不可强濟。皇天明威，黄德當興，隆顯大命，屬予以天下。今百姓咸言皇天革漢而立新，廢劉而興王。夫"劉"之爲字，"卯金刀"也。正月剛卯，金刀之利，皆不得行。(顏注引服虔曰："剛卯，以正月卯日作，佩之，長三寸，廣一寸，或用玉，或用金，或用桃，著革帶佩之。金刀，莽所鑄之錢也。")博謀卿士，僉曰："天人同應，昭然著明。"其去剛卯，莫以爲佩。除刀錢，勿以爲利。承順天心，快百姓意。

他在攝政之時，爲要延長漢的壽命，所以作了金刀錢以厭勝之。不料赤德終盡，黄德終興，無可挽回。現在既已即位，自應承順天心，把漢家制度一切换過。剛卯的"卯"，金刀的"金刀"，就是漢帝的姓(劉)，自然應在除去之列了。

王莽拘牽禁忌，這類的事當然還有。元后傳末記着兩事，即與此爲同性質的。其一曰："莽更漢家黑貂，著黄貂。"又其一曰：

“改漢正朔伏臘日。”

他的第六件事情，是宣傳他的符命於天下。王莽傳云：

秋，遣五威將王奇等十二人班符命四十二篇於天下，——德祥五事，符命二十五，福應十二，凡四十二篇。其德祥言文、宣之世，黄龍見於成紀新都，高祖考王伯墓門梓柱生枝葉之屬。符命言井石、金匱之屬。福應言雌雞化爲雄之屬。其文爾雅，依託皆爲作説，大歸言莽當代漢有天下云。

總而説之曰：“帝王受命，必有德祥之符瑞，協成五命（顔注：“五命，謂五行之次相承以受命也”），申以福應，然後能立巍巍之功，傳於子孫，永享無窮之祚。故新室之興也，德祥發於漢三七九世之後（顔注引蘇林曰：“二百一十歲，九天子也”），肇命於新都，受瑞於黄支，……申福於十二應。天所以保佑新室者，深矣，固矣！

“武功丹石，出於漢氏平帝末年。火德銷盡，土德當代；皇天眷然，去漢與新，以丹石始命於皇帝。皇帝謙讓，以攝居之，未當天意。故其秋七月，天重以三能文馬。皇帝既謙讓未即位，故三以鐵契，四以石龜，五以虞符，六以文圭，七以玄印，八以茂陵石書，九以玄龍石，十以神井，十一以大神石，十二以銅符帛圖，申命之瑞寖以顯著，至於十二，以昭告新皇帝。

“皇帝深惟上天之威不可不畏，故去攝號，猶尚稱假，改元初始，欲以承塞天命，克厭上帝之心。然非皇天所以鄭重降符命之意，故是日天復決其以勉書（顔注引孟康曰：“哀章所作策書也。”然按下文有“至丙寅暮，漢氏高廟有金匱圖策”之語，則勉書與哀章所作策書自是二事；王莽傳中不載勉書事，可見這件故事已失傳了）。又侍郎王盱見人衣白布單衣，赤繢方領，冠小冠，立於王路殿前，謂盱曰：‘今日

> 天同色，以天下人民屬皇帝'（顔注曰："同色者，言五方天神共齊其謀，同其顔色也"）。盱怪之。行十餘步，人忽不見。至丙寅暮，漢氏高廟有金匱圖策；高帝承天命，以國傳新皇帝。明旦，宗伯忠孝侯劉宏以聞。乃召公卿議，未決，而大神石人談曰：'趣新皇帝至高廟受命，毋留！'於是新皇帝立登車，之漢氏高廟受命。受命之日，丁卯也。丁、火，漢氏之德也。卯，劉姓所以爲字也。明漢劉火德盡而傳於新室也。
>
> "皇帝謙謙，既備固讓，十二符應迫著，命不可辭，懼然祗畏，葦然閔漢氏之終不可濟，亹亹在左右之不得從意，爲之三夜不御寢，三日不御食。延問公、侯、卿、大夫，僉曰：'宜奉如上天威命。'於是乃改元定號，海内更始。
>
> "新室既定，神祇歡喜，申以福應，吉瑞累仍。詩曰：'宜民宜人，受禄於天。保佑命之，自天申之'，此之謂也。"
>
> 五威將奉符命，齎印綬，……乘乾文車，駕坤六馬，背負鷩鳥之毛，服飾甚偉。每一將，各置左、右、前、後、中帥，凡五帥。衣冠、車服、駕馬，各如其方面色數。將持節，稱太一之使。帥持幢，稱五帝之使。莽策命曰："普天之下，迄於四表，靡所不至！"其東出者至玄菟、樂浪、高句驪、夫餘；南出者隃徼外，歷益州；……西出者至西域；……北出者至匈奴庭。

這樣大規模的宣傳，使得新式的五德終始説散播全國，成爲共同的信仰。世經的系統所以能成爲後世的正則的歷史，和這一次的宣傳當有甚深的關係。而王莽受皇天的種種壓迫以及他得到許多實物的符瑞，也給與後世以甚大的影響。

又有一個笑柄，我們不要忘記。"黄龍見於成紀"，本是漢代定爲土德的符瑞。但到這時，漢既改爲火德了，土德給王莽據了，這個符瑞也就被他搶過去了！

此外關於五德説的，再有幾件零碎的事。

其一，始建國二年(一〇)，他更號平帝后(他的女兒)爲"黄皇室主"。顔師古注云："莽自謂土德，故云黄皇。室主，若漢之稱公主。"如此，則王莽不但自稱爲黄帝，亦且自稱爲黄皇。

其二，始建國五年(一三)，他要東巡狩，下書曰："歲在壽星，填在明堂，倉龍癸酉，德在中宫。觀晉掌歲，龜策告從。其以此年二月建寅之節東巡狩，具禮儀調度。"顔注引晉灼曰："莽自謂土也，土行主填星。癸德在中宫，宫又土也。國語，晉文公以卯出酉入過五鹿得土，歲在壽星。……莽欲法之以爲吉祥。"因爲他是土德之帝，故出行時當以土德的星象爲其標準。

其三，天鳳元年(一四)，太傅平晏從吏過例掖門，僕射苛問不遜，戊曹士收繫僕射。顔注引應劭曰："莽自以土行，故使太傅置戊曹士：士，椽也。"(按十日中，戊己屬土。)這與左傳中所記的炎帝、共工們紀官的方法很相類，我們可以説"王莽氏以土紀，故爲土師而土名"了。

其四，就是這一年，他令天下小學，戊子代甲子爲六旬首，冠以戊子爲元日，昏以戊寅之旬爲忌日。顔注云："元，善也。"這因戊爲土德之日，土德既王，"戊"自當取"甲"的地位而代之，而冠婚之禮自亦當視戊日爲定了。

其五，天鳳三年(一六)，長平館西岸崩，邕涇水不流，毁而北行。……群臣上壽，以爲河圖所謂"以土填水"，匈奴滅亡之祥也。這因王莽自居土德，匈奴在北方，北爲水屬，故岸崩壅水不流，即是王莽尅匈奴的象徵。

其六，天鳳六年(一九)，他令太史推三萬六千歲曆紀。明年，改元曰地皇，從三萬六千歲曆號也。這"地皇"的年號與"黄皇"的名號是一律的，都是表示其爲土德之王。

其七，地皇元年(二〇)，杜陵(漢宣帝陵)便殿廢藏的乘輿虎文衣出自樹立外堂上，良久乃委地。王莽知道了，心厭這事，下書曰："寳黄厮赤，其令郎從官皆衣絳。"顔注引服虔曰："以黄爲寳，自用其行氣也。厮赤，厮役賤者皆衣赤，賤漢行也。"他要貴的人穿黄而賤的人穿赤，以表示其貴新而賤漢的意思，這是"易服色"的一個變例。

其八，地皇三年(二二)，霸橋災。莽惡之，下書曰：

> 夫三皇象春，五帝象夏，三王象秋，五伯象冬。伯者繼空續乏以成曆數，故其道駮。……迺二月癸巳之夜，甲午之辰，火燒霸橋，從東方西行；至甲午夕，橋盡，火滅。……其明旦即乙未，立春之日也。予以神明聖祖黄虞遺統受命，至於地皇四年爲十五年，正以三年終冬。絶滅霸駮之橋，欲以興成新室，統壹長存之道也。……其更名……霸橋爲長存橋。

從霸橋火災上，他會發出這樣一大篇議論。今分析之，有下列二義：(1)他以霸橋之"霸"釋作五伯之"伯"，而謂伯者繼空續乏以成曆數，本應在絶滅之列。(這與世經所云"共工氏伯而不王"諸語可相印證。)(2)他以皇、帝、王、霸分配春、夏、秋、冬，霸橋災之翌日正爲立春，而地皇三年正是冬之終，故從此以後，霸道可絶而皇道可興。這些話的意義，與黄皇、地皇之號是一致的，可以證明他不安於"王"，且不甘於"帝"，直要作"皇"咧！

其九，就是這一年，他爲關東歲荒民飢，開山澤之防，下書云："諸能采取山澤之物而順月令者，其恣聽之，勿令出税，至地皇三十年如故，是王光上戊之六年也。"顔注引孟康曰："戊，土也，莽所作曆名。"按：王莽前令太史推三萬六千歲曆紀，六歲一改元，地皇是這個曆紀中的第一個年號，王光上戊是這個曆紀中的第六個年號，故王光上戊之六年當地皇之三十年。這些豫擬的年號，我們雖只看見兩個，而這兩個都是充滿着土德的氣息的，其他也可以推知了。

這些故事，都是我們在王莽傳裏尋出來的。其它爲本傳所失載而有關於五德終始説的當必不少，將來自有陸續發見的希望。現在先把王莽所作的嘉量（故宫博物院藏有一器）銘辭鈔出，做一個例：

> 黄帝初祖，德帀于虞。虞帝始祖，德帀于新。歲在大梁，龍集戊辰，戊辰直定，天命有民。據土德受，正號即真。改正建丑，長壽隆崇。同律、度、量、衡，稽當前人。龍在己巳，歲次實沈，初班天下，萬國永遵。子子孫孫，享傳億年。

這是始建國元年（西元九）班行天下的器。在那時，他很快樂地説：初祖黄帝的德循環而至於虞，始祖虞帝的德循環而至於新，他遂以戊辰直定之日據土德受天命而有民了。他既取得這種種做皇帝的資格，所以就正號即真，又改正建丑，又同律、度、量、衡，以"稽當前人"了（前人，指虞帝）。這一篇堂皇冠冕的文章，可以看作王莽的自贊。在這篇自贊裏，已包括了本篇第七章至第二十四章的一切。他們的慘淡經營和我們的逐漸推翻，都不知費去了若干心血，卻只爲這寥寥八十個字，真可爲一歎也！

總合以上的記載，可知王莽之所以做得成皇帝及其做了皇帝之後的改制，他共有三種方法：

> 第一，援引古帝王爲祖先，以見其有作帝王的身分。在這一個方法之下，造成了他的自本及其所建立的九廟。
>
> 第二，援引唐、虞的禪讓爲漢、新的禪讓，使得因歷史的複演而成其帝業。在這一個方法之下，造成了他爲虞後及其受禪的事實。
>
> 第三，援引五行相生説，自居於土德，以承火德之運。

在這一個方法之下，造成了種種的符瑞及沙麓崩等的故事。這三個方法反映到漢室，也出了許多新事物：

第一，王氏既有很長的世系，漢氏亦當有很長的世系以相配。於是漢的一個長系統的歷史記載（左傳中的三段記載，及漢出於顓頊之説，堯子監明封於劉之説，高祖之祖爲豐公，父爲執嘉之説……）就於此時出現了。

第二，王氏爲虞後，漢氏自當爲堯後。"漢氏初祖唐帝，世有傳國之象"這類話也就出現了。（我對於眭弘的話，終究疑它經過後來的潤飾，因爲這句話出在昭帝之世無甚意義；出於王莽時則與"王爲虞後"之説天然合拍。漢書是東漢時作的，説不定這件材料已給新室增改過了。）

第三，王氏既爲土德，漢氏自必改爲火德以合於相生的次序。"漢高祖皇帝伐秦繼周"（不言繼秦），以及"赤帝子斷蛇著符"諸説就出現了，"赤帝行璽邦傳予黃帝"的金策書也由天上送下來了。（漢爲火德，在王莽前已有此傾向，例如甘忠可所倡之漢再受命説是託於"赤精子之讖"的。但若没有王莽的一番徹底的改造，則必不能成爲確定的事實。）

我們根據以上之説，可以畫出一個簡單的"漢、新對當圖"，以申明這二代的世系，世系的代次，及其五德歷數的由來，藉作本章的結束：

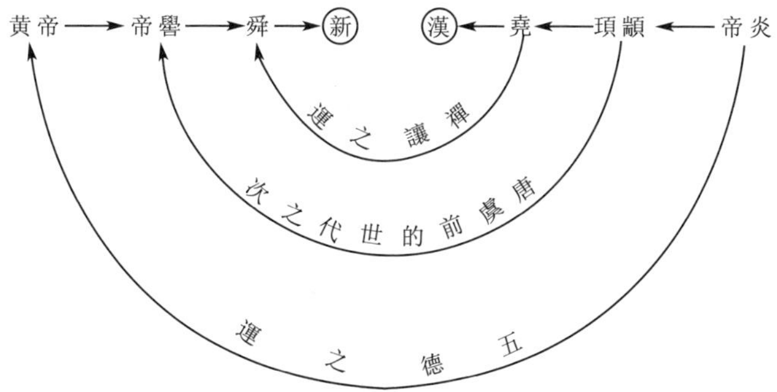

這篇文字，開頭寫時並不希望寫得很多，因爲在我的意想中以爲這個題目下的事情是可以一説就明白的。哪知寫下去時，愈寫愈覺得裏邊的情形複雜；一件材料，如不作多方面的説明，即不能得到真實的瞭解，而要作多方面的説明時，便不得不費了很大的氣力用很多的文字去寫。要不是楊振聲先生屢次催我，並派人來鈔，逼得我不能不寫，在短時間之内我是寫不成的了。我非常感激楊先生的好意，使得我能把這個問題徹底研究一下。

但是，寫到這一章，在全文中只佔得一半，而在我的時間方面，在清華學報的出版方面，都不能允許我再寫下去了。我只得暫止於此。賸下的一半，當慢慢地做去。

現在先把懸擬的目録發表如下：

二五　漢再受命説的復活

二六　光武帝的受命及其改制

二七　公孫述的受命

二八　讖緯的發生時代

二九　讖緯中的五帝説

三〇　讖緯中的感生説

三一　讖緯中的受命説

三二　讖緯中的符瑞説

三三　袁術的受命

三四　魏、蜀、吴三國的受命與改制

三五　東漢一代的三皇五帝説

三六　少昊插入五帝系統的大成功

三七　明堂制度的演變

三八　左傳中的社稷五祀

三九　月令中的五帝五神

四〇　淮南子中的五帝五神

四一　海外經中的四神
四二　洪範五行傳中的五帝五神
四三　王莽在長安所立的神祠
四四　光武帝在洛陽所立的神祠
四五　五德終始説的餘波
四六　五德終始説的年表
四七　歷來批評五德終始説者的見解
四八　自序

本期中發表的文字及這個目録，都請讀者們嚴格地批評。這是中國歷史上的一個很大的問題，必不是我一個人用了幾個月的力量所能研究完成的。

又，這期發表的文字不能稱爲上篇，因爲自第七章"世經的出現"起，必須到三十六章"少昊插入五帝系統的大成功"止，始可告一段落。將來全文告成，當爲重定次第，以原始的五德説爲上篇(如三統説亦加入，則以五德説爲上篇之上，三統説爲上篇之下)；劉歆改定的五德説爲中篇之上，五帝五神爲中篇之下；年表等爲下篇。

又本篇初着手時原擬寫得簡單些，故對於"五行説的來源"一個大問題未作詳細的探討；近來日本學者關於此問題研究甚詳，亦未採録。將來得暇，當改作。

十九年五月十日，頡剛記。

附注①：

近年研究周公東征時的東方民族，知少皞實爲東方嬴姓族的祖先或宗神，鳥爲彼族之圖騰，秦本紀中所記可證。此文須改

① 此爲作者在自藏古史辨第五册上的眉批。——編者

正。一九六九年十月，頡剛記，病中。

附

錢穆：評顧頡剛五德終始説下的政治和歷史*

顧頡剛先生屢次要我批評他的近著五德終始説下的政治和歷史，爲我在他那文以前，曾有一篇劉向歆王莽年譜(載燕京學報第七期)，和他的議論正好相反，我讀了他的文章，自應有一些異同的見解。只爲久久無暇，未能着筆，最近始草此篇，以答顧先生之雅意。惟此問題牽涉極廣，顧先生原文篇幅甚長，兹所評説祇及大體，簡率處請顧先生及讀者原諒。

曾記梁任公在清代學術概論裏有一番話，大意是説(手邊無其書，不能直引)，清代一代學術，以復古爲解放；最後到今文學家上復西漢之古來解放東漢鄭、許之學，譬如高山下石，不達不止，爲學術思想上必有之一境。其説良是。惟尚不免自站在今文學家一面，專爲清代學術立説，其實所謂以復古爲解放者，至於晚清今文學派，尚未達到最後之一境。自今以往，正該復先秦七國之古來解放西漢，再復東周春秋之古來解放七國，復西周之古來解放東周，復殷商之古來解放西周，復虞夏之古來解放殷商，溯源尋根，把中國從來的文化學術思想從頭整理一過，給與一種較爲新鮮而近真的認識，對於將來新文化新思想的發展上定有極大的幫助。而且這種趨勢，正如梁氏所謂高山下石，不達不止，若從西漢以上一段古史，還是渾混模糊，繳繞不清，無論其

* 原載1931年4月13日大公報文學副刊第一七〇期，又收入古史辨第五册。

是喜新或篤舊的學者，總覺是一件不痛快而急待解決的事。我想整理古代文化學術思想，雖則文獻無徵，有許多困難存在，而或者還認爲是不急之務，然而在此學術思想新舊交替劇變的時代，又恰承着清儒那種以復古爲解放的未竟之餘波，讓一輩合宜做古史考辨的學者，粗枝大葉地，先整理出一個中國古代文化學術思想的較近真的面相來，爲此後新文化萌茁生機的一個旁助，實是件至要的事。而或者因種種緣力，在最近五十年百年之間能達到此種期望，也未可知。

顧先生的古史辨，不用説是一個應着上述的趨勢和需要而產生的可寶貴的新芽。在他刊行古史辨第一第二兩集裏，便可看出近時一輩學者對此問題的興趣和肯出力討論的情形；至於顧先生自己的見解，有胡適之先生一段話説來最清楚。（古史討論的讀後感，見收古史辨第一集。）他説：

> 顧先生的層累地造成的古史觀的見解，真是今日史學界一大貢獻。顧先生自己説："層累地造成的古史有三個意思：（一）可以説明時代愈後，傳説的古史期愈長。（二）可以説明時代愈後，傳説中的中心人物愈放愈大。（三）我們在這裏，即不能知道某一件事的真確狀況，也可以知道某一件事在傳説中的最早狀況。"這三層意思，都是治古史的重要工具。顧先生這個見解，我想叫他剥皮主義，這個見解起於崔述。崔述剥古史的皮，僅剥到"經"爲止，還不算徹底，顧先生還要進一步，不但剥的更深，並且還要研究那一層一層的皮是怎樣地堆砌起來的。他説："我們看史跡的整理還輕，而看傳説的經歷卻重。凡是一件史事，應看他最先是怎樣，以後逐步的變遷是怎樣。"這種見解，重在每一種傳説的經歷和演進，這是用歷史演進的見解來觀察歷史上的傳説，這是顧先生這次討論古史的根本見解，也就是他的根本方法。

胡先生的說話如此。我對這個見解和方法，也抱着相當的贊同。不過在此並不想批評這個見解和方法之是非，及其使用的際限，我只預備根據胡先生這一番話來認辨顧先生的古史辨和晚清今文學的異同。

上面已說過，古史辨也是一種以復古爲解放的運動，沿襲清代今文學的趨勢而來，可是其間也確有幾許相異。當乾、嘉考證學發展到最高潮的時候，盛極而衰，接着就發現很多反抗的思想，尤著的像章實齋、方植之之類，而名物訓詁的疆土也已墾闢垂盡，於是有一部分人變而考論公羊之所謂微言大義，又值外患逼來，變法改制之説興，遂成晚清之所謂今文學。今文學的完成，一面承襲着乾、嘉經學的舊觀念，要保持孔子和經籍的尊嚴，一面採納了一輩反對派的見解，略於名物訓詁之瑣碎考據，而注重到大義的會通，一面又受了敵國外患的逼桜，急圖變法維新，卻把舊的經學來勉强裝點門面。今文學是如此般完成的。至於顧先生的古史辨，所處時代已和晚清的今文學家不同，他一面接受西洋新文化的刺戟，要回頭來辨認本國舊文化的真相，而爲一種尋根究源之追討，一面又採取了近代西洋史學界上種種新起的科學的見解和方法，來整理本國的舊史料，自然和晚清的今文學未可一概而論。即如胡適之先生所指顧先生討論古史裏那個根本的見解和方法，是重在傳説的經歷和演進，而康有爲一輩人所主張的今文學，卻説是孔子托古改制，六經爲儒家僞造，此後又經劉歆、王莽一番僞造，而成所謂新學僞經。僞造與傳説，其間究是兩樣。傳説是演進生長的，而僞造卻可以一氣呵成，一手創立。傳説是社會上共同的有意無意——而無意爲多——的一種演進生長，而僞造卻專是一人或一派人的特意製造。傳説是自然的，而僞造是人爲的。傳説是連續的，而僞造是改换的。傳説漸變，而僞造突異。我們把顧先生的傳説演進的見解，和康有爲孔子改制新學僞經等説法兩兩比較，似覺康氏之説有些粗糙武斷，不合情理，不如傳説演進的説法較近實際。而且胡適之先生還説：崔述的古史剥皮，僅剥到“經”爲止，還不徹底，而今文學家卻在“經”的裏面，牢牢守着今文古文的一重關界，較之崔述之不徹底，只有增，没有減。顧先生的古史剥皮，比崔述還要深進一步，決不肯再受今文學那重關界的阻礙，自無待言。

不過顧先生傳説演進的古史觀，一時新起，自不免有幾許罅漏，自不免要招幾許懷疑和批評。顧先生在此上，對晚清今文學家那種辨僞疑古的態度和精神，自不免要引爲知己同調。所以古史辨和今文學，雖則儘不妨分爲兩事，而在一般的見解，常認其爲一流，而顧先生也時時不免根據今文學派的態度和議論來爲自己的古史觀張目。這一點，似乎在古史辨發展的途程上，要横添許多無謂的不必的迂廻和歧迷。

五德終始説下的政治和歷史那篇論文，便是一個例子。無論政治和學説，在我看來，從漢武到王莽，從董仲舒到劉歆，也只是一綫的演進和生長，而今文學家的見解，則認爲其間定有一番盛大的僞造和突異的改换。顧先生那篇文裏，蒙其採納我劉向歆王莽年譜裏不少的取材和意見，而同時顧先生和今文學家同樣主張歆、莽一切的作僞。下面想就顧先生原文，略略提出幾點商榷，敬請教於顧先生，及當代注意此問題的學者。

一　五帝之傳説

五帝的傳説確是發生在戰國晚期，然而當時關於五帝傳説似乎没有公認的一致。至於鄒衍的五德終始之運，當時好像本没有把五帝按德分配，這一層顧先生已説過。淮南子齊俗訓也可爲顧先生説作證。而同時另有一種像如淳所謂“五行相次轉用事，隨方面爲服”的五帝説，爲吕覽十二紀及月令所載，並不與五德終始相同。（鄒衍書本有兩種，如淳此注指主運，不指終始，原文將如淳主運注誤解終始，似誤。）五德終始，是“五德之次從所不勝”的，所以説“虞土，夏木，殷金，周火”（見淮南齊俗訓高誘注）。而“五行相次轉用事隨方面爲服”，是東方木，南方火，中央土，西方金，北方水，春夏秋冬相次用事的，如吕紀月令及淮南天文訓及魏相奏議所説。照次序排列，五行始木，而火，而土，而金，而水，恰恰是五行相生，與終始的相勝説正屬相反。而且一年的春夏秋冬，天子所服，應該隨時不同，也和終始的虞土尚黄，夏木尚青，殷金尚白，周火尚赤全異。一説注重在時月的政令，而一説則注重在帝德的運移，兩説本不同。顧先生原文，好似只着眼在五德終始一派，没有理會另一派的所謂“五行相次轉用事”。顧先生雖説：

> 吕氏春秋十二紀及淮南子時則訓、天文訓，俱有另一種五帝系統，但此系統決不能出現於秦及漢初。下有詳辨，兹故缺之。（附表注二）

但在顧先生的詳辨未及發表以前，我們只覺顧先生是先否認了上面的吕覽、淮南，才興起下面的辨論。故如少皞在“五行相次轉用事”説的諸家裏早有，而顧先生認其爲劉歆僞造，因而不信“五行相次轉用事”説的諸家。

史記三代世表説：“余讀諜記，黄帝以來皆有年數，稽其歷譜諜終始五德之傳，古文咸不同，乖異”，可徵史公所見先秦古文論終始五德之傳，也已咸不同乖異，非止一説了。在史公的五帝本紀裏寫定了黄帝、顓頊、帝嚳、堯、舜五人，不能説以前没有其他與此不同的傳説。最難説的是國語裏也有少昊。今文學家既説劉歆割裂國語僞造春秋左氏傳，顧先生又説“國語裏的少昊，也是劉歆僞羼”，劉歆何不羼諸左傳，偏又羼入割裂所餘之國語，此層極難説明。今文學家遇到要證成劉歆作僞而難説明處，則謂此乃劉歆之巧，或遇過分矛盾不像作僞處，便説是劉歆之疏或拙，恐不能據此以爲定讞。

以上是說鄒衍的五德終始並不分列五帝，而除史記五帝本紀外，不能斷定更没有他種五帝的說法，繼此我們也不能說在鄒衍以前的古史傳說没有超過黃帝以上。

顧先生的世經前古史系統，只從史記鄒衍傳敘起，他根據史記定一鄒衍之世所共術及鄒衍自造的古史系統如下：

騶衍所造 ‖ 學者共術

天地未生⟶天地剖判⟶黃帝⟶夏⟶商⟶周

其實史記所謂"先序今以上至黃帝，學者所共術"，是史公語，非鄒衍語，黃帝爲學者所共術，只是史公加注的他自己的見解，不能據此斷定在鄒衍以前没有黃帝上面的種種古史傳說。荀子是鄒衍前的人，早已說五帝，又說太皞、燧人（正論篇），說伏羲（成相篇）；孟子更在前，有爲神農之言的許行；秦策蘇秦說秦惠王，亦稱神農在黃帝前；莊子的人間世、大宗師也都說到伏羲，應帝王說泰氏，成玄英謂即太皞，這些都在内篇七篇裏，也不在鄒衍之後。（原文於此諸條均未引及。至於趙策引宓羲、神農、黃帝、堯、舜，原文已見。）所以說鄒衍以前古史傳說只至黃帝爲止，也恐未必。

二　五行相勝及五行相生

宋書符瑞志說："五德遞王，有二家之說，鄒衍以相勝立體，劉向以相生爲義。"其實五行相生，是上舉"五行相次轉用事"的說法，他們本只說時月政令，並不是說五德遞王；用五行相生來配搭上五德遞王的，在董仲舒的春秋繁露裏有過，以前有否不可考。春秋繁露第五十八爲五行相勝，第五十九即爲五行相生。五行相生篇裏說：東方木，南方火，中央土，西方金，北方水，天地之氣，判爲四時，列爲五行，這些話是承吕覽、淮南而來的，便是"五行相次轉用事"的說法。而三代改制質文篇裏則把相生相勝兩説一并採用。他説：

> 王者改制作科，當十二色，歷各法其正色，逆數三而復。絀三之前曰五帝，帝迭首一色，順數五而相復。

逆數三而復者，如黑統之前爲赤統，赤統之前爲白統，白統之前仍爲黑統，黑赤白共三統，黑屬水，白屬金，赤屬火，水克火，火克金，是逆數相勝的。至於順數五而復，則如赤帝神農之後爲黄帝，赤帝屬火，黄帝屬土，火生土，是相生的。可徵時則、月令的相生説，和五德帝運的相勝説，在董仲舒的書裏是混并爲一的了。董仲舒的三統説在"行夏之時"的需要裏造成，顧先生已明白指出，然而三統説從周後一代上推至周，更由周上推至商，還恰恰合於五行相勝的次序，而從商上推至夏，便已不合，爲這上不得不使主張三統説的人别尋其他的説法，而且黄帝土德，似乎已是固定的事，難於改動，因此主張三統説的人，不得不旁採"五行相次轉用事"説裏的五行相生來彌縫其闕，因此要分爲三王五帝，説逆數三而復，絀三爲五，五數順而復了。這一來早已把時則、月令一派的五行相生和帝德運移的相勝説羼合，全不是五德終始本來的舊觀了。

據上所説，五行相生的排列法，在董仲舒的書裏早已採用，不俟到劉向，更何論於劉歆、王莽。

五行始木的議論，在繁露的五行始末、五行對、五行之義幾篇裏也屢次提到。五德終始説從土數起，而吕紀、淮南的時則、月令則從木數起。(洪範五行，一水，二火，三木，四金，五土，又自不同。)董仲舒書裏講五行，無甯説是吕覽、淮南一路的氣味多些。五德終始説的改造，似乎不用到劉歆時才發動。

三　漢爲火德及堯後

漢初尚赤一層，顧先生疑爲劉歆僞造。其實淮陰侯列傳"拔趙幟立漢赤幟"一語，是漢初旗章尚赤之的證，不能説這是劉歆僞造的本領强，所以在"拔趙幟立漢幟"一語裏，又偷偷暗加了一赤字。本來把方位配五行顔色之説，在戰國時早已盛行，所以秦襄公自以居西陲而祠白帝，漢高祖起兵，自稱赤帝子殺白帝子，民間只知秦在西方是白帝子，楚在南方是赤帝子，不知道朝廷禮制早是改尚水德。顧先生因疑漢初尚赤是劉歆僞造，遂疑及秦本紀、十二諸侯年表、六國表、封禪書秦祠白帝的話，全是作僞插入。若果如此，史記各處秦祠白帝的話，全是劉歆插入，何以造全史五德終始表的定本，又定秦爲閏水，這又是自造矛盾。劉歆在淮陰侯列傳裏的僞造太精密，而在秦本紀、十二諸侯年表、六國表、封禪書裏的僞造，不免又太拙劣罷？正爲今文學家先存一個劉歆僞造的主觀見解，一見劉歆主張漢應火德，便疑心到漢初尚赤是劉歆的僞造，再推論到秦人初祠白帝也是劉歆僞造了；又見劉歆説五帝有少昊，便疑心到凡説到少昊的書盡是劉歆僞造，便從此推及左傳、國語、吕覽、淮南、史記全靠不住了。今文學家本承著乾、嘉正統經學而來，他們要講家法，他們要上復漢經師專門名家的風氣，他們因此擺脱不了門户之見，也尚不失爲經學家一種本色，至於顧先生治古史，卻不當再走上這條路。

現在綜括説來，漢廷五德服色之議，前後凡四變：漢初尚赤，只是倉猝起事，承用民間南方赤帝西方白帝的傳説。（東陽少年的異軍蒼頭特起，便是要另組織東方蒼色軍，不和南方赤色軍合作。）到後正位稱帝，因"天下初定，方綱紀大基"，未遑改制，實在也因没有相當的學者來幹這麻煩的事，故襲秦正朔服色而主水德。這是一變。至漢武帝太初改曆，用夏正建寅，而服尚黄，主土德，因爲秦爲水德，土克水，漢承秦後，用五行相勝之説自應尚黄。這是再變。然而從此以後，又有一輩學者出來主張漢爲火德的，直到王莽篡漢，自居土德，火生土已改用了五行相生説，是爲三變。前後共成四變。何以漢武以後一輩學者又要翻新説漢爲火德呢？這裏也有一種原因。

上面説過，董仲舒“絀三爲五，五數順而復”的學説，把五帝編配入五德，而又改用了相生説，早和本來的五德終始不同。史記五帝本紀斷自黄帝，恐也多少受董仲舒的影響。黄帝之前爲神農，便是董仲舒自周起算，上推爲九皇的。照五行相生順數，黄帝土德，其前神農，火生土，神農自該屬火德，故説以神農爲赤帝。史記五帝紀裏的炎帝，明是董子繁露裏的赤帝，顧先生卻把炎帝和神農分開，説神農是黄帝以前的天子，而炎帝大約是當時諸侯中的一個。然而若是諸侯中的一個，便不該稱炎帝。顧先生的辨論本於崔述，上古考信録謂：“要之自司馬遷以前，未有言炎帝之爲神農者，而自劉歆以後始有之。”顧先生説：“這是一個理直氣壯的駁詰，可惜不能起劉歆於地下而問之。”炎帝是否神農，我們暫勿詳論，然我們不能不懷疑炎帝之即赤帝，秦祠白帝、青帝、黄帝、炎帝而獨缺一黑帝，似乎炎帝准即是赤帝了。而以神農爲赤帝，董仲舒春秋繁露早先司馬遷言之。在炎帝決非赤帝的論證未確立以前，崔述的駁詰，劉歆暫可勿負其責。

這是旁枝，再及正文。董仲舒於五帝轉移，早採取五行相生之説，而三王循環，仍主逆數，只因爲遷就子丑寅三正，主張漢該行夏時之故，上面也説及。一到太初改曆以後，曆法的爭議既決，對五行轉移的系統上，無所用其順逆兩數之並行，所以一輩學者自然而然地走上採取一致順數的路了。因爲董仲舒的書裏，也早已似偏向於五行相生的順數一邊，上面也説過。既然採取五行相生順數的一邊，吕覽、淮南之説自當爲一輩學者所引據，而伏羲、少皞自然要加入古史系統裏來。漢書郊祀志説：“劉向父子以爲帝出於震，故包羲氏始受木德，其後以母傳子，終而復始，自神農、黄帝下歷唐、虞、三代而漢得火。”荀悦漢紀也説：“劉向父子推五行之運，以子承母，始自伏羲，迄於漢，宜爲火德。”這是一致採取相生順數的主張。五行始木，從吕覽、淮南到董仲舒，是一路的；至於漢爲火德，當時甘忠可、谷永一輩人似都這樣説。谷永的奏議有云：“彗星土精所生，兵亂作矣。”五行相生，火生土，彗星土精，正是代漢而起之象，故谷永推爲兵亂作，可證谷永推五行也主相生説。據此在當時據五行相生説而定漢屬火德的，決不止劉向、歆父子一家私議，更不是劉歆一人僞造。

此外還有漢爲堯後之説，昭帝時，眭弘上書明説“漢爲堯後，有傳國之運”。漢是否堯後，自爲另一問題，然在昭帝時已有此説，決非以後劉歆僞造，也可斷然無疑了。總述上論：

1. 五德轉移改取相生説，不取相勝説，遠在劉向前。

2. 重新主張漢爲火德説，在劉向同時稍前。

3. 漢爲堯後説，也起劉向前。

而五行相生，取諸吕覽、淮南一派。既取吕覽、淮南，自可有伏羲、少皞。現在爲之排列如下式：

木(伏羲)	火(神農)	土(黄帝)	金(少昊)	水(顓頊)
(帝嚳)	(堯)	(舜)	(夏)	(商)
(周)	(漢)			

可見承認上三點，則少昊插入五帝裏已是必然的了。至於漢人不認秦承周而漢承秦，所以秦人不能佔一德位，這也是董仲舒以下幾乎可説是公認的理論。何以今文學家定要説劉向云云盡是劉歆假托，而把劉向以前的一切證據一概抹殺，要歸納成劉歆一人的罪狀呢？遵守今文家法的人如此説，考辨古史真相的爲何也要隨着如此説呢？

顧先生也説，漢爲赤帝子，在新的五德終始系統裏，應當如此，因爲

伏羲木　神農火　黄帝土　顓頊金　帝嚳水　堯木　舜火　夏土　商金　周水　秦木　漢自當爲火

這也恐錯了。秦爲木德，漢人絶少説及，並且和漢爲堯後一説不能貫通。

以上推論，只説明少昊插入五德終始裏決不是到劉歆時無端僞造出來，不過在劉歆手裏才正式大規模地寫定一遍，正如史記的五帝本紀，也只是到司馬遷手裏把以前傳説正式像模像樣地寫定一遍，卻不能説這全是司馬遷僞造。

現在再綜述上陳意見：

1. 五帝傳説雖出戰國晚期，然鄒衍以前，古史上的傳説早有遠在黄帝以前的，不能説黄帝前的古史傳説盡出衍後。

2. 鄒衍五德終始與吕覽、月令等所説五行相次用事並不同，不能並爲一談。

3. 黄帝以下的古帝傳統，先秦古文頗有乖異，不能即據史記一家否認其他的傳説。

4. 秦襄公祠白帝，漢高祖稱赤帝子，乃據五方色帝的傳説，與始終五德説無涉。

5. 秦尚水德，漢尚土德，始是根據五德終始以相勝爲受的説法。

6. 董仲舒春秋繁露裏並採五行相勝相生兩説，而五帝分配五德，早取相生説，已與五德終始説不同。

7. 太初改曆後，學者多趨嚮改用五行相生説的一邊，乃承董仲舒而來，並非劉向創始。

8. 五行相生説自吕覽、淮南五方色帝而來，本有少皞，並非劉歆在後横添。

9. 以漢爲堯後，爲火德，及主五行相生三説互推，知少昊加入古史系統決不俟劉歆始，劉歆衹把當時已有的傳説和意見加以寫定。(或可説加以利用。)

10. 劉歆、王莽一切説法皆有沿襲，並非無端僞造。

若根據上列見解，顧先生原文所引各種史料及疑點，均可用歷史演進的原則和傳説的流變來加以説明，不必用今文家説把大規模的作僞及急劇的改换來歸罪於劉歆一人。

臨了讓我引一節顧先生自己的説話作結。顧先生在古史辨第二集的自序裏説：

> 我承認我的工作是清代學者把今古文問題討論了百餘年後所應有的工作，就是説，我們現在的工作應比清代的今文家更進一步。從前葉德輝説："有漢學之攘宋，必有西漢之攘東漢，吾恐異日必更有以戰國諸子之學攘西漢者矣。"我真想拿戰國之學來打破西漢之學，還拿了戰國以前的材料來打破戰國之學，攻進這最後兩道防綫，完成清代學者所未完之工。

這一篇簡率的批評，並不想爲劉歆、王莽做辨護，更不想爲東漢古文學燃死灰，也只想比西漢的今文家更進一步，本著戰國之學來打破西漢之學(其實還是晚清今文家的西漢之學)，也只想爲顧先生助攻那西漢今文學家的一道防綫(其實還是晚清今文學家的防綫)，好讓古史辨的勝利再展進一程。至於顧先生原文幾許積極的貢獻，本篇不想再逐一的稱譽。

跋錢穆評“五德終始説下的政治和歷史”*

錢賓四先生寫好這篇文字，承他的厚意，先送給我讀，至感。他在這篇文中勸我研究古史不要引用今文家的學説，意思自然很好，但我對於清代的今文家的話，並非無條件的信仰，也不是相信他們所謂的微言大義，乃是相信他們的歷史考證。他們的歷史考證，固然有些地方受了家派的束縛，流于牽强武斷，但他們揭發西漢末年一段騙案，這是不錯的。孔壁發得古文經傳，爲什麽史記没有而漢書有？爲什麽起初甚少而後來逐漸增多？春秋左氏傳是孔子時就有的，爲什麽漢書裏説劉歆“引傳文以解經，轉相發明，由是章句義理備焉”？漢高祖爲赤帝子，旗章尚赤，爲什麽西漢人只爭漢爲水德或土德，而直到劉向父子始“以爲帝出于震，故包羲氏始受木德，其後以母傳子，終而復始，自神農、黄帝下歷唐、虞、三代而漢得火”？宇宙間的種種事物，有漸變，也有突變。古史的傳説和古文籍的本子當然也不能例外。我們只要看王莽傳中所説的“徵天下通一藝……及有逸禮、古書、毛詩、周官、爾雅、月令、史篇文字，通知其意者，皆詣公車，……至者前後千數，皆令記説廷中，將令正乖謬，壹異説云”，便可明白西漢末年的學術所以突變的原因。劉歆一個人，

* 原載1931年4月20日大公報文學副刊一七一期，又收入古史辨第五册。

年壽有限，精力有限，要他僞造許多書自然不可能，但這個古文學運動是他于校書後開始提倡的(見本傳)，是他于當權後竭力推行的(見王莽傳)，這是極明顯的事實。在這個利禄誘引之下，自然收得許多黨徒，造成一種新風氣，自然他們所目爲乖謬的都得正，所目爲異説的都得壹，而學術於是乎大變。所以劉歆雖不是三頭六臂的神人，但他確是改變學術的領袖，這個改變的責任終究應歸他擔負。清代今文家在這一方面，議論雖有些流于苛刻，而大體自是不誤。

去年接于鶴年先生來信，囑我研究古史不必再走經學家的老路，勸勉之意與賓四先生相同，我一樣地感謝。我現在敢向兩先生説，我決不想做今文家；不但不想做，而且凡是今文家自己所建立的學説我一樣地要把它打破。只是西漢末的一幕今古文之爭，我們必得弄清楚，否則不但上古史和古文籍受其糾纏而弄不清楚，即研究哲學史和文學史的也要被它連累而弄不清楚了。這種難關是逃避不了的。清代今文學家的工作既没有完了，我們現在何妨起來繼續討論呢！我以爲我們現在正當各認其是，向前走去，看討論了多少年之後得到什麽樣的結論。

關于清代今文學家攻擊漢代古文學家的最精當的議論，我久有心把它理出一個頭緒來；只是困于人事，尚未動筆。今年暑假中如有些空閒，當寫出請教，並使大家知道我們研究古史所以不能不採取他們考訂文籍的學説的理由。

賓四先生在這篇文裏提出三點，(一)五帝之傳説，(二)五行相勝及五行相生，(三)漢爲火德及堯後。他所提出的問題有許多早就豫備在五德終始説下的政治和歷史的下半篇中討論的(見本文末的目録預告)。惟因將作遠行，倚裝匆匆，無暇詳答，爲歉。今略將鄙見陳述于下：

戰國書裏的許多古帝王，除了伏羲、神農之外尚有人，如莊子胠篋篇中即有十餘個。但這種是否聯成一個系統，像後來的路史一般，實有疑問。如果當年的傳説已有路史式的排列，則騶衍的五德終始早可循環了許多次，何至連一次的終始尚湊不滿呢？

賓四先生舉出春秋繁露之文，謂“五帝順數五而相復”及“以神農爲赤帝”即是五行相生的帝系説，固甚巧合。但不幸董仲舒所説“以神農爲赤帝”的乃是湯。他説，“湯受命而王，應天變夏作殷號，時正白統，親夏，故虞”，可見他以虞、夏、殷爲殷代的三王。他又説，“絀唐謂之帝堯，以神農爲赤帝”，可見他以神農至帝堯爲殷代的五帝。自神農至帝堯，據五帝德及帝繫姓，中間三人是黄帝、顓頊、帝嚳，如何容得下五行相生的系統中的少皞？若依月令之説，在黄帝、顓頊間插入少皞，則湯受命而王時，便應“以軒轅爲赤帝，推神農以爲九皇”了。這對不對呢？

把方位配五行顔色之説，如在戰國時早已盛行，則秦的上帝就不應缺黑帝。至秦居西方，自以爲主少皞之神，祠白帝，固與方位説一致，但這話靠得住嗎？照今本封禪書所説，秦祀青帝的爲密畤，祀黄帝的爲上畤，祀炎帝的爲下畤，祀白帝的卻有西畤、鄜畤、畦畤三處；到漢高祖入關，添了一個祀黑帝的北畤。是秦地的上帝畤，在秦時有六，在漢時有七。何以封禪書中又説“秦并天下，……唯雍四畤上帝爲尊”，秦只有四畤而没有六畤呢？何以封禪書中又説文帝時“有司議增雍五畤車各一乘”，“黄龍見成紀……文帝始郊見雍五畤祠”，又説武帝時“郊雍，獲一角獸，若麟然，……於是以薦五畤”，漢只有五畤而没有七畤呢？秦當有六而減爲四，漢當有七而減爲五，再有兩個到了哪裏去了？這兩個又是什麽畤呢？這個問題的解决，漢書郊祀志早已告與我們，它説，成帝時，匡衡奏道，“雍鄜密上下畤本秦侯各以其意所立，……及北畤未定時所立”，可見那時人只數祀白帝的鄜畤，祀青帝的密畤，祀黄帝的上畤，祀炎帝的下畤，以及後來加入的祀黑帝的北畤，而不數祀白帝的西畤和畦畤。西畤是什麽呢？今本封禪書説是秦襄公因居西陲而作的。畦畤是什麽呢？今本封禪書説是秦獻公因得金瑞而作的。居西陲，得金瑞，祠白帝，這確實是把五方配合五行和五色的把戲。這樣適合漢人胃口的東西，爲什麽獨獨不爲漢人所關注呢？因爲秦爲金德的事情這樣蹊蹺，它和漢爲火德的事情同樣的蹊蹺，所以我敢説“赤帝子斬白帝子”的傳説是後起的。至這説起于何人，我在本文中尚存疑，並未斷定劉歆，因爲他是主張漢爲火德，秦爲閏水的，與這一説的一半不合。自此文發表後，我纔覺得這一説應是東漢初出現的。赤帝子斬白帝子，即是光武帝滅公孫述的反映。因爲公孫述居西方而自號白帝，所以以前居西方而稱帝的秦也要主少皞，得金瑞了。因爲中興而受赤伏符的光武帝是赤帝子，所以創業而爲堯後的漢高祖也應當是赤帝子了。在東漢初年崇信讖緯神道設教的當兒，造出一個斬蛇的故事以作宣傳天命的憑藉，是很可能的。史記内也儘有東漢的材料，如秦始皇本紀之録孝明皇帝文，司馬相如傳之録班固贊都是。所以這一個斬蛇的故事，兩漢之間的兩個劉秀各應當負一半的責任。

賓四先生又録出我文，説我有秦爲木德的排列。這只因此文寫到此處，已以相生説排帝系，而少皞一名尚未出現，故不得不這樣寫。在這上，更可見少皞一代出現之晚，加入之難。如果連少皞也加入，秦就要成火德了。閏水之説，非得已也。我又很疑太皞、少皞即是太陽、少陽之義，只是方位之名而非人名，容續考。

數小時後我就起程了，一切待還來時再談。

顧頡剛

二十，四，三。

顧先生的跋文裏，提出兩個較重要的論點，容我乘便加一簡單的附注。(一)秦祠白帝有三畤，我不認爲僞，有詳説見近著周官著作年代考，容後續布。(二)少皞插入終始五德，我文中並不説在董仲舒時，只説在劉歆前，跋文只説董仲舒時還未插入少皞，於我説並無礙。(錢穆)

頡剛案，錢先生在周官著作時代考(燕京學報第十一期)中，論秦祠白帝有三時，首證古無五方帝，續申之云：

春秋時，魯國曾僭行郊天之禮。然魯國當時似乎只是郊祀上帝，並不曾祀五帝，也並非在五帝裏祀了任何一帝。魯國如此，秦國亦然。我想秦襄公當時，亦只是僭行郊禮而祀上帝，和魯國一般。所以史記又説："太史公讀秦記，以爲秦雜戎翟之俗，作西畤，用事上帝，僭端見矣。位在藩臣而臚于郊祀，君子懼焉。"明白説他是用事上帝，臚于郊祀。可見秦襄公西畤所祀也只是當時惟一的上帝。而史記又説其"居西垂，自以爲主少皞之神，作西畤，祠白帝"，這是以後人東方青帝西方白帝的觀念來追寫前代的史跡。其實前人只知道祭的是上帝，並没有説祭的是五帝中的白帝。秦文公鄜畤所祀，也和襄公一例。所以史敦説："此上帝之徵，君其祠之。"其爲祀上帝明甚。且文公因夢黄蛇而作郊祀，若依後世五德符瑞之説，夢黄蛇應該祀黄帝。正緣當時尚無此等見解，故史敦只説是上帝之徵。而史記粗心，也爲他下了"祀白帝"一語。秦宣公渭南密畤，秦靈公吴陽上下畤，依例類推，盡只是祀上帝，並不是祀青帝和黄帝、炎帝。

大抵五方色帝之説，起于戰國晚世。及秦帝而燕、齊之方士奏其説。始皇采用之，遂祀五帝。因以前鄜畤之舊祀白帝；因以前密畤之舊祀青帝；因以前吴陽上下畤分祀炎帝、黄帝。四畤皆是舊有，而所祀遂爲青、黄、赤、白四帝，與以前只祀上帝者不同。秦人何以只祀青、黄、赤、白四帝而獨缺黑帝，這一層殊難解説。何焯以爲是“秦自以水德當其一”，此説較有理，現在也更無别説可考。然而即此可見秦人始祀五帝，本也只有四個。至于西畤、畦畤，在秦人當時本只是祀上帝，而漢人則自高祖入關，因雍四畤增北畤黑帝，足成五帝祀之後，一時只知有五方色帝，不復知有原先的上帝。所以誤認雍四畤所祀在先即是分祀青、黄、赤、白四帝；而於西畤、畦畤兩處，卻把秦人處西垂，主少皞之神的觀念，强説他所祀的是白帝。此如説魯處東方，主太皞之神，其春秋時僭行郊禮，所祀乃是青帝，豈不大誤？（雍四畤是鄜畤、密畤、吴陽上下畤四個。據史記秦本紀正義引括地志。西畤、畦畤，不在其列。史記封禪書索隱誤入畦畤，出鄜畤，不可信。）

秦漢的方士與儒生[*]

序

這本小册子經過了二十餘年的時間，現在又重版了。當時我爲什麽要寫這本書，這是該詳細向讀者同志報告的，因此補上這篇序。

清朝這一代，最高的統治者挾了種族的成見，防止人民起義，屢興文字獄，讀書人一不小心就容易砍掉腦袋，甚至有滅門之禍。在這等淫威之下，逼得若干有些創造力的知識分子把他們的全部心思才力集中到故紙堆裏，學問完全脱離了人生實用。這種學風當然是畸形的、偏枯的，但因他們下了苦功，也獲得了意外的收穫：就是在史料學的範圍裏開拓了一些新園地，幫助人們認識了若干未經前人揭出的史實。尤其是他們特别注意於兩漢的經學——所以他們的學問叫做"漢學"，——經過了長時期的搜集材料、整理材料，竟把向來看不清楚的兩漢學術思想指出了一個

---

* 原題漢代學術史略，上海亞細亞書局，1935 年 8 月。後改今題，上海群聯出版社，1955 年 3 月。現據上海古籍出版社 1978 年 2 月新 1 版收入。三版本不同之處見後附小倉芳彦之對照表。

輪廓。因爲漢代學者是第一批整理中國歷史資料的人，凡是研究中國古代歷史和先秦各家學説的人們一定要先從漢人的基礎上着手，然後可以沿源數流，得着一個比較適當的解釋，所以漢代學術享有極崇高的地位，人們對於那時候的權威學説只有低頭膜拜，就是有一二人不肯服從，駁斥它的不合理的地方，也會遭受到千萬倍的壓力把他壓了下去，它的神聖不可侵犯的地位永遠靠了模糊的面貌來維持。清代學者本來只是爲了反抗空談心性的宋、明理學而信仰漢代學術，但經他們深刻研究“漢學”的結果，竟使我們約略看出那時代的黑暗的内幕，知道所謂權威的漢代學術的大部分只是統治階級麻醉民衆和欺騙民衆的工具，它的基礎建立在宗教迷信上。我們看出了這一點，當然要對於它的黑暗面激起甚大的反感。這個反感分明是清代學者提供給我們的，然而他們自身卻還没有想到會發生這個破壞性的後果呢。

我二十歲以前住在蘇州，那裏是清代漢學的中心，最有接觸經學書的機會，引得我喜歡在這些書裏瞎摸；又因上了小學和中學，接受了一點資産階級的科學的皮毛，所以再不能相信漢代經師的神祕話頭。那時正在戊戌政變之後，這次政變是由康有爲的經今文學鼓動起來的，他假借了西漢所謂春秋大師董仲舒的“三代改制”的話做理由，要求統治階級變法自强。他的同道有譚嗣同、梁啟超、皮錫瑞等維新派。同時和他取相反的立場的是保守派張之洞、朱一新、王先謙、王仁俊、葉德輝等人，他們的言論都載在蘇輿編的翼教叢編裏。戊戌以後，章炳麟主張種族革命，反對康有爲的保皇論，又站在經古文學的立場上來抨擊康氏的今文學，康氏説“新學僞經”出於劉歆一手所爲，章氏便説劉歆是孔子以後的第一個人；其時助章氏張目的有劉師培等人，他們的文字多數載在鄧實編的國粹學報。這是一場使人看得眼花撩亂的大戰！少年時代的我，看他們打得這般熱鬧，精神上起了極大的興奮；但自己還没有本領去評判他們的是非，又懷着異常的苦悶。

不過，今文家喜歡稱引讖緯，讖緯裏十分之九都是妖妄怪誕的東西，這是我早已認定的，何况章氏站在革命的立場上來反對康氏的保皇呢，所以在我的理智上，認爲古文家的思想是進步的，我們該走向古文家的陣營。

原來清代末年，全國的經學大師，俞樾是最有聲望的一位。他擔任杭州詁經精舍的山長三十餘年，培養了很多的經學人才。他對於今文學和古文學採取兼容並包的態度，所以在他門下受業的人們也各就其性之所近走上了岔道：或專研古文，或篤信今文，或調和今古文。章炳麟是他門下古文派中的一個健將，崔適則是他門下今文派中的一個專家。今文經中最重要的一部書是春秋公羊傳，那時别人多喜歡把公羊的話語結合當前的政治，在變法自强運動中起了大小不等的波瀾，獨有崔氏，雖把公羊讀得爛熟，卻只希望恢復公羊學的原來面目，自身未參預過政治運動。因爲他極少寫單篇論文發表他的主張，所以我不曾注意過他。

一九一六年，我進了北京大學文科中國哲學門。這個門(即是後來的系)是清末京師大學中經科的化身，所以經學的空氣仍極濃厚。教我們中國哲學史的是主張不分今、古、漢、宋一切都容納了的陳漢章先生，教春秋公羊學的就是這位嚴守專門之學的壁壘的崔適先生。崔先生發給我們的講義是他用了畢生精力做成的一部春秋復始，他把公羊傳爲主，輔之以董仲舒春秋繁露和何休公羊解詁等書，把一部公羊傳分類解釋，要使人們從這裏看出孔子的春秋大義。他説穀梁傳和左氏傳都是古文學，就都是僞經學，絶對不是孔子的意思。他年已七十，身體衰弱得要扶了牆壁纔能走路，但態度卻是這般地嚴肅而又懃懇，我們全班同學都十分欽敬他。可是我總想不明白：春秋本是一部魯國史書，爲什麽不該從東周的史實上講而必須在孔子的意思上講？就是説這部書真是孔子所筆削的魯國史書，一字一句裏都貫穿着他的意思，爲什麽經中屢有闕文，如“夏五”、“郭公”之類，表明它保存了斷爛的史書的原樣？如果説公羊傳的作者確是孔子的門人，最能把握着孔子的微言大義，爲什麽傳中常説“無聞焉爾”，表明他並没有捉住孔子的意思？

直到一九二〇年我在北大畢業之後纔認識錢玄同先生。他在日本留學時是章氏的學生，回國以後又是崔氏的學生。他兼通今古文而又對今古文都不滿意。他不止一次地對我説：“今文學是孔子學派所傳衍，經長期的蜕化而失掉它的真面目的。古文經異軍突起，古文家得到了一點古代材料，用自己的意思加以整理改造，七拼八湊而成其古文學，目的是用它做工具而和今文家唱對臺戲。所以今文家攻擊古文經僞造，這話對；古文家攻擊今文家不得孔子的真意，這話也對。我們今天，該用古文家的話來批評今文家，又該用今文家的話來批評古文家，把他們的假面目一齊撕破，方好顯露出他們的真相。……”這番議論從現在看來也不免偏，偏在都要撕破，容易墮入虚無主義。但在那時，當許多經學家在今、古文問題上長期鬥爭之後，我覺得這是一個極鋭利、極徹底的批評，是一個擊碎玉連環的解決方法，我的眼前彷彿已經打開了一座門，讓我們進去對這個二千餘年來學術史上的一件大公案作最後的判斷了。

我既略略地辨清了今、古文家的原來面目，就又希望向前推進一步。爲什麽有今文家？爲什麽有古文家？他們出現的社會背景和歷史條件是什麽？固然，古文經一系列的組織和發展，由於劉歆站在最高學術地位上的鼓吹和王莽站在最高政治地位上的推動，這事對於王莽奪取漢家政權必然與以若干有利的條件，關於這一點早由方苞的周官辨和康有爲的新學僞經考等書説明了。但這事如果單純地只看作和王莽有關，那麽當新室滅亡之際，古文經理應和它同歸於盡，何以到了東漢反而昌盛，竟奪得了今文經的正統？又如今文學，如果單純地只看作孔子學派師徒們的傳授，那麽由孔子到董仲舒不過三百年，終不該作一百八十度的轉變，爲什麽會大講其“怪、力、亂、神”，和孔子的思想恰恰相反？想到這裏，就不得不在秦、漢時代統治階級的需要上來看今、古文兩派的變化。研究的結果，使我明白儒生和方士的結合是造成兩漢經學的主因。方士的興起本在戰國時代的燕、齊地方，由於海上交通的發達，使得人們對於自然界發生了種種幻想，以爲人類可以靠了修鍊而得長生，離開了社會而獨立永存，取得和上帝同等的地位；同時同地有鄒衍一派的陰陽家，他們提倡“天人相應”的學説，要人們一切行爲不違背自然界的紀律。秦始皇統一六國，巡行到東方，爲了方士和陰陽家們會吹會拍，他立刻接受了海濱文化。儒生們看清楚了這個方向，知道要靠近中央政權便非創造一套神祕的東西不可，所以從秦到漢，經學裏就出了洪範五行傳一類的“天書”做今文家議論的骨幹，一般儒生論到政治制度也常用鄒衍的五德終始説的方式來迎合皇帝的意圖，使得皇帝和上帝作起緊密的連繫。皇帝的神性越濃厚，他的地位就越優越，一般民衆也就越容易服服貼貼地受皇帝的統治。這種政策，皇帝當然是樂於接受的，而且確實勝過了方士們的專在幻想中尋求希望，所以儒生的地位很快地超過了方士，凡是正途的官吏都要在儒生中挑選。到了西漢之末，劉歆整理皇家的圖書，發現許多古代史料，他想表章它們，本是史學上的一件盛舉；但學術性的東西是皇帝所不需要的，一定要插入對於皇帝有利的東西方能借得政治的力量，所以他唯有在左傳裏加進新五德終始説的證據，又要做出一部世經來證明王莽的正統。在這種空氣裏，光武帝就必須用赤伏符受命，而讖緯一類妖妄怪誕的東西就大量產生了。因此，我覺得兩漢經學的骨幹是“統治集團的宗教”——統治者裝飾自己身份的宗教——的創造，無論最高的主宰是上帝還是五行，每個皇帝都有方法證明他自己是一個“真命天子”；每個儒生和官吏也就都是幫助皇帝代天行道的孔子的徒孫。皇帝利用儒生們來創造有利於他自己的宗教，儒生們也利用皇帝來推行有利於他們自己的宗教。皇帝有什麼需要時，儒生們就有什麼來供應。這些供應，表面上看都是由聖經和賢傳裏出發的，實際上卻都是從方士式的思想裏借取的。試問漢武帝以後爲什麼不多見方士了？原來儒生們已儘量方士化，方士們爲要取得政治權力已相率歸到儒生的隊裏來了。至於今文家和古文家，只是經書的版本不同或是經書上的解釋不同，不是思想的根本有異。不過古文家究竟掌握了若干古代資料，又起得較遲，到了東漢時讖緯的妖妄性已太顯著，不能取得腦筋清楚的儒生們的信仰，所以流入訓詁一途，比較有些客觀性而已。

一九二九年，我擔任了燕京大學歷史系的課務，即想竭盡我的心力來探求這方面的問題。當時曾本崔適先生史記探源中所指出的劉歆利用了五德相生説來改造古史系統的各種證據，加以推闡，寫成五德終始説下的政治和歷史一文，刊入清華學報。到一九三三年，同系教授鄧之誠先生患病，請假半年，囑我代任他的秦漢史一課。我就把上述的意思編撰講義，大抵分爲三個段落：從第一章到第七章，説明在陰陽家和方士的氣氛下成就的秦、漢時代若干種政治制度；從第八章到第十八章，説明博士和儒生怎樣地由分而合，又怎樣地接受了陰陽家和方士的一套，成爲漢代的經學，又怎樣地從他們的鼓吹裏影響到兩漢時代的若干種政治制度；從第十九章到第二十二章，説明漢代的經學如何轉入讖緯，讖緯對於政治又發生了怎樣的作用。這二十餘章文字大部分暴露了漢代思想的黑暗面，雖不能包括那時的全部學術，但確是那時學術思想的主流，在當時的學術界裏無疑地佔有正統的地位的。

隔了兩年，上海亞細亞書局新開，來函索稿甚急；我想，在我所編的講義中，這一份還算自成一個段落，便寄給該局出版，姑且命名爲漢代學術史略。然而漢代的學術方面尚有很多的輝煌的果實，例如唐都、落下閎、鄧平、劉歆、張衡的天文學和曆法學，張衡的地震學，王景、桑欽的地理學，趙過的農學，許商、平當、賈讓的水利學，淳于意、張機、華佗的醫學，馬鈞的機械學，桑弘羊、桓寬、王符、仲長統的經濟政治學説，司馬談、遷父子和班彪、固父子以及荀悦、蔡邕的史學，劉向、歆父子的古文籍考訂學，揚雄、爰禮、甄豐、服虔、許慎、馬融、鄭玄的文字學和訓詁學，以及王充的唯物主義的懷疑思想等等，都是值得大書特書的。還有漢代四次學術性的大會議：昭帝始元六年（公元前八一年）詔郡、國舉賢良、文學之士，問他們民間的疾苦，他們都請罷鹽、鐵、榷酤的專賣，和御史大夫桑弘羊相辨難；桓寬集録爲鹽鐵論一書。宣帝甘露二年（公元前五二年）詔諸儒講五經同異於石渠閣，皇帝和太子太傅蕭望之等評定他們的是非，添立了四家博士。平帝元始元年（公元一年），王莽徵求天下通一藝、教授十一人以上，及有逸禮、古書、毛詩、周官、爾雅、天文、圖讖、鍾律、月令、兵法、史篇文字的數千人到未央宫中改正乖謬，統一異説。章帝建初四年（公元七九年）詔博士、議郎、諸儒等議五經同異於白虎觀，魏應掌問難，淳于恭掌條奏，皇帝加以決定；班固集録這回的結論爲白虎通義。這四次會議對於漢代學術的發展和蜕化一定有極大的關係。這本小册子裏既大都没有叙及，就貿然戴上了一頂"漢代學術史"的大帽子，實在覺得不稱，心中留着十分的慚愧和對於讀者的無盡的歉疚。

這書出版不久，盧溝橋的戰事就起來了。我流亡後方，常常一年中遷徙幾次，手頭又缺乏參考書籍，一切的研究都不能做；抗日戰爭勝利後又因兼職過多，不能集中精神在學術工作上：一蹉跎就是十八年的長時間，我的頭髮全白了，還不能把這本書改寫。今年，出版社方面不以這書爲劣陋，要我加以修正重版；又適值我光榮地參加了國家的工作崗位，由上海遷到北京，生活還没有十分安定，只能作了一些字句的小修改。所幸的，現在得有機會，改題了秦漢的方士與儒生，書名和內容相符，可以使我減輕些内心的不安而已。

中國的文化，從書本材料來説，是胚胎於夏、商而化成於兩周；以後二千餘年，爲了過分尊重經學的緣故，骨子裏雖不斷地在創造，表面上總是承繼着兩周。至於叙述和説明夏、商、周三代的文化，最重要的有三個時期。第一時期是兩漢，他們的目標既在曲解經書來適應於當前的統治集團的利益，把古代史實勉强拉來和當時的東西相比，他們的方法又牽纏於陰陽五行的附會，處處要使得人事和自然界應弦合拍，在這樣的主觀願望之下，勢不能不流入於武斷的玄學，所以名爲整理而實際卻是棼亂，使得我們要整理三代文化時逼得先去從事於兩漢文化的探索，多出了幾重麻煩。第二時期是兩宋，他們的目標是内心的修養，用了全力去尋求古聖先王的傳授心法，這當然也是一個水中捉月的主觀願望；可是他們的治學方法卻因部分地接受了禪宗的“呵佛駡祖”的精神，敢於打破久踞在學術界寶座的偶像，又因有了刻版，古籍容易傳布，見多自能識廣，因此辨僞考證之風大興，在整理方面開出了一個比較能客觀研究的新境界。第三時期是清代，除了它的後期之外，一般學者的目標只是希望認識古代，既不想把古代的學術思想應用在當前的政治上，也不想把它應用在内心的修養上，而只是以周還周，以漢還漢，以宋還宋，洗刷出各個時代的本來面目；他們用了細密的手腕去搜羅材料，鈎稽異同，其態度的謹嚴和在史料學上的成就都超過了漢、宋兩代。只是他們太偏於客觀主義，注重積聚材料而輕視理論，好像儘製磚瓦，不打建築圖樣，自然也造不起房子來；結果流於煩瑣細碎，使得人們怕去親近。到今天，有了辯證唯物論和歷史唯物論做我們一切工作的最高指導，我們接受了古人的遺産，就能用了正確的方法作全面的觀察，更在縝密的計劃之下來分工合作，這樣充分自覺地精進，我相信，一部良好的中國學術史是不難出現的。有了這部完整的學術史，哪些是我們該吸收的古人的精華，哪些是我們該拋棄的古人的糟粕，就都明白地指示出來了。我這本小册子如果能在將來的學術史裏貢獻上一點參考資料，就不算我空費了在經學書裏摸索多年的時間和精力。

可是，這本小册子終究是二十餘年前的舊作，我絶不能因爲它是舊作而加以原諒。現在看來，這册書裏有着明顯的錯誤。那時的我雖已知道應當從社會背景去解決問題，但因爲没有學習馬克思列寧主義，不能從兩漢社會的經濟基礎來分析當時的政治制度與學術思想，這是違背歷史唯物論的，是本書的根本缺點。再説，我對陰陽、五行的來源講得太機械、太簡單了，對於讖緯思想的怎麽清除則一句也没有提到，好像這種思想是突然而來又突然而去的，這豈不是一種非歷史主義的叙述。至於古代的宗教迷信都有其發生的原因，在它們的歪曲反映裏都能見出其中含有真實的客觀的東西，而决不是一概不值得一顧可以拋棄了事的。例如陰陽、五行，雖給方士和儒生們利用了它鬧得烏烟瘴氣，可是追本溯源，究竟它的本質含有素樸的唯物主義成分。我們祖國的古代人民長期觀察物質世界的結果，知道世界上有正、反兩種力量，叫它做陰、陽；有五種廣泛存在的物質，叫它做金、木、水、火、土五行；物質與物質相接觸之後會起着新生和滅亡兩種作用，叫它做生、尅：這種唯物的分析應當在我國科學史上佔有重要的地位。又如讖緯，我雖敢説它十分之九是妖妄怪誕的東西，但終有它十分之一的可寶貴的資料，尚書緯考靈曜説："地恒動不止而人不知，譬如人在大舟中，閉牖而坐，舟行而人不覺也。"這不是觸及了地球是在不斷地運行這一客觀真理，足以打破天動而地静的舊學説嗎？這位一千九百年前無名的科學家的發現是多麽該受我們的珍視！讖緯書裏尚有這類的好材料，可見只要肯到砂礫中去搜尋自會揀到金子，决不該一筆抹殺。我在這書裏，爲了憎恨當時的統治集團的行爲，過分强調了它的黑暗面，作下全部的否定，這不是非歷史主義是什麽！毛主席説："没有歷史唯物主義的批判精神，所謂壞就是絶對的壞，一切皆壞；所謂好就是絶對的好，一切皆好。”（毛澤東選集第三卷第八三三頁）我拿了這幾句話來作自我批判，知道我必該好好地學習馬克思列寧主義並繼續從事於兩漢史的研究，纔可以深入底裏，發掘現在所不注意的材料，尋出現在所看不出的問題，然後方能正式寫成一部漢代學術史，洗淨了從前在不正確的觀點和方法之下所發表的不正確的議論。

讀者同志！我不敢請你們原諒我這本舊作，我深深地祈求你們：你們在裏頭見有錯誤的地方，請隨時糾正吧！你們對於秦、漢時代的學術思想的看法和我有不同的時候，請隨時見告吧！我如能依靠了群衆的力量而達到比較正確的地步，那就是我的莫大的光榮了！我的通信處是北京中國科學院歷史研究所。

顧頡剛

一九五四年十二月三日

第一章　陰陽五行説及其理想中的政治制度

漢代人的思想的骨幹，是陰陽五行。無論在宗教上，在政治上，在學術上，没有不用這套方式的。推究這種思想的原始，由於古人對宇宙間的事物發生了分類的要求。他們看見林林總總的東西，很想把繁複的現象化作簡單，而得到它們的主要原理與其主要成分，於是要分類。但他們的分類法與今日不同，今日是用歸納法，把逐件個别的事物即異求同；他們用的演繹法，先定了一種公式而支配一切個别的事物。其結果，有陰陽之説以統轄天地、晝夜、男女等自然現象，以及尊卑、動靜、剛柔等抽象觀念；有五行之説，以木、火、土、金、水五種物質與其作用統轄時令、方向、神靈、音律、服色、食物、臭味、道德等等，以至於帝王的系統和國家的制度。

這種思想不知道什麼時候發生的。依據現存的材料，陰陽説可説是最先表現於周易，五行説可説是最先表現於洪範。周易是筮占的繇辭，比甲骨卜辭爲後起，當然是商以後的東西；而且在周易的本文中不見有陰陽思想，不過它的卦爻爲—和--的排列，容易激起這種思想而已。洪範上的五行，説是上帝賜給夏禹的；但從種種方面研究，這篇書很可疑，大約出於戰國人的手筆。所以這種思想雖不詳其發生時代，但其成爲系統的學説始自戰國，似已可作定論。漢代承戰國之後，遂爲這種學説的全盛時代。

今先把在這種學説之下所發生的政治學説講出三種，作爲引子。

以前作天子的要“受命”(受上帝的撫有四方的命)，要“革命”(革去前代的天子所受的天命)。到戰國時，周天子漸漸在無形中消滅，用不着“革命”了；而群雄角逐，究竟哪一個國王可做天子還没定，所以“受命”説正有其需要。但那時已有五行説了，五行説已爲最高的原理了，所以這“命”應是五行的命而不是上帝的命。那時有一個齊人鄒衍，他作了好些書，其中一篇是主運，説做天子的一定得到五行中的一德，於是上天顯示其符應，他就安穩地坐了龍位。他的德衰了，有在五行中得到另一德的——這一德是足以勝過那一德的——就起而代之。這樣地照着五行的次序運轉下去，成功了歷史上的移朝换代。他創了這種學説，唤做“五德終始説”，很得當時的信仰，自然有推波助瀾的徒衆。他們以爲黄帝得土德，天就顯現了黄龍地螾(螾是大蚯蚓)之祥，所以他做了王，他的顏色是尚黄的，他的制度是尚土的。其後土德衰了，在五行中木是尅土的，所以禹據木德而興，他就得了草木秋冬不殺的禎祥，建設了木德的制度，换用了青色的衣物。此後湯以金德而尅夏木，文王以火德而尅商金，亦各有其表德的符應和制度服色。鄒衍們排好了這個次序，定了五德的法典，强迫上代帝王各各依從了他們的想像，成了一部最有規律的歷史。到秦始皇既并天下，他是應居於尅周火的水德的，只是不見有上天的符應下來，因此就有人對他説，從前秦文公出獵時獲得一條黑龍，可見水德的符應已在五百年前見了。他聽了很高興，就用了鄒氏們的法典定出一套水德的制度：(1)以十月朔爲歲首；(2)衣服和旌旗都用黑色；(3)數以六爲紀，如符是六寸，輿是六尺，乘是六馬；(4)行政剛毅戾深，事皆決於法；(5)更名黄河爲德水。這是實行五德説的第一次。到漢得天下之後，當然也要來這麽一套。

不知何時，起了一種與五德説大同小異的論調，唤做“三統説”。他們説：歷代的帝王是分配在三個統裏的，這三個統各有其制度。他們説：夏是黑統，商是白統，周是赤統；周以後又輪到黑統了。他們説：孔子看周道既衰，要想成立一個新統，不幸他有其德而無其位，僅能成爲一個“素王”(素是空的意思)，所以他只得託王於魯，作春秋以垂其空文；這春秋所表現的就是黑統的制度。春秋雖是一部書，卻抵得一個統，故周以後的王者能用春秋之法的就是黑統之君了。記載這個學説的，以董仲舒的書爲最詳。

照我想來，三統説是影戲了五德説的牌子而創立的。當漢高帝成功之後，他自以爲始立黑帝祠而居於水德。這不知道他是否因秦的國祚太短而不承認爲一德，要使自己直接了周，還是有别的用意？到文帝時，有人出來反對，説漢革秦命，應以土德代水德，丞相張蒼就駁道：“河決金隄，就是漢爲水德的符應。”此後雖因種種原因，改爲土德，又改爲火德，但在漢初的四十餘年裏是坐定了水德的。大約這個時期中講春秋之學的有人對着五德説的流行頗眼紅，就截取了它的五分之三，將漢的水德改成黑統，周的火德改成赤統，商的金德改成白統，使得五德説的法典都適用於這一説，見得他們立説的有據。只是夏在五德説中爲木德，在三統説中爲黑統，有本質上的衝突。但他們説：不妨，孔子志在“行夏之時”，所以春秋用的是夏時(?)，即此可以證明夏和春秋是同在一個統的。

再有一種明堂説，説天子應當住在一所特别的屋子裏，這屋子的總名叫做明堂，東南西北各有一個正廳，又各有兩個廂房。天子每一個月應當换住一地方，穿這一個月應穿的衣，吃這一個月應吃的飯，聽這一個月應聽的音樂，祭這一個月應祭的神祇，辦理這一個月應行的時政；滿十二個月轉完這一道圈子。這大院子的中間又有一個廳，是天子在季夏之月裏去住的；另有一説是每一季裏抽出十八天(所謂“土王用事”)去住的。這把方向的“東、南、中、西、北”和時令的“春、夏、□、秋、冬”相配，使天子按着“木、火、土、金、水”的運行去做“天人相應”的工作，真是五行思想的最具體的表現。記載這個制度的，叫做十二紀(吕氏春秋)，又叫做時則(淮南子)，又叫做月令(禮記)。

以上所説，今日的讀者們切莫以自己的智識作爲批評的立場，因爲它的本質惟有迷信，已不足供我們的一擊。但這是漢人的信條，是他們的思想行事的核心，我們要瞭解漢代的學術史和思想史時就必須先明白這個方式。

第二章　封禪説

古代的王者固然最信神權，但因王畿的狹小，四圍又都是些小國家，已開化的和未開化的，不盡能交通無阻，所以他們並無遠行的可能，也就不能到遠處去拜神。左傳中記楚昭王生病，卜者告訴他是河神作祟，應該去祭，他説："江、漢、睢、漳是楚國的'望'，纔是應當祭的。河距我們遠了，我就算有了錯處，河神也管不着！"就不祭了。古代命國中的大山川爲"望"，也命山川之祭爲"望"。各國有各國的望，誰也不想越界去祭神。

春秋戰國之世，齊和魯是文化的中心，泰山是這兩國的界牆。他們游歷不遠，眼界不廣，把泰山看做了全世界最高的山，(連聰明的孔子也曾説"登泰山而小天下！")設想人間最高的帝王應當到最高的山頭去祭天上最高的上帝，於是把這侯國之望擴大爲帝國之望，定其祭名爲"封禪"：封是泰山上的祭，禪是泰山下小山的祭。他們又説：自古以來七十二代之君，當他們得了天下之後，没有一個不到泰山去封禪的。

最早記載這件事的要算管子，其中有封禪篇。但管仲爲齊桓公成霸業，是齊國人崇拜的偶像，他的書全非自著而出於齊人的雜集；封禪篇又已亡，惟史記封禪書載有管仲論封禪一段話或是從那篇鈔出來的。今把它大意叙述一下，以見封禪在戰國時的意義。

這上面説：桓公既霸，會諸侯於葵丘，想行封禪之禮。管仲提出抗議，道："從前封泰山、禪梁父的有七十二代的帝王，我只記得十二個。從無懷氏、伏羲、神農……到周成王，都是受命之後纔行這個禮的。他們那時候，嘉穀生，鳳皇來，東海得到比目魚，西海得到比翼鳥，有十五種不召而自至的祥瑞，然後封禪。現在有這種東西嗎？"桓公自己知道没有這麼大的福氣，只得息了這個妄想。——這一説和五德終始説同出於齊人，亦同出於一個目的，就是希望受命的天子得到他的符應；不過得到了符應之後，五德説希望他定出制度，封禪説希望他到泰山去祭天，有些不同罷了。

第一個去實行這個學説的，也是秦始皇。他做了皇帝三年，巡狩郡縣，帶了齊、魯的儒生博士七十人，走到泰山下。他已從“秦文公獲黑龍”上證明了他的受命，當然要實行這個所謂自古相傳的典禮。不幸封禪之禮雖説爲舊章，究竟没有實際的根據，臨到辦事的時候，儒生博士便議論紛紛，得不到一個結論；有的還唱高調，以爲只須極簡單的禮節，掃地而祭就够了。始皇怒他們的不濟事，把他們完全斥退，自己到泰山頂上去行封禮，又到梁父山去行禪禮；他的禮節大都採自秦國祭上帝時所用的。諸儒既不得參加這個大典，怨恨得很，恰好始皇走到半山碰着大風雨，躲在樹下，就暗暗地譏笑他，以爲犯了天怒。不久秦亡，這班儒者又造他謡言，説他給大風雨擊壞了，或者説他没有到山頂就退下來了。

“泰山是世界上最高的山”，這是齊、魯間人的信念。但始皇成了統一之業，到底眼界廣了，他把全國的名山大川整理了一過。他以崤山——舊時秦國的門户——爲界，定其東邊名山五：太室、恒山、泰山、會稽、湘山；其西邊名山七：華山、薄山、岳山、岐山、吴山、鴻冢、瀆山。泰山的地位固然高，但也不過是十二個名山中的一個罷了。

漢高帝得天下，四面亂嚷嚷的，没有功夫做這種事。文、景時要安定人民，也不想做這種誇大的事。直等了六七十年，到武帝即位，這種學説纔因投合了天子的脾胃而蓬勃地興盛起來，司馬遷特地作一篇封禪書來記它。

第三章　神仙説與方士

仙人，是古代所没有的。古人以爲人死爲鬼，都到上帝那邊去；活的時候的君臣父子，到了上帝那邊之後還是君臣父子。天子祭享上帝，常常選擇其有大功德的祖先去配享他。所以鬼在人間的權力僅亞於上帝一等，不過在許多鬼中還保存着人間的階級而已。古代的社會階級森嚴，説不上有什麽自由，人們也不易想到爭取自由，因此，他們没有在意識中構成了一種自由的鬼，浪漫地游戲於人世之外，像戰國以來所説的仙人。

最早的仙人史料，現在也得不到什麽。只從封禪書裏知道燕國人宋毋忌、正伯僑、羡門子高等都是修仙道的；他們會不要這身體，把魂靈從身體中解脱出去，得到了一切的自由。齊威王、齊宣王、燕昭王們都是他們的信徒，聽得他們説，“渤海裏有三個神山，名爲蓬萊、方丈、瀛洲，山上的宫闕都是用黄金和銀建造起來的，其中住着許多仙人，又藏着一種吃了會不死的靈藥”，高興極了，屢次派人到海裏尋去。不幸這班人回來報告，總是説：“三神山是望到的，好像雲一般地燦爛；但是船到了那邊，這些神山就沈到水底去了，海風也把我們吹回來了！”在這些話裏，可以知道仙人是燕國的特産，這風尚及於齊國；仙人的道是修鍊來的；仙人的居地在燕國東邊和齊國北邊的渤海；仙人的生活是逍遥出世，只求自己的不死，不願（或不能）分惠與世間人，使他們都得不死。

此外，莊子裏説的“真人”也頗有仙人的意味。這書講普通人的呼吸都在喉嚨裏，真人的呼吸卻在腳跟上。真人的本領，會入了水不溼，入了火不熱。有一位列禦寇能騰空走路，常常很舒服地御風而行，一去就是半個月。藐姑射山上住着一個神人，他的皮膚好像冰雪一樣白，他的神情好像處女一樣柔和；他吸的是風，飲的是露；他出去時，乘了雲氣，駕了飛龍，直到四海之外。

這種思想是怎樣來的？我猜想，有兩種原因。其一是時代的壓迫。戰國是一個社會組織根本變動的時代，大家感到苦悶，但大家想不出解決的辦法。苦悶到極度，只想“哪得躲開了這惡濁的世界呢?”可是一個人吃飯穿衣總是免不了的，這現實的世界緊緊跟在你的後頭，有何躲開的可能。這問題實際上既不能解決，那麽還是用玄想去解決罷，於是“吸風飲露，游乎四海之外”的超人就出來了。楚辭遠游云：“悲時俗之迫阨兮，願輕舉而遠游。質菲薄而無因兮，焉託乘而上浮。免衆患而不懼兮，世莫知其所如。”正寫出了這種心理。其二是思想的解放。本來天上的階級即是人間的階級，而還比人間多出了一個特尊的上帝，他有最神聖的地位，小小的人間除了信仰和順從之外再有什麽敢想。但到戰國時，舊制度和舊信仰都解體了，“天地不仁”、“其鬼不神”的口號喊出來了，在上帝之先的“道”也尋出來了，於是天上的階級跟了人間的階級而一齊倒壞。個人既在政治上取得權力，脱離了貴族的羈絆，自然會想在生命上取得自由，脱離了上帝的羈絆。做了仙人，服了不死之藥，從此無拘無束，與天地相終始，上帝再管得着嗎！不但上帝管不着我，我還可以做上帝的朋友，所以莊子上常説“與造物者(上帝)游”，“與造物者爲人”。這真是一個極端平等的思想！有了這兩種原因做基礎，再加以方士們的點染、舊有的巫祝們的拉攏，精深的和淺薄的，哲學的和宗教的，種種不同的思想糅雜在一起，神仙説就具有了一種出世的宗教的規模了。

鼓吹神仙説的叫做方士，想是因爲他們懂得神奇的方術，或者收藏着許多藥方，所以有了這個稱號。封禪書説“燕、齊海上之方士”，可知這班人大都出在這兩國。當秦始皇巡狩到海上時，慫慂他求仙的方士便不計其數。他也很相信，即派韓終等去求不死之藥，但去了没有下文。又派徐市(即徐福)造了大船，帶了五百童男女去，花費了好幾萬斤黄金，但是還没有得到什麽。反而同行嫉妬，互相拆破了所説的謊話。其中有侯生、盧生二人，不滿意於始皇的行爲，以爲不值得替他求仙藥，他們就逃走了。始皇對於這班方士久已不懷好感，聽得了這件事，就大發雷霆，駡道："我用了許多文學方術之士，爲想興太平，求奇藥。現在得不到一點效驗，反而説我壞話，摇惑人心，這樣的可惡，還不應當重重治罪！"他把養着的儒生方士都發去審問，結果，把犯禁的四百六十餘人活葬在咸陽：這就是"阬儒"的故事。當時儒生和方士本是同等待遇，這件事又是方士闖下的禍，連累了儒生；後人往往把這件事與"焚書"作一例看，實在錯誤。焚書是初統一時的政治使命，阬儒則不過始皇個人的發脾氣而已。

在漢初，這班方士似乎没有什麽活動。只有趙人新垣平玩弄許多花樣。他因望到五采的"神氣"而勸文帝立渭陽五帝廟，候着太陽的再中而勸文帝更以十七年爲元年，又以望見"金寶氣"而勸文帝祭祀出周九鼎；但没有韓終、徐市這樣勸文帝到海中去求不死之藥，這或者因爲他是趙人而非燕、齊人的緣故。文帝到底不是喜歡張揚的，後來識破他的欺詐，立刻把他殺了。

第四章　漢代受命改制的鼓吹與其實現

自從秦始皇聽了齊人的話用鄒衍的法典去改制度、易服色，又聽了齊、魯儒生的話到泰山去封禪，表明了這是一代受命有天下的大典，漢代的皇帝就不該不這樣辦。不料高帝因秦有青、黄、赤、白四個上帝之祠而没有黑帝祠，給他補上，算作符瑞，仍自居於水德，制度服色一仍舊貫；而且全國的東部分封了許多王國，天子不便到泰山去，連這一件輕而易舉的封禪之禮也没有舉行。這真把一班計劃開國規模的儒生和方士急死了。加以這種學説既已風行，彷彿成了社會上的公同的信仰與要求，所以連一班準備看熱鬧的人們也等得不耐煩了。

於是有人屢屢提出這個問題來，督促天子去實行。第一個是賈誼，他以爲漢承秦後，當爲土德；他就打起一個土德制度的草案來，色尚黄，數用五，改正朔，定官名，把秦的水德之制一切改過。然而他年輕，許多老臣瞧不起他，又怕他擅權，他們設法把他攆走了。第二個是魯人公孫臣，他也以爲漢是土德，豫言將有黄龍作它的符應，當時雖遭張蒼的反對，但隔了一年（文帝十五年），黄龍居然出現於成紀縣，於是文帝信他的先見之明，任他爲博士，叫他和諸儒同草這一個學説的新制度。新垣平大約也是其中的一個；後來他一被誅，這件事又擱下了。

到武帝即位，那時漢興已六十餘年，天下太平，家給人足，許多耆老都殷殷地期望他封禪和改制。恰好他是一位好大喜功的皇帝，又憑着漢家全盛的時代，哪一件事不好做，所以他就招了趙綰、王臧一班儒者作公卿，要在城南立明堂以朝諸侯，又草巡狩、封禪、正朔、服色諸種制度。他們因爲這事重大，舉薦他們的老師申公作指導；武帝很敬重他，派人用安車駟馬迎了來。這事眼看成功，想不到武帝的祖母竇太后喜歡老子之言而不愛儒術，借一點小事把趙綰、王臧下了獄，他們都自殺，一切舉辦的事情也就全付了東流！

到武帝建元六年（公元前一三五年），竇太后去世。只過了半年，武帝就舉孝廉，試賢良，董仲舒一班人受了他的特達之知，以前的計畫又有施行的可能了。只因此後十餘年中，忙於征伐匈奴及南越等國，講不到文治，所以濟北王雖早把泰山獻了出來，也没有實行封禪。到元封元年（公元前一一〇年），他纔决定到泰山去，可是他身邊的一班儒者依然像一百年前地不解事：他把祭器給他們看，他們説和古代不一樣；問他們古禮究竟怎樣，他們也説不出一個所以然來，並且各個人説得都不同。武帝到這時候，禁不住發出秦始皇一般的脾氣了，就把他們全都黜免，用了祭泰一（上帝）的禮去封泰山，又禪於泰山下的肅然山。祭的時候，叫人把遠方的奇獸珍禽放了滿山，好像真來了管仲所説的麒麟、鳳皇等一大套。那幾天天氣很好，没有風雨，顯見得他的福命比始皇强。禮畢之後，他坐在明堂，受群臣的更番上壽。於是下詔改元爲元封。此後，他又曾修封過四次。

這一次，從漢代人看來，它的含義真重大。那時司馬遷的父親司馬談任職太史令，不知爲了何事留在洛陽，不得觀禮，心中一氣，病重了。他臨終時，握着兒子的手，一邊哭，一邊説："今天子上接千歲之統，封泰山，這是怎樣的盛事，而我不得跟了去，這是命罷！這是命罷！"生在二千年之後的我們，讀到這段話，還可體會到他的信心與傷心。即此可知武帝的大事就是當時統治階級以及受着統治階級麻醉了的人們所共同要求的大事呵！

又過了五年(公元前一〇四年)，他正式宣布改制：定曆法，以正月爲歲首；服色尚黄；數用五；官名的印章改爲五字。這年改元太初；十一月甲子朔旦冬至。一百年來的懸案，到此方因運動的成熟而實現；而其以建寅之月爲正月，直到辛亥革命後纔改用了陽曆，這不僅是漢家一代的制度。這件事是司馬遷等鼓吹起來的，新的曆法也是他和幾個天文學家合定的。他做了這件事，高興得跳起來，以爲周公卒後五百年而有孔子，定出了許多制度；孔子卒後五百年而有他，又定出了許多制度；他真可直接孔子的道統了，所以就在那一年，開始作史記以繼春秋。改制對於學術的刺戟力有這樣的强烈！

不過我們要問：秦爲水德而尚黑，漢爲土德而尚黄，這是照着五德説的；但秦以建亥爲正月，漢以建寅爲正月，並没有相承的次序，這爲什麼呢？推究起來，這一回的改制實在不出於一個系統，他們是用五德説易服色而用三統説改正朔的，因爲在三統説裏，漢是黑統，黑統建寅。可是我們與其説他們用了三統説而改正朔，似乎倒不如説在實際上早有把建寅之月定爲正月的必要，所以三統説中纔把漢朝豫先排成了黑統。當漢初百年中，所用的顓頊曆太不適於實用了，弄得每逢晦朔見了月亮，上弦下弦見了團圓的月亮，民衆們早已厭惡，經師們亦有“孔子傳夏小正”及“孔子用夏時作春秋”等傳説，希望改得與夏曆一致；而這次的改正朔也並不輕易，乃是唐都、落下閎等一班天文學家精密推算的結果，是有客觀的根據的。不過在那時的思想潮流中，不塗上陰陽五行的色彩總行不通，所以三統説的改變五德説而主張漢當建寅，説不定即是爲了完成這個使命。從此之後，漢是確定爲土德了。

第五章　漢武帝的郊祀與求仙

秦始皇統一中國之後，令群臣議稱號。他們答説：“古時有天皇、地皇、泰皇，其中最貴的是泰皇。我們敬請以‘泰皇’爲尊號。”始皇聽了他們的話的一半，把這三皇合於五帝，定尊號爲“皇帝”。這三皇是些什麽樣的人物，從哪裏來的，古書裏找不到記載，我們無法知道。

漢武帝即位，受了方士李少君們的誘引，很喜歡祀神求仙。其中有一個亳人謬忌，他請求祭祀泰一，大意是：“天神最貴的爲泰一，他以五帝爲輔佐。古來的天子都在東南郊建壇祭他，日子是春秋兩季，祭品是每天一具太牢，一連祭上七天。”武帝聽了他，就令太祝在長安城的東南郊立了一座泰一壇，照這説法去祭。此後又有人上書，説：“古來的天子每三年祭一回三一；這是三個最高的神：天一、地一、泰一。”武帝又照辦了，在泰一壇上一塊兒設祭。——看了這兩件事，就可以知道秦的三皇即是漢的三一，他們是天神，地位在五帝之上的。這種天神，無疑地發生於陰陽説：天一是陽神，地一是陰神；泰一更在陰陽之前，爲陰陽所從出，所以謂之最貴。易傳裏説，“易有太極，是生兩儀”。泰一便是太極，天一和地一便是兩儀。至高無上之謂泰，絶對不二之謂一，本來是一個哲學裏的名詞，卻給宗教家取去作爲神靈的稱號了。從此以後，泰一就是上帝之名，上帝就是泰一之位，終漢一代再也分不開來。

元狩三年(公元前一二〇年)，齊人少翁得了武帝的信用，在長安西北的甘泉山築造離宮，畫了天、地、泰一諸神，時時拜祭，要使武帝和神靈通話，不幸没有成功。後二年，武帝大病。那時有一個上郡的巫在甘泉宫内祠着神君，他的通話的試驗成功了，於是他傳達神君的話與天子，説道：“病是就會好的，不必怕；等您身體健旺些時，就來會見我們罷!”人竟能親接神，這是何等的幸福！武帝心中一高興，病已好了一半；及到甘泉，居然恢復了健康。神君數目甚多，其中最貴的是泰一；時去時來，來時風聲颯然。神君在帷幙中説話，聲音和活人一樣；説話的時候多半在晚上。天子齋戒而入，聽得很有味，雖則他們所説的都是些平常的話語。這時，甘泉就成了一個宗教的中心了。到元鼎五年(公元前一一二年)，武帝即在甘泉立起泰畤壇，樣式同謬忌的泰一壇差不多，共三層。五帝是泰一的輔佐，所以他們的壇環繞在下面，青、赤、白、黑四帝各按照了五行説中的東南西北的方向；只有居中的黄帝没法辦，便把他的壇安置在西南角上。祭的時候，殺一白鹿，把猪和酒裝在它的肚裏；又殺一白犛牛，把白鹿裝在它的肚裏。掌祭泰一的祝宰穿的是紫色衣，掌祭五帝的分穿了青赤諸色衣。又祭日和月：祭日的穿赤衣，祭月的穿白衣。這年十一月初一是冬至，趁這好日子，天子就於黎明時行郊禮，對泰一下拜。早晨祭日，黄昏祭月，因爲它們的地位都不高於天子，天子都只長揖。明日，有黄氣上冲；群臣鼓舞，以爲這是上天的祥應。後來武帝在汶上造了明堂，也把泰一和五帝祀在堂上。五帝分司五個天，泰一做他們的總管。戰國時破壞的天上秩序，到這時又建設起來了。

周代的祭禮有郊有社：郊以祭上帝，社以祭后土。所以春秋時人設誓，常稱“皇天后土實聞此言”，見得天帝和地神是最大的兩個神。漢得天下之後，没有祭祀后土，確是一個缺典。因此司馬談等請求在澤中立后土壇。元鼎四年（公元前一一三年），武帝巡幸到汾陰，聽説汾水旁邊有光騰起，像一疋紅紗似的，他想起了司馬談的請求，就在那邊立了一座后土祠，祭禮和郊祀上帝時一樣。於是天地之祀有了固定的地方，祭天在國都西北的甘泉，祭地在國都東北的汾陰，都要走二三百里地。好在武帝喜歡旅行，爲了祭祀跑許多路，在他是不覺得累的。

武帝一世裏，方士們的奇蹟與醜相都顯露得不少。他們的工作大概可以分成下面幾類。其一是召鬼神，如武帝所愛的李夫人死了，他思念甚苦，少翁能把她的魂靈攝來，讓他在幃中望見。其二是鍊丹沙，如李少君説的祠竈之後，丹沙會得變爲黄金，把這黄金作爲飲食器可以益壽求仙。其三是候神，如公孫卿到名山尋訪仙人，有一天夜裏在東萊見有長數丈的大人，迎上去已不見，留下了很大的脚印。至於入海求蓬萊、指山説封禪的也是很多。但方士口中的封禪的意義和儒者是不同的，儒者爲的明受命，他們爲的求不死。所以有一個申公（不是議明堂的那一個）説：“封禪之後就會白日飛昇。以前的七十二王，只有黄帝是得上泰山的。因爲他封得成，所以他鑄好了鼎，就有垂着鬚髯的龍下來迎接他上天。當時黄帝跨了上去，許多臣子和宫女想升天的也各各爬在龍的身上，擠到七十餘人再也擠不下了；賸下的人只得攀住了龍髯，可是龍髯不是鐵鍊，支持不起，髯脱了，人也跌下來了。”武帝聽得這故事，歎息道：“唉，我要能和黄帝一樣，還有什麼人世的留戀呢！”過了些時，他巡狩朔方，經過橋山，瞧見黄帝的冢，不禁疑惑起來。旁邊的方士趕快解釋道：“黄帝上天了，群臣在這裏葬了他的衣冠！”

武帝求仙求了五十年，用了許多方士，又殺了許多方士，甚至把自己的女兒嫁給方士，然而不死之藥究竟得不到。無可奈何地自慰，他只有在建章宫北面的泰液池内築了幾個島，唤做蓬萊、方丈、瀛洲，雕刻了許多石魚、石鼈排列在上面，算是真到了海上神山。

因爲他的求仙和封禪都和山有關係，所以天下名山又經過了一回整理。那位講黄帝故事的申公曾説："天下有八個名山，三個在蠻夷，五個在中國。這中國的五個名山，是華山、首山、太室山、泰山、東萊山；都是黄帝常游的地方，他就在這些山上和神靈相會。"用現在的地域説來，華山在陝西，首山在山西，太室在河南，泰山和東萊在山東，都在黄河流域，並不曾按照漢代的疆土平均分配。所以武帝另行規定，以河南的太室爲中嶽，山東的泰山爲東嶽，安徽的天柱山爲南嶽，陝西的華山爲西嶽，河北的恒山（在保定西）爲北嶽。這又是五行思想的具體表現。從此"五嶽"成爲一個典則而且習用的名詞。經學家爲要提高它的地位，就説爲堯、舜時已有的制度。但安徽並不很南，所以後來又改以湖南的衡山爲南嶽。山西渾源縣本有一個玄嶽，明代定嶽制，以玄嶽爲北嶽，於是恒山也從河北移到山西去了。到現在，我們所習慣稱道的"五嶽"就是這個武帝的五嶽的修正本。

還有一個重要的制度也是從武帝的封禪和求仙來的。大家知道，中國的皇帝有年號；這種風氣傳到鄰邦，使得朝鮮和日本等國也有了年號。這事的創始，由於武帝的獲麟。當他即位十九年（公元前一二二年），到雍縣祀五帝，乘便打獵，獲得一匹獸，它的毛是純白的，頭上卻只有一個角；大家不識得，猜想應是麒麟，於是作一篇白麟之歌來記這盛事，後來群臣請定這一年爲"元狩"元年。倒推上去，把過去的十八年劃爲三段，定第一個六年的年號爲"建元"，第二個爲"元光"，第三個爲"元朔"。又過了六年（公元前一一六年），汾陰縣掘得一個大鼎，武帝又認作祥瑞，迎至甘泉，改元爲"元鼎"。再過了六年（公元前一一〇年），他到泰山封禪了，改元爲"元封"。再過了六年，他改正朔、易服色了，又改元爲"太初"，這新定的曆法也就稱爲太初曆。從此以後，每個皇帝必有年號，逢到了什麽祥瑞也就改元。例如漢宣帝的"黄龍"、"神爵"(爵即雀)，吴大帝的"嘉禾"、"赤烏"，都是一時張揚的奇蹟。可是這個制度雖由迷信來，究竟年代有了標題，於實用上甚是便利。别的不用説，即如周代器物常刻"唯王……年"，後人既不知道這王是哪一王，就不知道這年爲哪一年；有了年號，一看便明白了。

第六章　天象的信仰與天變的負責者

古人相信天上有上帝管着人間的事，表現他的最高的權力。然而上帝是無聲無臭的，有什麽東西可作爲他的具體表現呢？他們想，天上有日月星，是我們瞧得見的，日月星的變動應該就是上帝的意思吧，所以他們就把天文的現象當作上帝對於人間的表示。一部春秋，每年記載人事總是寥寥的幾條，而"日有食之"卻共記三十六次。所以要這樣，正爲這是天變，是天降禍患與人們的豫示，比了一切的人事都重要。因此，當每次日食，天子和諸侯都要減掉好吃的飯菜，又要從正寢裏搬出來；百官改穿素服，樂官在朝中打鼓，祝官在社神前獻幣，史官代他的主子作了册文，責備自己。此外星辰之變，春秋中記載亦多，如"恒星不見"、"星隕如雨"、"有星孛入于北斗"、"有星孛于大辰"等都是。他們把天上的星分做幾區，又把天上的區域拍合到地上的國家，所以哪幾個星變了就是哪幾個國該遭殃了。這種學説，後來叫做"分野説"，也有各種不同的説法。

司馬遷曾經發過一句牢騷，説"文史星曆，近乎卜祝之間"，即此可知當時的史官必須懂得星曆。司馬遷説星曆和卜祝相近，這話很對，因爲星曆和卜祝本來拆不開。我們看他作的天官書，簡直把天上的星寫成了一個國家：人的方面有天王、太子、庶子、正妃、後宫、藩臣、諸侯、騎官、羽林天軍；屋的方面有端門、掖門、閣道、明堂、清廟、天市、車舍、天倉、天庫樓；物的方面又有帝車、天駟、槍棓、矛盾、旌旗之屬。至於星辰示象，如南極老人星見則治安，不見則兵起；歲星色赤則國昌，赤黄則大穰，青白而赤灰則有憂；狼星變色則多盜賊；附耳星摇動則讒臣在側；木星犯了土星要内亂；火星犯了土星要戰敗，……這種法則也講得很多。總之，史官們把天上的星辰組成了一個系統，又把天與人的關係組織爲一個系統，使得天人之間發生了密切的感應。他們很用心觀天（劉向常夜觀星宿，不寐達旦。經學家如此，天文家可知），看見天上有一些變動時，就以爲人間將有某事發生，並推測它將應驗於某人。如其是凶的，就要行他們的禳解的法術。

古代的國王和諸侯都兼有教主的職務，負着以己身替民衆向天神祈免災患的責任。古書裏常提起湯禱旱的故事，説湯的時候大旱了七年，於是湯以自身爲犧牲，到桑山的樹林中祈禱。他剪了髮和爪，投身在柴上，要把自己燒死。天哀憐他，就下雨了。遇到國君不肯犧牲自己的時候，也可設法使臣下代負這責任。就如上面講過的拒絶祭河神的楚昭王，他臨死的一年，忽然天空中的雲像許多赤色的鳥，夾住了太陽飛舞，一連顯現了三天。太史對他説："這個禍患固然應由國王去擔當，但請您不要害怕，只要禳祭一下，還容易移於幾個大官；像令尹啊，司馬啊，都是代替得您的。"可是這位硬性的昭王竟毅然地答道："我倘使没有大過，天爲什麽要使我死！我如真的有罪，應當自己受罰，又爲什麽要害我的股肱之臣！"他挺身承受了這個禍患。

到了漢代，由於戰國時自由批評的反動，對於神的信仰增高，這種思想又復盛極一時。文帝二年（公元前一七八年）十一月三十日日食，他下詔書道："我聽説：天生了百姓，就爲他們立君；如果這個君的德行不修，或政治不明，違背了立君的本意，天就要用災象來警戒他。現在天下的治和亂，都在我一個人的身上。不幸我不能盡我的教養人民的責任，以致掩蔽了日月的光明，我的過失真大極了！你們應當把我的錯處都説給我聽，並舉出賢良方正和能直言極諫的人來匡正我纔是！"十三年（公元前一六七年），他廢掉祕祝之官，爲的是他們在禳解時常把災害移給臣下。明年，他又因祠官的祝福專爲皇帝而不爲百姓，令其停止祈禱。在這種地方，都可看出他的責任心不亞於楚昭王，所以不願享福而但願受過。

後來的皇帝没有他這樣的好心了，天變的責任只得請丞相擔負了去。當元帝永光元年（公元前四三年），春霜夏寒，日青無光，丞相于定國就繳上侯印，自劾而去。薛宣做了丞相，恰逢到永始二年（公元前一五年）的隕星和日食，成帝就給他一個册書，説道："災異數見，秋收又不好，這都是你做了丞相的緣故。快些把印綬解了罷！"他走了之後，繼任的是翟方進，爲相九年，没有出什麽岔子。不料綏和二年（公元前七年）熒惑星守住了心星，其凶應在皇帝。有人上書，攛掇成帝讓大臣去擔當。他聽信了，也就發下册書，把翟方進重重地駡了一頓；並賜給他酒十石，牛一匹，作他最後的餐食。他只得即日自殺了。成帝看他做了自己的替死鬼，未免有些不忍，所以對於他的飾終典禮非常優異。很不幸的，丞相二月自殺，皇帝就於三月壽終了，並没有達到替災免晦的目的，翟方進只算得白死！

因爲有了這件故事，所以漢儀注裏就規定了一條慘酷的法典，是：天地有大變時，皇帝派侍中持了使節，乘四匹白馬，帶着尊酒十斛，牛一頭，到丞相家，把這殃咎告知他。侍中走到半路，丞相即上書告病。侍中回朝，還没有覆命時，尚書就把丞相的死訊報與皇帝。——這個制度雖没有使用過幾回，但此後逢着天變把丞相免官還是常事，就是不當權的也往往免不了這個責任。商湯和漢文帝之風真是“夐乎尚矣”！

第七章　災異説和西漢的國運

上一章所講的是商、周到漢代對於災異現象的觀念及其反應。在這一點上，漢人是完全承受商、周的思想的。但他們畢竟有比商、周進步的地方，就是用了陰陽五行的學説來整理災異的現象，使它在幻想中成爲一種極有系統的學問。

司馬談曾批評陰陽家道：“他們依據了陰陽、四時、八位（八卦的方位）、十二度（星的十二次）、二十四節氣，定出許多教令，説：順着這教令的會昌盛，逆着的會死亡；這未免使人太多拘牽和忌諱。但春生、夏長，秋收、冬藏，本是自然的法式，人事的綱紀，他們要人家遵循這個次序是不錯的。”看漢書藝文志，列在陰陽家的有鄒衍、鄒奭、南公、張蒼等人，可惜他們的著作全已失傳。猶幸散見各書的五德終始説的資料可以輯出，又有一部完全的月令可以借鑒，現在還能知道它的一個約略。我們可以説，自從有了陰陽家之後，天象和人事經過一番系統的整理，比了商、周時代的災異觀念精密多了。

一部月令，雖是説得呆板可笑，但它的中心觀念只是“春生、夏長、秋收、冬藏”八個字。陰陽家以爲春天是萬物生長的時候，一切的政治和人事都應向了生長方面進展，使得可以增加自然界的動作的力量。所以在那時候，向來關閉的地方要打開，刑罰要停用，犯人的桎梏要解除，伐木和打獵要禁止，讓人和物各得欣欣地生長。一到秋天，造物者降下一股肅殺之氣，草木隨着黄落，國家也就可以出兵打仗、行法殺人了。他們立説的宗旨，只是希望“天人合一”。他們要使春天像個春天，也要使春人像個春人；因此，他們對於反常的時令非常害怕。他們説：倘使孟春行了秋令將有大瘟疫，仲春行了冬令將大旱，季秋行了冬令將多盜賊，孟冬行了春令將多流民，仲冬行了秋令將有大兵災。這類的話很多，一時也説不盡。總之，這個災異説的系統是建立於時令反常上的。

尚書裏的洪範，它把人事的“貌、言、視、聽、思”和天氣的“雨、暘、燠、寒、風”合在一起。它説：國君的貌正了，雨就會照着時候，不多不少地降下來了；倘若不正，這雨也就降個不歇，成了淫雨。其他言和暘，視和燠，……也都有這樣的關係。洪範的宗旨和月令一樣，要使應該下雨的時候下雨，應該刮風的時候刮風，得其時，亦得其正，本來是一個平正的意思。但它以爲天氣都和君主的一舉一動有關，這卻是一個神秘的排列式了。到漢代，更把這篇文字放大爲洪範五行傳(編入尚書大傳中)，説貌如不正，不但有淫雨之災，還會有服妖，有龜孽，有雞禍，有青眚、青祥，有下體生在上身的病；其他四種也有這類的怪現象。後來劉向和他的兒子劉歆各把古來禍福之事分派到各類，著了一部十數卷的災異史；班固録入漢書爲五行志。這種災異説的系統又是建立於君主的態度不正上的。

因爲他們的學説有這樣的精密，所以發生的影響亦是異乎尋常，造成了商、周時所不會有的事實。

卻説武帝之世正值漢家全盛時代，先朝積蓄了六七十年的財産，給他在五十年中郊祀、求仙、巡狩、封禪，加以四方的征伐，花費個乾淨。到用盡之後，只得立下許多苛捐雜税，維持他的奢侈慣了的生活。因此弄得人民筋疲力竭；再碰着荒年，竟至赤地數千里。人們怨恨之餘，不禁發生了五德説下的希望。這就是説，漢的氣運盡了，該有新受命的天子起來了！昭帝元鳳三年

(公元前七八年)，泰山下一塊一丈五尺長的大石忽然自己站起，上林苑中一株臥地的枯柳也自己站起。有一位春秋學家眭弘推説其意，以爲石和柳都是陰類，下民之象，而泰山乃是帝王受命封禪的地方，可知將有新天子從匹夫中突起；漢帝應即尋求賢人，把帝位讓給他。但堯、舜禪讓的事本是一種傳説，既做了皇帝，還哪裏會讓呢，所以眭弘就以妖言惑衆之罪伏誅了。

京房是專治周易的，他曾想出一種卜法，把六十卦的三百六十爻，以一爻值一日，又把賸下的震、離、坎、兑四卦分主二分二至，這樣恰恰是一年；更以當時的風、雨、寒、温的氣候定所卜的吉凶。有一天，元帝召見他，他乘機進言道："春秋一書，記二百四十二年中的災異，給萬世之君看個榜樣。現在自從您即位以來，日月失了明，星辰逆了行，山崩了，泉湧了，地震了，石隕了，夏天有霜，冬天有雷，春凋葉，秋開花，春秋所記的災異一齊見了。請您自己想想，倒底是治是亂?"聽到這話，元帝也只得歎一口氣道："實在是亂極了，再有什麼説的!"這話在當時確是動聽的。但試想，漢的疆域多少大；這樣大的地方，地文上不當有些變態嗎？這種事，武帝時何嘗没有；只是那時的社會正沉醉在禎祥的空氣裏，大家不提罷了。

谷永是繼承京房之學的。永始二年(公元前一五年)，有黑龍見於東萊，成帝派人去問他。他答道："漢家行夏正，色尚黑。黑龍是同姓之象，恐怕本族中人有舉兵謀反的。"唉，這條黑龍若出在文帝前，豈不成了漢的水德的符瑞？就是出在武帝後，也何嘗不是漢的黑統的符瑞？爲什麼成帝時出來了，就不成祥瑞而反爲災異呢？這種話固然不真實，但的確反映了一個動摇不安的社會在後頭，在這個社會裏，大家覺得漢的國運是快完了。可是那時既没有内亂，也没有外患，怎樣可以把漢家滅亡，倒是一個不易解決的問題。

在這沉悶的空氣中，有一個齊人甘忠可造了一部包元太平經，説："漢家的氣運固然完了，但上帝的意思還許他第二次受命；因此，他派了赤精子下來，傳與我這部書。"這天開的異想，可算是一個轉圜的辦法。不幸因爲劉向不贊成，把他下了獄，就病死在獄裏。後來哀帝即位，甘忠可的弟子夏賀良繼續鼓吹，居然成功：哀帝就宣布再受命，大赦天下，改元爲太初元將（公元前五年），改號爲陳聖劉太平皇帝，這衰頹的舊國似乎得到一種新生命了。不料夏賀良等志得意盈，就想奪取政權，斥去舊時的三公，爲人所嫉忌，不到兩月，哀帝把他殺了，這再受命的滑稽劇便一霎時閉了幕。

換一個人受命罷，没有這個人。漢家再受命罷，也做不成功。維持下去罷，災異説已把漢家的天位在精神上打倒了。進既不可，退又不能，統治階級及受其麻醉的人們都在這個僵局之下徘徊觀望。

第八章　黄老之言

中國的上古史，説它長也真長。看傳統的史書，從夏禹到現在有四千年，從黄帝到現在有五千年，從三皇到現在約有十萬年，再前一點就是開闢天地的盤古氏了。照這樣説，自從有了天地就有我們的歷史記載，從此不曾斷過，真是極大的光榮。可是我們翻開東周以前的書，其中只有稱説夏、殷，夏以上就一字不提，這爲什麽呢？記孔子之言的論語、墨子之言的墨子、孟子之言的孟子，提到夏以前了，但也只有堯、舜。因此，儒家編集的尚書就託始於堯典。堯以前有無帝王，這問題是没人提起的。看孟子説的"當堯之時，天下猶未平，洪水横流，氾濫于天下，草木暢茂，禽獸繁殖，五穀不登，禽獸偪人"，彷彿堯的時候還是洪荒初啟，堯以前不能再有別的帝王，就使還有也是無從知道的了。但稍後於孟子的鄒衍，他的歷史說就從當時直序到黃帝，再推至窈窈冥冥的天地未生之際，可見他以爲黃帝是堯、舜以前的帝王，歷史記載的開頭。這一變便使上古史換了一個新面目。司馬遷作史記，列五帝本紀於夏本紀之前，而以黃帝爲其魁首，黃帝的歷史地位就益加鞏固，直到如今不曾動摇。

但是爲了儒家的孔、孟都不提黃帝，他們的經典尚書也没有叙述到堯以前，所以黃帝在儒家中是不占勢力的。至於陰陽家、道家、神仙家、醫家、曆家……都常説起黃帝，而且把他看作教主，因此他竟成了一個極偉大的偶像，由他開創了中國的全部文化。依我想，這完全是時代因緣的湊合。假使他的傳説發生得早些，自會成了儒、墨二家崇拜的對象。假使堯、舜的傳説發生得遲些，那麽也就會變爲“百家言不雅馴”的箭垜。這立言的諸子何嘗像我們這樣用功研究古史，他們只是拉了一個當時認爲最古而且最有力的人作爲自己的學説的保護者而已。黃帝是怎樣一個人物，或只是天上的五色帝之一，或者有別的背景，均不可知；但他的傳説普及於學術界是戰國末年的事，其發展直到西漢，則是一個極明顯的事實。所以我們如果研究黃帝，切勿以爲所研究的是夏以前的史，而應當看做戰國、秦、漢史，因爲他的傳説只是戰國、秦、漢間的思想學術的反映，只是表現了戰國、秦、漢間的文化。

老子，名聃，説是周朝的史官，作有老子一書，又名道德經，他在學統中的地位正像黃帝在帝統中的地位一樣高。大家説：他是孔子的老師，他是先秦諸子中的第一個，他是道家的開創者。因爲作師的老子開創了道家，他的弟子孔子開創了儒家，所以一向公認道家在儒家之前。可是到了現在，我們從種種方面研究，都得到相反的結論：老子這個人必在孔子之後，老子這部書又在老子之後；老子不是道家的開創者，道家的成立又遠後於儒家。這些結論的理由複雜得很；現在我們且不談考據，先講一講孔子以來的學術界的情形。

學者們的思想不是順着時代就是反着時代，孔子是反時代的一個人。他在世時候，舊式的社會組織已漸崩潰，他目睹"君不君、臣不臣"的樣子非常生氣，所以提倡"正名"和"禮治"，要維持舊制度，又改良舊制度。他造成了一個新學派(這學派後來唤做"儒家")，常把舊制度加上自己的理想來鼓吹和演習。他又因宗法組織將聯帶崩潰，所以提倡孝道，説父母生時應怎樣的奉事，死了要怎樣的喪葬，借着親子的感情作維持它的工具。後來列國内外吞併愈烈，成年的打仗，殘餘的貴族又奢侈得厲害，人民陷於水火之中；如何可以作迫切的救援，這一點就不是儒家所能負的使命。所以墨子起來，打破孔子的維持舊制度的政策，直捷痛快，主張"兼愛"以毁滅宗法組織，主張"尚賢"以破壞世族專政。他不要什麽帶有貴族性的禮樂，只要一般平民都有飯吃，可以過他們的正當生活。他四面奔跑，勸止戰爭，簡直只看見人民，忘記了自己。但不久出來一個楊朱，他對於救世問題又换了一種看法。他覺得世界之所以亂都由於心的外騖，一個人的慾望是永遠填不滿的，不幸大家要求儘量的滿足，就激起了許多鬬爭。他以爲人人肯不奪别人所有以利己，也不讓别人奪去自己的所有，那時世界就太平了。他以爲墨子固然一團好心，但只見别人而不見自己，這也算是騖外，和縱慾的人有同等的弊病，所以他主張保全自己的精神和形體，不受外物的引誘，拔一根毛去利天下人是不做的，把天下的東西來供一己的使用也是不取的。他的主義就稱爲"爲我"。在那時，孔、墨、楊三派鼎足而峙：一派主張復古，一派主張捨身救世，一派主張捨世救身。

既已三派分立，叫後來的人何所適從呢？於是起來了一個孟子。他的生地極近孔子，早受了儒家古禮的薰陶；他遭逢的時勢比墨子更壞，也感染了墨家救世的風氣。他倡導一種主義，稱之爲"王政"，到新近稱王的幾個國家去，對國王説："你們稱王不是想統一天下嗎？須知要達到這個目的，非先行我所説的王政不可。"他的主義没有什麽特别的，只是想限制貴族的權利，使平民都有温飽的生活可過；又要使德行最好的人成爲政治地位最高的人：這些意見都和墨子之説很相近。但一提到家族制度，則他完全承受孔子之説，維持父權，提倡厚葬和三年之喪，因此，他駡主張兼愛的墨子爲"無父"。同時他因反對個人主義，也聯帶駡那主張獨善其身的楊朱爲"無君"(這個君不是説掌握大權的君主，只是泛指國家與社會，説楊朱不肯爲人所用，不盡國民的責任而已)。我們可以説，孟子決不是純粹的孔子之徒，他乃是孔、墨兩家的調和者。在孟子時，還有一個人是調和墨與楊的，叫做宋鈃。他的學説有兩方面：在外的是"禁攻寢兵"，在内的是"情欲寡淺"。這就是説，他用墨子之學做事業，用楊朱之學修身心。他要兼顧别人和自己，使之得到同樣的滿足。他説："一個人所以和人鬬爭，只爲受了别人的侮辱。但你自己的人格並不因爲别人的侮辱而有損傷，所以你受的侮辱並不是你的真羞恥。而且一個人的慾望是本來不多的，只要你心有所主，不使外面的東西擾亂了你的心，增加了你的慾望，那麽，你既不侵犯别人，别人也就不來侵犯你了。"這不能相容的三大派，有了他們二人的調和，居然漸漸地接近起來。

楊朱和宋鈃都討論到人性的本質、人和外物的關係、以及如何可保全自己的真性等問題。以戰國時思想的解放，學術界進步的急速，這個趨勢就使一班學者超出於實際的政治論而向哲學方面走去。他們要討論宇宙的本體了，要討論智識的真實性了，要討論人生的究竟意義了。於是有的以清虚爲目標，不願立自己的主張，只想像鏡子這樣，照着萬物。有的説，智識是靠不住的，而且也求不盡的，何必這樣自尋苦惱呢，只消委心任運好了。他們看出一切的觀念都只是相對的，所以有大小、高下、是非、壽夭等等差别；但實體是絶對的，没有差别的。他們唤這個絶對的實體爲“道”；以爲得道的人的心中就不存着這些差别，所以由他看來，萬物都是一齊的。“道家”這個稱謂就從這裏來了。他們的話都説得非常玄妙，使人不全懂也没法駁。然而因爲他們要得到這個最高的“道”，把人世間事看得很輕，社會的規律無形中都給打破，使得統治國家的人感到棘手。又因一般人民學會了他們的辯論法，死裏説出活來，弄得任何事情都没有固定的是非可據，尤使統治者痛苦。所以到戰國之末，激起了一個新學派，稱爲“法家”，專爲統治者説話；他們主張遏滅私家之學，禁止游談之士，平民都須專力農作，不得隨便發議論。把這個意思講得最清楚的是韓非的五蠹和顯學，其後秦始皇的焚書滅學即是這個政策的實行。

說了一通戰國學術界的大勢，再回到老子身上。老子是主張柔弱和謙下的。他所以這樣，並不是愛這樣幹，乃是因爲用了這種手段可以達到勝過剛强者的目的。他以爲要不受人家的欺侮，先要使對方不想欺侮。我柔弱了，好勝的人就不來和我生事了。如果對方決心要欺侮我，那麽我就讓他，他得其所欲也就完事了。但是他嘗到了這個甜頭，一定以爲欺侮人是容易的，他將愈敢放開這手腕，終至碰到了一個比他更强横的敵人把他打倒而後已。所以，我的讓他並非我的吃虧，只是騙他走上倒霉的第一步，依然是我的勝利。而且愈肯吃虧的愈能獲得别人的同情，地位也就高起來。所以他説，事情往往是相反的：吃虧就是便宜，便宜就是吃虧。這種見解，我猜想是宋鈃的“見侮不辱”的演進，是楊朱的“全生”學説的變相。如果猜得對，則老子應是宋鈃的後輩，怪不得孔、墨、孟的書裏全不曾把他提起，他如何做得孔子的老師！至於老子這書爲什麽説不是他做的，則因書中説“絶聖棄知”、“絶學無憂”、“古之善爲道者非以明民，將以愚之；民之難治，以其知多”等話完全是戰國末年的思想；這時以前的聖知正是社會上所崇拜的，它不曾在民間生出流弊，没有棄絶的需要。而且戰國時人每提到老子，只有説他主柔弱，没有説他想毁滅文化，可見這些話不是他固有的。那麽，我們爲什麽不説他生於戰國之末，可以把這些意思寫進了自己的書裏呢？這因到了那時，他爲孔子之師的傳説已起來了，叫人錯認了時代的人一定是過去的人，所以他不會生得太晚。因此，我們以爲老子這人是戰國中期的，老子這書是戰國後期的。戰國後期的人作的書爲什麽要託老子的名？大概因爲這部書裏採用他的話最多，所以就用他作代表了；或者作者並非有心託他而被後人誤認了。

於是我們再來提出一個問題：老子爲什麽會成爲孔子的老師？我以爲這不是訛傳的謡言，乃是有計畫的宣傳。老子這個學派大約當時有些勢力，但起得後了，總敵不過儒家。他們想，如果自己的祖師能和儒家的祖師發生了師弟的關係，至少能聳動外人的視聽，爭得一點學術的領導權。於是他們造出一件故事，説孔子當年到周朝時曾向老子請教過，但他的道力不高，而且有些驕矜之氣，便給老子痛駡了一頓。他知道自己的根柢差得多，羞慚得説不出話。回得家來，只有對老子仰慕贊歎。借了孔子的嘴來判定了老、孔的高下，顯見他們的門徒之間也是這等比例，道家的身價就可提高。想不到他們這種宣傳不但如了願，竟至超過了豫期，而使儒家承認爲事實；又不但如此，而使儒家也增加了一段故事，説孔子曾向老子問過許多禮制，把老子也儒家化了。可憐的是老子裏既有“禮者，忠信之薄而亂之首”的話，禮記中又有老聃答孔子問廟主、問葬禮的話，逼得他竟成了二重人格，自己打自己的嘴巴！他們這個工作成功了，索性再進一步，使出手段來拉攏黄帝。他們把本學派裏的貨色儘量向黄帝身上裝，結果，裝得黄帝也像了老子，而後道家裏以老子爲“太祖高皇帝”，黄帝爲“肇祖原皇帝”，其學派的開創時代乃直頂到有史之始了。至於發蹤指示的楊朱，早被一腳踢開，學術系統從此弄亂。漢書藝文志所列道家著作，有黄帝四經、黄帝銘等篇，注云“起六國時，與老子相似也”。這就是黄帝與老子合作的成績，而“黄、老”一名也從此打不破了！

老子這書中，主張君主應當清静無爲，對於人民要使他們吃得飽飽的，不存什麽野心，這和漢初承大亂之後與民休息的條件極相合，而且這書的文字簡短有韻，容易記憶，所以就風行於世。曹參爲齊王的相，那時天下初定，百姓流亡，聽得膠西住了一位蓋公，善治黄、老之言，就用厚幣請了他來，把自己住的正房讓給他，常去請教。一連做了九年，果然齊國安集，大稱賢相。後來漢相蕭何死了，惠帝命他繼任。他一切遵照蕭何的原樣；把好出風頭的屬員都免了職，换用了樸訥的人。他自己天天飲醇酒，不管事。有人想勸他做事，他等那人來時就請他喝酒，那人正想説話時又敬上一杯酒，直灌到醉了，那人終没有説話的機會。丞相府的後園靠近府吏的宿舍，他們常常飲酒，呼叫和歌唱的聲浪鬧得人不安静。有人討厭了，請丞相去游園，以爲他聽得之後一定會喝止的；那知他就在園中斟起杯子來，一樣地呼叫和歌唱，竟同隔牆的吏人們相應答。惠帝看他不辦什麽，覺得可怪，問他：“是不是爲了我年輕，瞧不起呢？”他道：“請您想想，您比高帝怎樣？我比蕭何怎樣？我們既都不及他們，只該遵守他們的規模。請您垂了裳、拱了手坐着罷！”

文帝即位之後，非常的儉樸。有一次他想造一個露臺，唤匠人估計，説須百金。不料這一個微小的數目竟使這位皇帝吃了一驚，嚷道：“百金，這是十個中等人家的家産呵！”就不造了。這樣的風度，固由於個人的生性，但漢初道家的勢力正瀰漫一世，説不定也是接受了黄、老的“寡欲”的遺訓。他的皇后竇氏極好黄、老之言，叫他的兒子景帝和自己母家的人都須讀老子。那時有一個詩經博士齊人轅固生瞧不起這書，批評了一句，她聽了大怒，逼他到獸圈裏去打野猪。景帝知道他危險，但又没法改變太后的命令，只得揀一把快刀給他。他進了圈子，用勁一刺，居然刺中了猪的心，應手倒了；太后纔没奈何他。後來武帝即位，他喜歡鋪張和他的祖父不同，好任儒生和他的祖母不同，於是這位竇太后又同自己的孫兒衝突起來了。當建元元年(公元前一四〇年)，趙綰等議立明堂以朝見諸侯，她心裏已嫌其多事。想來她總有牽掣他們之處吧，所以到了第二年，趙綰奏請武帝不必向長樂宫(太后所居)奏事，希望免掉許多麻煩。給她知道了，立刻下個辣手，把丞相和太尉都免了職，趙綰也就死在獄裏。在這種地方，都可見漢初的儒家遠不及道家之得勢。

道家的興起，老子的盛行，固有許多原因，而漢初的時勢實爲其重要條件。自從春秋末年以後，爲了消滅許多地方勢力，推翻許多特權階級，大規模地流血戰爭，人民捱受了二百五十年的苦難和犧牲，到這時天下初平，着實應該休息了。把黄、老之言作爲休息的原理，本是適合於當時的社會條件的。所不幸的，只是這種柔弱和退讓的思想竟致滲透一些人的骨子，作爲有永久性的人生觀，結果使得他們在長時期中減低了對自然鬥爭和階級鬥爭的熱力，逢到大事要把它化爲小事、無事，逢到難事要以没辦法爲辦法，聽它自然地變化。

第九章　尊儒學而黜百家

墨子的政治主張，以爲作天子的應是天下最好的人，這個人是從人民中選舉出來的。有了天子，再由他去尋好人做三公和諸侯。除了選舉之外，還有禪讓的一法：天子年紀老了就找一個最好的人作他的繼承人。墨子是根本否認貴族的存在的，他以爲下層的人民只要有最大的本領，也可做得地位最高的天子。他舉的古人的例是堯、舜。他説：舜本來是一個歷山下的農夫，又曾做過黄河邊的陶工，還曾在雷澤摸過魚，常陽販過貨，是一個純粹的平民；但他的德行和才幹給堯知道了之後，他就受了堯的禪讓。這種説話經墨家一宣傳，居然成爲史實，便是承認貴族地位的儒家也引用起來了。

儒家的宗旨主於舊有階級的維持。他們以爲不是君主十分壞，壞得像桀、紂一樣，總是不該推翻的。推翻之後，换了新主，階級制度還是照常。這一點是儒、墨兩家絶對不同的地方；所以墨家要提出天子和諸侯的來源問題，而儒家則不問。儒家所問的，只是朝廷的儀式怎樣；貴族的繼承條例怎樣；王國和侯國的典章如何不同；這一代和那一代的禮樂如何有别；祭祀鬼神、宴會賓客、聘問列國，以及冠笄、婚姻、喪葬等事應當怎樣辦。從表面説，他們要使在上的撫養子民，在下的恭敬長上，一切都有軌道，没有爭，没有亂，風俗益臻淳厚。若從骨子裏説，這簡直是蒙蔽民衆，叫他們安心做奴隸。

秦始皇統一了天下之後，還想做統一思想的工作，他把學問聚在皇室，立下嚴酷的法令，民間有偶語詩書的就犯殺頭的罪名。這一下當然使儒家失色。過了四年（公元前二〇九年），陳涉起兵，魯國的儒生爲要出這口氣，就抱了孔家的禮器跑到他那邊去，孔子的八世孫孔鮒做了他的博士。不滿半年（公元前二〇八年），陳涉被殺，孔鮒也隨着死了；可是魯國的儒生又從此獲得了講習禮樂的自由。後來漢高帝滅了西楚霸王項羽，西楚的地已全奪了過來，只有魯國不降，於是他帶了很多的兵把魯城重重圍住。但這班儒生還在那裏行禮奏樂，絃歌的聲音飄散到城外。高帝也感動了，不忍打進去把他們屠盡，就舉起項羽的頭給他們看，他們纔降了。

卻説高帝是平民出身，他的胸中没有什麽貴族的架子，所以他很討厭這班專講架子的儒者。他剛起兵的時候，凡戴了儒冠去見他的，他總要使鑾把他的冠解了下來，撒一泡尿在裏邊，表示他的侮辱。有一個秦博士叔孫通從關中逃了出來，輾轉到他那邊，知道他有這種怪脾氣，便扔去了儒冠，改穿了楚國式的短衣。他見了果然喜歡，拜爲博士。漢五年(公元前二〇二年)，天下統一，諸侯尊漢王爲皇帝；這即位的儀式就是叔孫通所定。那時雖説是定了君臣的名分，然而群臣多從草野中發跡，不懂得什麽叫禮節；他們在殿上飲酒，往往爭論功勞；喝醉了也就大叫起來，拔劍向柱子砍去。這位平民化的高帝因爲自己有了身份，對於這些粗魯的舉動漸漸覺得可厭了。叔孫通趁着這個機會，就進言道："儒者固然不能圖進取，但守成是會的。請您下個命令，召集魯國的儒生和我的弟子一同商訂朝儀罷！我想現在應當採取古禮和秦儀，造成一種新制度。"高帝道："你可以試一下，但不必太瑣碎，只就容易實行的做去好了。"叔孫通奉了旨，立刻自己趕到魯國去，招訪儒生。别的都欣然，只有兩人不肯走，他們説："現在天下初定，死的没有葬，傷的没有復原，哪裏可以興禮樂！要興禮樂，且待積德百年！"叔孫通聽了笑道："你們真正是不識時務的鄉下老兒！"他就帶了招到的三十三人到京城，和他自己的弟子百餘人，用綿索在野裏圍了一個圈子，插了許多茅草當作君臣的位次，演習禮法。一月之後，他請高帝去觀禮，高帝以爲很好，命令群臣照樣學習。七年(公元前二〇〇年)十月(就是正月)，長樂宫初造成，群臣都到那邊去賀年。天剛亮，謁者就按照文武官員的等級，一次次引進了殿門。那時殿廷之中早已排列了車騎，陳設了兵器，升張了旗幟。上面傳一聲"趨！"殿下的郎中們數百人就夾侍在階陛的兩旁；功臣、列侯、諸將軍、軍吏都向東站立；文官丞相以下都向西站立。於是皇帝坐了輦出房，百官傳呼警衛；從諸侯王以下直到六百石的吏員依了次序奉賀，他們没有一個不肅敬震恐的。到行禮完畢，又在殿上置酒，他們都低着頭飲酒，没有一個敢諠譁失禮的。斟酒斟到第九次，謁者高唱"罷酒"，他們都靜靜地退出。於是高帝説："吾到今天纔知道皇帝的尊貴呵！"他就拜叔孫通爲太常，賜金五百斤。

起先，叔孫通初歸漢時，有一百多個弟子跟着他，他們都想做個小官；但這位老師只向漢王面前推薦慣做强徒的漢子，永不提起他們。他們氣極了，常常背後駡他。他知道了，向他們説："漢王正在冒了矢石和敵人爭天下，他所要的是能斬將搴旗的人，這種事你們會幹嗎？你們還是安心等着，我總不忘記你們的。"自從長樂宫朝賀之後，叔孫通就向高帝説："這一班弟子們跟了我好久了，這次的朝儀是他們共同的功勞，您給他們一個官罷！"高帝立刻答應，都任他們爲郎。叔孫通出來，把賞下的五百斤黄金完全分與他們。他們大喜道："叔孫先生真是最識時務的聖人！"

高帝去世，惠帝即位，他又拜叔孫通爲太常，對他説："先帝的園陵和寢廟的儀式，群臣中没有能定的，還是請你老先生草擬了罷！"凡漢初的種種制度，都是他做太常時所討論規定的。他似乎没有受到五德説的影響，所以他所定的禮，我們見不着五行的色彩。

秦代統一之後，等不及訂立許多新法制，國已亡了。漢興，各種制度都待創立，所以好言禮樂的儒家急欲發展他們的抱負。不幸文帝、景帝、竇太后都好黄、老和刑名，而歷來當國的丞相，蕭何、曹參、陳平、周勃、張蒼之類，他們的出身，有的是刀筆吏，有的是戰將，有的是策士，有的是道家，有的是陰陽家，他們對於儒家都没有信仰；對於制度也只要夠用就算，因此只望因襲舊的，不想創造新的。所以自從叔孫通死了之後，這制禮之業竟停頓了。雖有賈誼、公孫臣等鼓吹改制，也没有什麽效果。

在這時，一班儒者等得不耐煩了。董仲舒是專精春秋的，他在文章裏説："依照春秋的道理，新王必改制。爲什麽呢？就因新王是受命於天的，不是繼承前王的。倘使一切照了前王的制度，那和繼承前王的還有什麽分别！受命的王原是上天所特别提拔的人，一個人奉事他的父親尚且要先意承旨，何况是天。現在上天特别提拔了你，然而你竟没有把舊制度變更一點，顯不出這提拔的好意，這是天的意思嗎！所以遷都城、换稱號、改正朔、易服色，都不爲别的，只爲順着上天的意思，表示自己是新受天命的人罷了。”這樣説來，這種改制度的事並不爲適合民衆的需要，只是要使上帝喜歡。更老實講，不過替皇帝裝點，使得他的地位經過神秘的渲染而更高超而已。

自漢興到武帝之世凡六十餘年（公元前二〇六——前一四〇年），魯兩生所説的“積德百年”的話已差不多了。武帝是一個好大喜功的人，他過不慣道家的淡泊生活，覺得儒家講得“天花亂墜”的各種制度很有趣，所以他一即位就用趙綰、王臧等儒者爲公卿。他們做了公卿，第一件事就是準備在城南造一個明堂，爲皇帝朝見諸侯之用。這制度還保存於禮記。書上説：明堂是明諸侯的尊卑之堂，在這堂裏，天子背着屏風，南向而立。三公站在中階之前，北向；諸侯站在阼階之東，西向；諸伯站在西階之西，東向；諸子站在正門的東隅，諸男站在正門的西隅，都北向。九夷在東門外，西向；八蠻在南門外，北向；六戎在西門外，東向；五狄在北門外，南向；九州之牧在二重門外，北向。這樣的“萬國衣冠拜冕旒”，天子的尊嚴哪裏想像得盡；再看叔孫通的朝會之禮，僅列文武百官的次序的，就覺其規模的狹小了。

建元元年（公元前一四〇年）冬十月，武帝詔丞相、御史、列侯等大官各舉賢良方正直言極諫之士；這是科舉制的濫觴。舉來了一百多人，武帝把他們問了再問。策問的結果，以董仲舒爲最優，這就是很有名的“天人三策”。他的第三策的末尾説：“孔子作春秋，最看重一統。現在百家異説，各人有各人的主義，使得國家没法立出一定的法制，百姓也不知道走哪一條路好。據我的意見，以爲凡不在六經裏的、以及和孔子的道理不合的，都可以截住它前進的道路。等到邪説息了，然後政治可以劃一，法制可以明定，人民也得到了正確的道路了。”武帝正心醉着儒家，他的話很中聽，就諷令丞相衛綰奏説所舉的賢良們，有的治商鞅、韓非的刑名之言，有的習蘇秦、張儀的縱横之言，足以惑亂國政，請都黜退；於是這一次的選舉就只賸下了儒家。五年(公元前一三六年)，他又置五經博士，提倡儒學的色彩愈加鮮明。人民爲謀自己的出身計，大家湧進了這條路。儒家所提倡的大典，如巡狩、封禪、郊祀、改制等事，武帝莫不一一舉行。自從他定了郊祀天地之禮，又集合了一個歌曲的班子，唤做“樂府”，用李延年爲協律都尉，命司馬相如等數十人造作詩賦。每年正月第一個辛日，他在甘泉祭上帝時，童男女七十人一齊歌唱，從黄昏直唱到天亮。儒家鼓吹了幾百年的禮樂，到他的手裏而一齊實現。

但勸武帝罷黜百家的董仲舒，他真是孔子的信徒嗎？聽了董仲舒的話尊崇儒家的武帝，他真行孔子之道嗎？這不勞我細説，只消把董仲舒所作的春秋繁露，和記武帝事實最詳細的史記封禪書去比較論語，就會知道。

秦始皇的統一思想是不要人民讀書，他的手段是刑罰的裁制；漢武帝的統一思想是要人民只讀一種書，他的手段是利禄的誘引。結果，始皇失敗了，武帝成功了。勸始皇統一思想的李斯，他是儒家大師荀卿的弟子；勸武帝統一思想的董仲舒，他是春秋專家。他們對於孔子尊敬的分量雖不同，但政策卻是一貫的。儒家主張復古，承認階級的存在；自從武帝定爲國教，這偶像直維持了兩千多年。所以戰國之末雖已把舊制度一齊打破，而舊思想的種子還由儒家傳了下來，經武帝的栽種而發芽開花，造成了無數宗法組織極嚴密的家族，使得人民上面忘記了國家，下面忘記了自己。

第一〇章 經書的編定與增加

儒家是主張復古的，凡屬記載古代的東西，他們都要搜羅保存。然而可憐，傳下來的古代記載少得很。這個緣故，他們不知道，以後的人也不知道，直待現代的我們方始知道。原來商以前還是没有文字的時代，那時人無法把事情記出。商代初有象形文字，字體常常變化，所記載的只是極簡單的某月某日作什麽事，用小刀刻在龜的腹甲和牛的胛骨上。因爲他們的記載大都是占卜的事情，所以今日稱它爲“甲骨卜辭”。自從清末在安陽出土以後，到近年考古學者大規模的發掘，已發見了十六萬多片，可以希望整理出一部商代史來了。但這三千年前的東西，我們能看見，秦、漢間的人卻不能看見。此後，記載的技術稍進，某月某日作什麽事之外還能記及人的説話；那時正以冶金術的進步，大批製造青銅器，就把這些記載刻在青銅器上。因爲銅器不易損壞，所以秦、漢間人還有得看見。陳涉起兵之後，魯國的儒生抱了孔家的禮器去投他，這禮器就是前代的銅製用具。大概説來，樂器有鐘、鐃；食器有鼎、鬲、簋、簠；飲器有尊、彝、壺、罍、爵、觚；盥洗器有盤、匜。因爲一切生活的儀式都屬於禮的範圍，而儒家是主張復古的，所以凡是古人日用的東西都可以叫做“禮器”。因爲這些禮器中算鐘和鼎爲最大，所以後來就稱研究這類東西的學問爲“鐘鼎之學”；其文字爲“鐘鼎銘辭”，現在稱爲“金文”。這類東西，固然秦、漢間人也有得看見，但他們看見的反不及我們多。當漢武帝時，汾陰掘出了一個特大的鼎，没有字，大家驚爲祥瑞，武帝就改元爲元鼎。後來宣帝時，美陽又掘得了一鼎，官員們又説是祥瑞，勸皇帝重行元鼎的故事。有一位聰明的張敞，他是識得古文字的，起來駁道："他們説得不對！這鼎的銘文是'王命尸臣："官此栒邑；賜爾旂、鸞、黼黻、琱戈。"尸臣拜手稽首曰："敢對揚天子丕顯休命！"'美陽是西周的王畿，可見這是周王把許多東西賜給這位大臣，大臣的子孫爲要表揚先人所受的恩寵，刻在鼎上，藏在祖廟裏的。這是舊藏的發見，不是祥瑞的天降！"他既説得這樣清楚，宣帝也只得罷了。到宋代，這種古器積聚漸多，加以徽宗的提倡，鐘鼎之學興盛起來，把六百餘件的器銘編成了好幾部專書。到清代，以古文字學和古史學的發達，鐘鼎學的研究更深刻，一件古物發見時就有許多人作考證。至於今日，我們所知道的有銘辭的古器約有三千件了。這種眼福，決不是秦、漢間人所能有的。我們用了這些材料，也可希望整理出一部西周史來。商代之後，記載的技術又較進步，這人和那人間可以用書信往來，長段的事情和説話也能聯綴成篇。那時記載的器具是用漆寫在竹木製的簡上，一枝簡大約寫十餘字至二十餘字不等；用繩子或皮帶把許多簡穿起來，就成了"册"和"篇"。還有方塊的木版，叫做"方"，可寫一百字左右。西漢之世，簡、方和帛是並用的。帛可以卷起來，就成了"卷"。

自甲骨而鐘鼎，而竹木簡，而帛，物質的便利程度愈增加，記載的東西也就愈多。生在後世的人們用得慣了，看得慣了，正如紈袴子弟不知稼穡之艱難，以爲古人也是這樣的，應當有很多的東西傳下來，對於古書和古史的責望心就很重。要是像現在這樣，肯去挖地，從許多地下遺物裏整理出幾部古代史來，當然再好不過。無奈他們想不出這種方法，他們只會把耳朵裏聽來的算做古史，甚至於把自己心裏想出來的算做古史；再把這些聽來的和想來的東西寫在書本上，就承認爲真的古書。因此，古人雖没法把當時的事情留與後人，但後人卻會給他們補上，而且補得很齊整。我們翻開漢書藝文志來，古帝王和古名臣的著作不知有多少；只恐這些著作離開他們的真面目還不止十萬八千里呢。

古代的學問都聚集在貴族那邊，那時的知識分子都是貴族的寄生者。貴族信仰天，信仰鬼，常要祭祀，他們的手下就有了“巫、祝”。貴族要作祝文、策命、人事和天意的記載，他們的手下就有了“史”。貴族要在祭神和讌會的時候奏音樂，他們的手下就有了“師”。這些巫、祝、史、師之官，由於職業的需要和長期的工作，對於天文、地理、音律、政制、歷史，當然知道得很多，漸漸地構成了有系統的學問。但一般民衆呢，他們受着階級的限制，没有享受這些文化的福分，所以他們也想不到有學問這一回事。由於時代的突變，孔子爲了不得志於時，用私人名義講學，收了一班弟子。他所講的學雖甚平常，但因他是第一個把貴族那邊的學問公開給民衆，使得民衆也能享受些高級的文化，所以他巍然居於中國學統之首，二千四百年來被公認爲極偉大的人物。

在論語裏，我們看孔子常引詩和書，又常稱道禮和樂。詩和書是當時的兩類書（爲什麽不説“兩部”？因爲當時的書用竹簡編寫，繁重得很，我們看作一篇，在那時已是一册；我們看作一部，在那時是一大堆。所以對於書籍的觀念，我們可用部計而他們不能。他們只能説，這類的東西叫做詩，那類的東西叫做書而已）；禮和樂則不是書而是事。一件事情應當怎樣辦，是禮；一首詩應當怎樣唱，是樂。所以詩是樂的本子，樂是詩的動作。這些詩本來就是樂師所管：有的是在宗廟裏祭神時用的，叫做頌；有的是讌會賓客時用的，叫做風和雅。風、雅、頌的來源，有的是士大夫所作，有的是樂師所作，有的是民間的歌謡而爲樂師所採取。這些詩應當是很多，但常用的只有三百篇左右。書呢，是史官所掌的記載，國君對臣子説的一段話，或臣子對國君説的一段話，或戰爭時的一篇誓師詞，或王室的一件大典禮，史官感覺其重要，記了出來，一事就成了一册書；再摘取數字，給它一個題目。用現在的話説來，這就是“公文”或“檔案”。這類東西的分量比詩還多，但因竹木簡容易朽蠹，不及詩的因歌唱而保存於人們的口邊，所以傳下來的也就寥寥無幾，孔子當時不知實在見過了多少。他有一個很直爽的弟子，叫做仲由，曾質問他道："何必讀書然後爲學?"可見他教導學生時是要他們多讀書的。然而可憐，那時實在没有好多書可讀，僅僅這三百篇的詩和若干殘篇斷簡的書，能彀讀出什麽大道理來！所以他給予後世的影響，雖説傳播古文化，其實極大部分是在他自己主張的實踐倫理的"禮"上。

有一部周朝的占卜書，叫做易。它所以有這個名稱，大約因爲這種用蓍草的占卜法比較用甲骨爲簡易的緣故。這也算得一部古書，孔子或許在卜官處見到；但他不曾提起，説不定他重人而不重神，看破了占卜法的無聊，不願表章，也是有的。又有一部魯國的編年史書，叫做春秋；大約因爲簡册斷爛，只存魯隱公以下。這書，他一定見到，但論語中也不曾提起。後來的儒家把這兩部書都收進去了。他們説：春秋是孔子作的；他所以作這部書，爲的是要整頓綱常名教。他看天下太亂了，所以奮身而起，代行天子的職權，把一代的諸侯大夫加以進退黜陟；固然文字上没有寫明，但字裏行間都藏着他的褒貶的意思。春秋本是一部魯國的史書，給他這樣一修改，就成了他的政治哲學，而且是他爲後世天子制定的一部法典了。因爲他恐怕觸動了當時有權有勢的人們的怒氣，妨礙了他的安全，所以只把這些意思口傳給弟子們。因爲弟子們口傳得不同，所以後來寫出時就成了幾部不同的春秋傳。他們又説易是孔子到晚年纔研究的；因爲天道精微，不易認識，所以他下了苦功去讀，讀得勤了，竟使穿着竹簡的皮帶斷了三次。他爲闡明易理，所以作了十篇易傳；這些傳是易的羽翼，所以又稱爲易十翼。孔子既對易和春秋自己動過手，對於詩和書當然也要動手。所以他們説：詩本來有三千餘篇，給他删掉了十分之九。書，删削更多了，本來有三千二百餘篇，只存得一百篇。還有一部儀禮，講的是冠、婚、喪、祭諸禮，一共十七篇，他們也説是孔子所作。照這班儒家的話講來，孔子一生的學術事業，計删了詩和書，作了春秋和儀禮，還替易做了一部傳。因爲他有了這五種著作，所以就有了“五經”。樂，他雖没有著作，但也曾下過一番整理工夫，所以聯帶説起來，就成了“六經”。自從戰國末年至於今日，這種觀念在學術界中幾乎不曾變過。

稱孔子的書爲“經”，以表示對於它的尊崇，這個意思向來没有疑問。但現在知道，經的原義是絲綫。許多竹木簡用絲綫聯貫起來，這叫做經；經乃是書籍的通名，並不含有後來所謂“天經地義”的觀念。竹簡有長短，官府用的長二尺四寸；五經等雖説是孔子的著作，究竟原本是官書，所以也是二尺四寸。私人所用則有長一尺二寸的，也有八寸的。還有一種六寸的木版，備隨時的寫記，正像我們的筆記簿，稱之爲“簿”，亦名爲“專”，用假借字寫來就成爲“傳”。它不像經的嚴整，所以後人就用來做經的補助讀本或參考資料。他們説：孔子做了一部春秋，他有三個弟子記着他的意思，一代一代地傳下，傳到漢代，就成了三部春秋傳。他删定了尚書，留下許多解釋，傳到漢代，就成了一部尚書大傳。他删定了詩三百篇，傳到漢代，有齊國的本子，有魯國的本子，有燕人韓嬰的本子，他們的講法又各各不同，所以便有齊、魯、韓三家的傳。禮，有他的弟子卜商作的喪服傳，又有七十二弟子的後學們作的一百餘篇的記。易是文王和周公作的經，他自己做的傳。所以五經是莫不有傳的。

儒家最重孝道，而孔子弟子中以曾參的孝爲最有名，所以不知何時何人作了一部孝經，説是孔子教給曾參的。詩本來只叫作“詩”，書本來只叫作“書”，稱爲詩經、書經是後來的事。惟獨這孝經的“經”字是離不開“孝”字的，分明出在經的名詞已得了崇高的地位之後。因爲這是一個小本子，容易念，而且受了君主的提倡，風行天下，所以漢人對於這部書非常信仰。東漢末，張角起義，有一個侍中向栩上奏書，説："國家不必興兵討伐，只消在黄河邊上北向讀孝經，'賊徒'自然會消滅的！"

還有一部書，記孔子和當時人及弟子們的説話，又有些他們的零碎事情，叫論語。這一部書大概是孔子的再傳弟子編輯的，齊國和魯國的本子也各不同，到漢代纔併合爲一。我們要看孔子的真相，這是第一等的原料，雖則裏面已有了些竄改。論語這個名詞也由竹簡來。"論"字古但作"侖"，就是把竹簡排比爲一册的意思。

以上説的是五部經，這些經各有一部到幾部的傳，又有一部特造的孝經，一部記孔子言行的論語，雖説同是儒家的東西，性質是各别的；至於主要的東西仍是這五部經而已。到後來，尊孔子太過，把這些傳都升做了經，於是有"十三經"的名詞出現。(十三經的搆成不是一次的事。戰國以前只説詩、書、禮、樂，是四種。戰國以下加上了易、春秋，是六種。漢人因爲樂有譜而無經，把它去掉，爲五種；加上論語、孝經，是七種。唐代分儀禮、周禮、禮記爲三種，又分春秋的三種傳爲三種，合上易、書、詩，是九種。宋代就唐的九種，再加上論語、孝經、孟子、爾雅，是十三種。所以十三經這個集團是經歷了五次的變遷纔成功的。)

漢學的中心是經學，我們要瞭解漢學的地位，應當先明白所謂經也者是什麽東西。可惜話長紙短，寫不盡了！

第一一章　博士官

博士，現在是學位的名稱，但在古代是個官名。這個官，戰國時就有，其詳細情形不得而知。秦始皇時，博士有七十人，他們的職務是“通古今”。當始皇三十三年(公元前二一四年),北邊奪了匈奴的河套,南邊奪了南越的陸梁地,明年,他置酒咸陽宮慶賀,博士七十人上前獻壽。僕射(博士之長)周青臣進頌詞,說:“現在日月所照的地方没有不服皇帝的威靈的,又把諸侯之國改成了郡縣,從此可免戰爭的禍患,這是上古以來所不曾有過的盛事!”始皇聽了大高興。這時候,忽然一個不識趣而又膽大的博士齊人淳于越起來說:“殷王和周王因爲封建了子弟和功臣,所以纔能有千餘年的天下。現在皇帝的子弟就是匹夫,一旦碰到了權臣篡國,試問有什麼人可以幫助皇室的?做事不以古人爲師法,決不能長久。青臣當面諂諛,不是忠臣!”始皇把這個主張交臣子們去議,丞相李斯説:“今古的制度不同,原不是立意相反,乃是時勢變了。我們所定的是萬世的大業,那只懂得三代之事的淳于越哪能體會到這些新制度的意義!從前天下未統一時,君主所定的制度常常受私家之學的攻擊;他們説的名爲古事,其實是裝飾出來的虚言。現在天下已統一了,而這種風氣還没有改變,倘不嚴令禁止,那麼下面的黨派一結成,上面的威權就墜落了。我提議:史官所典藏的,凡不是秦的史書,完全燒了。不是博士官所執掌的,私家所藏的詩、書百家之言,完全送地方官燒了。有敢聚會了人們講詩、書的,處死刑。有敢引用了古事來反對今制的,全家處死刑。官吏知道了不舉發,處同樣的刑罰。令下了三十天還不燒的,髡鉗了去築長城。所存留的,以醫藥、卜筮、種樹的書爲限。想學法令的,就到官吏那邊去學習。”始皇立刻批准了。這固是在主張統一思想的李斯執政之下所應有的事情,但其爆發點實由於“通古而不通今”的博士的“是古非今”,可算是淳于越闖下的大禍。但有奇怪的一點,史官所藏的史籍,除了秦的統統燒了,而詩、書和百家之言凡是博士官所執掌的都不燒:爲什麼還要留下這一點“是古非今”的根苗?大約這和官制有關係,除非把博士官取消,就得讓他們去讀點古書;只要他們不敢亂發不合時宜的議論，安心做個皇帝的裝飾品，也就罷了。

那時的博士是掌詩、書和百家之言的，詩、書是古代傳下來的經書，百家之言是戰國時的各家學説。既經稱爲百家，當然很雜，所以裏邊有神仙家，也有術數家。當始皇三十六年（公元前二一一年），有隕星落在東郡，不知什麼人在上邊刻了"始皇帝死而地分"一句話，始皇聽得，把石旁的居民都殺了，把星石也燒壞了，但心中還是悶悶不樂，於是叫博士們做仙真人詩；他游到哪裏，就令樂人們在哪裏歌唱。爲什麼叫作仙真人呢？因爲始皇愛慕真人，自稱"真人"，他聽人唱這首詩，彷彿自己真做了仙真人而不死了。明年，他游罷會稽，沿海到琅邪，途中作了一夢，夢和海神交戰。他把這夢詢問占夢博士，博士説："水神是不可見的，但他手下的大魚鮫龍常常出來；若想除去這惡神，應該先去捕捉大魚。"始皇就豫備下捕魚的器具，自己挾了連珠箭候着；到之罘時，果然射殺一條大魚。不幸這位博士的話不靈，仙真人詩又没有用，他上岸就病，不久死在路上。

漢元年（公元前二〇六年），高帝破了秦軍，進至咸陽，許多將士爭先恐後地到金帛財物的府庫中去搶東西，蕭何獨到丞相和御史府裏收取律令圖書，帶到軍中。後來高帝所以能知道天下的險要、户口的多少、民間的疾苦，就靠了這些圖書。至於博士衙門裏的古籍，這位從刀筆吏出身的當然注意不到了。過了月餘，項羽來到，他殺了降王子嬰，屠了咸陽人民，燒了秦的宫室，火焰經歷三個月還没有消滅。在這種情勢之下，博士官所藏的詩、書和百家之言必已没有存留。秦始皇燒民間書，項羽又燒博士書，這是八年間的兩度書籍的浩刼。

書籍雖遭了兩度浩刼，但讀書的人原没有死完，所以秦博士叔孫通帶了一百多個弟子歸了漢，被他招到關中的又有魯儒生三十三人，他們議定了漢家的各種制度。秦御史主柱下方書的張蒼，明習天下圖書計籍，歸漢後做到丞相。最重要的，是魯孔子廟堂裏藏的孔子衣、冠、琴、車、書，世世相傳，到漢二百餘年不絕；諸儒又講鄉飲和大射的禮節在孔子冢上，這冢地大至一百畝。所以這兩次的大焚燒，書籍固然受到極大的損失，但只要用心蒐集，還不難積聚。只是楚、漢之間四方起兵，打了八年，其後抵抗匈奴，削平叛臣，費了好多力氣，已没有餘力顧到文化的建設。又秦始皇禁止私家藏書的法律，漢初還繼續行用，到惠帝四年(公元前一九一年)方始廢掉。當國的大臣周勃、灌嬰之類都是武人出身，也不高興提倡學問。自從戰國末年的大震盪，直到漢室的安定，約有六七十年，在這時期中，文化的空氣消沈了，研究的工作停頓了。無論哪種事情，只消數十年没有人提倡經營，就會煙銷雲散。試看八股文和試帖詩，自從停止科舉以來，到今不過五十年，已經老年人不講了，中年人不懂了，少年人簡直不知道有這回事了；再過不了幾年，連賣舊書的攤子上也會絶跡了。然而在科舉未廢之時，何等如火如荼，有哪一個讀書人不盡力鑽研的！六經，固然不至像八股文一樣地僅作敲門磚，但經過這長期的停頓，懂得的人日少，存留的本子也大減，實在是一件必然的事實。這就是漢代的經學所以紛歧的主因。

文帝時，黄龍出現，應了公孫臣的豫言，文帝就任他爲博士，和諸儒同草土德的制度。公孫臣是傳陰陽家鄒衍之説的，而作博士，可知當時猶承秦的遺風，百家之言也各立博士的。據説，文帝的博士有七十餘人，數目和始皇差不多；以他的崇尚黄、老，想來道家的博士必然不少。但古學以儒家爲大宗，天下既漸承平，六經當然要提倡。詩和書是古人最多引用的，所以文帝也要立這二經的博士。那時講詩的，魯有申公，燕有韓嬰，文帝就任他們爲詩博士。書呢，全國幾乎没有人讀的。尋了好久，知道濟南有個伏生，本來是秦的博士，專治尚書，現在年已九十多了，不能到京城裏來。於是派了太常掌故鼂錯到他家裏去受業；但是他那邊的書也不多了，只傳得二十餘篇，所以春秋、戰國時人稱引的書語，到現在有好多不能在書經裏找出。倘使伏生早幾年死了，這尚書一經也就絶種了。不久，朝廷任命伏生的弟子歐陽生爲書博士。到景帝時，又以轅固生爲詩博士，董仲舒、胡毋生爲春秋博士。轅固生爲齊人，他講的詩經和申公、韓嬰都不相同，所以魯詩、韓詩和齊詩就成了鼎足而立的三派。春秋，董和胡毋兩家不曾聽説有什麽分别。

武帝建元元年，借着選舉賢良方正的機會，崇儒學而黜百家。五年，他又置五經博士。從此以後，博士始專向儒家和經學方面走去，把始皇時的博士之業"詩、書"和"百家之言"分開了。這是一個急劇的轉變，使得此後博士的執掌不爲"通古今"而爲"作經師"。换句話説，學術的道路從此限定只有經學一條了。這比了始皇的以高壓手段統一思想還要厲害。二千餘年來没有生氣的學術思想就在這時行了奠基禮。武帝立的爲什麽叫做"五經博士"？只因文、景之世僅立了詩、書、春秋三種，還缺禮和易，所以他給補足了。博士之數本來是很多的，到這時，既把百家之言的博士取消，賸下來的就没有幾個人。後來到了宣帝、元帝的時候，又加立了幾家博士。當時只要我講的經和你講的兩樣，而你我所講的都給人看作有理由，便可各立博士，都置弟子員。因爲博士的官不算小（漢初時每年的俸禄四百石，其後增至比六百石；内遷可爲奉常、侍中，外遷可爲郡國守相、諸侯王太傅等職），所以引得人眼紅，常想標新立異，取得一個地位，以致經書愈講愈亂。這又是漢代經學所以紛歧的一個主因。

博士本來可收弟子，例如叔孫通的手下就有一百多人。武帝時，博士減少，弟子員亦減少，只定五十個名額，叫太常就人民年十八以上、相貌端正的選擇。讀了一年，考一次，如能通一經，就可補文學掌故的缺，考得最高等的可以做郎中。其後昭帝時加至一百人，宣帝時又加至二百人。元帝好儒，特增至一千人。成帝時，有人説孔子是布衣，尚且養了三千個徒弟，現在國立的太學的弟子反而比孔子少，實在説不過去；於是聽了他的話，又增至三千人。到東漢時，太學諸生竟至三萬餘人了。班固在漢書儒林傳贊裏説得好："自從漢武帝立了五經博士，選弟子員，經過了一百多年，傳業的愈盛，枝葉叢生，一部經書解説至百餘萬言，大師們的數目多至千餘人。爲什麽會這樣？只因這是一條禄利的門路！"呵，經學的興盛靠了禄利的引誘，當時經學的性質原不異於明、清的八股，奉勸研究古學的人們，大可不必再做"漢人近古，其言必有所據"的好夢了！

第一二章　經學的今古文問題

武帝時，正值太平盛世，他很講究藏書，宫庭裏的藏書處有天禄閣、延閣、廣内、祕室，宫庭外的有太史和博士的官署；又設置寫書的官，鈔寫得很多。到成帝時，還嫌其不足，河平三年(公元前二六年)，命謁者陳農四出搜訪遺書，又命光禄大夫劉向校六經、傳記、諸子、詩賦，步兵校尉任宏校兵書，太史令尹咸校數術(天文及占卜等)書，侍醫李柱國校方技(醫學)書。因爲劉向是學問最博的人，所以每一部書校完，就由他列舉其篇目，並撮其要點，寫成一篇評論奏上去。這是對於古代學術的一種總結的工作，非常有價值的。不幸這位總編輯任職了二十年，没有做完，於綏和二年(公元前七年)死了。他的兒子劉歆也是一個學問很淵博、什麽都懂得的人，且已久作襄校的事，所以哀帝很寵他，命他繼續父業。他任了職，就總合群書，編成七略：(一)輯略(全書的通論)，(二)六藝略(六經和傳記)，(三)諸子略，(四)詩賦略，(五)兵書略，(六)術數略，(七)方技略。這是中國第一部目録書。後來班固作漢書藝文志，就以它爲藍本。現在我們所以能約略知道些古學與古籍的情形，這部書實在有很大的啟示之功。

劉歆先前襄校的時候，曾發見一部古文字的春秋左氏傳，讀得非常喜歡；他引了傳文來解經，於是左氏傳有了章句。他說：作這書的左丘明是親見孔子的，他所愛的和所恨的完全和孔子一樣，所以講到春秋，這是最靠得住的一部傳；不比公羊和穀梁，作者生在孔子的七十二弟子之後，所記的春秋宗旨是由傳聞得來的。講到這件事，我們第一要知道，所謂"春秋公羊傳"一名和"春秋穀梁傳"一書實在都很後起。孔子作春秋，他自己没有説過，第一個説的是孟子。在孟子時，不知春秋已有了傳没有。但戰國諸子以及漢人所引的春秋常是公羊傳裏的文字，可見這本傳出來很早。景帝時所任的董仲舒和胡毋生兩個春秋博士，也都是所謂公羊學的。在公羊傳中，引了許多春秋先師之説，有魯子、有沈子、有司馬子等等，也曾兩度引及公羊子，可見公羊子只是春秋的先師之一，並不是這部傳的作者。不知何年始稱它爲公羊傳。有了公羊傳這個名稱，於是聯帶有所謂穀梁傳。"穀"和"公"是雙聲，"梁"和"羊"是叠韻；爲什麽這兩個作春秋傳的人都是複姓，而且差不多是同音的複姓，事情竟這樣地巧呢？現在，我們既經明白了漢博士的地位和其勢力，就可以知道這是當時學春秋的人看見别經分家而春秋不分，因此想自立門户，把原來的春秋傳改稱爲公羊傳，表示它只是一家之言而不是惟一的春秋傳；再把自己的意思另寫一部春秋傳，别樹一幟，影射了公羊的牌子而爲穀梁傳。這正和北京的剪刀店有了王麻子再有汪麻子，杭州的剪刀店有了張小全再有張小泉，是同樣的道理。我們只要看穀梁傳中極多災異之説，其立博士在宣帝之末（甘露三年，公元前五一年），就可知道它必是西漢中葉以後的作品。再説左氏傳，卻是一部真古書。司馬遷作史記時很多根據它，他曾兩次説"左丘失明，厥有國語"，可見這部書實在叫做國語。劉歆在皇室的圖書館中見到了國語，喜歡它講的春秋時史事詳細而有趣味，比較公羊和穀梁專從咬文嚼字推求孔子著作的意思的大不相同，立志替它表章一下，這原是學術界中應有的事，而且是極好的事。但那時是經學的全盛時代，如説這是戰國時的左丘明編的一部春秋時的分國史，大家不會來睬你；現在改説這是春秋時的左丘明爲春秋經作的傳，他作傳時曾和孔子商量過，所以這部傳是最得孔子的原意的，那麽，它的地位豈止超過穀梁和公羊，簡直和春秋經"分庭抗禮"了。然而國語的原本僅是叙事，如何可以改作春秋的傳呢？因此，劉歆只得引了傳文來解經，並爲它加進許多經説了。所以左傳是一部真材料的僞書，它的真名是國語，它的僞物是經説。它不解經，它的價值在公羊傳上；它一解經，反成了穀梁傳的後輩。至於現在的國語，那是劉歆的删削之餘。左傳能不能再和國語併家，這須看我們將來的努力如何了。（關於這問題，可讀清劉逢禄的左氏春秋考證，康有爲的新學僞經考，崔適的春秋復始和史記探源，今人張西堂的穀梁真僞考。）

劉歆既編成了一部春秋左氏傳，後來又説尋出了一部毛詩、一部逸禮、一部古文尚書。到他代了父職，當了學術的重任，就請國家把這些都列入博士之官。哀帝叫他先和五經博士討論一下，但許多博士全不贊成：有的不肯表示意見；有的説：尚書二十九篇已經完備了，用不着更立古文尚書；有的説：左丘明是不傳春秋的，哪裏會有春秋左氏傳。他於是寫了一封很長的信責備博士們，大意是："孔子爲了他的道不行，所以修訂六經；但經過了戰國的打仗、暴秦的燒書，他的原本已經看不見了。漢興之後，一切制度没有可根據的，幸而得到一個叔孫通規定了些禮儀。那時天下的書只有卜筮用的周易，没有别的。惠帝時雖説廢了藏書的禁令，但大臣們也不曾把經書放在心上。文帝叫鼂錯到伏生那邊去受尚書，因爲這部書剛從牆壁裏拆出來，有的朽折了，有的散亂了。到武帝時，然後鄒、魯、梁、趙之間很有些詩、禮、春秋的先師。在這時候，一個人的力量不能獨管一部經；舉詩來説罷，有專管雅的，有專管頌的，要幾個人合起來方成爲一部完全的詩經。後來得了一篇泰誓，集合了許多博士纔把它讀出。那時漢興已七八十年，離開全本的經遠得很了。後來魯共王要造自己的宫殿，把孔子的舊宅也圍了進去，正在拆卸牆壁，忽然發見了許多古文字的書簡；整理一過，知道其中有禮三十九篇、書十六篇(因爲這禮是在博士的十七篇之外，所以稱爲逸禮；因爲這書是用古文字寫的，所以稱爲古文尚書。如倒過來稱爲古文禮和逸書，也是一樣)。天漢(公元前一〇〇——前九七年)之後，孔子的十二世孫孔安國獻了上去，適值戾太子的巫蠱之難，没有施行。又春秋左氏傳是左丘明所作，也是古文字的舊書，藏在祕府裏。成帝命我們校書，得到這三種，來比較博士的本子(例如博士的二十九篇，古文尚書裏也有)，有的經是脱了幾片簡了，有的傳是編排錯亂了。到民間去調查，也有和這幾種相同的。既經找出了這種好東西，爲什麽不讓立博士呢？以前所立的經和傳，大都是相傳的口説，現在已獲得古人的真本了。難道你們寧可信口説而不信原本書嗎？難道你們只信近代的經師而不信真的古人嗎？你們只想守住一些殘缺不完的東西，而没有從善服義的公心，這是我所深以爲不合的！”這封信發出之後，許多儒者都怨恨他，幾個大官對他攻擊得尤其厲害。幸而哀帝幫助他，他没有吃眼前虧。他怕遭着意外的禍殃，請求外放，到河内等郡做了幾年太守。

劉歆在祕府裏找到幾部古書，正和我們今日在敦煌千佛洞中找出許多唐人寫本、在北京圖書館的亂書堆中找出幾部内閣大庫舊藏的宋版書一樣，照現在想來，只該欣幸，哪有受怨恨攻擊的道理。所以他會得如此，在漢儒大抵是出於嫉妬，怕古代的、詳細的東西一立了博士，就把近代的、殘缺的東西打倒了，把他們的飯碗摔碎了。至於我們對他下攻擊，則因他不是客觀的整理古書，而是主觀的改編古書，使得許多材料真僞混雜，新舊錯亂，他隨意一動筆，害我們費了不知多少工夫纔得糾正；而且没有原本對照，還不知道所糾正的恰當與否。他的作僞的痕跡是很顯然的，例如他的信裏所説的魯共王壞孔子壁得古文經事，史記裏就没有；共王死在武帝初年，巫蠱之難作於武帝末年，經過了三十餘年的長時期，以古文經的價值之大，加以武帝的喜歡表章六經，哪會在數十年中寂寂無聲之理。又那位獻書的孔安國已早死了，也捱不到巫蠱之難。他寫的信尚會當面説謊，何況私下竄入書内的東西。他逢着的便宜，是漢人太没有歷史知識，幾位博士只會捧住了自己的破書硬反對，不會在歷史裏找了證據來質問，所以給他騙過了好多年中的好多人。

劉歆以爲經書中什麽都殘缺，有待於古文真本的校補；博士們反對他，就以爲什麽經都已完全了。這是兩方面的觀念截然相反的一點。劉歆表章的幾部書，都説是古人用了古文字書寫的，所以稱爲古文經；對比了用漢代文字寫的，自然那邊應當稱爲“今文”了。所以今文一名是後起的，在没有古文經與它對立的時候是不會有的。從此以後，經學分爲兩派；今文家與古文家不但本子不同，即經文的解釋和所説的古代制度也都不同。東漢時，許慎爲了分别今古文的異同，特作了五經異義一書。在這書裏，我們可以看出，經書的内容是給漢人有意播弄得這樣紛歧了。

第一三章　通經致用

現在，如有人拿了許多經書堆在我們的面前，問有什麽用處，那麽，我們可以乾脆答道：用處不大。因爲詩經裏的詩已不能唱了；易經裏的占卜是我們不信的；禮經和禮記中許多瑣碎的禮節，看着也頭痛；春秋中的褒貶予奪，完全爲了維持統治階級的尊嚴，決不是現代的倫理；尚書裏記的説話，動不動叫着上帝和祖先，我們的理智也提不起這種信仰了。這種東西，實在只有一種用處，就是它的史料價值。漢以前的材料，存留到現在的太少了，除了甲骨文和鐘鼎文之外，可見的只有這幾部經書了。甲骨鐘鼎的材料固然可靠，但都是零碎的，而幾部經書則是較有系統的；把這較有系統的書本材料來聯串無系統的地下實物，互相印證，於是我們可以希望寫出一部比較真實的上古史（完全真實是不可能的）來，使得人們知道我國古代的民族和社會究竟怎樣，我們的先民辛苦締造傳給我們的是些什麽，這是它的惟一的用處。這用處的表章，也是我們所肩着的新時代的使命。

上面説的，只是現代的我們的話；如果把這番意思説給漢代人聽，他們決不會瞭解。他們以爲無論什麽大道理都出在經書裏，而且這種道理有永久性，所謂“天不變，道亦不變”，經是道的記載，所以也不變了。易學家説：易理是瀰漫於天地之中的，萬物的現象莫不從易理裏變化出來，一切人生日用的東西也莫不是聖人們看了易的卦象而造出來的。春秋家説：春秋的第一句就是“元年”，元是根原的意思，表示它存在於天地之前，作萬物的根本，所以春秋之道是用了元的精深來正天的端兆，還用了天的端兆來正王的政事的（這話很不好懂，但經學的神妙就靠在這不好懂上）。照這樣説，經書不成“天經地義”再成什麽！經既成了天經地義，當然一切的用處都要從這裏邊搜尋出來了。

他們的應用方術，簡單地舉出幾個例，就是所謂“以春秋決獄，以禹貢治河，以三百五篇（即詩經）當諫書”。

爲什麽“以春秋決獄”呢？因爲春秋傳裏説孔子作春秋，褒這個、貶那個，都有他的理由；這些理由就是這人那人的功罪，也就是孔子定的法律。審官司時引用孔子手定的法律，這是何等地尊嚴而又漂亮。所以張湯做了廷尉（武帝元朔四年，公元前一二五年），他就聘請讀尚書和春秋的博士弟子任廷尉的史，用古義來判決大獄。淮南王謀反的案子（元狩元年，公元前一二二年），武帝派董仲舒的弟子吕步舒去查辦，他不等奏書的批准，就用春秋之義一一判定了罪名；武帝也不斥他專斷。征和二年（公元前九一年），武帝聽了江充的讒言，疑太子據用了巫術咒詛他早死；太子氣不過，把江充殺了。一時長安擾亂，丞相發兵打他，他逃到湖縣（漢京兆尹東部，在今河南閿鄉縣）自殺。這就是所謂"巫蠱之難"。但因太子逃在外邊，很有謡傳説他没有死的（正和明的建文帝一樣）。昭帝始元五年（公元前八二年），有一個男子頭戴黄帽，身穿黄衣，乘了黄犢車，車上插了黄旗子，投到宫門，自己説是武帝的太子。那時長安吏民聽得太子隔了十二年回來了，驚奇得很，奔去看的有幾萬人。昭帝命令一班大臣驗看，没有一個人敢説是或不是的。京兆尹雋不疑最後到，立刻吩咐隨從的人把他捆起來。旁邊大官們上前勸止，説："這是不是前太子還没有定，你爲什麽這樣鹵莽呢？"雋不疑答道："就是真的太子，諸君也何必怕！從前衛靈公的太子蒯聵得罪了他的父親，出奔晉國。後來靈公死時命他的孫兒輒（蒯聵的兒子）繼位。晉國得悉了他的死訊，把蒯聵送回來；輒竟拒而不納。春秋上説他做得很對，因爲從了祖父的命令就該這樣。前太子得罪武帝，逃在外邊不死，到現在歸來，依然是個罪人，應當法辦，没有疑問！"廷尉審訊的結果，這位太子果然是冒充的，腰斬了。昭帝和大將軍霍光聽得，佩服他的能幹，贊歎道："一定要用了讀經書的人做公卿大臣，纔會這樣明白大道理呢！"這件事固然做得不錯，但春秋之學講究"誅心"，實在也免不了流弊。例如經上寫"許世子（即太子）止弑其君買"（昭十九年），傳中説：許太子並不曾弑君；孔子所以這樣寫，只因依照禮法，父親生病服藥，該得由兒子先嘗，以免中毒，現在許悼公服藥時，這位太子没親嘗，他吃錯了藥死了，這就是太子的不盡子道，該負弑君的責任的。在這種苛刻的誅心論之下，不知害了多少無罪的人。倘使現在還保留得漢朝廷尉的檔案，我們一定可以找出好多屈死鬼呢。漢書藝文志上載着公羊董仲舒治獄十六篇，這是“以春秋治獄”的一部原理書，可惜現在看不到了。

禹治洪水是古代一件極大的故事；禹貢一篇就是記他治水的經過的，列在尚書的虞夏書中。固然這篇未必真是禹所作，卻也不失爲中國地理學史裏第一篇大文字。在經書中，講地理最有系統和最有真實性的，也推着它了。漢人治水，用了它作根據，在没有科學的地理學和河海工程的時候，也不失爲一個辦法。只是禹貢本書太簡略了，只能使人知道些水道的大概，不能給人以治水的整個計劃。黄河是最多決口的；武帝元光三年（公元前一三二年），在瓠子決了。過了二十餘年（元封二年，公元前一〇九年），武帝封禪泰山回來，到決口地方，決心把它塞住，就令隨從的官吏們各人背了柴薪填塞下去，工作的徒役有數萬人，柴薪用完了用竹子；果然把決口填平。造一個宫在上面，稱爲宣防。他們又導河水北行，分爲二渠，減殺它的怒勢，算是恢復了禹的舊跡。但是，過了些時候，黄河又在館陶決口，分爲屯氏河，也入海。元帝永光五年（公元前三九年），黄河又決鳴犢口，屯氏河也絶了。這些下流的變遷使得人們想起了禹貢裏的“九河”。這九河不知道是整整的九條河呢，還是表示其數目之多呢；是長長的河流呢，還是黄河入海處的三角洲呢；要之，總是黄河下流分汊甚多，禹爲了宣洩水勢而分布着的。所以那時的人常想開浚九河，繼續禹的功績。可恨禹貢裏只提了九河這個總名，没有説是哪些；費了他們好多的力量，只尋出徒駭、胡蘇、鬲津三條河來。那時有一個博士許商，專治尚書，又懂得數學，被任爲將作大匠，轉爲河隄都尉，研究了好多年的治河方法。到哀帝初年，因平當（先前也是博士）對於禹貢很有研究，使他接管河隄的事。他奏説：“禹的九河現在差不多都湮没了。按照經義治水，只有分泄和浚深的辦法，没有用隄防來壅塞的。現在黄河下流的水道太不分明，應當尋覓開河的人才。”但是那時的學術久已定於一尊，讀禹貢的人雖多，會開河的卻没有，所以到了王莽的時候，黄河又大遷徙了一次。

昭帝去世(公元前七四年)，無子，霍光迎立昌邑王賀(武帝的孫兒)爲皇帝。他在自己的王國裏是荒淫慣了的，那時他的郎中龔遂曾諫他道：“大王曾讀了詩三百五篇，人事應該通曉了，王道也該認識了。試問您所作所爲，合於詩中的哪一篇？大王雖説做了王，恐怕您的品行連平民都不如呢！”及至他做了天子，霍光見他越弄越不像樣，下個決心，把他廢了；把他帶來的一班臣子都送到監獄裏去，好多人是殺了。只有龔遂和一二人曾經諫勸過他幾次，得減死一等，罰作苦工。還有一個他的太傅王式，查無諫書。審判官責問道：“你爲什麽不諫？”答道：“先前我把詩三百五篇早晚教王。每當讀到忠臣孝子的詩，没有一次不對王反覆幾遍的。讀到了危亡失道的詩時，又没有不流了淚來講的。我已有了三百五篇作諫書了，所以没有寫諫書。”審判官把這套話奏上去，他也得免於死罪。後來成帝時有一位匡衡，他是學齊詩的，上疏戒后妃道：“夫婦之際，是生生之始、萬福之原，所以一定要婚姻之禮正了，然後天命可以保全。孔子編詩，爲什麽把關雎列在第一篇？只因后夫人的品行如果不合於天地，就没法接續神靈的統緒。詩上説‘窈窕淑女，君子好逑’，這是説女子的貞淑之德可以不改她的操守，情愛的刺戟又可以不表現於她的容貌，這樣的又堅貞(淑)，又幽深(窈窕)，然後可以和至尊的皇帝相匹配。這真是人倫綱紀的第一項，教化的開端呵！……”詩是主於發抒情感的，情感與理智常常不容易得到平衡，所以這三百零五篇裏有的憤怒，有的頹廢，有的浪漫，本來不盡可作道德的規律看。就是第一篇關雎，原是一首單相思的情詩，何曾和后夫人配至尊發生關係。但那時的經學家要求“通經致用”着了迷，一定要用了道德的觀點把全部書拉到一種訓誡的目標之下，以便做他們的諫書的材料。所以他們對於理智的作品（像雅、頌裏的贊美文王、武王），就以爲這是太平盛世的榜樣，孔子選進去作鼓吹之用的；碰着了情感的作品（像國風裏的數十篇情詩），就曲解爲"思賢才"，或逕説爲孔子特地留着做炯戒的。他們爲要勸導君主，又把任何私人的喜怒哀樂之情都説成了君主的善惡的感應，以至人民只成了木偶。大家如去一讀東漢初年衛宏作的毛詩序，就可知道一部活潑潑的詩經已如何被他生吞活剥地諫書化了。

講到致用，最重大的莫過於政治；現在試舉一個應用經學的例。宣帝神爵四年（公元前五八年），匈奴人爭奪單于的位子，國内大亂。許多人以爲他們侵害中國已久，現在内亂了，正好趁這機會把他們滅了。大鴻臚蕭望之獨持異議，他説："春秋時，晉國派士匄去打齊國，走到半路，聽説齊靈公死了，士匄就帶了兵回去。孔子很稱讚他，因爲敵國不幸遭了喪事，就表示同情，停止征伐，這是一種偉大的精神。前年握衍單于派人來請和親，中國人知道不打仗了，很喜歡；現在他死於内亂，我們反而進兵征伐，這完全是一種幸災樂禍的心理。不義之兵是不會有成功的。我們只該遣使弔問，救他們的災難。"這種態度確實大方，所以宣帝依從了他，後來呼韓邪單于就自來歸順了。還舉一個例。武帝平了南越，在現在的廣東海南島上立了儋耳和珠崖兩郡。那邊風俗强悍，受不慣漢官的干涉，隔了幾年即起一次反抗，把官長殺了。因爲反抗的次數特别多，朝廷感覺派了很多的官員去管理也無謂，便把儋耳併入珠崖。元帝初元元年（公元前四八年），珠崖又反，當時很想多開些軍隊去攻打。待詔賈捐之建議，以爲不必。元帝派人問他："你的意見在經義上有什麽根據？"他道："堯、舜、禹是最大的聖人，然而他們的地方不過數千里，尚書禹貢中載明了疆界。至於四方夷狄，來歸化的他們固然受了，不歸化的也不去勉强。秦始皇不學聖人的好樣，專想開闢四境，弄得天下潰叛，他的基業也就一敗塗地。珠崖是海中的一個島，多毒草和蛇蟲，那邊又没有文化，本來不值得立郡縣的。我的意見，以爲凡不是戴冠束帶和中國人相類的地方，凡不是禹貢所説到的和春秋所記着的，都可以把我們的政治機關裁掉。”元帝聽了他，海南島就不算當時中國的地方了。這件事的功罪卻很難説。秦皇、漢武的闢地固然有些窮兵黷武的野心，然而倘使他們死守了黄河下游的文化區域，到今天中國或者已不是這個樣子。那時漢人看作與天地相終始的經書中所記的道理，既然絶不主張向外發展，讀者們受了這個暗示，自然要以禹貢的疆域爲滿足了。

上面叙述的改制、封禪、巡狩、郊祀以及災異、禎祥諸説，無一不和通經致用有關係。固然有許多是經書裏所没有的，但狡獪的經學家總會設法講得它有，或者竟把假材料插入真書，算做確實的證據。

經書中的事實在古代都有所以發生的背景，要一一在後世複現，固然不會全無價值，但也決不會完全對，因爲時代背景已變換了。自從漢人把五經看作天經地義，又把自己的意見和當代所需要的東西塗在上面，弄得今不今，古不古。要致用罷，卻時常以今古不同，真假不明，逢到窒礙。説研究學問罷，學問的基礎不建築在求真上，先聖先師的權威又特别大，既不能跳出他們的圈子，如何可以有進步的希望。弄到底，經既不通，用又不達，大家所有的只是繳繞文句的技術和似是而實非的智識而已。

第一四章　王莽的受禪

自從墨家倡導了尚賢之説，主張君位應爲禪讓制，託之於堯、舜，這學説一時很風行，連主張貴族政治的儒家也接受了。

一種學説既經鼓吹了起來，當然有實行的。燕王噲時，以子之爲相，他們君臣之間情投意合。燕王噲就把國事交給子之，叫他南面爲王。子之做了三年的王，燕國大亂；齊王趁這機會進兵，打了一次大勝仗，幾乎把燕國滅掉。這禪讓制的第一次試驗就很糟。

漢武帝窮兵黷武，用財無度，弄得天下騷亂。信五德説和三統説的人以爲漢的氣運已盡，該得换朝代。昭帝元鳳三年（公元前七八年），春秋學家眭弘借着泰山上的大石自立的奇蹟，根據了董仲舒的受命説，勸昭帝禪位賢人。結果，堯、舜的牌子抵不過漢帝的實權，他以妖言惑衆之罪伏誅了。到宣帝神爵二年（公元前六〇年），司隸校尉蓋寬饒又根據了韓氏易傳，請宣帝學五帝的“官（公）天下”，不要像三王的“家（私）天下”。無奈禪讓的事情，言之雖美，真要幹時卻無異“與虎謀皮”，所以他也得了大逆不道之罪，因不願下獄而自刎了。人民對於漢室早已失掉了信仰，然而禪讓之説既行不通，革命之事又起不來，於是陷在無可奈何的僵局之中，天天聽經學家講災異，把漢帝攻擊得體無完膚。甘忠可想出一個調停的方法，説漢的氣運雖盡，但上帝還許其再受命。哀帝初時信了他，改元改制，似乎有些新氣象，不幸不到兩個月又取消了。這樣沈悶地度過了八十年，大家尋不到一條出路。

元帝的皇后，成帝的母親，是王政君。王氏一門爲了她的關係，經常把持最高的政權。這位王太后有一個姪子，名唤王莽，是禮學的專家。他的弟兄們都因門庭貴顯，非常驕奢浮華，他卻節儉恭敬，像一個窮讀書人一樣。永始元年（公元前一六年），封爲新都侯。他爵位愈尊，態度愈謙，名譽極好。哀帝去世，王太后任他爲大司馬，迎立九歲的中山王爲皇帝，就是平帝。元始元年（公元元年），他示意益州塞外的夷族，自稱越裳氏，重譯到漢廷獻白雉一，黑雉二。爲什麽要自稱越裳氏、獻白雉呢？因爲尚書大傳裏説：交趾的南面有一個越裳國，當周公攝政六年，制禮作樂，天下太平之後，他們騎了三匹象，帶了幾重的翻譯員，到中國來獻白雉。成王叫他們轉送給周公。周公問道：“你們爲什麽送給我們呢?”他們的使官説：“這幾年，我們國裏不曾有過烈風和淫雨，許多老年人都覺得奇怪，他們説：‘恐怕中國出了聖人了。’所以派我們來進貢的。”據漢代的經學家講，武王死了之後，成王年紀幼小，周公保了這幼主，攝政七年，成了太平之世。王莽此日的地位正與周公相像，所以他要根據經傳，重演這個歷史上的佳話。越裳氏這樣來了，王莽就是一個活現的周公了。周公託號於“周”，他也當託號於“漢”，所以王太后就賜他“安漢公”的稱號。從此以後，各處不斷地發現祥瑞，五年之中出了七百餘件。武帝以後，漢家的國運被災異説打得奄奄欲絶，到此時竟有大批的祥瑞出現，這真是全國人視聽上的一個極大的轉變，足以唤起他們的光明的希望的。可是以前的災異説是漢受其殃，現在的祥瑞説卻非漢得其利，因爲鼓吹這一説的人本來只爲自己打算呵!

王莽是禮家出身，所以要把所有的禮制都用他自己的意思改變過，使它成爲極整齊的一大套。自從國家的宗廟、社稷、封國、車服、刑罰等制度，以及人民的養生、送死、嫁娶、奴婢、田宅、器械等品級，他没有不改定的。這確是一代的大手筆，而他也更像那位“思兼三王以施四事”的周公了。

元始四年，王莽的女兒立爲皇后。太保王舜等向太后奏道：“至德大賢的人，生當有大賞，死當爲宗臣(配享太廟)，例如殷的阿衡伊尹，周的太宰周公。安漢公和他們一般，應當進位纔是。”附和的八千餘人上書也這樣説。於是王太后摘取了“阿衡”和“太宰”的兩字，賜王莽以“宰衡”的稱號，表明他是合伊尹和周公爲一人的；又加增了他多少新野的封地。他受了宰衡，辭了封地。因此一辭，又把古史上的佳話複演起來了。史記裏講：周文王爲人太好，所以諸侯之間有不能解決的事情就請他去判斷。有一次，虞國和芮國的人打官司，相持不下，同到文王那邊去。他們一進了他的國境，只見種田的人讓田界，走路的人讓年長，自己心裏慚愧起來，歎口氣道：“想不到我們所爭的就是周人所恥的。不要去罷，去真是丢臉呢！”他們彼此一讓，這官司就完事了。因爲古代曾有這件故事，所以王莽一辭了加封的地，就有蜀郡男子路建等撤消訴訟，自稱慙怍而退。王舜等又趕緊上奏書，説安漢公至德感人，雖文王的卻虞、芮之訟也不過如此了。

就在這一年，王莽奏起明堂、辟雍、靈臺，爲讀書人築一萬間的宿舍，又作市常滿倉，制度甚盛。群臣又上奏書請求道：“從前周公是文王之子，在公侯中占第一位，尚且經過了七年的長時間方把制度規定。明堂和辟雍諸制已經廢了一千年，没有人能彀興復的。現在安漢公起於民間，僅僅執政四年，功德已經這樣的昭著。雖唐、虞和成周，也不能更好了。宰衡之位，應當列在諸侯王的上面纔對！”這時，被欺騙的人們因王莽不受新野田而上書的，前後達四十八萬七千人，都請加重賞賜安漢公。王莽苦苦辭謝，請待制禮作樂之事完了再説。但太后不許，她令群臣們議“九錫”的典禮。公卿、大夫、博士、議郎、列侯九百零二人根據周官和禮記等書議定了，王莽就領受緑韍、衮冕、鸞路、龍旂……許多尊貴的東西。

王莽這樣一幹，一時天下頓現升平的氣象。他看西方的羌人還没有表示，便派中郎將平憲等帶了很多的金幣，騙他們獻地内屬；這事果然成功。平憲等奏道：“羌人領袖良願們一萬二千人願獻鮮水海、允谷、鹽池，把平地美草之區都讓給漢人居住，自己搬往險阻的地方做我們的屏藩。我們問良願們爲什麽要歸順，他們答道：‘太皇太后（王太后）聖明，安漢公又極仁愛，所以天下太平，五穀成熟，禾有不種自生的，繭有不蠶自成的，甘露從天降，醴泉從地出。四年以來，羌人太安樂了，知道這都由於朝廷德澤的涵育，所以很願意歸順。’……”王莽接受了他們的請願，就把羌地立了一個西海郡。接着，他又用了經義改定十二州的名稱。

王莽的勢力和聲望高到了這等地步，他不做皇帝再做什麽，所以漢的宗室泉陵侯劉慶上書，就直捷痛快地説："尚書裏，周成王因幼小稱'孺子'，那時周公代行天子的事。現在皇上年齡也小，安漢公應當照周公的辦法，踐天子之位以治天下。"劉慶既有這等提議，群臣自然應聲説"對呀!"然而王莽行了天子事，將置平帝於何地呢？所以平帝就不得不於這年的十二月裏夭亡了。在他病着未死時，王莽作了祝策，請命於泰畤，願以身代。祝畢，把策藏在金縢的櫃子裏。他爲什麽要這樣做？原來這件故事出在尚書的金縢篇中，當武王生病時，周公是曾經這樣做過的。

平帝十四歲死。那時元帝的一系絶了；宣帝的曾孫有五十三人，玄孫有二十三人。經過王莽的卜相之後，只有玄孫中最幼的廣戚侯子嬰最吉利，所以他就嗣了位，稱爲"孺子嬰"，只有二歲。就在這一個月裏，前煇光謝囂奏武功長孟通開井，掘出一塊白石，上圓下方，有八個紅字寫在上面："告安漢公莽爲皇帝。"這奏書一發表，王舜等就請太后下詔，説："皇帝方在襁褓之中，没有一個大賢人，天下是不能安定的。安漢公的德行和功業，和周公異世同風。現在井中發現的白石之文，我們想來所謂'爲皇帝'者，乃是攝行皇帝之事也，應令安漢公踐天子之位，一依周公的故事!"從此王莽服了天子的韍冕，南面朝群臣，出入警備清道，人民對他自稱"臣、妾"，一切和天子一樣；祭天地和祖宗時他自稱"假皇帝"，人民稱他爲"攝皇帝"。

漢的宗室固有勸王莽行天子事的劉慶，但也有怕王莽移漢祚的劉崇。他在居攝元年(公元六年)起兵討伐，不幸敗了。過了一年，東郡太守翟義立了嚴鄉侯劉信爲天子，發檄到各郡各國，説王莽毒殺平帝，志在篡位；響應的有十餘萬人。這次聲勢浩大，所以王莽很害怕，日夜抱了孺子嬰到郊廟裏祈禱，又模倣尚書裏的大誥而作了一篇新的大誥，布告天下。他爲什麽要模倣大誥呢？因爲照那時的經師説，這篇文字是周公攝政時，他的弟弟管叔、蔡叔們不滿意他，聯合了紂子武庚打他，他作這篇以自明的。現在王莽碰到相同的困難了，所以完全脱調，作這最後一次的模倣。他的運氣真好，翟義們又給打滅了。從此他的氣燄更高，自以爲得到天和人的幫助，真有做皇帝的資格。

居攝三年（公元八年），又出了幾件符瑞。其一，齊郡臨淄縣的一個亭長在一夜裏得了幾次夢，夢見一人向他説："我是天公派下來的。天公叫我通知你，攝皇帝應做真皇帝。你如不信，試看我在這亭中開一口新井。"明天，亭長起來，亭中果然發現了一口新井，幾乎有一百尺深。此外，還有巴郡的石牛、扶風的石文，都送到長安。王莽、王舜等去看，忽然狂風大起，對面不相見。等到風停，石前留着一幅銅符帛圖，上面寫着："天告帝符，獻者封侯。承天命，用神令。"於是王莽把這符瑞奏上太后，説道："天命不可不畏。我請求對上帝、祖宗及太皇太后、孝平皇后説話都稱'假皇帝'；至於號令天下和天下上奏書都直稱'皇帝'，不加'攝'字，藉以順應天命。居攝三年，請改爲初始元年。我總盡心竭力，教育孺子，使他將來可以和周成王一樣地好。等他長成時，我再讓位，如周公的故事。"

那時有一廣漢郡人哀章，在長安讀書，素來很没有品行。他看見王莽居攝，猜到他的心事，就豫先作了兩個銅櫃，櫃子上面一個寫"天帝行璽金匱圖"，表示是上帝的命令；一個寫"赤帝行璽邦傳予黄帝金策書"，表示是五帝中的赤帝傳授給黄帝的，這赤帝便是漢高帝。書上説：王莽應當作真天子，太皇太后應當順着天命。又把那時的大臣姓名寫上，自己也挨了一個。他聽得王莽把銅符帛圖奏上去了，當天晚上，就自己穿了黄衣，把這兩個櫃子送到高帝的廟裏。王莽得信，正中下懷，翌日前往，拜受這高帝的禪讓。他下詔書道："我很徼倖，託於皇初祖考黄帝的後代、皇始祖考虞帝的苗裔、和太皇太后的親屬。現在皇天上帝既經付給我天下兆民，赤帝漢氏高皇帝的神靈又承了天命而傳國給我，我敬畏天命，哪敢不受！即日登真天子位，定國號爲新。正朔應改，服色應易，着以十二月朔癸酉爲始建國元年正月朔，服色配土德尚黄，犧牲應白統尚白。”他又封孺子嬰爲定安公，給以百里之地。封策讀完時，他親執了這孩子的手，流淚道：“從前周公攝政，終使成王復位。現在我竟迫於皇天的威命，不得如願了！”他照了這符命設立官職，哀章就任爲國將，封美新公，和國師嘉新公劉歆同列於上公之位。

從此以後，中國的歷史上，凡是换朝代而出於同民族的，便没有不依照這個成例，行禪讓的典禮的。所謂征誅，只供異民族的使用罷了。王莽固然不久失敗，但這“心法”是長期傳下去了，直到袁世凱的籌安會還是如此。

第一五章　漢的改德

我們讀上一章時，應該覺得奇怪。漢高帝自以爲是水德；其後經過了好多人的抗爭纔改爲土德。武帝太初元年，宣布改制；他用了三統説定正朔，用了五德説定服色。因爲漢是黑統，黑統建寅，故以正月爲歲首；又因漢是土德，土德尚黄，故以黄爲服色。這件事再清楚没有。現在王莽受禪，他在三統説中自居於白統，所以定十二月爲歲首，犧牲的顔色用白；白統本上承黑統的，一點没有問題。但何以他在五德説中竟自居於土德，和漢的制度一樣呢？又何以哀章作的銅櫃上寫“赤帝邦”，王莽的詔書裏又稱“赤帝漢氏高皇帝”，竟把漢朝説成了火德呢？依照鄒衍的説法，後代是用了前代所不勝之德去尅伐前代的，所以夏用木德而尅黄帝的土德，秦用水德而尅周的火德。漢就算是改爲火德，繼承它的也應是水德，何以王莽竟是土德呢？這事説來話長，請大家耐心聽着。

王莽不是在詔書裏説過嗎？他是黄帝的後代，虞帝的苗裔。黄帝爲土德，在這名號上就很清楚。虞帝爲土德，淮南子裏也曾提起。既有兩代土德的祖先，他不當爲土德嗎？這是理由之一。歷來的得天下有兩條路：一是唐、虞的禪讓，二是殷、周的征誅。鄒衍之説主"五德相勝"，要後代去尅伐前代，這對於以征誅得天下的殷、周固甚適用，可是對於以禪讓得天下的虞、夏有些不恰當。王莽是早豫備受漢的禪讓的，他肯用相勝式的五德説嗎？這是理由之二。只要記得這兩個理由，這個問題就迎刃而解了。

王莽著有一部家譜，稱爲自本。上面説：黄帝的八世孫是虞舜。虞舜的後代嬀滿，周武王封爲陳侯。嬀滿的十三世孫陳完，字敬仲，因國亂奔齊，齊桓公命他爲卿。陳完的十一世孫田和，占有了齊國；過三世，稱齊王。到王建時，給秦滅了。項羽起兵，封王建的孫兒田安爲濟北王。後來田安失國，齊人稱爲王家，他們就姓了王。田安的曾孫王賀，在武帝時做繡衣御史，逐捕魏郡群盜，全活甚多。他搬家到魏郡元城縣住，那邊的人很感激他，有一個老年人説："從前春秋時沙麓崩，晉國掌占卜的史官曾説：'陰爲陽雄，土火相乘。過六百四十五年，此地該有聖女興，大概是齊國的田氏吧？'現在王家正搬在沙麓，時候只差八十年了，想來將有聖女興起來了。"這句話果然應在王政君的身上。王莽靠了這位聖女的力量，平步上青雲，從新都侯直做到皇帝。晉史所説的陰爲陽之雄，土與火相乘，這豫言應當實現了。王莽是土德的皇帝的子孫，當然繼續其土德，而他所代的也自然是火德了。可是有一件難處，漢分明是土德，如何可以把這土德讓與代漢的新而改居於火德呢？

我們所感到的困難，從漢人看來是不難的，因爲他們有造僞的本領。他們説：王莽是舜後，漢高帝應是堯後；王莽受漢高帝之禪，正像舜受堯禪一樣。這樣講來，王莽做皇帝一事就不是他的陰謀的成功而是前定的事實了。但如何可以把漢高帝説成堯後呢？

漢高帝起於平民，大刀闊斧，打出了天下。他不像王莽的出於世家，他没有什麽家譜，他也不想造一本假家譜。所以司馬遷生在武帝之世，替他作本紀，只能説"父曰太公，母曰劉媪"，他的祖父是誰，已經不知道了。其實，就是他的父母也何嘗真知道！"太公"只是"老太爺"的意思，"劉媪"則是"劉老太太"，究竟高帝的父親叫什麽，他的母親姓什麽，連這一點最基本的史實也渺茫了。他起於平民，可羞嗎？不，不但不可羞，且很可誇。只要看司馬遷説的"秦始皇怕諸侯起兵，不給人尺土之封，然而王跡起於閭巷之間，討伐之功超過了三代，這不是書中所説的大聖人嗎？這不是天意嗎？如果不是大聖人，怎能受了天命做皇帝呢！"這句話的用意，是要使人知道高帝的起於平民正可表示其出於天意；他的身份越是微賤，所表示的天意就越明白。

但到了王莽之世，平民的漢高帝也不得不裝做世家了。劉歆是改造國語爲左傳的人，他就淡淡地在左傳裏插入三段關於劉家上代的文字。把這三段文字綜合起來，便是：陶唐氏後有一個劉累，會得養龍，夏王孔甲用了他管養龍的事，賜他爲御龍氏。有一天，那條雌龍死了，他私下把它烹給夏王吃，吃得很好。後來夏王要他找出這條龍來，他心中害怕，逃走了。他們這一家，傳到商代稱爲豕韋氏，傳到周代稱爲唐杜氏。周宣王殺了杜伯，他的兒子隰叔奔晉。四世到士會，受封於范，爲范氏。士會因事逃奔秦國，很受秦康公的寵用；晉人設法把他騙了回來。秦公很好，把他的家眷送回晉國；但還有一部分留在秦國，就改爲劉氏。劉氏既是陶唐氏的子孫，那麽，漢高帝爲堯的後代這件事就可以確定了。他們又繼續編下去，説道：戰國時，劉氏從秦搬到魏；後來從魏往東，住在豐邑，爲豐公；豐公就是高帝的祖父。

高帝是堯後，王莽是舜後，這個方式，他們已這樣地布置妥貼了。至於王莽是土德，高帝是火德，這一説乃從五行相生説來的。五行相生的次序，是木生火、火生土、土生金、金生水、水生木。王莽的天下是漢高帝傳與他的，只有祥和，毫無尅伐，所以該得用相生説而不用相勝説。王莽既爲土德，這方式當然是“火生土”。因此，他們又替漢高帝造出一件火德的符瑞。他們説：高帝做平民的時候，有一夜喝醉了酒回家，經過一帶窪子，叫一個從人在前邊走。這前行的人忽然轉身回來，報道：“有一條大蛇擋着路，走不過去了。”高帝斥道：“壯士走路，怕什麽！”他一直向前，看見了這條大蛇，拔出劍來一砍，砍成兩段，走過去了。再走了數里，困倦了，躺在地上。後邊來的人經過這死蛇的地方，見一個老婆子正在哭。問她哭的什麽，她道：“我的兒子給人殺了！”又問：“你的兒子爲什麽給人殺了呢？”她道：“我的兒子是白帝子，變了一條蛇擋着路；剛纔給赤帝子砍死了！”這人以爲她是亂説，要打她，忽然她不見了。他往前走，經過高帝睡的地方，高帝醒來，他一五一十地説給他聽。高帝知道自己有天子的身份，大喜；手下的人聽得了這件事，對他就愈加敬畏。——這件故事是由他們編了插入史記的。有了這一件故事，高帝之爲火德也確定了。可是一手掩不盡天下目，到現在，我們要問：高帝既是火德，爲什麽他即位之後，要自居於水德，襲用秦的正朔和服色呢？又爲什麽漢的德運，從文帝鬧到武帝，經歷了五十餘年，而所爭的只有水德和土德，卻從没有人想出高帝斬蛇的故事，説漢應是火德呢？這件故事是漢家的受命之符，立國的基礎，如何竟“數典忘祖”了呢？

高帝以赤帝子斬白帝子，象徵漢的滅秦。但秦爲水德，這是千真萬確的事情。水之色黑，爲什麽會變成白帝子？原來這是依照他們得天下的方式而定的。因爲王莽是土德，依相生説，禪讓與他的應是火德(赤帝);漢是火德,依相勝説,被他所征誅的應是金德(白帝)。所以這秦爲金德之説仍是把王莽的土德作爲出發點的(這是王莽等的初期之説,後來他們又不主張秦爲金德了,見下章)。

王莽所以改漢爲火德,其宗旨原在奪取漢的天下。哪知光武帝就利用了這一點,來做"光復舊物"的事業。光武帝名秀,是高帝的九世孫,在南陽做莊家人。王莽做了皇帝的第六年,他到長安讀書,讀的是尚書。地皇三年(公元二二年),南陽鬧饑荒,劫殺蠭起。有一個李通把圖讖給他看,上面寫着"劉氏復起,李氏爲輔",勸他起兵。打了三年,勢力很大,他手下的將官勸他做皇帝。他正在遲疑之間,先前的長安同學彊華從關中帶了赤伏符來。符上寫:"劉秀發兵捕不道,四夷雲集龍鬥野,四七之際火爲主。"符上既分明説了劉秀當以火德爲天子,於是群臣又奏道:"現在上無天子,海内淆亂。受命之符明白如此,亟須答謝上帝,以副人民的希望!"那時他們在鄗(今河北省隆堯縣北),就在鄗南千秋亭設了壇場,燔燎告天,即皇帝位。後來他到了洛陽,定都起廟,案圖讖,推五運,就正了火德,色尚赤。那時人還講起光武帝的兩件故事:一是他降生時,有赤光照耀室中;一是他初起兵時,遠望舍南火光冲天。他以火德王天下,無論在圖讖上看,在符瑞上看,都是確定不疑的了。

後世的人稱漢代爲"炎漢"或"炎劉",就是這樣來的。

第一六章　古史系統的大整理

王莽把漢高帝説成了堯後和火德,就滿意了嗎?不,他還有未完的工作。一來呢,他的兩個頂有名的祖先,是黄帝和虞舜;

虞舜受堯禪即爲新莽受漢禪的張本固然安排好了，黄帝和前一代又如何可以與新和漢發生關係呢？這一點卻還没有説明白。二來呢，他是一個主張比較徹底的人，所以一不做，二不休，索性準備把全部古史在他手裏重新整理一過。我們講到這一個問題，首須明白，那時人的歷史觀念和我們不同。我們知道，社會是時時在變動發展的，歷史是決不會複現的。而他們則正和我們反對，以爲如果不會複現便不成其爲歷史。他們覺得歷史是走馬燈，來了又去，去了又來。五德説主張五個德循環，三統説主張三個統循環，就是這個觀念的具體表現。王莽處處模倣周公，宛然周公再生，也是這個觀念的具體表現。

鄒衍當初創五德終始説時，只從黄帝説起，黄帝之後就是夏，夏後是商，商後是周。雖説"周而復始"，其實連第一次的循環還不曾周遍。所以然之故，大約黄帝是當時傳説中的第一個天子，至於堯、舜們則是屬於黄帝的一個朝代的。其後古史系統愈説愈長，黄帝之前有神農，神農之前有伏羲，拿他們併在黄帝的一個朝代裏似乎不妥當。因此，五德説就有伸展的需要。在董仲舒的書裏，有三王，有五帝，有九皇。什麽叫九皇？就是從當代往上數，數到的第九代。最近的三代叫做"王"，稍遠的五代叫做"帝"，最遠的一代叫做"皇"，時代愈遠，稱號愈尊。所以他以爲夏、商、周的君主稱王，乃是周人之説；從漢人説來，商和周還是王，夏便是帝了。他舉了一個周代的例，説：舜本是王，但從周人看他，已經超過了三王，該稱帝了；軒轅是周的前八代，爲五帝之首，所以稱爲黄帝；神農本來是五帝，現在列在第九代，該爲九皇了。周人既能上溯到九代，秦自能上溯到十代，漢也當然可以上溯到十一代。這比了鄒衍所説的就伸長了一倍。

既有比鄒衍之説伸長的代系，而且五行相勝説之外另有一種五行相生説，於是他們要創造一個新系統時，就可根據了這兩點，重排五德終始表了。他們説，易傳裏有一句"帝出乎震"，震是東方之卦，東方於五行屬木，可見帝王是應從木德開頭的。最古的帝王是伏羲，所以伏羲應是木德。從此以母傳子，以子承母，代代相生，五行之運周而復始。這便是第二種的五德終始説。它雖和鄒衍之説同名，而且這思想也由鄒衍來，但帝王的代系和繼承的方式都和前者不同，也可算得古史界的一度革命。

我們從周、秦諸子和史記裏看，知道黄帝之前爲神農氏。神農氏傳了十七世，衰了。那時稱雄的有炎帝，有黄帝，有蚩尤。黄帝先起兵和炎帝戰於阪泉之野，後來又和蚩尤戰於涿鹿之野，都勝利了，於是諸侯尊黄帝爲天子。這種記載固然未必可靠，但炎帝和黄帝是神農氏末世的兩個對立的雄豪，這意義是很顯明的。封禪書中載的管仲論封禪的一段話，也説“神農封泰山，禪云云。炎帝封泰山，禪云云。黄帝封泰山，禪亭亭”，可見炎帝是在神農和黄帝之外的一個帝王。但是他們依據了“木生火，火生土”的原則，定伏羲爲木德，黄帝爲土德，則夾在中間的神農當爲火德；神農是種田的，田應屬土，生出來的禾稼應屬木，如何可以算作火德呢？他們説：不妨，只消把炎帝和神農拍合爲一個人就得了！於是這位古帝稱爲“炎帝神農氏”，他的火德的意義在名號上已經表現了出來。

他們定漢高帝的祖先爲堯，堯是火德。依據“木生火”的原則，堯的上一代帝嚳自然是木德。又依據“水生木”的原則，帝嚳的上一代顓頊自然是水德。但是顓頊的上一代就是黄帝了，黄帝的土德是不能改變的，依據“土生金，金生水”的原則，黄帝既不能用了自己的土德下生顓頊的水德，顓頊也不能用了自己的水德上承黄帝的土德，這事怎麼辦呢？他們説：不妨，補上一代金德的帝王就是了！他們看古時東方有兩個雄長，一個是太皞，一個是少皞（皞，亦作昊），就請少皞填了這個空缺，更加以“金天氏”的副名，使得他的金德可以從名號上直接表現出來。從此古史系統换了一個樣子，黄帝之後是少皞，少皞之後是顓頊了。還有一個太皞，他們安置在伏羲氏的頭上，稱爲“太皞伏羲氏”，和“炎帝神農氏”的拼湊而成的複名正相對。

有一篇書，稱爲五帝德，是司馬遷作五帝本紀的藍本。書裏説：“黄帝，少典之子也，曰軒轅。……顓頊，黄帝之孫，昌意之子也，曰高陽。……帝嚳，玄囂之孫，蟜極之子也，曰高辛……”他們就依據了這個記載，稱黄帝爲“黄帝軒轅氏”，顓頊爲“顓頊高陽氏”，帝嚳爲“帝嚳高辛氏”，使得“太皞伏羲氏”、“炎帝神農氏”、“少皞金天氏”等新造的稱號得到了固有名詞作陪客，可以減少生硬和雜湊的感覺。再有堯和舜，是向來稱爲陶唐氏和有虞氏的，也就稱爲“帝堯陶唐氏”和“帝舜有虞氏”。經過這樣的整理，在形式上是整齊極了。

秦爲水德，是始皇按照了鄒衍的五德終始説而明白宣布的。但到這時，漢的火德爲周的木德所生，緊緊的承接，秦已没有地位了，如何可以解释始皇的改制呢？他們説：不妨，秦以水德介於周、漢的木火之間，失了它的五行的次序，所以享國不永，只得列爲“閏統”。唉，假使這相生式的五德説早已有了，秦始皇還哪裏會自己甘心居於閏統呢！他們覺得木火之間但有一個秦，没有複現的形式，便不成其爲走馬燈式的歷史，所以説：伏羲木和神農火之間有共工氏；帝嚳木和帝堯火之間有帝摯；周木和漢火之間有秦：見得五德之運運轉到了這個地方時便非有一個閏統不可。

他們各方面都布置好了，於是寫定“全史五德終始表”如下：

木	1	太皞伏羲氏	6	帝嚳高辛氏	11	周
閏水		共工		帝摯		秦
火	2	炎帝神農氏	7	帝堯陶唐氏	12	漢
土	3	黄帝軒轅氏	8	帝舜有虞氏	13	新
金	4	少皞金天氏	9	伯禹夏后氏		
水	5	顓頊高陽氏	10	商		

鄒衍的五德説還没有轉完一回，哪裏知道過了二百數十年就會轉到第三回！鄒衍本説禹爲木德，其符瑞是“天先見草木秋冬不殺”，到這時禹就成了金德，是白帝之子了。鄒衍本説湯爲金德，其符瑞是“天先見金刃生於水”，到這時他也變了水德而爲黑帝之子了。鄒衍又説文王時“赤烏銜丹書，集於周社”，表明他是火德，但到這時他又成了木德，赤雀銜到的丹書上的文字是“姬昌，蒼帝子”了。爲什麽要這樣變？原來它的中心是建築於

火　炎帝——帝堯——漢高帝

土　黄帝——帝舜——王莽

上的。這個中心絶對不能變，所以中心以外的一切就不得不拋去了各個的本來面目而遷就它了。

王莽既在學説裏先有此規定，因此，他做了皇帝之後，就下詔道：“帝王之道是相通的，盛德之後是應當百世享祀的。黄帝、帝少皥、帝顓頊、帝嚳、帝堯、帝舜、帝夏禹等都有聖德，應當尋訪他們的後代，奉守其祀典。”他於是封姚恂爲初睦侯，奉黄帝後；梁護爲修遠伯，奉少皥後；皇孫功隆公王千，奉帝嚳後；劉歆（不是那個做國師的）爲祁烈伯，奉顓頊後；劉疊爲伊休侯，奉堯後；嬀昌爲始睦侯，奉舜後。又封夏後姒豐爲章功侯，殷後孔弘爲章昭侯，都位爲“恪”；周後姬黨爲章平公，和先封的漢後定安公劉嬰，都位爲“賓”。這樣，新造的古史系統就和實際的政治發生了密切的關係，靠了這關係而後這個杜撰的系統就獲得了保證人了。

到後來，王莽在政治上固然失敗，但這個杜撰的古史系統卻已立於不敗之地。我們試翻開近三百年來一般人認爲正統史書的綱鑑易知録，上面便寫着“太昊伏羲氏以木德王”，“炎帝神農氏以火德王”，“黄帝有熊氏以土德王”，“少昊金天氏以金德王”，“帝嚳高辛氏以木德王”，“帝堯陶唐氏以火德王”，“帝舜有虞氏以土德王”，“大禹以金德王”。這些話誰敢不奉爲典則？誰會想到這

是王莽的騙局的遺留?

這古史系統的改造，把人們欺騙了近二千年。一班有學識的人固然也感覺其離奇，但至多只有不提而已，總想不出它是怎樣來的。自從清末提出了“今古文問題”，知道應把古文的著作和今文的著作分別着讀，比較之下，纔發見這是古文家擺佈的迷魂陣。康有爲作新學僞經考，指出了黄帝、顓頊之間本來没有少皞這一代；崔適作史記探源，指出了王莽所以這樣排列的意思是要證明新之當受漢禪正如舜之當受堯禪：這一個大黑幕方得揭開。至於幫助王莽擺下這迷魂陣的，他們以爲是劉歆；我也以爲大致不錯。一來呢，劉歆是編輯左傳的人，左傳既説劉爲堯後，又偷偷地把少皞插入黄帝和顓頊之間，又露出金天氏一名，隱隱與少皞聯起，而這些説話顯然與其他的古籍矛盾，足以證明其出於編輯人的竄亂。二來呢，班固作漢書律曆志，自己説明根據的是劉歆之言，而志中引的世經就是這個新造的古史系統的娘家。清代的今文家自己的建設固然不足取，但其對於古文家的騙局的破壞工作實是非常的精當，爲講漢代學術思想史的人所不該不取材的。

第一七章　經古文學的建立

劉歆在哀帝時要立四種古文經傳，碰了博士們一個大釘子，他忍氣吞聲，出來做了幾任外官。但他的幸運終於到了。他少年時任黄門郎，恰好那時王莽也是一個黄門郎，兩人都很博學，意氣十分相投。自從平帝元年，王莽當了權，他就回到朝内，任右曹太中大夫，又任羲和、京兆尹。元始四年，王莽奏起明堂和辟雍等，規復古代的建築，就是由劉歆主辦的。因他有功，封爲紅休侯。又使他典儒林史卜之官，考定律曆。這時候，劉歆已成爲文化事業的中心人物，他可以用了自己的理想構成一個文化的系統了。於是左氏春秋、古文尚書、逸禮、毛詩都立於學官。向來反對他的博士們只得忍氣吞聲地領受他的報復。

他立了這四種古文經傳，還不以爲滿足，索性更掀起一個大規模的學術運動。六經裏面的樂，本來是有譜而無經的，他也找出了樂經而立於學官。又增加博士員，每經五人，六經共三十人；每一博士領三百六十個弟子，總共有一萬零八百個博士弟子。他還以爲不足，奏請徵求天下異能之士，凡是通一經、教授十一人以上，和懂得逸禮、古書、毛詩、周官、爾雅、天文、圖讖、曆算、鍾律、月令、兵法、小學、史篇、醫術、本草的，地方官就替他備了車馬，送到京城裏來。在元始四、五年間(公元四——五年)到的數千人，都令在未央宫的廷中討論記録，要他們改正前人的乖謬，統一各種的異説。這件事情，手段非常毒辣，既把古文學的種子散播到民間，又令今文學增加許多敵人，凡是古文學家眼光中感到的“乖謬”和“異説”都被打倒了。這是用了利禄的引誘來統一學術思想的辦法，實在還是武帝立五經博士的老手段。

當時這一班人，現在已經不可考了，只知道那時通知鍾律的有一百多人，他們的議決案是羲和劉歆領銜奏上去的。又知道那時説文字的有一百多人，其中以沛人爰禮的學問爲最高，就任他爲小學元士。黄門侍郎楊雄採取他們的討論的結果，編成了一部訓纂篇。漢代通行的文字，據倉頡篇只有三千三百字；現在訓纂篇就有五千三百字了。到居攝時(公元六——八年)，大司空甄豐又奉命校文書，給他改定的古文字也不少。那時有六種書法：一是“古文”，説是孔家壁中書的遺文；二是“奇字”，是古文的變體；三是“篆書”，就是小篆；四是“左書”，是秦的徒隸們寫的簡筆字；五是“繆篆”，是用來刻印的；六是“鳥蟲書”，是用來寫旗幟的。有了這個分别，於是今文經歸入了“左書”，地位遠在古文經之下了。這是文字學的一回大整理。他們用了這手段奠定了經古文學的基礎。從此以後，文字愈多，東漢時班固作的續訓纂篇就有六千一百多字，許慎的説文解字就有九千三百多字了。

我們知道，這些古文奇字有的是他們雜湊起來的，有的是完全杜撰的，也有從古器物上鈔寫來的。但他們決不承認是零碎集成，屢次聲明爲整個的材料。他們説：壁中書是魯恭王毁壞孔子宅時得到的，其中有禮記、尚書、春秋、論語、孝經。（諸位應記得，哀帝時劉歆責備博士的信上説孔壁裏出來的東西只有禮和書，而今又添出了三種了！）還有漢初丞相張蒼也獻上古文的春秋左氏傳。他們説：這種文字或是孔子手寫，或是孔子同時人所寫，所以古文經是最可靠的，它確爲孔子的真傳。我們翻開漢書藝文志來，哪一種經書不是今古文並列，這可見他們建立古文學的工作是怎樣的急進呵。所以，今文學是由春秋、戰國以來五百年間漸漸構成的；古文學則是劉歆一手包辦，在十餘年間一齊出來的。我們説劉歆作僞，人家聽了往往以爲言之過甚，説他一個人的精力如何造得了許多。須知他一個人的精力固然有限，但他借着帝王的權勢，收得三十個博士，一萬零八百個弟子員，數千個奇材異能之士，漫説十幾部書，就是幾百部書也未始做不出呢！劉歆何須親手做，只消他發凡起例，便自有人承應工作。這承應的工作雖成於他人之手，難道他就可不負造意的責任嗎？

錢玄同説：“古文經對於今文經的態度是這樣：‘我的篇章比你的多；我的字句比你的準；我的解釋比你的古；我有你所没有的書，而你所有的我卻一概都有。’因爲他是這樣的態度，所以就上了今文家一點小當。今文經中漢朝人僞造的文章，古文經也居然有了，如易之説卦以下三篇和書之太誓皆是。古文經據説非得自孔壁，即發自中祕，或獻自民間，總之皆所謂‘先秦舊書’也。先秦人用‘古文’寫的書中居然有漢朝人僞造的篇章，這不是作僞的顯證嗎？"

他們不但要造僞經，而且要造僞經的傳授系統。例如毛詩，本來没有什麼傳授可説的，但他們也會想出一個很長的系統來（他們自己的記載是失傳了；依據唐人書上寫的是孔子傳子夏，子夏傳曾申，曾申傳李克，李克傳孟仲子，孟仲子傳根牟子，根牟子傳荀卿，荀卿傳毛公，毛公做河間獻王的博士；從此傳下來，直到王莽時）。他們説：詩經該有三百十一篇，但今文經只有三百零五篇是不全的，他們失去的六篇是小雅裏的南陔、白華、華黍、由庚、崇丘、由儀。這句話就露出破綻來了。錢玄同説："漢初傳詩，即分魯、齊、韓三家，這三家各自傳授，並非同出一源，何以申培、轅固、韓嬰三位老先生都把這六篇詩忘了，又都把其他的三百零五篇記住了？天下竟有這樣的巧事，豈非大奇！更奇的是：古文之毛詩，這六篇的篇名雖然幸被保存了，偏偏它們的詞句也亡缺了！今文詩據説是靠諷誦而傳下來的，三位老先生既同樣的背不出這六篇，而古文詩據説是從子夏一代一代傳到大毛公，作故訓傳，被河間獻王所賞識，立博士，則早已著於竹帛了，偏偏也是缺了這六篇，偏偏和今文三家同樣的缺了這六篇。這種奇蹟，居然能使自來的經學家深信不疑，劉歆的魔力真是不小哇！"

王莽自從輔了平帝之後，處處模倣周公，所以那時就有周官一書出現，説是周公作的，供給王莽許多模倣的資料。當居攝三年，王莽的母親功顯君死了，太后詔議他的服制，羲和劉歆和博士等奏道："攝皇帝要使漢朝和唐、虞、三代同樣的興盛，所以開祕府，會群儒，制禮作樂，以成天功。他聖心周至，有獨見之明；又發見周禮一書，可供損益古代禮制的參考。現在功顯君薨了，攝皇帝承皇天之命，奉漢大宗之後，不得顧私親。周禮裏説，'王爲諸侯緦縗'。應請用這天子弔諸侯之服，以應合聖制。"在這段話裏，已親切地告知我們，周官（即周禮）這部書是王莽發見的。在這樣崇拜周公的高潮之下，在周公的偶像這樣支配現實政治的時候，恰巧發見了這一部書以供他制禮作樂時的參考，這部書的來歷不是很可疑嗎？因爲有了這個參考，所以周官裏"兆五帝於四郊"，他就建郊宫；周官裏"辨廟祧之昭穆"，他就定祧廟；周官裏有"九命作伯"，他就受九錫；周官裏有"嘉量"，他就製嘉量；周官裏説"羞用百有二十品"，他就吃一百二十樣的飯菜；周官裏有"六宫"和"九嬪、世婦、女御"一班妃妾，他就於皇后之外列"和、嬪、美、御"之位：三個和人位視三公，九個嬪人位視九卿，二十七個美人位視大夫，八十一個御人位視元士：一共納了一百二十個女子，比較古代的天子超過了十倍。

在其餘的古文經傳裏也多尋得出幫助王莽做成皇帝的痕跡。例如春秋隱公元年只寫"元年春王正月"，不寫"公即位"，春秋家推求孔子所以不寫的緣故，説隱公本有讓國於弟桓公之意，故孔子以不寫他即位來表顯他的志願。不過這僅是隱公的志願而已，至於魯公之位終究是他實任的。左傳卻説"不書'即位'，攝也"，這樣説來，隱公就不是實任的君而是用了臣的資格來攝行君事了。這對於王莽的做攝皇帝是怎樣地給予他一種有力的根據呵！又劉歆所表章的古文尚書裏有一篇嘉禾，其中的一段是"周公奉鬯立于阼階，延登，贊曰：'假王莅政，勤和天下'"，這是不是王莽做"假皇帝"的一個很好的先例？天下竟有這樣的巧事，後世的人要什麽就可以在古書裏找出什麽來！

古代的歷史，古代的書籍，都爲供給他們的需要而弄亂了。無數的知識分子，也都受了他們的麻醉了。光武帝雖説"光復舊物"，但在文化上，他已經認不清誰是舊的，誰是新的。而且他以赤伏符受命，固已根本接受了王莽的學説。所以中元元年（公元五六年），他就依照王莽的制度，築起明堂、辟雍、靈臺來。明帝繼續了他的事業，坐明堂而朝列侯，升靈臺以望雲氣；又臨幸辟雍，親袒割肉，行養老之禮；饗射禮畢，他正坐講經，諸儒執經問難於前，數萬個冠帶齊整的紳士們環繞橋門，靜靜地聽着(北京的國子監就是漢的辟雍遺制，可以到那邊去想像那時的情形)。因爲漢的火德只有用了王莽的歷史系統纔能説明，而這個系統，除了圖讖之外，在古書中只有左傳是尋得到證據的，所以左傳被重視了。當光武帝時，就想立左傳的博士，有一個老博士范升竭力反對，説道："左傳不祖孔子而出於左丘明，又没有相傳的師徒，又不是先帝所立的，爲什麼要立博士呢?"他和幾個古文學者辨難了好久，又提出左傳的不合處十四條奏上去。光武帝不聽他的話，立了；後來又因許多人的反對，廢了。到章帝初年，令賈逵自選二十個高才生，把左傳教他們。八年(公元八三年)，又詔諸儒各選高才生受左傳、毛詩、古文尚書等古文家的經典，又任賈逵的弟子爲郎官，學者都欣欣地嚮慕。既有許多的高才生替它宣傳，它在學術上就取得了新的生命，漸漸地成爲春秋之學的正統，把原來惟一的春秋傳(公羊)擠出去了。

東漢一代，博士共十四人，都是今文經之學。在表面上看，似乎是今文學的勝利；然而這勝利只有在表面上而已。所以然之故，古文視今文爲後出，經過了一次整理，當然比今文進步；況且左傳的記事何等詳細，周官的典制何等縣密，今文經裏哪裏找得出來。因此，東漢時幾個最有名的學者，如賈逵、服虔、馬融、鄭玄，都是古文家，或是兼通今古文的。到了魏、晉之後，五胡内遷，中原士大夫忙着南渡，今古文的經典和漢人的經説散失很多，今古文的界限就記不起了。到唐初作五經正義：易用晉王弼注，書用晉梅賾所獻的僞古文尚書(劉歆的古文尚書已是假，這乃是假中之假)和僞孔安國傳，詩用毛傳和鄭玄箋，禮記用鄭玄注，左傳用晉杜預注。後又加上周禮和儀禮的義疏，都用的鄭玄注。鄭玄所以在經學界中握有絶大權威，就爲這七部正統的經典的注释，他一個人占據了四部之多。但他是兼修今古文的，常用古學説去改今學説，又用今學説去改古學説，所以後人駡他爲攪亂家法的罪魁。這幾種經典裏，純粹是古文學的，有周禮和左傳的本身和詩經的毛傳。雖然古文學還没有把經學界統一，但比了湮没了的今文學究竟佔了絶大的優勢，劉歆的勢力賴此維持到清末。自從清代中葉（嘉慶十年，公元一八〇五年）劉逢禄作了左氏春秋考證，他的地位纔開始摇動；到清代末葉（光緒十七年，公元一八九一年）康有爲作了新學僞經考，他方受了致命傷而倒壞了。劉歆爲什麽要造僞書僞史，這是漢代史中的問題。他造的僞書僞史在古書古史裏發生怎樣的影響，這是文籍考訂學中的問題，也可説是上古史中的問題。所以現在我們的使命，就是要向他清算這一千九百餘年來的攪亂古書和古史的總賬。

第一八章　祀典的改定和月令的實行

我們翻開古書來看，覺得秦以前的國家宗教是很簡單的。最大的祭禮是郊，一年一次，祭的是天，也把天子的最有功德的祖先去配享。例如周人，他們的始祖是后稷，后稷在農事上是有大功勞的，所以他們在郊祭時便以后稷配天，連帶祈求年穀的豐登。其次是社，這彷彿像現在的城隍廟和土地堂一樣，無論大都小邑，都有社廟；上自天子，下至庶民，都有他的社。他們不但在那邊祭后土之神，就是碰見大水、大火等災難，或是日食等災難的豫示，都要擊鼓殺牲而祭。逢到打仗，出兵和班師時都須祭社；獻俘也在那邊。因爲那邊成了軍事機關，所以即在太平的時候也要借着社祭陳列軍器，好像開國防博覽會似的；齊國的社尤其有名。社既是代表國土，又作國防的中心，再加上了民食的稷，國家的意義已完全，所以“社稷”二字就成了國家的代名詞。郊社之外，又有宗廟，是祭祖先的；又有旅和望，是祭國内的名山大川的。寥寥落落，只有這幾種。要拿陰陽五行之説來分配，至多把郊配陽，社配陰；五行便無從説起。好在那時還没有系統的陰陽五行説，用不着人們發愁。

那時的祀典比較可和五行説接近的，是秦國的祀上帝。然而秦文公在鄜衍祭白帝，秦宣公在渭南祭青帝，秦靈公在吴陽祭黄帝和炎帝，都是隨時隨地建立，並没有顧到五行的方位。到漢武帝時，他在長安西北的甘泉建了泰畤壇去祭天，在長安東面的汾陰建了后土祠去祭地，也没有按照着方位。這種不擇地的設置，足見其時尚没有極嚴密的陰陽五行説，所以不曾處處受着這些規律的束縛。武帝又喜歡求神仙，任方士，以致許多的民間信仰都變成了國家宗教。

武帝以後，陰陽五行的學説經過經師們的鼓吹，這空氣愈來愈濃重了，簡直籠罩着一切。他們以爲屬於木的一定居東，屬於火的一定居南，屬於土的一定居中，屬於金的一定居西，屬於水的一定居北；少陰爲西，太陰爲北，少陽爲東，太陽爲南，都是一定不移的方位。既有這些嚴格的學説，於是以前的種種宗教建設大家看得不順眼了。成帝初即位（建始元年，公元前三二年），丞相匡衡奏言："帝王的事務没有比郊祀更重的，所以從前的聖王都盡心極慮地規定這制度。他們祭天於南郊，爲的是就陽；祭地於北郊，爲的是就陰。上天受天子的祭饗是在天子的都城裏的。現在天子住在長安，祭天反到太陰方面的甘泉去，祭地反到少陽方面的汾陰去，和古禮太不合了。應當把這天地的祀典搬到都城來舉行，從此祭天於南郊，祭地於北郊，回復古帝王的規模。"會議的結果，照辦了。匡衡又奏："甘泉的泰畤太奢華，有采鏤黼黻的裝飾，有鸞路騂駒的祭物，又有玉几玉器的陳列，又有童男童女的歌樂，這也和古制不合。古代的祭天之禮質樸得很，祭具是陶製或瓠製的，牲只用犢，席只用稭。現在也應當復古。"他還説："秦國所立的上帝祠本不合禮，應當和其他不合禮的祠廟一齊罷廢。”成帝都接受了。那時國家奉祀的祠廟本有六百八十三所，審查的結果只有二百零八所是合禮的，其它都廢了。候神方士等七十餘人，也都免職歸家。這是把原有的祠宇作一次總整理、大淘汰，把漢武帝在封禪郊祀的狂熱中的建設完全破壞了。實在説來，這是儒生對於方士的威脅，他們用了純粹的陰陽五行説把隨時隨地發生的神仙廟祀打倒了。他們反對的是鬼神，保留的是術數。他們説是古代聖王如此，其實只是他們心目中的聖王是應該如此的。

成帝没有兒子，王太后急於抱孫，疑心爲了遷廢諸廟，受到鬼神的責罰，永始元年（公元前一六年），她下詔把泰畤遷回甘泉，后土祠遷回汾陰，又恢復了許多祠廟。可是到底没有用，成帝也死了。王太后十分生氣，她説：“皇帝遵了經義定郊禮，原是不錯的。爲了求福，所以又遷回去。現在到底没有得到一些福佑，還是順了皇帝的原意，回復了長安的南北郊罷！”

哀帝即位之後也常常生病，爲要求福，又徵用方士，把以前所廢的祠廟完全恢復了。他在一年之中祭過三萬七千次。過了一年（建平三年，公元前四年），病還没好，又把泰畤和后土祠遷回原處。到平帝元始五年（公元五年），王莽又請復長安南北郊，並請把高帝、高后配享：冬至日，祠南郊，高帝配而望群陽；夏至日，祠北郊，高后配而望群陰。王太后都照准了。三十六年之間，天地之祠搬徙了五次。

因爲王莽是一個篤信陰陽五行説的人，所以他既繼承了匡衡的主張，用陰陽説定了南北郊，還要更進一步，用五行説定群神的祭祀。他和太師孔光、羲和劉歆等八十九人議，説道：“天子以父禮事天，以母禮事地。現在應稱天神爲皇天上帝泰一，兆（兆是祭壇）爲泰畤；稱地神爲皇地后祇，兆爲廣畤。”此外，再把群神以類相從，分爲五部。這五部是：

（一）中央黄帝、黄靈后土畤，及日廟、北辰、北斗、填星、中宿、中宫，於長安城之未地兆（照十二辰的方位，“未”在西南角上）。

（二）東方帝太皞、青靈句芒畤，及雷公、風伯廟、歲星、東宿、東宫，於東郊兆。

（三）南方炎帝、赤靈祝融畤，及熒惑星、南宿、南宫，於南郊兆。

（四）西方帝少皞、白靈蓐收畤，及太白星、西宿、西宫，於西郊兆。

（五）北方帝顓頊、黑靈玄冥畤，及月廟、雨師廟、辰星、北宿、北宫，於北郊兆。

這就是周官裏所説的“兆五帝於四郊”，他把這制度實現了。這五帝的名目，讀者應當記得，便是第十六章裏五德終始表的第一層。那時已是居攝中，正在醖釀着受禪，所以這五方之帝便是五行相生説下的古史系統中的帝王。再替這五帝添上五個輔佐，太皞之佐是句芒，炎帝之佐是祝融，黄帝之佐是后土，少皞之佐是蓐收，顓頊之佐是玄冥，使得這個系統的地位可以更加鞏固。他們把這宗材料插入古文學的兩部經典：第一是劉歆重編的左傳，就附在“漢爲堯後”説的一章之下，説這是五行之官，生時封爲上公，死後祀爲貴神的。第二是王莽徵求通曉之士的月令，説太皞是春季的帝，句芒是春季的神；炎帝是夏季的帝，祝融是夏季的神；黄帝是中央的帝，后土是中央的神；少皞是秋季的帝，蓐收是秋季的神；顓頊是冬季的帝，玄冥是冬季的神。一年本來是四時，到這時硬把它拉長，成爲五時了。

皇天上帝泰一是最高的天帝。太皞、炎帝們爲五帝，是次一級的天帝。這個方式固然和漢武帝的泰一壇相像（見第五章），但武帝時的五帝只是五種顔色之帝，没有同傳説中的古天子發生關係，而王莽定的制度則天帝的系統即是古史的系統了。這一點的差異，不能不説是王莽設下的陰謀，也不能不説是經古文學的中心問題呵！

月令這一篇，講的是天子居明堂之禮。這篇的大意，是天子每一個月應當順着時令做天人相應的工作（見第一章）。自從王莽當權，建築了明堂，又徵求通月令的人，一時祭祖先，封諸侯，行大射，都在那邊，做得很有聲有色。王莽失敗之後，長安的明堂毀廢，光武帝繼續在洛陽興造。明帝永平二年（公元五九年），下詔祀光武帝於明堂以配五帝，又頒發時令，迎氣於五郊：立春之日，迎春於東郊，祭青帝和句芒，車騎服飾都青色，唱的是青陽之歌。立夏之日，迎夏於南郊，祭赤帝和祝融，車騎服飾都赤色，唱的是朱明之歌。前立秋十八天，迎黄靈於中兆，祭黄帝和后土，車騎服飾都黄色，唱的是帝臨之歌。立秋之日，迎秋於西郊，祭白帝和蓐收，車騎服飾都白色，唱的是西皓之歌。立冬之日，迎冬於北郊，祭黑帝和玄冥，車騎服飾都黑色，唱的是玄冥之歌。

從此以後，“順時令”一義遂爲帝王施政的總綱。章帝元和二年（公元八五年），下詔道：“春天是生養萬物的時候，應當息事寧人以奉天氣。”這年的秋天，又下詔道：“月令冬至之後，但有順陽助生的明文，而不載鞫獄斷刑的政令。天子的生殺是應當順着時氣的。現在特定一種法律：凡在十一月和十二月裏，不許送上刑獄的報告。”那年十一月冬至，又依照月令，把關梁閉起。元和三年二月，又下詔道：“月令説孟春之月，應當好好地去視察丘陵土地所宜以備種植。現在荒地尚多，着即分給貧民，令他們各盡地力，勿得游手。”就在這一月裏，他因要到中山去，又令道：“現在方春的時候，所過的地方不得有所砍伐。天子雖尊貴，但在不適當的時候砍去一株草木，就不算順天，也就是不孝。巡行之際，凡車馬可以避開的，便避開了。”章和元年（公元八七年）七月，又詔道：“依照秋令，這一月裏應當養衰老，着賜高年者每二人布帛各一疋，讓他們自己備些醴酒和酪漿罷。”章帝之後，歷朝帝王也多在春天養幼賑貧，在秋天養老恤刑。

一般的學者，把月令的著作時代説得早是周公作，説得遲是吕不韋作。但此書既在漢前，何以在西漢時不能發生什麽影響而在東漢時便會發生大影響？何以漢武帝初年要立明堂只爲朝諸侯，後來在汶上造明堂只有取資於方士的圖畫，而古制的再現必有待於王莽制禮作樂的時候？何以西漢時討論明堂有紛紛之説，而一到東漢即翕然無異議，一切都有固定的方式可以遵循了？所以我覺得，這篇書的出現是很有問題的。雖則這篇書還見於吕氏春秋等書中，難道他們就不能把它插進去嗎？

古時最大的祭禮是郊和社。到這時，郊是析爲南郊和北郊了。北郊由后土祠來，祭地神，性質和社實在没有什麽分别。但漢代在后土祠外另有官社，所以王莽更立官稷，又把夏禹配食官社，后稷配食官稷，恢復古代的社稷之祀。這個制度傳下來，永遠没有什麽大改變。我們看，北京前門外有個天壇，這就是南郊；安定門外有個地壇，這就是北郊；天安門西邊的社稷壇(今爲中山公園)，就是官社和官稷。還有一個先農壇，在天壇的對面，是祭農神的，好像和社稷壇的“稷”重複了，這是漢代所没有的。推原它的由來，當出於周人的“郊祀后稷以配天”。地壇祭地，先農壇祭后稷，社和稷都有了着落了，爲什麽還要立社稷壇？原來社稷一名已習用爲國家的代名詞，其本義已經送給地壇和先農壇了。

第一九章　讖緯的造作

古代人最喜歡作豫言，也最肯信豫言。那時的史官就是製造豫言的專家。還有一種豫言，説是上帝傳給人們的，叫做讖。相傳秦穆公曾經睡了七天不醒，醒來的時候，對人説："我是到上帝那邊去的，上帝告我將來晉國怎樣，秦國怎樣。"他叫人把這些話寫出來，稱它爲"秦讖"。後來晉國的趙簡子也像他一樣，睡了七天，醒來的時候告訴他的大夫説："我到了上帝那裏，和許多的神靈游於鈞天，聽廣樂，看萬舞，快樂極了。忽然有一頭熊要來抓我，上帝命我射它，一射就死了。又有一頭羆撲來，我照樣一射，羆又死了。我瞥見我的兒子也在上帝旁邊，上帝指着一條翟犬，對我説：'等你的兒子長大時再給他罷！'"這些話也都記住藏好，當然成爲趙讖。後來趙簡子滅了晉的世卿范氏和中行氏，知道夢裏射死的一熊一羆就是他們的象徵。他的兒子襄子滅了代國，這翟犬的讖也應驗了。這都是上帝的命令，但上帝不肯明白説出，只管用了彷彿相類的東西來作暗示，逼得人們去猜謎：他爲什麽這樣喜歡耍手段呢？

秦始皇時，這類的豫言也常有。三十二年（公元前二一五年），他派燕人盧生入海求神仙。盧生到了海裏没有見到神仙，卻得到一本圖書，上面寫着"亡秦者胡也"。於是始皇發兵三十萬人往北去打胡（匈奴），奪取河套地；不知道這個讖卻是應在他的少子胡亥身上的！這個讖既有圖又有書，其形式大概和現在流傳的推背圖相像。三十六年（公元前二一一年）秋天，有一個使者從關東來，晚上經過華陰，忽被一人拉住，那人一手把一塊璧遞給他，説道："請你替我送給滈池君（長安西南有滈池）；還告訴他，在這一年中祖龍要死了。"使者正要問他，那人已不見。他把這事奏上；查考這塊璧，乃是始皇二十八年渡江時沉在江裏的。始皇很不高興，但自己寬慰道："山鬼懂得什麽！況且祖是人之先，也未必是我呵！"他爲要避開這個惡運，就往南方去游玩。三十七年七月，他果死在路上。大家説，"祖"是始的意思，"龍"是皇的意思，這又是一個應驗的讖言了。

但讖言真是上帝降下的嗎？看下面一件事就很使我們疑惑。

當始皇聽得"祖龍死"的前幾個月，有流星墜在東郡，化爲石，有人在石上刻了"始皇帝死而地分"七個字。這句話説得太明顯了，用不着猜謎，所以他知道這是自己的臣民所發出的咒詛，便派御史去查問，雖然没有得到主名，也把石旁的居民盡殺了，連這塊石頭也銷燬了。其實從楚、漢之際看來，這句人造的讖言也是十分應驗的。

西漢時，社會安定，這類刺戟人心的讖言當然減少。但到武帝之後，民窮財盡，國本動摇，讖言又得了發展的機會。例如上面提起的，昭帝時，泰山下一塊臥地的大石忽然站起，上林苑的枯柳樹忽然重生，眭弘就説將有新天子從匹夫中突起。又如成帝時，齊人甘忠可説上帝派赤精子下凡，傳給他一部包元太平經，供給漢室再受命的應用(均見第七章)。王莽時，這種風氣更盛了。武功長孟通掘井時發現一塊白石，上面有"告安漢公莽爲皇帝"八個紅字，王莽就做了攝皇帝。臨淄亭長發現了一口新井，巴郡得到石牛，扶風得到石文，攝皇帝就去掉了"攝"字。哀章把"天帝行璽金匱圖"和"赤帝行璽邦傳予黄帝金策書"送到高廟之後，漢高帝就讓國與王莽了(均見第十四章)。在這些記載裏最可注意的，是哀章的"金匱圖"和"金策書"，足見這是既有圖又有書的，和盧生在海裏得到的東西相彷。

哀章的圖書裏寫着王莽的大臣八人，取了兩個吉祥的名字，唤做王興、王盛，連他自己一共十一個人，都署定了官爵。王莽既登極，就照了這個上帝的單子去任命。於是王舜爲太師，封安新公；平晏爲太傅，封就新公；劉歆爲國師，封嘉新公；哀章爲國將，封美新公；以上四人稱爲四輔，居上公之位。又甄邯爲大司馬，封承新公；王尋爲大司徒，封章新公；王邑爲大司空，封隆新公；這三人居三公之位。又甄豐爲更始將軍，封廣新公；王興爲衛將軍，封奉新公；孫建爲立國將軍，封成新公；王盛爲前將軍，封崇新公；這四人稱爲四將。王興、王盛，朝中並没有這兩人，但姓這個姓、叫這個名的卻很多；王莽訪得同名姓的十餘人，其中以退職的城門令史王興、賣餅人王盛的容貌爲最合於卜相的標準，就登用了他們，從此這二人躋於闕人之列，這種好運真是他們夢裏也没有想到的。大家看見做官有這一條捷徑，於是爭作了符命獻上去；雖已得不到公爵，也可以望封侯。至於不屑幹這種事的，見面時常常戲問道："你還没有得到天帝的委任狀嗎?"有人勸王莽道："這實在開了姦人作福的門路，又是亂了天命，應當除去其根原纔是。"王莽也覺得這種事情幹得膩了，於是獻符命的往往下了監獄。起初，甄豐和王舜、劉歆們都是王莽心腹人；王莽從大司馬做到皇帝，甄豐也曾出過不少的氣力，定過不少的計謀。到這時，他雖由了金匱圖而得着公爵，但和賣餅的王盛同居於四將之列，反不及一個無賴的哀章，終覺得不高興。他的兒子甄尋知道他的意思，就作了一通符命，説新室當依照周、召的故事分陝立二伯：更始將軍甄豐爲右伯，太傅平晏爲左伯。王莽因他們都是舊人，也聽從了。當甄豐任了右伯，尚未動身的時候，甄尋貪得無厭，又作了一通符命，説以前的漢平帝的皇后，漢亡後稱爲黄皇室主的，應當改嫁甄尋。平帝的后是王莽的女兒，他這一回可不答應了，怒道："黄皇室主是天下之母，這是什麽話!"他發吏收捕甄尋，那追隨多年的右伯甄豐就只得自殺了。

王莽自從作了真皇帝，爲要替自己宣傳，派五威將王奇等十二人頒發符命四十二篇於天下，都是説些漢的火德是怎樣的銷亡，他的土德是怎樣的興起，皇天的符命是怎樣地一次一次給予他的種種故事。文帝時黄龍出現於成紀(見第四章)，不是公孫臣主張漢爲土德的證據嗎？但在這四十二篇裏，居然把這事列爲王莽的土德的符瑞了。經他這樣一宣傳，把這些觀念深深印入國民的腦裏，於是光武帝做皇帝時便非自承爲火德不可，所以赤伏符就是跟着這四十二篇來的。

且說王莽時有個公孫述任導江卒正(那時改蜀郡爲導江，太守爲卒正)，到王莽滅亡，四方兵起，他就自立爲蜀王；後來又自立爲天子(光武帝建武元年，公元二五年)，國號成。他根據王莽的五德系統，以爲土生金，他在王莽之後應爲金德，所以色尚白(現在四川奉節縣東邊有白帝城，即由此來)；又建元爲龍興。他也和王莽同癖，好作符命。他以爲讖書裏説的"孔子作春秋，爲赤制作，斷十二公"，赤是漢，高帝到平帝是十二代(連吕后數在内)，可見漢的歷數已經完了；一姓不得再受命，所以劉秀雖有赤伏符還是無效的。他又引録運法説，"廢昌帝，立公孫"，括地象説，"帝軒轅受命，公孫氏握"，援神契説，"西太守，乙卯金"，以爲他姓公孫，應當受命；又他以西方的太守起家，應當去乙(軋)絶卯金(劉)。他又説：五德之運，黄承赤而白繼黄，所以他據西方而尚白，確是得到了帝王的正統。他屢次發出檄文，把這些意思宣傳到中原來，要使大衆相信他是一個真命天子。光武帝不怕打仗，卻怕在讖書裏真有别人做天子的證據，就給他一封信，説道："西狩獲麟讖上説的'乙子卯金'，是漢高帝以乙未年受命。'光廢昌帝，立子公孫'，是霍光廢掉昌邑王而立皇孫病已(宣帝)。'帝軒轅受命，公孫氏握'，乃是姓公孫的黄帝作了土德之君，也與你無關。而且讖書上又説：'漢家九百二十歲，以蒙孫亡；受以丞相，其名當塗高'，你是不是丞相當塗高呢？你年紀大了，應當替妻子們想一想，不要爭奪這天下的神器罷！"公孫述看了這信，不答覆，仍做他的皇帝。但到龍興十二年上，究竟他的"西太守"靠不住，給"赤伏符"滅掉了。

在公孫述和光武帝二人的文告裏，可以注意的事情有幾項：第一，他們作天子的根據都出在讖書上。第二，他們對於讖書，各有各的解法，好像後人的詳籤詳夢一般。第三，他們不諱言自己統治權的滅亡。光武帝是一個中興之主，正在開國的時候，而已公開表示他的亡國的日期和亡他的國的人名，這是何等的度量！所以然之故，就爲讖書裏是這樣説的，他不敢不信。讖書裏何以這樣説，則因他們相信做天子的也像做官一樣，多少年後須换一個新任的，他們已在讖書裏把五個德的帝王年代都規定了。第四，公孫述引的録運法、括地象、援神契，光武帝引的西狩獲麟讖，都是讖書的名目，以前的人所没有見過的。春秋經的最後一條，是“（哀公）十有四年春，西狩獲麟”，可知這西狩獲麟讖定是屬於春秋的讖書。此外，援神契是屬於孝經的，録運法和括地象是屬於河圖的。

讖緯的著作，他們説是孔子編成了六經之後，深恐經文深奥，將來的人不能洞悉他的意思，所以别立緯和讖，講説得通俗一點；又説有許多是黄帝、文王等九個聖人傳下來的。讖，是豫言。緯，是對經而立的：經是直的絲，緯是横的絲，所以緯是解經的書，是演經義的書，自六經以及孝經都有緯。這兩種在名稱上好像不同，其實内容並没有什麽大分别。實在説來，不過讖是先起之名，緯是後起的罷了。除了這兩名之外，還有“圖”和“書”。我們在上邊，知道符命都是有圖有書的。最早的圖書是什麽呢？他們説：是黄河裏出來的圖，叫河圖；洛水裏出來的書，叫洛書。劉歆的意思，以爲伏羲氏王天下，受了河圖，照樣畫出來，就是八卦；禹治洪水，天賜洛書，照樣排列出來，就是洪範。緯書裏更描寫得好玩些，説：河圖是龍馬馱出來的，洛書是神龜獻上來的。不管它究竟怎樣，河圖和洛書一定是最古的讖緯。因此，讖緯裏以屬於河圖和洛書的爲最多，就現在看得見的材料説，已占有了全部的四分之一。大概凡是歸不進六經的，都歸到這方面去了。就是光武帝受命的赤伏符，也是河圖中的一種。這些書的名目，多半是不可解的；隨便舉出幾個，讓大家猜一猜：稽曜鉤、帝覽嬉、皇參持、闓苞受、帝視萌、運期授、甄曜度、靈準聽、寶號命、洛罪級、考河命、準讖哲——你們看，這些名詞是多麽神祕呀！因爲有圖、有書、有讖、有緯，所以這些書的總稱，或是“圖書”，或是“圖讖”，或是“讖緯”，或是“讖記”，或是“緯書”；又因尚書緯中有十數種爲中候，亦總稱爲“緯候”。

這些讖緯真是從黄帝到孔子許多聖人們所作的嗎？恐怕除了喪失理性的人誰也不敢答應一聲是的。但尚有許多人説這些書在西漢時早就有了。我們可以舉出一個反證。劉向、劉歆父子的七略，房中術和劾鬼術諸書尚連篇地登載，那時如有讖緯，則即使因它怪誕而不收於六藝略，那術數略中總應有分；爲什麽不見影兒呢？讖緯的中心思想，是陰陽五行，是災異禎祥，這正是極合漢代經學家的脾胃的，爲什麽他們都不引，必待至公孫述和光武帝們而始大引呢？所以我們可以説：七略不録讖緯，没有别的原因，只因那時尚没有這種東西，這種東西是在向、歆父子校書之後纔出現的，這種東西是王莽時的種種圖書符命激起來的。零碎的讖固然早已有了，但其具有緯的形式，以書籍的體制發表它的，決不能早於王莽柄政的時代。

第二〇章　讖緯的内容

讖緯書的出現，大約負有三種使命。其一，是把西漢二百年中的術數思想作一次總整理，使得它系統化。其二，是發揮王莽、劉歆們所倡導的新古史和新祀典的學説，使得它益發有證有據。其三，是把所有的學問、所有的神話都歸納到六經的旗幟之下，使得孔子真成個教主，六經真成個天書，借此維持皇帝的位子。在兩漢之際“民神雜糅”的社會中，自然該有這種東西大批的出現。

讖緯的内容，非常複雜：有釋經的，有講天文的，有講曆法的，有講神靈的，有講地理的，有講史事的，有講文字的，有講典章制度的。可是方面雖廣，性質卻簡單，作者死心眼兒捉住了陰陽五行的系統來説話，所以説的話儘多，方式只有這一個。我們只要記得了漢初的五色天帝，轉了幾轉的王莽的五德説中的人帝，又記得了陰陽五行的方位和生尅，就好像拿了一串鑰匙在手裏，許多的門户都可以打開了。

他們説：天上太微宫裏有五帝座星。管春天的是蒼帝，他的名字叫靈威仰；他的性情是仁良温讓的；他身長九尺一寸；他使唤的是歲星。管夏天的是赤帝，他的名字叫赤熛怒；他的性情是寬明多智的；他的頭形尖鋭，身長八尺七寸；他使唤的是熒惑星。管季夏的是黄帝，他的名字叫含樞紐；他的性情是重厚聖賢的；他使唤的是填星。管秋天的是白帝，他的名字叫白招拒；他的性情是勇武誠信的；他使唤的是太白星。管冬天的是黑帝，他的名字叫汁光紀；他的頭是大的；他使唤的是辰星。

在商、周時，固然天子也説自己的祖先是上帝所生，但是他們意想中的上帝只有一個。到漢代纔依了五行説而分上帝爲五個。到西漢之末，纔因王莽的宣傳而確認這天上的五帝的兒子輪流了做人間的帝王。例如漢高帝，如果説他以水德王的，他是黑帝的兒子；倘改説爲火德，他就變成了赤帝的兒子了。天上赤帝的兒子在人間做帝王，也可以稱赤帝，所以王莽得到的金策書上寫的是"赤帝行璽邦"，而土德的王莽也就成了"黄帝"。他們説：這人間的五帝是有一定的任期的。蒼帝應當傳二十八世；白帝應當傳六十四世；黑帝可以治八百年。光武帝所以自承"漢家九百二十歲，以蒙孫亡"，就因爲赤帝是應當治九百二十年的緣故。他們又説：蒼帝亡的時候要有大彗星出現，麒麟被捉；黄帝亡的時候要有黄星墜下；黄龍墜下；黑帝亡的時候要有狼星張在天空，靈龜被執，白帝亡的時候要有五殘星出現，又蛇生了足，像一個伏着的人。

自從漢高帝以平民得天下，加以文、景以來五德説的爭辨，武帝的封禪和改曆，大家注目的是皇帝的受天命，覺得這是世界上惟一的大事。爲什麽受天命？受天命的手續怎樣？受了天命之後應當做些什麽？在當時人看來都是最重要的問題。到王莽當權，又把自己渲染爲新受命的天子，上帝保佑他坐龍廷的奇蹟顯示了不知多少，這種熱空氣散布到民間，更使糊塗的人們增進了對於帝王受命的信仰和想像。於是我們的上古史就變了樣子！

他們提起伏羲的故事，説雷澤裏有大人的脚印，華胥去踏了，就生下了伏羲。他的樣子是龍身、牛耳、虎鼻、山準、大眼睛，長九尺一寸（照王莽的系統，他是木德，所以和天上的蒼帝一樣高）。因爲他的道德融洽於上下，所以天把鳥獸文章送給他，地把河圖、洛書送給他。神農呢？少典的妃子安登到華陽去游玩，有一條神龍和她交感了，就生下了他；生得牛頭、龍顔、大脣，長八尺七寸（也就是天上赤帝的高度）。因爲他喜歡耕田，創造了耒耜，所以地出醴泉，天降嘉禾。黄帝更了不得，大電光繞着北斗，照到郊野，觸着了附寶的身子，生下了他。他身逾九尺，日角、龍顔、河目、隆顙；胸前有文，是“黄帝子”三字。他將要做天子的時候，有黄雲在堂前升起，鳳凰銜了圖放在他的面前，他再拜而受。少皞是劉歆臨時插入古史系統裏的，他的歷史太短，人們知道的不多，這個位子還没有坐穩。但在黄帝的土德和顓頊的水德之間應當有一個金德的天子是很顯然的，所以讖緯的作家就另插了一位朱宣進去，説道：黄帝時有虹一般的大星下流華渚，女節夢中和它交接了，生下了白帝朱宣。顓頊的出生也和他相像，説是有蜺一般的摇光貫過月亮，感着女樞而生的。

王莽最注重的是堯、舜，要從堯禪舜上見出了漢禪新的必然性，所以在讖緯裏關於堯、舜和他們禪讓的故事講得最有聲有色。他們説：古時有一個從石頭裏出生的女子，名唤慶都，是火帝的女兒。她到二十歲還没有嫁，出游時彷彿常有神靈隨着。有一天，一條赤龍背着圖從河裏跳出來，慶都替它解下，看見上面寫着"赤受天運"四字；下面有圖，畫一個穿赤色衣的偉男子，眉有八彩，鬚髮長七尺二寸，題的字是"赤帝起誠天下寶"。那時忽然陰風四合，那條赤龍和她合婚了，一接就有了身孕。後來生下了堯，面貌和圖上一樣。他坐船游河，有一鳳凰負圖飛來。這個圖是用赤玉做的匣子，長三尺八寸，厚三寸，白玉的繩，黄金的檢(繩上的封泥叫做檢)，蓋的章是"天赤帝符璽"。他就以火德王天下了。舜的母親名握登，感着大虹而生舜。他身長九尺，兩目重瞳子。有一天，堯率領舜等一干人游首山，並觀河洲，見有五個老人在那邊。他們聽得一個老人唱道，"河圖將來告帝期"；接着第二個老人唱"河圖將來告帝謀"；第三個接着"河圖將來告帝書"；又聽得第四個"河圖將來告帝圖"；最後一個是"河圖將來告帝符"。不到一刻，有一條赤龍銜了圖從河中出來，五個老人就化爲流星，衝入昴宿。舜低頭一看，龍也没了，留下了這圖。堯把它打開，上面寫着："帝樞當百，則禪于虞。"他歎了一口氣，對舜道："舜呀，天運到了你的身上了，你好好兒幹下去罷！"這樣，舜就受了堯的天下。

從舜以下也都這樣。修紀在山上見流星，感而生禹。扶都見白氣貫月，感而生湯。太任夢見長人，感而生文王。劉媪夢見赤鳥如龍，和她游戲，生了執嘉。執嘉的妻含始在雒池上拾得一粒赤珠，刻有"玉英，吞此者爲王客"幾字，她吞了，就在這年生下了劉邦(到這時，纔知漢高帝的父親名叫執嘉，母親名叫含始)。他們的狀貌也很奇，得到的符命也很多，好在大家已經知道了這個格式，恕我不叙了。

緯是明説解經的，經是孔子定的，所以在讖緯裏，孔子是一個中心人物，受渲染的程度比幾位聖帝明王尤爲高强。他們説：

那時有一位少女徵在到大澤邊游玩，玩得疲倦，就睡在那裹。她夢見黑帝請她去；去了，就和他配合了。黑帝對她説："你將來産生小孩一定要在空桑裏面。"她一覺醒來，果真懷了孕，後來果真生産在空桑裏。這個小孩的相貌特别極了：海口、牛脣、虎掌、龜脊；頭像尼丘山，四周高，中央低；胸前有文，是"制作定，世符運"六字。後來長大了，就更好看了：身長十尺，大九圍；坐着像蹲龍，立着像牽牛；他的儀表非常堂皇，發射出一種光彩，近看好像昴星，遠看好像斗星。他不知道應叫什麽，吹律（竹製的樂器）定姓，知道自己是殷的後裔孔氏，就姓了孔；頭像尼丘山，就名了丘。照他們説，湯是水德，爲黑帝之子，而孔子是湯的後裔，所以仍爲黑帝之子。但是有一件不幸的事來了。天上的五帝爲了要使自己的兒子做皇帝，所以纔傳種到人間；孔子既是黑帝之子，也須做皇帝才對。況且那時周已衰了，本該有新受命的天子起來了，孔子爲什麽還不做皇帝呢？他們揭開這個謎，説因周是木德，木只能生火，不能生水；孔子雖有水德，無奈不當令，他只得爲火德代勞，替未來的漢朝制定許多法典——六經。所以春秋緯裏説："黑龍生爲赤"，又説："玄丘制命，帝卯行也。"

他有帝王之德而無其位，栖栖皇皇，一生不得志。有一夜，他夢見豐、沛一帶有赤色的煙氣升騰起來。他醒時，就駕起車子去看。到了那邊，只見一個撿柴的小孩打壞了一頭麒麟（不要忘記上邊説的：蒼帝亡的時候要有麒麟被捉；更不要忘掉，周爲木德，即是蒼帝）。孔子走上前去，那麟垂着耳朵，吐出三卷書來。書上寫着："周亡，赤氣起，火曜興；玄丘制命帝卯金。"他知道上帝派他爲卯金氏制法了。不久，天上又掉下一方血書，落到魯國的端門上。書上寫的是："趨作法！孔聖没，周姬亡，彗東出，秦政起，胡破術，書紀散；孔不絶。"第二天，子夏去看，血書變爲赤鳥飛去了，留下一個圖，畫的是孔子制法的形狀，上面題着

"演孔圖"三字。這件故事就叫做"端門受命"。當孔子把春秋和孝經——兩部最重要的法典——作成時，吩咐七十二弟子向北辰彎了腰站着，又命曾子抱了河圖、洛書，他自己齋戒沐浴，穿着絳色的單衣，朝着北辰拜下去。那時天上就有雲氣起來，白色的烟霧一直降到地，一條赤色的彩虹從天而下，變作黄色的玉，長三尺，上有刻文。孔子忙跪下接起，讀道："寶文出，劉季握。卯金刀，在軫北，字禾子，天下服。"（這是説劉季——高帝的字——要在軫宿分野的北面起事，後來統一天下。）

我們讀了上文的武功白石、銅符帛圖、金匱圖和金策書（均見第十四章）之後，再來看這類玩意兒，它的意義當然可以不煩言而解。原來漢高帝得天下時簡陋得很，他没有想到自己是赤帝子，該有種種受天命的花樣。可是這種花樣都給王莽想到了，他的得天下的場面就比漢高帝好看得多了。他雖失敗，然而這種開國規模何等堂皇，劉家中興人物劉玄、劉盆子、劉秀們那有不想學樣的，所以他們就鈔了王莽的文章，替自己的祖先補造這一大套，見得高帝的受命已早於孔子時注定了，並且學術界中最大的權威者孔子即是爲了這一件大事而出世的。裝點孔子即是裝點高帝，也即是裝點自己；要把孔子捧作教主，也即是把漢家皇帝捧作教主：這對於他們保持這一份大家産（所謂"鞏固皇圖"）是怎樣的有利呀！

有人讀了上面一大篇，或者要發一聲冷笑，説道："這種鬼話已絶不能存在於今日了，還理它作甚！難道當笑話講嗎？"如果有這種見解，我敢説他把事情看得太簡單了。我們講的是漢代史，凡曾在漢代發生過重大影響的東西就不該不講；況且這種東西，表面上是死了，實際何嘗死掉。試看辛亥革命之後，不是還有一班糊塗的人們天天望着"真命天子"出現嗎？像陳焕章等一班提倡孔教的人，不是還把端門受命的故事當作他們宣傳的中堅嗎？一班迷信漢學的人，不是還把緯書裏的華胥履跡、慶都感龍一類事當作真實的上古史料來用嗎？就算腦筋清楚些的人肯不信這種東西，然而玄聖的“玄”，炎劉的“炎”，誰想得到中間大有問題？就説腦筋更清楚，連這種神話都不信了，然而有了社會學的觀念，看着一大串不夫而孕的故事，又容易把它牽合到“男女雜交”、“血族群婚”、“母系社會”上面去了。他們不知道，這是從整個的王莽式的五德系統（見十六章）和他的天帝人帝打通説（見十八章）上來的。如果没有王莽們把全部古文化重新整理，在整理時作了種種有意的改變，哪裏會有這種古史出來！所以這種上古史問題其實只是中古史問題，而兩漢之間的社會情況就是解決這類烏煙瘴氣的假上古史的最好法門。

第二一章　讖緯在東漢時的勢力

光武帝以赤伏符受命，又用了西狩獲麟讖來折服公孫述，統一天下，所以他對於讖緯有極强的信仰。不，説他信仰，不如説他依賴了吧！他在讖文裏讀到一句“孫咸征狄”，恰好他手下有個孫咸，就命他爲平狄將軍，行大司馬事。不過大司馬的職位太高，權勢太重，不是資格和才力足以相稱的人就辦不下去的，他終於撤職了。赤伏符裏有一句“王梁主衛作玄武”，他想戰國末年的衛國是被徙到野王的，玄武是水神之名而司空是水土之官，恰好那時的野王令是王梁，他便任他爲大司空了。這一種任官的方法，和王莽有什麽兩樣？

他很用心讀讖緯。有一次，因爲日食，他避開了正殿，坐在廊下讀；讀得太多了，又感受了風寒，竟至發病暈了過去。那時讖緯共有八十一篇：其中河圖九篇，洛書六篇（這説是黄帝至周文王的本文），又别有河圖和洛書三十篇（這説是孔子增演出來的)，又七經緯三十六篇。那時稱七經緯爲“内學”，稱原有的經書爲“外學”。雖説是緯，它的地位反而佔了經的上風了。

桓譚是西漢末的舊臣，王莽時也曾做過掌樂大夫，這些讖緯造作的歷史滿落在他的眼裏。光武帝時，又任議郎。他看見皇帝常常在讖緯裏尋找證據，決定大事，覺得不是好辦法，上疏道：“一般人的性情，都是忽略了真事實而重視怪異的傳聞。但古先聖王只有仁義的正道，孔子也是不講天命的。現在許多巧慧小才的人，紛紛增加圖書，妄稱讖記，來欺惑世人，必須斥絶纔是。這種事也許有時對，但正像用單數雙數到神前占卜，總有碰巧適合的機會；然而哪裏可以相信呢！”光武帝看了，很不高興，只是没有責罰他。後來他下詔會議建築靈臺的地方，問桓譚：“我想用了讖書去決定它，你看怎樣?”桓譚一聲不響，隔了好久，纔道：“我向來不讀讖。”問他爲什麽不讀，他又把讖不合經的地方説了一大篇。光武帝大怒道：“桓譚非聖無法，拉下去斬了罷！”譚固然不肯放棄他的主義，但也不願犧牲自己的生命，只向皇帝叩頭，叩得出血了，皇帝纔赦了他。不久，把他放了外任，就死在路上，那時他年已七十多了。他著有新論二十九篇，雖已亡佚，但就殘存的一點看來，其中也攻擊王莽信鬼神的迷惑，又説河圖、洛書出於後人的加增依託，決不是孔子作的，足以證明他在當時確是一個頭腦清醒的人。不過他終究是一個不識時務的人，他不懂得光武帝爲什麽要提倡讖緯的心理。

還有一位尹敏，讀得好些經書，又通洪範消災之術。光武帝命他校定圖讖，删去崔發(王莽時的圖讖專家，封説符侯的)替王莽加進去的許多説話。不料他也瞧不起讖書，説道：“這種東西決不是聖人所作，而且其中很多俗字俗説，會得疑誤後人的！”光武帝不聽，還是叫他做這工作。他要些手段，就缺文上寫了一句“君無口，爲漢輔”(請讀者莫忘記了第十五章裏李通的圖讖上寫的“劉氏復起，李氏爲輔”)，希望皇帝重用他。光武帝見了，讖得他的筆跡，問他爲什麽要這樣，他説："我目覩前人增損圖書是這樣的，所以我也不自量，希冀萬一的徼倖!"帝雖不以爲然，也不治他的罪。同時受詔校定圖讖的，還有一位薛漢，他本以説災異讖緯爲專業，教授的弟子常有數百人。我們現在看見的讖緯，其中所以没有王莽受命的宣傳文字，就因爲早給他們删去了。

光武帝即位三十年，群臣請封禪泰山，報答天祐。他下詔，爲自己無德不許。至建武三十二年(公元五六年)正月，他行過泰山，夜讀河圖會昌符，讀到"赤劉之九，會命岱宗。……誠善用之，姦僞不萌"，想起封禪之事也可行得，便命人把河、洛讖文凡有説到封禪的都搜集起來，得到三十六條。他便依照漢武帝元封時的故事舉行。在未祭時，先派人上山刻石，文中舉了河圖會昌符的"赤帝九世，巡省得中。……帝劉之九，會命岱宗。……赤漢復興，九世會昌。……天地扶九，崇經之常。漢大興之道，在九世之王"，又舉河圖合古篇的"帝劉之秀，九名之世"，河圖提劉子的"九世之帝，方明聖持"，洛書甄曜度的"赤三德，昌九世"，孝經鉤命決的"帝三建，考九會"等等，證明他這次行事的有據。爲什麽老是説"九"呢？只爲從漢高帝到光武帝是足足的九代。河圖、洛書如果真是孔子作的，則他在端門受命時已不但知道了開國的劉季，而且知道了這中興的劉秀了！他以二月二十二日辛卯晨，燎祭天於泰山下，如南郊禮；二十五日甲午，禪祭地於梁陰，以高后配，如北郊禮。這不消説，他沿襲了王莽的制度。秦皇、漢武的封禪本没有天地陰陽的區别，但從此以後，封泰山是祭天，禪泰山下的小山是祭地，等於國都中的南北郊，大家用了王莽的方式作定制了。四月，他大赦天下，把建武三十二年改爲中元元年。就在這年的十一月裏，他宣布圖讖於天下。圖讖本已迎合人們迷信的心理，現在又定爲功令的必讀書，當然鑽入各個角落更深更普遍了。東漢的國祚約二百年，禁不起這長期的宣傳，所以讖緯八十一篇便成了王莽符命四十二篇的“跨竈”之子！

明帝是一個很精明的人，他能繼續父業，所以河圖括地象裏就有了“十代，禮樂文雅並出”的豫言。他在永平三年（公元六〇年）下詔道：“尚書琁璣鈐裏説：‘有帝漢出，德洽作樂，名予。’着把郊廟之樂改名爲大予樂，樂官也稱爲大予樂官，以應合圖讖。”

左傳這部書，十之八九是真材料，其十之一二是劉歆改作的或是增加的。劉歆幫王莽篡位，把新式的五德終始説插在書裏，證明漢是堯後屬火德（當時也必有證明王莽爲舜後屬土德的，現在不見，想來是新室滅亡後給人删掉了），作禪讓的張本。後來光武中興，他自承爲火德，雖和王莽、劉歆不同志，但用的依然是他們定的歷史系統。爲要在經書裏證明漢的國運，左傳當然是一部很重要的書。光武帝所以有心把它立博士，就因爲這個緣故。劉歆有兩個門弟子：一個是鄭興，劉歆因他天資很好，叫他作左傳的條例、章句、訓詁；一個是賈徽，他自己作了左氏條例二十一篇。他們都算得劉歆的高足弟子。鄭興在光武帝時任太中大夫，也很喜歡講洪範災異；但不知爲什麽，他不願隨俗弄些讖緯之學。有一次，光武帝問他郊祀的事情，向他説：“我想把讖書來決斷這事，你看怎樣？”鄭興老實得很，答道：“我是不讀讖的！”帝大怒道：“你不讀讖，是不是表示反對？”他惶恐了，兢兢地答道：“我於書有所未學，哪裏敢反對！”帝方纔赦了他。終究因他不懂讖，不給他做大官。賈徽自身雖没有得意，但他的兒子賈逵是非常聰穎的，他學通五經，尤明左傳和國語，作兩書的解詁五十一篇，永平中獻了上去。他不像鄭興的不達時務，便在奏疏中説：“五經裏都找不到可以證明圖讖所言劉爲堯後的材料，只有左傳是有明文的。又五經裏總説顓頊是承繼黄帝的；如果這樣，堯就不得爲火德，聯帶漢也不得爲火德了。現在左傳裏黄帝和顓頊之間有少皞一代，就是圖讖裏所説的帝宣。這樣一排，堯就確然爲火德了。”明帝很以他的話爲然，把他所作的解詁藏在祕府。到章帝時，他又把這番話重説了一通。章帝也是喜歡左傳的，幾次選了許多高才生從他讀左傳，這部書的地位就確立了。我們今日能彀知道些春秋時的事情，當然是左傳的功勞；可是飲水思源，還是由於讖緯的介紹呵！

我們試翻開後漢書的列傳來，或是看些東漢人的墓碑，大抵是有“博貫五經，兼明圖讖”這一類話的。不想衆醉之中也有獨醒之士，東漢中葉，有個任太史令的張衡，他對於讖緯表示鮮明的反對。他上疏順帝道：“讖書是從什麽時候出來的，這個問題很少人知道。當漢取秦時，盡力打仗，竟得成功，這真可説是一件大事，但在那時是没有人引讖的。就是最喜歡講術數像眭弘這輩人，也没有提起過讖書。劉向父子校書祕府，還没有把讖書編入他們的目録。直到成帝、哀帝之後，剛剛聽得有這種東西，它們的著作時代也就可知了！我們試用讖來比經，甚至用讖來比讖，其中矛盾衝突的地方不知有多少。況且其中説到戰國時的墨翟、漢的益州，圖裏畫到成帝，哪裏會是孔子做的！這一定是虚僞之徒想升官發財，纔造出這種謡言。從前賈逵摘取了讖書中自相矛盾的三十餘條去問善於講讖的人，他們也都説不出一個所以然來。王莽篡位是漢代的大禍，要是這八十一篇早已有了，爲什麽不豫先警戒呢？現在河、洛和六藝諸讖緯都已校定，成爲經典，然而有人拿來推説水災，有人棄家入山林求道，都得不到一點效果，這還有什麽可信的！畫工何以怕畫狗馬而樂於畫鬼魅，就爲實物難寫而虚僞是可以隨心的。我請求，把圖讖一起禁絶了！”順帝雖因圖讖是國典，不便背棄祖宗的成法，没有聽他的話，但也覺得這種議論很不錯，常常引他到帷幄中詢問一切。不過一個人總是容易受時代的蒙蔽的，王莽留下的讖緯，張衡雖能打破，王莽留下的歷史系統，張衡依然上了他的當了。司馬遷作五帝本紀，黄帝之後就是顓頊，這原是戰國以來通用的方式。張衡卻因其中缺掉少皞，奏請改定。這請求也没有照准，想來爲了“五帝”這個名詞所限，不便改成六帝的緣故。

圖讖這類東西，會隨時增加改變，爲皇帝慾發達的人造作自拉自唱的證據，使得統治階級極感不便，所以張衡的禁絶的主張在當時雖未成事實，而在南北朝時就實行過好幾次。到隋煬帝即位，索性作徹底的摧殘，他派使者四面去搜求讖緯，以及其它和讖緯有關係的書籍，一齊燒了；私人有敢隱匿的，查出處死刑：這纔禁成功了。現在除了易緯八種還完全之外，其餘的種種只留一鱗半爪在别的書裏；經明、清人的苦心輯録，纔看得一個粗略的輪廓。

第二二章　曹丕的受禪

上面講了許多五行的故事、讖緯的故事，和現代意識太隔絶，諸君諒來聽得厭了。現在再講一個讖緯的喜劇，算作“大團圓”罷！

東漢中葉之後，宦官弄權，害死了不少好人。董卓殺了宦官，立獻帝，遷都長安。曹操起兵，抓住獻帝，又把都城遷到許；他自爲大將軍，玩弄皇帝於掌握之中。他執政二十四年，初自立爲魏公，加九錫；又自進爲魏王，設天子旌旗，出入傳呼警蹕。這樣一步步的走上去，宛然王莽再生。但他到死没有篡位，這不知道是他不願意做皇帝呢，還是他的壽命已不容他實現最後的計畫呢？總之，禪讓的格局是布置好了。

相傳當他封魏公的時候，遠道的人没有聽準，傳説他封的是魏王。有一個讖緯專家李合説：“這一定是‘魏公’，因爲孔子傳下的春秋玉版讖上早已寫着‘代赤者魏公子’了！”還有一個李雲也上封事，説道：“讖書裏説的‘許昌氣見於當塗高’，這話怎講？當着道路而高大的，莫過於宫門外的兩個觀闕(臺上有樓觀，故曰觀；其間無門，故曰闕。北京的午門，左右突出的兩壁，上面蓋着方亭的，就是闕的遺制；至於左右相通的迴廊，和正面三個門洞、上面九間門樓，是後世爲了壯觀而添出來的)，觀闕之名爲‘象魏’，這不就是魏嗎？所以‘代漢者當塗高’就是魏當代漢的豫示。魏的基業昌於許，所以説是‘許昌’。”這句話説得活靈活現。但是光武帝引的“漢家九百二十歲，以蒙孫亡；受以丞相，其名當塗高”，下半節是猜準了，還有上半節呢？從光武帝到那時還不到二百年咧；就是從高帝受命算起也不過剛透四百年咧！

曹丕是魏王的太子，他於建安二十五年(公元二二〇年)二月嗣位。他一即位，就把獻帝的年號建安改爲延康。三月，黄龍現。四月，白雉現。八月，鳳凰集。我們看了王莽時的種種花樣，以及讖緯書中的種種帝王受命的記載，就知道這好戲已在打鑼。果然，到十月裏，獻帝下詔道：“我生不幸，遭着國家的蕩覆；雖是危而復存，但擡頭看天文，低頭看民心，就知道炎帝的歷數業已告終，五德之運到了曹家了。從前的魏王(曹操)既立了許多神武的功績，現在的魏王(曹丕)又是明德光耀，應着這個期會，天之歷數所在再明白没有了。古人説得好：‘大道之行，天下爲公，選賢與能。’唐堯不私於他的兒子，留下了萬世的美名。我對他是非常羡慕的，現在就禪位於魏王罷！”

那時魏國的許多官員也都上表稱引圖緯，説明魏王做皇帝的無異義。其中尤以太史令許芝説得最詳細，最真切。他説：“易傳(就是易緯)裏講：‘聖人受命而王，黄龍以戊己日見。’現在黄龍正以戊寅日現，這是最顯著的受命之符。況且春秋漢含孳説‘漢以魏，魏以徵’，春秋佐助期説‘漢以許昌失天下’，説魏説許，還有什麽可疑惑的。又孝經中黄讖説：‘日載東(㬢)，絶火光；不横一(丕)，聖聰明。四百之外，易姓而王天下。’把您的名和姓以及受禪的年代都寫出來了。易運期讖説：‘言居東，西有午，兩日並光日居下。其爲主，反爲輔。五八四十，黄氣受，真人出。’言午是‘許’字，兩日是‘昌’字，這是説漢當以許亡，魏當以許昌。運期讖又説：‘鬼在山，禾女連(魏)，王天下。’也是魏應得天下的證據。按帝王是五行之精，應當七百二十年一交替，但有德者可以超過這個數目，無德者就到不了這個數目。從漢高帝到現在固然不過四百二十六年，但漢的受命，圖讖上早已説明，乃在春秋末的‘西狩獲麟’，從獲麟到現在早已超過了七百年了，到了應當交替的時候了！我們看天上太微宫裏，黄帝坐常明亮，赤帝坐常不見，可見赤家當衰而黄家當興，在天象裏也有證據。又熒惑星是赤帝之佐，失色不明也有十餘年了。建安十年，彗星先除紫微；二十三年，又掃太微。新天子氣見於東南。您初即位，就有黄龍、鳳凰、麒麟、白虎等許多祥瑞。從前黄帝受命風后，受河圖。舜、禹得天下時，鳳凰翔，洛出書。湯爲王，有白鳥之符。周文王爲西伯，赤烏銜丹書來。漢高帝剛起，就有白蛇的徵應。這些異物都是爲了聖人而出現的。我們看漢家前後的大災，魏國現在的符瑞，再察圖讖中的期運，可説從古以來得天下者没有像魏這樣又完美、又正當的。從前周公歸政成王，孔子很反對他，以爲他不是聖人，所以不替億兆的人民設想。伏願您體會堯、舜的聰明，承受這七百年的禪代罷！”

獻帝再三下詔禪位，群臣又數十次上表勸進，曹丕一味的謙讓。在這一個月中，從初一直鬧得月底，往還的文書着實可觀。僅看那些文書，差不多比了唐、虞之世還要美麗了。其中以博士蘇林、董巴所上的表有些新意思。他們説：“周天分爲十二次，叫作分野，王公之國在分野中各有所屬。周的分野是鶉火之次，魏的分野是大梁之次。歲星每年歷一次，十二年而一周天；天子的受命，諸侯的封國，都按照着這個次序。所以周文王始受命，歲星在鶉火；到武王伐紂，是文王受命後的十三年，歲星又到了鶉火了。靈帝中平元年(公元一八四年)，武王(曹操)討黄巾，是爲始受命，那年歲星在大梁。建安元年(公元一九六年)，又在大梁，始拜大將軍。十三年(公元二〇八年)，又在大梁，始拜丞相。今年(公元二二〇年)歲星又到了大梁了，您應該受命王天下了！況且今年是庚子，詩緯推度災説，'庚者，更也。子者，滋也。聖命天下治'，又説，'王者布德於子，治成於丑'，這是明説今年應當换個新聖人治天下了。又魏的氏族出於顓頊，和舜同祖。舜用土德繼承堯的火德，現在魏也是用了土德繼承漢的火德，極合於帝王授受的次序。天命這樣地丁寧周至，就是人們説白話也不能比它再清楚。倘使您一味地固執謙讓，那真是上逆天命，下違民望了！"

獻帝在第三次禪位詔裏，對於曹丕作苦苦的祈求，他道："漢家世踰二十，年過四百，運已周徧了，數已終訖了，天心移了，民望絶了。現在天命有所歸，神人又同應。違天不順，逆衆不祥，魏王呵，你還是模倣了有虞氏的盛德，接受了這歷數的期會罷！從前堯禪舜時不聽得舜逆堯命，舜禪禹時又不聽得禹辭舜位。你還是敬奉天心，不要再違背我的命令，登了皇帝之位罷！"但曹丕又説："聽得了這個詔命，直使我嚇得發抖！"

最後，魏的相國華歆等上一個最懇切的奏書，説道："我們聽得您屢次的讓，真是悲傷極了。易云：'聖人奉天時。'論語云：'君子畏天命。'堯知道天命去已，所以不得不禪舜。舜知道歷數在身，所以不得不受禪。堯的不得不禪，這是他'奉天時'。舜的不得不受，這是他'畏天命'。漢家雖已這樣衰敗，還知道學堯的辦法；但是您卻只管拘牽小節，不知道去學舜。倘使死者有靈，那麽，虞舜一定在蒼梧的墳墓裏頓足大駡了！不但是他，就是夏禹和周武王也必在他們的塚中鬱鬱不樂了！現在我們決定，不管您的意思怎樣，立刻經營壇場，擬具禮儀，選擇吉日，請您去昭告昊天上帝，承受這個必應受的天命!”於是曹丕説：“從前大舜在田野中吃粗糙的糧食，彷彿有終其身的樣子：這是我的宿志。他受了堯禪，穿上了貴重的衣裘，像是向來過慣的：這是他的順天命。既經天命不可拒，民望不可違，我也没法辭謝了，就學了他罷!”明天，他升壇受皇帝的璽綬；公卿、列侯、諸將、匈奴單于、四方夷人們陪位的有數萬人。事畢，燎祭天地、五嶽、四瀆；改元黄初，表示是土德行運之初。他回去時，輕輕地説道：“舜和禹的事情，我現在是知道了!”

秦始皇和漢高帝的受命是武的；光武帝的受命是文武兼資的；王莽和曹丕的受命是純粹文的。不過把曹丕比了王莽，還有一些不同。王莽時的花樣件件是“當場出彩”，幾百種的祥瑞和圖書都在他的世裏陸續出現，證明了他的天命。偶然也有幾件舊的點綴一下，像春秋時的“沙麓崩”説是聖女興的符瑞，文帝時的黄龍出現説是土德代漢的豫兆，但這不過給與一種新解釋而已。曹丕就不是這樣了。他的天命固然一方面也有活貨，像黄龍和鳳凰之類；但大部分是出在千餘年來文王、孔子傳下的圖讖上，而且説得這樣明白，把他的名呵、姓呵、地呵、年呵，一切都豫先記好了。然則孔子何嘗專爲赤漢制法，他把“黄魏”也一起包羅了。假使張衡還活着，他一定要説：曹丕結果漢家天下，在八十一篇讖緯裏明白如此，爲什麽不豫先警戒呢！又王莽的天下是漢高帝在冥冥之中傳與他的，曹丕的天下是獻帝明白禪讓的。王莽爲他自己是土德，所以把漢改排了火德；曹丕因爲漢是火德，所以他就自居於土德。他們的德運雖同，而一個主動，一個被動，也有些兒差異。

魏文帝(曹丕)短壽，没有等到改正朔，易服色，就死去了。到他的兒子魏明帝景初元年(公元二三七年)，山茌縣黄龍見，官員們奏魏得白統，應以建丑之月爲正，纔依照了三統説改定曆法；又服色尚黄，犧牲用白，都和王莽的制度一樣。

我們讀了以上許多受命(皇帝的宗教)的故事，該得明白，所謂五德和三統，所有圖讖和緯候，莫不是應時出現的東西；它們自己雖處處説是老古董，其實盡是些時髦的貨色，好比一籠饅頭，現蒸熱賣的。現在我把它們的真相揭開，諸君或者要以爲這種東西無聊得很，不值得大談特談。須知許多真的老古董(歷史)都給這種各時代的時髦貨色淆亂了，我們無論看到哪部古書，或者提到哪件古史，幾乎没有不蒙上這一層色彩，甚至在内部起了化合作用的。我們要捉得這漢代的學術的中心，明白看出他們的思想和理論的背景，然後對於這些修飾過和假造過的材料可以做剥洗和分析的工作；做了這部工作之後要去真實地認識古代社會，就不會給這些材料牽絆了。倘使你不屑瞧瞧這種無聊東西，我敢決然説：你永遠跳不出他們設下的天羅地網！

附

重版前言*

自從英明領袖華主席爲首的黨中央一舉粉碎了禍國殃民的“四人幫”、帶領全國人民抓綱治國以來，形勢一派大好，偉大領袖和導師毛主席所製訂的路綫、方針和政策，都得到了貫徹執行，在社會主義文化事業中，重新出現了百花齊放、百家爭鳴的繁榮景象。我雖已届暮年，也爲能生逢這光明隆盛的時代而感到無比的興奮，並表示衷心的擁護。

---

* 此文原載上海古籍出版社1978年2月新1版。1983年8月第2次印刷时，全文删减为一段，即：首段全删；二段保留自始至第5行“……厚望”，其中删“在这大好的形勢之下”；續接末段。

上海古籍出版社決定重版我的舊作秦漢的方士與儒生，使得我既高興又慚愧。高興的是，這本小册雖是舊作，也許還能對讀者認識這一時代的特性有所幫助；慚愧的是，書中還存留着不少的缺點和錯誤，而我的身體已爲許多慢性病所困住，不能在這大好的形勢之下早日作出相應的修改，有負領導和讀者的厚望。例如原書提到秦始皇焚書坑儒時，認爲“焚書”是秦初統一時的政治措施，而“坑儒”只是始皇個人一時的發脾氣。這一點既與毛主席的觀點不符，即對於我自己近年研究法家思想時所得到的結論也不合：這兩件事分明是同一種時代思潮的連鎖反應。這方面的證據我在病中已搜羅了許多，我想請人助我用考據的方式叙述出來，儘量不改動原材料的面貌，比較清楚地説明秦始皇執行這兩項嚴厲的任務都是有所秉承，起着拗轉當時腐化的游惰的社會寄生生活的作用的。這一本小册子如能寫成，擬題爲儒法兩家的由來和儒法鬥爭的真相，作爲本書的姊妹篇。

在此，我熱切盼望讀者提出寶貴意見。如果這本書能對活躍學術思想、批判地繼承古史遺産方面作出一些貢獻，得着抛磚引玉的效果，那便是對我極大的安慰了！

顧頡剛

一九七八年一月

小倉芳彦：改訂之處
原文對照表*

<table>
<tr><td colspan="2"></td><td colspan="3">漢代學術史略(上海亞細亞書局,一九三五年八月)</td><td colspan="3">秦漢的方士與儒生(上海群聯出版社,一九五五年三月)</td><td>(上海古籍出版社,一九七八年二月)</td></tr>
<tr><td colspan="2"></td><td colspan="3">A 版</td><td colspan="3">C 版</td><td>D 版</td></tr>
<tr><td colspan="2">譯書</td><td colspan="2">原書</td><td rowspan="2"></td><td colspan="2">原書</td><td rowspan="2"></td><td rowspan="2"></td></tr>
<tr><td>頁</td><td>行</td><td>頁</td><td>行</td><td>頁</td><td>行</td></tr>
<tr><td colspan="2"></td><td colspan="3">第一章</td><td colspan="3"></td><td></td></tr>
<tr><td>2</td><td>11</td><td>2</td><td>1～2</td><td>陰陽説可説是起源於周易,五行説可説是起源於洪範。</td><td>1</td><td>9～10</td><td>陰陽説可説是最先表現於周易,五行説可説是最先表現於洪範。</td><td>同 C</td></tr>
<tr><td>4</td><td>13</td><td>4</td><td>1</td><td>吩咐上代帝王……</td><td>3</td><td>2</td><td>强迫上代帝王……</td><td>同 C</td></tr>
<tr><td>7</td><td>10</td><td>7</td><td>6</td><td>我們要瞭解漢代的歷史時是非先明白這個方式不可的。</td><td>5</td><td>6</td><td>我們要瞭解漢代的學術史和思想史時就必須先明白這個方式。</td><td>同 C</td></tr>
<tr><td colspan="2"></td><td colspan="3">第二章</td><td colspan="3"></td><td></td></tr>
<tr><td>10</td><td>1</td><td>10</td><td>1</td><td>桓公自己知道没有這大福氣,只得止了。</td><td>7</td><td>8</td><td>桓公自己知道没有這麼大的福氣,只得息了這個妄想。</td><td>同 C</td></tr>
<tr><td>11</td><td>8</td><td>11</td><td>9</td><td>文、景玄默,</td><td>8</td><td>9</td><td>文、景時要安定人民,</td><td>同 C</td></tr>
</table>

* 原載小倉芳彦日譯本，日本大修館書店，1978 年 12 月，改題中國古代的學術與政治。

續表

		A 版			C 版			D 版
		第三章						
12	5	12	4	古代的人没有很多的自由，他們也想不到爭取自由，	9	4	古代的社會階級森嚴，説不上有什麼自由，人們也不易想到爭取自由，	同 C
14	3	14	6	這惡濁的世界緊緊跟在你的後頭，	10	12～13	這現實的世界緊緊跟在你的後頭，	同 C
	7		9	真寫出了這種心理。	11	1	同 A	正寫出了這種心理。
16	6	17	1	焚書是一種有計劃的政治手段，也是他們的時代使命，	12	6～7	同 A	焚書是初統一時的政治使命，
	13		7	文帝的性情不是喜歡張揚的，		11	同 A	文帝到底不是喜歡張揚的，
		第四章						
17	6	18	4～5	全國的東部封建了許多王國，	13	4	同 A	全國的東部分封了許多王國，
	8		7	即成了社會上的公同的信仰與要求，		6	彷彿成了社會上的公同的信仰與要求，	同 C
	9		7	看熱鬧的民衆		6～7	看熱鬧的人們	同 C
18	6	19	6	同草這新制度。	14	2	同草這一個學説的新制度。	同 C
	6		6	所以他一被誅，		3	後來他一被誅，	同 C
	9		9	恰好他是一位好大喜功之主，		5	恰好他是一位好大喜功的皇帝，	同 C

續表

		A　版			C　版			D　版
18	10	19	9	又憑着漢家全盛之業，	14	5	又憑着漢家全盛的時代，	同C
20	5	21	9	彷彿看見了他的信心與傷心。	15	10	同A	還可體會到他的信心與傷心。
	5		9	当時民衆們		11	当時統治階級以及受着統治階級麻醉了的人們	同C
	10	22	2～3	直到中華民國改用了陽曆纔廢除，		15	直到辛亥革命後纔改用了陽曆，	同C
21	15	23	8	爲了這個使命。	16	14	爲了完成這個使命。	同C
		第五章						
22	1	24	1	当始皇統一天下之後，	17	1	同A	秦始皇統一中國之後，
25	4	27	8	没有想起后土，	19	9	同A	没有祭祀后土，
		第六章						
30	6	33	5	所以然者，	23	4～5	所以要這樣，	同C
31	7	34	5	大約現在“歷史”這個名詞就從這上面來的。	24	2	同A	無
32	7	35	6～7	負有以一己代替全國人民的災患的大責任。		13	同A	負着以己身替民衆向天神祈免災患的責任。
		第七章						
36	4	39	3	使它成爲一種極有系統的學問。	27	3	使它在幻想中成爲一種極有系統的學問。	同C

續表

		A 版			C 版			D 版
37	2	40	2	我們還能知道……		13	同 A	現在還能知道……
38	8	41	8	一個平常的意思。	28	14	一個平正的意思。	同 C
	12		10	還要有服妖……	29	1	同 A	還會有服妖……
39	5	42	8～9	人民筋疲力竭，盜賊紛紛起來，		9	人民筋疲力竭，紛紛起來劫奪，	人民筋疲力竭，
	6		9	人民怨望之餘，		10	人們怨恨之餘，	人們怨恨之餘，
	13	43	4	一種想像		15	一種傳説	同 C
40	3		8	他乘機逆言道	30	3	他乘機進言道	同 C
	9	44	1	説到這樣		6	同 A	聽到這話
	11		2	粗看這種話，似乎不錯。		7	同 A	這話在当時確是動聽的。
41	6		9	但的確映現了一個[illegible][illegible]不安的社会在後頭，		14	但的確反映了一個動摇不安的社會在後頭，	同 C
42	6	45	10～11	大家悉在這僵局之下徘徊觀望。	31	10	統治階級及受其麻醉的人們都在這個僵局之下徘徊觀望。	同 C
		第八章						
46	2	48	4	他的學説	33	9	同 A	他的傳説
	14	49	4	當他的時候，舊式的封建組織已漸崩潰，	34	5～6	同 A	他在世時候，舊式的社會組織已漸崩潰，
47	7	50	1	毀滅封建組織。		13	破壞世族專政。	同 C
	7		2	一班平民		13	同 A	一般平民

續表

		A 版			C 版			D 版
48	7	51	3	他想出一種主義	35	9	同 A	他倡導一種主義
56	16	60~61	9~2	自從春秋末年以後，爲了推翻貴族階級，人民捱受了二百五十年的刺戟和痛苦，到這時天下初平，着實應該休息了。以黄老之言作爲休息的原理，本不算錯。所不幸的，這種柔弱和退讓的思想竟透進了我們的民族的骨子，使得我們没有熱心，只会隨順，没有競爭，只有停頓，逢到了大事要把它化爲小事無事，逢到了難事要以没辦法爲辦法，聽它自然的变化，一直傳到現在。	41~42	10~1	自從春秋末年以後，爲了消滅許多地方勢力，推翻許多貴族階級，大規模地流血戰爭，人民捱受了二百五十年的刺戟和犧牲，到這時天下初平，着實應該休息了。把黄老之言作爲休息的原理，本是適合於当時的社會條件的。所不幸的，只是這種柔弱和退讓的思想竟致滲透了人們的骨子，作爲有永久性的人生觀，使得我們民族在長時期中減低了對自然鬥爭和階級鬥爭的熱力，逢到大事要把它化爲小事無事，逢到難事要以没辦法爲辦法，聽它自然地變化，大大地延緩了社会的進步。	自從春秋末年以後，…… ……(同 C)…… 滲透一些人的骨子，作爲有永久性的人生觀、結果使得他們在長時期中……(同 C)…… ……聽它自然地变化。

續表

		A　版			C　版			D　版
		第九章						
57	5	62	4	下層的民衆，只要本領，	43	3～4	下層的人民只要有最大的本領，	同C
58	8	63	5	向好處説	44	2	從表面説	同C
	10		7	若向不好處説，這簡直是麻醉民衆，		3	若從骨子裏説，這簡直是蒙蔽民衆，	同C
59	9	64	10	他果然很喜歡他，拜爲博士。		15	同A	他見了果然喜歡，拜爲博士。
62	8	68	1	没有訂立許多新法制，	47	1	等不及訂立許多新法制，	同C
64	12	70	7	這是科舉制的開頭。	48	12	同A	這是科舉制的濫觴。
	12		7	天子把他們問了再問。		12	同A	武帝把他們問了再問。
66	8	72	8～10	這偶像直維持到現在。所以戰國之末雖已把封建制度打破，而封建思想還由儒家傳了下來，……	50	2～3	這偶像直維持了兩千多年。所以戰國之末雖已把舊制度一齊打破，而舊思想還由儒家傳了下來，……	……（同C）……而舊思想的種子還由儒家傳了下來，經武帝的栽種而發芽開花，……
		第十章						
67	8	73	6～8	到現在中央研究院的正式發掘，已發見了三萬片以上，可以整理出一部商代史來了。	51	6～7	到近年考古學者大規模的發掘，已發見了十六萬多片，可以希望整理出一部商代史來了。	同C
	11	74	1	銅器（二處）		9	青銅器（二處）	同C
68	3		3	樂器有鐘……		11	同A	樂器有鐘、鐃……
	3		3	食器有鼎、鬲、敦、簠……		11	食器有鼎、鬲、簋、簠……	同C

續表

		A版			C版			D版
69	12	76	1～2	自從秦將蒙恬發明兎毫筆，寫字就輕易得多。	53	3	還有方塊的木版，叫做“方”，可寫一百字左右。	同C
	12		2	簡和帛是並用的。		3～4	簡、方和帛是並用的。	同C
70	16	77	9	也是“天開文運”，	54	4	由於時代的突變，	同C
72	11	79	9	其實還靠在他自己主張的實踐倫理的“禮”上。	55	7～8	其實極大部分是在他自己主張的實踐倫理的“禮”上。	同C
74	10	81	9～10	這種觀念在學術界中不曾變過。	56	12	這種觀念在學術界中幾乎不曾變過。	同C
75	16	83	7～8	張角造反	57	15	張角起義	同C
76	3		9	賊徒自會消滅的	58	1	賊徒們自然會消滅的	“賊徒”自然會消滅的
		第十一章						
82	10	90	11	還不難復原。	62	6	還不難積聚。	同C
83	2	91	7	到今不過三十年		12	到今不過五十年	同C
	4		8	再過三十年，連賣破貨的攤子上也絶跡了。		13	再過不了幾年，連賣舊書的攤子上也就絶跡了。	再過不了幾年，連賣舊書的攤子上也會絶跡了。
84	10	93	4	没有什麽分別。	63	13～14	不曾聽説有什麽分別。	同C
	16		9	以政治力量	64	3	同A	以高壓手段
	16		9	二千年來		4	二千餘年來	同C

續表

		A 版			C 版			D 版
86	9	95	7~8	千萬不要再做“漢人近古,其言必有所據”的好夢了!	65	6	大可不必再做“漢人近古,其言必有所據”的好夢了!	同C
		第十二章						
90	8	99	8	這原是學術界中應有的事。	68	9	這原是學術界中應有的事,而且是極好的事。	同C
95	6	105	4	經書中的意義	72	4	同A	經書的内容
		第十三章						
96	2	106	2	没有用	73	2	同A	用處不大
	4		4	完全表現階級思想		3	完全爲了維持統治階級的尊嚴	同C
	6		5	一種無用的用處		5	同A	一種用處
99	15	110	5	春秋之學喜歡“誅心”	76	2	同A	春秋之學講究“誅心”
100	7		9	不知寃死了多少可以無罪的人。		6	不知害了多少無罪的人。	同C
	9	110~111	10~1	我們一定可以找出好多例子。想來当時經學化的法律,和現在軍政時期的法律有些相同吧?		6~7	我們一定可以找出好多屈死鬼呢。	同C
105	11	116	8	瓊州島(117 8 同)	80	2	同A(80 11 同)	海南島
106	7	117	5	那邊的人又蠢笨得像禽獸一樣		9	那邊又没有文化	同C
	11		9	秦皇漢武的闢地固然由於窮兵黷武的野心,		12	秦皇漢武的闢地固然有些窮兵黷武的野心,	同C

續表

		A 版			C 版			D 版
107	2	117～118	10～3	到今日或者已没有漢族存在,因爲延長漢族的寿命就靠在這向外發展和同化異族呀。現在經書所記的道理,漢人看作與天地相終始的,經書裏既不主張向外發展,讀者們受了這個暗示,自然要以禹貢的疆域爲滿足了。到了今日,東三省做了人家的生命綫而不做我們的生命綫,恐怕禹貢的没有説到也是一個潛在的原因吧?	80	13～15	到今天中國或者已不是這個樣子。那時漢人看作與天地相終始的經書中所記的道理,既然絶不主張向外發展,讀者們受了這個暗示,自然要以禹貢的疆域爲滿足了。	同 C
		第十四章						
109	5	121	3	民衆	83	1	人民	同 C
110	1	122	3	蠻夷		10	夷族	同 C
	16	123	3	民衆	84	6	全國人	同 C
111	11	124	2	人民八千餘人		15	附和的八千餘人	同 C
112	14	125	6	燦爛	85	12	同 A	昭著
113	1		7	人民		13	被欺騙的人們	同 C
		第十五章						
122	16	136	2	就可知道高帝的起於平民正可表示其出於天意。	92	11	這句話的用意,是要使人知道高帝的起於平民正可表示其出於天意。	同 C

續表

		A 版			C 版			D 版
126	2	139	8	攘竊	95	2	奪取	同 C
	5		11	盜賊蠭起		4	劫殺蠭起	同 C
	13	140	6	柏鄉縣		9	同 A	隆堯縣北
		第十六章						
128	5	141	4	他是一個主張徹底的人,	96	4	他是一個主張比較徹底的人,	同 C
	8		6	社會是時時在變動的,		6	社會是時時在變動發展的,	同 C
135	11	149	10	近三百年來民衆的正統史書綱鑑易知録,	102	2	近三百年來一般人認爲正統史書的綱鑑易知録,	同 C
136	9	150	10	我也以爲很對。		11	我也以爲大致不錯。	同 C
		第十七章						
141	9	157	3	他們也想出……	107	9	他們也會想出……	同 C
	14		6	古文經〔今文經之誤〕		12	今文經	同 C
143	12	159	6～7	(故宫傳〔博之誤〕物院藏一器,現在南遷了)	109	1	無	同 C
146	7	162	9	左傳的記事何等美麗	111	2	左傳的記事何等詳細	同 C
		第十八章						
152	10	170	3	兆(兆是壇域)	116	8	兆(兆是祭壇)	同 C
157	4	175	8	北平	120	2	北京	同 C
		第十九章						
166	5	184	2	(成都稱爲白帝城,即由此來)	125	11	(現在四川奉節縣東邊有白帝城,即由此來)	同 C

續表

		A 版			C 版			D 版
166	13	184	8～9	他據西方爲白德，	126	2	他據西方而尚白，	同 C
167	11	185	9	他們不諱言自己的滅亡。		12	他們不諱言自己統治權的滅亡。	同 C
		第二十章						
171	1	190	2	……負有三種使命。	129	2	……大約負有三種使命。	同 C
173	13	193	5	群衆	131	5	糊塗的人們	同 C
180	8	200	11	正如講到初民社会時不該隱卻他們的野蛮行爲一樣。	136	4	無	同 C
	11	201	1～3	試問現在一班愚民天天望“真命天子”出現，是不是間接受讖緯的影響？讀書人感到的神秘性的孔子，是不是從讖緯来的？		5～6	試看辛亥革命之後，不是還有一班糊塗的人們天天望着“真命天子”出現嗎？	同 C
	12		3	提倡孔教的人，誰不把端門受命等故事作他宣傳的中堅？		6	像陳煥章等一班提倡孔教的人，不是還把端門受命的故事当作他們宣傳的中堅嗎？	同 C
	15		4～6	就算腦筋清楚些的人，肯不信這種東西，然而玄聖的玄，炎劉的炎，誰想得到有問題？華胥履跡、慶都感龍一類事，誰敢不看作真實的上古史？		7～9	一班迷信漢学的人，不是還把緯書裏的華胥履跡、慶都感龍一類事当作真實的上古史料來用嗎？就算腦筋清楚些的人肯不信這種東西，	同 C

續表

		A 版			C 版			D 版
180	15	201	4~6	從東漢直到近世，上古史的作家不把這些材料收進去的有幾個？	136	7~9	然而玄聖的"玄"，炎劉的"炎"，誰想得到中間大有問題？	同C
181	1		8	要把它牽合到……		10	容易把它牽合到……	同C
		第二十一章						
183	2	204	2~3	河圖和洛書三十六篇	137	11	河圖和洛書三十篇	同C
186	16	208	4	迎合民衆迷信的心理	140	9~10	迎合人們迷信的心理	同C
187	1		5	当然鑽入民間更深更普遍了。		10	当然鑽入各個角落更深更普遍了。	同C
		第二十二章						
193	6	215	4~5	北平的天安門，本來就是這東西，不過裝上門了	145	1~2	北京的午門，左右突出的兩壁，上面蓋着方亭的，就是闕的遺制。至於左右相通的廻廊，和正面三個門洞、上面九間門樓，是後世爲了壯觀而添出來的	同C
	11		8	可憐		5	同A	無
200	5	222	7~8	孔子何嘗是爲赤漢制法，	149	13	孔子何嘗專爲赤漢制法，	同C
201	10	224	3	做了這部工作然後可以真實的認識古代社會。	150	13~14	做了這部工作之後要去真實地認識古代社會，就不會給這些材料牽絆了。	同C

續表

序							
譯書		原書		C 版	原書		D 版
頁	行	頁	行		頁	行	
228	1	3	1	現在由上海群聯出版社重版了。	3	1	現在又重版了。
	9		6	一切踏實做去		6	無
230	4	4	13	幫他吶喊的有譚嗣同、梁啟超、皮錫瑞、夏曾佑等人。	4	13	他的同道有譚嗣同、梁啟超、皮錫瑞等維新派。
	7	5	1	摧毀康氏的今文學	5	1	抨擊康氏的今文學
231	8		14	他只是一個本色的經生。		14	無
233	8	7	4～8	聊齋誌異上記着一段故事……(中略)……接受他們雙方的結論。	7	5	……〔省略符号〕
237	16	11	1	王景、桑欽的地理學,淳于意、張機、華佗的醫學	10	13～14	王景、桑欽的地理學,趙過的農學,許商、平當、賈讓的水利學,淳于意、張機、華佗的醫學
239	8	12	4	群聯出版社不以這書爲劣陋,要我交給該社重版。	12	1	出版社方面不以這書爲劣陋,要我加以修正重版;
242	13	14	4	發現了地球是一顆行星,	14	10	觸及了地球是在不斷地運行這一客觀真理,
243	4	15	4	八五三頁	15	1	八三三頁

附表一　史漢儒林傳及釋文序録傳經系統異同表*

經＼家派＼記載			史記儒林列傳	漢書儒林傳	經典釋文序録	校記
詩	總記		言詩，於魯則申培公，於齊則轅固生，於燕則韓太傅。	言詩，於魯則申培公，於齊則轅固生，燕則韓太傅。	漢興，傳者有四家。…… 前漢魯、齊、韓三家詩列于學官。平帝世毛詩始立。齊詩久亡；魯詩不過江東；韓詩雖在，人無傳者。惟毛詩鄭箋獨立國學，今所遵用。	史記始終三家，漢書則始三家而終四家，釋文始終四家。
詩	今文	魯詩（宣帝前立學）（注）	吕太后時，申公游學長安，與劉郢同師；已而郢爲楚王，令申公傅其太子戊。……歸魯，退居家教，……弟子自遠方至受業者百餘人。……以詩經爲訓以教，無傳，疑者則闕不傳。王臧……趙綰亦嘗受詩申公，綰、臧請天子，欲立明堂以朝	申公……少與楚元王交俱事齊人浮丘伯，受詩。……吕太后時，浮丘伯在長安，楚元王遣子郢與申公俱卒學。……郢嗣立爲楚王，令申公傅太子戊。……歸魯，退居家教，……弟子自遠方至受業者千餘人。……以詩經爲訓故以教，亡傳，疑者則闕弗	魯人申公受詩於浮丘伯，以詩經爲訓故以教，無傳，疑者則闕不傳，號曰魯詩。弟子爲博士者十餘人，……王臧……趙綰……孔安國……周霸……夏寬……魯賜……繆生……徐偃……闕門慶忌，皆申公弟子也。	史記未著申公師名，漢書始云浮丘伯。 史記以申公與劉郢同師，漢書以申公與劉交父子同師。 史記云受業者百餘人，漢書易作千餘。

* 1934年12月作。原載古史辨第五册，附自序之後。

續表

經	家	派	史記儒林列傳	漢書儒林傳	經典釋文序録	校記
詩	今文	魯詩(宣帝前立學)	諸侯,……迎申公。……數年卒,弟子爲博士者十餘人:孔安國……周霸……夏寬……魯賜……繆生……徐偃……闕門慶忌。……大夫郎中掌故以百數,言詩雖殊,多本於申公。	傳。……王臧……趙綰亦嘗受詩申公,……請立明堂以朝諸侯,……迎申公。……數年卒,弟子爲博士者十餘人:孔安國……周霸……夏寬……魯賜……繆生……徐偃……闕門慶忌。……		
				大夫郎掌故以百數,申公卒,以詩、春秋教授,而瑕丘江公盡能傳之,徒衆最盛。……許生……徐公皆守學教授。韋賢治詩,事博士大江公及許生,又治禮,……傳子玄成,……玄成及兄子賞,……由是魯詩有韋氏學。	申公本以詩、春秋授,瑕丘江公盡能傳之,徒衆最盛。……許生……徐公皆守學教授。韋賢受詩於江公及許生,傳子玄成。	史記但云申公教詩,漢書增出申公卒後其弟子以詩、春秋教授及瑕丘江公盡能傳之二事。 瑕丘江公,史記僅言"爲穀梁春秋",漢書則定爲申公之弟子。
				王式……事……徐公及許生,式爲昌邑王師。……張長安……唐長賓……褚少孫……事式,……皆爲博士,……由是魯詩有張、唐、褚氏之學。	王式受詩於……徐公及許生,以授張生長安及唐長賓、褚少孫。	

續表

經	家	派 \ 記載	史記儒林列傳	漢書儒林傳	經典釋文序録	校記
詩	今文	魯詩（宣帝前立學）		張生兄子游卿……以詩授元帝，其門人……王扶爲泗水中尉，……許晏爲博士，由是張家有許氏學。 初薛廣德亦事王式，以博士論石渠，授龔舍。	張生兄子游卿以詩授元帝，傳王扶。扶授許晏。 又薛廣德受詩于王式，授龔舍。	漢書以王扶、許晏同爲張游卿弟子，釋文則以許晏爲王扶弟子。
		齊詩（宣帝前立學）	轅固生，……孝景時爲博士。……諸齊人以詩顯貴，皆固之弟子也。	轅固……，孝景時爲博士。……諸齊以詩顯貴，皆固之弟子也。昌邑太傅夏侯始昌最明。…… 后蒼……事夏侯始昌，……通詩、禮，爲博士，……授翼奉、蕭望之、匡衡。衡授……師丹……伏理……滿昌……，由是齊詩有翼、匡、師、伏之學。滿昌授……張邯……皮容，……徒衆尤盛。	齊人轅固生作詩傳，號齊詩。傳夏侯始昌。 始昌傳后蒼。蒼授翼奉及蕭望之、匡衡。衡授師丹及伏理、滿昌。昌授張邯及皮容，……徒衆尤盛。	史、漢俱不言轅固生曾著書，釋文則云作詩傳。
		韓詩（宣帝前立學）	韓生，……孝文帝時爲博士。景帝時爲常山王太傅。韓生推詩之意而爲内外傳數萬言，賁生受之。……燕、趙間言詩	韓嬰，……孝文時爲博士。景帝時至常山太傅。……嬰推詩人之意，而作内外傳數萬言，……賁生受之。燕、趙間	燕人韓嬰推詩之意，作内外傳數萬言，號曰韓詩。……賁生傳之。	史記韓生無名，漢書著其名曰嬰。

續表

記載 家派 經			史記儒林列傳	漢書儒林傳	經典釋文序録	校記
詩	今文	韓詩(宣帝前立學)	者由韓生。……孫商,爲今上博士。	言詩者由韓生。韓生亦以易授人,……燕、趙間好詩,故其易微,惟韓氏自傳之。 ……其孫商爲博士。孝宣時,涿郡韓生其後也,以易徵,……曰:“所受易,即先太傅所傳也。嘗受韓詩,不如韓氏易深。……”蓋寬饒……從受焉。 趙子……事……韓生,……授……蔡誼。……誼授……食子公與王吉。……食生爲博士,授……栗豐。吉授……長孫順,順爲博士。……由是韓詩有王、食、長孫之學。豐授……張就,順授……髮福,徒衆尤盛。	其孫商爲博士。孝宣時,涿韓生其後也。(嬰又爲易傳,燕、趙間好詩,故其易微,惟韓氏自傳之。) ……趙子事……韓生,授……蔡誼。誼授……食子公及……王吉。子公授……栗豐。吉授……長孫順。豐授……張就。順授……髮福。	史記但言韓生授詩,漢書謂其兼授易而不彰,惟傳于家。
	古文	毛詩(平帝時立學)		毛公,趙人也,治詩,爲河間獻王博士,授……貫長卿。長卿授解延年。延年授……徐敖。敖授……陳俠,爲王莽講學大夫。由是言毛詩	孔子……删録……以授子夏,子夏遂作序焉。毛詩者出自毛公,河間獻王好之。徐整云:子夏授高行子,高行子授薛倉子,薛	史記不著毛公一字;漢書有趙人毛公,曾立博士,四傳而至王莽時。 釋文定毛詩序爲

續表

經	家	派	史記儒林列傳	漢書儒林傳	經典釋文序録	校　記
詩	古文	毛詩(平帝時立學)		者本之徐敖。	倉子授帛妙子,帛妙子授河間人大毛公。毛公爲詩故訓傳於家,以授趙人小毛公。小毛公爲河間獻王博士,以不在漢朝,故不立於學。 一云:子夏傳曾申,申傳魏人李克,克傳魯人孟仲子,孟仲子傳根牟子,根牟子傳趙人孫卿子,孫卿子傳魯人大毛公。 漢書儒林傳云:毛公趙人,治詩,爲河間獻王博士,授……貫長卿。長卿授解延年。延年授……徐敖。敖授……陳俠。	子夏作;録徐整説,謂子夏五傳而至小毛公;又引或説,謂子夏六傳而至大毛公;大毛公之地有兩説,一爲河間,一爲魯。據或説,毛詩傳自荀卿(孫卿子)。
					或云:陳俠傳謝曼卿,元始五年公車徵説詩。 後漢鄭衆、賈逵傳毛詩,馬融作毛詩注,鄭玄作毛詩箋,申明毛義,難三家,於是三家遂廢矣。……	漢書稱陳俠爲王莽講學大夫,釋文則謂陳俠弟子謝曼卿于平帝時徵,更推下一代。

續表

經 家派 記載			史記儒林列傳	漢書儒林傳	經典釋文序録	校　記
書	總記		言尚書，自濟南伏生。	言書，自濟南伏生。	漢始立歐陽尚書。宣帝復立大、小夏侯博士。平帝立古文。永嘉喪亂，衆家之書並滅亡，而古文孔傳始興。	
	今文	伏生尚書	伏生……故爲秦博士。孝文帝時，欲求能治尚書者，天下無有，乃聞伏生能治，欲召之。是時伏生年九十餘，老不能行，於是乃詔太常使掌故朝錯往受之。	伏生，……故爲秦博士。孝文時，求能治尚書者，天下亡有，聞伏生治之，欲召。時伏生年九十餘，老不能行，於是詔太常使掌故朝錯往受之。	漢興，欲立尚書，無能通者。聞濟南伏生（名勝）傳之。文帝欲徵，時年已九十餘，不能行，於是詔太常使掌故晁錯受焉。（古文官書云："伏生年老不能正言，言不可曉，使其女傳言教錯。"）	史、漢伏生無名，至釋文始著其名曰勝。 伏女傳經之事，爲史、漢所並無。
			秦時焚書，伏生壁藏之。其後兵大起，流亡。漢定，伏生求其書，亡數十篇，獨得二十九篇，即以教於齊、魯之間，學者由是頗能言尚書，諸山東大師無不涉尚書以教矣。	秦時焚書，伏生壁藏之。其後大兵起，流亡。漢定，伏生求其書，亡數十篇，獨得二十九篇，即以教於齊、魯之間，齊學者由此頗能言尚書，山東大師亡不涉尚書以教。	伏生失其本經，口誦二十九篇傳授。……	史、漢並言二十九篇爲壁藏殘餘，釋文則易言口誦。史記但言學者頗能言，漢書則於學者上增一齊字。
			伏生教……張生及歐陽生。張生亦爲博士。而伏生孫以治尚書徵，不能明也。	伏生教……張生及歐陽生。張生爲博士。而伏生孫以治尚書徵，弗能明定。	伏生授……張生……歐陽生。	

續表

經	家	派	史記儒林列傳	漢書儒林傳	經典釋文序録	校　記
書	今文	伏生尚書	自此之後,……周霸、孔安國、……賈嘉頗能言尚書事。	自後,……周霸……賈嘉頗能言尚書云。		史記以孔安國與周霸、賈嘉並言,漢書剔去之。
		歐陽尚書(宣帝前立學)	歐陽生教……兒寬。兒寬……詣博士受業,受業孔安國。……	歐陽生……事伏生,授倪寬。寬又受業孔安國。……歐陽、大、小夏侯氏學皆出于寬。寬授歐陽生子世,世相傳至曾孫高……爲博士。高孫地餘……爲博士,論石渠。……地餘少子政爲王莽講學大夫。由是尚書世有歐陽氏學。	【歐陽】生授……兒寬。寬又從孔安國受業,以授歐陽生之子。歐陽氏世傳業,至曾孫高作尚書章句,爲歐陽氏學。高孫地餘以書授元帝,傳至歐陽歙(後漢)。歙以上八世皆爲博士。	釋文讀漢書文爲"世世相傳",不以"世"爲歐陽生子之名,或然。兹依通常讀法點漢書文。
				林尊……事歐陽高爲博士,論石渠,……授……平當……陳翁生,……由是歐陽有平、陳之學。翁生授……殷崇……龔勝。……平當授……朱普……鮑宣,……徒衆尤盛。	林尊受尚書於歐陽高,以授平當及陳翁生。翁生授殷崇及龔勝。當授朱普及鮑宣。……歐陽尚書……東京最盛。	漢書但言歐陽高爲博士,釋文更謂其作尚書章句。
		大小夏侯尚書(宣帝時立學)		夏侯勝,其先夏侯都尉從……張生受尚書,以傳族子始昌,始昌傳勝。勝又事……簡卿,簡卿者兒寬門人。勝傳從兄子建。建又事歐陽高。……	張生授夏侯都尉,都尉傳族子始昌,始昌傳族子勝。勝從始昌受尚書及洪範五行傳,説災異;又事……簡卿,卿者兒寬門人;又從歐陽氏問……受	漢書夏侯勝傳云:"勝……從始昌受尚書及洪範五行傳,説災異",釋文本此。

續表

經 \ 家派 \ 記載				史記儒林列傳	漢書儒林傳	經典釋文序録	校　記
書	今文		大小夏侯尚書（宣帝時立學）		由是尚書有大、小夏侯之學。	詔撰尚書、論語説，號爲大夏侯之學。 夏侯建師事夏侯勝及歐陽高，左右采獲，……以次章句，爲小夏侯氏學。	
					周堪……與孔霸俱事大夏侯勝，霸爲博士。……堪授牟卿及……許商、牟卿爲博士。霸……傳子光，亦事牟卿，……由是大夏侯有孔、許之學。商……門人……唐林……吴章……王吉……炔欽。……王莽時，林、吉爲九卿，……欽、章皆爲博士，徒衆尤盛。……	【大夏侯】傳……周堪及……江霸。霸傳子光。堪授……牟卿及……許商。商授……唐林及……吴章……王吉…………炔欽。	
					張山拊……事小夏侯建，爲博士，論石渠，……授……李尋……鄭寬中……張無故……秦恭……假倉。……無故善修章句，……守小夏侯説文。恭增師法至百萬言。……由是小夏侯有鄭、張、秦、	【小夏侯】傳……張山拊。山拊授……李尋及鄭寬中……張無故……秦恭……假倉。寬中授……趙玄。無故授……唐尊。恭授……馮賓。	

續表

經	家	派（記載）	史記儒林列傳	漢書儒林傳	經典釋文序録	校記
書	今文	大小夏侯尚書（宣帝時立學）		假、李氏之學。寬中授……趙玄。無故授……唐尊。恭授……馮賓。賓爲博士；尊，王莽太傅。		
書	今文	泰誓（宣帝時立學）			漢宣帝本始中，河内女子得泰誓一篇獻之，與伏生所誦合三十篇，漢世行之。然泰誓年月不與序相應，又不與左傳、國語、孟子衆書所引泰誓同，馬、鄭、王肅諸儒皆疑之。	按尚書正義引劉向別録云："武帝末，民有得泰誓書於壁内者，獻之"，説與此異。此與論衡正説篇同。
書	古文	百兩篇（成帝時立學）		世所傳百兩篇者，出東萊張霸，分析合二十九篇以爲數十，又采左氏傳、書叙爲作首尾，凡百二篇，篇或數簡，文意淺陋。成帝時，求其古文者，霸以能爲百兩徵。以中書校之，非是。霸辭受父，父有弟子……樊並。時太	漢書儒林傳云：百兩篇者，出東萊張霸，分析合二十九篇以爲數十，又采左傳、書序，爲作首尾，凡百二篇，篇或數簡，文意淺陋。成帝時，劉向校之，非是。後遂黜其書。	釋文定以中書校百兩之人爲劉向。

續表

經	家	派	史記儒林列傳	漢書儒林傳	經典釋文序録	校記
書	古文	百兩篇(成帝時立學)		中大夫平當……勸上存之。後樊並謀反,乃黜其書。		
		孔氏古文尚書(平帝時立學)	孔氏有古文尚書,而安國以今文讀之,因以起其家,逸書得十餘篇,蓋尚書滋多於是矣。	孔氏有古文尚書,孔安國以今文字讀之,因以起其家,逸書得十餘篇,蓋尚書兹多於是矣。遭巫蠱,未立於學官。安國爲諫大夫,授都尉朝。而司馬遷亦從安國問故,遷書載堯典、禹貢、洪範、微子、金縢諸篇多古文説。	古文尚書者,孔惠之所藏也,魯恭王壞孔子舊宅,於壁中得之,並禮、論語、孝經,皆科斗文字。博士孔安國以校伏生所誦,爲隸古寫之,增多伏生二十五篇(藝文志云,多十六篇),又伏生誤合五篇,凡五十九篇,爲四十六卷(藝文志云,尚書古文經四十六卷,五十七篇)。安國又受詔爲古文尚書傳,值武帝末巫蠱事起,經籍道息,不獲奏上,藏之私家,以授都尉朝。司馬遷亦從安國問故,遷書多古文説。劉向以中古文校歐陽、大、小夏侯三家經文,脱	漢書較史記多出三事:一,遭巫蠱而未立學;二,安國授都尉朝;三,司馬遷從安國問故,故史記多古文説。 史、漢但言孔氏有古文尚書,釋文則定爲惠所藏。其云共王壞壁所得,蓋據劉歆移書;然移書僅云於壁中得逸書、逸禮,此又增出論語、孝經,蓋據僞孔序。孔安國受詔作古文尚書傳事,史、漢並無之,釋文蓋據僞孔序。其記卷數亦然。

續表

經	家	派	史記儒林列傳	漢書儒林傳	經典釋文序録	校記
書	古文	孔氏古文尚書(平帝時立學)		都尉朝授……庸生。庸生授……胡常，……以明穀梁春秋爲博士，……又傳左氏。常授……徐敖。敖……又傳毛詩，授王璜、……塗惲。【惲】授……桑欽。王莽時，諸學皆立，劉歆爲國師，璜、惲等皆貴顯。	誤甚衆。(藝文志云:酒誥脱簡一,召誥脱簡二,文異者七百有餘,脱字數十。) 都尉朝授……庸生(名譚)。庸生授……胡常。常授……徐敖。敖授……王璜及……塗惲。惲授……乘欽。王莽時諸學皆立,惲、璜等貴顯。	庸生之名始見釋文。 漢書桑欽,釋文作乘欽。
禮	總記		言禮,自魯高堂生。	言禮,則魯高堂生。	漢初立高堂生禮博士。後又立大、小戴、慶氏三家。王莽又立周禮。後漢三禮皆立博士。今慶氏曲臺久亡,大戴無傳;學者惟鄭注周禮、儀禮、禮記並立學官。	
禮	今文	高堂生及徐生禮	諸學者多言禮,而魯高堂生最。本禮自孔子時而其經不具。及至秦焚書,書散亡	漢興,高堂生傳士禮十七篇。而魯徐生善爲頌,孝文時,徐生以頌爲禮官大夫。	漢興,有高堂生傳士禮十七篇,即今之儀禮也。而魯徐生善爲容,孝文時爲禮	

續表

經 家派 記載			史記儒林列傳	漢書儒林傳	經典釋文序録	校記
禮	今文	高堂生及徐生禮	益多，於今獨有士禮，高堂生能言之。而魯徐生善爲容，孝文帝時徐生以容爲禮官大夫。……延及徐氏弟子公户滿意、桓生、單次，皆嘗爲漢禮官大夫，而……蕭奮以禮爲淮陽太守，是後能言禮爲容者由徐氏焉。	……延及徐氏弟子公户滿意、桓生、單次，皆爲禮官大夫，而……蕭奮以禮至淮陽太守，諸言禮爲頌者由徐氏。	官大夫。	
		后蒼禮（宣帝前立學） 大小戴慶氏禮（宣帝時立學）		孟卿……事蕭奮，以授后倉……閭丘卿。倉説禮數萬言，號曰后氏曲臺記，授……聞人通漢……戴德……戴聖……慶普。……德號大戴，爲信都太傅。聖號小戴，以博士論石渠。……由是禮有大戴、小戴、慶氏之學。通漢以太子舍人論石渠。……普授……夏侯敬，又傳族子咸。……大戴授……徐良，爲博士，……	蕭奮以禮……授……孟卿。卿授……后蒼及……閭丘卿。……蒼説禮數萬言，號曰后蒼曲臺記。孝宣之世，蒼爲最明。蒼授……聞人通漢及……戴德、戴聖……慶普。由是禮有大、小戴、慶氏之學。普授……夏侯敬，又傳族子咸。大戴授……徐良，小戴授……橋仁及楊榮。	

續表

經	家	派	史記儒林列傳	漢書儒林傳	經典釋文序録	校記
禮	今文	大小戴慶氏禮（宣帝時立學）		家世傳業。小戴授……橋仁……楊榮，……仁家世傳業。……由是大戴有徐氏，小戴有橋、楊之學。		
禮	古文	周官經（王莽時立學）			景帝時，河間獻王好古，得古禮，獻之。（鄭六藝論云：後得孔氏壁中河間獻王古文禮五十六篇，記百三十一篇，周禮六篇；其十七篇與高堂生所傳同而字多異。劉向别録云：古文記二百四篇。藝文志曰：禮古經五十六篇，出于魯淹中。）或曰：河間獻王開獻書之路，時有李氏上周官五篇，失事官一篇，乃購千金不得，取考工記以補之。……蕭奮以禮……授……后蒼，……其古禮經五十六篇，蒼傳十七篇。所餘	漢書以十七篇爲高堂生所傳，此以十七篇爲后蒼在

續表

記載 家派 經			史記儒林列傳	漢書儒林傳	經典釋文序録	校記
禮	古文	周官經(王莽時立學)			三十九篇,以付書館,名爲逸禮。……王莽時,劉歆爲國師,始建立周官經以爲周禮。……杜子春受業於歆,還家以教門徒。好學之士鄭興父子等多往師之,賈景伯亦作周禮解詁。	古禮經五十六篇中所選,二説異。
	記	禮記			禮記者,本孔子門徒共撰所聞以爲此記,後人通儒各有損益,故中庸是子思伋所作,緇衣是公孫尼子所制。鄭玄云:月令是吕不韋所撰。盧植云:王制是漢時博士所爲。陳邵周禮論序云:戴德删古禮二百四篇爲八十五篇,謂之大戴禮;戴聖删大戴禮爲四十九篇,是爲小戴禮。後漢馬融、盧植考諸家同異,附戴聖篇章,去其繁重,及	

續表

經＼家派＼記載			史記儒林列傳	漢書儒林傳	經典釋文序録	校記
禮	記	禮記			所叙略，而行於世，即今之禮記是也。鄭玄亦依盧、馬之本而注焉。	
易	總記		言易，自菑川田生。	漢興，言易，自淄川田生。	漢初立易楊氏博士。宣帝復立施、孟、梁丘之易。元帝又立京氏易。費、高二家不得立，民間傳之。後漢費氏興而高氏遂微。永嘉之亂，施氏、梁丘之易亡，孟、京、費之易人無傳者，惟鄭康成、王輔嗣所注行于世。	
	今文	田何易　楊何易（宣帝前立學）	自魯商瞿受易孔子，孔子卒，商瞿傳易，六世至齊人田何……而漢興。田何傳……王同子仲。子仲傳……楊何。何以易元光元年徵，官至中大夫。……即墨成以易至城陽相，……孟但以易爲太子門大夫，……周霸……衡胡……主父偃皆以易至	自魯商瞿子木受易孔子，以授……橋庇子庸，子庸授……馯臂子弓，子弓授……周醜子家，子家授……孫虞子乘，子乘授……田何子裝。及秦禁學，易爲筮卜之書，獨不禁，故傳受者不絶也。 漢興，田何以齊田徙杜陵，……	自魯商瞿子木受易於孔子，以授……橋庇子庸，子庸授……馯臂子弓，子弓授……周醜子家，子家授……孫虞子乘，子乘授……田何子莊。及秦燔書，易爲卜筮之書，獨不禁，故傳授者不絶。 漢興，田何以齊田徙杜陵，……	史記但言商瞿傳六世至田何，漢書具著其人名，又舉出其所以傳授不絶之故。 史記僅言田何傳王同，漢書於王同之外更增周王孫、

續表

經	家	派	史記儒林列傳	漢書儒林傳	經典釋文序録	校記
易	今文	田何易　楊何易（宣帝前立學）	二千石。然要言易者本於楊何之家。	授……王同……周王孫、丁寬、……服生，皆著易傳數篇。同授……楊何，……元光中徵爲太中大夫。……即墨成至城陽相，……孟但爲太子門大夫，……周霸……衡胡……主父偃皆以易至大官。要言易者本之田何。	授……王同，……周王孫，……丁寬，……服生，皆著易傳。漢初言易者本之田生。同授……楊何。	丁寬、服生數人，蓋以藝文志中載有其書之故。 史記言易本楊何，漢書改言田何，但無甚出入。
易	今文	施孟梁丘易（宣帝時立學）		丁寬……事何，……復從周王孫受古義，號周氏傳。景帝時，寬爲梁孝王將軍，……號丁將軍，作易説三萬言，訓故舉大誼而已，今小章句是也。寬授……田王孫，王孫授施讎、孟喜、梁丘賀，由是易有施、孟、梁丘之學。 施讎……從田王孫受易，……授臨等（梁丘賀子臨），……拜博士。甘露中，與五經諸儒雜論同	寬授……田王孫，王孫授施讎及孟喜、梁丘賀，由是有施、孟、梁丘之學焉。	

續表

經 家 派 記載			史記儒林列傳	漢書儒林傳	經典釋文序録	校記
易	今文	施孟梁丘易(宣帝時立學)		異於石渠閣。讎授張禹……魯伯。……禹授……彭宣……戴崇。……魯伯授……毛莫如……邴丹。……由是施家有張、彭之學。	施讎傳易授張禹及……魯伯。禹授……彭宣及……戴崇。伯授……毛莫如及……邴丹。……	
				孟喜(父號孟卿,善爲禮、春秋,授后蒼、疏廣。世所傳后氏禮,疏氏春秋,皆出孟卿。孟卿以禮經多,春秋煩雜,乃使喜從田王孫受易)得易家候陰陽災變書,詐言師田生且死時……獨傳喜。……又蜀人趙賓好小數書,……云受孟喜。……博士缺,衆人薦喜,上聞喜改師法,遂不用喜。喜授……白光……翟牧,……皆爲博士。由是有翟、孟、白之學。	孟喜父孟卿善爲禮、春秋,孟卿以禮經多,春秋煩雜,乃使喜從田王孫受易。喜爲易章句,授……白光……翟牧。	釋文孟喜作易章句,由漢書藝文志來。
				梁丘賀……從……京房受易,房者……楊何弟子也。……賀更	梁丘賀本從……京房受易,後更事田王孫,傳子臨。臨傳五鹿充宗及	

續表

記載 家派 經			史記儒林列傳	漢書儒林傳	經典釋文序録	校記
易	今文	施孟梁丘易(宣帝時立學)		事田王孫。宣帝時,聞京房爲易明,求其門人,得賀。……傳子臨,……甘露中奉使問諸儒於石渠。……王吉……聞臨説善之,時宣帝選高材郎十人從臨講,吉乃使其子……駿……從臨受易。臨代五鹿充宗爲少府。……充宗授……士孫張……鄧彭祖……衡咸。張爲博士,……家世傳業。彭祖,真定太傅。咸,王莽講學大夫。由是梁丘有士孫、鄧、衡之學。	……王駿。充宗授……士孫張及鄧彭祖……衡咸。……	
		京氏易(元帝時立學)		京房受易梁人焦延壽,延壽云:嘗從孟喜問易。會喜死,房以爲延壽易即孟氏學。翟牧、白生不肯,皆曰非也。至成帝時,劉向校書,考易説,以爲諸易家説皆祖田何、楊叔、丁將軍,大誼略同,唯	京房受易梁人焦延壽,延壽云嘗從孟喜問易。會喜死,房以延壽易即孟氏學。翟牧、白生不肯,曰,非也。……房爲易章句,説長於災異,以授……殷嘉……姚平……乘弘,皆爲郎博士,由是	

續表

經	家	派＼記載	史記儒林列傳	漢書儒林傳	經典釋文序録	校　記
易	今文	京氏易（元帝時立學）		京氏爲異，黨焦延壽，獨得隱士之説，託之孟氏，不相與同。房以明災異得幸。……房授……殷嘉……姚平……乘弘，皆爲郎博士，由是易有京氏之學。	前漢多京氏學。……漢成帝時劉向典校書，考易説，以爲諸易家説皆祖田何、楊叔元、丁將軍，大義略同，唯京氏爲異。	
易	古文	費氏易（未立）		費直，……治易爲郎，……長於卦筮，亡章句，徒以彖、象、繫辭十篇文言解釋上下經。……王璜……能傳之。璜又傳古文尚書。	費直傳易，授……王璜爲費氏學，本以古字，號古文易，無章句，徒以彖、象、繫辭、文言解説上下經。……向又以中古文易經校施、孟、梁丘三家之易經，或脱去"無咎""悔亡"，唯費氏經與古文同。	漢書未明定費氏易爲古文，釋文明定之。 劉向以中古文易校費氏經，説出七略（被引於漢書藝文志）。
易	?	高氏易（未立）		高相……治易，與費公同時，其學亦無章句，專説陰陽災異，自言出於丁將軍，傳至相。相授子康及……毋將永。康以明易爲郎。……由是易有高氏學。高、費皆未嘗立於學官。	高相治易與費直同時，其易亦無章句，專説陰陽災異，自言出丁將軍，傳至相。相授子康及……毋將永，爲高氏學。	

續表

經＼家派＼記載			史記儒林列傳	漢書儒林傳	經典釋文序録	校記
春秋	總記		言春秋，於齊、魯自胡毋生，於趙自董仲舒。	言春秋，於齊則胡毋生，於趙則董仲舒。	孔子……與魯君子左丘明觀書於太史氏，因魯史記而作春秋。……及末世口説流行，故有公羊、穀梁、鄒氏、夾氏之傳。鄒氏無師，夾氏有録無書，故不顯于世。…… 漢初立公羊博士。宣帝又立穀梁。平帝始立左氏。後漢建武中以……李封爲左氏博士，群儒蔽固者數廷爭之；及封卒，因不復補。和帝元興十一年，鄭興父子奏上左氏，乃立於學官，仍行於世；迄今遂盛行，二傳漸微。	胡毋生施教之地，史言爲齊、魯，漢但言齊。 釋文孔子與左丘明觀書於太史氏之説，據漢書藝文志。 釋文鄒、夾之説，亦據漢書藝文志。
	今文	公羊春秋（宣帝前立學）胡毋生	胡毋生，……孝景時爲博士，以老歸教授。齊之言春秋者多受胡毋生，公孫弘亦頗受焉。	胡毋生……治公羊春秋，爲景帝博士，與董仲舒同業。仲舒著書，稱其德。年老歸教于齊，齊之言春秋者宗事之，公孫弘亦頗受焉。	漢興，齊人胡毋生……治公羊春秋。	

續表

記載 家派 經				史記儒林列傳	漢書儒林傳	經典釋文序録	校記
春秋	今文	公羊春秋（宣帝前立學）	董仲舒與嚴顔	董仲舒……以治春秋，孝景時爲博士。……今上即位，爲江都相。……公孫弘治春秋不如董仲舒，……疾之。……居家……以修學著書爲事，故漢興至於五世之間，唯董仲舒爲明於春秋，其傳公羊氏也。……自公孫弘得用，嘗集比其義，卒用董仲舒。仲舒弟子通者，……褚大……殷忠……吕步舒。……弟子通者至于命大夫，爲郎謁者掌故者以百數，而董仲舒子及孫皆以學至大官。	董生爲江都相，自有傳。弟子遂之者，……褚大……嬴公……段仲温、吕步舒。……惟嬴公守學，不失師法，……授……孟卿……眭孟。……	趙人董仲舒……治公羊春秋。……褚大……嬴公……段仲温，吕步舒皆仲舒弟子。嬴公學守，不失師法，授……孟卿及……眭弘（字孟）。	漢書之段仲温，當即史記之殷忠。嬴公爲史記所未載。
					嚴彭祖……與顔安樂俱事眭孟。……孟死，彭祖、安樂各顓門教授，由是公羊春秋有嚴、顔之學。彭祖爲宣帝博士，……授……王中，家世傳業。中授……公孫文，東門雲。	弘授嚴彭祖及顔安樂，由是公羊有嚴、顔之學。……彭祖授……王中，中授……公孫文及東門雲。	

續表

經	家	派	記載：史記儒林列傳	漢書儒林傳	經典釋文序録	校記
春秋	今文	公羊春秋（宣帝前立學）董仲舒與嚴顔		顔安樂……授……泠豐……任公，……由是顔家有泠、任之學。始，貢禹事嬴公，成於眭孟。……疎廣事孟卿，……授……筦路。……禹授……堂谿惠，惠授……冥都。都與路又事顔安樂，故顔氏復有筦、冥之學。路授孫寶。……豐授馬宫……左咸，咸……徒衆尤盛。……	安樂授……泠豐及……任翁。豐授……馬宫及……左咸。始，貢禹事嬴公而成于眭孟，以授……堂谿惠，惠授……冥都。又疏廣事孟卿以授……筦路。筦路及冥都又事顔安樂。路授……孫寶。	
		穀梁春秋（宣帝時立學）	瑕丘江生爲穀梁春秋。	瑕丘江公受穀梁春秋及詩於魯申公，傳子至孫爲博士。武帝時，江公與董仲舒並，……上使與仲舒議，不如仲舒，……於是上因尊公羊家，詔太子受公羊春秋，由是公羊大興。太子……復私問穀梁而善之。其後浸微，唯……榮廣……皓星公二人受焉。	瑕丘江公受穀梁春秋及詩於魯申公，武帝時爲博士。使與董仲舒論，……卒用董生，於是上因尊公羊家，詔太子受。衛太子復私問穀梁而善之。其後浸微，唯……榮廣、浩星公二人受焉。廣盡能傳其詩、春秋。蔡千秋……周慶、丁姓皆從廣受。千秋又事	史記未言江公受春秋及詩於申公，自漢書始言之。史記未言江公與董仲舒論春秋事，亦自漢書始言之。

續表

經	家	派（記載）	史記儒林列傳	漢書儒林傳	經典釋文序録	校記
春秋	今文	穀梁春秋（宣帝時立學）		廣盡能傳其詩、春秋，高材捷敏，……故好學者頗復受穀梁。……蔡千秋……周慶……丁姓……皆從廣受；千秋又事皓星公。……宣帝即位，……以問丞相韋賢，……言穀梁子本魯學，公羊氏乃齊學也，宜興穀梁。……上愍其學且絶，乃以千秋爲郎中户將，選郎十人從受。……尹更始……事千秋。……會千秋病死，徵江公孫爲博士。……劉向……受穀梁。……江博士復死，乃徵周慶、丁姓待詔保宫，使卒授十人。自元康中始講，至甘露元年，積十餘歲，皆明習。乃召五經名儒太子太傅蕭望之等大議殿中，平公羊、穀梁同異。……時公羊博士嚴彭祖、侍郎申	浩星公。……宣帝即位，……乃召千秋與公羊家並説，上善穀梁説。後又選郎十人，從千秋受。會千秋病死，徵江公孫爲博士。詔劉向受穀梁。……江博士復死，乃徵周慶、丁姓待詔，使卒授十人，十餘歲皆明習。乃召五經名儒太子太傅蕭望之等大議殿中，平公羊、穀梁同異（時公羊博士嚴彭祖，侍郎申輓、伊推、宋顯，穀梁議郎尹更始，待詔劉向、周慶、丁姓並論），望之等多從穀梁，由是大盛，慶、姓皆爲博士。姓授……申章昌。	

續表

經	家	派（記載）	史記儒林列傳	漢書儒林傳	經典釋文序録	校記
春秋	今文	穀梁春秋（宣帝時立學）		輓、伊推、宋顯、穀梁議郎尹更始、待詔劉向、周慶、丁姓並論。……望之等多從穀梁，由是穀梁之學大盛，慶、姓皆爲博士。……姓……授……申章昌，……爲博士，徒衆尤盛。 尹更始……又受左氏傳，取其變理合者以爲章句，傳子咸及翟方進……房鳳。……王龔……與……劉歆共校書，歆白左氏春秋可立，哀帝納之，以問諸儒，皆不對。……惟鳳、龔許歆，遂共移書責讓太常博士。……始江博士授胡常，常授……蕭秉，……王莽時爲講學大夫。由是穀梁春秋有尹、胡、申章、房氏之學。	初，尹更始、蔡千秋，又受左氏傳，取其變理合者以爲章句，傳子咸及翟方進、房鳳。始，江博士授胡常；常授……蕭秉，王莽時爲講學大夫。	

續表

經	家	派（記載）	史記儒林列傳	漢書儒林傳	經典釋文序録	校記
春秋	古文	左氏春秋（平帝時立學）		漢興，……張蒼……賈誼……張敞……劉公子皆修春秋左氏傳。誼爲左氏傳訓故，授趙人貫公，爲河間獻王博士。子長卿……授……張禹，……禹與蕭望之同時爲御史，數爲望之言左氏。望之善之，……薦禹於宣帝，徵禹待詔，未及問，會疾死。授尹更始。更始傳子師及翟方進、胡常。常授……賈護。……【護】授……陳欽，以左氏授王莽。而劉歆從尹咸及翟方進受。由是言左氏者本之賈護、劉歆。	左丘明作傳以授曾申。申傳衛人吴起。起傳其子期。期傳楚人鐸椒。椒傳趙人虞卿。卿傳同郡荀卿名況。況傳武威張蒼。蒼傳洛陽賈誼。誼傳至其孫嘉。嘉傳趙人貫公。貫公傳其少子長卿。長卿傳……張敞及……張禹。禹數爲御史大夫蕭望之言左氏，望之善之，薦禹。徵待詔，未及問，會病死。禹傳尹更始。更始傳其子咸及翟方進、胡常。常授賈護。護授……陳欽。	史記全無左氏傳授系統，漢書始于張蒼，釋文則于張蒼之前更加七代。釋文已引或説，云毛詩爲荀卿傳授，此又定左傳爲荀卿傳授。賈誼作左氏傳訓故，不見于本傳及藝文志。漢書謂賈誼授貫公，釋文謂賈誼之孫嘉傳貫公，是又延長兩代。

（注）凡宣帝前立學者，俱不詳其正確之時間，故但書“宣帝前立學”，以免誤定。又立學之時代依漢書儒林傳贊語。

附表二　五德終始説殘存材料表*

此表作於民國二十一年，編入燕京大學漢代史講義。校印本册既竟，思此表眉目較爲清朗，故取列于傳經系統異同表之後，爲讀本册下編者之一助。頡剛記。

五德終始説的創始者騶衍的著作，漢書藝文志中著録至一百零五篇之多。可惜這種材料都失傳了，得不到這一個學説的詳細記載和説明。我們現在，只能從吕氏春秋的應同篇、淮南子的齊俗訓、史記的封禪書和秦始皇本紀中尋獲一些殘存的材料。昔人有言，“窺豹一斑，可知全體”，我們也惟有聊以此自慰而已。今排列爲表，示其輪廓。

吕氏春秋作於秦始皇未統一時，所以它没有説明水德的王者是哪一個。但淮南子是西漢時的作品，而亦不提水德，甚奇怪，不知道是什麽意思。封禪書和始皇本紀記的只是一件事。封禪書説：“鄒子之徒論著終始五德之運；及秦帝而齊人奏之，故始皇采用之。”所以封禪書所記的是齊人告始皇的話，而始皇本紀所記的是始皇聽了齊人的話而實行改制的事。因爲本紀裏記載所改的制度較爲詳細，可以推證其它四德所應有的制度，故其文雖未備言五德，仍録入表。

除了這些材料之外，還有許多别的，例如漢書律曆志裏採録的劉歆的三統曆。但這一種五德終始説是用相生的系統的，與原

* 1933 年 3 月作(前記中“二十一年”係“二十二年”之誤)。原載清華週刊第三十九卷第八期，1933 年 5 月 8 日；又加前記載古史辨第五册。

有的相勝説不同，我們只能稱它爲“第二種五德終始説”，到將來再行討論。現在先把這兩種學説畫爲兩圖，請大家看個大概：

第一種

（鄒衍倡導的相勝説的史統）

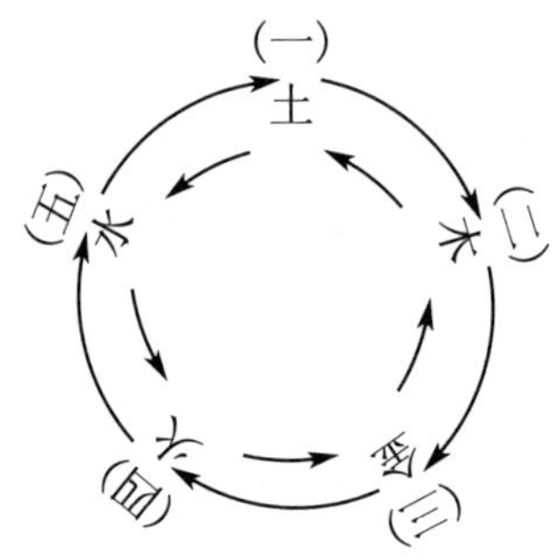

第二種

（劉歆倡導的相生説的史統）

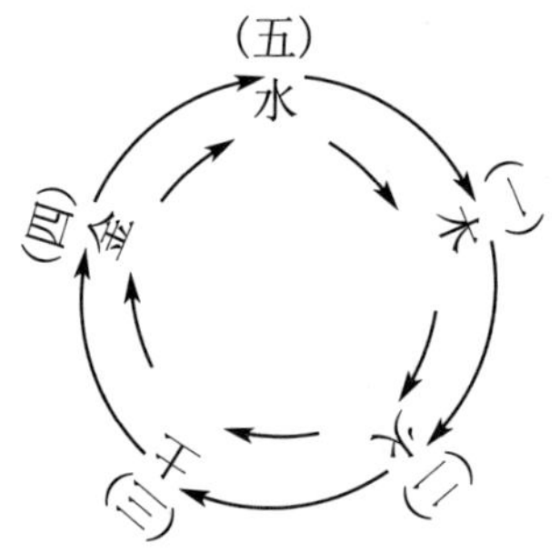

長箭頭表示其相承的次序，短箭頭表示其相勝或相生的行動。

五德	事項		吕氏春秋	淮南子	封禪書	秦始皇本紀	附記
土	受命者		黄帝	有虞氏	黄帝得土德		(1)
	符應		土氣勝,天先見大螾大螻		黄龍地螾見		
	制度	正朔					
		服色	其色尚黄	其服尚黄			
		其它	其事則土	其社用土　祀中霤　葬成畝　其樂咸池、承雲、九韶			(2)
木	受命者		禹	夏后氏	夏得木德		
	符應		木氣勝,天先見草木秋冬不殺		青龍止於郊,草木暢茂		
	制度	正朔					
		服色	其色尚青	其服尚青			(3)
		其它	其事則木	其社用松　祀户　葬牆置翣　其樂夏籥九成、六佾六列、六英			

金	受命者		湯	殷人	殷得金德		
	符　應		金氣勝，天先見金，刃生於水		銀自山溢		
	制度	正朔					
		服色	其色尚白	其服尚白			
		其它	其事則金	其社用石　祀門 葬樹松　樂大濩，晨露			
火	受命者		文王	周人	周得火德		
	符　應		火氣勝，赤烏銜丹書集於周社		有赤烏之符		
	制度	正朔					
		服色	其色尚赤	其服尚赤			
		其它	其事則火	其社用栗　祀竈 葬樹柏　其樂大武、三象、棘下			

水	受命者		代火者必將水		秦變周,水德之時	始皇推終始五德之傳……方今水德之始	
	符應		天且先見水氣勝		昔秦文公出獵,獲黑龍,此其水德之瑞		
	制度	正朔			以冬十月為年首	年始朝賀皆自十月朔	(4)
		服色	其色尚黑		色上黑	衣服、旄旌、節旗皆上黑	
		其它	其事則水		度以六爲名	數以六爲紀:符法冠皆六寸,輿六尺,六尺爲步,乘六馬	(5)
					音上大吕		(6)
					更名河曰德水	更名河曰德水,以爲水德之始	
					事統上法	剛毅戾深,事皆決於法,刻削毋仁恩和義,然後合於五德之數	(7)
							(8)

附記

(1)吕氏春秋與封禪書並云黄帝，惟淮南子云有虞氏，當視自黄帝至虞爲一代，如史記五帝本紀然，以爲五帝共占有此一個土德。此點如可確定，則禮記中以“虞、夏、殷、周”並列的各種不同的制度，恐多録自五德終始説。

(2)淮南子中所載“社、祀、葬、樂”諸制雖没有明言出於五德終始説，但看上面所言的服色與此説合符，則甚有出於此的可能。且虞以土德而祀中霤，夏以木德而祀户，……亦與月令所記五時的五祀相同，即此一點可證明其出於五德説。至其有樂，則始皇“音上大吕”，賈誼“定禮樂”亦可證。

(3)禮記禮器篇言“或素或青，夏造殷因”，即由此來。後人給三統説弄糊塗了，不記得這最早之説，以爲夏是黑統，該尚黑，故曲解此語云，“青，尚黑者也。……變‘白黑’言‘素青’者，秦二世時，趙高欲作亂，或以青爲黑，黑爲黄，民言從之，至今語猶存焉”(鄭玄禮記注)，無端爲趙高添上了一宗罪狀。

(4)因吕氏與淮南俱只言服色而不言正朔，故錢穆疑五德終始説本非有五個正朔依德移易；他並説：“史記秦本紀昭襄王四十二年先書‘十月，宣太后薨’，繼書‘九月，穰侯之陶’，四十八年先書‘十月，韓獻地雍’，繼書‘正月，兵罷’，則秦於其時已以十月爲歲首，而始皇特沿而不革，非採終始五德之傳而始改從十月爲歲首也。……漢人言曆僅有三統，與五德不相當”(清華大學漢魏史講義)。他的話也很有理由，但封禪書和始皇本紀均明言以水德而改曆，封禪書中又言“公孫臣上書，土德之應黄龍見，宜改正朔。……張蒼以爲漢乃水德之始，年始冬十月，……與德相應”，若不是司馬遷的大誤，正朔一項似確爲五德説所本有。

(5)月令謂木之數八，火之數七，土之數五，金之數九，水之數六。秦以水德而以六爲紀，以此推之，則在五德説中，黄帝

什麽叫做“今文”呢？這是很簡單的，只是用了漢代的字寫成的六經。它是用來與“古文”——用了“所謂”古代的字寫成的六經——相對稱的。然而名義上雖如此簡單，内容卻複雜的很。

今文問題在西漢初葉以至中葉是没有的。因爲那時只有這一種經，所以不會發生什麽問題。到了西漢末期，新學派起來，他們以“古文經”爲標幟，以古鳴高，想奪取今文經的正統地位，於是今文、古文的問題便開端了。其實，這兩派都是不足信的，不過今文假在西漢初期。古文假在西漢末期而已。

今古文的問題在西漢末大鬧了一下，後來漸漸忘記了，古文學已在無形中佔了正統的地位了，大家又覺得没有問題。清代學者精研經學，處處還它們一個本來面目，他們分析經學書籍的結果，使得今文、古文學派之分别重行顯明。

古代學派雖同發源於六經，但終隨時代而遞變。戰國時的學説到了西漢時便加上了西漢人的思想色彩，成了今文學。到東漢時，又加上了東漢人的思想色彩，成了古文學。由魏至唐也加上了那時的思想色彩，成了注疏學。而由宋到明卻也自有宋明的理學。關於這點可以用簡圖示之如下：

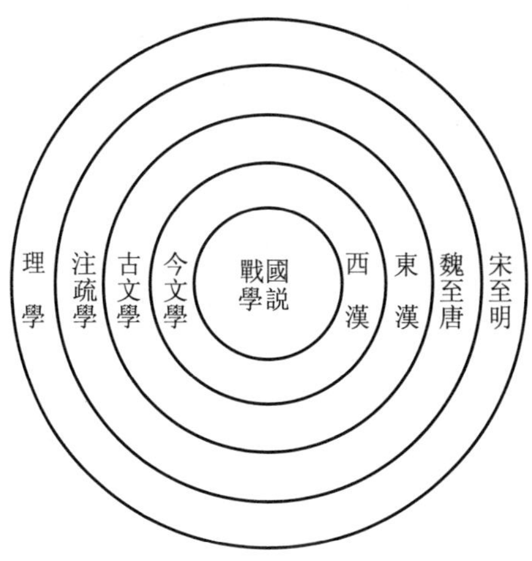

到清朝時，學問又要變了，於是劈頭打破最在外層的宋明理學，這是顧炎武、毛奇齡們的功蹟。他們用的工具是在内一層的注疏學。過了些時候，學術界中見到的東西又深一層了，於是他們覺得注疏學靠不住，要打破它，其中心人物是惠棟、戴震等，他們的工具是古文學——即許、鄭之學。又過了些時候，他們走到的境界更深了，於是他們想打破第三層壁壘，古文學，他們用的工具是西漢今文學，這便是劉逢禄、魏源及康有爲們的工作了。他們一層一層的逼進，二千年來造成的偶像便一個一個的跌翻。

但爲什麽他們要一層一層地去打破呢？這是因爲他們的時代不同，舊偶像既倒，就亟欲求得一個信仰的標準的緣故。可是用了我們現在的眼光來看，這已不成問題了。我們現在並不需要一個信仰的標準；我們只是要求表現出各時代人的本來面目。我們的看法是用横剖的，要從斷面上看出其生長的輪廓。而他們的看法是用直剖的，只能打破了外一層才看見裏一層。

爲什麽所有的爭論都在六經呢？説也可憐，幾千年來的學者都以天書的眼光來看六經，他們把實用的道德、學術、政治，要全由經學裏引伸出來。然而他們到底在六經裏見到了什麽大道理呢？實在也没有找到什麽萬世不變的真理，依舊是跟着一時代的風氣走。他們雖然跟了一時代的風氣走而卻自謂信守六經的法典，於是六經中便夾雜着各時代的意識，而號稱“天不變，道亦不變”的六經，實際上卻成了變得最快的東西。康有爲生當“以文載道”的時候，自然不能免掉這種思想；所以他就利用了當時的經學主張來做自己的變法的根據。

康有爲是研究春秋學的；但是春秋學與變法的關係是怎麽樣呢？試引孟子的話來説，他説：

> 春秋，天子之事也。

他又說：

> 其事則齊桓晉文；其文則史。孔子曰：其義則丘竊取之矣。

孟子的意思是說春秋是天子的威權，其義是超出文與事的。這就是說你們在文與事上是看不出春秋的義的。這裏面很有神秘的意味，使得人捉摸不住。究竟孔子竊取的義最重要的是什麽呢？據公羊家說是：

> 張三世，通三統。

這是他們治學的標語，也就算是孔子著春秋的大義。

什麽叫做"張三世"？春秋記的是魯國的十二公——隱、桓、莊、閔、僖、文、宣、成、襄、昭、定、哀。董仲舒著春秋繁露時就分爲三世以定孔子對於這十二公的關係：

1. 所傳聞五世：隱、桓、莊、閔、僖；
2. 所聞四世：文、宣、成、襄；
3. 所見三世：昭、定、哀。

但後來何休公羊解詁又不是那樣說法，而謂：

1. 據亂世：隱、桓、莊、閔、僖；
2. 升平世：文、宣、成、襄；
3. 太平世：昭、定、哀。

爲三世。他說孔子用了這三種眼光，這三種記載事實的法則去作春秋的。實際上是愈後愈亂，但他偏要說得愈後愈治。孔子爲什麽有這顛倒黑白的權力呢？因爲那是天命，孔子是端門受命，代天立言的。禮記禮運篇中的小康大同之説，本和春秋不生關係，到了康有爲，又把這兩説拼合了起來，以小康即升平，大同即太平。如此，則禮運中所舉的事例便可又算爲孔子在春秋中所標舉的理想境界了。有了這個意思，於是用春秋來説時代進化就很方便。

“通三統”又是怎麽一回事呢？“通三統”就是説三代——夏、商、周——受命改制，改制的符號是顔色的變。夏爲黑統，商爲白統，周爲赤統；三統循環不絶。到了春秋，就是孔子爲王，他在春秋經中另成一種制度，他的統是又轉到黑統。列圖如下：

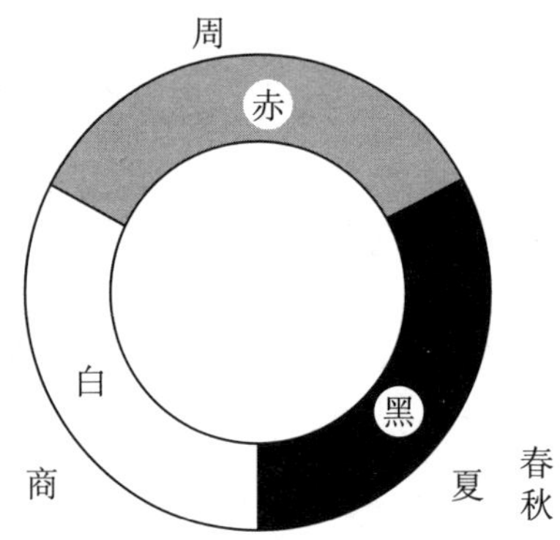

這是孔子作春秋新周故宋以春秋作當新王的緣故。

以上都是很不通的話，而他們偏相信不過。他們的意思，以爲三代制度各各不同，每易一代都應該改制；春秋之義是改制的，所以欲變法者應通春秋。這麽一來，變法與春秋就有密切的關係了：變法離不得春秋，即春秋也離不開變法了。

這種問題在現在的眼光看來，固然不能成立，但在當時確是一種信條。因此康有爲一幫人就利用這信條以相號召了！

康有爲生在變法時代，剛剛今文問題發生，於是他就借今文來發表他的政治主張。

關於康有爲的一生，可以分做四期來述：

1. 少年時代——從出生到二十七歲：

他是廣東南海縣人。他很聰明，七歲能文；十八歲受業於朱次琦。朱居於九江鄉，爲學不分派别，學者亦稱九江先生。

受學六年，朱死，他一人就住在西樵山，凡四年，在山兼讀佛，故他的思想很受佛經影響。

2. **變法運動時代——從二十八歲到四十三歲：**

三十二歲，以諸生伏闕上書請變法，格不達。

三十四歲，講學於廣州長興里，從游者有梁啟超等；有長興學記可考。

新學僞經考出版——新是王莽朝號，僞經是指王莽、劉歆所僞造之古文經。這書就是以今文學攻擊古文學的。

三十(？)歲，講學於桂林，有桂林學記可考。

三十八歲，中日戰爭之後，首設强學會於北京。在現在看來，這種集會結社是平常的，而在當時是很足傾動的，因此聞風而起者有湘學會，南學會，蘇學會等等不下百餘。

四年之間，凡七上書請變法，皆不行。

四十歲，孔子改制考出版。

新學僞經考是揭發古文經作僞之跡，使許、鄭之學不再存勢力。孔子改制考是揭發戰國諸子作僞之跡，而以孔學與諸子學等量齊觀，使人知戰國秦漢託古改制之跡。這部書影響最大，連孔子都加以攻擊。他説孔子著春秋就是改制(此書曾被清廷燒燬，現在很少見)。所以孟子裏説的"有爲神農之言者許行"及"孟子道性善，言必稱堯舜"，都是託古改制的一種方術。又禮記有幾句話説，"毋剿説，毋雷同，必則古昔，稱先王"。這説得矛盾了，既言"毋剿説"而又言"稱先王"；然而這就成了他們託古改制的護符了。

四十一歲——戊戌，這是他做實際的工作的一年。清德宗用他變法，但不久即爲西太后所阻，而他的弟弟廣仁、門人譚嗣同等竟被她殺死。

四十三歲——庚子，其黨唐才常發難於漢口，不成身死。這事據梁啟超説是圖革命，其實否不可知，因其發難的意義，不甚明瞭。

3. **保皇運動時代——從四十四歲到五十四歲：**

立保皇黨，游歷歐洲；並無什麽事業可述。

4. **復辟運動時代**

立孔教會。

刊不忍雜誌宣傳復辟主張。

民國六年，六十歲，實行復辟，七日而敗。

民國十六年，六十九歲，立天游學院於上海，宣傳其荒謬思想。

拿他的生平來看，第三第四兩個時代可以説完全是反動時代，如果他能早死幾年，名譽一定很好；可惜他命長一點。但説也奇怪，他自己並不想他的思想、學問進步，他説，“三十歲無進步，亦不須進步”，所以他就一天退化一天了。

他所著的書，以新學僞經考及孔子改制考爲有價值。但他所以作新學僞經考是想奪學術之正統；他所以作孔子改制考是想取教主之地位。總之，他一生都是野心罷了。

他這種思想是不對的，一個人只能做學術界部分的工夫，哪能統一一切的學術而自居最高位呢？所以他政治的主張失敗，做教主的希望也失敗了。

然而，他治學的方法及成績尚算不小，現在受他的影響最大的卻有一個人，那就是崔適。崔適用他的方法著有春秋復始及史記探源；這二部書確也有價值。

如果我們不理他的政治的思想、行爲怎樣，而只就那新學僞經考及孔子改制考的書來看，的確值得稱許的。這兩部書都可算是學術史：前者是王莽時代的學術史；後者是戰國秦漢時代的學術史。

這學期末我應出的本課題目，現在就出了三個，請大家選做一題，於年底交來，那麼我學期末也就不再出了。三個題目是：1. 康有爲傳；2. 康有爲年譜；3. 康有爲……。

關於康有爲所著的書，就我現在所曉的開列如下：

新學僞經考
孔子改制考
春秋筆削大義微言考
春秋董氏學
春秋三世義
重定國語(依據其主張將左傳歸入國語)
春秋公羊傳注
孟子公羊禮運考
孟子大義述
禮運注
大學注
中庸注
大易微言
大同書
歐洲十一國游記
官制議
長興學記
桂學答問
不忍雜誌
廣藝舟雙楫

後記

顧頡剛師 1927 年至 1928 年間，在廣州中山大學講授"三百年來思想史"。1928 年 11 月 24 日下午講康有爲。現在據以繕清的底本，是由魏應麒、石兆棠兩君所記的聽講筆記，封面題作康有爲筆記，上面有顧師親筆的修改，改到“孔子作春秋新周故宋以春秋作當新王的緣故”而中輟。

在此之前，顧師在中山大學講授中國上古史，所編中國上古史講義丁種之十六新學僞經考序目的按語，論述了康有爲辨僞之成績，後來即以論康有爲辨僞之成績爲題，發表於國立中山大學語言歷史學研究所週刊第十一集第 123、124 合期，是此文的濫觴，可參閱。爲了使讀者一覽題目即知其內容，我加上了這個題目。

王煦華

1989 年 4 月 4 日於中國社會科學院歷史研究所

致選修"三百年來思想史"諸同學書*

——代桂學答問序

諸位同學：

本學期的"三百年來思想史"，我講的是康有爲。當時因爲很忙，没有編講義。過後，雖有魏應麒、石兆棠兩君將聽講筆記交給我，但我仍因牽于事務，到今還没有改好。

兩星期前，黄仲琴先生在本市書肆買到桂學答問一册，送給我。這本書是我久聞名而未得見的，拿到了非常快樂，就想把它和"長興學記"一起印出，藉見康氏研究學問的方法和他教育後進的事實。

但是長興學記這本書，四處找不到。現在就把桂學答問囑夏廷棫君標點，單獨印出，暫代本課講義。

康有爲這個人，在二十世紀中固然没有他的地位，但在十九世紀的末年，他確曾有過很光榮的歷史，他確曾指給全中國的人民以一條生路，而且發生過極大的影響。所以在政治上我們要剗除他的晚年的謬論，在學術上也要洗滌他的家派的成見，但在政治史上，學術史上，他所努力得來的成績實在不容我們輕易忽略過。

我們對於這册桂學答問中所講的研究學問的方法，千萬不要

* 原載桂學答問書首，中山大學，1929 年 3 月。

把現在應用的眼光來看它，而要用十九世紀末年一個從經生改行的新學家的讀書方法來看它，看它如何沿襲着前人，又如何獨闢着新路，看它怎樣受時勢的影響，又怎樣受環境的束縛。能够這樣做，我們研究康有爲時，就不是研究他一個人，而是研究一個康有爲的時代了。

其中所言，有極創闢的。如謂老子爲戰國書，在孔子後，這是以前的人從没有講過的。前數年，看梁啟超的評胡適之中國哲學史大綱，裏邊斷老子爲戰國時書，我很心折他的議論，以爲梁氏一生著作只有量的擴張而無質的創造，這一義是他僅有的一個發見。哪知看了這本書，他也是襲取師説呵！康氏讀書眼光之精鋭，於此可見。

顧頡剛。

十八，一，廿八。